제2판

경제원리의 이해와 활용

김상권 · 김대래 · 권기철 · 최성일
유영명 · 박갑제 · 정수관 공저

경제원리의 이해와 활용, 제2판

발행일 2019년 9월 10일 1쇄 발행

지은이 김상권 · 김대래 · 권기철 · 최성일 · 유영명 · 박갑제 · 정수관
발행인 강학경
발행처 ㈜시그마프레스
디자인 우주연
편 집 류미숙 · 문수진 · 이호선

등록번호 제10-2642호
주소 서울특별시 영등포구 양평로 22길 21 선유도코오롱디지털타워 A401~402호
전자우편 sigma@spress.co.kr
홈페이지 http://www.sigmapress.co.kr
전화 (02)323-4845, (02)2062-5184~8
팩스 (02)323-4197

ISBN 979-11-6226-221-4

이 도서의 국립중앙도서관 출판시도서목록(CIP)은 서지정보유통지원시스템 홈페이지
(http://seoji.nl.go.kr)와 국가자료공동목록시스템(http://www.nl.go.kr/kolisnet)에서 이용하
실 수 있습니다.(CIP제어번호 : CIP2019032558)

'경제원리의 이해와 활용, 제2판'을 내면서

경제학을 전공하는 학생뿐 아니라 국내외 경제현상에 관심이 많은 일반인도 현재 주변에서 발생하는 경제를 체계적으로 이해하는 디딤돌이 될 수 있기를 바란다는 소망으로 지난 2015년에 이 책의 초판이 발간된 지도 벌써 5년이라는 시간이 흘렀다. 그동안 주위의 많은 분들로부터 애정 어린 지적과 제언을 받아 왔고, 최근의 경제상황은 과거에 비해 더욱 복잡해지고 역동적인 방향성을 보이면서 눈앞의 경제상황도 예단하여 말하기 어려운 만큼 새로운 경제원리를 담아야 할 필요성이 커졌다. 더구나 최근에는 미·중 무역분쟁과 더불어 한·일 무역전쟁 및 세계적인 자국중심 보호무역주의의 팽배로 장기적인 관점에서 경제적 예측을 세우고 이에 맞는 전략을 수립하기도 어려워 새로운 경제적 시각이 요구되고 있다.

물론 교재라는 특수성으로 인해 최신의 경제적 현상을 모두 망라해서 설명하기는 어렵지만 가능한 최근의 경제적 이론을 소개하고 현실적 사례와 접목해서 설명하는 노력을 게을리 할 수 없기에 새로운 집필진을 꾸려 최근의 경제적 사례를 가지고 제2판을 발간하게 되었다. 현재 국제무역분쟁에서 시장의 정상적인 작동원리를 무시한 정치적 요인들이 눈에 띄게 늘어나고 있다. 하지만 기본적으로 인류의 삶이 개선되고 발전되려면 시장의 근본 원리를 무시할 수 없는 것이 사실이다. 생산부터 소비에 이르는 일상적 경제활동에서 시장이 경제적 원칙에 따라 제대로 작동하지 않고 정치적인 동기에 의해 왜곡된다면 우리의 삶은 엄청난 혼란에 빠지고 말 것이다. 그러므로 우리의 일상적 삶이 자연스럽게 작동하려면 시장이 순수한 경제적 동기에 의해 움직여야 한다. 그리고 이러한 시장의 정상적인 흐름을 지켜나가기 위해서는 소비자, 기업, 정부의 경제적 역할과 원리에 대한 이해와 비판이 지속적으로 이루어져야 할 것이다.

우리는 싫든 좋든 이미 시장경제의 틀 속에서 다양한 경제활동을 해 오고 있으며 앞으로도 그러 할 것이다. 따라서 시장에서 발견할 수 있는 경제현상을 연구하는 학문인 경제학에 대한 관심은 향후 우리가 살아가는 삶을 유연성 있게 이끌어가기 위해서는 필수적이다. 이러한 인식을 바탕으로 이 책을 집필할 당시 두 가지 관점에 중점을 두었다. 하나는 경제이론만을 설명하기보다는 사례를 같이 공부할 수 있도록 했다. 우리 주위에서 볼 수 있는 경제적 사례를 통해 이론이 어떻게 현실과 연결되어 있는가를 보여주려 했다. 특히 각종 통계자료의 경우도 한국의 최근 통계를 사용하여 언론에서 다루어지고 있는 경제가 멀리 있는 것이 아니라 바로 우리 주위에 있다는 것을 알려주려고 하였다. 두 번째는 경제이론 서술을 가능한 한 평이하게 하려고 했다. 약속된 용어를 사용하여 간략하게 정리해야 하는 이론의 속성상 쉬운 서술에는 한계가 있다. 그러나 저자들은 최대한 풀어쓰고 쉬운 용어를 사용하여 설명하려고 노력했다. 약간의 인내심을 갖고 공부를 한다면 혼자서도 충분히 학습할 수 있을 것이라 믿는다.

그리고 이 책은 기본적으로 한 학기에 끝낼 수 있도록 하기 위해 당장 시급하지 않은 부분은 과감히 삭제하고 경제학을 처음 접하는 학생들이 꼭 알아야 할 핵심 원리만을 담고자 노력했다. 경제학을 처음 접하는 독자들이 너무 두꺼운 분량에 겁을 먹기보다는 자신감을 갖고 경제학적 소양을 쌓아갈 수 있도록 하기 위함이다. 아무쪼록 이 책을 통해 경제학에 흥미를 갖고 일상적인 경제생활에 도움이 될 수 있다면 저자들은 매우 기쁠 것이다. 기꺼이 출판을 맡아주신 (주)시그마프레스 출판사에 감사드리며, 특히 번거로운 수정과 까다로운 편집에 많은 수고를 해주신 편집부 여러분께 고마움을 전하고 싶다.

2019년 8월
저자

차례

제2부   거시경제의 이해

06   거시경제의 기초 개념

서장 경제학의 기초 개념

사람들이 살아가기 위해서는 먹고 자고 입는 의식주 문제를 해결해야 한다. 뿐만 아니라 여가와 문화도 즐기고 좋은 교육과 의료도 받으면서 살아야 윤택한 삶을 살 수 있다. 모든 사람들은 가능한 높은 삶의 질을 원하지만 현실은 그렇지 못하다. 잘 사는 나라가 있는가 하면 하루하루를 연명하는 수준의 삶에 머물러 있는 나라도 있다. 한 나라 안에서도 잘 사는 사람과 그렇지 못한 사람들이 있다. 특히 소득을 얻는 가장 중요한 수단인 일자리의 양극화가 이러한 빈부의 격차를 가져오는 중요한 원인이 되고 있다. 무엇이 이러한 차이를 만들어내는 것일까? 경제학은 사람들의 일상의 경제생활과 관계된 물자를 조달하고 배분하는 것을 연구하는 학문이다. 이 장에서는 경제학이 어떤 학문이며 주로 무엇을 연구하는지를 살펴보고자 한다.

Ⅰ 일상생활로서의 경제

1. 희소성과 경제의 3대 문제

오늘날의 인류는 과거의 선조에 비해 비교할 수 없을 정도로 잘 살고 있다. 세계의 많은 나라에서 배고픔을 겪는 사람들의 숫자는 급격히 줄어들었으며, 예전에는 상상도 하지 못했던 소비 수준을 누리고 있다. 오늘날에는 사람들이 모두 자신의 전화기를 들고 다니면서 언제 어디서나 소통하고 다양한 일들을 처리하고 있다. 몇십 년 전만 하더라도 상상도 할 수 없었던 일이다.

그러나 그러한 비약적인 발전에도 불구하고 인류는 여전히 많은 경제문제에 직면하고 있다. 빈곤, 불평등, 공해, 외채, 억압, 실업 등 많은 문제가 계속 우리를 괴롭히고 있는 것이다. 특히 최근에는 세계의 모든 나라에서 '고용 없는 성장'이라는 새로운 문제에 직면하고 있으며, 그와 함께 청년 실업이 주요 사회문제로 대두하고 있다. 이러한 경제문제는 왜 발생하는 것일까?

그것은 바로 희소성(scarcity) 때문이다. 사람의 욕구와 욕망은 무한한데 이를 충족시킬 수 있는 수단인 자원은 한정되어 있다. 예를 들어보자. 먹을 것과 입을 것, 그리고 우리가 살고 싶은 주택들이 무한정 존재한다면 대부분의 경제문제는 사라질 것이다. 더이상 배고파 고통받는 사람도 없을 것이고, 새로 나온 휴대폰을 사기 위해 몇 달씩 저축을 해야 하는 일도 없을 것이다. 또 우리가 원하는 물자들이 도처에 널려 있다면 굳이 취업 때문에 고민하지 않아도 될 것이며, 오늘날 세계의 청년들을 괴롭히고 있는 주택난과 높은 임대료를 걱정하지 않아도 될 것이다.

그러나 현실은 그렇지 못하다. 사람들은 나름대로의 욕구와 욕망을 가지고 있지만 그것을 충족시킬 수 있는 수단은 매우 제약되어 있다. 이처럼 자원이 인간의 모든 욕구를 충족시키기에 불충분한 현상을 희소성이라고 한다. 바로 이러한 희소성 때문에 다양한 경제문제가 발생한다. 그러면 이러한 희소성의 문제를 어떻게 해결할 것인가? 어떻게든 희소성의 문제를 해결하지 않으면 안 된다. 그래서 경제문제 해결의 핵심은 결국 자원을 어떻게 합리적으로 배분할 것인가로 귀결된다. 즉 부족한 자원을 여러 경제문제를 해결할 수 있는 용도로 적절하게 배분하는 것이 바로 경제의 근본 과제라고 할 수 있다.

> 인간의 욕망은 무한한데 그것을 채워줄 수 있는 자원은 부족한 것을 희소성이라고 한다. 이 희소성 때문에 경제문제가 생긴다. 어떤 사회든 희소성의 문제를 해결하지 않으면 안 된다. 결국 부족한 자원을 여러 경제문제를 해결할 수 있는 용도로 적절하게 배분하는 것이 바로 경제의 근본 과제라고 할 수 있다.

희소성 때문에 모든 사회는 다음의 세 가지 문제에 직면하게 된다. 첫째, 무엇을 얼마만큼 생산할 것인가? 둘째, 어떤 방법으로 생산할 것인가? 셋째, 생산물을 사회 구성원 사이에 어떻게 분배할 것인가? 이 세 가지 문제는 어떤 사회에서도 직면하게 되는 기본적인 과제이다.

첫 번째 문제는 생산물의 종류와 수량에 관한 것이다. 주어진 자원을 가지고 어떤 욕구를 얼마나 충족시킬 것인가 하는 산출물 구성과 관련이 있다. 그리고 이는 곧 한 국가나 사회의 자원을 어떤 용도로 사용할 것인가 하는 자원 배분의 문제와 직결된다. 예를 들어 한정된 국가 자원을 자동차 생산에 많이 투입하였다면 쌀의 생산은 줄어들 수밖에 없을 것이다.

두 번째는 생산방법에 관한 것이다. 도로를 건설할 때 굴삭기를 이용하는 경우가 많지만 노동력이 풍부한 사회에서는 사람들이 삽으로 건설하기도 한다. 생산에 투입되는 요소들을 어떻게 결합하는 게 좋은 것인가에 대해서는 '주어진 비용으로 최대의 성과'를 거두는 경제적 효율의 원칙이 중요하게 적용된다.

세 번째는 누구를 위하여 생산할 것인가 하는 문제이다. 이것은 소득 또는 생산물의 분배 방법과 관련된 것으로 생산한 것들을 사회 구성원들 사이에 어떻게 나눌 것인가 하는 것이다. 어떤 사회든 그 사회에서 생산된 물자들을 더 많이 사용하는 사람과 그렇지 못한 사람들이 있게 되는데, 그래서 여기에는 형평성(equity)이라는 문제가 제기된다.

이러한 세 가지 기본적 문제는 어떤 사회든 해결하지 않으면 안 된다. 그런데 역사적으로 보면 이 세 가지 문제를 해결하는 방법은 시대나 국가에 따라 많이 달랐다. 그렇지만 크게 보아 이러한 문제를 해결하는 방법은 기본적으로 두 가지로 나눌 수 있다. 하나는 시장, 즉 가격 기구에 의해 자원 배분을 하는 시장경제(market economy)이고, 다른 하나는 중앙 정부의 계획에 의해 자원을 배분하는 계획경제(planned economy)이다. 이러한 자원 배분의 질서를 경제체제라고 부른다.

오늘날 대부분의 국가는 시장경제를 자원 배분의 기본적인 수단으로 삼고 있는 시장경제체제이다. 이에 반해 과거 사회주의 국가들은 정부의 계획에 의해 자원을 배분하는 계획경제체제를 운영하였다. 그러나 이론적으로 생각할 수 있는 순수한 형태로서의 시장경제나 계획경제는 찾아보기 어렵다. 대부분의 국가는 시장경제를 바탕으로 정부가 적절히 시장에 개입하는 '혼합경제체제'가 일반적이다.

2. 경제행위와 경제현상

아침에 눈을 뜨면서 사람들은 하루의 일과를 머릿속으로 생각한다. 하루 동안 어디서

모든 것은 선택이다.

어떤 일을 할 것인가를 마음속에 그려보는 것이다. 그런데 매일같이 우리가 처리해야 할 일은 우리에게 주어진 시간에 비해 항상 많기 마련이다. 그럴 경우 다시 우리는 여러 가지 일 중에서 어떤 것부터 먼저 해야 할 것인가를 결정해야 한다. 이렇게 본다면 우리들의 일상생활은 선택의 연속이라 할 수 있다.

일상에서 이루어지는 이러한 선택행위 가운데 경제와 관련된 것을 경제행위라고 한다. **경제행위**란 사람들이 물질적 · 정신적 만족을 얻기 위하여 행하는 모든 행동들을 말한다. 이러한 행동들은 우리의 일상생활 속에 있으며, 우리도 모르게 행하는 행동들이 사실은 경제행위를 이루는 것이기도 하다. 예를 들어보자. 아침에 일어나 세수를 하는 것은 비누와 물을 소비하는 것이며, 학교 가는 길에 문구점에 들러 펜을 한 자루 샀다면 그것은 교환행위를 한 것이 된다. 교실에서 수업을 받는 것은 서비스를 소비하는 것이며, 방과 후 주유소에서 아르바이트를 했다면 그것은 서비스를 생산한 것이 된다. 이처럼 우리의 일상은 수많은 경제행위로 이루어져 있다. 따라서 우리의 일상적인 삶은 경제행위의 연속이라고 볼 수 있다.

> 일상생활은 경제활동의 연속이고, 경제활동에는 끊임없는 선택이 따른다.

경제행위는 개인에 의해 이루어지는 것이지만 개인들의 경제행위가 모이면 하나의 경제현상으로 나타난다. 사람들의 경제행위는 수없이 다양하게 나타나게 되는데, 그것들은 크게 4개의 범주, 즉 생산, 분배, 교환 그리고 소비라는 현상으로 분류할 수 있다.

예를 들어 자동차를 만들거나, 쌀을 생산하거나, 버스를 운행하는 것은 무엇인가 사람들이 필요로 하는 것을 제공한다는 점에서 비슷한 특징을 가진다. 이처럼 무엇인가를 만드는 행위를 **생산**이라고 한다. 또 생산에 종사하는 사람들은 현물이든 화폐든 그 대가를 받게 되는데 이를 **분배**라고 한다. 오늘날 분배는 대부분 화폐로 이루어지고 있으며, 이렇게 돈을 갖게 된 사람들은 그 돈으로 자신이 필요로 하는 물자를 구입하게 된다. 이를 **교환**이라고 한다. 그리고 교환을 통해 구입한 물자는 최종적으로 사람들에 의해 소모되는데 이를 **소비**라고 부른다.

이러한 사람들의 경제행위가 계속적이고 규칙적으로 이루어져 일정한 사회적 질서를 형성하게 되면 이것을 경제 혹은 경제질서라고 한다. 결국 경제란 인간의 욕구 충족에 필요한 상품을 만들어내고(생산), 서로 교환하고(교환), 나누고(분배), 쓰는(소비) 활동 모두와 관련되는 사회적 질서라고 정의를 내릴 수 있다.

우리는 대개 일상의 여러 행위에서 소비하는 시간을 대수롭지 않다고 생각하지만 사실은 개인들의 행위가 모이면 그것은 때때로 대단한 크기와 경향을 갖는 경제현상으로 나타난다. **경제학**(economics)은 이러한 경제현상의 배후에 있는 경제법칙이나 경향을 발견하여 좀 더 나은 경제상태를 만들고자 하는 학문이다.

3. 경제주체와 국민경제

경제학이 분석 대상으로 삼고 있는 경제현상은 개개인들의 경제행위가 모여 이루어지는 것이다. 그런데 수많은 사람이 각각 독립적으로 경제행위를 할지라도 그러한 행위 사이에는 상당한 유사성과 공통점이 있다. 이처럼 비슷하거나 유사한 경제행위를 수행하는 집단을 묶어 **경제주체**라고 한다. 일반적으로 경제주체는 가계, 기업, 정부, 해외로 구분한다. 가계는 소비의 주체이고, 기업은 생산의 주체이며, 정부는 재정의 주체이고, 해외는 무역의 주체이다.

> 경제행위를 수행하는 사람이나 집단을 경제주체라고 한다. 가계는 소비의 주체이고 기업은 생산의 주체이며, 정부는 재정의 주체이고 해외는 무역의 주체이다.

가계는 주로 소비생활을 영위하는 경제주체로서 개인 또는 가족으로 구성된다. 가계는 노동력과 같은 재화 생산에 필요한 생산요소를 기업 또는 정부 부문에 제공하여 소

칼 폴라니의 '경제통합유형'

경제사학자이며 경제인류학자인 칼 폴라니는 인류 역사에서 발견되는 경제활동의 사회적 조직 양식과 관련하여 몇 가지 일반유형을 확인하고 그것을 '통합유형(forms of integration)'이라는 개념으로 제시하였다. 폴라니는 우리가 흔히 쓰는 경제체제와 유사한 개념인 경제통합유형을 크게 호혜(reciprocity), 재분배(redistribution), 교환(exchange)으로 구분하였다.

호혜란 일정한 사회적 관계가 있는 사람들 사이에 일종의 사회적 의무로서 재화와 서비스를 주고받는 형식으로 물질적 욕구가 충족되는 형태이다. 재분배는 자원에 대한 중앙집중적 관리와 그에 따른 재분배가 이루어지는 방식이다. 교환은 시장에서 상품을 통해 교환하는 방식이다.

호혜의 통합유형은 평등주의적인 사회조직 원리라고 할 수 있는데 소위 대칭적 사회구조가 전제된다. 호혜는 한 사회가 소집단으로 나뉘고 각자 자신의 소속을 알고 있는 상태에서 가능하다. 호혜적 관계는 가족, 종족, 도시국가와 같은 영속적인 공동체에서뿐만 아니라 군대, 직업, 종교 등 일시적인 조직들 내에서도 구성원들 사이에 대칭적 집단이 형성됨으로써 가능하다. 또한 통합유형으로서 호혜는 재분배와 교환과 같은 다른 방식들을 부수적으로 이용함으로써 더 효과적일 수 있다.

재분배는 재화가 중앙에 집중되었다가 다시 배분되는 상황을 의미한다. 인류 문명에서 재분배는 노동의 분업에 의존할 수밖에 없는 원시시대의 수렵부족에서부터 고대 이집트, 바빌로니아, 페루, 인도, 중국 등 고대의 대제국에 이르기까지 광범위하게 존재하였다. 고대의 대규모 왕국들은 기본적으로 재분배 원리에 기반을 두고 있었다.

교환은 그 결과에서 이익을 얻으려는 사람들 사이에 이루어지는 재화의 무차별적인 쌍방향 이동을 의미한다. 통합유형으로서 교환은 역사적으로 유럽에서 19세기에 나타났다. 교환이 통합유형으로 기능하기 위해서는 가격형성 시장체제의 지원을 필요로 한다. 시장에 의한 경제체제의 통제는 사회 전체의 조직에 결정적인 결과를 수반한다.

그것은 바로 사회가 시장의 부속물이 되는 것을 의미한다. 경제가 사회적 관계에서 벗어날 뿐 아니라 사회적 관계 자체가 경제에 묻히게 되는 것이다. 이러한 의미에서 고립된 시장이 시장경제로 전환되고 통제된 시장이 자기조정적 시장으로 전환되는 것은 인류의 역사에서 중대한 일이다.

득을 얻는다. 이렇게 얻어진 소득으로 소비자는 최대의 만족을 얻기 위하여 소비 활동을 하는데, 이를 효용 극대화 원리라고 한다.

기업은 영리를 목적으로 생산활동을 하는 경제주체로서 노동, 자본, 토지 등의 생산요소를 사용하여 생산활동을 영위하며, 이러한 생산활동을 통해 가급적 많은 이윤을 얻으려고 하는데, 이를 이윤극대화 원리라고 한다.

세계의 국기와 화폐

정부는 기업과 가계로 구성되는 민간 부문의 경제활동을 조정 및 규제하는 준칙을 마련하여 이의 준수를 강제하면서 민간 부문이 생산할 수 없는 특수한 재화, 예를 들면 국방, 치안, 교육 등의 **공공재**를 생산한다. 이러한 과정에서 정부는 민간 경제주체와 같이 일정한 자원을 사용하게 된다. 또한 공공 욕구를 충족시키기 위해 민간 부문에서 구입한 재화와 서비스를 소비하기도 한다. 이와 같은 점에서 정부는 생산도 하고 소비도 하는 존재이다. 여기서 가계, 기업, 정부라는 세 경제주체의 개별적인 경제행위를 포괄적으로 파악하여 이들이 전체로서 형성하는 경제단위를 **국민경제**라고 한다.

그러나 오늘날 세계는 자급자족의 경제단위로 존재하는 경우가 거의 없다. 무역으로 대표되듯이 한 나라의 국민경제는 다른 여러 국민경제와 밀접한 관련을 맺고 있다. 오늘날에는 자본이나 노동과 같은 생산요소의 국제 간 이동도 활발하다. 한 나라와 거래하는 모든 해외의 국민경제를 **해외 부문**이라 부르며, 이를 경제학에서는 '제4의 경제주체'로 이해한다. 그리고 국민경제가 해외 부문과 관련을 맺는 형태는 주로 수출과 수입을 통해 파악하며 이를 **개방경제**라고 부른다.

4. 경제객체와 경제재

사람들의 경제행위의 대상이 되는 것을 **경제객체**라고 한다. 오늘날 대표적인 경제객체는 다름 아닌 **상품**(commodity)이다. 상품은 크게 재화와 용역으로 나눌 수 있다. 흔히 눈에 보이는 구체적인 물건을 **재화**(goods)라 하고, 눈에 보이지는 않으나 쓸모 있는 인간 활동을 용역 혹은 **서비스**(service)라 부르며, 이들을 함께 넓은 의미의 재화 속에 포함시키기도 한다.

재화는 쓰이는 용도에 따라 소비재(consumption goods)와 생산재(production goods)로 나누기도 하고, 사용 횟수에 따라 단용재(single-use goods)와 내구재(durable-use goods)로 구분하기도 한다. 최종 소비 용도로 쓰이면 소비재가 되고, 다른 것을 만드는 데 투입되면 생산재가 된다. 예를 들어 같은 밀가루라도 집에서 국수를 만들어 먹는 용도로 쓰이면 소비재이지만, 제과점에서 빵을 만드는 것으로 쓰인다면 생산재가 된다. 아울러 단용재는 껌처럼 한 번 소비하면 없어지는 재화를 말하며, 내구재는 한 번 사용으로 없어지지 않고 상당 기간 사용할 수 있는 재화를 말한다. 가구나 냉장고처럼 한 번 구입하면 오래도록 사용하는 것이 내구재이다.

용역은 간접 용역과 직접 용역으로 나눌 수 있다. 직접 용역은 교수의 강의나 가수의 공연처럼 용역 그 자체가 제공됨에 반해, 간접 용역은 교통과 같이 재화와 결부되어 서비스가 제공되는 것을 말한다.

또한 재화는 경제재(economic goods)와 자유재(free goods)로 나뉘기도 한다. 경제재는 대가를 지불하여야 얻을 수 있는 재화이고, 자유재는 돈이나 노력을 들이지 않고서도 얻을 수 있는 공짜 재화이다. 경제학에서는 오직 경제재만을 경제객체라고 한다. 오늘날 대부분의 재화는 경제재이며 자유재는 공기나 물처럼 일부분의 재화에서만 볼 수 있다.

> 대가를 지불해야만 얻을 수 있는 재화를 경제재라 하고, 대가 지불 없이 공짜로 얻을 수 있는 재화를 자유재라고 한다. 경제학에서는 오직 경제재만을 경제객체라고 한다.

그러나 자유재로 생각하고 있었던 재화도 점차 경제재로 바뀌는 현상이 나타나고 있다. 어디서나 공짜로 얻을 것 같았던 생수가 석유보다 비싸게 팔리는 경우도 있고, 깊은 산속의 맑은 공기도 판매의 대상이 되고 있다. 소득 수준의 향상에 따라 삶의 질에 대한 관심이 증대되면서 주택의 가격에서 환경이 차지하는 비중이 높아지는 것도 자유재가 경제재로 바뀌는 현상 중 하나이다. 아파트의 가격 형성에서 일조권과 조망권의 비중이 높아지는 것도 같은 맥락이다. 고층 아파트가 일반화되면서 햇빛을 받을 수 있는 권리가 하나의 재화로 등장하고 있는 것이다.

5. 경제원칙과 기회비용

희소성이 지배하는 경제에서 중요한 것은 자원을 어떻게 배분하는가이다. 희소한 자원을 가지고 무한한 욕망을 충족시키기 위해서는 효율적으로 자원을 배분해야 한다. 그러면 어떻게 하는 것이 효율적이고 합리적이라고 할 수 있을까? 이러한 효율적이고 합리적인 경제행위의 판단의 근거가 되는 것을 **경제원칙**(economic principle) 혹은 **경제적 효율성**(economic efficiency)이라고 한다.

경제원칙은 '최소비용 최대효과'를 내는 것을 말한다. 동일한 비용이라면 효과의 극대화(최대효과의 원칙)를 목표로 하고, 동일한 효과를 얻기 위해서는 비용의 극소화(최소비용의 원칙)를 선택하는 것이다. 제약이 없는 상태에서는 효과와 비용의 차이를 극대화하는 것이 목표가 될 것이다. '같은 값이면 다홍치마'라는 속담이 바로 이러한 원칙을 설명해주는 좋은 예가 될 것이다.

그런데 희소성 때문에 경제행위에는 항상 선택의 문제가 발생하게 된다. 즉 어떤 하나를 선택하면 다른 무언가를 포기해야 하는 '상충관계(trade-off)'의 상황에 직면하게 된다. 공짜 점심은 없는 것이다. 예를 들어 시험을 하루 앞두고 있다고 하자. 내일 두 과목의 시험을 치른다면 어떻게 시간을 배분할 것인가? 주어진 시간은 24시간에 불과하기 때문에 경제학원론 공부에 모든 시간을 투입했다면 다른 과목의 시험 준비는 포기해야 한다. 지갑에 있는 3,000원으로 라면을 사 먹었다면 김밥은 포기해야 한다. 하루 1,000켤레의 신발을 생산할 수 있는 공장에서 생산시설을 운동화를 만드는 데 모두 이용한다면 등산화를 만드는 것은 포기해야 한다.

그런데 여기서 어떤 하나를 선택하고 다른 것을 포기한다고 할 때 그것이 진짜 의미하는 것은 선택할 수 있는 다른 많은 것들의 '기회'를 포기한다는 의미이다. 그리하여 하나를 선택하면 다른 것을 선택하지 못하는 것을 **기회비용**(opportunity cost)이라고 부른다. 좀 더 엄밀하게 정의하면 기회비용이란 하나의 선택으로 말미암아 선택하지 못했던 것 중에서 가장 좋은 대안이 주는 이득을 말한다. 즉 어떤 것을 얻기 위해 포기하거나 상실되는 다른 기회의 가치 중 가장 큰 것이 바로 기회비용인 것이다.

예를 들어 내일이 시험일 때 오늘은 다른 무엇보다도 시험공부를 하는 게 좋을 것이다. 그러면 시험공부를 하는 기회비용은 만일 시험공부를 하지 않았더라면 선택할 수 있었던 그 외의 선택들인 친구와의 만남, 연인과의 데이트, 운동, 산책 등을 하지 못하는 데서 잃게 되는 아쉬움 가운데 가장 큰 것이 된다. 만일 어떤 친구가 그날은 꼭 데이트를 하고 싶었는데 시험공부 때문에 데이트를 포기했다면 시험공부의 기회비용은 데이트가 되는 것이다.

> 다른 선택의 기회를 포기함으로써 발생하는 비용을 기회비용이라고 한다. 여기에는 그 선택으로 직접 발생되는 명시적 혹은 회계학적 비용과 그 선택에 따른 암묵적 비용도 포함된다.

6. 생산가능곡선으로 살펴본 희소성과 선택

희소성 때문에 경제문제가 발생하고 경제문제를 해결하기 위해서는 희소한 자원을 효율적으로 배분하는 것이 중요한 과제라는 것을 앞에서 살펴보았다. 이러한 선택의 문제를 시각적으로 쉽게 이해할 수 있도록 보여주는 것이 생산가능곡선(production possibilities curve, PPC)이다.

우선 생산가능곡선은 두 가지 사실을 가정하고 있다. 첫째, 한 사회의 자원으로서 생산요소인 노동력, 천연자원, 자본과 생산기술은 주어져 있다. 둘째, 생산할 수 있는 재화는 두 종류만 있다.

주어진 모든 자원을 효율적으로 사용하여 두 재화를 생산할 경우, 한 가지 재화의 생산을 증가시키려면 반드시 다른 재화의 생산량은 줄여야 한다. 모든 노동력과 기계 그리고 토지 등이 생산에 사용되고 있기 때문에 한 제품을 더 생산하기 위해서는 다른 제품의 생산은 줄이지 않으면 안 된다. 그런 점에서 생산가능곡선은 '한 사회가 주어진 생산요소와 생산기술을 사용하여 최대한 생산할 수 있는 두 생산물의 여러 가지 조합을 나타내주는 곡선'이다. 이는 곧 한 경제 내의 생산요소들이 완전고용되고 생산과정에 효율적으로 투입되었을 때 최대로 생산 가능한 상품들의 조합들을 나타내는 곡선이기도 하다.

> 생산가능곡선이란 주어진 자원과 생산기술을 이용하여 최대한 생산할 수 있는 두 생산물의 여러 조합을 나타내는 곡선이다.

예를 들어 주어진 자원을 사용해 쌀과 옷을 생산할 수 있는 기술적인 생산물 조합 가능성을 나타내는 생산가능성 표는 〈표 1〉과 같이 예시할 수 있다. A점은 쌀은 전혀 생산하지 않고 옷 25단위를 생산하는 것이며, D점은 쌀 3단위, 옷 19단위를 생산하는 것을 나타낸다. 그리고 F점은 쌀을 5단위 생산하면 옷은 전혀 생산할 수 없는 것을 나타낸다. 이러한 쌀과 옷의 여러 가지 생산물 조합을 그림으로 나타낸 생산가능곡선은 〈그림 1〉과 같이 나타낼 수 있다.

생산가능곡선과 곡선의 내·외부가 나타내는 의미를 살펴보자. 먼저 생산가능곡선이 의미하는 바는 생산활동이 효율적일 때 얻을 수 있는 두 재화의 조합이다. 즉 곡선 위의 점들은 기술적 효율이 달성되는 생산 가능한 두 재화의 최대의 양을 나타내는 조합들이다. 곡선 내부는 최대효과의 원칙에 어긋나는 영역이다. 즉 생산활동이 비효율적으로 이루어지고 있거나, 자원의 일부가 낭비되고 있거나, 자원을 모두 사용하더라도 열악한 생산기술을 사용하는 경우를 나타낸다. 노동시장에서 실업이 발생하는 경우가 그 예이다. 곡선 외부의 점들은 현재의 기술 수준에서는 주어진 생산요소만으로는 도달하기 불가능한 생산물들의 조합을 나타낸다. 이처럼 생산가능곡선은 그 경제가 현재의 자원과 기술로 도달할 수 없는 영역과 도달할 수 있는 영역을 구분해주는 경계선으로 **생산가능경계선**(production possibilities frontier)이라고도 부른다.

아울러 생산가능곡선은 다음과 같은 특징을 가지고 있다. 우선 생산가능곡선은 우하향하는 모양을 보여주고 있다. 이것은 '희소성의 원칙' 때문이다. 기술 수준이 일정하고 두 자원이 완전히 이용되고 있는 상황에서 두 재화의 생산량을 동시에 증가시키는 것은 불가능하다. 한 재화의 생산량을 증가시키려면 다른 재화의 생산량을 감소시키지 않으면 안 된다. 이 때문에 생산가능곡선은 우하향하는 모습이 된다.

그리고 생산가능곡선은 원점에 대하여 오목한 형태를 지니는데, 이는 '기회비용 체

표 1 생산가능성 표

생산물	생산물 조합					
	A	B	C	D	E	F
쌀	0	1	2	3	4	5
옷	25	24	22	19	14	0

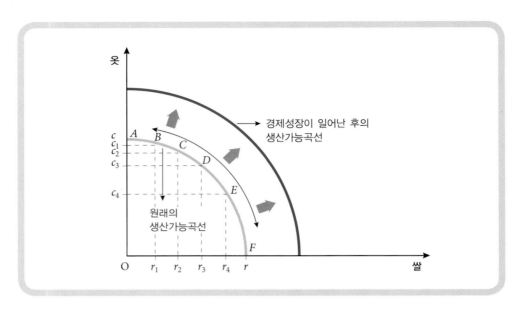

그림 1 생산가능곡선

증의 법칙'이 성립하기 때문이다. 〈그림 1〉에서 Or_1 쌀 생산의 기회비용은 옷 수량 cc_1이다. 이는 Or_1의 쌀을 생산하기 위해 cc_1이라는 옷을 생산할 기회를 포기해야 하기 때문이다. 이처럼 쌀 생산의 기회비용은 옷 생산량으로 표시될 수 있다. 계속하여 쌀 r_1r_2, r_2r_3, r_3r_4, r_4r만큼 추가로 생산하는 기회비용은 각각 옷 수량 c_1c_2, c_2c_3, c_3c_4, c_4O가 될 것이다. 결국 생산가능곡선 기울기의 절댓값은 수평축에 나타나 있는 상품의 기회비용으로서, 여기서는 쌀 1단위를 더 생산하기 위해 희생해야 하는 옷의 양이다. 그런데 쌀 생산을 증가시킴에 따라 쌀 1단위의 기회비용이 점점 증가하기 때문에 생산가능곡선이 오른쪽으로 갈수록 곡선 기울기는 더욱 가파르게 된다. 즉 쌀을 추가적으로 생산하는 데 드는 기회비용이 증가하는 '기회비용 체증의 법칙'이 성립하게 되고, 이는 원점에 대해서 오목한 생산가능곡선으로 표시되는 것이다.

한 상품의 생산이 점차 늘어 가면서 그것의 기회비용이 상승하는 현상인 **기회비용체증의 법칙**이 성립되는 대표적인 이유는 생산요소의 부적합도 때문이다. 예를 들어 옷만 생산하다가 쌀을 조금 생산하기 시작할 때에는 경제적 효율에 입각하여 옷 생산에는 별로 기여하지 않고 쌀 생산에는 크게 기여하는 자원만을 빼내어 생산할 수 있다. 따라서 처음에는 쌀 생산을 늘릴 때 감소시켜야 하는 옷 수량이 적다. 그러나 쌀 생산을 계속 늘려가면 옷 생산에 적합한 자원까지 쌀 생산으로 전용해야 한다. 그 결과 감소되는 옷 수량은 점점 커진다. 즉 자원의 비동질성으로 인해 생산요소 간의 완전 대체가 불가능한 것이다. 구체적으로는, 처음에는 옷 생산에 고용되고 있는 인력 중 농촌 출신이거나 과거에 농업 교육을 받고 농업에 종사한 경험이 있는 노동자가 우선적으로 쌀 생산으로 전환된다. 그러나 계속적으로 쌀 생산을 늘려가면 쌀 생산에서 생산성이 높은 노동자는 점차 희소해질 것이다. 다시 말해 쌀 생산보다는 옷 생산에서 생산성이 더 높은 사람까지 쌀 생산에 동원되어야 할 것이다. 그 결과 동일한 양의 쌀을 더 생산하기 위해 포기되어야 하는 옷의 생산량은 점차 증가한다.

생산가능곡선이 오른쪽으로 이동하는 것은 **경제성장**(growth)을 나타낸다. 생산요소의 공급이 늘어나거나 기술 수준이 향상되면 경제성장이 일어난다. 천연자원을 새로 발견하거나 노동력의 공급이 늘어나면(인구 증가, 여성의 경제활동 참가율 증가, 새로운 인구 유입) 동일한 기술에서도 더 많은 것을 생산할 수 있다. 또 생산요소의 양은 변동이 없더라도 생산기술이 진보하면 더 많은 생산을 할 수 있다. 이때 생산가능곡선은 오른쪽으로 상향 이동한다.

Ⅱ 경제학과 연구 방법

1. 경제학의 정의와 구분

흔히 경제학을 '선택의 학문'이라고 부른다. 그 이유는 자원의 희소성 때문에 불가피해진 모든 선택에는 기회비용이라는 대가가 따르기 때문이다. 경제학이란 바로 이러한 선택의 문제 혹은 경제문제에 대한 합리적이며 효과적인 해결 방안을 모색하는 학문이다. 즉 경제학은 사람들의 무한한 물질적 · 정신적 욕망을 충족시키기 위해서 희소한 자원을 어떻게 효율적으로 관리하는가를 연구하는 학문이라고 정의할 수 있다.

이처럼 제한된 수단의 선택에 관한 것을 연구하는 경제학이 하나의 독립된 학문으로 정립된 것은 애덤 스미스(Adam Smith, 1723~1790)의 **국부론**(*The Wealth of Nations*, 1776)이 출간된 이후이다. 특히 19세기 후반에서 20세기 사이에 경제학은 비약적으로 발전하여 사회과학의 중심적인 위치를 차지하게 되었다. 경제학은 사회 현상을 주된 연구 대상으로 삼기 때문에 사회과학에 속하며, 주로 사회 구성원이자 시장 활동 참여자인 인간의 행동을 연구 대상으로 한다. 때문에 경제학의 주요 연구 대상은 경제적 현상이나 경험 혹은 경제행위의 특성을 설명하거나 예측하는 데 이용될 수 있는 이론을 찾아내는 것이다. 그리고 경제이론은 경제현상을 설명하거나 예측하는 데서 한 걸음 더 나아가 경제정책 수립의 바탕을 제공함으로써 현실적인 문제 해결에 공헌하는 실천적인 측면도 있다. 사회 및 국가가 발전하면서 경제 규모 역시 지속적으로 확대되어 왔으며, 이에 따른 선택의 폭도 넓어지게 되었는데, 이는 결국 선택의 학문으로서 경제학이 더욱 필요해지는 결과를 낳았다.

경제학은 경제현상의 배후에 있는 법칙과 질서를 연구하는 학문이다. 경제현상은 앞에서 공부한 경제행위에 의해 만들어진다. 우리는 사실 매일 신문이나 방송을 통해 수많은 경제행위와 이에 따른 경제현상들을 접하고 있다. 이러한 경제현상을 서술하는 방법에는 두 가지가 있다. 하나는 경제현상을 있는 그대로 나타내는 것이고, 다른 하나는 어떻게 되어야 한다는 주장을 담아 표현하는 것이다. 전자를 **실증적**(positive) 방법이라 하고 후자를 **규범적**(normative) 방법이라 한다. 즉 실증적 서술은 "무엇이다"라는 형식을 취하며 규범적 서술은 "무엇이어야 한다"라는 형식을 취한다. 예를 들어 "청년실업률이 높아지고 있다"는 표현은 실증적 서술 방법이고, "청년실업률이 더 높아져서는 안 된다"라는 표현은 규범적 표현이다. 또한 "소득이 사회 구성원들 간에 불평등하게 분배되고 있다"는 표현은 실증적 서술인 반면, "소득은 사회 구성원의 기여도에 따라 공평하게 분배되어야 한다"라는 표현은 규범적 서술이 된다.

> 가치 판단 없이 경제현상을 있는 그대로 설명하는 것이 실증경제학이고, 가치 판단을 전제로 하여 경제현상이 어떻게 되어야 한다는 주장을 담고 있는 것은 규범경제학이다.

이처럼 사실을 있는 그대로 분석하는 것을 **실증경제학**(positive economics)이라 하고, 무엇이어야 한다는 주장을 담고 있는 분석을 **규범경제학**(normative economics)이라 한다. 무엇이어야 한다는 것에는 경제와 사회에 대한 어떤 가치 판단이 포함되어 있다. 따라서 가치 판단을 전제하는 것은 규범경제학이고, 가치 판단을 배제하는 것은 실증경제학이라 할 수 있다. 그러나 실증경제학과 규범경제학을 엄밀하게 분리하는 것은 불가능하다. 가치 판단을 하지 않아야 한다는 것 자체가 사실은 또 다른 가치 판단일 수도 있기 때문이다. 그리고 실제로 가치 판단의 개입을 거부하는 오늘날의 이론경제학도 이론이 도출되는 깊은 곳을 들여다보면 어떤 시대적 가치관을 방법론적 전제로 깔고 있음을 알 수 있다. 예를 들어 오늘날의 주류 경제학은 경제현상이 전적으로 개인들의 자유로운 경제행위에 의해 구성된다고 보는데, 이것은 자유주의적이고 개인주의적인 가치관을 전제로 하고 있다.

또한 경제학은 미시경제학(micro economics)과 거시경제학(macro economics)으로도 나눌 수 있다. 미시경제학은 경제를 현미경으로 들여다보는 것으로 주로 가계와 기업과 같은 개별 경제주체의 경제행위를 다룬다. 즉 미시경제학에서는 가계와 기업이 어떤 목적을 달성하기 위해 경제행위를 하며, 이러한 경제행위는 어떤 법칙의 지배를 받는가를 연구한다. 따라서 미시경제학은 '가격론'이라고도 하는데 이것은 미시경제학이 재화와 용역의 생산과 소비, 그리고 시장에서의 교환 및 이를 통한 가격과 수급량 결정을 주요 연구 대상으로 삼기 때문이다.

반대로 거시경제학은 경제를 망원경으로 바라보는 것으로, 국민경제 전체의 관점에서 재화와 용역의 총량적 흐름을 다루는 분야이다. 즉 개별 상품의 생산과 교환, 그리고 분배가 아니라 사회적 생산물 전체를 분석 대상으로 삼는다. 이처럼 거시경제학에서는 한 상품의 생산량 대신에 국민소득 수준을 다루고, 또 한 상품의 가격 대신에 전체 물가 수준을 다루는 것이다.

> 미시경제학은 개별 경제주체의 경제행위를 분석하는데, 현미경적 관찰이라고도 한다. 거시경제학은 국민경제 전체를 분석 대상으로 하며, 망원경적 관찰이라고 한다.

이와 같은 미시경제학과 거시경제학은 오늘날의 경제현상을 분석하는 경제학의 두 축을 이루고 있다. 그런데 미시적 분석과 거시적 분석 사이에는 가끔 논리상의 충돌이 생기기도 한다. 나무가 모여서 숲을 이루지만, 나무에서 얻은 정보가 숲과 같지 않을 수도 있는 것이다. 예를 들어보자. 축구 경기장에서 한 관중이 잘 보이지 않는다고 해서 자리에서 일어나면 그 관중 혼자는 더 잘 볼 수 있을 것이다. 그러나 그 관중을 따라 모든 관중들이 동시에 일어나 서로 더 잘 보려고 한다면 결과는 모두가 경기를 이전보다 더 잘 보지 못하게 되는 결과를 빚게 될 것이다. 이처럼 개별적인 것을 모으면 전체가 되지만, 전체의 성질이 반드시 개별적인 것의 합계와 같지는 않은 것이다.

마찬가지로, 경제에서도 각각의 올바른 행위가 전체적으로는 마이너스로 작용하는 일이 종종 있다. 이처럼 전체의 움직임과 개별의 성질이 상치되는 것을 **구성의 오류** 또는 **합성의 오류**(fallacy of composition)라고 부르며, 개별 경제에 타당한 이론이라고 해서 반드시 사회 전체의 경제에도 타당하다고 할 수는 없다고 주장한다. 이를 테면 저축은 개인에게 필요하며 바람직한 일이지만, 경제 전반적으로는 반드시 좋다고 말할 수 없다. 불황기에 소비자가 저축에 열을 올려 소비 지출을 줄이게 되면 기업의 매출도 줄어들게 되고, 불황은 한층 심각해진다. 결국 소득은 재차 줄어들게 되고, 궁극적으로 저축을 무너뜨리게 될지도 모른다. 저축과 관련된 이러한 현상을 **저축의 역설** 또는 **절약의 역설**(paradox of thrift)이라고도 한다.

또한 경제학은 정태경제학과 동태경제학으로 나눌 수 있다. 정태경제학과 동태경제학의 구분은 시간과 관계가 있다. 시간의 변화에 따라 경제가 변화하는 과정을 연구하는 부문이 동태경제학인 반면, 정태경제학에서는 시간을 문제 삼지 않는다. **정태경제학**은 어떤 균형(equilibrium)에서 다른 균형으로의 이동이 순식간에 일어나는 것으로 보고, 각각의 균형 상태를 비교하고 개별 균형 조건을 다룬다.

2. 경제학의 연구 방법

1) 이론의 의미

우리들이 매일 접하고 있는 경제현상은 매우 다양하다. 일자리의 부족과 실업, 농산물 가격의 폭락과 폭등, 대도시 아파트 가격의 상승과 내집 마련의 어려움 등 이루 말할 수 없이 많은 경제현상들이 매일 일어나고 있다. 그리고 그러한 경제현상들은 마치 독립적인 것처럼 보이지만 사실은 서로 복잡하게 얽혀 있다.

이러한 경제현상이 일어나는 원인과 경제현상들 사이의 관련성을 밝혀내는 것이 바로 경제이론의 과제이다. 경제현상이 왜 발생하게 되었으며, 경제현상 상호 간에 어떤 관련 또는 인과관계가 있는지를 찾아내야 경제를 이해할 수 있기 때문이다. 이를 위해서는 경제현상을 잘 관찰해야 하고, 그러한 관찰을 통해 얻은 사실을 논리적으로 종합하고 분석하여 거기에서 어떤 규칙성과 인과성을 발견해내야 한다. 이와 같은 연구를 통해 경제현상을 지배하는 어떤 결론을 얻게 되는데, 그것이 경제이론이다. 경제이론을 찾아내면 그 이론을 통해 경험적 사실에 대한 바른 인식을 갖게 되고, 나아가 아직 관찰되지 않은 미래의 사건까지 예측 또는 전망할 수 있게 된다.

2) 경제이론의 구성

경제이론을 만들기 위해서는 먼저 이론화하고자 하는 대상들에 대한 명확한 개념 정의를 할 필요가 있다. 예를 들어 최저임금을 올리면 실업률이 어떻게 되는가를 이론화하고 싶다면 최저임금과 실업률에 대한 명확한 개념 정의가 선행되어야 한다.

주요 개념에 대한 명확한 정의를 한 다음에는 분석의 전제가 되는 조건들을 의미하는 가정(assumption)을 세워야 한다. 예를 들어 우리나라에서 새로운 볍씨를 개발하였는데 이 새로운 볍씨로 인해 쌀 생산량이 증가되었는가를 보려고 한다면, 적어도 기후나 비료의 투입량 등에서 지난해와 차이가 있어서는 안 될 것이다. 그렇다면 볍씨의 개발이 쌀 생산에 미친 영향을 파악하기 위해서는 기후와 비료의 투입량에 변동이 없다는 상황을 전제할 필요가 있다. 이처럼 분석의 전제가 되는 조건들을 서술하는 것을 가정이라 한다.

이 가정은 현실의 조건을 잘 반영할 수도 있고 그렇지 못할 수도 있다. 그렇지만 가정에 기초한 이론화는 매우 유용한 분석 틀의 확보 과정이다. 예를 들어 "현재 우리나라에는 휴대전화와 노트북 두 가지 재화만이 있다"고 가정한다면 이는 확실히 비현실적일 것이다. 그러나 만일 "소비자가 주어진 소득을 가지고 휴대전화와 노트북 두 가지 재화를 어떤 비율로 구입할 것인가?"라는 선택의 문제를 설명하는 것이 목적이라면 이러한 가정은 비록 비현실적이지만 분석에는 많은 도움을 줄 수 있다.

이처럼 경제학에서 사용되는 가정은 그것이 현실적인가보다는 경제이론의 구성에 도움이 될 것인가의 여부가 더 중요하다. 예를 들어보자. 지도는 현실의 지형을 비현실적으로 압축한 것이다. 만약 지도가 현실적이면 지도로서 가치를 갖지 못하게 된다. 지도 중에서 가장 현실에 가까운 축적은 1:1의 지도이다. 그러나 이 1:1의 지도는 아무짝에도 쓸모가 없다. 백두산의 지도가 1:1이라면 지도가 백두산만 하여 아무런 이용 가치가 없어지는 것이다. 이론도 이와 마찬가지로 이론 자체가 얼마나 현실적인가 하는 점이 이론의 가치를 결정하는 것은 아니다. 현실을 얼마나 정확하게 설명할 수 있는가 하는 점이 이론의 가치를 결정하는 것이다. 앞으로 경제학을 공부하다 보면 "완전경쟁이라 가정하면…"이란 표현을 자주 보게 될 것이다. 완전경쟁시장이란 소비자와 공급자가 무수히 많고, 이들 모두 시장에 관한 모든 정보를 고루 가지고 있으며, 진입과 퇴출도 자유로운 시장을 말한다. 그런데 이와 같은 시장은 사실상 현실적으로 존재하기 힘들다.

그렇지만 완전경쟁시장에 관한 이론은 경제학에서 매우 중요하다. 비록 현실의 시장 자체가 완전경쟁시장은 아니지만 시장 현실을 파악하고 비추어 볼 수 있는 주요 이론, 즉 거울이 되기 때문이다. 따라서 경제이론에서의 가정을 논의할 때는 그 가정이 비록 비현실적이라 하더라도 그 가정이 가져다주는 분석상의 유용성을 쉽게 부정해서는 안 된다.

가정을 정한 다음에는 수학이나 논리학의 법칙을 이용하여 가정의 기초 위에서 연역적 추론을 통해 가설(hypothesis)을 만든다. 가설이란 잠정적으로 옳다고 가정한 명제이다. 이 가설은 현실의 자료를 이용하여 검증할 수 있다. 가설을 도출하는 과정을 철학적 용어로는 '추상'이라 한다. 추상이란 복잡한 경험 세계로부터 부차적이고 우연적인 것, 즉 이따금씩 나타나는 비본질적인 것을 제거하고 일정한 조건하에 반복되어 나타나는 본질적이거나 필연적인 것만을 가려내는 과정이다. 따라서 도출된 가설은 경제현상에 관한 매우 단순한 추상적 관계를 나타낸 것이라 할 수 있다.

도출된 가설로부터 얻을 수 있는 함의(implication)는 실제 경험적 관찰에 의해 검증될 수 있다. 예를 들어 "통화량을 늘리면 물가가 올라간다"는 가설이 도출되었다고 하자. 이는 과거 경험적 사실을 조사하여 과연 그랬는지 검증할 수 있다. 실제로 모든 경우를 다 검증하기란 불가능하다. 그러나 만약 통화량이 증가되었을 때마다 물가가 상승하지 않고 감소했다면 그 가설은 옳지 않다고 볼 수 있으며, 그렇지 않고 모든 검증에서 물가 상승이 확실하게 나타났다면 그 가설은 경험적 관찰과 일치한다고 볼 수 있다. 이와 같은 검증 과정을 통해 이론과 현실의 일치 여부가 밝혀진다.

> 경제이론은 '가정 설정 ➡ 가설 수립 ➡ 가설 검증'의 과정을 거쳐서 성립된다.

3) 경제이론과 현실

이론은 우리가 살고 있는 세계에서 일어나는 현상에 대한 경험적 관찰을 설명하기 위해 개발된 것이다. 따라서 어떤 이론이 관찰된 현상을 잘 설명한다면 이는 이론으로서 확고한 위치를 가지게 된다. 또한 경제이론은 과거와 현재의 경험 세계를 설명할 뿐만 아니라 아직 관찰되지 않은 미래의 세계, 즉 앞으로 전개될 사건 등을 밝히거나 예측할 수도 있어야 한다.

예를 들어 "한 나라의 수출은 그 나라의 돈의 가치가 떨어질 때 늘어난다"라는 가설이 도출되었다고 하자. 이러한 가설은 물론 과거의 경험을 토대로 얻어진 것으로, 이를 이용하여 경제학자들은 다른 조건이 일정할 때 환율의 변동이 무역 수지에 가져올 효과를 측정할 수 있을 것이다. 물론 이러한 전망은 이듬해 실제로 이루어진 무역 수지와 일치할 수도, 일치하지 않을 수도 있다. 대개 정확하게 일치하지 않는 것이 오히려 일반적이다. 그러나 정확히 일치하지 않았다고 하여 그 이론이 틀렸다고 할 수는 없다. 왜냐하면 그 이론은 일정한 가정을 전제로 만들어진 것이기 때문이다. 따라서 가정에서 변화가 있으면 결과는 다르게 나타날 수밖에 없다. 더욱이 현실과 이론 사이에는 상당한 시차가 존재한다. 이론에서 현실적 결과가 나오는 시간까지 모두 정확히 예측할 수는 없을 뿐만 아니라 이론 자체가 현실을 토대로 하기 때문에 현실과 일정 정도의 시차를 불가피하게 갖지 않을 수 없다.

여기서 가정의 변화가 없었음에도 전망과는 매우 다른 결과가 나타났다면 그 가설은 기각(reject)되어야 한다. 즉 현실과 맞지 않는 가설을 폐기하는 것이다. 이와 같은 과정을 통해 경제이론은 그릇된 점을 수정하고 새로운 사실을 첨가함으로써 과거 경험과 새로운 환경에 맞는 보다 정교한 이론으로 발전하게 된다.

Ⅲ 인류 경제생활의 변화와 경제학의 발달

1. 경제생활의 단계

물자를 조달하고 소비하는 것이야말로 인간 생활의 가장 기본적인 것이라고 할 수 있다. 그러나 인간이 물자를 조달하고 분배하는 방식은 시대에 따라 다른 형태를 보여왔다. 인류가 겪어 온 경제생활의 단계를 연구하는 분야가 경제사이다. 경제사에서는 시대 구분의 몇 가지 잣대를 가지고 단계 구분을 하고 있다.

자원 배분 방식이라는 관점에서 보면, 인류의 경제생활은 전통과 권위에 근거한 통제에 의한 배분에서 시장에 의한 배분으로 부단한 발전을 해왔다. 인류 발생의 초기에는 교환도 많지 않았고 생산된 물자도 공동체를 위해 바로 쓰이거나 권력의 통제에 의해 배분이 이루어졌다. 이후 생산력의 발전과 더불어 사유재산이 생겨나고 교환이 늘어나면서 자원 배분에서 시장의 역할이 매우 중요해졌다. 시장의 발달은 인류의 경제 발전에서 매우 중요한 의미를 지니는 것으로서 오늘날 세계의 경제는 대부분 시장에 의한 배분에 의해 작동되고 있다.

인류가 물자를 조달하는 주요 대상이라는 관점에서 보면 농업사회, 공업사회, 지식사회(또는 정보사회)의 단계로 발전되어 왔다고 볼 수도 있다. 이 가운데 농업문명의 시기가 가장 길었으며 공업문명은 18세기 후반 영국에서 산업혁명이 일어난 이후 존재해오다가 최근 들어 빠르게 지식사회에 자리를 내어주고 있다.

생산에서 생산요소가 가졌던 중요성에 비추어 보면 인류 발전의 원동력은 자연(원시사회), 노동력(고대사회), 토지(중세), 자본(자본주의 사회)의 순서로 변화되어 왔다고 할 수 있다. 오늘날 생산에서는 정보와 지식의 중요성이 커지고 있으며, 일부 학자들은 자본에 이어 지식과 정보가 중요한 생산요소가 되었다고 본다. 아울러 인간이 생산에 동원하였던 도구의 발달을 통해 경제발전의 단계를 구분하는 것도 가능하다. 석기시대를 거쳐 청동기시대를 지나 오늘날 우리가 살고 있는 시대인 철기시대로 이행해왔다.

한편 각 시대별로 지배적인 노동의 형태에 주목하는 관점에서 보면 인류 노동의 역사는 공동노동(원시사회), 노예노동(고대 노예제), 농노노동(중세 봉건제), 임금노동(자본주의)으로 구분할 수 있다.

2. 경제학의 발달

경제학의 역사는 인류의 경제생활의 역사만큼이나 길다고 할 수 있다. 경제현상을 설명하고 거기에서 경제법칙을 도출하려는 지적 산물들은 모두 경제학의 영역에 포함시킬 수 있기 때문이다. 그러나 경제학이 과학으로 성립된 것은 자본주의의 발전과 함께였다. 시장의 객관적인 작용에 의해 움직이는 자본주의 시대에 들어와서야 비로소 경

| 애덤 스미스 | 칼 마르크스 | 존 메이너드 케인스 |

제는 스스로의 법칙에 의해 움직이는 것임이 명확해졌기 때문이다.

현대 경제학의 토대를 완성한 경제학자는 영국의 애덤 스미스였다. 그는 유명한 **국부론**을 저술하였는데, 여기서 스미스는 시장경제의 작동원리를 설명하고 **자유방임**(laissez-faire)에 의한 시장의 기능을 옹호하였다. 자본주의 발전과 함께 19세기 중반에는 노동운동이 선진국으로 파급되어 갔는데, 이를 배경으로 칼 마르크스(Karl Marx, 1818~1883)의 **자본론**(*Das Kapital*)이 출간되었다. 마르크스는 자본주의 경제는 궁극적으로 붕괴되고 사회주의로 넘어갈 것이라고 전망하였다.

1930년대에 접어들면서 세계 경제는 극심한 공황에 휩싸였다. 이러한 공황에 대해 기존 경제이론들은 제대로 해답을 제시하지 못하였다. 이때 존 메이너드 케인스(J. M. Keynes, 1883~1946)는 **일반이론**(*The General Theory of Employment, Interest and Money*)을 저술하여 시장에 국가가 적극적으로 개입할 것을 주장하였다. 케인스 이래 국가는 시장에 개입하는 것이 일반화되어 갔으며, 이러한 정부의 개입을 배경으로 복지국가가 탄생하였다.

그러나 1970년대 공황 이후 다시 정반대의 인식이 등장하였다. 정부의 지나친 개입으로 비효율이 초래되었으며 이것을 극복하기 위해서는 시장의 기능에 맡겨야 한다는 것이다. 지나친 복지의 감소, 노동시장의 유연화, 규제의 완화와 민영화 등을 주요 내용으로 하는 이 새로운 시장 지향적 사고는 **신자유주의**(neo liberalism)로 불리고 있다. 과거 애덤 스미스가 주장했던 자유주의(liberalism)와 구별하기 위함이다. 하지만 경제

애덤 스미스의 '보이지 않는 손'

경제학의 창시자 애덤 스미스는 시장이 수요자와 공급자를 매개로 상품을 효율적으로 사고 팔게 만들며, 개인이 의도하지 않더라도 수요와 공급이 일치하게 만들어준다고 하였다. 스미스는 '국부론'을 통해 경제발전의 원동력이 개인의 이기심이며, 자유방임주의 정책이야말로 국가의 부를 증대시킨다고 보았다. 냉혹해 보이기 쉬운 이기심이 사회를 더 나은 상태로 발전시키는 이유는 거기에 신의 섭리 혹은 '보이지 않는 손'이 작동하기 때문이라 생각했다.

갈등과 이기심으로부터 조화와 선이 어떻게 발생하는지를 이해하는 열쇠는 바로 자본가들의 행동이다. 스미스는 자본가들을 이타적인 동기가 아니라 이윤을 획득하려는 욕망에 이끌림을 보여주었다. 우리가 저녁을 먹을 수 있는 것은 쌀 가게 아저씨나 부식 가게 아줌마의 자비심 때문이 아니라 이익을 얻으려는 그들의 이기심이다.

경쟁 시장의 우월성을 입증한 스미스는 독점과 정부 개입에 반대하는 입장을 취했다. 그는 기업가들이 서로 담합하여 영업 독점을 갈망하고 있음을 눈치채고 있었다. 그리하여 스미스의 자유방임에 대한 선호가 절대적이지는 않았다. 예컨대 교육의 사회적 이익은 매우 크지만, 교육을 사적으로 공급함으로써 실현할 수 있는 이윤은 적기 때문에 시장에 맡겨두었을 때는 사회적으로 필요한 것보다 적게 공급될 수밖에 없는 것이다. 이처럼 자유방임이란 금언에 제한을 둔 점은 스미스의 학문적·지성적 정직성을 말하는 것이리라. 그렇다고 해서 스미스의 자유방임이란 신조가 지닌 힘이 감소되는 것은 아니다.

의 급격한 세계화 추세와 함께 영향력을 넓혀 가고 있던 신자유주의는 2008년 세계적인 금융위기와 함께 그 효율성에 의문이 제기되고 있으며, 다시 정부의 역할에 대한 새로운 인식과 평가의 필요성이 제기되고 있다.

Ⅳ 경제이론의 표현 방법

1. 서술적 표현

경제현상에 작용하고 있는 경향이나 법칙, 경제현상 간의 관계 등을 표현하는 첫 번째 방법은 말이나 글로 표현하는 것이다. 예를 들어, 농작물이 풍작을 이루면서 가격이 폭락하는 사태가 자주 발생하고 있다고 하자. 이러한 상황을 나타내는 기본적인 방법은 글로 표현하는 것이다. 즉 "농산물이 수요량을 넘어 생산되면 가격은 급격히 떨어진다"

고 서술한다.

원유와 같은 국제 원자재 가격이 상승하면 어떻게 될까? 그것을 수입해서 생산하는 기업들은 생산비가 올라가는 것을 느끼게 된다. 그러면 생산물을 과거와 같은 가격으로 판매하면 손실을 볼 것이 예상되기 때문에 생산물 판매 가격을 올릴 수밖에 없다. 이것을 서술하면 어떻게 될까? "원유 가격이 오르면 기업들은 생산비가 올라 기존 가격에서는 생산량을 줄이게 된다. 그 결과 생산량은 줄어들고 가격은 오르게 될 것이다" 이처럼 경제이론은 말이나 글로 나타낼 수 있다.

2. 그래프 이해하기

경제이론을 표현하는 또 하나의 방법은 그래프로 나타내는 것이다. 그림으로 보여주는 것은 경제학을 배우는 학습자들에게 경제이론을 쉽게 전달하기 위함이다. 그림은 더 쉽게 한눈에 볼 수 있도록 표현하는 방법이지만, 그림을 이해하는 방법을 잘 모르면 오히려 더 어렵게 느껴지기도 한다. 다음의 예를 통해 그림을 보는 방법을 익히도록 하자.

〈표 2〉는 건강식품을 판매하는 어떤 기업의 월 광고비와 판매액을 기록한 것이다. 광고비를 1억 원 지출했을 때 판매액은 50억 원이고, 2억 원으로 광고비를 늘리면 판매액은 80억 원으로 증가한다. 이러한 관계를 한눈에 볼 수 있도록 그래프로 나타낸 것이 〈그림 2〉이다.

〈그림 2〉에서 X와 Y는 모두 변화할 수 있는 양을 나타내는 변수들이다. 그런데 X는 독립적으로 변화하기 때문에 독립변수라 하고, Y는 X의 변화에 따라 변하기 때문에 종속변수라고 한다. 그러면 먼저 X의 변화에 따라 Y가 어떻게 변화하는지를 살펴보자. 그림을 보면 광고비가 1억 원만큼 증가하면 판매액은 30억 원만큼 늘어나는 것을 알 수 있다. 이것을 식으로 나타내면 $\Delta Y / \Delta X = 30/1 = 30$이 되는데, 이것은 다름 아닌 직선의 기울기를 나타낸다.

그래프에서 주의할 것은 광고비가 1억 원에서 2억 원으로 증가할 때 판매액은 50억 원에서 80억 원으로 증가하는데, 이것은 그림의 직선 위에서의 이동으로 나타난다는 점이다. 즉 광고비의 증가는 $A \rightarrow B \rightarrow C \rightarrow D$점으로의 이동을 가져오며, 이것은 직선 위에서의 변화로 나타난다.

기업의 광고비 지출이 더 늘어나지 않았음에도 불구하고 매출액이 증가하는 상황을

표 2 광고비와 판매액 추이(단위 : 억 원)

	A	B	C	D
광고비(X)	1	2	3	4
판매액(Y)	50	80	110	140

살펴보자. 경기가 좋아지고 소득 수준이 높아져 사람들이 건강에 대해 관심이 많아졌다면 건강식품에 대한 판매는 증가할 수 있다. 이럴 경우 그래프 자체가 위쪽으로 이동하게 된다. 〈그림 2〉에서 이를 살펴보면, 예전에는 1억 원의 광고비를 지출했을 때 50억 원이 팔렸지만, 광고 후에는 80억 원이 팔리고 있다. 이것은 광고비(X)가 불변인데도 불구하고 여건이 변화됨에 따라 기존의 판매액에 비해서 일정 부분씩 증가하였기 때문이다. 이처럼 일정하다고 가정하였던 여건에 변화가 생기면 그것은 그래프 자체의 이동으로 표현된다는 점에 주의해야 한다.

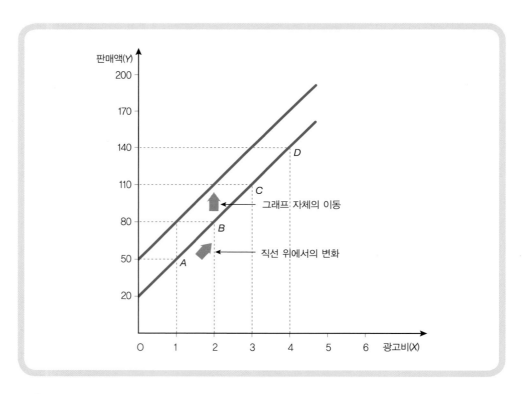

그림 2 그래프 자체의 이동과 직선 위에서의 변화

3. 기초 수식 익히기

경제이론을 표현하는 또 하나의 방법은 수식을 이용하는 것이다. 수식은 복잡하게 얽혀 있는 변수 간의 관계를 간결하고 정확하게 나타내는 수단이다. 〈표 2〉에 나타난 통계표는 다음과 같은 수식으로 간단히 표현할 수 있다.

$$Y = 20 + 30X$$

여기서 20을 Y축 절편이라고 하며 이것은 기초 판매액을 나타낸다. 즉 광고비가 전혀 없더라도 판매되는 액수를 나타낸다. 그리고 30은 위에서 본 바와 같이 기울기를 나타낸다. 광고비(X)가 1단위만큼 증가할 때 판매액(Y)이 얼마나 늘어날 것인가를 나타내는 것이다. 위 식에서는 그 값이 30으로 나타나고 있는데, 이것은 광고비가 1억 원 늘어날 때 판매액이 30억 원만큼 증가한다는 것을 말해준다.

따라서 광고비 지출이 1억 원일 때 전체 매출액은 기초 판매액 20억 원과 판매액 증가분 30억 원을 더한 50억 원이 된다. 이것은 〈그림 2〉에서 확인한 바와 같다. 이렇게 수식으로 표현하면 간결할 뿐만 아니라 X의 변화에 따라 Y값이 어떻게 될 것인가를 예측하기가 용이하다. 예를 들어 X가 9가 되었다면 Y는 $20 + (30 \times 9) = 290$억 원이 될 것이다.

1. 경제문제가 발생하는 근본적인 이유는 어디에 있는가?
   ① 한계대체율 체감
   ② 합성의 오류
   ③ 희소성의 원칙
   ④ 비교우위의 원리
   ⑤ 규모의 경제

2. 애덤 스미스가 말했던 '보이지 않는 손'이란 무엇인가?
   ① 정부의 조세부과가 투명하지 않은 것
   ② 자유로운 시장에서 개인의 이기심에 따라 경제가 조절되는 것
   ③ 정부의 계획에 의해 자원이 효율적으로 배분되는 것
   ④ 기업이 가격결정을 마음대로 하는 것
   ⑤ 소비자가 가격결정에서 영향력을 발휘하는 것

3. 생산가능곡선에서 생산을 증가시킬 수 있는 방법이 아닌 것은?
   ① 인구의 증가
   ② 새로운 토지의 획득
   ③ 실업의 증가
   ④ 기술 수준의 향상
   ⑤ 자본 스톡의 증가

4. 기회비용의 예로서 적절하지 않은 것은?
   ① 오늘 데이트를 하느라 시험공부를 하지 못했다.
   ② 영화 구경을 가서 야구를 보지 못했다.
   ③ 고추를 심어서 가지를 심을 수 없게 되었다.
   ④ 낚시를 하면서 책을 읽었다.
   ⑤ 라면을 사먹는 바람에 집에 걸어가야 했다.

5. 다음은 경제학자와 그의 저서를 연결한 것이다. 옳지 않은 것은?
   ① 애덤 스미스–민부론
   ② 존 메이너드 케인스–일반이론
   ③ 칼 마르크스–자본론
   ④ 알프레드 마샬–경제학원리
   ⑤ 토머스 로버트 맬서스–인구론

6. 경제주체가 아닌 것은?
   ① 기업
   ② 가계

③ 정부　　　　　　　　　　④ 해외

⑤ 소비

7. 정부가 하는 일은 다음 중 무엇인가?
   ① 소비　　　　　　　　　　② 생산
   ③ 재정　　　　　　　　　　④ 무역
   ⑤ 기술 혁신

8. 국가 간에 거래가 이루어지는 것을 무엇이라고 하는가?
   ① 소비　　　　　　　　　　② 교환
   ③ 무역　　　　　　　　　　④ 생산
   ⑤ 재정

9. 다음 중 소비재와 가장 거리가 먼 것은?
   ① 빵　　　　　　　　　　　② 연필
   ③ 기계　　　　　　　　　　④ 껌
   ⑤ 가정용 자동차

10. 다음 중 자유재에 가장 가까운 것은 어느 것인가?
    ① 빵　　　　　　　　　　　② 껌
    ③ 공기　　　　　　　　　　④ 연필
    ⑤ 자동차

11. 구성의 오류(합성의 오류)의 예로서 적절하지 않은 것은?
    ① 축구 경기장에서 혼자 잘 보려고 일어서면 모두가 잘 보지 못한다.
    ② 혼자 크게 얘기하려고 소리 지르면 모두가 잘 듣지 못한다.
    ③ 모두가 저축을 더 많이 하려고 하면 사회 전체의 저축은 줄어들 수 있다.
    ④ 많은 사람이 모이면 큰 바위도 옮길 수 있다.
    ⑤ 나무를 합한 것과 숲의 모습은 다를 수 있다.

12. 길동이는 연봉 2,000만 원의 임금을 받을 수 있는 일자리를 포기하고 대학에 진학하였다. 대학 등록금, 책값 등을 포함하여 연 1,000만 원의 학업 비용이 들어간다. 길동이의 연간 기회비용은 얼마인가?
    ① 3,000만 원　　　　　　　② 2,000만 원
    ③ 1,000만 원　　　　　　　④ 4,000만 원
    ⑤ 5,000만 원

13. 다음 중 경제의 기본 문제가 아닌 것은?
    ① 어디서 생산할 것인가?
    ② 무엇을, 얼마나 생산할 것인가?
    ③ 어떻게 생산할 것인가?
    ④ 누구를 위해 생산할 것인가?
    ⑤ 이상 모두가 맞는 것은 아니다.

14. 생산가능곡선에 대한 설명 중 옳은 것은?
    ① 한 나라에서 실제로 생산되고 있는 두 재화의 결합을 연결한 선
    ② 한 나라에서 3%의 실업률일 때 생산 가능한 두 재화의 결합
    ③ 한 나라에서 경기가 호황일 때 생산 가능한 두 재화의 결합
    ④ 한 나라에서 불황일 때 생산 가능한 두 재화의 결합
    ⑤ 현재의 기술 수준에서 주어진 자원을 100% 활용하여 생산할 수 있는 최대의 생산물
       조합을 나타내는 선

15. 다음 중 서비스(용역)에 해당하는 것은?
    ① 휴대폰   ② 교수의 강의
    ③ 빵   ④ 라면
    ⑤ 냉장고

16. 다음 중 내구재가 아닌 것은?
    ① 냉장고   ② 자동차
    ③ 껌   ④ 휴대폰
    ⑤ 카메라

17. 생산가능곡선이 원점에 대해서 오목한 형태를 가지는 이유는 무엇인가?
    ① 규모의 경제   ② 범위의 경제
    ③ 절약의 역설   ④ 비교우위
    ⑤ 기회비용 체증

18. 다음은 이론을 만드는 과정에 관한 것이다. 옳은 것은?
    ① 가정 설정 → 가설 수립 → 가설 검증
    ② 가설 수립 → 가정 설정 → 가설 검증
    ③ 가설 검증 → 가설 수립 → 가정 설정
    ④ 가설 수립 → 가설 검증 → 가정 설정
    ⑤ 가설 검증 → 가정 설정 → 가설 수립

19. 다음은 길동이의 경제학원론 성적에 관한 1차 방정식이다: $Y=20+10X$. 여기서 Y는 점수, X는 공부 시간이라고 할 때 7시간 공부했을 때 받을 수 있는 예상 점수는 얼마인가?

    ① 50점   ② 70점

    ③ 80점   ④ 90점

    ⑤ 100점

20. 다음은 춘향이의 경제학원론 성적에 관한 1차 방정식이다: $Y=20+10X$. 다음 설명 중 잘못된 것은? Y는 점수, X는 공부 시간을 나타낸다.

    ① 공부를 안 하고 시험을 치면 20점을 받는다.

    ② 1시간 공부할 때마다 10점씩 올라간다.

    ③ 2시간 공부하면 50점을 받을 수 있다.

    ④ 4시간 공부하면 60점을 받을 수 있다.

    ⑤ 20점을 기초 점수라고 한다.

21. 경제문제는 왜 발생하는지 설명하시오.

22. 경제의 3대 문제에 대해 설명하시오.

23. 경제원칙이란 무엇인가?

24. 쌀과 자동차를 생산하는 경제를 생각해보자. 쌀과 자동차의 생산가능곡선이 밖으로 볼록한 이유를 설명하시오.

25. 실증경제학과 규범경제학은 어떻게 다른지 설명하고, 실업률과 관련하여 실증경제학적 서술과 규범경제학적 서술을 하나씩 써보시오.

26. 정부의 관료들은 실증경제적 의견과 규범경제적 의견 가운데 어느 쪽에 더 관심을 가지겠는가?

27. 미국의 트럼프 대통령은 미국이 중국으로부터 막대한 무역수지 적자를 보고 있기 때문에 중국 상품에 높은 관세를 매겨야 한다고 주장하면서 무역전쟁을 불사하고 있다. 여기서 어느 부분이 실증경제학의 영역이고, 어느 부분이 규범경제학의 영역인가?

PART 1

미시경제의 이해

시장의 작동과 응용

오늘날 우리는 상품의 생산자와 소비자가 긴밀하게 연결되어 있는 잘 발달된 시장경제에서 살고 있다. 이 시장은 수요와 공급이 만나는 곳이다. 수요와 공급에 의해 가격이 결정되고 이 가격에 따라 자원의 배분이 일어난다. 이 장에서는 먼저 수요와 공급이 무엇이며 수요와 공급의 상호작용에 의해서 결정된 가격이 경제의 희소한 자원을 어떻게 배분하는지 학습할 것이다. 그리고 수요와 공급에 의해 달성되는 균형 가격과 균형 수량의 변동에 관해 살펴볼 것이다. 수요와 공급곡선은 여러 가지 이유로 인해 변화하는데, 그것이 균형 가격과 균형 수량에 어떠한 영향을 미치는지를 수요-공급 모형을 통해 좀 더 깊이 분석해볼 것이다. 나아가 수요 및 공급과 긴밀하게 연관되어 있는 탄력성 개념을 이해하고, 정부가 부과하는 조세가 소비자와 생산자에 어떻게 귀착되는지를 탄력성 개념을 응용하여 파악해볼 것이다.

I 시장의 작동

1. 시장과 가격

1) 시장의 정의

(1) 자원 배분의 방식

사람들은 누구나 재화나 서비스를 소비하면서 일상생활을 영위한다. 큰 마트나 전통시장에 나가보면 각종 재화들이 산더미처럼 쌓여 있는 것을 볼 수 있다. 여행을 권유하고 각종 상품을 알리는 홍보물들이 주위에 넘쳐나고 있다. 그럼에도 불구하고 경제학에서는 재화와 서비스들이 희소하다고 말한다. 절대적인 양 자체는 적지 않지만 사람들이 재화와 서비스를 가지려고 하는 욕구와 비교한다면 우리가 가지고 있는 재화와 서비스의 양은 매우 부족하다. 즉 희소성을 지니는 것이다.

희소한 자원은 어떻게든 그 사회에서 배분되어야 한다. 케이팝이 세계적인 인기를 끌면서 한국 아이돌들의 공연도 성황을 이루고 있다. 공연장의 객석이 제한되어 있다 보니 티켓을 구하지 못하는 사람들의 안타까운 사연들이 보도되기도 한다. 수많은 사람들이 공연장에 들어가길 원하지만 기껏해야 수만 명밖에 수용할 수 없다. 수많은 사람들 중에서 어떤 형태로든 수만 명을 뽑아 티켓을 배분하는 방법을 찾아야 한다.

우리나라 환자들은 대형병원에 몰리는 경향이 있다. 명의가 있는 경우 그 명의에게 진료를 받으려는 사람들로 북새통을 이룬다. 의사가 하루에 진료할 수 있는 환자의 수에는 제한이 있기 때문에 어떤 형태로든 사람들을 선택하여 진료를 할 수 밖에 없다. 그러면 어떻게 희소한 재화와 서비스를 사람들에게 배분할 수 있을까? 어떠한 방법으로 배분하는 것이 사람들의 반발을 줄이고 사회적 동의를 구할 수 있을까? 다음과 같은 방법을 생각해볼 수 있을 것이다.

첫 번째는 먼저 오는 사람에게 우선권을 주는 방식(first-come, first-served)이다. 이 방식이 가장 잘 적용되는 것으로 공영주차장을 들 수 있다. 공영주차장은 무료이거나 가격이 아주 저렴하다. 주위에 가격이 비싼 사설주차장이 있을 경우 사람들은 공영주차장을 우선 이용하려고 한다. 하지만 공영주차장이 공급하는 주차 면적은 한정되어 있어 먼저 오는 사람에게 우선권을 부여하게 된다. 이 외에도 버스나 철도, 비행기의 티켓 구입에도 기본적으로 이 방식이 적용되고 있다.

두 번째는 무작위(random)로 배분하는 방식이다. 이 방식은 복권이나 추첨을 통해서 한정된 선물을 나누어주는 경우에 사용된다. 행사장에 가면 흔히 행운권을 나누어주고 추첨하여 당첨된 사람에게 선물을 주는 것을 볼 수 있는데, 이것이 무작위 배분 방식의 예다.

세 번째는 미술품이나 골동품 거래에 많이 사용되고 있는 경매를 통해 배분하는 방식(auctioning method)이다. 이것은 일반적으로 일정한 재화와 서비스에 대해 제일 높은 가격을 지불하는 사람에게 우선권을 주는 방식이다. 이 경매 방식은 우리가 살펴볼

시장과 가장 유사하다. 어떤 재화와 서비스에 대해 더 높게 평가하여 더 많은 희생을 감수하려는 사람은 결국 시장에서 가장 비싼 값에 기꺼이 그 물건을 사려고 하는 사람이나 마찬가지이기 때문이다.

그런데 이 세 가지 방법 가운데 어떤 분배 방식을 사용하든 간에 일부의 사람들은 재화와 서비스를 얻지 못하게 된다. 경우에 따라서는 다수의 사람들이 기회를 갖지 못할 수도 있다. 첫 번째 방식에서는 늦게 온 사람은 아무것도 얻을 수 없다. 두 번째 방식의 경우에는 운이 없는 사람은 재화와 서비스를 가질 수 없다. 세 번째 방식의 경우는 지불 능력이 중요하다. 소득이나 재산이 없는 사람은 재화와 서비스를 얻지 못하게 된다. 이처럼 모든 배분 방식에는 나름대로의 불공정한 측면이 있다.

(2) 시장에 의한 배분의 효율

어떤 배분 방식이 더 바람직한 것일까? 즉 어떤 배분 방식이 사회적 관점에서 더 좋은 결과를 가져오고, 또 사회의 발전에 더 부합되는 것일까? 먼저 온 사람에게 우선권을 주는 방식이 사회 구성원들에게 제공하는 유일한 인센티브는 가장 먼저 오도록 하는 것이다. 그러나 이 방식은 사회 구성원들에게 생산을 늘리거나 생산물의 질을 높이도록 동기를 부여하지는 않는다. 따라서 사회적으로 생활 수준은 높아지지 않을 것이고, 경제 성장도 기대할 수 없을 것이다. 무작위 배분 방식은 사회 구성원들에게 어떠한 인센티브도 제공하지 못한다. 단지 행운이 자신에게 오기만을 바라고 있을 뿐이다. 극단적으로 사회 구성원들은 운만을 바라보며 일을 전혀 하지 않으려고 할 수도 있다.

높은 가격을 지불하는 시장 방식에서는 사회 구성원들에게 소득과 재산(구매능력)을 획득하게 하는 인센티브를 부여한다. 구매능력을 확보하려면 사람들에게 더 가치 있는 재화나 자원을 제공해야 하기 때문이다. 사용자로서는 양질의 재화를 시장에 내놓는 것이 자신의 구매능력을 높이는 것이 될 수 있고, 노동자로서는 교육과 훈련을 통해서 자신의 가치를 높이는 것이 곧 구매능력을 증가시키는 것이 될 수 있다.

또한 시장을 이용한 배분 방식은 희소한 자원의 수량을 증가시키고자 하는 동기를 부여한다. 2002년 월드컵 4강 신화를 계기로 해서 K리그의 인기가 올라가자 경기장을 찾는 사람들이 늘어났다. 이것은 축구 시설의 확충과 개선에 기여하였다. 한편 양질의 의료 서비스를 받으려는 수요가 많아진다면 의사의 인기가 높아지고 그러면 우수한 인

재들이 의과대학에 더 많이 진학하게 될 것이다. 그 결과 양질의 의료서비스 제공은 늘어날 것이다. 이처럼 시장을 이용한 배분 방식은 재화와 서비스의 공급량을 증가시키는 인센티브를 제공한다. 나아가 시장 배분 방식은 한정된 자원을 낮게 평가되는 용도로부터 높게 평가되는 용도로 이동시킴으로써 자원 배분의 효율성을 높여준다.

그래서 오늘날 대부분의 사회에서는 지배적인 배분 방식으로 시장을 이용하고 있다. 하지만 우리가 소비하는 것들 가운데 모든 것을 시장에서 구입할 수 있는 것은 아니다. 시장이 효율적이지만 모든 경우에 적용되는 것은 아니다. 공영주차장의 경우처럼 어떤 상황에서는 시장을 통한 배분이 가장 효율적인 방식이 아닌 경우가 있으며, 또 어떤 상황에는 시장이 그 기능을 발휘할 수 없는 경우도 있다. 신장 이식에 필요한 신장이나 혈액과 같은 경우는 시장을 통하지 않고 오직 기증에 의해서 충당된다. 그리고 대부분 먼저 오는 사람에게 우선권을 주는 방식으로 소비되고 있다.

게다가 시장이라고 해서 반드시 서울의 동대문 시장이나 부산의 자갈치 시장처럼 큰 건물이나 잘 알려진 이름이 있어야 하는 것은 아니다. 인터넷 쇼핑몰을 통해 거래되는 양은 매년 급속도로 증가하고 있으며, TV 홈쇼핑을 통해 물건을 구매하는 일도 적지 않다. 따라서 경제학에서 시장이라는 것은 일정한 물리적인 장소를 의미하는 것이 아니라 구매자와 판매자가 재화와 서비스를 교환하기 위해 서로 정보를 교환하고 자유롭게 협상하는 제도나 기구를 말한다.

자유시장(free market)은 그러한 교환이 누구의 간섭도 없이 이루어지는 곳이다. 이 시장에서는 정보가 매우 중요한 역할을 담당한다. 구매자나 판매자가 합리적인 결정을 내릴 수 있기 위해서는 충분한 정보를 갖고 있어야 하기 때문이다. 집을 사려는 사람은

콩고민주공화국 마타디의 오픈 식품 시장

터키 이스탄불의 바자르

구매에 앞서 그 집의 구조나 내구성에 대해서 면밀하게 조사를 할 것이다. K리그 구단이 선수와 계약을 하려면 계약하기 전에 그 선수의 가치를 꼼꼼히 관찰할 것이다.

2) 시장과 거래비용의 절감

점심을 집에서 먹는 사람이 얼마나 될까? 직장에 다니고 있는 사람치고 집에서 점심을 먹을 수 있는 사람은 거의 없을 것이다. 12시가 되면, 전국에서 대부분의 직장인들은 점심을 먹기 위해 잠시 일손을 멈춘다. 그리고는 이곳저곳으로 식당을 찾아가 자신이 선호하는 음식으로 점심을 성공적으로 해결하고는 다시 일터로 향한다. 이러한 점심 먹기에 실패한 사람을 찾을 수 있을까? 아마 어려울 것이다. 어떻게 보면 당연할 수 있는 점심시간의 모습을 좀 더 자세히 생각해보면 매우 신비로운 것임을 알 수 있다.

수많은 사람들이 불과 한 시간이라는 짧은 시간 내에 자신이 선호하는 음식, 즉 라면, 짜장면, 된장찌개, 순두부, 육개장, 삼계탕, 곰탕, 김밥, 김치찌개 등을 정확하게 찾아가서 먹는다. 이는 마치 개미들의 행동이 사람의 눈에는 매우 혼란스러운 것처럼 보여도 실제로는 각자의 직무에 따라서 일사분란하게 움직여 질서 있는 사회를 구성하는 것과 같다. 인간 사회를 개미처럼 들여다 볼 수 있다면 사람들의 점심 먹기는 참으로 신비롭게 보일 것이다. 개미들이 서로 간의 연락체계로 한 치의 오차도 없이 각자의 역할을 수행해내듯이, 우리의 점심 먹기도 서로 간의 보이지 않는 연락 수단을 통해서 정확하게 점심을 먹을 장소와 음식의 종류 및 수량을 전달하는 것처럼 보일 수도 있기 때문이다. 이는 비단 점심뿐만 아니라 우리가 필요로 하는 의복, 과일, 자동차 등에 이르기까지 모든 재화와 서비스가 사람들에게 필요로 하는 것만큼 공급되고 소비되는 과정도 마찬가지일 것이다. 여기서 보이지 않는 연락 수단으로 작동하는 것이 바로 시장의 가격기구(price mechanism)이다.

만약 시장이 없다면 어떨까? 시장이 없는 경제에서는 물물교환이 이루어질 수밖에 없다. 물물교환 경제에서는 필요한 것을 구하려면 자신이 가지고 있는 물건과 다른 사람이 가지고 있는 물건을 직접 바꾸어야 한다. 책을 가지고 있는 사람이 옷을 갖고 싶다면, 옷을 가지고 있으면서 책을 원하는 사람을 만나야만 한다. 하지만 이러한 만남이 쉽게 이루어지지는 않을 것이다. 실제로 현실에서는 책을 가진 사람이 쌀을 원하지만 누가 쌀을 가지고 있는지 잘 알 수 없을 뿐만 아니라, 설령 쌀을 가지고 있는 사람을 찾았다고 하더라도 그 사람이 책을 원하지 않는다면 교환이 성사될 수 없을 것이다.

　　바로 이와 같은 문제를 해결해주는 곳이 시장이다. 아이스크림을 먹고 싶은 사람들은 시장에 가면 언제든지 아이스크림을 살 수 있고, 건강식품을 만든 사람들도 그 상품을 시장에 내놓으면 누군가가 구입해 간다. 이처럼 가격을 매개로 사려는 사람과 팔려는 사람의 의도를 맞추어주는 곳이 시장이다. 그래서 시장의 출현은 **거래비용**(transaction cost)을 엄청나게 줄여준다. 자신이 가지고 있는 물건을 팔고 자신이 원하는 물건을 사기 위해 많은 시간과 노력을 투입해야 할 것을 시장이 간단히 해결해주고 있는 것이다.

　　그런 점에서 시장은 경제의 효율성 증대에 기여하고 있다. 거래에 관한 정보의 부족으로 인해 높은 거래비용이 존재하는 곳에서는 그러한 비용을 줄이려는 노력이 나타나기 마련이다. 거래비용을 줄이는 것은 시장 참여자 모두에게 커다란 효율을 가져다주기 때문이다. 인류의 경제가 발달해온 과정은 곧 시장의 발달에 의한 거래비용 절감의 과정이기도 했다. 시장에 집중되는 정보와 그것에 기초하여 이루어지는 가격은 거래비용의 절감과 효율적인 자원 배분의 토대가 되었다. 이처럼 시장에서 사려고 하는 힘과 팔려고 하는 힘의 자유로운 작용에 의해 가격이 결정되고 자원이 배분되는 것을 **가격기구** 또는 **가격 시스템**(price system)이라고 한다.

　　가격기구는 경제의 세 가지 기본적인 문제를 해결하는 데 중요한 역할을 한다. 먼저 가격은 사람들의 기호가 변했을 때 무엇이 생산되어야 하고 소비되어야 하는지에 대해 **신호**(signals)를 보낸다. 예를 들어보자. 요즘 웰빙 열풍과 함께 과거에 즐겨 마시던 믹스커피 대신 블랙커피를 더 선호하는 경향이 생겼다. 이렇게 되면 상대적으로 믹스커피보다 블랙커피의 가격이 상승하게 될 것이다. 이를 통해 커피 생산자들은 과거에 많이 생산하던 믹스커피 대신 블랙커피를 더 많이 생산하는 것이 이익이 된다는 신호를 받게 될 것이다. 그뿐 아니다. 블랙커피 생산이 증가하면서 테이크 아웃 바람도 같이 불고 있다. 이에 따라 블랙커피를 담을 수 있는 컵에 대한 수요도 증가하여 종이컵 산업에도 신호를 보내게 될 것이다. 이처럼 가격은 소비자들에서 시작하여 관련 산업 전체에 신호를 보내는 기능을 한다. 그리고 사람들은 이 신호에 대응하여 생산과 소비를 조정해가게 된다.

　　시장이 작동하기 위해서는 구매자(소비자)와 판매자(생산자)가 있어야 한다. 이 소비자의 수요(demand)와 생산자의 공급(supply)이 시장에서 상호작용하여 가격을 결정한다. 이러한 시장의 작동 메커니즘은 매우 중요하기 때문에 상세히 검토해보기로 한다. 먼저 시장의 수요 측면에서 시작해보자.

2. 수요와 공급

1) 수요

(1) 수요와 수요의 법칙

수요는 우리에게 매우 익숙한 말이다. 어떤 학생은 좋은 노트북을 가지고 싶을 것이고 또 어떤 학생은 방학에 배낭여행을 떠나고 싶어 한다. 또 다른 학생은 읽고 싶은 책을 한보따리 사고 싶은 욕망을 가지고 있다. 이처럼 수요는 무엇인가 재화를 갖고 싶어 하는 욕망을 말한다. "오늘 점심으로 비빔밥을 사 먹었다"라고 얘기하는 것은 수요가 아니다. 그것은 이미 수요가 실현되어서 소비를 한 것이다. 물론 궁극적으로는 소비를 위해 수요를 하지만, 수요가 되려면 "오늘 저녁에 비빔밥을 사 먹을 거야!"라는 말처럼 앞으로 어떻게 하겠다는 것이어야 한다.

나아가 비빔밥을 먹고 싶어도 주머니에 땡전 한 푼 없다면 저녁에 비빔밥을 사먹겠다는 의도를 실현할 수 없다. 즉 비빔밥을 먹으려는 욕망은 현실화될 수 없는 것이다. 이러한 수요는 사실 경제적으로 의미가 없다. 잠재적으로 수요가 될 수는 있지만 현실로 나타나지 않는 것은 시장에서 신호를 보낼 수 없기 때문이다. 그런 점에서 수요에는 반드시 구매력이 뒷받침되어야 한다. 구매력, 즉 돈이 뒷받침된 수요를 **유효수요**(effective demand)라고 한다.

이제 수요의 개념을 정리해보자. 수요란 일정 기간 동안에 소비자들이 소득, 즉 지불능력을 가지고 어떤 재화와 서비스를 구매하려고 의도하는 것을 말한다. 여기서 일정 기간이 전제가 되는데 기간에 따라 수요가 달라질 수 있기 때문이다. 비빔밥을 먹으려는 학생들의 수요는 1주일을 기준으로 하는가 아니면 한 달을 기준으로 하는가에 따라 횟수가 달라질 것이다. 사람들이 구입하고자 하는 자동차의 수는 그 기간이 1주일인지 1년인지에 따라서 완전히 다를 것이다. 또 계절을 타는 상품의 경우에는 특히 기간이 중요하다. 예를 들어 아이스크림의 경우 여름 한 달과 겨울 한 달은 엄청난 차이가 있다. 날씨가 더울 때 사람들의 아이스크림에 대한 수요는 훨씬 많아지기 때문이다.

소비자들은 일정 기간 동안 특정 재화나 서비스에 대해 다양한 가격 수준에서 특정한 양의 재화를 구매한다. 이처럼 소비자들이 각 개별 가격 수준에서 어떤 재화를 구입하려는 양을 수요량이라고 한다. 그런데 일반적으로 가격과 수요량 사이에는 역(−)의 관계가 존재한다. 즉 가격이 하락하면 수요량은 늘어나며, 가격이 상승하면 수요량은 줄어든다. 이러한 관계는 대단히 보편적이기 때문에 하나의 법칙으로 파악하여 **수요의 법칙**(law of demand)이라고 한다.

> **수요의 정의**
> 수요는 소비자들이 어떤 재화에 대해 일정 기간 동안 각 가격 수준에 대응하여 구매하려고 하는 것을 말한다. 일반적으로 소비자들은 가격이 싸지면 더 많이 구매하고 비싸지면 더 적게 구매하려고 하는데, 이것을 수요의 법칙이라 한다.

가격이 하락하면 왜 수요량이 증가할까? 사과를 예로 들어보자. 사과의 가격이 하락하면 두 가지 현상이 발생한다. 먼저 사과 가격의 하락은 소비자들의 월급 봉투는 그대로일지라도 실질소득(real income)을 증가시키는 효과를 가진다. 사과 가격이 1개에 1,000원일 때 하루에 사과 3개를 사서 먹는다고 하자. 사과 가격이 500원으로 하락했다면 어떻게 되는가? 이제는 같은 돈으로 사과 6개를 사 먹을 수 있게 된다. 추가로 소비할 수 있는 사과 3개만큼 사과 가격의 하락으로 실질소득이 증가한 효과를 보는 것이다. 이처럼 어떤 재화의 가격이 떨어져 그 재화를 더 구입할 수 있게 되는 것을 **소득효과**(income effect)라고 한다.

사과 가격의 하락은 소득효과에 그치지 않는다. 사과 가격의 하락은 가격이 그대로인 배의 상대 가격을 변화시키는 효과를 가져온다. 사과의 가격이 떨어지면 배 가격은 그대로일지라도 배의 상대가격은 상승하게 된다. 즉 사과의 가격이 하락하면 사과에 비해 배가 상대적으로 더 비싸지는 것이다. 그러면 합리적인 사람들이라면 당연히 같은 금액의 돈으로 상대적으로 더 비싸진 배를 덜 사고 상대적으로 더 싸진 사과를 더 많이 사먹으려 할 것이다. 즉 비싼 재화의 소비를 줄이고 상대적으로 값싼 재화의 소비를 늘리게 되는 것이다.

그래서 한 재화의 가격 하락은 가격 변동이 없는 재화의 소비를 감소시켜 가격이 하락한 재화로 대체하도록 유인하게 된다. 이를 **대체효과**(substitution effect)라고 한다. 이처럼 가격 하락은 소득효과와 대체효과를 동시에 발생시킴으로써 재화에 대한 수요량을 증가시키고, 반대로 상품 가격의 상승은 수요량을 감소시킨다. 소득효과와 대체효과에 대해서는 소비자행동이론에서 더 상세히 공부하게 될 것이다.

(2) 수요의 결정 요인

어떤 재화에 대한 수요를 결정하는 요인들을 생각해보자. 먼저 가장 중요한 것은 그 재화의 가격이다. 재화의 가격이 비싸면 수요가 많지 않을 것이다. 반면에 가격이 낮으면 수요는 증가할 것이다. 사과 1개가 1만 원이나 한다면 사과 구입에 기꺼이 지갑을 열기는 어려울 것이다. 당연히 사과의 가격이 1,000원일 때 소비자들의 지불 용의가 많아지게 될 것이다.

다른 재화의 가격도 수요에 영향을 미친다. 예를 들어 사과에 대한 수요는 배나 귤의 가격에 영향을 받는다. 배나 귤의 가격이 오르면 사과의 가격이 그대로 있더라도 사과의 가격이 떨어진 것이나 마찬가지이기 때문에 사과에 대한 수요는 증가할 것이다. 반대로 배나 귤의 가격이 내려가면 사과의 수요는 떨어질 것이다.

재화의 수요에 영향을 미치는 또 다른 요인으로는 소비자의 소득을 들 수 있다. 소득은 소비자의 지불능력을 결정하기 때문에 수요를 결정하는 주요한 요인이다. 일반적으로 소득이 증가함에 따라 재화에 대한 수요는 증가한다. 수요는 또한 소비자들의 기호 변화에도 좌우된다. 어떤 식품이 건강에 좋다고 하면 사람들의 기호는 하루아침에 바뀌어버린다. 평소에는 많이 찾지 않던 식품을 어느 날 갑자기 줄을 서서 사는 경우가 그러한 예이다. 붉은 포도주가 심장병 예방에 좋다는 연구 결과가 발표된 적이 있었는데, 그 소식이 우리나라에 알려지자 갑자기 붉은 포도주를 찾는 손님이 늘어났었다.

이 밖에도 수요에 영향을 미치는 요인은 많이 있다. 가령 인구의 크기, 정부의 정책, 소득의 분배 상태, 경기 전망, 정치적 불안정, 문화적 태도 등과 같은 요인도 수요에 영향을 미칠 수 있다. 종교에 따라 금기시하는 식품이 있는 경우도 있다.

어떤 재화에 대한 수요와 이에 영향을 미치는 요인들 간의 관계는 함수로 표시할 수 있다. 이를 수요함수라고 한다. 사과에 대한 수요를 생각해보자. 사과에 대한 수요량을 D_X, 사과의 가격을 P_X, 사과 이외의 재화의 가격을 P_Y, 소득 수준을 I, 기호(taste)를 T, 기타 요인을 Z라 하면 사과에 대한 수요함수는 다음과 같이 나타낼 수 있다.

$$D_X = f(P_X, P_Y, I, T, Z)$$

즉 사과에 대한 수요는 사과의 가격, 사과 이외의 재화의 가격, 소득의 크기, 기호, 기타 요인들에 의해 영향을 받는다. 그런데 한 재화의 수요를 찾는 데 이러한 요인들을 모두 고려하게 되면 너무 복잡하여 분석하기 어렵다. 따라서 일반적으로는 해당 재화의 가격 이외의 다른 요인들을 일정한 것으로 두고 그 재화의 가격과 수요량만을 고려하게 된다. 그렇게 하면 수요함수는 다음과 같이 간단해지고 분석하기도 쉬워진다. 이 것은 다른 조건이 일정하다면(ceteris paribus 또는 other things being equal) 어떤 재화의 수요량은 그 재화 가격의 함수라는 것을 나타낸다.

$$D_X = f(P_X)$$

다른 조건이 일정하다는 가정은 분명 비현실적이다. 사과에 대한 수요를 분석하는데 사과 가격 이외의 요인들이 모두 변하지 않는다는 것은 현실적으로는 있을 수 없기 때문이다. 그러나 경제학에서는 이 '다른 모든 조건이 일정하다면'의 가정을 자주 세운다. 변수가 많으면 이론을 펼치기가 그만큼 어려워지기 때문에 중요 변수 몇 개만을 남기고 다른 모든 것은 일정불변으로 가정하고 논의에서 제외시키자는 뜻이다. 그렇다고 다른 요인들의 영향을 무시한다는 것은 아니다. 모든 요인을 한꺼번에 고려하기보다는 가장 중요한 것을 우선적으로 고려하고 나머지 요인들은 순차적으로 검토하는 것이다.

> **수요에 영향을 주는 요인**
> 수요에 영향을 주는 요인에는 어떤 재화의 가격, 그 재화 이외의 재화의 가격, 소득의 크기, 기호, 인구의 크기, 광고 및 홍보 등이 있다.

(3) 수요곡선

일정 기간 동안 어떤 재화의 가격과 그 재화의 수요량의 관계를 나타낸 표를 **수요표**라고 한다. 〈그림 1.1〉은 소비자인 철수의 사과에 대한 1주일간의 가상적인 수요를 나타낸 것이다. 철수는 사과 1개의 가격이 600원일 때 1주일에 9개의 사과를 구입하려고 하

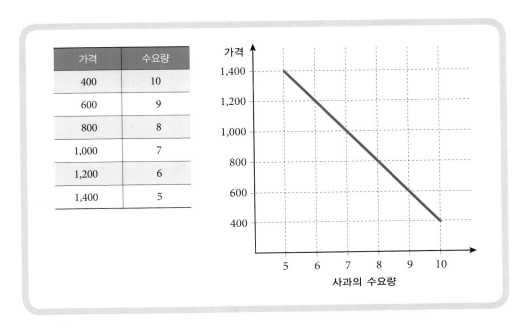

가격	수요량
400	10
600	9
800	8
1,000	7
1,200	6
1,400	5

그림 1.1 철수의 사과 수요

는데, 가격이 1,000원으로 오르면 7개의 사과를 구입할 용의가 있음을 보여준다. 이러한 수요표는 그림으로 나타낼 수 있다. 그림에는 사과의 가격과 수요량을 각각의 좌표에 표시하게 되는데, 보통 가격을 종축(Y축)에 표시한다. 이 가격과 수요량의 관계를 그림으로 나타낸 것을 수요곡선(demand curve)이라고 한다. 이것은 다른 재화의 가격이나 소득, 기호 등과 같은 다른 조건들이 일정하다고 가정을 하고, 사과의 가격이 변하면 수요량이 어떻게 변하는가를 나타낸다. 〈그림 1.1〉에서 수요곡선은 우하향하는 모습을 보여주는데, 이것은 가격이 하락하면 수요량이 증가하기 때문이다.

　위에서 우리는 철수의 사과에 대한 수요곡선을 그려보았다. 그런데 시장에는 철수 외에도 많은 사람들이 사과를 사려고 한다. 분석을 단순화하기 위해 시장에서 사과를 수요하는 사람이 철수와 영구 두 사람만 있다고 하자. 그러면 사과의 시장 수요곡선은 철수와 영구의 사과에 대한 수요를 합한 〈그림 1.2(c)〉처럼 된다. 즉 사과에 대한 시장의 수요곡선은 개별 소비자들의 개별 수요곡선들을 수평으로 합하여 도출할 수 있다. 〈그림 1.2(c)〉에서 보면 사과 1개의 가격이 800원일 때 시장에서 14개의 수요량이 있는데, 이것은 철수 8개, 영구 6개를 합한 것과 같다. 철수와 영구의 1주일당 사과에 대한

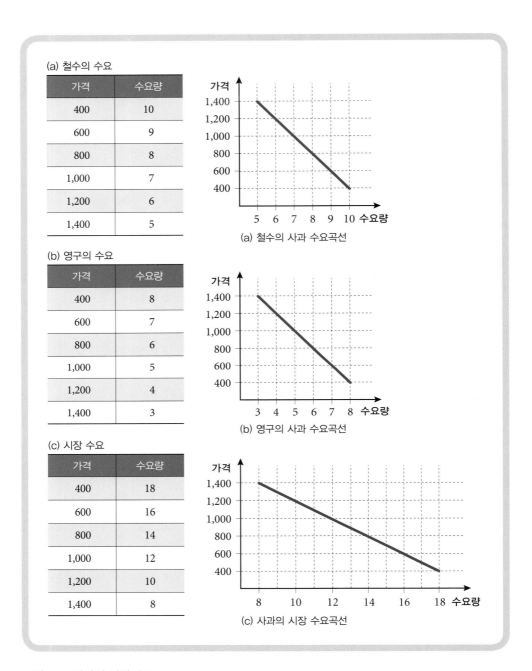

(a) 철수의 수요

가격	수요량
400	10
600	9
800	8
1,000	7
1,200	6
1,400	5

(a) 철수의 사과 수요곡선

(b) 영구의 수요

가격	수요량
400	8
600	7
800	6
1,000	5
1,200	4
1,400	3

(b) 영구의 사과 수요곡선

(c) 시장 수요

가격	수요량
400	18
600	16
800	14
1,000	12
1,200	10
1,400	8

(c) 사과의 시장 수요곡선

그림 1.2 사과의 시장 수요

수요량을 합한 14개를 시장 수요(market demand)라고 한다.

2) 공급

(1) 공급과 공급의 법칙

시장에서 가격을 결정하는 또 하나의 구성 요소는 공급이다. 공급은 일정 기간 동안 기업이나 생산자가 재화와 용역을 생산하여 판매하고자 하는 것을 말한다. 수요와 마찬가지로 공급도 일정 기간을 전제한 개념이다. 자동차의 판매 대수는 그 기간이 한 달인가 아니면 1년인가에 따라서 매우 다를 것이다. 제조과정이 복잡하기 때문에 단기간에 많은 자동차를 만들기는 어렵다. 농산품의 경우도 생장에 시간이 소요되기 때문에 일정한 기간이 전제되지 않으면 공급이 안 될 수도 있다.

또한 공급은 실현의 개념이 아니라 의도의 개념이다. 오늘 노트북 몇 대를 팔았다는 것이 아니라, 하루 동안 각 가격 수준에서 몇 대를 팔려고 하는가를 나타내는 것이 공급의 개념이다. 결국 공급은 생산자가 일정 기간 동안 각 가격 수준에서 어떤 재화나 서비스를 판매하고자 하는 양을 나타낸다.

그리고 이때 각 가격 수준에서 생산하여 판매하려고 하는 양을 **공급량**이라고 한다. 수요에서 사과의 예를 들었으니, 여기서도 사과를 통해 공급의 의미를 좀 더 자세히 알아보도록 하자. 공급에는 비용이 중요한 역할을 한다. 기업은 생산을 통하여 이윤을 얻는 것을 목적으로 하기 때문에 생산비용과 가격을 비교하여 공급을 결정한다. 사과 1개를 생산하는 데 600원의 생산비가 들어가는 생산자가 있다고 하자. 사과의 시장 가격이 800원이라면 1개당 200원의 이득을 볼 것이기 때문에, 이때에는 당연히 생산해서 판매하려고 할 것이다. 반면 생산비가 900원이 드는 생산자는 800원의 가격에 생산하면 손해를 보기 때문에 생산을 하려고 하지 않을 것이다. 따라서 사과의 가격이 800원이라면 사과 1개당 생산비가 800원 이하인 생산자들은 모두 판매할 용의가 있을 것이고 사과는 그만큼 공급될 것이다.

일반적으로 가격과 공급량 사이에는 정(+)의 관계가 존재한다. 즉 가격이 상승하면 공급량은 늘어나며, 가격이 하락하면 공급량은 줄어든다. 이러한 관계는 대단히 보편

> **공급의 정의**
> 공급은 생산자들이 어떤 재화에 대해 일정 기간 동안 각 가격 수준에 대응하여 판매하려고 하는 것을 말한다. 일반적으로 생산자들은 가격이 비싸지면 더 많이 판매하고 싸지면 더 적게 판매하려고 하는데, 이것을 공급의 법칙이라 한다.

적이기 때문에 하나의 법칙으로 파악하여 **공급의 법칙**(law of supply)이라고 한다.

앞의 예에서 만일 사과의 가격이 1,000원 이상으로 상승한다면 어떻게 될까? 이제는 생산비가 1,000원이었던 생산자도 공급할 용의가 있을 것이다. 이렇게 되면 당연히 사과의 공급은 증가한다. 이처럼 공급이란 일정 기간 동안 여러 가지 가능한 가격 수준에서 생산자들이 자신의 생산비를 고려하여 판매하고자 하는 양이다. 여기서 공급곡선(supply curve)은 우상향하는 모습을 보여주는데, 이것은 가격이 상승하면 공급량이 증가한다는 것을 의미한다.

(2) 공급의 결정 요인

그러면 재화의 공급에 영향을 미치는 요인들에 대해서 생각해보자. 먼저 가장 중요한 것은 그 재화의 가격이다. 해당 재화의 가격이 낮으면 손실을 볼 수 있기 때문에 공급량을 줄이려 할 것이고, 가격이 높으면 이익이 많이 남을 것이기 때문에 공급량을 늘리려 할 것이다. 사과의 가격이 800원일 때보다는 1,000원일 때 판매하려는 양이 많아진다는 것을 생각하면 된다. 다음으로, 다른 재화의 가격도 영향을 미친다. 예를 들어 호떡과 어묵 그리고 떡볶이를 동시에 공급하고 있는 가게를 생각해보자. 어떤 이유로 호떡 가격이 오르게 되면 떡볶이의 공급량을 줄일 가능성이 있다. 떡볶이를 만드는 대신에 수익성이 더 좋은 호떡을 더 생산할 가능성이 있기 때문이다.

생산요소의 가격 변동도 영향을 미친다. 임금이나 원자재 같은 생산요소의 가격이 상승하면 생산비용이 상승하게 되므로 채산성이 떨어진다. 그러면 기업들은 동일한 가격 수준에서 이전보다 공급량을 줄이려 할 것이다. 즉 생산요소의 가격 변동이 공급량의 변동을 가져오는 것이다. 그 외에도 기술의 변화나 미래의 경제 상황에 대한 전망도 공급에 영향을 미친다. 새로운 기술의 개발은 생산비용을 절감시킴으로써 이윤을 증가시키므로 생산자는 공급을 늘리게 된다. 기업이 미래의 경제 상황을 매우 낙관적으로 예상한다면 미리 생산을 해두고자 할 것이므로 공급이 증가한다.

이와 같은 관계는 함수로 나타낼 수 있다. 어떤 재화의 공급량을 S_X, 그 재화의 가격을 P_X, 다른 재화 가격을 P_Y, 그리고 생산요소의 가격을 P_F, 기술 수준을 T, 기타 요인을 Z라고 하면 공급 함수의 일반적인 형태는 다음과 같이 된다.

$$Sx = f (P_X, P_Y, P_F, T, Z)$$

그런데 이러한 요인을 모두 고려하여 사과의 공급을 파악하는 것은 너무 복잡하여 분석하기 어렵다. 따라서 수요의 경우와 마찬가지로 해당 재화의 가격 이외의 다른 요인들을 일정한 것으로 두고 그 재화의 가격과 공급량만을 고려하게 된다. 가격 이외의 다른 모든 요인이 일정하다고 보면 공급 함수는 다음과 같이 단순한 형태가 될 것이다.

$$Sx = f (P_X)$$

> **공급에 영향을 주는 요인**
> 공급에 영향을 주는 요인에는 어떤 재화의 가격, 그 재화 이외의 재화의 가격, 생산요소의 가격, 기술 수준 등이 있다.

(3) 공급곡선

일정 기간 동안 어떤 재화의 가격과 그 재화의 공급량의 관계를 나타낸 표를 **공급표**라고 한다. 〈그림 1.3〉은 공급자인 영희네의 사과에 대한 가상적인 공급을 표현한 것이다. 영희네는 사과 1개의 가격이 600원일 때 1주일에 5개의 사과를 판매할 용의가 있고, 가격이 1,000원으로 오르면 7개의 사과를 판매할 용의가 있음을 보여준다. 이러한 공급표는 그림으로 나타낼 수 있다. 그림에는 사과의 가격과 공급량을 각각의 좌표에 표시하게 되는데 수요와 마찬가지로 가격을 종축에 표시한다. 이를 **공급곡선**(supply curve)이라고 한다. 이것은 다른 재화의 가격이나 기술 수준과 같은 여타의 조건들이 일정할 때, 사과의 가격이 변하면 공급량이 어떻게 변하는가를 보여준다. 〈그림 1.3〉의 그래프에서 공급곡선은 우상향하는 모습을 보여주는데, 이것은 가격이 상승하면 공급량이 증가한다는 것을 의미한다.

〈그림 1.3〉의 그림은 영희네가 각 가격 수준에 대응하여 공급하려고 하는 사과의 양을 나타내는 개별 공급곡선이다. 그런데 시장에는 영희네 외에도 많은 공급자가 사과를 공급한다. 분석을 단순화하기 위해 시장에서 사과를 공급하는 사람이 영희네와 순이네 두 집이 있다고 하자. 그러면 사과의 시장공급곡선은 영희네와 순이네의 공급량

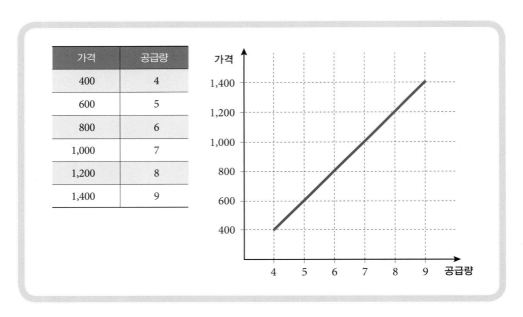

가격	공급량
400	4
600	5
800	6
1,000	7
1,200	8
1,400	9

그림 1.3 영희네의 사과 공급

을 합하여 그린 〈그림 1.4(c)〉처럼 된다. 즉 사과에 대한 시장 전체의 공급곡선은 수요 곡선의 경우와 마찬가지로 개별 공급자의 공급곡선들을 수평으로 합하여 얻을 수 있다. 그림에서 보면 사과 1개의 가격이 800원일 때, 영희네와 순이네의 주당 사과 공급량은 각각 7개와 5개이므로 **시장 공급**(market supply)은 이를 합한 12개가 된다.

3) 균형

시장의 작동을 이해하기 위해 수요와 공급에 대하여 살펴보았다. 수요와 공급의 상호작용을 통해 균형 가격이 결정되는 과정을 고찰해보자. 수요와 공급의 상호작용을 보기 위해 앞에서 제시하였던 시장수요곡선과 시장공급곡선을 한 좌표에 그려놓은 것이 〈그림 1.5〉다. 종축에는 가격(P), 횡축에는 수급량(Q)이 그려져 있다. D는 1주일간의 사과의 수요곡선, S는 1주일간의 사과의 공급곡선을 나타낸다.

〈그림 1.5〉와 〈표 1.1〉에서 보면 사과 1개의 가격이 1,200원일 때 공급자들은 1주일에 16개의 사과를 공급하려고 한다. 반면 구매자들은 10개를 사려고 한다. 그러면 6개는 팔리기 어려울 것이다. 수요를 초과하는 이 6개를 **초과 공급**(excess supply)이라 한다. 초과 공급이 있으면 판매자들은 1,200원 이하의 가격에서라도 판매하려고 할 것이다.

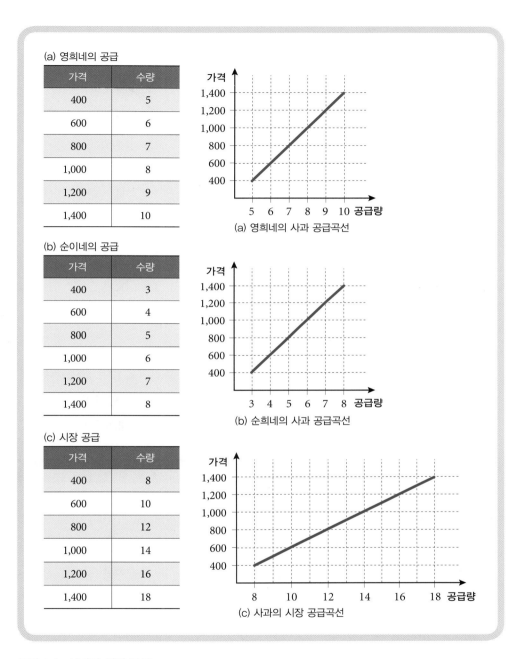

(a) 영희네의 공급

가격	수량
400	5
600	6
800	7
1,000	8
1,200	9
1,400	10

(a) 영희네의 사과 공급곡선

(b) 순이네의 공급

가격	수량
400	3
600	4
800	5
1,000	6
1,200	7
1,400	8

(b) 순희네의 사과 공급곡선

(c) 시장 공급

가격	수량
400	8
600	10
800	12
1,000	14
1,200	16
1,400	18

(c) 사과의 시장 공급곡선

그림 1.4 사과의 시장 공급

즉 초과 공급이 있는 상황에서는 가격이 하락하는 압력을 받게 된다.

반대로 사과 1개의 가격이 800원이라면 어떻게 될까? 구매자들은 1주일에 14개의 사

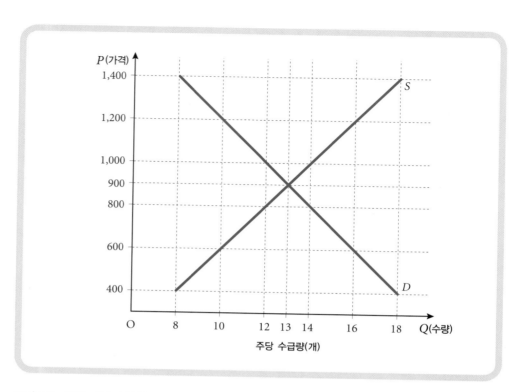

그림 1.5 균형 가격과 균형 수급량

표 1.1 사과의 시장 수요와 공급

가격(P)	수요량(Q_D)	공급량(Q_S)	초과 수요	가격 변화
400	18	8	10	상승
600	16	10	6	상승
800	14	12	2	상승
900	13	13	0	불변
1,000	12	14	−2	하락
1,200	10	16	−6	하락
1,400	8	18	−10	하락

과를 구입하려 할 것이고, 판매자들은 12개를 공급하려 한다. 그 결과 2개의 초과 수요가 발생하여 구매자들은 800원 이상의 가격에서라도 구입하고자 할 것이다. 즉 초과 수요(excess demand)가 있는 상황에서는 가격이 상승하는 압력을 받게 된다. 결국 가격

이 900원 수준에서 수요량과 공급량이 같아진다. 사과의 수요와 공급이 13개로 같아지는 수준의 가격 900원을 균형 가격이라 하며, 이때의 사과량 13개를 균형 수급량이라 한다.

여기서 균형(equilibrium)이란 말은 수요와 공급이 상호작용하여 결정된 가격과 수량은 다른 요인들이 일정하다면 그 수준에서 변하지 않으려 한다는 것을 의미한다. 물론 사과의 가격은 일시적으로 900원보다 높거나 낮을 수 있다. 그렇지만 결국 다시 900원 수준으로 돌아오게 된다. 이처럼 균형으로부터 일시적으로 이탈이 발생하더라도 곧 다시 그 수준으로 돌아오는 힘이 있을 때 그 균형은 안정적이라 한다. 따라서 균형 가격은 수요와 공급의 작용에 의해 그 수준에서 가격이 유지되려는 경향성을 가진 안정적인 균형 가격이라 할 수 있다.

> **균형의 개념**
> 균형이란 다른 조건에 변화가 없다면 수요와 공급이 상호작용하여 결정된 가격과 수량은 일정 수준에서 변하지 않으려 하는 것을 의미한다.

사과를 통해 살펴본 시장의 작동을 일반화시켜보자. 가격은 수요와 공급을 일치시켜주는 역할을 한다. 가격이 높으면 초과 공급이 발생하고 가격이 낮으면 초과 수요가 발생하여 결국 수요량과 공급량을 같게 만들어주는 것이다. 만일 시장에 초과 수요가 발생했다고 하자. 초과 수요가 발생했다는 것은 사람들이 시장에 나와 있는 재화와 서비스를 더 많이 구입하려고 한다는 것을 의미한다. 이때 사람들은 먼저 구입하기 위해서 시장으로 몰리게 될 것이고, 돈이 있고 그 재화와 서비스에 대한 욕구가 큰 사람들은 좀 더 높은 가격을 줄 테니 자신에게 팔라고 할 것이다. 그러면 공급자들은 재화의 가격을 높여도 살 사람이 있다는 것을 알게 되어 가격을 올릴 것이다. 따라서 시장에 초과 수요가 발생하면 가격이 상승한다. 가격이 상승하면 수요의 법칙에 따라서 그 재화와 서비스의 수요량이 감소하고, 공급의 법칙에 따라서 공급자들은 그 재화와 서비스를 더 많이 생산하여 공급하려 할 것이다. 결국 가격이 상승하여 수요량은 줄고 공급량은 늘어남으로써 초과 수요는 해소된다.

반대로 시장에 초과 공급이 발생했다고 하자. 초과 공급이 발생했다는 것은 시장에

애완견의 무료 분양에 반대하는 사람들

어떤 동호회 사이트에서 애완견을 분양한다는 글을 읽었다. 내용은 다음과 같다. "말티즈 분양 예약받습니다. 한 달 되었어요. 한 달 이후에 만나실 수 있습니다. 가정견이고 부견, 모견 모두 말티즈 전문 켄넬 에덴벨리 자견입니다. 세 마리 모두 암컷입니다. 꼭 책임질 수 있는 분들만 식구로 들이세요. 창원입니다".

가격에 대한 언급이 없는 것으로 보아 무료로 나누어주는 것으로 이해되었다. 착한 마음으로 나눔을 하는구나 하는 생각을 하면서 밑에 있는 댓글을 읽어보다 깜짝 놀랐다. 대표적으로 2개만 인용해본다. "혹시 되팔이들이 걱정되므로, 분양비는 꼭 받으시길 바랍니다. 분양비 안 받으시면 개 좋아하지도 않는 사람들한테 연락 오니까 주의하세요", "무료 분양 절대 하지 마세요. 나쁜

사람들 있어요. 분양비 받으세요. 정 찝찝하시면 2년 후 돌려주신다든지 하는 방법으로라도 분양비 받으세요".

무료로 나누어주는 것보다 가격을 받아야 애완견들이 정말로 강아지를 좋아하는 사람들에게 간다는 말이다. 가격을 받지 않는다는 것은 0원의 가격에 판매하는 것인데 그러면 초과 수요가 생기고 실제 강아지를 필요로 하지 않는 사람들까지 수요에 가세할 가능성이 있다. 그렇게 강아지를 갖게 된 사람들은 시장가격에 다시 판매하여 이익을 얻을 수도 있을 것이다. 가격은 이처럼 자원을 효율적으로 배분하는 강력한 도구이다. 무료나눔이 좋은 마음에서 나온 것은 사실이지만, 때로는 적정한 가격을 매기는 것보다 좋지 않은 결과를 가져올 수도 있다.

나와 있는 재화와 서비스보다 더 적게 구입하려고 한다는 것을 의미하며, 이때 시장에는 팔리지 않는 재화와 서비스가 재고로 쌓이게 된다. 재고가 누적되면 판매자들은 이를 처분하기 위해 가격을 좀 낮춰서라도 팔려고 할 것이다. 소비자들도 낮은 가격을 부르는 재화와 서비스를 사려고 할 것이기 때문에 결국 그 재화와 서비스의 가격이 하락하게 된다. 가격이 하락하면 수요의 법칙에 따라서 수요량이 증가하고, 공급자들은 공급의 법칙에 따라서 그 재화와 서비스의 생산을 줄이려 할 것이다. 결국 가격이 하락하여 수요량은 늘고 공급량은 감소함으로써 초과 공급은 해소된다.

Ⅱ 시장 분석의 확장과 응용

1. 시장 균형의 변화

1) 수요와 공급의 변화

(1) 수요의 변화와 수요량의 변화

경제학에서는 수요와 수요량이라는 용어를 구분해서 사용하고 있다. 수요량(quantity demanded)은 특정한 가격에서 사람들이 구입하려는 양을 의미하고, 수요(demand)는 여러 가지 가능한 가격에서 사람들이 구입하려는 양을 의미한다. 예를 들어 "한우 가격이 상승하면 한우에 대한 수요량이 감소한다"고 말한다. 이것은 한우 가격이 상승했기 때문에 사람들이 한우의 구입을 줄이려 한다는 것을 의미한다. 반면 "미국산 쇠고기에 대해 관세를 50% 낮춘 후 한우에 대한 수요가 감소했다"는 것은 한우에 적용되는 모든 가격 수준에서 사람들이 한우의 구입을 줄이려 한다는 것을 의미한다.

수요곡선은 그 재화의 가격을 제외한 다른 요인이 일정하다는 가정하에 도출된다. 하지만 이러한 가정은 현실을 매우 단순화한 것이다. 실제로 현실에서는 여러 가지 요인들이 동시에 수요에 영향을 준다. 만일 일정한 것으로 가정했던 요인들이 변한다면 어떻게 될까? 일정하다고 가정했던 요인들이 변하게 되면 수요곡선 자체가 이동한다. 재화의 가격에는 변동이 없음에도 불구하고 수요량에 변화가 발생하기 때문이다. 토마토가 건강에 좋다는 연구 결과가 방송에 소개된다면 토마토에 대한 수요는 어떻게 될까? 토마토 가격은 변화가 없는데도 불구하고 사람들은 더 많은 토마토를 사려고 몰려들 것이다. 이처럼 그 재화의 가격 이외의 요인이 변하여 수요곡선 자체가 이동하는 것을 수요의 변화라고 한다. 이것을 그림으로 나타낸 것이 〈그림 1.6〉이다.

> **수요의 변화와 수요량의 변화**
> 수요의 변화는 그 재화 가격 이외의 요인이 변화하여 수요곡선 자체가 이동하는 경우이며, 수요량의 변화는 그 재화 가격의 변화로 수요곡선 위에서의 이동을 말한다.

〈그림 1.6〉에서 어떤 재화의 가격이 P_0일 때, 수요량은 Q_0였다. 이때 그 재화 가격 이외의 요인, 즉 연관된 다른 재화의 가격, 소득, 소비자의 기호 등이 변하게 되면 모든 가

격 수준에서 수요량은 변한다. 예를 들어 소득이 증가한다면 동일한 P_0의 가격 수준에서 수요량은 이제 Q_1으로 증가하게 될 것이다. 가격은 변화가 없지만 소득이 늘어 동일한 가격 수준에서 더 많이 구입할 여유가 생겼기 때문이다. 그 결과 모든 가격 수준에서 수요량은 증가하게 된다. 결국 수요곡선 자체가 D_0에서 D_1으로 이동하게 되는 것이다.

한편, 어떤 재화 가격이 하락(상승)하면 어떻게 될까? 그러면 사람들은 가격이 하락(상승)한 만큼 그 재화의 구입을 늘리려(줄이려) 할 것이다. 이처럼 변화된 가격에서 그 재화의 구입량을 변화시키는 것을 수요량의 **변화**라고 한다. 〈그림 1.6〉에서 재화의 가격이 P_0에서 P_1으로 상승하면 그 재화의 수요는 Q_0에서 Q_2로 줄어들게 된다. 이것은 수요곡선 위에서 a에서 b로 이동하는 것으로 나타난다.

그에 반해 일정한 것으로 가정했던 그 재화 가격 이외의 요인이 변할 때 수요량은 어떻게 변하는지를 좀 더 살펴보자. 먼저 연관된 다른 재화의 가격이 변하는 경우를 생각해보자. 사과와 배의 예에서 배의 가격이 상승했다면 어떻게 될까? 배 가격의 상승은 바로 사과의 수요에 영향을 미치게 된다. 배는 사과와 밀접한 연관을 가진 재화이기 때

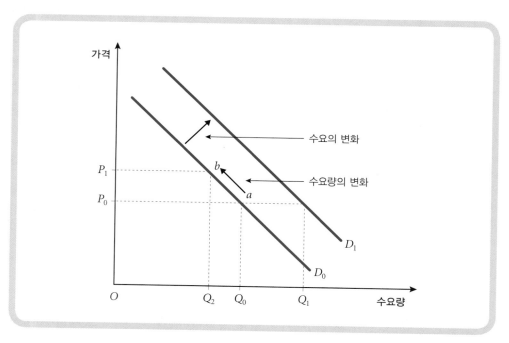

그림 1.6 수요량의 변화와 수요의 변화

문에 배의 가격이 상승하면 그동안 배를 수요하던 사람들 가운데 일부가 비싸게 된 배 대신 상대적으로 싸진 사과를 선택하려 할 것이다. 그러면 사과의 수요가 증가하게 된다. 이처럼 한 재화의 가격이 상승할 경우 다른 재화의 수요가 증가할 때 두 재화는 대체관계에 있다고 하며, 그 재화를 대체재(substitute goods)라고 한다. 대체재는 주로 서로 경쟁적인 재화와 서비스에서 찾을 수 있다. 버터와 마가린, 녹차와 커피, 버스와 지하철 등 서로 선택할 수 있는 상품들 간에 존재한다.

커피와 설탕의 경우는 반대의 효과로 나타난다. 커피의 가격이 상승하면 설탕의 수요는 어떻게 될까? 줄어들 것이다. 커피 가격의 상승은 먼저 커피에 대한 수요량을 줄일 것이고 그러면 커피를 마실 때 필요한 설탕의 수요도 줄어든다. 이처럼 한 재화의 가격이 상승할 때 그 재화와 함께 수요가 감소하는 관계에 있는 다른 재화를 보완재(complementary goods)라고 한다. 보완재는 서로 보완관계에 있는 재화와 서비스로서 함께 사용하면 더 좋은 재화들이다. 홍어와 막걸리, 돼지고기와 새우젓, 커피와 설탕 등이 있다.

소비자의 소득이 증가하는 경우는 어떻게 될까? 언뜻 생각하면 소비자의 소득이 증가하면 당연히 수요가 증가할 것이라고 생각하기 쉽다. 물론 대부분의 재화나 서비스는 소득이 증가하면 수요가 늘어난다. 소득이 한 달에 100만 원에서 200만 원으로 늘어난다면 한 달에 한 번 정도 보던 영화를 2주에 한 번 볼 수 있을 것이고, 두 달에 한 번 정도 먹던 스테이크도 한 달에 한 번 정도 먹을 수 있게 될 것이다. 이처럼 소득이 증가할 때 소비가 늘어나는 재화를 정상재(normal goods)라고 한다.

하지만 소득이 늘어난다고 해서 모든 재화에 대해서 수요가 증가하는 것은 아니다. 일부 재화는 소득이 늘어날 경우 오히려 수요가 줄어들게 된다. 소득이 적을 때는 하루에 한 끼는 라면으로 때웠지만, 소득이 증가하면 라면 대신 된장찌개를 먹게 됨으로써 라면 소비는 오히려 줄어들 것이다. 이처럼 소득이 증가할 때 소비가 오히려 줄어드는 재화를 열등재(inferior goods)라고 한다. 우리나라에서 그동안 찾아볼 수 있었던 이런 재화들로는 보리, 석유 등잔, 고무신 등을 들 수 있다.

(2) 공급의 변화와 공급량의 변화

경제학에서는 공급과 공급량이라는 용어도 구분해서 사용한다. 공급량(quantity

supplied)은 특정한 가격에서 생산자들이 판매하려는 양을 의미하고, **공급(supply)**은 각 가격 수준에서 생산자들이 판매하려는 양을 의미한다. 〈그림 1.7〉은 일반적인 공급곡선인데, 그 재화의 가격을 제외한 모든 다른 요인은 일정하다는 가정하에서 그려진 것이다. 수요에서 설명하였듯이 이러한 가정은 상황에 따라 변한다. 이렇게 일정한 것으로 가정했던 요인들에 변화가 있게 되면 공급에도 변화가 있게 된다.

일정하다고 가정했던 요인이 변하게 되면 공급곡선 자체가 이동한다. 재화의 가격에는 변동이 없음에도 불구하고 공급량에 변화가 발생하기 때문이다. 예를 들어보자. 과일은 역시 제철 과일이 제일이다. 그러나 제철 과일은 날씨의 영향을 많이 받는다. 봄에 가뭄이 들어 참외 농사가 흉년이라면 농가에서는 각각의 가격 수준에 대응하여 공급하려는 참외의 양을 줄이려 할 것이다. 이렇게 그 재화의 가격 이외의 요인이 변화하면 공급곡선이 이동하게 되는데 이것을 **공급의 변화**라고 한다.

> **공급의 변화와 공급량의 변화**
> 공급의 변화는 그 재화 가격 이외의 요인이 변화하여 공급곡선 자체가 이동하는 경우이며, 공급량의 변화는 그 재화 가격의 변화로 공급곡선상에서의 이동이 일어나는 것을 말한다.

〈그림 1.7〉에서 구체적으로 살펴보자. 재화의 가격이 P_0일 때 공급량은 Q_0였다. 그런데 그 재화의 가격 이외의 요인, 즉 그 재화를 생산하는 데 필요한 생산요소의 가격, 생산기술 등이 변하면 공급량이 변한다. 예를 들어 그 재화를 생산하는 기술 수준이 향상되었다면 동일한 P_0의 가격 수준에서 공급량은 Q_1으로 증가할 것이고, 이것은 모든 가격 수준에서 공급량의 증가로 나타날 것이다. 결국 공급곡선이 S_0에서 S_1으로 이동한다.

반면 그 재화의 가격이 상승(하락)하면 공급자는 가격이 상승(하락)한 만큼 재화의 공급량을 늘리려(줄이려) 할 것이다. 이처럼 변화된 가격에서 그 재화의 공급량을 변화시키는 것을 **공급량의 변화**라고 하여 공급의 변화와 구별하고 있다. 〈그림 1.7〉에서 보면 재화의 가격이 P_0에서 P_1으로 상승하면 재화의 공급은 Q_0에서 Q_2로 늘어나는데, 이러한 변화는 공급곡선 위에서 일어난다. 다시 말해 공급량의 변화는 공급곡선 위의 점 a에서 점 b로의 이동으로 나타난다.

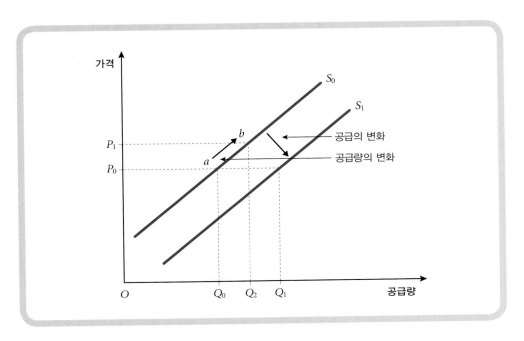

그림 1.7 공급의 변화와 공급량의 변화

2) 균형의 변화

수요와 공급의 작용에 의해 균형 가격과 균형 수급량이 결정되는 것이 바로 시장이다. 그런데 이 균형은 고정되어 있는 것이 아니라 변화한다. 수요와 공급의 균형은 그 재화 가격 이외의 요인에 변화가 없다는 것을 전제하고 있다. 그런데 수요와 공급에 영향을 주는 그 재화 가격 이외의 다른 요인, 즉 일정한 것으로 가정했던 요인들이 변한다면 어떻게 될까? 이때는 균형점이 변하고 그에 따라 균형 가격과 균형 수급량도 변하게 된다.

사과를 많이 먹으면 피부의 탄력성이 좋아지고 비만을 예방할 수 있다는 연구 결과가 나왔다고 하자. 요즘처럼 미용에 관심이 많은 사람들이 이 연구 결과를 들었다면 당장 시장으로 달려가 사과를 사려 할 것이다. 이것은 사과의 가격과는 아무런 관련없이 일어나는 일이기 때문에 사과의 수요곡선을 오른쪽으로 이동시키게 된다. 그러면 사과의 균형 가격과 균형 수급량이 변한다.

이것을 그림으로 나타내면 〈그림 1.8〉과 같다. 여기서 사과는 처음 P_0의 가격에 Q_0만

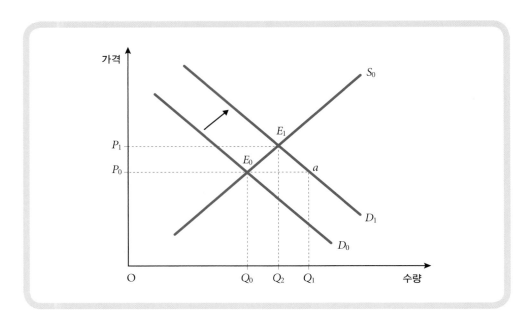

그림 1.8   수요의 변화로 인한 균형의 변화

큼 거래되어 E_0에서 균형을 이루고 있었다. 그런데 소비자들의 기호가 변해 사과에 대한 수요가 증가하여 수요곡선은 D_0에서 D_1으로 이동하였다. 이러한 변화는 사과의 가격과는 아무런 관계가 없이 일어난다. 이때 사과의 가격이 P_0인 경우 수요량은 Q_1으로 증가한다. 하지만 공급량은 Q_0로 유지된다. 결국 $Q_1 - Q_0$만큼의 초과 수요가 발생하는 것이다. 초과 수요가 발생하면 앞에서 고찰했듯이 가격이 상승하고 가격이 상승하면 수요는 줄고 공급은 늘어난다. 이렇게 하여 새로운 균형점은 E_1에서 달성되며, 이때 새로운 균형 가격은 P_1, 새로운 균형 수급량은 Q_2에서 결정된다.

공급곡선이 이동하여 균형점이 변하는 경우를 살펴보자. 만약 어떤 해에 농약 가격이 크게 올랐다고 하자. 그러면 사과 농사를 짓는 과수원의 생산비는 농약값 때문에 증가하게 될 것이다. 〈그림 1.9〉가 이 경우를 설명하고 있다. 농약은 사과를 생산하는 데 필요한 생산요소이며 생산요소의 가격 변화는 사과의 공급에 영향을 미친다. 농약 가격이 상승하면 일부 생산자들에게는 시장에서 결정되는 사과의 가격보다 생산비가 더 많이 들어가는 상황이 초래된다. 이런 생산자들은 차라리 사과의 생산을 포기하게 될 것이다. 그 결과 사과의 공급이 감소한다. 이것은 사과의 가격과는 무관하게 발생하기 때문

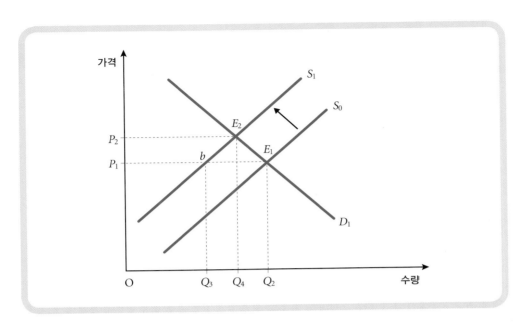

그림 1.9 공급의 변화로 인한 균형의 변화

에 공급곡선을 왼쪽으로 이동시킨다. 그러면 사과의 균형 가격과 균형 수급량이 변한다.

〈그림 1.9〉에서 사과는 P_1의 가격에 Q_2만큼 거래되어 E_1에서 균형을 이루고 있었다. 그런데 생산요소인 농약 가격의 상승으로 인해 사과의 공급이 감소하게 되었다. 그러면 공급곡선은 S_1으로 이동한다. 사과의 가격이 P_1인 경우 사과의 공급량은 Q_3로 감소할 것이다. 하지만 수요량은 Q_2로 유지된다. 결국 $Q_2 - Q_3$만큼의 초과 수요가 발생하게 된다. 초과 수요가 발생하면 가격이 상승하게 되고 가격이 상승하면 공급은 증가하고 수요는 감소하게 된다. 이렇게 하여 새로운 균형점은 E_2에서 달성되며 이때 새로운 균형 가격은 P_2, 새로운 균형 수급량은 Q_4가 된다.

이제 수요와 공급이 동시에 변하는 경우를 생각해보자. 즉 사과에 대한 수요가 증가하는 동시에 사과의 공급이 감소하는 상황이 발생했다면 어떻게 될 것인지를 생각해보자. 이 경우 가격이 증가한다는 사실은 확실히 말할 수 있다. 그러면 수량은 어떻게 될까? 확실하지 않다. 수량의 경우는 소비자들의 사과에 대한 수요 증가의 효과가 생산자들의 생산비 상승으로 인한 공급 감소에 의해 상쇄되기 때문이다. 따라서 수요 증가와 공급 감소의 상대적인 크기에 따라서 수량은 증가 또는 감소하는 것으로 나타날 수 있다. 수

표 1.2 수요와 공급 변동의 영향

	공급 증가	공급 감소
수요 증가	가격 : 불분명 수량 : 증가	가격 : 상승 수량 : 불분명
수요 감소	가격 : 하락 수량 : 불분명	가격 : 불분명 수량 : 감소

요와 공급의 변동에 따른 균형 가격과 균형 수급량의 변화를 정리하면 〈표 1.2〉와 같다.

2. 가격 통제

앞에서 우리는 시장에서 수요와 공급의 힘에 의해 균형 가격과 균형 수급량이 결정되는 과정을 살펴보았다. 또한 일시적인 재화의 부족이나 과잉이 발생했을 때 시장의 힘에 의해 문제가 해결되고 다시 균형을 회복하게 되는 과정도 살펴보았다. 이처럼 시장은 스스로 조절되어 다시 균형을 회복하기 때문에 자기 조정적(self-correcting)이라고 한다. 하지만 어떤 경우 시장에서 결정되는 자동조절 균형 메커니즘을 정부가 정책이나 법률을 통해 차단하는 경우가 있다.

정부의 시장 개입에는 물론 정당한 근거와 목적이 있다. 그렇지만 어쨌든 시장 기능에 정부가 개입하는 경우 시장의 불균형을 피하기는 어렵다. 경제는 살아 숨쉬는 유기체와 같아서 인위적인 작용에는 반드시 이에 상응하는 반응을 하게 된다. 선의의 목적에서 시장 가격 체계를 인위적으로 왜곡시킨 조치들이 오히려 반대의 결과를 가져오기도 한다. 결국 '보이지 않는 손'은 완벽하지 않고 때때로 실패도 하지만 현실적으로 이를 대체할 수 있는 차선책을 쉽게 찾아보기 어렵다는 것을 보여준다.

그럼에도 불구하고 여러 가지 이유에서 정부는 시장의 불균형을 감수하면서도 시장 가격의 형성에 개입하게 되는데, 이것을 가격 통제(price control)라 한다. 가격 통제의 대표적인 형태는 공정 가격의 설정이다. 이는 어떤 목적을 달성하기 위해 정부가 공정하다고 생각하는 가격을 법으로 정해 시행하는 것을 말한다.

공정 가격에는 두 가지가 있다. 하나는 인플레이션을 억제하기 위해 재화나 생산요소의 가격에 최고 한도를 설정하는 것이다. 또 하나는 노동자 혹은 생산자를 보호하기 위해 가격이 일정 수준 이하로 내려가지 못하도록 가격의 최저 한도를 정하는 것이다.

최고 한도를 설정하는 것을 가격 상한제 또는 최고 가격제(price ceiling)라 하고, 최저 한도를 정하는 것을 가격 하한제 또는 최저 가격제(price floor)라고 한다.

1) 가격 상한제 : 최고 가격제

가격 상한제는 최고 가격 수준을 설정하여 그 가격 이상으로 거래되는 것을 금지할 목적으로 시행된다. 때문에 최고 가격은 균형 가격보다 낮은 수준에서 설정된다. 만일 최고 가격으로 거래될 수 있는 가격 수준을 균형 가격 수준보다 높게 설정한다면 아무런 의미가 없을 것이다. 시장의 자동 조절 기능을 통해 거래가 균형 가격 수준에서 이루어질 것이기 때문이다. 하지만 시장 가격이 균형 수준보다 낮게 설정되고 균형 가격 수준으로 조절될 수 없으면, 시장의 힘을 통해 초과 수요량을 제거할 수 없게 된다.

〈그림 1.10〉에서 최고 가격을 P_c로 설정했다고 하자. 이 가격은 균형 가격 P_0보다 낮다. 그러면 균형 가격에 비해 가격이 낮아 수요량은 늘어나 점 b의 Q_2가 되고, 공급량은 줄어들어 점 a인 Q_1이 될 것이다. 그 결과 $b-a$만큼, 즉 Q_2-Q_1만큼의 초과 수요가 발생하게 된다. 가격 수준이 P_c에 묶여 있기 때문에 공급은 그 가격 수준 이하로 생산비를 들여서 생산할 수 있는 공급자들만이 가능하게 된다.

이와 같은 초과 수요는 정부의 정책이 변해서 최고 가격이 균형 수준 이상으로 설정되든지, 아니면 다른 요인에 의해 수요 및 공급 곡선이 이동하지 않는 한 지속될 것이다. 예를 들어 소비자들의 소득이 감소하여 수요곡선이 점 a를 통과할 만큼 왼쪽으로 충분히 이동하여 시장 균형 가격이 최고 가격 수준과 같아진다면 초과 수요는 해소된다.

물론 최고 가격제를 시행하는 것은 긍정적 효과가 있기 때문이다. 가격 통제로 인해 그동안 시장 가격이 너무 높아 소비에서 제외되었던 일부 저소득층들은 소비에 참여할 수 있게 되어 환영할 것이다. 또 물가 안정이라는 정책적 목적을 달성하는 데도 기여할 수 있다. 하지만 가격 통제에 따른 문제점도 적지 않다. 가격 상한제하에서는 초과 수요가 발생하여 재화의 품귀 현상이 나타난다. 따라서 수요에 비해 부족한 물자를 어떻게 배분할 것인가 하는 문제가 발생하게 된다.

최고 가격제(가격 상한제)
최고 가격제는 균형 가격보다 낮은 수준에 설정하며, 초과 수요가 발생한다. 일부 암시장에서는 시장 가격보다 높은 가격에서 거래가 이루어질 수도 있다.

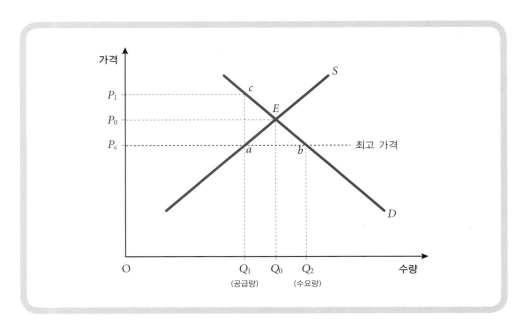

그림 1.10 최고 가격제

 이 문제를 해결하는 방법으로는 우선 선착순 판매, 추첨제, 배급제 등이 있을 수 있다. 선착순으로 판매하는 것은 먼저 온 사람부터 판매하는 것이기 때문에 물건을 구입하고 싶은 사람들은 다른 사람보다 먼저 와 줄을 서야 할 것이다. 부족한 물건을 사기 위해 길게 줄을 서서 기다리는 것은 그만큼의 비용을 발생시킨다. 또한 이는 판매자들이 친지나 단골 손님에게만 우선적으로 판매하는 도덕적 해이를 초래할 수도 있다.

 추첨이 하나의 대안이 될 수는 있지만 여기에도 문제는 있다. 예전 우리나라에서는 아파트를 분양할 때 추첨제를 도입하였다. 과거 우리나라는 저소득층에게도 내 집 마련의 기회를 공평하게 제공하기 위해서 아파트 분양 가격을 일정하게 통제했는데 그 결과는 공급에 비해 언제나 수요가 많았다. 아파트 분양에 수요가 몰리다 보니 결국 추첨을 통해 결정하였다. 그러나 이 추첨은 당첨되면 많은 프리미엄을 얻을 수 있었기 때문에 또 다른 문제를 발생시켰다. 낮은 가격에 분양을 받아 높은 가격에 판매하면 막대한 차익을 얻을 수 있었는데, 그 차액, 즉 프리미엄은 〈그림 1.10〉에서 사각형 aP_cP_1c의 크기가 된다. 이 때문에 오랫동안 아파트 분양을 둘러싸고 각종 부정과 투기가 난무하였다.

배급제도 대안의 하나다. 배급제는 주로 전시에 부족한 식량을 국민들에게 공평하게 분배할 목적으로 사용하는 경우가 많다. 제2차 세계대전 동안 미국 정부는 빈부격차를 인정하지 않고 인원수에 따라서 균등하게 배급표를 발급하였다. 하지만 이것은 예기치 못한 문제를 발생시켰다. 바로 '배급표 암시장'의 형성이었다.

최고 가격의 설정으로 초과 수요가 발생하면 암시장이 형성될 가능성이 높다. 공급량은 제한되어 있는데 수요량이 많기 때문에 어쩔 수 없는 현상이다. 일부 사람들은 불법적으로라도 더 높은 가격을 주고서 부족한 재화를 구입하려고 할 것이기 때문이다. 그러면 암시장에서는 어느 정도의 가격이 형성될 수 있을까? 〈그림 1.10〉을 보면 설정된 최고 가격에 대해 생산자들은 Q_1만큼을 생산하려 한다. 그런데 이 공급량에 대해 수요자들은 P_1의 가격을 지불하고서라도 구입하고자 할 것이다. 따라서 암시장에서의 가격은 c점인 P_1 수준에서 형성될 것이다.

실제로 가격 결정 시스템을 인위적으로 통제할 경우에 발생하는 문제가 애초에 해결하고자 했던 것보다 더 심각할 수 있다. 과거 미국 뉴욕 맨해튼에서 아파트 공급이 제한되는 바람에 수요가 급증하면서 세입자들의 부담이 커지자 시 정부는 아파트 임대료 상한선을 책정한 적이 있었다. 하지만 이는 곧 실패한 정책으로 밝혀지고 말았다. 우선 임대업자들은 임대료가 상한선에 묶이는 바람에 물이 새거나 파이프가 터지더라도 아파트 수리를 외면하게 되고 동네는 오래지 않아 슬럼화되었다. 한편 시장 가격보다 싼 임대료를 지불할 수 있는 아파트에 들어오기 위해 세입자들은 암암리에 '웃돈'을 집주인에게 건네야만 했다. 이런 와중에서 집주인들은 가족이나 친척 등 주변의 잘 아는 지인들에게만 임대하려고 했고, 정말 집이 필요한 사람은 아무리 높은 가격을 지불하려고 해도 집을 구하지 못하는 상황이 발생하게 되었다. 결국 세입자들의 부담을 덜어주고자 했던 임대료 상한제의 취지는 사라지고 집을 구하지 못한 세입자들은 결국 거리로 쫓겨나는 신세가 되었다.

2) 가격 하한제

이번에는 최저 가격을 설정하는 경우를 생각해보자. 가격 하한제는 기업들 간의 과도한 경쟁을 방지할 필요가 있거나 어떤 산업을 보호해야 할 필요가 있을 때 설정한다. 농산물에 대해서 일정 수준 이상의 가격을 보장해주거나, 근로자들이 받는 임금 수준이

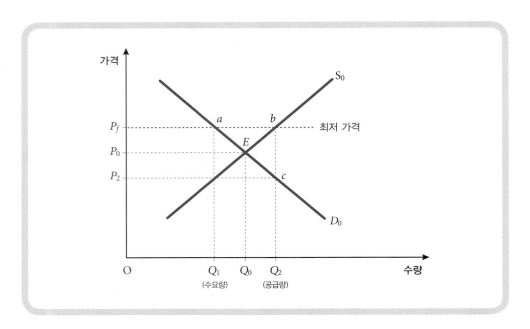

그림 1.11 최저 가격제

최소한 어느 정도는 되어야 한다고 법제화하는 것 등이 대표적인 예이다.

최저 가격은 균형 가격보다 높은 수준에서 책정되어 그 가격 수준 이하로 판매하지 못하도록 한다. 〈그림 1.11〉을 보자. 원래 균형 가격은 P_0이고 균형 수급량은 Q_0이다. 만일 최저 가격이 균형 가격 수준인 P_0보다 높게 P_f로 책정된다면 어떻게 될까? P_f 가격에서는 a점에서 수요곡선과 만나게 되는데, 이때의 수요량은 균형 수준인 Q_0보다 적은 Q_1이 된다. 반면에 공급량은 b점에서 결정되며 균형 수준인 Q_0보다 많은 Q_2가 된다. 따라서 $b-a$에 해당하는 Q_2-Q_1만큼의 초과 공급이 발생한다.

이렇게 되면 공급자들끼리 판매 경쟁을 벌임으로써 P_2의 가격 수준에서도 생산비를 충당할 수 있는 일부 경쟁력 있는 생산자들은 c점인 P_2의 가격을 받고서라도 처분하려는 유혹을 받게 된다. 하지만 P_f 미만으로는 판매하지 못하도록 법으로 정해져 있기 때문에 시장의 자동 조절 기능을 통해 원래의 균형점인 E점으로 되돌아갈 수 없어 불공정한 뒷거래가 발생할 수 있다.

가격 하한제가 정부의 의도대로 실현되기 위해서는 초과 공급에 해당하는 만큼의 물량을 누군가 구매해주어야 한다. 이는 보통 정부의 몫이다. 정부는 수매를 통해 초과 공급 물량을 비축하는 경우가 있는데, 그러면 최저 가격을 유지할 수 있을 것이다. 그러나 최저 가격제를 지속적으로 유지하게 되면 비축 물량은 계속해서 쌓이게 된다. 이를 위해 정부는 막대한 재정을 투입해야 할 것이다.

> **최저 가격제(가격 하한제)**
> 최저 가격제는 균형 가격보다 높은 수준에 설정하며, 초과 공급이 발생할 수 있다. 최저임금제의 경우 고용 감축의 부작용이 우려된다.

때로는 국내 가격보다 훨씬 낮은 가격에 해외로 수출함으로써 과잉 공급을 해소하기도 한다. 대표적인 사례가 EU의 공동농업정책(Common Agricultural Policy, CAP)이다. EU는 유럽의 농업 경영인들에게 높은 가격을 보장하려는 시도로 일정한 수준 이상으로 농산물 가격을 보장해주는 정책을 폈다. 하지만 1970년대 이후 EU에 의해 책정된 가격 수준이 너무 높아 농산물의 초과 공급이 지속되었고 EU는 엄청난 양의 잉여농산물을 구입해 저장해야만 했다. 1985년 말까지 유럽 국가들은 78만 톤의 쇠고기, 120만 톤의 버터, 1,200만 톤의 밀을 저장해놓고 있었던 것으로 알려졌다. 이러한 농산물 재고의 축적을 피하기 위해 EU가 채택했던 것이 바로 잉여 농산물의 수출보조금 정책이었다. 하지만 이러한 덤핑 수출은 무역 상대국으로부터 반덤핑 관세 보복을 받기 쉽다.

3. 가격탄력성과 그 응용

1) 수요의 가격탄력성

(1) 탄력성의 개념

지금까지 우리는 어떤 재화의 가격이 변하면 그 재화의 수요량과 공급량이 변하는 것을 살펴보았다. 그런데 가격의 변화에 소비자들이 반응하는 정도는 재화나 서비스의 종류에 따라서 차이가 있다. 똑같이 가격이 10% 하락하여도 수요량이나 공급량이 모든 재화에서 똑같은 비율로 나타나지는 않는다. 어떤 상품의 수요는 10%가 넘게 증가하기도 하고 또 어떤 상품의 수요는 미미하게 증가할 수도 있다.

이러한 문제는 기업의 입장에서 매우 중요하다. 물론 기업들은 어느 한 재화나 서비스의 가격을 올리면 수요량은 줄어들고 내리면 수요량이 늘어난다는 것을 알고 있다.

그렇지만 정작 생산자들이 알고 싶은 것은 가격을 내리는 것이 이익일지 아니면 올리는 것이 이익일지를 판단하는 것이다. 이를 위해서는 가격이 변동했을 때 수요량이 얼마나 민감하게 반응하는가를 알아야 한다.

이처럼 가격의 변화에 대해서 수요량이 반응하는 정도를 측정한 것을 **수요의 가격탄력성**(price elasticity of demand)이라고 한다. 수요의 가격탄력성은 수요량의 변화율을 가격의 변화율로 나눈 값이며, 가격을 P, 수요량을 Q라고 하면 수요의 가격탄력성은 다음과 같이 정의된다.

$$E_{Pd} = - \frac{\dfrac{\Delta Q}{Q} : \text{수요량의 변화율}}{\dfrac{\Delta P}{P} : \text{가격의 변화율}}$$

아이스크림을 예로 들어보자. 아이스크림의 가격이 처음에 500원이었는데 450원으로 내려갔다면 소비자들은 아이스크림 수요량을 얼마나 늘리게 될 것인지를 생각해보자. 아이스크림 가격이 500원일 때 수요량은 하루 8만 개였다. 그러다 450원으로 내린 뒤 수요량은 10만 개로 늘어났다. 이때 수요의 가격탄력성은 얼마가 될까? 가격이 10% 감소한 데 대해 수요량이 25% 늘어났기 때문에 수요량의 변화율을 가격의 변화율로 나누어서 탄력성을 계산하면 2.5가 된다. 위의 아이스크림의 예를 공식에 따라 계산하면 다음과 같다.

$$E_{Pd} = - \frac{\dfrac{20,000}{80,000}}{\dfrac{-50}{500}} = - \frac{25\%}{-10\%} = 2.5$$

수요의 가격탄력성
수요의 가격탄력성은 가격의 변화에 대해 수요량의 변화가 얼마나 민감하게 반응하는가를 측정하는 개념이다.

수요의 가격탄력성은 0에서 무한대까지의 값을 가질 수 있다. 수요의 가격탄력성 값이 1보다 작으면 비탄력적이라고 하고, 1보다 크면 탄력적이라 한다. 또 0일 때는 완전 비탄력적, 1일 때는 단위 탄력적, 그리고 무한대(∞)일 경우 완전 탄력적이라고 한다. 수요의 가격탄력성이 탄력적이라 하는 것은 가격의 변화율보다 수요량의 변화율이 더 크다는 것을 의미한다. 단위 탄력적이라는 것은 가격의 변화율과 수요량의 변화율이 같다는 것을 말한다.

탄력성의 크기는 수요곡선의 모양과 밀접한 관계가 있다. 〈그림 1.12〉에는 탄력성을 달리하는 수요곡선의 대표적인 여러 모양이 그려져 있다. (a)에서 수요곡선은 수평으로 그려져 있는데 이 경우 수요의 가격탄력성은 무한대(∞)이다. 작은 가격의 변동에도 수요량 변동이 무한대가 된다. (a)에서 수직으로 그려진 수요곡선은 탄력성의 값이 제로(0)가 된다. 가격이 어떻게 변해도 수요량의 변화는 전혀 없다. 수요의 가격탄력성은 수요곡선이 수평에 가까울수록 탄력적이고 수직에 가까울수록 비탄력적이다. (b)와 (c)는 모두 전형적으로 우하향하는 수요곡선이며 (b)가 더 수평에 가깝다. 따라서 (b)는 (c)에 비해 더 탄력적이다. 한편 (d)의 수요곡선은 직각쌍곡선의 모양인데, 이러한 수요곡선 상의 탄력성은 모든 점에서 값이 1이다. 즉 (d)는 단위 탄력적인 수요곡선을 나타낸다.

(2) 탄력성과 총수입

특정한 재화나 서비스에 대한 수요의 가격탄력성은 생산자들에게 매우 유익한 정보가 된다. 탄력성의 값이 1보다 크다는 것은 가격의 변화율보다 수요량의 변화율이 더 크다는 것을 의미한다. 만일 가격을 내린다고 할 때 탄력성의 값이 1보다 크다면 가격의 인하율보다 수요량의 증가율이 더 높기 때문에 판매자는 이익을 볼 것이다. 반대로 비탄력적일 때는 가격을 올리는 것이 더 이익이 될 것이다. 왜냐하면 가격의 인상률에 비해 수요량의 감소율이 더 적기 때문이다. 단위 탄력적일 경우에는 가격 변화에 대해 총수입의 변화는 없다. 가격 인상으로 인한 수입의 증가분이 수요량 감소로 인한 수입의 감소로 정확하게 상쇄되어 버리기 때문이다. 이처럼 수입과 탄력성 사이에는 밀접한 관련이 있기 때문에 어떤 재화에 대한 수요의 가격탄력성을 알면 판매자가 올바른 결정을 내리는 데 큰 도움이 될 것이다. 가격 변화와 탄력성 및 총수입 간의 관계를 요약하면 〈표 1.3〉과 같다.

이러한 예는 현실에서 아주 흔히 볼 수 있다. 영화관에서는 학생들에게는 관람료를

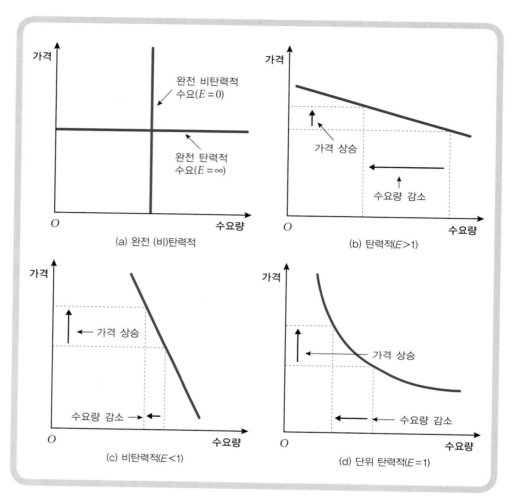

그림 1.12 수요곡선의 종류와 탄력성

일정하게 할인해주고 있는데, 영화비가 싸지면 영화를 보러오는 학생들이 크게 늘어나기 때문이다. 그러면 왜 어른들에게는 할인을 해주지 않는가? 어른들은 영화 관람료가 낮아져도 영화를 보러가는 것이 크게 늘어나지 않는다. 돈보다는 시간이 없는 경우가 더 많기 때문이다. 그래서 영화관에서 만든 것이 조조할인이다. 아침 시간에 일찍 영화를 보러오는 사람들을 위해 관람료를 깎아주는 것이다. 관람객이 별로 없는 아침 시간에 가격을 낮추면 이른 아침에 시간을 내어 보러오는 사람들이 늘어나 수입이 증가할 것이기 때문이다. 이처럼 수요의 탄력성 개념은 기업에서 가격을 책정할 때 매우 유용

표 1.3 가격 변화, 탄력성 및 총수입

가격 변화	수요의 가격탄력성	총수입의 변화
인상	탄력적($E_P > 1$)	감소
인하	탄력적($E_P > 1$)	증가
인상	비탄력적($E_P < 1$)	증가
인하	비탄력적($E_P < 1$)	감소
인상	단위 탄력적($E_P = 1$)	변화 없음
인하	단위 탄력적($E_P = 1$)	변화 없음

한 수단이 된다.

(3) 탄력성의 결정 요인

그러면 재화의 탄력성을 결정하는 요인은 무엇인가? 어떤 재화의 가격 변동에는 사람들이 민감하게 반응하고 또 다른 상품의 가격 변동에는 무감각하게 대하는 이유가 무엇인가? 수요의 가격탄력성을 다르게 만드는 중요한 요인에는 세 가지가 있다. 대체재의 존재 여부, 소득에서 그 재화의 소비가 점하는 비중 그리고 소비자가 가격 변화에 대처할 수 있는 시간의 길이다.

첫째, 밀접한 대체재가 많이 존재할수록 탄력성은 커진다. 만일 대체재가 거의 없다면 가격을 변화시켜도 사람들이 다른 대안을 찾기 어려울 것이다. 이런 경우에는 가격 변화에 대한 수요량의 변화가 작게 나타난다. 예를 들어 쌀은 가격이 오르거나 내려도 수요량의 변화가 크지 않다. 대체재가 그다지 많지 않기 때문이다. 그래서 탄력성이 작게 나타난다. 일반적으로 우리가 생활필수품이라고 부르는 것들은 대체재가 별로 없는 재화들이다. 그래서 생활필수품들의 수요의 가격탄력성은 낮다. 반면에 쇠고기의 가격 탄력성은 쌀에 비해 크게 나타난다. 쇠고기의 가격이 상승하면 쇠고기 대신 돼지고기, 닭고기, 양고기 등으로 소비를 대신할 수 있기 때문이다. 이처럼 대체재가 많은 쇠고기 가격이 오르면 수요량은 많이 줄어들게 된다. 즉 탄력성은 크게 나타난다.

둘째, 소득에서 그 재화에 지출하는 금액의 크기도 수요의 가격탄력성에 영향을 미친다. 우리나라 학생들은 1년에 연필을 평균 20자루를 소비한다고 하자. 연필 한 자루의 가격이 200원이라면 연필에 연간 4,000원을 지출하는 셈이다. 이때 연필 가격이 250원으로 25% 상승했다고 하자. 그러면 학생들은 연필을 사는 데 1,000원을 추가해 연간 5,000원을 지출해야 한다. 이 경우 학생들은 어떻게 반응할까? 연필의 가격이 25%나 올랐으니 연필을 아껴써서 연필에 대한 소비 지출을 연간 20자루에서 16자루로 줄여서 연간 4,000원만 지출하려고 할까? 아마 그렇지 않을 것이다. 대부분의 학생들은 비록 연필 가격이 25% 상승했더라도 추가로 1,000원을 더 지출하여 연간 20자루의 연필을 소비하려 할 것이다. 이는 일반적인 경우에 비추어 볼 때 연필에 지출하는 금액이 학생들의 일반적인 용돈, 즉 학생들의 총소득에서 점하는 비중이 미미하기 때문이다. 즉 상대적으로 사소한 예산이 지출되는 항목의 경우 가격 상승으로 인한 수요량 감소 효과는 작다고 볼 수 있다. 때문에 가격 변화에 대해 수요량의 변화는 민감하지 않아, 비탄력적이게 되는 것이다.

이처럼 대부분의 대학생들은 연필 가격의 등락에는 별 반응을 보이지 않는다. 그러나 휴대전화나 노트북이라면 어떻게 될까? 최신형 노트북의 가격이 내리는 것에 대해서는 깊은 관심을 보일 것이다. 노트북의 가격은 대학생들의 소득에서 상당한 비중을 점하는 것이기 때문에 가격 변화에 더 민감한 반응을 보일 수밖에 없다. 따라서 다른 조건이 일정하다면 소비자의 소득에서 차지하는 비중이 큰 재화일수록 탄력적이 된다.

셋째, 소비자들이 가격 변화에 대해 대처할 수 있는 시간의 길이에 따라서 수요의 가격탄력성이 달라진다. 예를 들어 휘발유 가격이 상승한 경우 단기적으로는 그냥 높은 휘발유 가격을 지불할 수밖에 없다. 대부분의 경우 사람들은 대체재를 찾거나 자신의 소비 행동을 변화시키는 데 시간이 필요하기 때문이다. 따라서 단기적으로는 휘발유 소비량이 가격 상승에 대해 비탄력적이다. 하지만 장기적으로 보면 이야기가 달라진다. 대형차를 소형차로 바꾸거나, 자가용을 이용하지 않고 버스로 출퇴근하거나, 집을 직장 가까운 곳으로 이사하여 자전거로 다니는 등, 휘발유 가격 상승에 적절히 대응할 것이다. 따라서 휘발유 소비량은 장기적으로 가격 상승에 대해 탄력적으로 줄어들 것이다. 결국 다른 조건이 일정할 경우, 단기일 경우에는 상대적으로 비탄력적이고, 장기일 경우에는 상대적으로 탄력적이 될 것이다.

> **수요의 탄력성의 결정 요인**
> 수요의 가격탄력성을 결정하는 요인에는 대체재의 존재 유무, 어떤 재화의 가격이 소득에서 차지하는 비중 그리고 가격 변화에 소비자들이 대처할 수 있는 시간 등이 있다.

2) 공급의 가격탄력성

공급의 가격탄력성 개념도 수요의 경우와 똑같다. 즉 재화의 가격 변화에 대해 공급량이 얼마나 민감하게 반응하는가를 측정하는 것이다. 이는 공급량의 변화율을 가격의 변화율로 나눈 것으로, 가격을 P, 공급량을 Q라고 하면 공급의 가격탄력성은 다음과 같이 정의된다.

$$E_{P_s} = - \cfrac{\dfrac{\Delta Q}{Q} \;\text{: 공급량의 변화율}}{\dfrac{\Delta P}{P} \;\text{: 가격의 변화율}}$$

공급의 탄력성 값도 0에서 무한대까지 가능하다. 공급의 탄력성을 결정하는 요인에는 생산비의 동향과 생산기간 등이 있다. 자원의 경우 가격이 올랐다고 해서 바로 생산이 늘어나기는 어렵다. 그렇기 때문에 약간의 수급 차질에 의해서도 큰 폭의 단기 가격 변동이 발생하기 쉽다. 국제 유가는 흔히 미국의 겨울 날씨에 대한 예상에 의해 크게 변화한다. 따뜻한 날씨가 예상되면 수요가 줄어들 것으로 예상하여 원유 가격이 크게 떨어지고 추운 겨울이 될 것이라는 예측이 나오면 원유 가격이 크게 오르는 현상이 나타난다. 이것은 단기간에는 석유 공급의 가격탄력성이 작기 때문이다. 그러나 장기적으로 생각해본다면 석유의 공급탄력성은 훨씬 커질 수 있다. 석유 가격이 계속해서 상승하면 새로운 유전들이 활발하게 개발될 것이고, 또 기존 유전에서도 생산설비의 증설을 비롯한 석유 생산의 조건이 확대되면서 생산이 크게 늘어날 수 있기 때문이다.

우리나라에서도 언제부터인가 밸런타인데이에 꽃이나 초콜릿을 이성 친구에게 선물하는 문화가 정착하였다. 그래서 이 시기에는 꽃과 초콜릿에 대한 수요가 늘어나 가격이 평상시보다 오르게 된다. 그런데 가격 상승을 조사해보면 초콜릿의 가격보다는 장미꽃의 가격이 훨씬 크게 오른다는 것을 알 수 있다. 초콜릿은 공장에서 대량 생산이 가능하기 때문에 가격이 오르면 공급량을 즉시 늘릴 수 있지만, 장미꽃은 가격이 올라도 단기적으로 공급량을 늘릴 수 없기 때문이다. 초콜릿의 공급은 탄력적이고 장미꽃의 공급은 비탄력적인 것이다. 따라서 재화나 서비스의 수요가 늘어날 때 그 상품의 공급탄력성이 크면 가격이 작게 오르고 탄력성이 작으면 가격이 크게 오른다.

3) 소득탄력성과 교차탄력성

가격탄력성 외에도 탄력성의 개념은 다양하게 응용될 수 있다. 소득의 변동에 대해 수요량이 얼마나 민감하게 반응하는가를 알아보는 것으로는 소득탄력성이 있다. 즉 수요량의 변화율을 소득의 변화율로 나눈 것이다. 소득을 Y, 수요량을 Q라고 하면 수요의 소득탄력성은 다음과 같이 정의될 수 있다.

$$E_{Yd} = -\ \cfrac{\dfrac{\Delta Q}{Q} \quad : \text{수요량의 변화율}}{\dfrac{\Delta P}{Y} \quad : \text{소득의 변화율}}$$

대부분의 재화는 소득 수준이 증가하면 수요량도 늘어나기 때문에 소득탄력성의 값은 플러스(+)이다. 하지만 일부의 재화는 소득이 일정 수준을 넘을 경우 소득이 증가함에 따라 수요량이 오히려 감소한다. 이 경우 수요의 소득탄력성은 마이너스(−) 값으로 나타난다. 이처럼 소득탄력성이 마이너스가 되는 재화를 **열등재**라고 한다. 쇠고기에 대한 돼지고기, 버터에 대한 마가린, 승용차에 대한 버스 등이 열등재의 대표적인 예이다.

한편, 어떤 상품 Y재의 가격 변화에 대해 다른 상품 X재의 수요량이 얼마나 민감하게 반응하는가를 측정하는 것을 수요의 **교차탄력성**이라 한다. 이것은 X재의 수요량 변화율을 Y재의 가격 변화율로 나눈 값을 의미한다. 상품 Y재의 가격을 P_Y, 상품 X재의 수요량을 Q_X라고 하면 수요의 교차탄력성은 다음과 같이 정의될 수 있다.

$$E_{XY} = -\ \cfrac{\dfrac{\Delta Q_X}{Q_X} \quad : X\text{재 수요량의 변화율}}{\dfrac{\Delta P_Y}{P_Y} \quad : Y\text{재 가격의 변화율}}$$

이 값도 플러스(+) 값과 마이너스(−) 값을 모두 취할 수 있는데, 플러스이면 두 재화는 서로 대체관계에 있다고 하고, 마이너스이면 보완관계에 있다고 한다. 소비자들이 서로 밀접한 대체관계에 있다고 생각하는 재화는 수요의 교차탄력성이 매우 큰 플러스 값을 가지게 된다.

예를 들어보자. 쇠고기와 돼지고기는 대체관계에 있다. 쇠고기 가격이 오를 경우 쇠고기에 대한 수요는 줄어드는 대신 돼지고기에 대한 수요는 늘어날 것이다. 쇠고기 가격 상승률은 플러스 값이고, 돼지고기 수요량 변화율도 플러스이기 때문에 대체탄력성은 플러스로 나타난다. 즉 두 재화는 대체관계에 있다. 커피와 홍차의 경우도 마찬가지이다.

대신에 서로 보완관계인 커피와 설탕의 경우를 생각하면 반대 방향으로 변화함을 알게 될 것이다. 커피 가격이 오르면 커피에 대한 수요량이 줄어들고 그러면 설탕에 대한 수요도 줄어든다. 커피 가격의 변동율은 플러스 값인데, 설탕 수요량의 변화율은 마이너스이기 때문에 전체 교차탄력성은 마이너스로 나타난다. 즉 보완재의 교차탄력성은 마이너스다.

소득탄력성과 교차탄력성
소득탄력성은 소득의 변동에 수요량이 얼마나 민감하게 반응하는가를 측정하는 것으로 소득탄력성이 마이너스이면 열등재라고 한다. 한편 어떤 재화의 가격 변동에 다른 재화가 얼마나 민감하게 반응하는가를 측정하는 것이 교차탄력성이다. 교차탄력성이 플러스이면 대체재, 마이너스이면 보완재의 관계에 있다고 한다.

---

4) 탄력성과 조세의 귀착

가격탄력성의 개념은 많은 경제현상에 응용될 수 있다. 여기서는 그중에서 특히 정부가 조세를 부과할 때 그것을 소비자와 생산자 가운데 누가 얼마나 부담하게 되는지를 고찰해보기로 한다. 조세는 납세자와 담세자의 일치 여부를 기준으로 직접세와 간접세로 구분된다. **직접세**는 소득세나 법인세와 같이 조세를 납부하는 사람과 그것을 부담하는 사람이 일치하는 조세를 말하며, **간접세**는 부가가치세와 같이 양자가 일치하지 않는 조세를 말한다.

특히 납세자와 담세자가 다른 간접세에서는 조세의 부담이 다른 사람에게로 이전되는 조세부담의 전가(tax shifting)가 자주 발생한다. 전가된 조세의 최종적인 부담을 조세의 귀착(tax incidence)이라고 하는데, 최종 부담의 상대적 크기는 과세 대상에 대한 수요와 공급의 가격탄력성에 의해 달라진다. 즉 수요와 공급의 탄력성의 크기에 따라 정부가 매긴 세금이 생산자와 소비자 사이에 나누어지는 비율이 달라진다는 것이다.

정부가 재화 한 단위당 일정한 금액의 조세를 부과한다고 하자. 정부는 이 세금을 기업으로부터 일괄 징수할 수도 있고 소비자들로부터 징수할 수도 있다. 어떤 게 더 좋을까? 소비자들은 당연히 기업에게 부과하는 것이 좋다고 생각할 것이다. 그러면 소비자들은 세금을 내지 않게 될 것이니 말이다. 하지만 이것은 잘못된 생각이다. 정부가 부과하는 조세는 기업에게 부과하나 소비자에게 부과하나 결국은 기업과 소비자가 각각 나누어서 부담하게 된다. 다만 얼마씩 나누느냐가 다를 뿐이다.

정부는 국고수입과 조세의 공정성이라는 두 가지 기준을 가지고 세금을 부과한다. 특정한 세금이 공정한지 아닌지를 판단하기 위해서는 실제로 누가 얼마나 세금을 납부하게 되는지를 알아야 한다. 시민환경단체가 주방세제의 남용이 하천을 오염시키는 주요한 원인 중 하나라는 보고서를 제출했다고 하자. 이에 정부는 주방세제의 소비를 감소시키고 동시에 국고수입을 증대시키기 위해 주방세제에 리터당 소비세를 부과하기로 했다. 〈그림 1.13〉은 주방세제에 리터당 100원의 소비세가 부과되었을 때의 효과를 나타낸 것이다. 세금이 부과되기 전 주방세제의 균형 가격은 1,000원이고, 균형 판매량은 연간 800만 리터였다. 생산자에게 리터당 100원의 소비세를 부과하게 되면 세금만큼 생산비가 증가한 것과 같기 때문에 공급곡선이 왼쪽으로 이동한다. 이때 생산자들은 판매된 주방세제에 대해서 리터당 100원만큼 정부에 세금으로 납부해야 한다.

이제 새로운 균형 가격은 1,070원으로 오르고 판매량은 700만 리터로 감소한다. 소비세 부과의 효과는 소비자들이 리터당 주방세제에 더 많은 가격을 지불해야 하므로 주방세제를 덜 소비하게 되는 것이다. 정부의 조세수입은 사각형 *abcd*의 면적으로 나타

> **조세의 전가와 귀착**
> 납세자와 담세자가 다른 간접세에서는 조세의 부담이 다른 사람에게로 이전되는 '조세부담의 전가'가 자주 발생한다. 정부가 부과한 조세가 생산자와 소비자 사이에 어떻게 최종적으로 부담되는가 하는 것을 '조세의 귀착'이라고 한다. 이 조세의 귀착, 즉 최종 부담의 상대적 크기는 과세 대상에 대한 수요와 공급의 가격탄력성에 의해 달라진다.

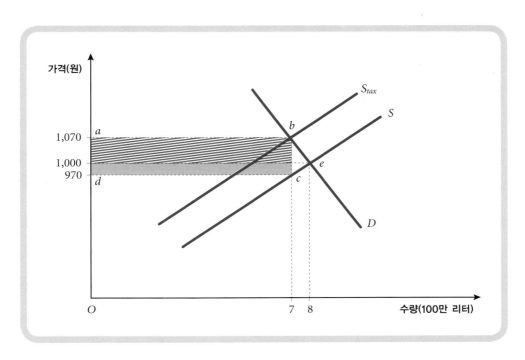

그림 1.13 주방세제에 대한 조세의 귀착

나며, 계산하면 약 7억 원이 된다. 비록 세금이 리터당 100원 부과되었지만, 주방세제의 가격은 1,070원으로 세금보다 적게 올랐다. 그래서 소비자들이 100원의 세금을 모두 부담하는 것은 아니다. 즉 소비자들이 부담하게 되는 금액은 사각형 *abcd* 가운데 빗금 친 부분이 되며, 계산하면 4억 9,000만 원이다. 생산자들은 판매된 주방세제에 대해 리터당 100원을 정부에 소비세로 납부하고 나면, 리터당 970원의 수입을 얻게 된다. 이것은 원래의 가격보다 30원 적은 값이다. 따라서 생산자들도 소비세의 일정한 부분을 부담하게 되며 그 금액은 사각형 *abcd* 가운데 옅게 칠해진 부분에 해당하고, 계산하면 2억 1,000만 원이 된다. 이처럼 소비세의 부과는 소비자와 생산자에게 각각 나누어서 부담이 돌아가게 됨을 알 수 있다.

그러면 이러한 사실이 우리가 앞에서 배운 탄력성과 어떤 관계가 있을까? 소비자와 생산자 간의 세금을 누가 얼마나 부담하게 될 것인지는 수요 혹은 공급곡선의 탄력성에 따라서 달라진다. 다른 조건이 일정한 경우 수요곡선이 탄력적이면 소비자에 대한 조세의 귀착 정도는 작게 된다. 그리고 공급곡선이 탄력적이면 생산자에 대한 조세의 귀

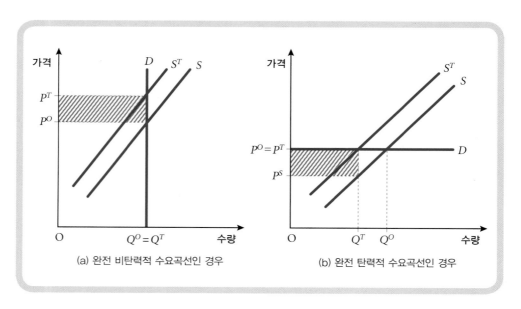

그림 1.14 극단적인 탄력성과 조세의 귀착

착 정도가 작아지게 된다. 결국 수요곡선이 공급곡선에 비해 더 탄력적이면 소비자들은 생산자에게 더 많이 전가시킬 수 있고, 공급곡선이 더 탄력적이면 공급자는 수요자에게 세금을 더 많이 떠넘길 수 있다는 것이다.

〈그림 1.14〉는 수요곡선이 가격에 대해 완전 비탄력적인 경우와 완전 탄력적인 경우에 조세의 귀착이 어떻게 되는지를 잘 보여주고 있다. 수요곡선이 완전 비탄력적인 (a)의 경우 소비자들은 가격에 상관없이 주방세제를 Q^O만큼 수요한다. 이때 소비세가 부과되면 공급곡선이 S에서 S^T로 이동하게 되고 새로운 균형 가격은 P^T가 된다. 하지만 소비자들의 소비량은 변화가 없기 때문에 소비세는 소비자가 모두 부담하게 된다. 이때 정부의 조세수입은 $Q^O \times (P^T - P^O)$만큼 증가한다.

수요곡선이 완전 탄력적인 경우는 (b)에서 보여주고 있다. 수요가 완전 탄력적인 경우에는 가격이 조금만 올라도 수요량은 극단적으로 줄어들어 버리게 된다. 따라서 생산자들은 가격 상승 요인이 발생해도 가격을 올릴 수 없다. (b)에서 알 수 있듯이 정부의 소비세 부과로 인해 공급곡선이 S에서 S^T로 이동했지만 가격에는 아무런 변화가 없고 다만 판매량이 Q^O에서 Q^T로 감소한다. 이 경우 소비세는 전적으로 생산자가 부담하게 된다. 이때 생산자가 실제로 받게 되는 가격은 소비자로부터 받는 P^O의 가격에서 조세를 제외한 P^s만큼이 된다. 정부의 조세수입은 $Q^T \times (P^O - P^S)$로 (a)의 경우보다 줄어들게 된다. 여기서 알 수 있듯이 수요가 탄력적일수록 정부의 조세수입은 그만큼 더 적어진다. 따라서 정부는 상대적으로 수요가 비탄력적인 재화에 대해서 소비세를 부과하는 경향이 있게 된다. 그리고 실제로 현실에서 소비자나 생산자가 지불하게 되는 조세의 부담은 일반적으로 이 양극단의 중간에 있다. 〈그림 1.15〉는 수요와 공급곡선의 탄력성이 다양한 경우 조세의 귀착이 소비자와 생산자에게 각각 어떻게 이루어지는지를 보여준다.

탄력성과 조세의 귀착 정도에 관한 이러한 결론은 특정한 조세정책이 사람들의 통념과 반대로 작용할 수 있음을 알려준다. 예를 들어 고가의 사치품에 대한 특별소비세(일명 사치세)를 과도하게 부과했을 때 나타날 수 있는 결과가 이에 해당된다. 정부가 부자들만이 소비하는 고급 사치품에 대해 세금을 부과하기로 했다고 하자. 거기서 마련되는 돈으로 정부는 가난한 사람들의 복지를 위해 사용할 계획이다. 가난한 사람들로서는 매우 환영할 만한 정책이 아닐 수 없다. 실제로 정부가 고급 모피나 고급 양주 등에 대해 특별소비세를 부과하는 데 반대할 국민들은 별로 없다. 그런데 정부의 이러한 좋은 의도가 성공할 수 있을까? 그러나 정책 시행의 결과는 의도와 다르게 나타날 수 있다.[1]

1990년 미국 플로리다주에서는 요트, 경비행기와 같이 부유층에서 구입하는 사치품에 대해서 높은 특별소비세를 부과하였다. 주 정부는 이러한 조세정책으로 인해 세입이 크게 증가할 것으로 기대하였고 이를 재원으로 하여 가난한 사람들의 복지를 개선하는 데 사용하려는 생각을 가지고 있었다. 하지만 1991년 초 플로리다주 정부의 이러한 기대와는 달리 경비행기 및 요트와 같이 특별소비세를 도입한 대부분의 사치품에서 수요가 거의 90% 정도 감소해버렸다.

그 이유는 부자들이 사치세를 부담하지 않기 위해 요트를 구입하지 않거나, 해외로 나가서 다른 재화를 구입하였기 때문이다. 이 결과 주 정부가 기대했던 특별소비세 도입을 통한 세입의 증가는 물거품이 되었을 뿐만 아니라, 특별소비세 도입 품목과 관련된 업종에 종사하고 있던 사람들을 경제적으로 어렵게 만들고 말았다. 어째서 이런 일

---

[1] 폴 크루그먼(2008). 크루그먼의 경제학. pp. 204-205. 서울: 시그마프레스 참조.

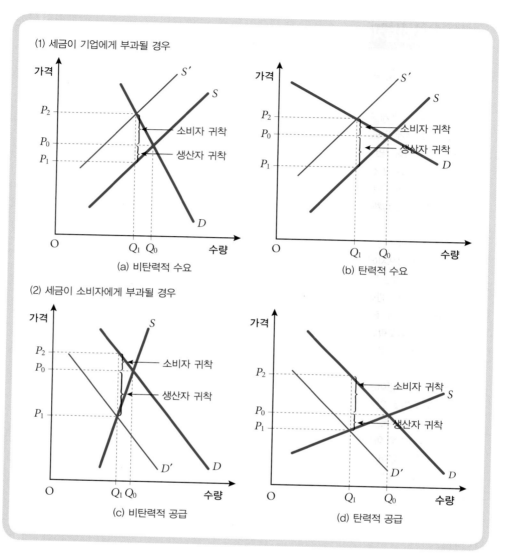

(1) 세금이 기업에게 부과될 경우

(a) 비탄력적 수요

(b) 탄력적 수요

(2) 세금이 소비자에게 부과될 경우

(c) 비탄력적 공급

(d) 탄력적 공급

그림 1.15 조세의 귀착

이 발생하게 되었을까?

　고급 사치품의 경우 일반적으로 수요의 가격탄력성이 매우 크다. 앞에서 탄력성을 결정하는 세 가지 요인을 공부했는데, 고급 사치품의 경우는 이 세 가지 요인이 모두 탄력성을 크게 만드는 쪽으로 작용한다. 즉 고급 사치품의 경우 일반적으로 대체재가 많다. 부자들은 요트가 아니더라도 고급 승용차, 골프, 해외여행 등 대체할 수 있는 재화

국민 횟감 광어의 몰락

사시사철 국민들에게 사랑받는 횟감인 광어 가격이 생산비를 크게 밑도는 폭락을 보이고 있다. 통상 광어를 출하하려면 14~16개월이 걸리는데 생산원가 1만 1,000원 선에 훨씬 미치지 못하는 가격으로 양식어가들은 손실을 감수하고 있다. 이마저도 소비시장이 침체되면서 출하조차 미뤄지고 있다.

광어값이 폭락하는 이유로 '소비 성향의 변화'가 꼽힌다. 서귀포시에서 광어 양식장을 운영하는 강 모(50) 씨는 "지난해 12월부터 올 1월까지 수입산 연어나 방어를 찾는 소비자들이 늘면서, 광어 수요가 확 줄었다"고 말한다. 제철 음식을 찾아 먹는 식도락이 늘면서 겨울철 방어 수요가 늘어난 것이 광어 소비 부진의 한 원인이라는 것이다. 사시사철 먹을 수 있는 광어와 달리 겨울철 기름이 오른 방어는 깊은 풍미와 고소한 맛으로 겨울철 별미로 인기다. 방어는 2016년 478톤에서 2017년 748톤, 지난해 1,574톤으로 2년 새 수입 물량이 세 배 이상 폭증했다.

게다가 최근 연어 수요는 전 세계적으로 늘고 있다. 한국도 예외는 아니다. 대중화된 광어보다 샐러드나 롤, 초밥, 스테이크 등으로 소비되는 연어가 인기 생선으로 손꼽히고 있다. 실제로 한국의 연어 전체 수입량은 1997년 2,000톤에 불과했으나, 2011년 1만 9,534톤으로 1만 톤을 넘어선 뒤 지난해 3만 7,400톤으로 가파른 증가세를 보였다. 국내 연어류 생산량은 3,000여 톤에 그쳐 95% 이상을 수입에 의존하고 있다. 국내 연어 인기는 노르웨이산 연어의 가격 하락도 한 요인이었다.

더 큰 문제는 양식 광어의 산지 가격이 폭락하고 있지만, 소매 가격은 요지부동이란 점이다. 가격이 떨어지면 소비자의 구매 심리를 자극해 소비가 느는 선순환이 이뤄질 수 있으나, 소매 가격이 산지 가격의 영향을 받지 않다 보니 소비가 정체되면서 물량이 해소되지 않는 악순환에 빠질 수 있는 것이다.

이런 산지와 소매 가격의 격차는 고질적인 유통 구조 탓이란 지적이 나온다. 산지에서 도매와 중도매인, 소매까지 여러 유통 단계를 거치면서 운송비 및 신선도 유지관리 비용이 더해지면서 산지와 소매 가격 격차가 나는 것이다. 산지 가격이 내렸다고 해도 중간 유통 단계를 거쳐 들어오는 활어 가격은 그대로이기 때문에 소매점에선 가격을 낮출 수도 없다는 것이다.

출처 : 한겨레21, 2019. 3. 5.

나 서비스가 많다. 그리고 이런 고급 사치품들은 가격이 매우 높기 때문에 소득에서 점하는 비중도 무시할 수 없을 만큼 크다. 또한 이런 사치품은 필수재가 아니기 때문에 시간적으로 충분히 여유를 가지고 구입 여부를 결정할 수 있다. 이런 요인들이 모두 고급 사치품의 수요를 매우 탄력적으로 만드는 것이다.

반면에 공급 측 이야기는 전혀 다르다. 요트를 생산하는 기업을 생각해보자. 요트 공급의 가격탄력성은 비탄력적으로 나타날 것이다. 요트를 만들던 기업이 갑자기 자동차를 만들 수는 없기 때문이다. 그 결과 사치세의 부과는 요트에 대한 수요를 급감시켜 요트를 생산하던 기업이 도산하거나 고용을 줄이게 되는 상황을 초래한다. 사치세는 주 정부의 의도와 달리 오히려 저소득 계층의 희생을 초래하고 만 것이다. 결국 플로리다 주 정부는 이듬해 사치품에 대한 특별소비세를 전면 폐지하였다. 이처럼 탄력성이라는 개념 하나가 가지고 있는 정책적 함축성은 대단히 놀라운 결과를 가져오기도 한다.

1. 땀을 흘리며 산 정상에 올라갔더니 아이스크림 장수가 있어 맛있게 사먹었다. 산 정상에서 시원한 아이스크림 맛을 보게 한 것은 무엇 덕분인가?
    ① 정부의 배려 ② 아이스크림 장수의 이타심
    ③ 아이스크림 장수의 이기심 ④ 기업의 사회적 책임
    ⑤ 소비자의 권리

2. 날씨가 좋지 않아 양배추 가격이 급등하였다. 양배추 가격의 급등이 샌드위치 공급에 미치는 영향은 어떠한가?
    ① 증가한다. ② 감소한다.
    ③ 변화 없다. ④ 알 수 없다.
    ⑤ 관계가 없다.

3. 경기의 부진으로 비정규직 일자리 비중이 크게 증가하면서 주민들의 소득 수준이 하락하였다. 소득의 하락이 여름 바캉스 계획에 미칠 효과는 어떠하겠는가?
    ① 더 많이 바캉스를 간다. ② 변화가 없다.
    ③ 알 수가 없다. ④ 더 적게 바캉스를 간다.
    ⑤ 영향을 받지 않는다.

4. 어떤 재화에 대한 수요의 방정식이 $Q_d = 20 - 10P$이다. 이것에 대한 설명으로 잘못된 것은?
    ① 가격이 1단위 올라가면 수요량은 10만큼 증가한다.
    ② 기초 수요는 20이다.
    ③ 가격이 1단위 올라가면 수요량은 10만큼 줄어든다.
    ④ 가격과 수요량은 역관계에 있다.
    ⑤ 가격을 종축에 놓고 그림을 그리면 우하향하는 모습이 된다.

5. 무더운 날씨가 지속되면서 냉면에 대한 수요가 늘어나 냉면 가격이 상승하였다. 이것이 냉국수의 수요에 어떤 영향을 미치겠는가?
    ① 감소한다. ② 변화 없다.
    ③ 알 수 없다. ④ 감소하다 늘어난다.
    ⑤ 늘어난다.

6. 겨울 날씨가 포근하면 양파가 풍작을 이루어 봄 양파 값이 큰 폭으로 하락하는 일이 나타나고 있다. 양파의 풍작은 양파의 수요-공급 곡선을 어떻게 이동시키는가?

① 수요곡선 우측 이동   ② 수요곡선 좌측 이동

③ 공급곡선 우측 이동   ④ 공급곡선 좌측 이동

⑤ 수요곡선과 공급곡선 동시에 좌측 이동

7. 원유를 전량 해외에서 수입하는 한국은 중동에서 전쟁이 일어날 경우 원유 가격이 올라갈 것을 걱정한다. 중동전쟁의 발발은 한국의 자동차 시장에 어떠한 영향을 미치는가?

① 수요의 감소   ② 수요의 증가

③ 공급의 감소   ④ 공급의 증가

⑤ 아무 영향 없다.

8. 빵과 잼은 보완재 관계에 있다. 빵의 가격이 상승할 때 잼 시장에서는 어떠한 현상이 나타나는지 전망하시오.

① 공급의 감소   ② 공급의 증가

③ 수요의 증가   ④ 수요의 감소

⑤ 영향이 없다.

9. 사과 주스의 가격이 상승하면 오렌지 주스에 대한 수요는 어떻게 되는가?

① 증가한다.   ② 감소한다.

③ 변동 없다.   ④ 알 수 없다.

⑤ 완전히 사라진다.

10. 과자 시장을 조사하였더니 수요는 $Q_d = 1600 - 30P$이고 공급은 $Q_s = 1400 + 70P$였다. 균형 가격과 균형 수급량을 구하시오.

① (2, 1500)   ② (3, 1669)

③ (4, 1700)   ④ (4, 1250)

⑤ (2, 1540)

11. 수요의 증가와 공급의 감소가 동시에 나타날 때, 균형 가격과 균형 수급량은 각각 어떻게 되는가?

① 가격은 내리고 거래량은 감소

② 가격은 오르고 거래량은 감소

③ 가격은 오르고 거래량은 감소

④ 가격은 오르고 거래량은 상승

⑤ 가격은 오르고 거래량은 알 수 없음

12. 수요와 공급이 모두 증가하면 균형 가격과 균형 수급량은 어떻게 되는가?

① 가격 상승, 거래량 증가

② 가격 하락, 거래량 증가

③ 가격 하락, 거래량 알 수 없음

④ 가격 알 수 없음, 거래량 증가

⑤ 가격 상승, 거래량 하락

13. 기온이 오르면서 아이스크림에 대한 수요가 급증하고 있다. 아이스크림 가격이 500원일 때 하루 100만 개씩 팔리던 것이 600원으로 가격이 인상되자 80만 개로 매출량이 줄어들었다고 하자. 아이스크림의 수요의 가격탄력성은 얼마인가?

① 0   ② 1   ③ 3   ④ 4   ⑤ −1

14. 교과서와 만화책 가운데 어느 쪽이 더 가격탄력성이 크겠는가? 그 이유를 설명하시오.

① 교과서   ② 만화책

③ 똑같다.   ④ 알 수 없다.

⑤ 가격이 내릴 때는 교과서가 크고 오를 때는 만화책이 크다.

15. 수요의 가격탄력성이 1보다 클 경우 기업은 생산하고 있는 제품의 시장 판매 가격을 올리는 것이 매출액 증가에 도움이 될까, 내리는 것이 매출액 증가에 도움이 될까?

① 올릴 때   ② 내릴 때

③ 동일하다.   ④ 알 수 없다.

⑤ 올리고 내리는 것을 반복할 때

16. 시장에서 거래되는 쌀 한 가마의 가격이 20만 원이라고 하자. 이러한 쌀 가격은 농가 소득을 적정 수준으로 유지하는 데 부족하다고 정부는 판단하고 있다. 그리하여 정부는 농부들의 소득을 향상시키기 위하여 쌀 값을 최소한 25만 원으로 유지하도록 하려고 한다. 이러한 최저 가격의 설정이 쌀 시장에 미칠 영향은 무엇인지 예상해보시오.

① 초과 수요 발생   ② 수급의 균형

③ 초과 공급 발생   ④ 쌀값의 폭등

⑤ 쌀 수출 증가

17. 우리나라의 2019년 최저임금 시간급은 8,350원으로 2018년 대비 10.9% 인상되었다. 이것을 월급으로 계산하면 174만 5,150원(209시간 기준)이 되는 것으로 알려져 있다. 다른 조건에 변화가 없다면 최저임금제를 실시하면 고용은 어떻게 되는가?

① 감소한다.   ② 증가한다.

③ 변화가 없다.   ④ 알 수 없다.

⑤ 감소하다 증가한다.

18. 플라스틱 소비를 줄이기 위하여 정부는 플라스틱 생산자에게 세금을 부과하려고 한다. 이때 궁극적으로 소비자들에게 귀착되는 세금의 정도는 어떠한가?

① 전적으로 소비자가 부담한다.

② 전적으로 공급자가 부담한다.

③ 수요와 공급의 탄력성에 따라 부담의 정도가 다르다.

④ 알 수 없다.

⑤ 아무도 부담하지 않는다.

19. 어떤 연구에 따르면 담배의 수요의 가격탄력성은 약 0.4라고 한다. 현재 평균 담배값이 2,500원일 때 담배 소비를 20% 줄이도록 하려면 담배 가격을 얼마로 인상해야 하는가?

   ① 3,000원   ② 4,500원

   ③ 3,250원   ④ 2,750원

   ⑤ 3,750원

20. 정부는 휘발유 소비를 억제하기 위해 배기량 3,000cc 이상의 고급 자동차에 대해 500만 원의 추가 세금을 물리려고 한다. 이 500만 원의 세금을 소비자에게 물릴 때와 생산자에게 물릴 때를 비교한다면 실제로 소비자가 부담하는 세금 부담의 정도는 어느 경우가 더 높은가?

   ① 똑같다   ② 소비자

   ③ 생산자   ④ 알 수 없다.

   ⑤ 반반 부담하게 된다.

21. 수요량의 변화와 수요의 변화는 어떻게 다른가?

22. 최고 가격제는 어떤 경우에 시행하며, 어떤 부작용이 우려되는가?

23. 수요의 가격탄력성이 1보다 클 때 가격을 내리면 기업의 총수입은 어떻게 되는가?

24. 어떤 재화에 대해 정부가 세금을 매기는데, 기업에 부과하는 경우와 소비자에게 부과하는 경우 어느 쪽이 소비자에게 유리한가?

25. 수요의 가격탄력성을 결정하는 요인에는 어떤 것들이 있는가?

02 소비자행위

이번 장에서는 소비자가 상품을 구매 결정하는 행동에 관해 공부할 것이다. 소비자의 소득에는 한계가 있어서 원하는 모든 재화를 구매할 수 없다. 소비자는 주어진 예산에서 여러 상품의 가격을 고려하여 최대의 만족감(효용)을 주는 상품을 구매하려 할 것이다. 소비자의 최적 선택으로 수요함수와 수요곡선이 유도된다는 것을 알게 될 것이다. 수요의 법칙에 따르면 재화의 가격이 상승하면 수요량은 감소하고, 재화의 가격이 하락하면 수요량은 늘어나게 된다. 개별수요곡선이 주어졌을 때 수평적으로 합하면 시장수요곡선이 된다. 수요곡선의 높이는 재화나 서비스에 대한 한계지불용의금액 혹은 한계편익을 나타내고, 소비자잉여는 어떤 재화에 대해 지불하고자 하는 금액에서 실제 지불한 금액을 뺀 나머지로 계산된다.

I 소비자의 문제

1. 소비자의 선호와 효용

사람들은 모두 나름의 욕망과 희망을 품고 산다. 대부분 학생은 커서 무엇이 되고 싶다는 장래의 희망을 품고 있다. 그런데 대부분의 욕망과 희망은 모두 일상적인 생활에서 나타나는 경제적 욕구와 관련되어 있다. 의식주에 관한 기본적 욕망을 포함하여 사람들은 다양한 욕망을 가지고 있다. 이러한 욕망은 다양한 재화와 서비스를 소비함으로써 충족된다. 예를 들어 어떤 소비자가 커피를 좋아한다면, 커피 한잔을 마심으로써 만족감을 얻을 수 있을 것이다.

어떤 소비자가 상품을 소비함으로써 느끼는 만족감을 편익 또는 **효용**(utility)이라 한다. **총효용**(total utility, *TU*)은 일정 기간 소비자가 어떤 재화를 소비할 때 얻는 만족감의 전체적인 크기를 말한다. 그리고 **한계효용**(marginal utility, *MU*)은 재화 한 단위를 추가로 소비함에 따라 얻게 되는 만족감의 크기를 말한다. 경제학에서 등장하는 한계는 미분을 활용하면 개념을 정확히 이해하는 데 도움이 될 수 있다. 한계효용은 효용함수를 소비량으로 미분한 값으로 효용곡선의 기울기로 측정된다.

한계효용체감의 법칙(law of diminishing marginal utility)은 어떤 재화의 소비량이 일정 수준 이상 증가하면 한계효용이 감소하는 현상을 말한다. 첫사랑의 감정이 소중한 이유도 이러한 측면에서 이해될 수 있다. 우리는 첫사랑에서 큰 기쁨과 감흥을 받는 경우가 많다. 그러나 처음 순간에 만끽했던 그 기쁨과 감흥도 반복될수록 처음만큼의 감동을 주지는 못한다.

> 어떤 재화의 소비량이 일정 수준 이상 증가하면 추가적인 소비에서 얻는 만족감인 한계효용은 오히려 줄어드는데, 이것은 한계효용체감의 법칙 때문이다.

총효용과 한계효용의 관계를 살펴보기 위해 방과 후 친구와 함께 호떡을 먹으러 갔다고 생각해보자. 〈표 2.1〉은 호떡 소비량에 따른 총효용과 한계효용 변화의 가상적인 수치를 나타낸다. 처음에는 자꾸 먹을수록 전체적인 포만감(총효용)이 증가하는 것을 느낄 것이다. 그러나 어느 단계(6개)를 넘어서면 이제 호떡을 더 먹어도 만족감을 전혀

표 2.1 호떡 소비량에 따른 한계효용과 총효용의 변화

소비량	0	1	2	3	4	5	6	7	8	9	10
한계효용	0	5	4	3	2	1	0	-1	-2	-3	-4
총효용	0	5	9	12	14	15	15	14	12	9	5

느끼지 못하게 된다. 이때가 가장 배가 부른 시점으로 한계효용은 0인 단계이다. 그러다가 호떡을 더 먹으면 맛이 있기는커녕 고통을 느낄 수도 있는데, 한계효용이 음(-)이 되는 순간이다. 이때 소비를 중단하지 않고 계속한다면 전체적인 만족감 자체가 오히려 줄어들게 된다.

〈표 2.1〉을 그래프로 표시한 것이 〈그림 2.1〉이다. 그림에서 보듯이 첫 단위의 소비에서 한계효용의 크기는 총효용과 같다. 한계효용은 감소하다가 재화 6단위를 소비할 때 0이 된다. 한계효용이 0이 될 때 총효용은 최대가 되는데, 이 점을 '만족의 포화점'이라 한다. 만족의 포화점을 넘어서면 소비량의 증가에 따라 총효용은 오히려 줄어든다.

그림에서 살펴본 것처럼 총효용과 한계효용은 특별한 관계가 있다. 첫째 한계효용이 양(+)이면 총효용은 증가하고, 한계효용이 음(-)이면 총효용은 감소한다. 둘째 한계효용이 0인 곳에서 총효용은 극대가 된다.

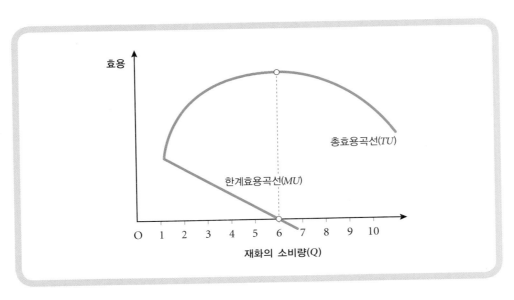

그림 2.1 총효용곡선과 한계효용곡선

2. 무차별곡선과 예산제약

대부분의 사람은 좋은 상품을 더 많이 소비하기를 원한다. 더욱 좋은 집에서 살고, 좋은 자동차를 운전하며 멋진 곳에서 휴가를 보내고 싶어 한다. 그러나 사람들은 예산의 한계로 자신이 원하는 모든 것을 소비할 수 없다. 소비자들은 재화를 소비할 때 어떤 결정을 내려야 하는가? 소비자가 직면하는 문제라고 규정할 수 있다. 슈퍼마켓에서 쇼핑하는 사람들을 생각해보면 쉽게 이해할 수 있다. 사람들은 예산에 맞게 필요한 제품을 선택하여 쇼핑카트나 바구니에 담을 것이다.

합리적 소비자는 주어진 예산에서 여러 가지 상품의 가격을 고려하여 최대의 만족감 (효용)을 주는 상품을 구입하려 할 것이다. 소비자 문제는 선호, 가격, 예산으로 구성되어 있다. 소비자 선택이 어떻게 이루어지는지 분석할 때 필요한 무차별곡선과 예산선의 개념을 학습하기로 한다.

무차별곡선(indifference curve)은 소비자에게 동일한 수준의 효용을 주는 두 가지 재화의 여러 가지 수량적 조합을 연결한 곡선으로 소비자의 선호를 표현한 것이다. 소비자가 자신의 선호에 따라 사과와 오렌지를 소비한다고 생각해보자. 사과와 오렌지 소비량의 조합은 무수히 많다. 이 중 두 조합을 어떤 소비자에게 제시하면 더 많은 만족을 주는 조합이 선택될 것이다. 그러나 두 가지 조합이 동일한 수준의 만족을 준다면 두 가

어떤 소비자가 사과와 오렌지를
선택하는 경우를 생각해보자.

지 조합에 대해 무차별하다고 한다. 소비자가 두 가지 재화를 소비하는 경우 소비자에게 동일한 효용을 주는 두 재화의 조합은 다양하게 존재할 것이다.

〈표 2.2〉는 사과와 오렌지를 동시에 소비할 때 같은 만족을 주는 사과와 오렌지의 조합은 무수하게 많을 수 있는데, 그 가상적 예이다. A, B, C, D, E, F는 모두 동일한 만족을 주는 사과와 오렌지의 소비조합이다. 사과 3.5개(편의상 소수점 단위도 살 수 있다고 가정하자)와 오렌지 2개(B)를 소비하거나, 또는 사과 1개와 오렌지 6개(F)를 소비하거나 만족감은 같다는 것이다. 이러한 동일한 만족감을 주는 두 재화의 여러 가지 조합을 재화 평면에서 좌표로 나타낸 것이 무차별곡선이다. 〈그림 2.2〉는 〈표 2.2〉를 무차별곡선으로 나타낸 것이다.

무차별곡선의 한 점에서 기울기는 소비자의 효용 수준을 일정하게 유지하면서 한 재화를 다른 재화로 대체할 때 교환되는 두 재화의 비율을 나타내며, 이를 한계대체율

표 2.2 동일한 효용을 주는 사과와 오렌지의 조합

조합 방법	사과(X)	오렌지(Y)
A	4.7	1
B	3.5	2
C	2.6	3
D	2	4
E	1.5	5
F	1	6

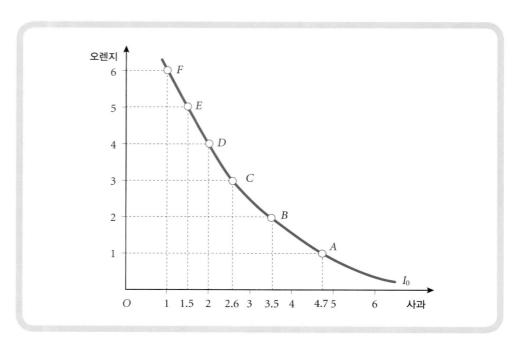

그림 2.2 무차별곡선

무차별곡선은 동일한 만족 수준을 주는 두 재화의 조합을 연결한 선이다.

(marginal rate of substitution, *MRS*)이라고 한다. 한계대체율은 동일한 만족 수준을 유지하는 사과와 오렌지의 교환비율, 즉 소비자가 사과 한 단위를 포기하는 대신 받아야 하는 오렌지의 수량을 말한다.

무차별곡선은 소비자 행동이론뿐만 아니라 다른 부문에서도 널리 사용되는 경제학의 유용한 분석도구이다. 따라서 무차별곡선의 성질에 관해서는 충분히 이해할 필요가 있다. 우선 무차별곡선의 기본적 특성에 관해 살펴보자.

첫째, 무차별곡선은 원점에서 멀어질수록 만족 수준이 높다. 소비자는 비슷한 조건이면 더 많은 상품 조합을 갖고 싶어 한다. 소비량이 많을수록 소비자의 만족도가 커진다. 무엇이든 많을수록 좋다는 '다다익선(多多益善)'이 이에 딱 맞는 말이다. 더 많은 만족감을 얻고 싶어 하는 소비자들은 가능한 한 원점으로부터 더 멀리 있는 무차별곡선 위의 상품 조합을 선호한다.

둘째, 무차별곡선은 우하향한다. 무차별곡선의 기울기는 동일한 만족 수준을 주면서 한 재화를 다른 재화로 교환할 수 있는 비율을 나타낸다. 두 재화 모두 만족을 주기 때문에 한 재화의 소비량이 늘면 동일한 수준의 만족을 유지하기 위해 다른 재화의 소비량이 줄어야 한다.

셋째, 무차별곡선은 원점에 대해 볼록하다. 이는 소비의 한계대체율(MRS)이 체감하기 때문이다. 일반적으로 X재와 Y재, 두 재화를 소비할 때 소비자가 X재 소비를 늘린다면 동일한 만족을 유지하기 위해서는 Y재의 소비량을 줄여야 하는데, 이것이 바로 한계대체율의 개념이다. 이처럼 동일한 만족을 유지하면서 한 재화의 소비량을 늘려갈 때 다른 재화의 소비량을 줄여가는 비율이 점점 작아지는 것을 한계대체율체감(diminishing marginal rate of substitution)이라고 한다.

넷째, 무차별곡선은 서로 교차하지 않는다. 소비자의 선호관계는 명확하고, 일관성이 있는 합리적 선호관계를 전제한다. 만약 무차별곡선이 서로 교차한다면 하나의 소비방법이 서로 다른 효용 수준을 가져다주기 때문에 모순된다.

> 무차별곡선은 다음과 같은 성질을 가지고 있다. 첫째, 원점에서 멀어질수록 만족 수준이 높다. 둘째, 우하향한다. 셋째, 원점에 대해 볼록하다. 넷째, 서로 교차하지 않는다.

두 재화의 대체 정도가 쉬울수록 무차별곡선은 완만하게 볼록하고, 대체 정도가 어려울수록 무차별곡선은 급하게 볼록하다. 완전대체재(perfect substitutes)와 완전보완재(perfect complements)는 무차별곡선의 극단적인 예이다. 완전대체재의 경우 무차별곡선은 한계대체율이 일정한 직선이 된다. 완전보완재의 경우 무차별곡선은 L 형태의 직각이 된다.

소비자의 문제를 분석하는 데 필요한 다른 하나의 중요한 요인은 예산집합(budget set)과 예산선(budget line)이다. 대부분의 사람은 보다 좋은 물건을 더 많이 구매하고 싶어 한다. 사람들에게 갖고 싶은 것을 마음껏 가지라고 한다면 사람들은 끝도 없이 가지려고 할 것이다. 그러나 현실적으로 소득제약 때문에 구매할 수 있는 재화의 양은 한계가 있다. 따라서 소비자행동은 소득제약이라는 조건에서 만족을 극대화하려고 선택한다. 예산집합은 한 소비자가 본인의 예산으로 구매할 수 있는 모든 재화와 서비스의 집

표 2.3 주어진 소득으로 구매할 수 있는 사과와 오렌지의 조합

조합 방법	사과(X)	오렌지(Y)
A	0	10
B	4	8
C	8	6
D	12	4
E	16	2
F	20	0

합을 말한다. 예산선(혹은 가격선)은 소비자가 사용할 수 있는 소득의 최대 한계를 나타내는 개념이다. 즉 예산선은 '소비자가 주어진 소득을 모두 지출하여 구입할 수 있는 두 재화의 여러 가지 조합을 나타내는 직선'으로 정의된다.

지금 20,000원을 가진 소비자가 있다고 하자. 이 소비자는 1,000원짜리 사과와 2,000원짜리 오렌지를 구매하려 한다. 20,000원을 남김없이 쓴다고 할 때 소비자가 구매할 수 있는 사과와 오렌지의 조합은 〈표 2.3〉과 같다. 20,000원으로 사과만 산다면 20개를 살 수 있고, 오렌지만 사면 10개를 살 수 있다. 물론 두 재화를 20,000원 범위에서 사과와 오렌지의 조합을 적절하게 바꾸어 살 수도 있는데, 이 표를 그림으로 나타낸 것이 〈그림 2.3〉이다.

예산선을 일반적인 방정식으로 나타내면 이해하기가 한결 수월하다. 소비자가 가진 소득을 M이라 하고 X와 Y를 두 재화의 구매량, 그리고 P_X와 P_Y를 두 재화의 가격이라 할 때 예산선의 방정식은 다음과 같이 나타낼 수 있다.

$$P_X X + P_Y Y = M$$

이를 다시 Y에 대해서 정리하면 다음과 같은 관계식으로 표현이 가능하다.

$$Y = \frac{M}{P_Y} - \frac{P_X}{P_Y} X$$

위의 식에서 보면 방정식의 기울기는 두 재화의 가격비율(상대 가격)이다. 그리고 Y

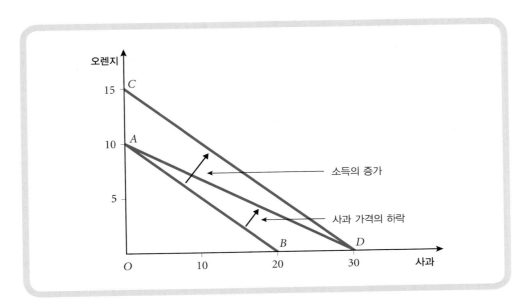

그림 2.3 예산선

절편은 주어진 소득을 모두 Y재의 구매에 쓸 때 살 수 있는 Y재의 양을 나타낸다. 따라서 삼각형 OAB 내부 영역은 소비자가 가지고 있는 예산으로 구매 가능한 영역인 예산집합을 나타낸다. 이 영역은 **예산제약조건(budget constraints)**을 만족하는 재화의 조합들을 가리킨다. 그러나 예산선 밖에서 소비하는 것은 예산제약의 조건에 어긋난다. 현재 소비자의 소득으로는 예산선 밖에서 소비하는 것이 불가능하기 때문이다. 즉 예산제약선 바깥에 있는 점은 예산을 초과하므로 소비가 불가능한 영역이다. 가령 사과를 X재, 오렌지를 Y재라고 하면 〈그림 2.4〉의 예산선 방정식은 $Y = 10 - \frac{1}{2}X$가 된다. 여기서 기울기는 $-1/2$이고, Y절편은 10이다. 오렌지의 가격이 사과의 가격보다 2배 비싸기 때문에 예산선의 기울기는 $-1/2$로 되고, 기울기가 마이너스($-$)인 것은 한 재화를 더 사면 다른 재화는 구매를 줄여야 하기 때문이다.

> 예산선은 소비자가 주어진 소득으로 두 가지 재화를 구매할 때 최대로 지불할 수 있는 조합을 연결한 선을 말한다.

이 예산선은 소득이나 재화의 상대 가격이 변할 때 이동하게 된다. 두 재화의 가격은 일정한데, 소득이 증가한다면 예산선은 오른쪽으로 평행 이동을 한다. 〈그림 2.3〉에서 소득이 20,000원에서 30,000원으로 증가할 경우 예산선은 선분 *AB*에서 선분 *CD*로 이동할 것이다. 소득은 일정한데 사과 가격이 1/3만큼 하락한다면 예산선은 〈그림 2.3〉에서 볼 수 있는 것처럼 선분 *AB*에서 선분 *AD*로 회전이동을 한다.

3. 소비자 균형

예산선과 무차별곡선을 이용하여 소비자 균형을 분석할 수 있다. 소비자 균형은 소비자가 주어진 예산에서 최고의 만족 수준에 도달하도록 소비량을 결정한 상태를 의미한다. 〈그림 2.4〉에는 예산선과 3개의 무차별곡선이 그려져 있다. 예산선은 소비자의 예산으로 구입할 수 있는 두 재화, 즉 사과(*X*)와 오렌지(*Y*) 조합의 한계를 나타낸다. 따라서 소비자는 예산선 위에 있는 점이나 그 밑에 있는 점을 선택할 수 있다. I_1, I_2, I_3는 무차별곡선을 나타내는데, 원점에서 멀어질수록 더 높은 수준의 효용을 나타낸다.

주어진 예산에서 소비가 결정되기 때문에 예산선 오른쪽 영역의 재화 조합들의 선택

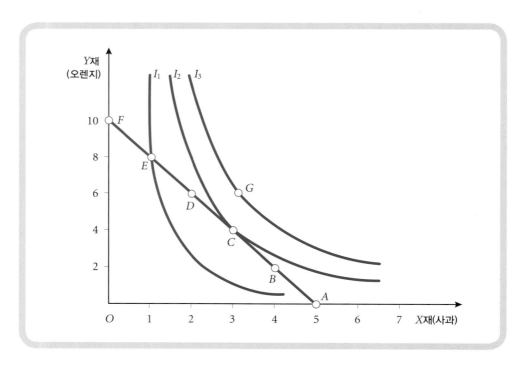

그림 2.4 소비자 균형

(G)은 불가능하다. 소비자는 예산선 위의 A, B, C, D, E, F를 선택할 수 있다. 이때 어느 점에서 소비하든 사과와 오렌지의 구입에 동일한 비용이 들지만, 소비자가 얻는 효용 수준에 차이가 있다. 예산에서 가장 높은 수준의 효용을 주는 소비합인 C점이 최적점이다. 주어진 예산 조건에서 소비할 때 C점보다 더 높은 만족 수준을 얻는 것은 불가능하다.

따라서 소비자 균형은 주어진 예산에서 가장 높은 효용을 얻는 소비자의 선택은 무차별곡선과 예산선이 접하는 곳에서 발생한다. 이는 예산선의 기울기와 무차별곡선의 기울기가 같아진다는 것을 의미한다. 결국 소비자의 균형 조건은 무차별곡선의 기울기인 한계대체율과 예산선의 기울기인 상대 가격의 비율이 같아질 때 성립한다. 이를 다음과 같은 식으로 표현할 수 있다.

$$MRS_{xy}(\equiv \frac{MU_x}{MU_y}) = \frac{P_x}{P_y}$$

> 소비자 균형은 주어진 예산으로 재화를 소비할 때 효용을 극대화하는 것을 말한다. 소비자 균형 조건은 무차별곡선의 기울기(한계대체율)와 예산선의 기울기(상대 가격)가 같아지도록 소비하는 것이다.

소비자의 최적 조건은 한계효용균등의 법칙(law of equimarginal utility)으로 표현할 수 있다. 소비자가 각 재화의 가격에 대한 한계효용의 비율을 균등하게 되도록 소비할 때 소비자들은 최대의 만족을 얻을 수 있을 것이다. 이처럼 각 재화의 화폐 1단위당 한계효용이 균등하다는 것을 한계효용균등의 법칙이라고 하고, 다음과 같이 표현할 수 있다.

$$\frac{MU_X}{P_X} = \frac{MU_Y}{P_Y} = \cdots = \frac{MU_1}{P_1} = 각 재화의 화폐 1단위당 한계효용(m)$$

만약 한계효용이 동일하지 않을 경우 소비자는 1원당 한계편익이 더 큰 쪽을 소비하면 더 큰 효용을 얻을 수 있을 것이다. $\frac{MU_X}{P_X} > \frac{MU_Y}{P_Y}$인 경우에 Y재 소비를 줄이고 X재의 소비를 늘리면 효용을 높일 수 있다. $\frac{MU_X}{P_X} < \frac{MU_Y}{P_Y}$인 경우에 X재 소비를 줄이고 Y재의 소비를 늘린다면 더 큰 효용을 얻을 수 있다. 결국 $\frac{MU_X}{P_X} = \frac{MU_Y}{P_Y}$의 조건에서 균형을 이루게 된다.

소비자들이 주어진 예산으로 재화를 소비할 때 효용을 극대화하는 방법은 가중된 한계효용을 균등하게 소비하는 것이다.

 >>> **읽을거리**

많이 가질수록 행복할까? '한계효용'

지금 가지고 있는 자기 떡보다 남의 떡이 더 많아 보이고 맛있어 보인다는 뜻을 가진 속담이 있습니다. 바로 "남의 떡이 더 커 보인다"입니다. 이 속담처럼 일상생활에서 원플러스원 상품을 보면 집에 아직 많이 있음에도 불구하고 구매하고 싶어지고, 내 옆에서 동생, 친구 등 누군가 음식을 먹을 때에는 "한 입만!" 소리가 본인도 모르게 절로 나오게 됩니다. 이러한 친근한 행동에는 '한계효용'이라는 법칙이 숨어 있는데, '한계효용'에 대해 함께 알아볼까요?

한계효용이란?

한계효용은 한 재화나 서비스를 한 단위 더 소비함으로써 얻는 추가적 만족을 뜻합니다. 일상생활에서 사용하는 상품은 소비량에 반비례해 상품 가격에 영향력을 미치는데, 만약 물이 필수 재화이지만 물 자원량이 풍부하고 소비가 많다면 물의 한계효용은 낮아 물 판매 시 가격은 저렴할 수밖에 없습니다. 반대로 물 자원이 부족하고 소비 또한 적다면 한계효용은 높아져 값이 올라 비쌀 수 밖에 없겠죠?

한계효용체감의 법칙의 예외 '중독'

게임의 경우에도 계속하다 보면 흥미가 처음보다 떨어져 인터넷을 검색하거나 동영상을 보는 등 새로운 것을 찾아 행동하게 되지요. 이러한 '한계효용체감의 법칙'에 해당하지 않는 것이 바로 중독입니다. 게임, 도박, 스마트폰 등에 중독돼 온종일 해도 만족감에 대한 합리적인 판단을 할 수 없는 상태이기 때문입니다.

한계효용균등의 법칙이란?

한계효용균등의 법칙이란 주어진 소득에 최대의 효용선에서 만족감을 얻기 위한 합리적인 소비가 이뤄지는 것을 말합니다. 소비자는 1단위(1원)의 지출이라도 만족감이 큰 한계효용 상품을 구매하려고 합니다. 예산이 허용하는 한도 내에서 각 상품을 비교하면 만족하는 상품을 찾게 되는데, 예를 들어 치킨 20,000원, 피자 19,000원이라고 한다면, 소비자는 치킨과 피자에서 얻는 각각의 만족도를 비교하며, 결론적으로 만족도가 더 큰 음식을 구매해 자신의 만족도(총효용)를 극대화하려고 합니다. 이러한 행동을 '한계효용균등의 법칙'이라고 합니다.

오늘 '한계효용'과 관련된 용어를 함께 알아봤는데, 일상생활 속에서 소비행동 시 여러분의 한계효용(만족도)은 어떻게 되는지 한번 생각해보는 건 어떨까요?

출처 : IBK기업은행

Ⅱ 가격변화의 효과

무차별곡선과 예산선이 접하는 점에서 최대 효용을 얻을 수 있다는 **소비자 균형이론**은 수요의 법칙의 중요한 배경이다. 즉 소비자의 최적 행위의 결과로 수요의 법칙이 나타나게 된 것이다. 앞서 설명하였듯이 수요의 법칙에 따르면 가격과 수요량은 음(−)의 관계에 있다. 이러한 수요의 법칙이 소비자의 행동과 어떤 관계가 있는지에 대해 살펴보자.

이를 위해 소비자 균형의 변동을 살펴보기로 하자. 소비자 균형의 변동은 재화의 가격이나 소득의 변동 때문에 발생한다. 소비자의 소득이 변하거나 구매하려는 재화의 가격이 변하면 예산선이 변하게 되어 소비자 균형이 변하게 된다. 소득의 변화로 예산선이 평행 이동하여 소비자 균형이 변하는 것을 소득효과라 하고, 이러한 소비자 균형점 이동의 궤적을 **소득소비곡선**(incom consumption curve, *ICC*)이라 한다. 한편 소비자가 구매하려는 재화의 가격이 변하여 소비자 균형에 변화가 오는 것을 가격효과라고 하고, 이러한 소비자 균형점 변화의 궤적을 **가격소비곡선**(price consumption curve, *PPC*)이라 한다.

〈그림 2.5〉는 사과 가격(P_X)이 하락하여 예산선에 변화가 생겨 원래 소비자 균형점 E_1에서 새로운 소비자 균형점 E_2로 변한 것을 나타내고 있다. 사과 가격이 하락하면 예산선이 선분 *AB*에서 선분 *AC*로 바뀌면서 새로운 균형점 E_2가 달성된다. 즉 사과 가격의 하락으로 예산선이 변하면 원래의 균형점에서 기존의 무차별곡선 I_1과 예산선은 접하지 않는다. 새로운 예산선 *AC*에 맞추어 소비자의 선호를 대변하는 무차별곡선이 I_2로 변하게 되어 새로운 균형점인 E_2로 이동하게 된다.

사과 가격이 하락하여 사과의 소비량은 Oq_1에서 Oq_2로 증가했다. 이처럼 사과 가격이 변할 때 사과의 수요량이 변하는 것을 **가격효과**라고 한다. 일반적으로 사과 가격이 떨어지면 사과의 수요량이 늘어날 것이고, 사과 가격이 오르면 사과의 수요량은 줄어들 것이다.

가격효과를 좀 더 자세히 살펴보면 가격효과는 대체효과와 소득효과로 나누어진다. 재화의 가격이 하락하는 경우를 예로 들어 설명해보자. 일반적인 재화의 가격이 하락하면 두 가지 효과가 나타난다.

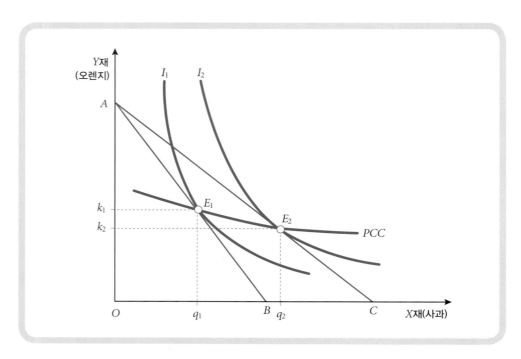

그림 2.5 가격효과

　첫째는 어떤 재화의 가격이 하락하면 소비자의 절대소득은 변동이 없더라도 실질소득은 상승하는 효과가 있다. 실질소득의 증가는 구매력을 증가시켜 그 재화에 대한 소비를 늘리는 경향이 나타나는데, 이러한 효과를 소득효과라고 한다.

　둘째는 다른 재화의 가격은 변화가 없는데 특정 재화의 가격이 내려가면 그 재화의 가격은 다른 재화의 가격에 비해 상대적으로 저렴해지게 된다. 그러면 소비자는 상대적으로 저렴해진 재화를 더 소비하게 된다. 이처럼 소비자들이 상대적으로 값이 하락한 재화를 더 구매하려는 효과를 대체효과라고 한다.

　이처럼 어떤 재화의 가격이 하락하면 그 재화에 대한 수요량이 늘어나게 되는데, 상대적으로 더 싸진 재화를 더 많이 소비하려는 소비자들의 반응과 가격인하로 실질소득이 증가함으로써 그 재화를 더 소비하려는 소비자들의 행위가 결합하여 있다. 반대로 가격이 상승할 경우에는 다른 재화보다 상대적으로 비싸진 그 재화의 소비는 감소하고, 실질소득의 감소는 모든 재화의 수요를 줄이도록 유도할 것이다. 따라서 재화 가격의 상승은 그 재화에 대한 수요량을 줄이게 된다.

소득이 증가할 때 소비가 증가하는 재화를 **정상재**(normal good)라고 한다. 이와 달리 소득이 증가할 때 소비가 줄어드는 재화를 **열등재**(inferior good)라고 한다. 열등재의 대표적인 예로 쌀을 들 수 있다. 소득이 증가하면 사람들은 쌀을 덜 먹고 고기, 빵, 햄버거 같은 대체식품을 더 많이 먹는 경향이 있다.

일반적인 재화의 경우 가격이 떨어지면 소득효과와 대체효과는 모두 양(+)으로 나타난다. 그러나 열등재의 경우 대체효과는 양(+)의 값이지만 소득효과는 음(−)의 값이기 때문에 가격효과는 대체효과와 소득효과의 상대적인 크기에 달려 있다. 대체효과가 소득효과보다 크게 나타나는 것이 일반적인 현상이기 때문에 열등재의 가격효과는 양(+)이지만 정상재보다 작아지게 된다.

한편 흔한 경우는 아니지만 열등재 중에서 가격이 하락했음에도 수요량이 오히려 줄어드는 경우가 있다. 아일랜드 사람들의 주식인 감자의 가격이 하락하면 수요가 같이 감소하는 역설적인 현상을 발견한 로버트 기펜(Robert Giffen)의 이름을 따서 '기펜의 역설'이라 하며, 이러한 현상이 나타나는 상품을 '기펜재'라 한다. 기펜재의 경우 가격이 떨어지면 소득효과(−)가 대체효과(+)를 압도하기 때문에 가격효과는 음(−)의 값을 가지게 된다. 그러나 현실에서 기펜재를 찾는 것은 쉽지 않다.

Ⅲ 개별수요곡선과 시장수요곡선

가격변화에 따른 소비자 균형의 변화 과정을 이해했다면 수요곡선을 도출할 수 있다. 여기서는 개별수요곡선을 수평으로 합하여 시장수요곡선을 도출하는 것을 살펴보기로 한다. 우리가 일상적으로 접하는 시장 수요는 수많은 개별 수요의 합이다. 시장 수요는 개별 수요들로 구성되는데, 개별 소비자들이 재화의 소비에서 느끼는 만족 수준은 다를 수 있고, 개별 소비자의 최적 행위는 다를 수 있기 때문에 개별 수요에는 차이가 있다.

예를 들어 세 명의 소비자 영구, 맹구, 짱구만이 있다고 하자. 세 사람의 사과에 대한 수요를 알아보기 위해 먹고자 하는 사과의 가격과 양을 조사했더니 〈표 2.4〉와 같았다. 맹구, 짱구, 영구순으로 사과를 좋아한다. 사과 1개가 1,000원일 때 맹구는 8개, 짱구는 6개, 영구는 3개를 소비한다. 그러나 가격이 4,000원이 되면 맹구는 2개, 짱구는 1개, 영구는 0개의 사과를 소비한다. 이처럼 사과의 가격에 따라 개인들이 소비하는 사과의

표 2.4 사과에 대한 개별 수요와 시장 수요

가격(원)	영구	맹구	짱구	계
1,000	3개	8개	6개	17개
2,000	2개	6개	4개	12개
3,000	1개	4개	2개	7개
4,000	0개	2개	1개	3개

개수는 다른데, 가격과 수요량과의 관계를 개별 수요라고 한다. 이를 그림으로 나타낸 것이 **개별수요곡선**이다. 〈그림 2.6〉은 사과를 가장 좋아하는 맹구의 개별수요곡선이다. 그런데 〈표 2.4〉의 마지막 열을 보면 각 가격에 대한 영구, 맹구, 짱구의 사과 소비량 전체가 계산되어 있는데 바로 시장 수요량이다. 그리고 이 시장 수요량과 시장 가격의 관계를 그림으로 나타낸 것이 바로 사과에 대한 **시장수요곡선**이다. 일반적으로 시장에 참가하는 사람의 수가 많고 가격도 더 세분화되어 있어 시장수요곡선은 우하향하는 매끄러운 곡선이 된다.

개별수요곡선과 시장수요곡선의 관계는 〈그림 2.7〉과 같다. 특정한 가격에서 개별

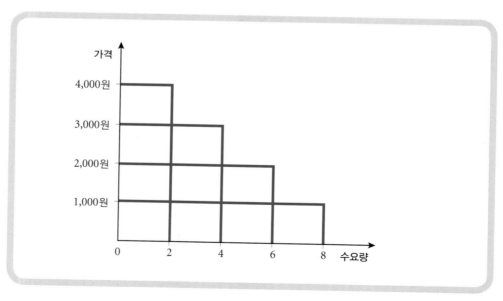

그림 2.6 맹구의 사과에 대한 수요곡선(개별수요곡선)

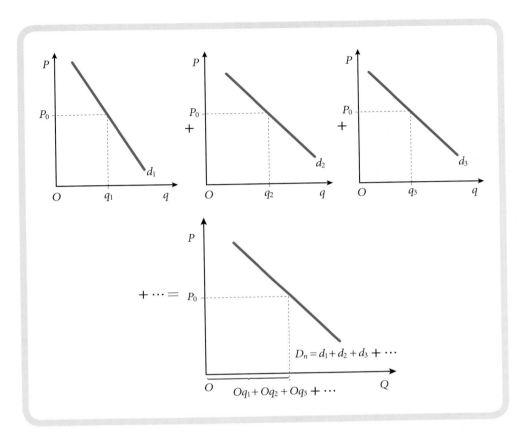

그림 2.7 개별수요곡선과 시장수요곡선

소비자의 소비량의 합이 시장 전체의 소비량이 되기 때문에 시장수요곡선의 단위는 개별수요곡선보다 크다. 우리가 일반적으로 수요곡선이라 부르는 것은 시장수요곡선을 의미한다. 시장수요곡선은 다른 요인들이 일정할 경우에 시장 가격과 총수요량의 관계를 보여준다.

IV 소비자잉여

영국의 신고전학파 경제학자인 알프레드 마셜(A. Marshall, 1842~1924)이 소비자잉여의 개념을 처음으로 제시하였다. 마셜에 따르면 소비자가 어떤 재화의 소비를 통해 얻는 만족감이 실제 지불한 금액을 초과한 부분을 소비자잉여(consumer surplus)로 정의한다. 즉 소비자잉여는 어떤 재화에 소비자가 지불할 수 있는 최대 금액에서 실제 지불한 금액을 뺀 값을 추정한 것이다.

소비자가 어떤 재화에 대해 지불하고자 하는 최대 금액과 실제로 지불한 금액의 차이를 소비자잉여라고 한다. 소비자잉여는 시장의 거래를 통해 얻을 수 있는 소비자의 이익으로 시장의 효율성을 보여준다.

이를 〈그림 2.8〉의 수요곡선으로 설명해보자. 한계효용이론에 따르면 수요곡선은 어떤 재화에 대한 한계효용 혹은 한계편익곡선을 의미한다. 즉 수요곡선은 재화의 소비를 한 단위씩 늘려 나갈 때 추가적으로 느끼는 만족감인 한계효용으로 소비자의 한계지불용의금액을 나타내는 선이다.

시장 가격이 P_0이고 수요량이 Q_0인 경우를 생각해보기로 하자. 이때 소비자가 Q_0만큼의 소비를 통해 소비자가 얻을 수 있는 전체 만족감은 사다리꼴 $OKEQ_0$가 된다. 이는 Q_0만큼의 소비를 통해 얻는 만족감에 대한 소비자가 지불할 수 있는 금액, 즉 최대지불용의금액이라고 할 수 있다. 그러나 실제 지불하는 금액은 시장 가격(P_0)과 수요량(Q_0)

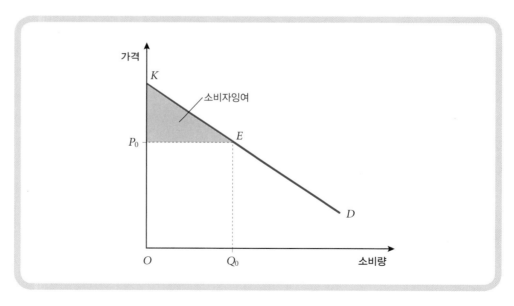

그림 2.8 소비자잉여

의 곱으로 사각형가 OP_0EQ_0가 된다. 따라서 소비자는 삼각형 P_0KE만큼의 만족감에 대해서는 대가를 지불하지 않고 재화를 소비하기 때문에 시장의 거래를 통해 얻는 소비자의 이득이 되는 셈이다. 이 삼각형 P_0KE만큼의 소비자의 이익이 바로 소비자잉여이다.

행동경제학(behavioral economics)이란 심리학, 인지과학 등의 발견 내용을 경제이론과 연계하여 분석하는 경제학 분야이다. 인간의 다양한 심리적 요인이 개인의 선택과 의사결정에 미치는 영향을 연구한다. 즉 행동경제학은 사람은 실제로 어떻게 행동하는가, 왜 그렇게 행동하는가, 그 행동의 결과로 어떤 사회 현상이 발생하는가를 다룬다.

주류경제학에서 상정하고 있는 인간의 합리성, 이기심이 성립되지 않는 경우가 많이 있는데, 행동경제학으로 설명할 수 있다. 행동경제학에서는 사람이 실제로 어떻게 행동하는지를 파악하기 위하여 실험 참가자들을 동원하여 실험을 하고 현장답사를 하는 등 종래 경제학에서 별로 사용하지 않던 기법들을 사용한다. 또한 행동경제학은 인간을 연구 대상으로 하는 심리학, 사회학, 생물학 및 뇌신경과학에 이르기까지 다양한 학문과 연결되어 있다. 행동경제학은 제5장에 자세하게 설명되어 있다.

 ≫ 읽을거리

[실행 전략 : 환경 정책] 기업의 유해 배출물질 공개토록 하자 배출량 급감, 유류비 절감액 보여주는 자동차 연비표시도 효과

미국은 대머리독수리를 죽이는 사람에게 최대 25만 달러(약 2억 7,000만 원)의 벌금 또는 징역 2년형을 선고한다. 멸종위기 보호동물을 죽였을 때(벌금 10만 달러, 징역 1년)보다 형량이 중하다. 대머리독수리는 한때는 멸종위기 보호동물이었지만 현재는 아니다. 하지만 멸종위기 보호동물을 죽였을 때보다 더 큰 벌을 받는 것이다. 그 이유는 바로 대머리독수리가 미국을 상징하는 동물이고, 미국인들이 대머리독수리를 경외하기 때문이다. 그러나 정책적으로 봤을 때는 비논리적이다. 행동경제학은 환경 문제를 해결하는 데 효과적이다. 미국의 대머리독수리 보호 정책에서 알 수 있

듯이 인간은 감정적이고 비논리적인 존재다. 이는 행동경제학자들이 강조하는 '예측할 수 없는 인간의 비합리성'과 일맥상통한다.

2만 3,000여 개 공장의 화학물질 정보 공개
행동경제학의 대가로 불리는 리처드 세일러 미국 시카고대학교 부스경영대학원 교수는 인간이 더 나은 경제 결정을 할 수 있도록 부드러운 개입이 필요하다고 강조한다. 이른바 '넛지(nudge)'다. 넛지는 타인의 선택을 유도하는 부드러운 개입을 뜻한다. 환경 정책에 있어서 넛지는 '정보 공개'로 요약된다. 환경을 오염시키는 다양한 정보를

공개하고, 소비자의 행동을 변화·개선하는 것이다. 사람들은 자신이 한 행동으로 인해 환경이 얼마나 오염되는지 알지 못한다. 행동에 대한 피드백을 받을 수 없어서다. 한 소비자가 자동차를 운전한다고 가정하자. 그는 자신의 자동차가 도로를 달릴 때 얼마나 많은 일산화탄소를 배출하고 대기를 오염시키는지 잘 모른다. 눈에 보이지 않기 때문이다. 과거 세계 각국 정부들은 기술을 세부적으로 규제하지 않은 채 환경 오염물질을 줄일 것만을 요구했다. 10년 후까지 새로운 차량의 일산화탄소 배출량을 기존보다 80% 감소할 것을 요구하거나 발전소의 이산화탄소 배출량을 일정 수준 이하로 규제한 것이다. 이런 규제는 정부 관리들이 수백만 명에 달하는 소비자에게 행동 방식을 바꿀 것을 요구하는 형태로 이뤄졌다. 소비자의 자유 선택이 없는, 자유시장을 완전히 거부하는 지휘 통제 방식이었다. 정부가 달성하고자 하는 환경 목표를 제시하고, 모두 따라오라고 하는 구조다. 그러나 행동경제학을 접목하면서 정책이 바뀌기 시작했다. 미국이 시행하고 있는 유해화학물질 배출 목록 제도를 보자. 기업과 개인은 보유하고 있거나 방출한 잠재 위험 화학물질을 미국 환경보호국에 보고해야 한다. 이 정보는 환경보호국 웹사이트를 통해 누구나 쉽게 확인할 수 있다. 이 사이트에는 2만 3,000개 이상의 공장이 폐기하거나 배출하는 650가지 이상의 화학물질에 대한 상세 정보가 공개돼 있다. 유해독성물질 사용자도 보유하고 있는 화학물질의 양과 종류, 보유 위치를 관할 소방서에 보고해야 한다. 잠재적인 건강 유해성에 대한 정보 역시 공개해야 한다. 이 제도는 어떤 행동 변화도 강요하지 않고, 미국 전역에 걸쳐 유해화학물질 배출량을 크게 줄이는 효과를 이끌어냈다. 이유는 크게 두 가지로 분석할 수 있다. 우선 환경단체와 언론이 제도 위반자를 겨냥해 일종의 환경 블랙리스트를 만들어 견제한다. 이른바 '사회적 넛지'다.

어떤 기업도 이 리스트에 오르고 싶지 않을 것이다. 평판이 나빠지면 주가가 떨어지고, 실적도 떨어질 가능성이 크다. 이 리스트에 오른 기업은 유해화학물질 배출량 감소 조치를 취할 것이다. 그래야 시장에서 살아남을 수 있다.

소비재에 이산화탄소 배출량 표시도

두 번째는 기업이 환경 블랙리스트에 오르지 않기 위해 노력하도록 동기를 부여한다는 점이다. 이는 기업 간 경쟁 형태로 나타난다. 유해화학물질 배출 기업으로 비치는 것을 피하기 위해 경쟁적으로 보다 나은 환경 오염 방지 시스템을 구축한다는 것이다. 기업은 많은 비용이 들어가지 않는 한 평판이 나빠지는 것을 피하기 위해서라도 유해화학물질 배출량을 줄일 것이다. 자동차 연비를 표시하는 방법에도 변화가 생겼다. 미국은 연비를 갤런당 마일(mpg)로만 표시했었다. 그런데 이 정보는 소비자 입장에서 그리 유용하지 않다. 연비가 좋아질 때 유류비가 얼마나 줄어드는지 계산하는 게 어렵기 때문이다. 이에 따라 미국은 2011년 새로운 연비 표시 방법을 도입했다. 앞으로 5년간 유류비 절감액의 예상치 등을 추가로 표시하도록 한 것이다. 정보를 알려주는 라벨은 환경 문제를 해결하는 데 중요한 역할을 한다. 특히 추상적인 정보가 아니라 숫자, 이미지, 제품 비교 등 구체적인 정보는 소비자가 큰 쟁점을 해석하고 애매한 부분을 제거하도록 돕는 다. 영국 등 몇몇 국가는 이 같은 사실을 깨닫고, 지구 온난화에 대한 경각심을 일깨우기 위해 소비재에 라벨을 붙여 이산화탄소 배출량을 표시하고 있다. 음료수부터 세제에 이르기까지 다양한 제품에 이산화탄소 배출량 또는 제조, 배송 과정에서 배출된 지구 온난화 유발물질의 양을 표시하는 것이다.

출처 : EconomyChosun, 2017. 12. 27.

1. 한계효용체감의 법칙을 구체적인 예를 들어 설명하시오.

2. 무차별곡선의 특징에 대해 설명하시오.

3. 소비자가 소비하는 두 재화 간의 한계대체율에 대해 설명하시오.

4. 재화의 가격변화에 따른 정상재, 열등재, 기펜재의 경우 수요량의 변화에 관해 설명하시오.

5. 어떤 소비자의 예산은 50,000원이고 X재 가격이 2,000원, Y재 가격이 1,000원일 때 예산선의 방정식을 구하고 그림을 그려 보시오.

6. X재의 가격은 2,000원, Y재의 가격은 3,000원일 때 소비자가 최대의 만족에 도달하기 위해서 소비자의 한계대체율이 얼마가 되어야 하는가?

7. X재의 가격은 2,000원, Y재의 가격은 4,000이다. X재의 한계효용은 50일 때 Y재의 한계효용은 얼마가 될 때까지 소비하여야 하는가?

8. 예산이 20,000원, 아이스크림(X) 가격이 1,000원, 과자(Y) 가격이 500원이다. 아이스크림 가격이 500원으로 내렸을 때, 예산선이 어떻게 변화되는가를 그려 보시오.

9. 소비자잉여가 무엇인지 설명하시오.

10. 정부 정책으로 인한 스마트폰 요금 인하는 소비자잉여에 어떤 영향을 미치는가?

11. 아래 그림은 김밥과 우유에 대한 무차별곡선이다. 다음 설명 중 옳은 것은?

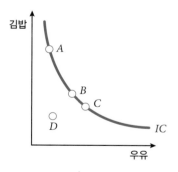

① A점은 C점보다 더 많은 비용을 써야 한다.
② A점은 C점에 비해 만족도가 더 크다.
③ D점은 A, B, C점 중 하나와 무차별할 수 있다.
④ A점에서는 D점보다 더 큰 효용을 얻을 수 있다.

⑤ 만일 소비자의 선호가 B점에서 C점으로 이동한다면 그는 김밥 소비의 감소 없이 우유 소비를 늘릴 수 있다.

12. 무차별곡선이 원점에 대해서 볼록한 것과 가장 관련이 깊은 것은?

① 상품의 선호는 갑자기 변할 수 없다.

② 소비묶음 A보다 B를 선호하고, B보다 C를 선호하면 A보다 C를 선호한다.

③ 상품이 골고루 섞여 있는 소비묶음을 선호한다.

④ 모든 상품의 소비묶음은 선호를 비교할 수 있다.

⑤ 상품은 양이 많을수록 선호한다.

13. 아래 제시된 사례는 하나의 경제적 개념과 연관돼 있다. 다음 중 나머지 넷과 가장 연관성이 적은 하나는?

① 10년을 입어도 늘 새것 같은 옷

② 맛있는 음식도 늘 먹으면 싫다.

③ 듣기 좋은 꽃노래도 한두 번

④ 비짓국 잔뜩 먹은 배는 약과도 싫다고 한다.

⑤ 우하향하는 개별 소비자의 수요곡선

14. 정상적인 재화 X를 소비할 때 다음 설명 중 옳지 않은 것은?

① 한계효용이 0보다 크면 총효용은 증가한다.

② 한계효용이 0일 때 총효용은 극대화된다.

③ X재 소비량을 증가시킬 때 한계효용이 0보다 크다면 총효용은 증가한다.

④ X재 소비량을 증가시킬 때 총효용이 감소한다면 한계효용은 0보다 작다.

⑤ X를 한 단위 더 소비할 때 소비자의 효용이 감소한다면 한계효용은 0보다 크다.

15. 효용에 대한 다음 설명 중 적합하지 않은 것은?

① 상품을 소비함으로써 얻는 만족감을 효용이라 부른다.

② 소비자는 효용 극대화를 추구한다.

③ 소비자는 가격에 관계없이 효용이 큰 상품을 구매한다.

④ 소비가 한 단위 증가할 때 추가로 증가하는 효용을 한계효용이라 한다.

⑤ 소비자들은 화폐 한 단위당 한계효용이 같아지게 구매할 것이다.

16. 한 소비자가 소득 45,000원 모두를 볼펜과 노트를 구매하는 데 사용하고 있다. 그는 현재 노트 10권과 볼펜 50개를 구입했다. 노트 가격은 권당 2,000원이고 볼펜 가격은 개당 500원이다. 10번째 노트의 한계효용은 100이고 50번째 볼펜의 한계효용은 400이다. 이 경우 이 사람은 효용을 극대화하고 있는가 아니면 다른 선택을 강구해야 하는가?

① 더 많은 볼펜과 노트를 구매해야 한다.

② 이 소비자의 효용은 현재 극대화되고 있다.

③ 노트를 더 구매해야 하고, 볼펜 구매량은 줄여야 한다.

④ 볼펜을 더 구매해야 하고, 노트 구매량은 줄여야 한다.

⑤ 더 적은 볼펜과 노트를 구매해야 한다.

17. 주어진 예산을 합리적으로 지출하여 재화를 선택한 경우에 대한 설명으로 옳은 것은?

① 각 재화에 지출되는 금액 단위당 한계효용은 같아진다.

② 이 소비자의 한계효용은 극대화되고 있다.

③ 각 재화에 대한 지출금액은 동일하다.

④ 각 재화에 대한 수요의 가격탄력성이 1이다.

⑤ 한계효용이 총효용과 같다.

18. 정부는 스마트폰 요금 인하를 실시하여 효과가 나타났다고 한다. 정부의 정책이 잉여에 미치는 효과로 옳은 것은?

① 소비자잉여와 사회적 효율성 모두 감소하였다.

② 생산자잉여와 사회적 효율성 모두 증가하였다.

③ 소비자잉여는 증가하였지만 사회적 효율성은 감소하였다.

④ 소비자잉여는 감소하였지만 사회적 효율성은 증가하였다.

⑤ 생산자잉여는 감소하였지만 사회적 효율성은 증가하였다.

19. 수요탄력성에 대한 설명으로 옳은 것은?

① 수요의 가격탄력성은 가격 변화율을 수요량 변화율로 나눈 것이다.

② 수요의 가격탄력성이 가격 수준에 관계없이 일정하다면 수요곡선은 우하향하는 직선이 된다.

③ 두 재화가 대체 관계에 있다면 수요의 교차탄력성은 0보다 크다.

④ 수요의 소득탄력성이 0보다 큰 재화를 사치재라고 한다.

⑤ 대체재가 많은 재화일수록 수요의 가격탄력성이 작아진다.

20. 소비자잉여에 대한 설명 중 옳지 않은 것은?

① 구매자의 지불용의에서 구매자가 실제로 지불한 금액을 뺀 나머지 금액을 말한다.

② 소비자가 시장에 참여해 얻는 이득을 말한다.

③ 소비자잉여는 수요곡선의 아래, 가격 수준 윗부분의 면적으로 계산할 수 있다.

④ 수요와 공급의 균형 상태에서 소비자잉여와 생산자잉여의 합이 극대화된다.

⑤ 소비자잉여를 극대화하는 자원배분을 효율적이라고 한다.

03

기업의 생산과 비용

모든 사회는 기본적으로 해결해야 할 세 가지 경제문제를 가지고 있다. 그 가운데 하나가 소비하는 재화와 서비스를 '어떻게 생산'할 것인가 하는 것이다. 시장경제에서 이러한 경제문제를 해결하는 주체가 기업이다. 기업은 규모의 크기와 상관없이 사람들이 소비하는 재화와 서비스를 생산하는 모든 조직체를 지칭한다. 우리나라를 대표하는 삼성전자, 현대자동차, 시중 은행뿐 아니라 농촌에서 사과를 재배하는 농가는 물론, 주택가 구멍가게와 세탁소도 하나의 기업이다. 특히 기업은 분업과 특화를 통해 대규모 생산이 가능하므로 가계에 비해 생산 측면에서 훨씬 유리하다. 따라서 오늘날 사회에서 소비되는 대부분의 생산물은 기업에 의해 만들어지고 있다.

그리고 기업은 재화와 서비스를 생산할 때 생산비를 최소화할 수 있게끔 자원을 결합하고, 수입과 비용을 고려하여 자신의 이윤을 극대화할 수 있도록 생산량을 결정한다. 그리고 시장의 수요와 공급의 변동으로 균형 가격이 변하면 기업의 수입은 영향을 받고, 개별기업들은 변화된 시장 가격 수준에서 다시 자신의 이윤을 극대화할 수 있도록 생산량을 조절한다. 이처럼 시장 가격과 기업의 생산량은 밀접한 관련이 있다. 이 장에서는 이러한 기업의 행동을 결정하는 여러 가지 요인과 상황을 살펴본다.

Ⅰ 생산과 수입

1. 생산이란?

경제활동으로서의 생산(production)은 우리가 일반적으로 이해하는 것보다 더 넓은 개념으로 사용된다. 단순히 무엇인가를 만드는 제조과정뿐 아니라 효용을 증가시키는 다양한 활동을 포함한다. 농사를 짓고, 가축을 사육하고, 나무를 키우고, 공장에서 물건을 만들어내는 것은 물론, 운송·보관·판매 등 모든 서비스 활동도 생산으로 볼 수 있다. 즉 자연처럼 이미 존재하는 물질에 노동력을 가해 유용한 것을 창조해내거나 더 쓸모 있는 것으로 변형시킴으로써 인간의 욕구를 충족시키는 모든 행위가 생산에 해당한다.

따라서 생산은 손으로 만질 수 있는 재화뿐만 아니라 만질 수 없는 무형의 서비스를 만든다. 예를 들어 헤어 디자이너가 머리를 깎아주는 행위, 은행의 예금 및 대출 업무, 게임 프로그램 개발 등이 모두 생산활동에 속한다. 이러한 행위들이 사람들에게 유용한 것을 제공하며, 그 자체로 부가가치(value added)를 창출하거나 제조업 분야의 부가가치 창출에 기여하기 때문이다. 가령 운송 서비스가 왜 생산이 되는지 생각해보자. 부산과 같은 해안도시에서는 생선이 많이 난다. 이 지역에서는 생선에 대해 소비자가 지불하고자 하는 가치가 다른 지역에 비해 상대적으로 작을 것이다. 따라서 만일 부산에서 생선을 싣고 생선이 희소한 내륙 지역으로 들어간다면 생선 소비에 의한 효용의 크기는 증가할 것이다.

또한 생산은 서비스업을 제외하면 채집(수렵·어업), 사육(농업·목축), 가공(공업)의 세 가지 활동으로 나눌 수 있다. 그런데 재화를 생산하는 데는 여러 가지 물자가 소요된다. 생산과정에 투입되는 요소를 **투입물**(inputs)이라고 하고 만들어진 재화와 서비스를 **산출물**(outputs)이라고 한다. 그리고 생산요소를 결합하여 생산을 하는 조직을 기업이라 부른다. 기업의 조직에는 개인기업과 회사기업이 있으며, 회사기업의 형태로는 합명회사, 합자회사, 유한회사, 주식회사가 있다. 오늘날 대표적인 회사 조직은 주식회사의 형태이다.

- 생산이란 인간의 욕구를 충족시키는 모든 행위를 의미
- 생산과정에 투입되는 요소를 투입물이라고 하고 만들어진 재화와 서비스를 산출물이라고 함

전통적인 자동차 생산

다양한 운송 서비스

2. 생산함수와 효율성

1) 생산함수

(1) 생산함수의 개념

기업은 자본, 노동, 원료 같은 여러 가지 생산요소를 투입하여 상품을 생산한다. 이때 기업은 가장 적은 양의 생산요소를 투입해서 최대량의 제품을 생산하고자 한다. 예를 들어 운동화를 생산하기로 했다고 생각해보자. 운동화를 생산하기 위해서는 노동, 토지, 건물, 기계 및 고무·천·본드·가죽 등과 같은 기타 재료를 필요로 한다. 투입물이 많을수록 만들어지는 운동화도 많을 것이다. 그리고 일정한 투입물에는 일정량의 산출물이 나오는 관계를 발견할 수 있다. 생산함수(production function)는 기업이 특정한 제품을 생산하는 데 있어서 일정 기간 동안 사용한 모든 생산요소 투입량과 최대 산출량 간의 기술적 관계를 나타낸 것이다. 여기서 운동화 생산량을 Q, 운동화를 생산하는 데 투입되는 요소를 노동(L), 토지(E), 건물(B), 기계(M) 및 기타 재료(Z)라고 하면 생산함수는 다음과 같이 표시할 수 있다.

$$Q = F(L, E, B, M, Z)$$

생산함수는 주어진 기술 수준에서 투입물과 산출물의 가장 효율적인 관계를 가정하고 있다. 따라서 생산함수에서의 생산량은 일정 투입물로 생산할 수 있는 최대 산출량을 의미한다. 따라서 생산요소 투입량이 증가하면 생산량 Q도 증가하고, 생산요소 투입량이 감소하면 생산량 Q가 감소하게 된다. 그리고 생산함수는 유량(flow)의 개념이다. 즉 기간을 기준으로 투입요소와 생산물의 관계를 나타내므로 '매기당'이라는 용어를 사용한다.

> 생산함수란 일정 기간 동안 사용된 모든 생산요소 투입량과 최대 산출량 간의 기술적 관계를 말함

물론 생산요소는 제품에 따라 많은 종류가 투입될 수도 있고 적게 투입될 수도 있다. 다만 분석의 편의상 노동을 제외한 나머지 물적 요소를 하나로 묶어 자본(K)이라 하여 크게 노동(L)과 자본(K) 두 생산요소로 생산이 이루어진다고 볼 수 있다. 따라서 생산요소를 노동과 자본으로 압축하면 생산함수는 다음과 같이 간단히 표현할 수 있다. 식에서 L은 매기당 투입되는 노동량, K는 매기당 투입되는 자본량, Q는 매기당 생산되는 **총생산물**[혹은 총생산량(total product, TP)]을 나타낸다.

$$Q = F(L, K)$$

(2) 생산의 단기와 장기

생산은 생산요소의 고정성 여부에 따라 단기(short-run)와 장기(long-run)로 나뉜다. 생산 요소는 노동이나 원재료와 같이 생산량 변화에 따라 투입량을 쉽게 변경시킬 수 있는 가변 생산요소(variable inputs, 가변 투입요소)와 공장건물이나 기계설비처럼 단기간에 투입량 변화가 불가능한 고정 생산요소(fixed inputs, 고정 투입요소)로 나눌 수 있다. 이때 기업이 생산량 변화를 고려할 때 주어진 기간에 고정 생산요소가 존재하는 경우를 단기라 하고, 모든 생산요소가 가변적이어서 투입량에 변화를 줄 수 있는 기간을 장기라 한다. 다시 말하면 단기란 고정요소를 제외한 가변요소만을 추가로 투입하여 생산을 증가시킬 수밖에 없는 기간을 의미하는 반면 장기는 모든 생산요소의 투입량을 조절할 수 있는 기간이다. 따라서 경제학에서 말하는 장·단기란 절대적이고 물리적인 시간단위가 아니라 상대적이고 개념적인 시간단위이다. 그리고 산업의 특성에 따라 장·단기의 물리적 시간은 다르다.

예를 들어 L전자가 한 달 내에 1일 TV 생산량을 현재보다 20% 증대시킬 계획을 세

웠다고 하자. 생산량을 늘리기 위해서는 우선 TV 생산에 투입되는 부품들을 추가로 확보해야 할 것이며, 근로자 작업 시간을 늘리거나 추가 고용을 하고, 생산라인 또한 증설해야 할 것이다 부품의 추가 확보와 작업 시간 연장이나 추가 고용과 달리 생산라인은 한 달 내에 증설하기가 쉽지 않다고 하자. 이러한 경우 한 달이라는 기간 내에 부품조립용 기계설비에 변화를 주는 것은 불가능하다. 이때 한 달이라는 기간은 단기이고, 기계설비는 고정요소가 된다. 그러나 만약 고려하는 기간이 한 달 이상인 2년이고 이 기간 동안 생산라인 증설이 가능하다면 기계설비는 더 이상 고정요소가 아니다. 따라서 TV 생산에 있어서 2년은 장기이고 기계는 가변요소가 된다. 이처럼 가변요소, 고정요소라는 정의 자체가 장기와 단기를 구별하기 위한 필요성에서 나왔다. 이 외에도 목장 규모를 줄여 우유 생산을 줄이려는 목축업자의 경우 토지 임차 기간이 끝나는 시점까지, 철강 생산량을 늘리려는 제철소에서 새로운 용광로를 건설하는 데 걸리는 시간이 경제학에서 말하는 단기에 해당된다. 즉 어느 정도의 기간이면 장기가 되는지는 산업에 따라 다르다.

이상에서 살펴본 바와 같이 가변요소와 고정요소, 그리고 단기와 장기는 동시적으로 결정되는 개념임을 알 수 있다. 그리고 생산요소가 노동과 자본 두 가지로 분류된 경우 노동이라는 생산요소는 말 그대로 노동을 표현하기도 하지만 사실상 가변요소를 총체적으로 표현하는 수단이라고 이해할 수 있다. 아울러 자본은 고정요소의 대리변수라고 간주할 수 있다. 즉 노동은 비교적 용이하게 수시로 그 양을 변경할 수 있지만 자본은 한 번 주어지면 단시일 내에 그 규모를 조정하기 어렵다고 본다.

> 생산에 있어서 고정 투입요소가 존재하는 기간을 단기라고 하며, 모든 투입요소가 가변적인 기간을 장기라고 함

2) 단기생산함수

(1) 총생산물 · 한계생산물 · 평균생산물

기업이 생산요소들의 최적투입량을 결정하려면 무엇보다 각 생산요소들의 평균생산과 한계생산을 고려해야 한다. 우선 다른 모든 생산요소 투입량을 일정하게 두고, 한 가지 생산요소 투입량만 1단위씩 추가적으로 증가시킨다. 이때 추가된 1단위 생산요소 투입

으로 인해 늘어난 총생산물의 증가분을 그 생산요소의 **한계생산물**(marginal product, *MP*)이라 한다. 그리고 생산물의 총생산량을 생산요소 투입량으로 나누면 투입된 생산요소 1단위당 산출된 생산물의 양을 나타내는 **평균생산물**(average product, *AP*)을 구할수 있다.

> • 한계생산물은 추가된 1단위 생산요소 투입으로 인해 늘어난 총생산물의 증가분
> • 평균생산물은 생산물의 총생산량을 생산요소 투입량으로 나누면 나타나는 생산요소 1단위당 산출된 생산물의 양

가령 노동자 한 사람을 더 고용할 때 늘어나는 생산물의 수량을 노동의 한계생산물(marginal product of labor, MP_L)이라고 한다. 〈표 3.1〉에서 보면 노동자를 3명에서 4명으로 한 사람 더 추가하면 총생산물은 15단위에서 20단위로 증가하므로 4번째로 추가되는 노동자의 한계생산물은 5단위 생산물로 표시될 수 있다. 또한 단순히 총생산량을 노동투입량으로 나누면 노동 1단위당 산출된 평균적인 생산물 양인 노동의 평균생산물(average product of labor, AP_L)을 얻을 수 있다. 세 사람의 노동자가 15단위의 생산물을 생산하므로 한 사람의 평균생산물은 5단위가 된다.

일반적으로 단기에는 공장건물이나 기계설비 같은 생산요소 투입량은 변화시키기가

표 3.1 노동의 총생산, 한계생산 및 평균생산

노동투입량(L)	총생산물(Q)	한계생산물(MP_L)	평균생산물(AP_L)	비고
0	0	0	0.0	
1	4	4	4.0	
2	9	5	4.5	
3	15	6	5.0	한계생산 최대
4	20	5	5.0	평균생산 최대
5	23	3	4.6	
6	25	2	4.1	
7	25	0	3.5	총생산 최대
8	24	−1	3.0	

어렵고, 노동투입량을 조정하여 생산량을 결정하는 경우가 많다. 이러한 경우 투입량이 변할 수 있는 생산요소를 가변요소라고 하는데, 여기서 가변요소인 노동과 총생산물의 관계를 나타낸 단기생산함수 $Q = F(L, \overline{K})$를 이용하여 다음과 같이 노동의 한계생산물과 노동의 평균생산물을 계산할 수 있다.

$$MP_L = \frac{\text{산출물의 증가량}}{\text{노동량의 증가량}} = \frac{\Delta Q}{\Delta L} = \frac{F(L + \Delta L, \overline{K}) - F(L, \overline{K})}{\Delta L}$$

$$AP_L = \frac{\text{산출물의 총생산량}}{\text{노동의 총투입량}} = \frac{Q}{L}$$

(2) 한계생산물체감의 법칙

운동화 공장에서 기계, 건물, 토지 등의 물적 요소는 일정하게 두고 노동만 증가시킬 때 운동화를 몇 켤레 더 만들 수 있을지를 살펴보자. 혼자 고무와 천을 오리고, 접착제를 붙이고, 기계로 누르는 작업을 한다면 하루에 만들 수 있는 운동화의 양은 많지 않을 것이다. 그러나 한 사람의 노동자를 더 고용할 수 있다면 증가하는 생산물이 매우 많을 것이다. 이제 한 사람은 천과 고무를 오리고, 다른 사람은 접착제를 붙이고 기계로 누르면 될 것이다. 그러면 작업을 위해 이리저리 이동하던 시간이 줄어들고 몇 가지 일에만 집중함으로써 생산성도 크게 높아질 것이다. 이러한 상황에서 또 한 사람을 더 고용하면 어떻게 될까? 두 번째 사람을 고용했을 때보다 운동화 생산량은 더 크게 늘어날 것이다. 한 사람은 천과 고무를 자르고, 또 한 사람은 접착제를 붙이고, 나머지 한 사람은 기계로 누른다면 분업의 효과가 더 잘 나타날 것이다. 운동화를 만드는 기계가 한 대일 경우를 가정한다면 노동자의 숫자가 3명가량 될 때까지는 한 사람을 더 쓰면 이로 인한 생산량의 증가분도 계속 커질 것이다. 생산은 아주 이상적인 상태에서 이루어질 것이기 때문이다. 그러나 그 이상으로 사람을 쓰면 전체 생산은 늘어나지만 증가하는 양은 틀림없이 줄어들 것이다. 한 대뿐인 기계에 너무 많은 사람이 매달리면 생산은 늘어나지만 추가적으로 늘어나는 양은 줄어드는 것이다. 그러다가 일정 정도를 지나면 전체 생산량 자체가 줄어들 것이다. 예를 들어 기계는 한 대뿐인데 15명을 배치했다고 하면 세 사람은 각자 자기 일을 하겠지만 나머지는 중간에서 서로 반제품이나 원료 등을 날라 주는 작업과정에서 서로가 방해가 될 것이기 때문이다.

이러한 가상적인 예를 〈표 3.1〉을 통해 살펴보면 노동투입량을 3단위까지 늘려갈 때는 추가 생산량도 증가하고 있다. 즉 한계생산물이 증가하는데, 이를 한계생산물체증이라 한다. 두 번째 노동자의 한계생산물은 첫 번째 노동자의 한계생산물보다 크고, 세 번째 노동자의 한계생산물은 두 번째 노동자의 한계생산물보다 크다. 그러나 노동의 추가적 투입량이 4단위가 되면 그다음부터 한계생산물이 줄어들기 시작한다. 네 번째, 다섯 번째, 여섯 번째, 일곱 번째 노동자의 한계생산물은 점점 작아지기 시작하면서 총생산물의 증가가 둔화되는 현상을 보이고, 8단위에 이르러서는 마침내 마이너스가 된다.

이와 같이 고정요소가 존재하는 단기에 가변요소를 계속 투입하면 어떤 단계 이후부터 그 가변요소의 한계생산물이 결국 감소하는 현상을 한계생산물체감의 법칙(law of diminishing marginal product) 혹은 수확체감의 법칙(decreasing returns to scale)이라고 부른다. 이 법칙은 과거 농경사회에서 단순한 인간의 노동력이 농사의 주체임을 전제로 한 것인데, 투입된 자본이 일정한 상황에서 노동을 추가적으로 늘리면 단위당 생산량이 줄어들고, 일정 단계를 지나면 아무리 투입이 증가해도 산출량은 더 이상 늘어나지 않거나 오히려 감소하는 것을 설명한다. 이러한 경향은 현대 사회에서도 정도의 차이는 있으나 단기에 거의 모든 산업부문에서 나타나는 일반적인 경제현상이다. 어떤 산업 분야든 일정한 수준에 도달하면 성장이 정체될 수밖에 없다는 것을 의미한다.

하지만 수확체감의 법칙과 반대되는 수확체증의 법칙(increasing returns to scale)도 있다. 생산요소 투입량이 늘어날수록 생산량이 기하급수적으로 증가하는 것을 의미한다. 이는 주로 적은 자원과 집약된 첨단 지식을 활용하는 디지털 시대 기식기반 경제에 적용되고 있다. 예를 들어 마이크로소프트사의 윈도우라는 소프트웨어는 개발하는 비용은 엄청나지만 일단 성공하면 하나 더 만들어내는 데 들어가는 한계생산비가 무시할 정도로 작아지기 때문에 매출에 있어 수확체감이 아닌 수확체증 현상이 나타난다. 또한 네트워크 효과의 영향으로 연관 제품이 등장하고 서비스가 활발히 전개될수록 제품의 가치가 상승하게 되고, 많이 팔수록 더 많이 팔게 되는 현상이 이어진다. 이 외에도 수확체증의 법칙은 사회적 연결망의 성장과 진화를 설명하는 이론과 정보의 확산을 다루는 분야에서도 잘 이해될 수 있다. 대표적인 사례가 휴대전화 등 통신기기의 사용 숫자이다. 통신기기를 사용하는 숫자가 소수일 경우에는 그 기기를 사용해서 얻을 수 있는 효과는 크지 않다. 이러한 경우 소비자가 통신기기를 구입할 때 주저하는 경우가 많지만 점차 사용자 수가 늘어나면서 자신이 통화할 수 있는 상대방 숫자도 많아져 그 효용성도 비례적으로 증가한다. 특히 거래비용이 들지 않고 연결이 가능하다면, 단기간에 집중되는 현상이 나타나게 된다. 양적으로 서서히 증가하다 갑자기 급증하면서 쏠리는 현상이 시작되는 상태를 '뜨는 점(tipping point)'이라고 부른다. 최근 온라인 공간에 나타난 미니홈피, 블로그 및 SNS에서 나타난 유행과 쏠림 현상은 상상을 초월한다. 이처럼 디지털 정보화 시대에 전통적인 생산요소였던 자본이나 노동보다는 정보와 지식의 중요도가 더 커지고, 이러한 정보와 지식은 아무리 사용해도 사라지지 않으며, 오히려 사용하면 할수록 그 가치가 높아지게 된다. 이는 곧 단순히 노동이나 자본의 투입량에 의해 생산량이 결정되는 단계에서 정보와 같은 무한한 자원을 가지고 생산을 하는 경제체제로 바뀌고 있음을 의미한다.

- 고정요소가 존재하는 단기에 가변요소를 계속 투입하면 어떤 단계 이후부터 그 가변요소의 한계생산물이 결국 감소하는 현상을 한계생산물체감의 법칙 혹은 수확체감의 법칙이라고 부름
- 이와 반대로 생산요소 투입량이 늘어날수록 생산량이 기하급수적으로 증가하는 수확체증의 법칙도 있음

(3) 생산물곡선 및 생산의 단계

〈표 3.1〉을 그림으로 나타낸 〈그림 3.1〉에서 우선 (a)는 가변요소인 노동투입량과 총생산물의 관계를 보여주고 있다. 구체적으로는 노동이 초기에 조금 투입될 때에는 노동량 증가에 따라 총생산물이 체증하지만, 어떤 수준을 넘어서면 총생산물이 증가는 하지만 그 증가속도가 줄어들다가, 결국 총생산물이 감소하는 현상을 확인할 수 있다.

그리고 〈그림 3.1〉의 (b)에서는 한계생산물(MP_L)과 평균생산물(AP_L)의 관계를 보여준다. 먼저 총생산물을 요소 투입량으로 나눈 평균생산물은 각 노동투입량에 대응하는 총생산물곡선상의 점과 원점을 연결하는 직선의 기울기를 의미한다. 그리고 한계생산물은 총생산물곡선 자체의 기울기이다. 총생산물이 체증적으로 증가하는 노동자 고용량 세 번째 수준까지는 한계생산물이 증가한다. 하지만 노동자 고용량 세 번째 이후 일곱 번째 고용 수준까지는 총생산물이 체감적으로 증가하고 이때 한계생산물은 감소한다. 그리고 총생산물이 최대인 일곱 번째 고용 수준에서는 총생산물곡선 기울기가 0이 되어 한계생산물은 0이 된다. 이 단계 이후부터는 투입 노동량이 증가하면 오히려 총생

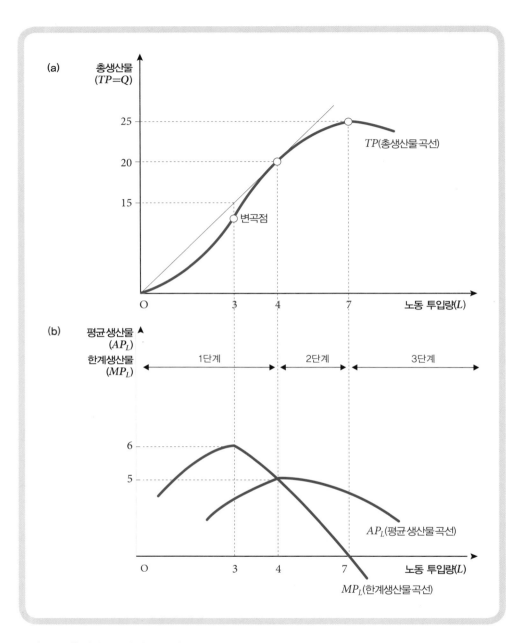

그림 3.1 총생산물곡선, 한계생산물곡선, 평균생산물곡선

산물은 감소하는데, 이것은 한계생산물이 마이너스(−)가 된다는 것을 의미한다.

여기서 확인할 수 있는 세 가지 주요 특징은 (1) 한계생산물이 0이 될 때 총생산물은 극대가 되고, (2) 평균생산물은 한계생산물이 평균생산물보다 클 때는 증가하다가 한계생산물이 평균생산물보다 작을 때는 떨어지며, (3) 평균생산물이 극대가 되는 점에서 한계생산물은 평균생산물과 일치한다는 점이다. 예를 들어 총생산물곡선상의 점과 원점을 연결하여 가장 큰 기울기를 나타내는 노동투입량은 4명이다. 따라서 고용량이 4명일 때 평균생산물이 최대이며, 이때 평균생산물과 한계생산물이 일치함을 알 수 있다. 즉 4명의 노동력이 투입되어 20켤레의 운동화를 만들었다면 노동의 평균생산물은 5켤레가 된다.

여기서 평균생산물과 한계생산물이 일치할 때까지를 '생산의 1단계'라고 한다. 생산의 1단계는 평균생산물이 계속 증가하는 구간으로서 원점에서 평균생산물이 극대가 되는 지점까지를 말한다. 〈그림 3.1〉에서 보면 노동자 고용량 네 번째 수준까지이다. 이 단계에서는 고용량이 증가함에 따라 노동자 한 사람의 생산량인 평균생산물이 노동자를 투입할수록 상승하기 때문에 계속적으로 고용을 증가시켜 생산을 확대하는 것이 생산자에게 유리하다. 생산의 1단계를 넘어서면 평균생산물도 감소하기 시작하여, 고용량이 일곱 번째 수준에 이르면 한계생산물이 0이 된다. 이처럼 평균 및 한계생산물이 감소하다가 한계생산물이 제로가 되는 점까지를 '생산의 2단계'라고 한다. 이 단계를 넘어서면 한계생산물은 마이너스(−)가 되는데 이 구간이 '생산의 3단계'이다. 이 단계는 생산자가 생산 여부를 전혀 고려할 필요가 없는 비경제적인 영역으로 분석대상에서 제외된다. 따라서 합리적인 생산자라면 생산의 2단계 어느 곳에서 최적 고용량 수준을 결정해야 마땅할 것이다.

3. 기업의 수입

기업이 생산을 하는 목적은 이윤(profit)을 획득하는 데 있다. 기업은 재화와 서비스를 생산해서 생산비보다 더 높은 가격에 판매함으로써 이윤을 얻고자 한다. 이를 위해 기업은 효율적인 방식을 통해 재화와 서비스를 생산하고자 한다. 즉 같은 양의 산출물을 생산한다면 최소의 비용을 지불하고자 하는 것이다. 하지만 생산에서의 효율성을 충족하면서 산출물을 더 증가시키기 위해서는 생산요소에 대한 비용도 그에 따라 증가할 수밖에 없다. 따라서 생산과 비용은 상호 밀접하게 연관되어 있음을 알 수 있다.

1) 총수입

기업의 수입은 효율적인 방식을 통해서 생산된 산출물인 재화와 서비스를 판매함으로써 얻게 된다. 기업이 생산한 산출물인 재화와 서비스는 시장에서 결정되는 가격에 따라 판매된다. 따라서 기업의 총수입(total revenue, *TR*)은 기업이 생산물을 판매하여 얻게 되는 수입의 총합이다. 다음과 같이 기업이 생산한 생산량, 즉 총판매량에 생산물의 시장 가격을 곱함으로써 구할 수 있다.

$$총수입(TR) = 상품의\ 시장\ 가격(P) \times 판매량(Q,\ 생산량)$$

기업이 가격과 생산량을 결정하려면 재화와 서비스에 대한 수요를 알아야 한다. 이미 고찰했듯이 수요는 가격과 수량 사이의 관계를 의미한다. 따라서 수요는 기업이 각각의 가격 수준에서 얼마만큼의 재화와 서비스를 판매할 수 있을 것인지를 알려준다.

각 가격에 대해 재화와 서비스의 판매량을 알면 기업의 수입을 계산할 수 있다. 이러한 관계를 좀 더 구체적으로 살펴보기 위해 〈표 3.2〉와 같은 가상적인 표를 작성했다.

표 3.2 컴퓨터 생산 기업의 가격, 판매량 및 수입

판매량(*Q*)	가격(만 원)	총수입(*TR*)	평균수입(*AR*)	한계수입(*MR*)
0	210	0	0	0
1	200	200	200	200
2	190	380	190	180
3	180	540	180	160
4	170	680	170	140
5	160	800	160	120
6	150	900	150	100
7	140	980	140	80
8	130	1,040	130	60
9	120	1,080	120	40
10	110	1,100	110	20
11	100	1,100	100	0
12	90	1,080	90	−20

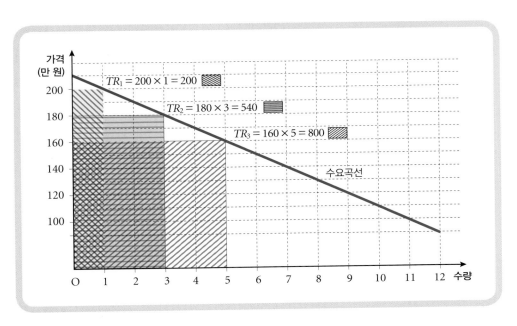

그림 3.2 수요곡선과 총수입

이 표는 어느 컴퓨터 생산 기업의 컴퓨터 가격과 판매량 및 수입의 관계를 보여주고 있다.

이 기업은 가격이 200만 원일 때 컴퓨터를 1대 판매할 수 있으며, 가격을 180만 원으로 내리면 3대를 판매할 수 있고, 가격을 160만 원으로 내리면 5대를 판매할 수 있다. 이때 총수입은 가격과 판매량을 곱함으로써 구할 수 있다. 컴퓨터 1대를 판매했을 때는 총수입이 200만 원이지만, 가격을 180만 원으로 낮추어서 컴퓨터 3대를 판매했을 경우 540만 원, 가격을 160만 원으로 더 낮추었을 때는 컴퓨터 5대를 판매할 수 있어 수입이 800만 원으로 증가한다. 이것은 〈그림 3.2〉에서 알 수 있듯이 가격과 수요곡선이 만나는 점 이하의 사각형 면적을 의미한다.

2) 평균수입

평균수입(average revenue, AR)은 제품 1개당 얻는 수입을 말한다. 이는 다음과 같이 총수입(TR)을 판매량(Q)으로 나누어서 구할 수 있다.

$$평균수입(AR) = \frac{총수입(TR)}{판매량(Q)} = \frac{P \times Q}{Q} = P$$

컴퓨터를 1대 팔았을 경우 총수입은 200만 원이고 평균수입도 200만 원이다. 3대 팔았을 경우에는 총수입이 540만 원이고, 평균수입은 총수입을 판매량으로 나눈 값이기 때문에 180만 원이 된다. 5대의 컴퓨터를 팔면 총수입은 800만 원이고 평균수입은 160만 원이다. 따라서 평균수입곡선은 바로 수요곡선과 일치하게 됨을 알 수 있다. 〈표 3.2〉에서도 알 수 있듯이 가격(P)과 평균수입(AR)은 값이 일치하고 있다. 즉 수요곡선이 바로 평균수입곡선이다.

3) 한계수입

한계수입(marginal revenue, MR)은 컴퓨터 1대를 추가로 판매했을 경우 추가로 얻게 되는 총수입의 증가분을 말한다. 이는 다음과 같이 총수입의 변화를 판매량의 변화로 나누어서 구할 수 있다.

$$한계수입(MR) = \frac{총수입의\ 변화(\Delta TR)}{판매량의\ 변화(\Delta Q)} = \frac{\Delta(P \times Q)}{\Delta Q}$$

컴퓨터 1대를 팔 경우 한계수입은 처음 1대를 판매함으로써 추가로 얻는 총수입의 증가분이다. 컴퓨터 1대를 처음 팔면 200만 원의 수입을 추가로 올리기 때문에 첫 번째 컴퓨터에 대한 한계수입은 200만 원이 된다. 두 번째로 판매되는 컴퓨터는 총수입을 추가로 180만 원 증가시키기 때문에 한계수입은 180만 원이 된다. 세 번째 컴퓨터의 판매로 추가로 얻게 되는 총수입의 증가분은 160만 원이다. 그러면 다섯 번째 판매되는 컴퓨터로 인해 추가로 얻게 되는 총수입의 증가분은 얼마가 될까? 120만 원이다. 컴퓨터 4대를 판매함으로써 벌어들인 총수입이 680만 원인데 5대를 판매함으로써 벌어들인 총수입은 800만 원이기 때문에, 컴퓨터 1대를 더 판매함으로써 추가로 얻는 총수입의 증가분은 800만 원에서 680만 원을 뺀 120만 원이 나오는 것이다.

〈그림 3.3〉은 〈그림 3.2〉의 수요곡선에 대한 한계수입곡선을 나타낸 것이다. 평균수입곡선은 수요곡선을 의미하기 때문에 가격이 낮아지면 제품 1개당 수입도 감소하므로 우하향하게 된다. 평균수입이 하락하면 제품 1개를 더 판매함으로써 얻게 되는 총수입의 증가치인 한계수입은 평균수입보다 더 가파르게 하락한다. 이는 컴퓨터 1대를 추가로 팔 때 얻는 수입은 추가 1단위 판매를 통해 벌어들이는 가격에서 다른 모든 단위들

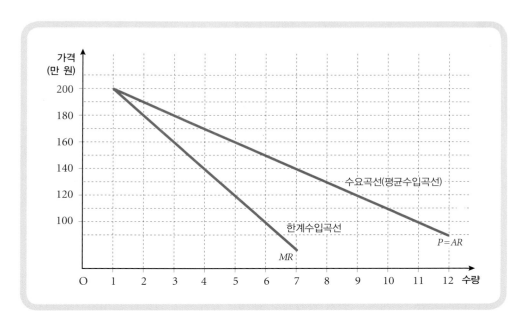

그림 3.3 수요곡선과 한계수입곡선

의 평균수입인 가격이 하락함으로써 나타나는 손실을 뺀 값이기 때문이다. 따라서 한계수입곡선은 평균수입곡선보다 아래에 있으며, 기울기가 더 가파른 곡선으로 나타난다.

경제학에서는 기업을 경영하는 사람은 총수입과 총비용의 차이로 계산되는 이윤을 극대화하고자 하는 것으로 가정한다. 앞에서는 기업의 수입에 대해서 고찰했다. 기업은 재화와 서비스를 생산하여 판매함으로써 수입을 획득한다. 하지만 기업이 재화와 서비스를 생산하기 위해서는 노동자를 고용하고, 건물과 설비를 구입하거나 임대하고, 원재료를 확보해야만 한다. 이렇게 기업이 재화와 서비스를 생산하기 위해서 투입해야 하는 것이 비용이다.

- 총수입(TR) = 기업이 생산물을 판매하여 얻게 되는 수입의 총합 = 가격×판매량
- 평균수입(AR) = 제품 1개당 얻는 수입 = 총수입÷판매량
- 한계수입(MR) = 제품 1개를 추가로 판매할 경우 얻는 총수입 증가분 = 총수입의 변화÷판매량의 변화

Ⅱ 비용

1. 경제적 비용과 이윤

1) 경제적 비용

기업이 생산과정에서 다른 사람들이 가진 생산요소를 고용하기 위해 실제로 지출해야 하는 비용을 **회계적 비용**(accounting cost)이라고 한다. 일반적으로 회계적 비용은 회계사가 기업의 회계장부에 기록하며, 노동에 지불한 임금, 원료 구입에 지불한 대금, 차입금에 지불한 이자 및 기타 자원의 사용에 대한 지출 등으로 구성된다. 그리고 이러한 비용들은 기업이 실제로 화폐로 지불한다는 의미에서 **명시적 비용**(explicit cost) 혹은 화폐비용(money cost)이라고도 부른다.

이와 달리 **경제적 비용**(economic cost)은 그 재화를 생산하기 위해 지불한 기회비용과 같다. 다시 말해 그 재화를 얻기 위해 포기해야만 했던 것의 가치를 의미하므로 생산하는 데 들어간 진정한 비용을 의미한다. 따라서 경제적 비용은 회계적 비용보다 더 넓은 의미로 사용된다. 구체적으로는 경제적 비용은 명시적 비용에 **암묵적 비용**(implicit cost)을 합친 것이다.

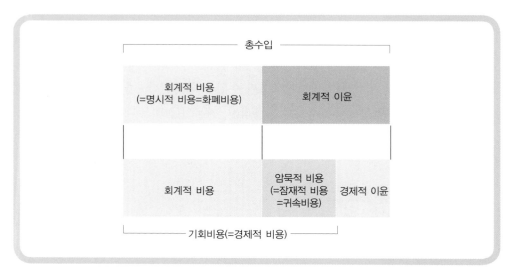

그림 3.4 회계적 이윤과 경제적 이윤

출처 : 한국은행 홈페이지

그렇다면 경제적 비용의 또 다른 측면인 암묵적 비용은 화폐로 직접 지불되지는 않지만 그 재화를 생산하기 위해 포기한 다른 대안의 가치이다. 암묵적 비용이란 생산자 자신이 소유하고 있는 생산요소를 자신이 사용함으로써 포기된 수입을 말한다. 기업인 자신이 소유한 노동·자본·토지를 자신의 기업에 투입함으로써 포기된 보수로 여기에는 잠재적 임금, 잠재적 이자, 잠재적 지대, 정상이윤 등이 포함된다. 실제로 지출하지 않은 잠재적 비용으로 귀속비용(imputed cost)이라고도 한다. 암묵적 비용은 화폐로 직접 지불되지는 않더라도 생산자의 의사결정에 영향을 미치기 때문에 중요한 사항이다.

결론적으로 한 재화와 서비스를 생산하는 데 들어가는 경제적 비용은 명시적 비용(＝회계적 비용＝화폐비용)과 암묵적 비용(＝잠재적 비용＝귀속비용)을 합한 것이다.

2) 경제적 이윤

이처럼 비용에 대한 관점을 어떻게 가지느냐에 따라 기업이 회계장부상으로는 흑자더라도 경제학적으로는 손실일 수 있다. 우선 명시적 비용만 고려할 경우, 총수입에서 명시적 비용을 뺐을 때 플러스이면 흑자가 발생한 것으로 볼 수 있다. 그리고 총수입에서 명시적 비용인 회계학적 비용만을 빼고 남은 것을 회계적 이윤(accounting profit)이라고 한다. 하지만 비용을 명시적 비용과 암묵적 비용을 합해서 보는 경우 손익이 달라질 수 있다. 실제로 총수입에서 명시적 비용만을 뺐을 때는 플러스더라도 총수입에서 명시적 비용과 함께 암묵적 비용까지 추가로 뺐을 경우에는 마이너스가 될 수 있다. 그리고 총수입에서 명시적 비용과 암묵적 비용을 합한 경제적 비용을 빼고 남은 것을 경제적 이윤(economic profit)이라고 한다. 경제학에서는 명시적 비용과 암묵적 비용을 합한 것을 진정한 생산비 개념으로 보기 때문에 경제적 이윤이 플러스일 경우 진정한 흑자이다. 따라서 경제적 이윤에 근거해서 기업활동의 의사결정을 하는 것이 합당하다고 본다.

- 경제적 비용＝명시적 비용＋암묵적 비용
- 명시적 비용＝회계장부에 기록하는 회계적 비용으로 기업이 생산과정에서 다른 사람들이 가진 생산요소를 고용하기 위해 실제로 지출해야 하는 비용
- 암묵적 비용＝화폐로 직접 지불되지 않는 귀속비용으로 기업인 자신이 소유한 노동·자본·토지를 자신의 기업에 투입함으로써 포기된 보수

예를 들어 자신의 건물에서 커피숍을 운영하는 나홀로씨가 있다고 하자. 우선 현재 이자율이 5%인 상황에서 커피숍 사업을 위해 자신의 저축금액 20억 원을 사용했다고 하자. 이 이자수입 1억 원은 암묵적 비용에 포함시켜야 한다. 그리고 이전에 남에게 연간 2억 원을 받고 임대했던 본인 소유의 건물에서 커피숍을 한다고 하자. 그러면 나홀로씨는 실제로 그 건물을 사용하면서 아무런 대가를 지불하지 않지만, 만일 그 건물을 다른 사람에게 임대했다면 받을 수 있었던 임대료를 포기하는 것이다. 따라서 이 포기한 임대료도 커피숍을 직접 운영하는 데 대한 암묵적 비용의 일부가 된다. 또한 암묵적 비용의 또 한 가지 형태는 나홀로씨가 다른 직업이나 사업을 했을 경우 벌어들일 수 있는 소득 역시 암묵적 비용에 포함되어야 한다. 본인이 커피숍을 운영하지 않고 회사에서 일하면 적어도 연봉 1억 원을 벌 수 있었다고 해보자. 이 경우 연봉 1억 원도 자기 사업에 대한 암묵적 비용인 것이다. 결국 눈에는 보이지 않지만 이자수입 1억 원, 건물 임대료 2억 원 및 이전 직장에서 받았던 연봉 1억 원은 암묵적 비용으로서 커피숍 운영의 기회비용에 포함시켜야 한다. 그렇다면 나홀로씨가 커피숍을 직접 운영함으로써 벌어들이는 '회계적 이윤'이 암묵적 비용 4억 원(이자수입＋임대료＋연봉)보다 작다면, 차라리 커피숍을 그만두고 직장에서 연봉을 받는 것이 자신의 소득을 극대화하는 방법이 될 것이다.

3) 비용함수

생산량이 많아지면 투입되는 요소도 많아지고, 비용도 늘어나는 것은 당연하다. 이처럼 생산량의 변화에 따라 비용이 어떻게 변하는가를 보여주는 개념이 **비용함수**이다. 단기총비용(이하에서는 편의상 '단기'라는 용어를 생략하고 사용하고자 한다)을 TC (total cost), 생산량을 Q라고 하면 비용함수는 다음과 같다.

$$TC = C(Q)$$

이것이 시사하는 바는 비용이론과 생산이론은 별개가 아니라는 점이다. 생산에 투입되는 각 요소의 가격과 투입량을 곱하여 합한 것이 비용이기 때문이다. 앞에서 이미 고찰했듯이 생산자는 주어진 산출물을 생산하는 데 최소의 비용을 들이려 한다. 따라서

선택과 포기, 사마광과 염일방일

사마광(司馬光)은 중국 북송시대의 재상이자 역사가로, 『사기(史記)』와 함께 중국 최고의 역사서로 평가받는 『자치통감(資治通鑑)』을 편찬한 인물로 유명하다. 그는 어린 시절부터 총명함으로 그 이름을 떨쳤는데, 채 열 살이 되기 전부터 독서에 빠져 하루를 보냈을 정도로 남다름을 보였다. 그의 총명함을 단적으로 보여주는 유명한 일화가 있다. 바로 고사성어 '염일방일(拈一放一)'과 관련된 이야기이다.

하루는 어린 사마광이 정원에서 친구들과 놀고 있었다. 그곳에는 아이들의 키보다 훌쩍 큰 커다란 항아리가 하나 놓여 있었는데, 친구 중 한 명이 마침 항아리에 빠지고 말았다. 물이 가득 찬 항아리에 빠진 아이는 허우적거리며 힘들어했고, 누군가 나서지 않으면 목숨이 위태로운 지경까지 이르렀다. 이를 본 아이들은 어찌할 바를 몰라 당황했고, 주변에 있던 사람들도 사다리와 밧줄로 아이를 꺼내려 했지만 여의치 않았다. 그러자 갑론을박이 이어졌다. 누가 항아리를 가져다 놓았는지부터 사고에 대한 책임은 누가 질 것이며, 아이를 구하다 항아리가 깨지면 변상을 해야 하는지 등. 아이의 구조는 뒷전으로 밀린 채 안타까운 시간만 허비되고 있었다. 이때 사마광이 나섰다. 주변에 있던 돌을 주워 항아리를 깨뜨린 것이다.

그러자 항아리 속 물이 밖으로 흘러나왔고, 사경을 헤매던 아이는 목숨을 건질 수 있었다. 어린 사마광이었지만 사람의 목숨을 위해서는 항아리쯤은 포기해도 된다고 판단한 것이다.

이처럼 '염일방일'은 하나를 얻기 위해서는 다른 하나를 포기해야 한다는 의미로, 경제학에서 말하는 기회비용(opportunity cost) 같은 의미를 지니고 있다. 인간은 하루에도 수십 번 선택의 기로에 서게 된다. 친구와 만나 무엇을 먹을 것인가와 같은 사소한 선택에서부터 어떠한 직업을 가질 것이며 누구와 결혼해 아이는 몇 명 낳을 것인지와 같은 중요한 결정에 이르기까지. 인생이란 어쩌면 매 순간이 끊임없는 선택의 연속일지도 모른다. 경제학은 이러한 선택의 기로에서 보다 합리적인 판단을 내려야 한다고 말하는 학문이다. 비용 대비 만족을 최대화할 수 있는 의사결정을 내려야 한다는 것이다. 이를 위해서는 선택으로 인해 포기해야 하는 대가가 얼마인지를 정확히 알아야 하고, 그 대가가 바로 기회비용이다. 즉 기회비용은 어떤 하나를 선택할 때 포기하게 되는 대안 중 가장 가치가 큰 대안 또는 대안으로 인해 발생하는 비용의 총합을 말한다.

염일방일의 이야기로 돌아가면, 사마광은 친구의 목숨을 위해 항아리를 깨뜨리는 선택을 내렸

다. 즉 항아리가 친구를 구하기로 결심한 선택에 대한 기회비용인 셈이다. 하지만 이것만이 기회비용의 전부는 아니다. 만약 깨진 항아리의 주인이 변상을 요구하면 물어주어야 하는 항아리값도 기회비용에 포함되어야 한다. 여기에 깨진 항아리가 혹 국가의 보물이라도 된다면 법적인 책임도 져야 할지 모른다.

경제학에서는 깨어진 항아리를 명시적 비용, 항아리값과 법적인 책임을 묵시적 비용이라 하고, 이 두 비용을 모두 합친 것을 기회비용이라고 한다. 즉 기회비용은 회계장부 등에서 눈으로 확인 가능한 가시적 의미의 명시적 비용과 가시적으로 나타나지는 않지만 암묵적 또는 비금전적으로 발생하는 묵시적 비용을 모두 합한 것이라고 할 수 있다.

중요한 것은 합리적 의사결정을 위해서는 묵시적 비용을 반드시 고려해야 한다는 점이다. 눈에 보이는 명시적 비용만을 고려하면 선택으로 인해 치러야 할 비용을 과소평가하게 되고, 결국은 잘못된 선택을 하게 되어 효용을 최대화하지 못하는 결과를 야기할 수 있기 때문이다. 묵시적 비용에 합리적 의사결정이 달려 있다고 해도 과언이 아닌 셈이다.

출처 : 한국경제, 2017. 2. 17

비용함수의 *TC*가 의미하는 것은 일정한 산출물을 생산할 때 가장 적은 비용이 드는 경우를 가리킨다. 왜냐하면 비용함수 안에 있는 *Q*는 바로 생산자 균형 상태에서 만들어지는 생산량이기 때문이다.

2. 단기비용

1) 총비용

(1) 총비용의 개념

생산이론을 공부하면서 장기와 단기란 개념을 설명한 바 있다. 고정요소가 있는 경우를 단기라 하고, 모든 투입요소가 가변적인 경우를 장기라고 했다. 따라서 고정요소가 존재하는 경우 각 생산량과 비용의 관계를 분석하는 것이 단기비용분석이고, 모든 생산요소가 가변적인 경우의 비용분석이 장기비용분석이다. 즉 생산량의 증감에 관계없이 발생하는 고정비용이 존재하면 단기비용, 그렇지 않으면 장기비용으로 구분한다. 여기서는 우선 일정한 고정설비가 있는 단기비용을 고찰해보기로 하자.

단기적으로 기업은 고정요소(자본)와 가변요소(노동)를 투입함으로써 상품을 생산하기 때문에 일정한 산출물 수준에서 **총비용은 총고정비용**(total fixed cost, *TFC*)**과 총가변비용**(total variable cost, *TVC*)으로 나뉜다. 이는 앞에서 고찰한 명시적 비용과 암묵적 비용을 모두 합한 것이며, 다음과 같은 식으로 나타낸다.

$$총비용(TC) = 총고정비용(TFC) + 총가변비용(TVC)$$

총고정비용은 산출량에 따라 변하지 않고 생산량과 상관없이 무조건 일정하게 지출되는 비용이다. 심지어 전혀 생산하지 않더라도 지출되어야 하는 비용이다. 따라서 단기적으로는 기업이 조업을 중단하더라도 총고정비용은 지출해야 한다. 이를테면 장비임대료, 건물보험료, 재산세, 감가상각비, 유지비 등을 들 수 있다.

총가변비용은 기업의 생산량 변화에 따라서 증가하거나 감소하는 비용이다. 예를 들어 임금, 원자재 구입비, 전기료 등과 같은 것을 들 수 있다. 산출물을 증가시키면 총가변비용이 늘어나고, 산출물을 감소시키면 총가변비용도 줄어든다. 생산을 완전히 중단해 버리면 총가변비용은 전혀 들지 않을 것이다.

- 총비용 = 총고정비용 + 총가변비용
- 총고정비용 = 생산량과 상관없이 무조건 일정하게 지출되는 비용
- 총가변비용 = 기업의 생산량 변화에 따라서 증가하거나 감소하는 비용

〈표 3.3〉은 수입에서 고찰한 컴퓨터 생산 기업의 총고정비용, 총가변비용, 총비용을 보여주고 있다. 첫 번째 열은 다양한 생산 수준을 나타내고 있으며 두 번째에서 네 번째 열까지 이 기업의 비용 수준을 보여준다. 총고정비용은 단기적으로 모든 산출 수준에서 100만 원으로 일정하다. 총가변비용은 생산량이 늘어날수록 증가하고 있으며, 총비용은 총고정비용과 총가변비용을 합한 것이다.

이 표에서 알 수 있는 것처럼 총가변비용은 처음에는 체감적으로 증가하다가 일정 시점 이후부터는 체증적으로 증가한다. 총가변비용은 처음 일정한 수준까지는 체감적으로 증가할 수 있지만 일정한 수준 이후부터는 반드시 체증적인 증가를 나타내게 되는데 경제학에서는 이를 비용체증의 법칙(law of increasing cost)이라고 부른다. 비용체증의 법칙은 사실 수확체감의 법칙에서 도출된다. 이것은 일정한 고정생산요소에 대해 가변생산요소만을 점점 더 많이 투입하여 생산을 하게 되면, 고정생산요소에 대한 가

표 3.3 컴퓨터 생산 기업의 비용(단위 : 대, 만원)

총생산 (Q)	총고정 비용 (TFC)	총가변 비용 (TVC)	총비용 (TC)	평균고정 비용 (AFC)	평균가변 비용 (AVC)	평균 총비용 (AC)	한계 비용 (MC)
0	100	–	100	–	–	–	–
1	100	200	300	100	200	300	200
2	100	300	400	50	150	200	100
3	100	360	460	33.3	120	153.3	60
4	100	400	500	25	100	125	40
5	100	440	540	20	88	108	40
6	100	490	590	16.7	81.7	98.3	50
7	100	550	650	14.3	78.6	92.8	60
8	100	630	730	12.5	78.8	91.3	80
9	100	740	840	11.1	82.2	93.3	110
10	100	890	990	10	89	99	150
11	100	1,090	1,190	9.1	99.1	108.2	200
12	100	1,390	1,490	8.3	115.8	124.1	300

변생산요소 투입의 비율이 커지면 커질수록 가변생산요소의 추가 투입에 대한 산출물의 증가분은 감소한다는 것을 말한다. 가령 기업은 단기적으로 고정된 투입요소에 더 많은 가변 투입요소를 더하게 되면 추가 투입에 대한 총산출물의 증가분은 점점 더 작아질 수밖에 없다. 이는 반대로 제품 한 단위를 추가로 생산하기 위해서는 더 많은 가변요소를 투입해야 하고, 따라서 추가 단위에 들어가는 생산비는 점점 더 커지게 되는 것을 의미한다.

우리가 예로 든 컴퓨터 생산 기업을 통해서 고찰해보자. 이 기업은 생산량을 늘리기 위해서는 더 많은 노동자를 고용해야 한다. 산출량이 적을 때는 컴퓨터를 추가로 생산하기 위해 1~2명의 노동자만을 추가로 고용하면 되었다. 이렇게 고용된 노동자들은 설비를 충분히 활용하여 컴퓨터 1대를 추가로 생산하는 데 들어가는 생산비를 줄일 수 있었다. 하지만 생산량이 증가함에 따라서 컴퓨터를 추가로 1대 더 생산하기 위해 필요한 노동자의 수는 많아질 것이고, 그만큼 생산비는 증가할 것이다. 노동자들이 너무 많이

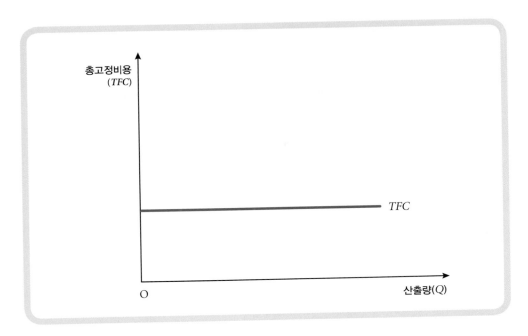

그림 3.5   총고정비용곡선

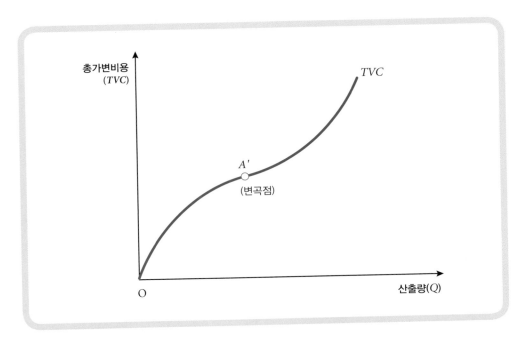

그림 3.6   총가변비용곡선

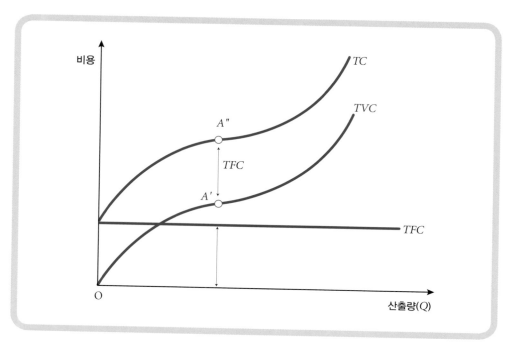

그림 3.7 총고정비용곡선과 총가변비용곡선의 수직합인 총비용곡선

고용되어서 서로 부딪칠 정도라면 생산량이 오히려 감소할 수도 있다. 이런 상황이라면 추가로 컴퓨터를 1대 더 생산하는 데 들어가는 비용은 극단적으로 높아지게 될 것이다.

〈표 3.3〉에서 보여주고 있는 총가변비용은 이와 같은 상황을 그대로 반영하고 있다. 처음 5대를 생산할 때까지는 총가변비용이 체감적으로 증가하고 있다. 이것은 컴퓨터를 추가로 1대 더 생산하는 데 필요한 비용이 감소한다는 것을 의미한다. 하지만 6대 이후부터는 생산량이 늘어날수록 총가변비용이 체증적으로 증가함으로써 컴퓨터를 추가로 생산하는 데 들어가는 비용이 증가하고 있다.

(2) 총비용곡선

비용곡선의 형태를 살펴보면 우선 총고정비용은 생산량에 관계없이 일정하므로 총고정비용곡선은 수평선으로 그려진다. 그리고 총가변비용곡선은 원점을 출발하면서 초기에는 수확체증의 법칙에 영향을 받고 일정 단계부터는 수확체감의 법칙에 영향을 받기 때문에 곡선이 우상향으로 증가하는 형태를 보이지만 증가속도가 감소하다가 변곡점을 지나면서 증가속도가 증가하는 모습을 보여준다. 총비용곡선은 총가변비용곡선이 총고정비용만큼 수직으로 올라간 것으로 보면 된다.

2) 평균비용과 한계비용
(1) 평균 및 한계비용의 개념

총비용(TC)으로부터 평균비용(average cost, AC)과 한계비용(marginal cost, MC)의 개념을 〈표 3.3〉을 통해 알아보기로 하자. 우선 평균비용(AC)은 생산물 1단위당 총비용으로 총비용(TC)을 생산량(Q)으로 나눈 값이다. 또한 총비용이 고정비용과 가변비용으로 나뉘듯이 평균비용도 평균고정비용(average fixed cost, AFC)과 평균가변비용(average variable cost, AVC)으로 나뉜다. 따라서 평균고정비용과 평균가변비용을 더한 것이 평균비용이다.

$$평균비용(AC) = \frac{총비용(TC)}{생산량(Q)} = \frac{총고정비용(TFC) + 총가변비용(TVC)}{생산량(Q)}$$
$$= 평균고정비용(AFC) + 평균가변비용(AVC)$$

평균고정비용(AFC)은 총고정비용을 생산량으로 나눈 값으로 다음과 같이 나타낸다.

$$평균고정비용(AFC) = \frac{총고정비용(TFC)}{생산량(Q)}$$

평균고정비용은 생산량이 증가할수록 계속해서 감소한다. 일정한 수준으로 고정된 비용이 더 큰 생산량으로 나누어지기 때문이다. 〈표 3.3〉에서 컴퓨터 생산 기업의 평균고정비용은 생산량이 1대일 때 100만 원에서 생산량이 12대일 때는 8만 3,000원까지 떨어졌다. 이처럼 생산량이 증가할수록 각 단위의 평균비용에서 고정비용 부분이 점하는 비중이 감소한다.

평균가변비용(AVC)은 일정한 생산량을 생산하는 경우에 생산단위당 가변요소에 지출된 화폐량이다. 평균가변비용은 총가변비용을 생산량으로 나눈 값으로 다음과 같이 나타낸다.

$$평균가변비용(AVC) = \frac{총가변비용(TVC)}{생산량(Q)}$$

평균가변비용은 처음에는 생산량이 증가함에 따라 감소하게 된다. 이는 원료나 노동을 대량으로 구입할 때 좀 더 싸게 구매할 수 있는 것이 일반적이기 때문이다. 하지만 일정한 범위 이후부터는 기업이 구매하려고 하는 가변요소들이 부족하게 되어 요소가격이 상승하므로 평균가변비용은 다시 증가하게 된다. 〈표 3.3〉을 보면 평균가변비용은 컴퓨터를 7대 생산할 때까지는 계속 감소하다가 이후 다시 증가하고 있다.

산출량의 일정 수준까지는 평균비용이 하락한다. 왜냐하면 평균고정비용의 하락효과가 평균가변비용이 증가하는 효과를 상쇄시키기 때문이다. 그러나 산출량이 일정 수준 이상으로 증가하게 되면 평균가변비용이 평균고정비용의 감소를 상쇄하고도 남을 만큼 증가하기 때문에 평균비용은 증가한다. 〈표 3.3〉에서 평균비용은 8대의 컴퓨터를 생산할 때까지는 감소하다가 이후부터 증가하는 것으로 나타나 있다.

한계비용(MC)은 산출물을 한 단위 더 생산하는 데 들어가는 추가적인 비용이다. 이것은 총비용의 변화를 생산량의 변화로 나눈 값으로 다음과 같이 나타낸다.

$$
\begin{aligned}
한계비용(MC) &= \frac{총비용의\ 변화(\Delta TC)}{생산량의\ 변화(\Delta Q)} \\
&= \frac{총가변비용의\ 변화(\Delta TVC) + 총고정비용의\ 변화(\Delta TFC)}{생산량의\ 변화(\Delta Q)} \\
&= \frac{총가변비용의\ 변화(\Delta TVC)}{생산량의\ 변화(\Delta Q)} + \frac{총고정비용의\ 변화(\Delta TFC)}{생산량의\ 변화(\Delta Q)}
\end{aligned}
$$

총고정비용은 생산량의 증감에 영향을 받지 않아서 $\Delta TFC = 0$이기 때문에 **한계고정비용은 0의 값을 가진다.**

$$한계고정비용\left(\frac{\Delta TFC}{\Delta Q}\right) = 0$$

따라서 한계비용은 생산량 1단위를 변화시킬 때 일어나는 총가변비용의 변화분인 한계가변비용과 일치한다.

$$한계비용(MC) = \frac{총비용의\ 변화(\Delta TC)}{생산량의\ 변화(\Delta Q)} = \frac{총가변비용의\ 변화(\Delta TVC)}{생산량의\ 변화(\Delta Q)}$$

$$= 한계가변비용(MVC)$$

〈표 3.3〉은 한계비용이 어떻게 계산되는지를 보여준다. 컴퓨터 1대를 생산할 때는 200만 원의 추가비용이 들어가기 때문에 한계비용도 200만 원이 된다. 여기서 1대를 더 생산하면 두 번째 컴퓨터를 생산하는 데 추가로 들어가는 비용은 100만 원으로 줄어들었다. 이렇게 5대의 컴퓨터를 생산할 때까지는 한계비용이 계속 감소하다가 이후부터 다시 증가하고 있다.

(2) 평균 및 한계비용곡선

〈표 3.3〉을 통해 살펴본 컴퓨터 생산 기업의 단기 평균비용과 한계비용을 근거로 평균비용곡선과 한계비용곡선을 도출하면 〈그림 3.8〉과 같이 된다. 이것은 일반적인 기업의 전형적인 비용곡선을 보여준다.

평균고정비용(AFC)곡선은 고정된 비용이 더 많은 생산량 수준으로 나누어지기 때문에 생산량이 증가할수록 계속해서 감소한다. 평균가변비용(AVC)곡선은 처음에는 감소

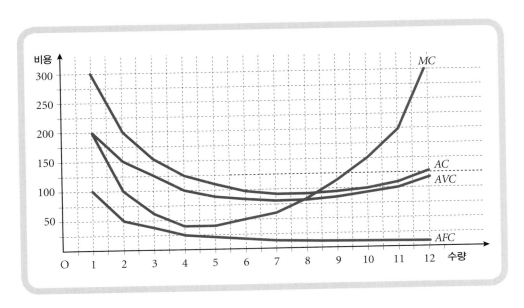

그림 3.8 단기비용곡선

하다가 증가하는 U자 모양을 그리고 있다. 이는 생산량이 늘어날수록 한 단위를 생산하는 데 드는 비용이 처음에는 감소하다가 일정한 생산량을 넘어서면 다시 상승하기 때문이다. 이미 앞에서 고찰했듯이 이러한 현상은 단기생산함수에서 나타나는 수확체감의 법칙으로 인한 것이다. 하나의 투입요소가 고정되어 있을 때 가변생산요소의 투입을 증가시키면 처음에는 투입의 증가에 따라 생산량이 급속히 증가하지만 점점 증가속도가 줄어들면서 결국에는 감소하게 된다. 이 현상을 비용의 측면에서 고찰하면 기업은 처음 생산량이 늘어날 때는 비용이 천천히 증가하지만 생산량이 일정한 수준을 넘어서면 비용이 더 빠르게 증가하게 됨을 의미한다. 이런 이유로 평균가변비용곡선은 U자 모양을 갖게 된다.

평균비용(AC)곡선도 U자 모양을 갖지만 평균고정비용이 하락하는 효과로 인해 평균가변비용곡선과는 약간의 차이를 보이게 된다. 즉 평균비용곡선의 최저점은 평균가변비용곡선의 최저점보다 오른쪽에 위치한다. 또한 평균비용(AC)곡선은 평균고정비용(AFC)곡선과 평균가변비용(AVC)곡선을 수직으로 합한 곡선이기 때문에 어떤 산출량 수준에서 평균비용(AC)곡선과 평균가변비용(AVC)곡선의 차이는 바로 평균고정비용(AFC)곡선이 된다. 평균비용이 최저가 되는 생산량을 '기업의 효율적 생산규모'라고 부른다.

한계비용(MC)곡선도 수확체감의 법칙으로 인해 처음에는 감소하다가 일정한 생산량 수준 이상부터는 증가하는 U자 모양을 갖는다. 또한 한계비용(MC)곡선은 〈그림 3.8〉에서 알 수 있듯이 평균가변비용(AVC)곡선과 평균비용(AC)곡선의 최저점을 통과한다. 이러한 관계는 한계와 평균의 관계를 생각해보면 이해할 수 있다. 경제학에서 한계라는 단어는 추가한다는 의미로 사용된다. 한계비용은 생산량을 추가로 한 단위 더 생산했을 때 추가되는 비용을 의미한다.

(3) 평균과 한계의 관계

평균과 한계의 의미를 생각해보기 위해 다음과 같은 예를 들어보기로 하자. 지금 교실에 있는 10명의 학생을 대상으로 신장을 조사한 결과 평균 172cm였다. 여기에 1명의 학생을 더 추가한다고 하자. 이 학생의 신장이 168cm이면 한계 신장은 168cm가 된다. 그러면 평균 신장은 어떻게 될까? 평균 신장은 172cm보다 작아질 것이다(정확하게는

171.64cm가 된다). 만일 11번째 학생의 신장이 180cm라면 어떨까? 이때 한계 신장은 180cm가 될 것이고 평균 신장은 172cm보다 커질 것이다(정확하게는 172.73cm가 된다). 여기서 알 수 있는 것은 한계치가 평균보다 작으면 평균치는 하락하고 한계치가 평균치보다 크면 평균치는 상승한다는 사실이다. 한계와 평균의 이러한 관계는 어떤 경우에도 적용된다.

따라서 평균가변비용이 하락하는 영역에서는 한계비용이 평균가변비용보다 작아서 평균치를 떨어뜨리게 되고, 반대로 평균가변비용이 상승하는 경우는 한계비용이 평균가변비용보다 커서 평균치를 증가시키게 되는 것이다. 평균가변비용(AVC)곡선이 U자 모양을 그리기 때문에, 한계비용(MC)곡선은 평균가변비용(AVC)곡선이 하락할 때는 평균가변비용(AVC)곡선 아래에 위치하고, 평균가변비용(AVC)곡선이 상승할 때는 평균가변비용(AVC)곡선 위에 위치하게 된다. 그리고 평균가변비용(AVC)곡선이 최저점일 때, 즉 평균가변비용(AVC)곡선이 상승하지도 하락하지도 않을 때는 한계비용이 평균가변비용과 정확하게 일치하는 경우이다. 이것은 앞의 예에서 11번째 학생의 신장이 정확히 172cm인 경우에 해당한다. 따라서 한계비용(MC)곡선은 평균가변비용(AVC)곡선의 최저점을 통과하게 되는 것이다. 이러한 논리는 한계비용(MC)이나 평균비용(AC)의 경우에도 마찬가지로 적용된다.

3. 장기비용분석

1) 장기 평균비용곡선

지금까지는 고정비용은 기업이 전혀 조정할 수 없는 것으로 생각했다. 하지만 장기에는 모든 투입요소가 가변적이므로 비용도 가변비용만 존재한다. 따라서 장기적으로는 고정비용도 달라질 수가 있으며 기업은 예상되는 산출량에 따라 고정비용의 투입수준을 선택할 수 있게 된다.

일반적으로 생산을 할 때 일정한 산출량 수준에 따른 최적의 고정생산요소의 투입규모를 생각해볼 수 있다. 예를 들어 앞에서 든 컴퓨터 생산 기업의 경우를 다시 생각해보자. 이 기업은 컴퓨터를 생산하기 위한 작업장과 설비 마련에 100만 원이라는 비용을 투입했는데, 이것은 고정투입요소에 들어간 고정비용이다. 하루에 10대 정도의 컴퓨터를 생산하는 경우에는 이 정도의 고정비용이 적절한 규모가 된다. 하지만 20대 이상의 컴퓨터를 생산하려고 하면 이 작업장과 설비로는 부족하여 인력을 추가로 투입해도 작업의 능률이 현저히 떨어질 것이다. 이것은 평균비용의 증가로 나타난다. 이때는 차라리 추가로 100만 원을 더 투입하여 작업장을 늘리고 설비도 추가하여 작업능률을 증가시킴으로써 평균비용 수준을 낮출 수 있을 것이다.

이처럼 각각의 산출량 수준에 대응하여 평균총비용을 최소로 만드는 고정비용 수준이 있을 것이다. 이러한 각각의 고정비용 수준에 대응하여 얻어지는 산출량과 평균총비용 사이의 관계를 **장기 평균총비용곡선**(long-run average total cost curve, *LAC*)이라고 한다. 산출량 수준에 따라서 선택할 수 있는 고정비용 수준이 많이 있다면 장기 평균총비용곡선은 〈그림 3.9〉와 같이 U자 모양을 하게 될 것이다.

장기에는 생산자가 원하는 산출량 수준에 가장 적합한 고정비용을 선택할 수 있는 시간이 있기 때문에 생산은 장기 평균총비용곡선상에서 이루어질 것이다. 하지만 어떤 이유로 단기적으로 산출량 수준이 변하면 고정비용을 재조정하기 전까지는 당시의 단기 평균비용곡선을 따라서 생산이 이루어질 수밖에 없다. 새로운 산출량 수준에서는 그에 맞게 고정비용이 조정되고 난 후에야 다시 장기 평균총비용곡선상에서 생산이 이루어질 수 있다.

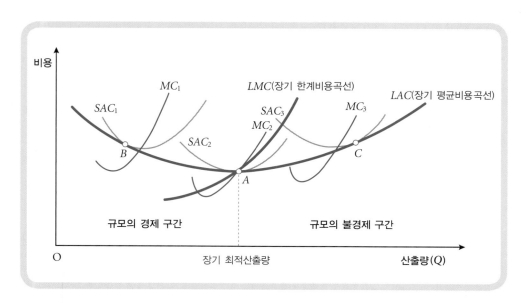

그림 3.9 장기 평균총비용곡선

2) 규모의 경제

장기 평균총비용곡선은 모든 생산요소가 가변적인 상황을 나타낸다. 모든 생산요소의 투입량이 증가할 때 기업의 규모가 증가한다고 말한다. 따라서 장기 평균총비용곡선은 기업의 규모가 증가할 때 기업의 평균총비용곡선이 어떻게 될지를 알려주고 있다. 장기 평균총비용의 경우에 생산량을 늘리면, 즉 기업의 규모가 증가하면 일정 시점까지는 장기 평균총비용이 줄어들며, 이를 규모의 경제(economies of scale)라 한다. 반대로 그 이상이 되면 장기 평균총비용이 증가하며, 이를 규모의 불경제(diseconomies of scale)라고 한다. 장기적으로 생산량을 늘리려면 규모를 늘려야 하는데, 이때 단위당 생산비가 줄어들기 때문에 규모의 경제를 '대규모 생산의 법칙'이라고도 한다.

> 생산량을 늘릴 때 장기 평균총비용이 줄어드는 경우 규모의 경제, 반대로 생산량을 늘릴 때 장기 평균총비용이 증가하는 경우를 규모의 불경제라고 함

규모의 경제가 발생하는 이유로는 기업 내부의 요인과 기업 외부의 요인이 있다. 우선 기업 내부 요인으로는 분업에 의한 생산요소의 전문화를 들 수 있다. 기업의 규모가 커지면 각자 전문적인 일에 종사할 수 있게 됨으로써 효율성이 증대될 수 있다. 또한 생산규모가 커지게 되면 생산요소의 대체가능성을 높이게 된다. 자동화, 기계화, 전산화 같은 용어에서 느낄 수 있듯이 생산의 규모가 커지면 수작업으로 하던 것을 기계로 바꿀 수 있도록 해준다. 기업 외부의 요인으로는 생산의 규모가 커져 생산요소의 대량 구매를 통해 구입 단가를 낮출 수 있기 때문에 규모의 경제가 발생할 수 있는 점을 들 수 있다.

규모의 불경제는 장기적으로 일정 규모 이상을 넘어서 기업이 커지면 나타나는 생산의 비효율성을 말한다. 기업이 매우 커져서 조직이 방대해지면 효율적으로 통제하기가 어려워진다. 그래서 기업의 규모가 더 커지고 경영이 복잡해지면 생산이 늘어날수록 평균비용과 한계비용이 증가하게 되는 것이다.

그런데 〈그림 3.9〉에 나타나 있듯이 장기비용과 단기비용을 비교할 때 매우 흥미로운 사실을 발견할 수 있다. 규모의 경제가 작용하는 영역에서는 장기적인 관점에서 도출된 최적생산규모(B점)와 단기적 관점에서 도출되는 최적생산규모(SAC_1과 MC_1이 만

나는 점)가 다르다는 점이다. 이것은 장기적인 관점에서는 단기적 관점에서의 최적보다 다소 더 큰 설비를 사용하여 최적규모 이하로 생산하는 것이 더 효율적으로 생산하는 방법임을 말해준다. 반대로 규모의 불경제가 작용하는 영역에서는 단기적인 관점에서의 최적보다 다소 작은 생산설비를 이용하여 최적생산량 이상으로 가동을 하는 것이 더 효율적임을 보여준다.

≫ 읽을거리

규모의 경제, 범위의 경제

얼핏 생각하면 생산량이 증가할수록 생산단가가 높아질 것 같지만 꼭 그렇지만은 않습니다. 자동차나 가전제품 같은 공산품들은 오히려 대량으로 생산하는 체제를 갖추어야 가격경쟁력이 생깁니다. 이 산업들은 규모가 커질수록 생산단가가 낮아지는 생산기술상의 특성을 가지고 있기 때문입니다. 이렇게 규모가 커지면서 생산단가가 낮아질 때 규모의 경제가 존재한다고 말합니다. 오늘날 많은 산업에서 세계적으로 인수·합병(M&A) 바람이 불고 있는데, 이는 규모의 경제를 최대한 활용하려는 데 그 이유가 있습니다.

규모의 경제가 나타나는 데는 여러 가지 이유가 있을 수 있습니다. 우선 생산규모가 커지면서 분업에 의한 전문화가 가능한 데서 규모의 경제가 나타날 수 있습니다. 영국의 경제학자 애덤 스미스는 핀 만드는 공장의 예를 들어 분업이 생산의 효율성을 얼마나 많이 향상시킬 수 있는지를 설명했습니다. 하루 몇십 개의 핀을 만들 정도인 작은 생산규모에서는 한 사람이 철사를 만들고 자르고 뾰족하게 만드는 일을 모두 도맡아서 해야 합니다. 이런 상황에서는 생산이 효율적으로 이루어질 수 없어 핀 하나의 생산단가가 무척 높을 수밖에 없습니다. 이를 보면 분업에 의한 전문화가 가능해지는 데서 규모의 경제가 생길 수 있

음을 쉽게 이해할 수 있습니다.

또한 순수하게 기술적인 요인에 의해서 규모의 경제가 나타나기도 합니다. 공학에서는 어떤 시설의 용량을 증가시키는 데 소요되는 비용과 관련해 소위 '0.6규칙'이라는 것이 널리 알려져 있습니다. 이 규칙은 시설용량을 k배로 증가시키려고 할 때 이에 드는 비용은 $k^{0.6}$배로 증가한다는 것입니다. 예를 들어 수돗물의 생산능력을 2배로 증가시키는 데 드는 비용은 원래 비용의 2배가 아니라 $2^{0.6}$배, 즉 1.52배가 된다는 말입니다. 나아가 생산능력이 3배가 되려면 비용이 1.93배, 4배로 되려면 2.30배라는 식으로 변해 갑니다. 이는 수돗물 1톤당 생산단가가 점차 떨어지는 규모의 경제가 나타날 것임을 뜻합니다.

규모의 경제와는 조금 다른 개념으로 생산품의 종류가 많을수록 비용이 적게 드는 경우도 있습니다. 예를 들어 승용차와 트럭을 각각 하나의 기업이 생산하는 것보다 한 기업이 이 두 상품을 동시에 생산하는 것이 비용 면에서 더 유리할 수 있습니다.

이렇게 한 기업이 여러 상품을 동시에 생산함으로써 비용상의 이점이 생길 때 범위의 경제가 있다고 말합니다. 한 예로 어떤 기업이 승용차 5,000대를 생산하는 데 500억 원의 비용이

들고, 다른 기업이 트럭 2,000대를 생산하는 데 300억 원이 든다고 합시다. 만약 이 중 어느 한 기업이 승용차 5,000대와 트럭 2,000대를 동시에 생산할 경우 800억 원보다 더 적은 비용, 예컨대 700억 원의 비용이 든다면 범위의 경제가 존재한다고 말할 수 있는 것입니다.

범위의 경제는 상품의 성격이 유사한 결합생산물의 경우에 잘 나타납니다. 예를 들어 구두와 핸드백, 쇠고기와 소가죽, 닭고기와 달걀 등과 같은 상품은 그 성격상 같은 기업에 의해 함께 생산되는 경우가 자연스러운 결합생산물의 예입니다. 또한 생산시설이나 유통망을 여러 가지 다른 상품을 생산·판매하는 데 공동으로 사용할 수 있는 경우에도 범위의 경제가 생길 수 있습니다. 때로는 한 상품의 생산과정에서 가치 있는 부산물이 생기기 때문에 범위의 경제가 나타나는 경우도 있습니다.

출처 : 한국은행 홈페이지(www.bok.or.kr)

Ⅲ 이윤극대화

1. 이윤의 발생과 크기

기업의 일차적인 목적은 이윤(profit)을 극대화하는 것이다. 물론 이윤극대화만이 기업의 목표가 아니라 다양한 동기가 있을 수 있다는 주장도 있다. 실제로 시장점유율 극대화, 판매량 극대화, 사회적 기여 등 기업들이 생산활동을 하는 동기는 다양하다. 게다가 일정 수준의 이윤이 확보되면 그 이후부터는 이윤보다는 기업은 판매액을 증가시키고, 기업 규모를 확대하여 고용자 수를 늘리는 것에 관심이 더 많다는 주장은 나름대로 타당성을 지니고 있다. 하지만 기업은 궁극적으로는 이윤을 극대화하는 것이 주된 목표라고 보는 견해가 현실적이다. 따라서 기업은 가능하면 비용은 줄이고 수입을 늘리려 한다. 여기서 우리는 기업이 각각의 가격 수준에서 이윤을 극대화하는 생산량 수준을 어떻게 결정하는지를 고찰할 것이다.

먼저 이윤의 발생과 크기에 대해서 알아보자. 이윤은 일정한 생산량 수준에서 얻게 되는 **총수입**(total revenue, TR)에서 **총비용**을 빼고 남은 것으로 정의된다. 따라서 다음과 같이 표시할 수 있다.

$$이윤(\pi) = 총수입(TR) - 총비용(TC)$$

총수입과 총비용에 관해서는 앞에서 다루었다. 일반적으로 $TR - TC > 0$이면 이윤이 발생하며, $TR - TC < 0$이면 손실이 발생한다. 물론 이때 총비용은 명시적 비용(회계적 비용)과 암묵적 비용을 합한 '**경제적 비용**'을 의미하며, 이윤도 '**경제적 이윤**(economic profit)'을 말한다. 이때 어느 한 기업의 총수입이 총비용과 같으면, 경제적 이윤은 0이지만, 이때 그 기업은 **정상이윤**을 획득하고 있다고 말한다. 그리고 총수입이 총비용보다 크면 그 기업은 경제적 이윤을 누리게 된다. 반대로 총수입이 총비용보다 작으면 그 기업은 경제적 손실을 본다. 경제적 이윤의 개념이 중요한 것은 어느 기업이 장기적으로 그 산업에 계속해서 남아 있을 것인지 아니면 퇴거할 것인지를 결정하는 기준이 되기 때문이다. 한 산업에 경제적 이윤이 존재하면 장기적으로 기업들이 진입할 것이고, 경제적 손실이 존재하면 기업들은 즉시 퇴거할 것이다. 정상이윤이 존재할 경우에는 진입과 퇴거가 발생하지 않는다.

이를 평균수입과 평균비용으로 표시할 수도 있다. 위 식의 양변을 생산량(Q)으로 나누어주면 다음과 같이 된다.

$$\frac{\pi}{Q} = \frac{TR}{Q} - \frac{TC}{Q} = \frac{P \times Q}{Q} - \frac{AC \times Q}{Q} = P - AC$$

따라서 가격이 평균비용보다 높으면 이윤이 발생하고 가격이 평균비용보다 낮으면 손실이 발생한다. 이때 이윤의 크기는 다음과 같이 평균수입(가격)과 평균비용의 차이에 산출량을 곱해주면 된다.

$$\pi = (P - AC) \times Q$$

2. 이윤극대화 원리와 행동

1) 이윤극대화 원리

기업은 자신의 가용자원을 사용하여 최대의 이윤을 획득하기 위해 행동하기 때문에 기업이 얼마만큼을 생산할 것인지는 수요와 생산비에 달려 있다. 이때 기업이 이윤을 극대화하기 위한 적정생산량을 결정하는 방법은 두 가지가 있다. 하나는 총수입과 총비용의 차이가 가장 큰 생산량을 선택하는 것이다. 또 다른 방법은 한계수입이 한계비용과 일치할 때($MR = MC$)의 생산량을 선택하는 것이다.

이윤을 극대화하기 위한 적정생산량을 판단하는 방법 두 가지는
- 첫째, 총수입과 총비용을 비교하여 가장 차이가 큰 생산량을 선택
- 둘째, 한계수입과 한계비용이 일치할 때의 생산량을 선택

왜 한계수입과 한계비용이 같을 때 이윤이 극대화되는지를 생각해보기로 하자. 한계수입(MR)은 기업이 산출물을 한 단위 더 생산하여 판매함으로써 얻게 되는 추가적인 수입이다. 반면 한계비용(MC)은 기업이 산출물을 한 단위 더 생산할 때 드는 추가적인 비용이다. 만일 기업이 한 단위를 더 생산할 때 추가로 들어가는 비용이 한 단위를 더 생산하여 판매함으로써 얻는 추가수입보다 적다면($MR > MC$), 기업은 한 단위를 더 생산함으로써 이윤을 증가시킬 수 있다. 이때는 기업이 생산을 늘리는 것이 유리하다. 반대로 기업이 한 단위를 더 생산할 때 추가로 들어가는 비용이 한 단위를 더 생산하여 판매함으로써 얻는 추가수입보다 크다면($MR < MC$), 기업은 한 단위를 더 생산함으로써 오히려 이윤이 감소한다. 이 경우 기업은 생산량을 줄이는 것이 유리하다. 따라서 기업의 입장에서는 기업의 이윤은 한계수입과 한계비용이 일치할 때 극대화된다.

〈표 3.4〉는 어느 전자 기업의 스마트 TV 생산량에 따른 한계수입과 한계비용과 이윤을 가상하여 나타낸 것이다. 스마트 TV 시장 가격이 100만 원이라고 하면, 1개를 더 생산하여 판매하면 100만 원을 추가로 얻게 된다. 따라서 한계수입은 100만 원으로 동일하다. 하지만 한계비용은 생산량에 따라 다르다고 하자. 스마트 TV를 10개까지는 1개

표 3.4 스마트 TV의 이윤극대화 생산량

생산량(개) (Q)	한계수입(만 원) (MR)	한계비용(만 원) (MC)	순이윤 (MR−MC)	총이윤 (순이윤의 누계)
0	0	0	0	0
1	100	10	90	90
2	100	20	80	170
3	100	30	70	240
4	100	40	60	300
5	100	50	50	350
6	100	60	40	390
7	100	70	30	420
8	100	80	20	440
9	100	90	10	450
10	100	100	0	450
11	100	110	−10	440
12	100	120	−20	420

더 생산할 때의 추가적 비용인 한계비용보다 그것을 팔 때의 추가적 수입인 한계수입이 더 크다. 그러므로 10개까지는 생산량을 증가시킬수록 플러스(+)의 순이윤이 발생하여 누계되는 총이윤이 커지므로 생산량을 늘리는 것이 합리적이다. 따라서 이윤을 극대화할 수 있게 된다. 그러나 11개부터는 한계비용이 한계수입(=가격)보다 더 크기 때문에 1개 더 생산하여 판매할 때마다 그 차이만큼 손실이 발생한다. 이에 따라 총이윤도 감소하므로 생산량을 줄이는 것이 합리적이다. 결과적으로 한계수입과 한계비용이 같은 생산량 10개 수준에서 이윤이 극대화됨을 확인할 수가 있다. 즉 기업의 이윤극대화 조건은 '한계수입(MR)=한계비용(MC)'임을 알 수 있다.

2) 이윤극대화 행동

그렇다면 기업은 실제적으로 자신의 한계수입과 한계비용을 잘 알고 있고 이윤극대화 원리에 따라서 $MR=MC$가 되도록 생산량을 결정하는 것일까? 현실의 기업 운영을 보면 결코 그렇다고 이야기할 수 없다. 어떤 기업에 가서 회계 담당자에게 "이 기업의 한계수입과 한계비용은 얼마입니까?"라고 묻는다면 아마도 그는 어리둥절해할 것이다.

일반적으로 기업의 한계수입과 한계비용을 알기는 어렵다. 모든 기회비용이 기업의 회계장부에 기록되지 않을 뿐만 아니라 한 단위를 추가로 생산함으로써 들어가는 비용의 증가분이나 한 단위를 추가로 판매함으로써 얻는 수입의 증가분과 같은 것을 계산하여 기록하는 항목 자체가 없기 때문이다. 또한 기업의 경영자도 여기에 관심을 두지 않는다. 경제학을 배우지 않은 경영자라면 이 개념을 알지도 못할 것이다. 그렇다면 우리는 왜 한계수입과 한계비용이 일치하는 점에서 생산해야 한다는 **이윤극대화** 원리를 배우는 것일까?

기업이 한계비용에 대한 자료도 없고 한계수입에 대해서 관심을 가지지도 않는다 하더라도 이 개념들은 실제로 기업이 의사결정을 내리는 것을 관찰하면 매우 중요하게 작동한다는 것을 알 수 있다. 항공사가 운임을 결정하는 과정을 통해서 이 문제를 생각해 보기로 하자. 비행기의 요금체계는 매우 복잡해서 어떤 경우에는 같은 비행노선에 있는 사람들 중 동일한 금액을 지불하고 탄 사람이 한 사람도 없다는 말도 있다. 항공기 요금은 여행의 성수기와 비수기에 현저하게 차이가 난다. 여행사를 통해서 가끔씩 나오는 항공기 요금은 그야말로 너무 싼 경우가 있다. 좌석이 다 팔리지 않았을 때 항공사들은 마지막 순간에 아주 싼 가격으로 판매하는 것이다. '유효기간 1주일 한정 서울 −북경 왕복 19만 원'도 그런 경우에 해당한다. 이 경우 운임은 평균비용보다 낮다. 하지만 한 푼도 못 버는 것보다는 싸게라도 파는 것이 낫다. 이때 승객을 한 명 더 탑승시키는 데 들어가는 한계비용은 거의 0에 가까울 것이다. 따라서 한 명을 더 태울 때 얻는 한계수입이 한계비용보다 크다. 당연히 이때는 한 명을 더 태우는 것이 기업의 수입을

항공사의 비수기 요금 인하

증가시킨다. 항공사는 비수기 때는 싼 값에라도 티켓을 팔아서 한 명이라도 더 태우는 것이 그렇지 않은 것보다 이익이라는 사실을 알고 있다.

항공사 경영자들이 한계수입과 한계비용을 계산해서 이러한 행동을 취하는 것은 아니다. 그들이 이렇게 하는 것은 단지 더 많은 이윤을 낼 수 있기 때문이다. 이윤극대화 원리는 실제로 기업 경영자들의 이러한 행동들 속에서 관철되고 있는 것이다. 따라서 기업의 경영자들이 왜 이렇게 의사결정을 내리는 것인지를 이해하기 위해서는 한계수입과 한계비용의 개념과 이윤극대화 원리를 이해하는 것이 중요한 것이다.

⫸ 읽을거리

"이윤 창출, 인류 번성 위한 중요 수단…이윤 못 남기는 기업 죄악"

"기업은 이익을 창출하는 집단이다. 그리고 그 기업의 연구는 이익 창출을 위한 수단이어야 한다. 주주와 회사의 구성원, 그리고 소비자들을 모두 만족시키기 위해서 기업은 이익을 창출해야 한다" 권오현 삼성전자 종합기술원 회장은 최근 발간한 그의 저서 『초격차(쌤앤파커스)』를 통해 "이익을 내는 데 도움을 주지 못하는 연구는 기술원에서는 불필요하다는 것이 나의 원칙"이라며 이같이 밝혔다.

지난해 10월 경영진의 세대교체와 경영 쇄신을 강조하며 일선에서 물러난 그는 현재 삼성전자의 차세대 기술을 연구하는 종합기술원 회장을 맡고 있다. 삼성종합기술원은 새로운 제품을 만들기 위한 기술이나 기존에 없던 혁신적인 제품을 만들기 위해 설립된 조직이다. 다른 회사의 R&D센터보다 더 전문적이고 원천적인 연구를 하는 곳으로 유명하다는 게 그의 설명이다.

권 회장은 "원천 기술을 중시했던 이병철 삼성그룹 창업주가 설립한 해당 조직에 대해 그 누구도 비판적인 시각으로 연구의 방향을 점검하지 못하고 있었다"고 진단했다. 때문에 그는 "취임해서 자세히 들여다보니 연구를 위한 연구도 진행

되고 있었고 삼성이 생산하는 제품 라인과는 전혀 상관이 없는 연구도 진행되고 있었다"고 지적하며, 대학 교수처럼 논문 발표 숫자에 매달리는 추세를 타개해야겠다고 결심한다. 이를 해결하기 위해 권 회장은 당시 수행 중이던 모든 연구 프로젝트를 전수조사한 뒤 3분의 1만 남기고 나머지 중단된 프로젝트 연구원들을 현장에 배치시켰다. 그의 이 같은 결정은 그만의 '대원칙'이 있었기에 가능했다.

권 회장은 "종합기술원의 연구원이 지금 수행하고 있는 연구 주제가 결실을 맺고 구체화됐을 때 삼성그룹의 어느 특정 회사가 그것을 가지고 사업을 할 수 있는지, 혹은 새로운 분야의 창업이 가능한지 여부"가 그의 최종 의사결정의 기본이자 대원칙이라고 강조했다.

그의 이 같은 소신은 '기업의 본질은 이윤 창출'이라는 시장경제원리와도 맥을 같이 한다. 다만 일각에선 기업의 이윤 창출을 부정적인 시각으로 바라보는 이들이 존재한다. 이들은 끊임없이 "기업의 이윤은 부정하다"는 의견을 설파하며 '반시장의 눈'으로 세상을 바라본다. 하지만 시장경제의 원리를 힘의 원천으로 여기는 전문가들은

오히려 '반시장적 인식'을 경계한다. 김승욱 중앙대 경제학부 교수는 "경제성장이나 이윤을 이야기하면 물질주의에 빠진 것으로 착각하고 비판하는 사람들이 있다"며 "경제성장은 세속적인 게 아닌, 인류가 번성하기 위한 중요한 수단이기 때문에 반드시 경제가 성장해야 한다"고 말했다. 최준선 성균관대 법학전문대학원 명예교수는 "기업의 최우선 존재이유는 이윤추구에 있다"며 "이윤을 남기지 못하는 기업은 죄악이며 사회의 기생충"이라고 지적했다. 김인영 한림대 정치행정학과 교수도 "기업의 이익은 결국 우리를 행복하게 해주는 원천이지 결코 부도덕한 것이 아니다"라며 "그 이익을 얻지 못하도록 정부와 사회가 금지하는 것이 오히려 부도덕하다"고 강조했다. 또 "기업의 이익이 있어야 일자리도 보장된다"고 역설했다.

한편 권 회장은 삼성전자 '반도체 신화'를 만들어낸 일등공신이자 삼성전자 회장 자리까지 오른 신화적 인물로 평가되고 있다. 1985년 스탠퍼드대학교에서 전기공학 박사학위 취득 후 미국 삼성반도체연구소 연구원으로 삼성에 입사한 그는 1992년 '세계 최초'로 64Mb DRAM 개발에 성공했다. 2008년 삼성전자 디바이스 솔루션(DS) 사업총괄사장을 거쳐 2012년 삼성전자 대표이사 부회장 겸 DS사업부문장에 올랐다. 또 2017년 인텔을 제치고 세계 반도체 1위 기업에 오르는 등 사상 최대 실적을 기록했다.

출처 : 미디어펜, 2018. 9. 11

비용곡선들의 도출

〈부록 그림 1〉, 〈부록 그림 2〉, 〈부록 그림 3〉에서는 평균비용곡선들의 형태가 정리되어 있다. 각 평균비용곡선들인 평균고정비용곡선, 평균가변비용곡선, 평균비용곡선들은 개별비용곡선인 고정비용곡선, 가변비용곡선, 총비용곡선상의 각 점과 원점을 연결하는 직선의 기울기 값으로 도출할 수가 있다. 특히 〈부록 그림 2〉에 나타난 평균고정비용곡선은 U자 형태가 아니라 직각쌍곡선의 형태를 취한다.

그리고 〈부록 그림 3〉에서 평균비용곡선은 평균고정비용곡선과 평균가변비용곡선을 수직으로 합하여 도출할 수가 있다. 그러므로 평균비용곡선 형태는 평균고정비용 및 평균가변비용곡선의 모양에 달려 있다. 초기에 평균고정비용과 평균가변비용 모두 감소할 때는 평균비용도 물론 감소한다. 이러한 평균비용의 하락은 평균가변비용이 상승하기 시작한 후에도 얼마간은 계속되는데, 이는 평균고정비용의 감소가 더 크기 때문이다. 그러나 결국 평균가변비용의 상승이 평균고정비용의 감소를 능가하게 되면 평균비용도 상승하게 된다. 그리고 생산량이 증가함에 따라 평균고정비용곡선이 감소하므로 평균비용곡선과 평균가변비용곡선의 간격은 점점 좁아진다.

그리고 〈부록 그림 4〉, 〈부록 그림 5〉, 〈부록 그림 6〉에는 한계비용곡선들의 형태가 정리되어 있다. 각 한계비용곡선들인 한계고정비용곡선, 한계가변비용곡선, 한계비용곡선들은 개별비용곡선인 고정비용곡선, 가변비용곡선, 총비용곡선상의 각 점에서 그은 접선의 기울기 값으로 도출할 수가 있다. 우선 〈부록 그림 4〉에서 한계비용곡선은 총비용곡선으로부터 도출할 수 있다. 각 생산량 수준에 대응하는 총비용곡선상 접선의 기울기 값이 그 생산량의 한계비용이기 때문에 총비용곡선의 기울기가 가장 완만하게 그려져 있는 〈부록 그림 4〉의 A점(변곡점)이 한계비용이 최저가 되는 A'점과 일치한다. 그러나 이 점을 지나서 생산량이 증가하면 총비용곡선의 기울기는 보다 급격히 상승한다. 이에 따라 한계비용은 A'점을 넘어서면 상승한다. 그리고 원점을 통과하는 접선을 그어서 총비용곡선과 접점을 이루는 C점을 구할 수 있다. 이에 대응하여 C'점은 평균비용이 최저가 되는 점이며, 평균비용과 한계비용이 일치한다. 그리고 한계고정비용은

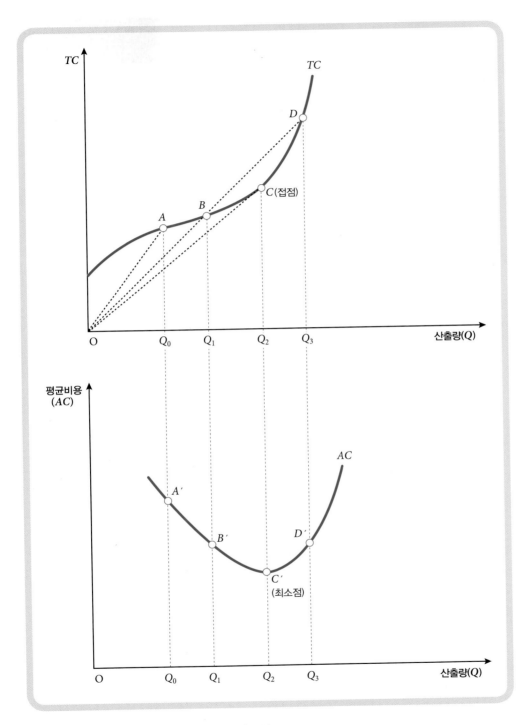

부록 그림 1 총비용(*TC*)곡선과 평균비용(*AC*)곡선

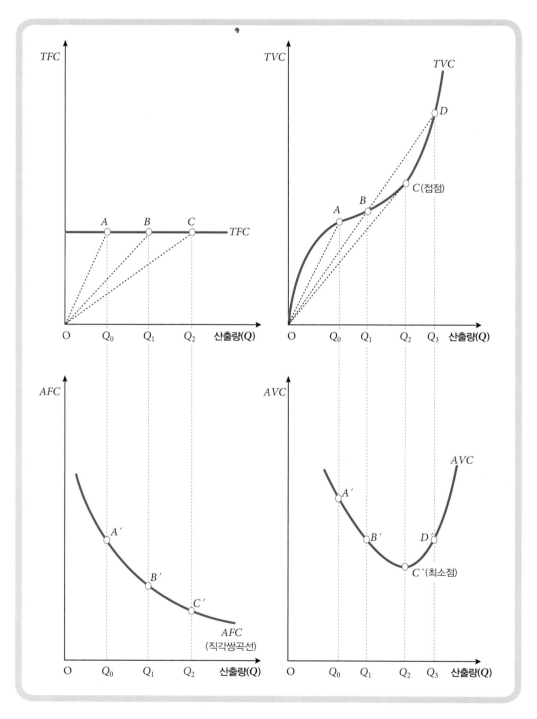

부록 그림 2 평균고정비용(AFC)곡선과 평균가변비용(AVC)곡선

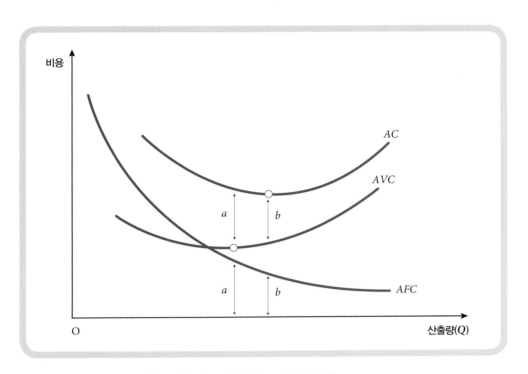

부록 그림 3 평균고정비용(*AFC*)과 평균가변비용(AVC)의 수직합

산출량 수준과는 독립적으로 일정하므로 모든 생산량 수준에서 0의 값을 가진다. 그리고 제품 1단위를 더 생산할 때 추가적으로 늘어나는 총비용의 증가는 곧 가변비용의 증가와 같다. 총비용곡선은 총가변비용곡선을 총고정비용만큼 위로 이동시킨 것에 불과하기 때문에 각 생산량에 대응하는 접선의 기울기는 같게 된다. 때문에 〈부록 그림 5〉에서 나타난 것처럼 한계비용곡선과 한계가변비용곡선은 동일한 곡선이다. 다시 말하면 한계비용은 총비용곡선이나 총가변비용곡선 어느 쪽에서 도출해도 동일하다. 하지만 총비용곡선 및 총가변비용곡선의 한 점과 원점을 연결한 직선의 기울기는 각각 다르므로 한계비용이 각각 다른 생산량 수준에서 평균비용곡선 및 평균가변비용곡선과 만나게 된다. 즉 평균가변비용곡선의 최저점은 평균비용곡선의 최저점보다 왼쪽에 위치하게 된다. 결국 〈부록 그림 6〉에서 U자 형태를 취하는 한계비용곡선(=한계가변비용곡선)은 평균가변비용곡선과 평균비용곡선의 최저점을 통과하면서 우상향한다. 한편 다음 장에서 설명되겠지만 평균가변비용과 평균비용이 최저가 되는 B'점, C'점은 각각 기업의 조업중단점과 손익분기점이 된다.

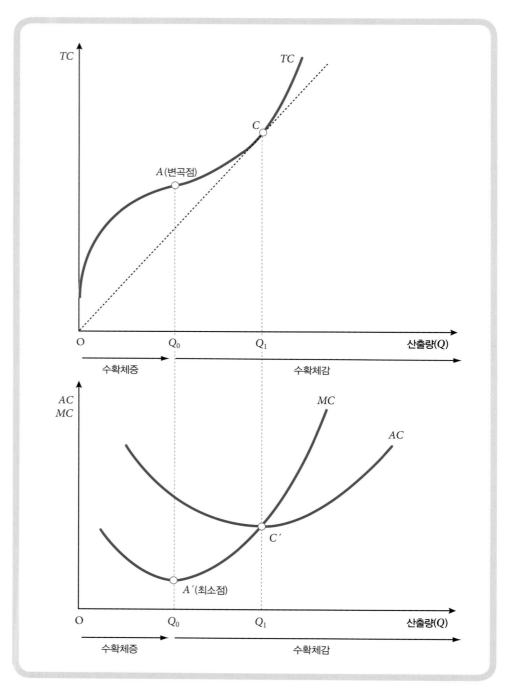

부록 그림 4 평균비용(*AC*)곡선과 한계비용(*MC*)곡선

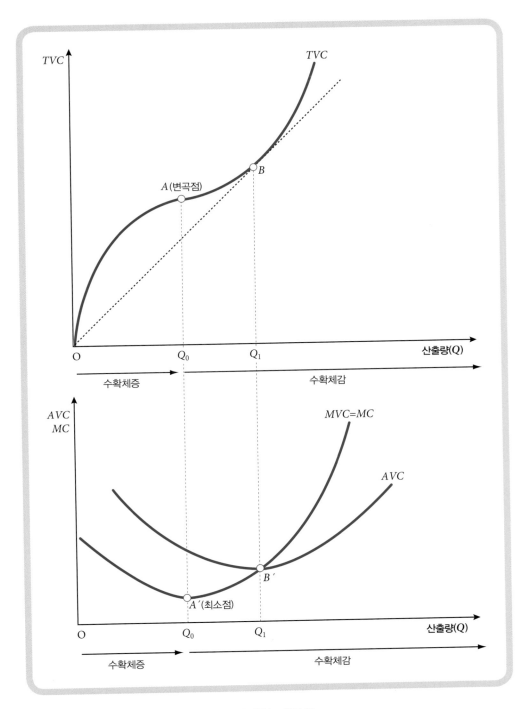

부록 그림 5 평균가변비용(*AVC*)곡선과 한계비용(*MC*)곡선

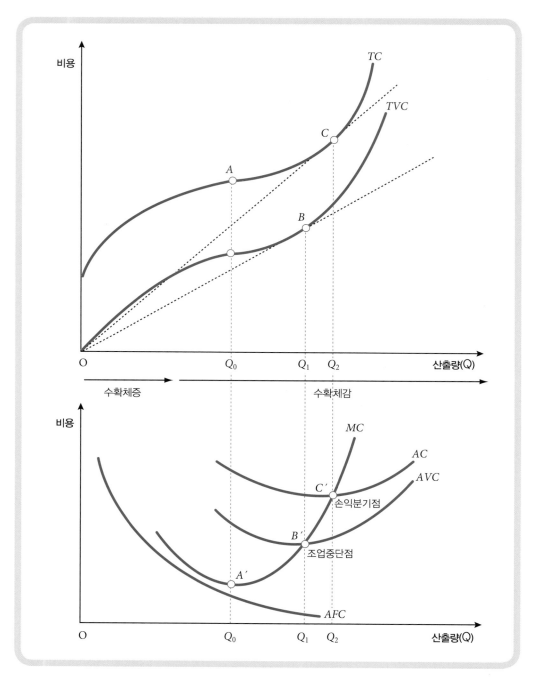

부록 그림 6 한계비용(*MC*)곡선의 평균가변비용(*AVC*)곡선과 평균비용(*AC*)곡선 최소점 통과

생산에 투입되는 가변요소는 노동뿐이며, 노동 1단위 고용 시 지불하는 노동의 단위 가격(W)이 일정하다고 가정하자. 그런 경우 총가변비용(TVC)은 곧 인건비라고 보면 된다.

$$총가변비용(TVC) = 노동의\ 단위가격(W) \times 노동투입량(L)$$

단기비용함수와 단기생산함수는 실제로는 표리의 관계에 있다. 우선 노동의 단위가 격(W)이 불변이므로, 총생산곡선과 총가변비용곡선은 대칭형으로 밀접한 유사성을 보여주고 있다. 가령 〈부록 그림 7〉에서 산출량이 $Q_0 \cdot Q_1$의 경우에는 (최소)노동투입량이 $L_0 \cdot L_1$이다. 이는 곧 요구되는 총가변비용이 $WL_0 \cdot WL_1$으로 노동의 총생산물곡선으로 부터 생산량 단계를 매개로 대칭형의 총가변비용곡선을 구할 수 있다. 즉 생산비용과 생산기술이 밀접한 관련이 있음을 알 수 있다.

총생산물곡선 : 노동투입량 증가 시	체증적 증가 → 체감적 증가
총가변비용곡선 : 생산량 증가 시	체감적 증가 → 체증적 증가

그리고 총가변비용의 증가분은 고정된 노동의 단위가격이 노동투입량의 증가분에 비례하므로 다음과 같이 표현할 수 있다.

$$총가변비용\ 증가분(\Delta TVC) = 노동의\ 단위가격(W) \times 노동투입량\ 증가분(\Delta L)$$

단기 한계비용과 노동의 한계생산물은 역의 관계를 가지며, 아울러 평균가변비용은 노동의 평균생산물과 역의 관계에 있다. 따라서 단기생산함수에서 성립하는 수확체감의 법칙(한계생산물체감의 법칙)은 단기비용함수에서는 한계비용체증의 원인이 되고 있다.

생산과정에서 자본이 단기적으로 고정되어 있어 생산시설규모가 정해진 상황에서 생산량을 증가시키기 위해서는 노동력 투입을 계속 증가시키는 방법밖에 없다. 가령 자동차 제조기업의 경우 자동차 공장의 설비를 짧은 기간 내에 확장할 수 없기 때문에 공장설비는 고정되어 있는 반면 노동자 투입은 쉽게 증가시킴으로써 생산현장이 혼잡하게 되어 생산성이 떨어진다. 따라서 노동자 1명을 더 고용하여 투입할 때 초기에는 추가적으로 생산되는 생산물의 양인 노동의 한계생산물이 증가하지만 일정 단계를 지나면 지속적으로 감소하는 한계생산물체감의 법칙을 나타낸다. 이는 곧 생산물 1단위를 더 생산하기 위해서는 노동자가 점점 더 많이 소요된다는 것을 의미한다. 따라서 노동자의 임금이 일정하다고 가정할 경우 생산물 1단위를 더 생산하기 위한 비용으로서 한계비용이 점점 더 증가하게 된다.[1]

구분	수확체증	변곡점	수확체감
한계생산물	↑(상승)	극대	↓(하락)
한계비용	↓(하락)	극소	↑(상승)

아래의 식에서와 같이 단기비용함수로부터 단기생산함수를 도출할 수가 있다. 먼저 평균가변비용(AVC)은 평균생산물(AP_L)과 역의 관계에 있음을 확인할 수 있다.

$$AVC = \frac{TVC}{Q} = \frac{wL}{Q} = \frac{w}{Q/L} = \frac{w}{AP_L}$$

또한 한계비용(MC)도 한계생산물(MP_L)과 역의 관계에 있음을 확인할 수 있다.

$$MC = \frac{\Delta TC}{\Delta Q} = \frac{\Delta TVC}{\Delta Q} = \frac{w \cdot \Delta L}{\Delta Q} = \frac{w}{\Delta Q/\Delta L} = \frac{w}{MP_L}$$

---

[1] 물론 수확체감의 법칙 외에도 (1) 생산량 증대를 위해 기업들의 노동자 수요 증가 시 임금 상승 및 (2) 원자재수요 증가 시 원자재가격 상승 또한 생산의 한계비용을 증가시키는 요인이 된다.

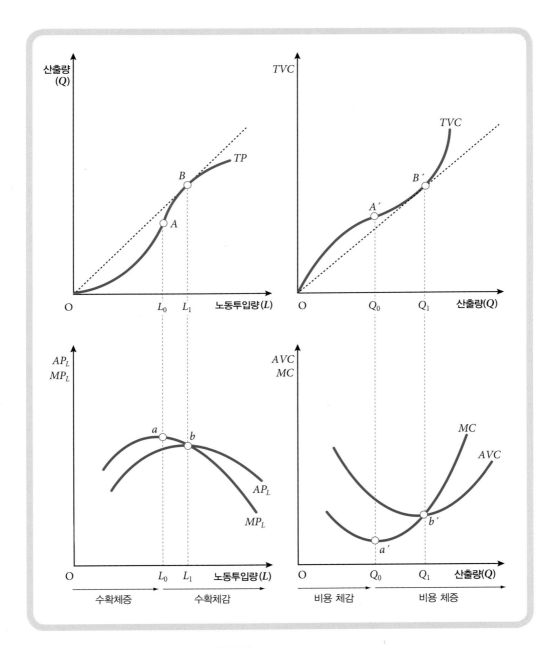

부록 그림 7 생산곡선과 비용곡선의 대칭관계

1. 경제학에서 생산을 단기와 장기로 구분하는 기준은 무엇인지 설명하시오.

2. 총생산, 한계생산, 평균생산 개념을 간단히 설명하고, 관련 곡선을 그려서 생산의 3단계로 나누어 구분하시오.

3. 장갑을 만드는 기업의 생산요소 중 자본 투입은 일정하게 두고 노동만 증가시킨다고 가정할 때 총생산물, 노동의 한계생산물 및 평균생산물에 관한 가상적인 예가 제시된 아래 표의 빈칸 값을 채우시오.

노동투입량	총생산물	한계생산물	평균생산물
1	50	(A)	50
2	90	(B)	(C)
3	(D)	(E)	40

4. 연간 급여 5,000만원인 부여호텔 한식당 요리사로 일하고 있던 이성룡씨는 사직하고 '신라 레스토랑'을 새로 열려고 한다. 창업과 관련해서 컨설팅 회사에는 이미 500만 원의 수수료를 지급했다. 현재 그는 연간 이자율 2%가 지급되는 예금계좌 1억 원을 가지고 있는데 이를 인출해 자본금을 삼고, 매월 100만 원의 임대료를 받고 남에게 빌려주었던 자신 소유의 건물에서 영업하려고 한다. 만일 그가 영업을 개시한다면 첫해에 음식재료비와 종업원 인건비, 수도 및 전기요금 등 기타 경비가 3,600만 원이 들 것으로 예상된다. 그렇다면 이성룡씨가 현재 있는 직장을 그만두고 새로운 일을 시작하기 위해서는 첫해에 총매출액이 최소한 얼마가 되어야 하는가?

5. 자본 투입량은 일정하게 두고 노동투입량만 한 단위 추가로 늘려갈 때 총생산과 평균생산이 극대화될 수 있는 조건을 한계생산과 평균생산을 이용하여 설명하시오.

6. 생산함수와 관련된 경제학적 시간에 관한 설명 중 옳은 것은?
   ① 고정투입요소가 한 가지 이상 존재하는 기간이 장기이다.
   ② 생산함수의 측정기간이 1년 이하이면 단기로 본다.
   ③ 가변투입요소가 몇 개 존재하는지에 따라 단기와 장기를 구분한다.
   ④ 가변투입요소와 고정투입요소가 공존하는 기간은 단기이다.
   ⑤ 모든 생산요소가 가변요소인 기간을 단기라고 한다.

7. 기업의 생산활동을 분석할 때는 기간을 고려한다. 여기서 단기란 무엇인가?
   ① 1년 미만
   ② 2년 미만

③ 모든 생산요소가 가변적인 기

④ 적어도 한 생산요소는 고정되어 있는 기간

⑤ 정답이 없음

8. 생산 초기에 6명의 노동자가 작업을 할 경우 1인당 평균생산량이 9단위였다. 노동자 1 명을 추가로 고용함으로써 1인당 평균생산량이 8단위로 줄어들었다. 이런 경우 노동자 의 한계생산량은 얼마인가?

① 1단위   ② 2단위

③ 3단위   ④ 4단위

⑤ 5단위

9. 단기에 근로자를 6명 투입하여 총생산이 30, 7명을 투입하여 총생산이 28이 되었다고 하자. 이 경우 이 기업의 한계생산은 얼마인가?

① −3단위   ② −2단위

③ 0단위   ④ 1단위

⑤ 2단위

10. 이윤극대화원리와 가장 밀접한 경제주체는?

① 가계   ② 기업

③ 정부   ④ 해외

⑤ 지역

11. 어떤 자원을 현재 용도에 이용함으로써 포기한 차선의 다른 용도에 이용했을 때의 이익 또는 효용을 가리키는 개념은 무엇인가?

① 매몰비용   ② 기회비용

③ 한계비용   ④ 명시적 비용

⑤ 평균비용

12. 생산에 투입된 노동 한 단위당 산출된 생산물의 양은 무엇인가?

① 평균생산   ② 한계생산

③ 총생산   ④ 추가생산

⑤ 단기생산

13. 생산요소 투입량 한 단위를 추가적으로 늘려갈 때 총생산량의 증가분은 무엇인가?

① 평균생산   ② 한계생산

③ 총생산   ④ 추가생산

⑤ 단기생산

14. 생산량에 따라서 투입량을 쉽게 조절할 수 있는 생산요소는 무엇인가?

   ① 고정투입요소   ② 노동
   ③ 한계투입요소   ④ 가변투입요소
   ⑤ 단기투입요소

15. 평균생산이 극대인 경우는 언제인가?

   ① 한계생산＝0   ② 한계생산＞평균생산
   ③ 한계생산＝평균생산   ④ 한계생산＜평균생산
   ⑤ 평균생산＝0

16. 아래 속담 중에서 '생산자 균형'과 가장 관련성이 큰 것을 선택하고, 그 이유를 설명하시오. 나머지 속담들도 관련된 경제학 개념이 무엇인지 설명하시오.

   ① 바다는 메워도 사람 욕심은 못 메운다.
   ② 산토끼 잡으려다 집토끼 놓친다.
   ③ 남이 장에 간다고 하니 거름 지고 나선다.
   ④ 같은 값이면 다홍치마.
   ⑤ 사촌이 땅을 사면 배가 아프다.

17. 단기에 산출량 크기와 관계없이 일정한 크기로 투입되는 비용은?

   ① 고정비용   ② 평균비용
   ③ 가변비용   ④ 한계비용
   ⑤ 기회비용

18. 기업의 단기비용함수에 관한 설명 중 옳은 것은?

   ① 총가변비용곡선과 총비용곡선은 그 모양이 완전히 똑같다.
   ② 평균비용이 감소할 경우 한계비용은 평균비용보다 크다.
   ③ 평균고정비용은 생산량이 증가하면 초기에는 증가하다가 이후부터는 지속적으로 감소한다.
   ④ 한계비용이 최소일 때 평균비용도 최소가 된다.
   ⑤ 한계비용이 최소인 점에서는 평균비용곡선이 우상향의 형태이다.

CHAPTER

04 시장의 형태

이 장에서는 완전경쟁시장과 불완전경쟁시장을 살펴본다. 불완전경쟁시장으로 독점, 과점, 독점적 경쟁시장이 있다. 공급자의 수, 상품의 동질성, 진입장벽 등 다양한 기준에 따라서 시장의 형태가 분류된다. 각 시장구조에서 개별기업의 행동을 설명한다. 완전경쟁시장에서 자원배분이 효율적이지만, 불완전경쟁시장에서 자원배분이 비효율적인 이유를 중심으로 살펴본다.

Ⅰ 시장의 형태

시장이란 재화와 서비스가 거래되어 가격이 결정되는 추상적인 제도나 기구를 말한다. 시장에서는 수요자와 공급자의 상호작용으로 인해 재화의 가격이 결정된다. 시장의 구조는 완전경쟁시장(perfect competition)과 불완전경쟁시장(imperfect competition)이 있고, 불완전경쟁시장은 독점시장(monopoly), 과점시장(oligopoly), 독점적 경쟁시장(monopolistic competition)으로 구분된다. 완전경쟁시장은 기업의 시장지배력이 없어 시장에 의해 가격이 주어지는 가격 수용자가 되지만, 불완전경쟁시장은 시장지배력에 의해 시장 가격에 영향을 미치는 가격 설정자가 된다. 완전경쟁시장의 경우 자원배분이 효율적으로 이루어지지만, 불완전경쟁시장의 경우 자원배분이 비효율적으로 이루어진다.

시장을 구분하는 기준으로는 (1) 공급자의 수, (2) 재화의 동질성, (3) 진입장벽 (4) 시장지배력 등이 있다. 먼저 시장의 참여자가 다수인가 소수인가의 여부이다. 공급 측면에서 공급자가 많을수록 그 시장은 경쟁적이고, 공급자가 소수이면 불완전경쟁시장이다. 재화의 동질성 여부도 시장을 구분하는 중요한 기준이 된다. 기업 간에 상품의 동질성이 강할수록 대체성이 높아져 개별기업의 독점력이 약화된다. 그러나 특정 기업이 대체하기 어려운 차별화된 특성을 가진 제품을 생산한다면 독점력이 강화된다.

진입장벽의 존재 여부가 시장을 구분하는 기준이 된다. 개별기업의 시장진입과 탈퇴가 자유로울수록 개별기업의 독점력은 약해진다. 시장에 진입장벽이 없다면 기존기업들은 신규기업의 진입에 대한 위험에 노출되어 있어서 시장지배력을 행사하기 어렵다. 개별기업이 가격에 미치는 영향력이 시장을 구분하는 중요한 기준이 된다. 완전경쟁시장에서 기업은 주어진 가격을 수용하지만, 불완전경쟁시장의 경우 개별기업이 가격결정에 영향을 미친다. 기업이 가격에 미치는 영향력이 클수록 독점력은 강화된다. 〈표 4.1〉에 재화시장의 형태와 특징이 정리되어 있다.

완전경쟁시장에서는 한 상품에 대하여 단일 가격만이 존재하는 **일물일가의 법칙**이 성립한다. 가격은 시장에서 형성되고, 완전경쟁기업은 주어진 가격을 그대로 받아들이기 때문에 가격에 대한 영향력이 없다. 독점기업은 시장에 하나의 기업만이 존재하기 때문에 가격에 대한 영향력이 큰 가격 설정자이다. 독점기업은 완전경쟁시장보다 높은 가격에 생산량을 결정하며 이윤을 극대화할 수 있다. 한국전력, 담배인삼공사와 같은 공공사업이 이에 속한다. TV나 신문 등 언론매체에서 광고를 많이 하는 기업들은 주로 과점기업이 많다. 과점시장의 경우 시장에 2개 이상의 소수 기업이 존재한다. 과점시장에서는 기업 간 상호의존 관계가 있기 때문에 상대방의 행동에 따라 반응을 하는 전략

표 4.1 시장형태별 특성

기준	독점시장	과점시장	독점적 경쟁시장	완전경쟁시장
공급자의 수	1개	소수 (2인일 경우 복점)	다소 무수히 많음	무수히 많음
재화의 동질성	단일 재화이므로 대체재 없음	동질적 혹은 차별화	차별화－이질성 강함	동질적
비가격경쟁(품질, 서비스, 광고)	없음	치열	매우 강함	없음
시장지배력	매우 큼	다소 큼	작음	없음
가격 통제력	절대적(가격 설정자) 독점 가격, 가격 차별	작음	작음	없음(가격 수용자, 수량 조정자)
수요곡선	개별수요=총수요 우하향	굴절수요곡선	수평선이었던 수요곡선이 약간 기욺	개별 수요 : 수평선 시장 수요 : 우하향
이윤극대화 조건	$MR=MC$	$MR=MC$	$MR=MC$	$MR=MC$
이윤획득	독점 이윤	초과 이윤	단기 : 초과 이윤 장기 : 정상 이윤	정상 이윤
진입장벽	전혀 없음	대단히 어려움	대단히 가능	완전 가능
기타 특징	가격 차별이 극심	담합, 가격 선도 (가격이 경직적)	제품의 다양성 보장(제품 차별)	정보의 완전성 일물일가의 법칙
예	대부분의 공공사업 : 전기, 가스, 수도, 담배, 철도	대부분의 제조업 : ① 동질적 상품(설탕, 시멘트, 철근) ② 차별적 상품(자동차, 휴대전화, 냉장고, 라면, 술, 청량음료, 화장품, 이동통신, 항공사)	주로 서비스업 : 이발소, 미용실, 목욕탕, 식당, 주유소, 세탁소, 서점, 약방 조제, 여관, 옷가게, 극장	불완전하지만 완전경쟁시장에 근접한 시장 : 주식, 채소, 과일, 쌀, 콩, 밀

적 행동을 하게 된다. 따라서 과점시장이론을 깊이 있게 이해하려면 게임이론의 도움이 필요하다. 독점적 경쟁시장은 완전경쟁시장과 비슷하지만, 상품이 이질적이라는 중요한 특성이 있다. 이질적인 특성의 재화는 아파트, 자동차, 컴퓨터 등이 있다.

Ⅱ 완전경쟁시장

1. 완전경쟁시장이란

완전경쟁시장(competitive market)이라는 가정에서 기업의 행위에 대해 살펴보기로 하자. 완전경쟁시장이란 다수의 시장참여자가 동질의 상품을 자유롭게 거래하는 시장을 말한다. 대표적인 사례로 이베이(eBay)가 있다. 전 세계의 수요자와 공급자가 동질의 상품을 자유롭게 거래하기 때문에 특정 참여자가 가격에 대한 영향력을 행사할 수 없다. 현실에서 완전경쟁시장을 찾아보기는 매우 어렵지만 완전경쟁시장을 공부하는 것은 시장의 수요와 공급의 상호작용에 의해 균형을 찾아가는 과정과 다른 시장의 형태인 불완전경쟁시장을 분석하기 위한 통찰력을 제공하기 때문이다.

> 시장을 구분하는 주요한 기준에서 볼 때 완전경쟁시장의 경우 다수의 수요자와 공급자가 존재하고, 상품이 동질적이며, 시장 참여자들은 시장 상황에 대해서 완전한 정보를 가지며, 진입과 탈퇴가 자유롭다.

시장분석에서 어떤 시장이나 산업에 속한 기업의 상태를 분석하기 위해서는 먼저 개별기업이 직면하는 수요곡선과 여기서 유도되는 한계수입을 이해할 필요가 있다. 완전경쟁시장의 경우 다수의 수요자와 공급자가 존재하기 때문에 모든 기업은 가격에 대한 영향력이 없는 가격 수용자(price taker)가 된다. 즉 가격은 시장에서 수요와 공급의 힘으로 결정되고, 각 기업은 시장에서 결정된 가격을 받아들이기만 한다는 뜻이다. 〈그림 4.1〉을 통해 살펴보기로 하자.

DD와 SS는 시장의 수요 및 공급곡선을 나타내며, dd는 주어진 가격에 개별기업이 직면하는 수요곡선을 나타낸다. 시장에서 수요와 공급의 상호작용에 의해 균형 가격과 균형 수량이 결정된다. 개별기업의 입장에서 보면 시장에서 결정된 균형 가격 P_0 수준을 수용하기 때문에 개별기업이 직면하는 수요곡선은 dd곡선처럼 수평선이 된다.

> 완전경쟁기업이 직면하는 수요곡선은 수평으로 완전탄력적이고, 이는 완전경쟁기업이 가격 수용자임을 의미한다.

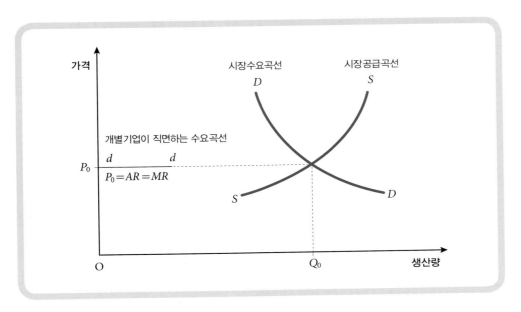

그림 4.1 완전경쟁시장에서 개별기업이 직면하는 수요곡선

만약 특정 기업이 주어진 시장 가격보다 가격을 높게 결정하면 상품을 판매할 수 없다. 개별기업이 시장 가격보다 가격을 낮게 정하면 시장 가격에서 판매할 때보다 이윤이 줄어들기 때문에 굳이 낮은 가격으로 판매할 필요가 없다. 따라서 개별기업 입장에서도 주어진 시장 가격에 판매하게 된다. 개별기업은 생산하는 제품에 대한 수요곡선을 수평으로 인식한다는 것이다. 즉 완전경쟁기업은 가격 수용자로서 직면하는 수요곡선은 수평인 완전탄력적이라는 것을 의미한다. 따라서 완전경쟁기업이 직면하는 수평적인 수요곡선과 우하향하는 시장수요곡선과는 구분할 필요가 있다.

2. 완전경쟁시장의 단기 균형

경쟁시장에 있는 기업의 목적은 이윤을 극대화하는 재화의 생산량을 결정하는 것이다. 이윤은 **총수입**(revenue, R)에서 **총비용**(cost, C)을 뺀 것이다. 기업이 이윤을 극대화하는 과정에서 공급곡선이 유도된다.

기업의 단기 균형은 이윤을 극대화하려는 기업의 합리적 의사결정 과정의 결과이다. 이윤극대화의 조건은 한계수입(marginal revenue, MR)과 한계비용(marginal cost, MC)이 일치하는 점에서 생산량을 결정하는 것이다. 한계수입은 한 단위를 추가로 판매함

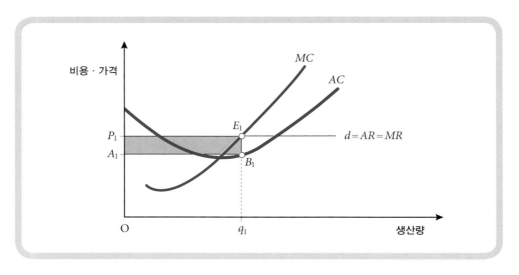

그림 4.2 완전경쟁시장에서의 단기 균형

으로써 얻는 총수입의 변화이고, 한계비용은 한 단위를 추가로 생산함으로써 발생하는 총비용의 변화를 말한다. 한계수입이 한계비용보다 큰 경우 생산량을 늘리면 이윤이 커지고, 한계수입이 한계비용보다 작은 경우 생산량을 줄이면 손해가 줄어든다. 따라서 한계수입과 한계비용이 일치하도록 생산하는 게 기업의 최적생산량이다.

기업의 단기 이윤극대화조건은 $MR=MC$인데, 완전경쟁시장에서 $P=MR$이 성립하므로 완전경쟁기업의 이윤극대화조건은 $P=MC$가 된다. $P=MC$의 조건은 시장 전체의 효율성을 판단하는 기준이 된다. 불완전경쟁시장의 경우 가격(P)이 한계비용(MC)을 초과하므로 시장의 비효율성이 초래된다.

〈그림 4.2〉에는 단기비용곡선과 개별기업이 직면하는 수요곡선이 그려져 있다. 기업의 이윤극대화조건은 $MR=MC$이므로 MR만 도출하면 이윤극대화 점을 쉽게 찾아낼 수 있다. 앞에서 보았듯이 개별기업이 직면하는 수요곡선은 가로축에 평행한 선이므로 가격(P)은 기업의 **평균수입**(average revenue, AR)이자 한계수입(MR)이 된다. AR은 평균수입이자 생산물 한 단위당 수입을 의미한다. 따라서 완전경쟁기업의 이윤극대화조건을 만족시키는 균형 생산량은 $P=AR=MR=MC$인 점에서 달성된다. 기업은 P_1의 가격에 q_1만큼 생산하여 총수입(□$OP_1E_1q_1$)에서 총비용(□$OA_1B_1q_1$)을 뺀 나머지인 음영 처리된 사각형 $P_1E_1B_1A_1$만큼 이윤을 얻게 된다.

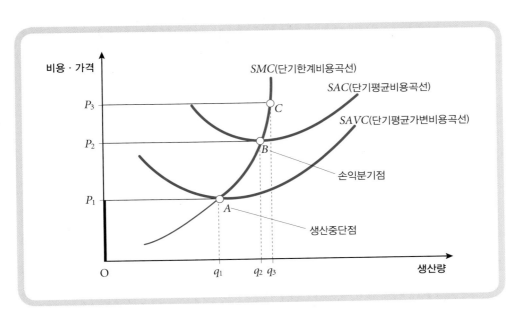

그림 4.3 개별기업의 단기공급곡선

완전경쟁기업의 이윤극대화조건을 만족시키는 균형 생산량은 $P=AR=MR=MC$인 점에서 달성된다.

완전경쟁시장 개별기업의 단기공급곡선을 〈그림 4.3〉을 통해 알아보자. 이 그림에는 단기한계비용(short run marginal cost, SMC)곡선, 단기평균비용(short run average cost, SAC)곡선, 단기평균가변비용(short run average variable cost, $SAVC$)곡선이 표시되어 있다. 개별기업은 주어진 가격을 수용하기 때문에 가격 수준과 한계비용이 일치하는 지점에서 생산할 때 이윤이 극대화된다.

기업은 손해를 보더라도 고정비용을 충당할 수 있다면 계속 운영하고자 할 것이다. 그러나 가격 수준이 평균가변비용의 최저 수준인 A보다 낮아지면 기업은 평균고정비용을 충당하지 못하므로 생산을 중단할 것이다. 이때의 가격 P_1은 **생산중단가격** (shutdown price), 평균가변비용곡선의 최저점인 A는 **생산중단점**(shutdown point)이라고 말한다. 가격 수준이 P_1보다 높다면 가격과 한계비용이 일치($P=MC$)하는 지점에서 산출량이 결정된다. 가격이 P_2일 때 산출량은 q_2가 되는데 기업의 이윤은 0이다. 이때 단기평균비용곡선(SAV)의 최저점 B는 손익분기점이 된다. 가격이 P_3로 상승하면 산출량은 q_3로 결정된다. 결과적으로 완전경쟁기업의 단기공급곡선은 단기평균가변비용곡선(SAVC)의 최저점 A 위로 뻗은 단기한계비용곡선이 된다. 다만 가격이 생산중단점(A)보다 낮다면 기업은 생산을 중단하기 때문에 단기공급곡선은 원점에서 시작되는 선분 OP_1이 된다.

> 완전경쟁기업의 단기공급곡선은 단기평균가변비용곡선의 최저점 위로 뻗은 단기한계비용곡선이다.

한 번 지불하면 회수할 수 없는 비용을 **매몰비용**(sunk cost)이라고 한다. 한 번 매몰되면 회수할 수 없기 때문에 의사결정이나 사업전략에 매몰비용을 고려해선 안 된다. 기업의 단기 조업중단 조건에서 보듯이 기업이 생산을 잠시 중단하더라도 고정비용을 회수할 수 없다. 기업은 생산량에 관계없이 고정비용을 부담하기 때문에 기업의 행위를 분석할 때 고정비용은 매몰비용처럼 기업의 생산량 결정에 영향을 미치지 않는다.

3. 완전경쟁시장의 장기 균형

기업이 생산시설을 확장 또는 축소할 수 있거나 진입과 퇴출이 이루어질 정도의 기간을 장기라고 본다. 이는 산업에 따라 다르며 시설의 확장과 철수가 쉬운 산업의 경우 장기가 상대적으로 짧은 기간일 수 있다.

완전경쟁시장의 장기 균형을 이해하기 위해 먼저 기업들이 이윤을 얻고 있다고 하자. 이때 그 산업 내에 두 가지 상황이 전개될 것이다. 기존 기업은 이윤을 늘리기 위해 생산시설을 확장하려 하지만, 돈벌이가 된다는 소문이 나면서 새로운 기업들이 이 산업에 진입하려고 할 것이다. 경쟁이 점점 치열해 이윤이 감소하여 이윤이 0이 되는 선에서 균형을 이룰 것이다.

반대의 경우로 경쟁시장에 참여하고 있는 기업들이 모두 손실을 보고 있다고 하자. 기업들은 생산규모를 줄이거나 장기간의 손실을 견디지 못하여 그 산업에서 이탈하고자 할 것이다. 이러면 공급량은 줄어들고 가격은 상승하여 이윤이 0이 되는 선까지 변하게 될 것이다.

결국 장기적으로 기업들은 이윤도 손실도 보지 않는 상태에서 생산하게 된다. 이처럼 생산규모를 변경하거나 다른 기업의 진입이나 퇴출이 이루어지지 않는 상태가 지속

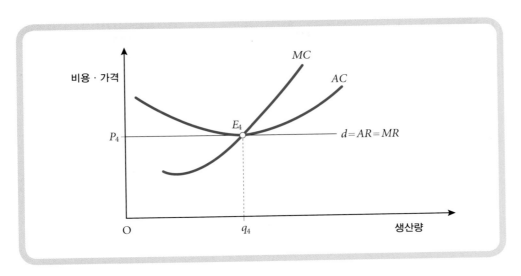

그림 4.4 완전경쟁시장에서 개별기업의 장기 균형

되는데, 이를 완전경쟁시장의 장기 균형이라 한다.

　여기서 한 가지 주의할 사항은 기업들은 이윤이 0이 됨에도 불구하고 그 산업에 남아 있으면서 생산을 한다는 점이다. 기업을 운영하는 것은 이윤을 남기기 위해서이다. 그런데 완전경쟁시장 기업들의 장기 균형에서 이윤이 0이라는 것은 이상하게 생각될 수도 있다. 이윤이 0이라는 것을 정확하게 이해하기 위해서 이윤의 정의를 다시 살펴보기로 하자. 이윤은 총수입에서 총비용을 뺀 값으로 여기에서 총비용은 기업의 모든 기회비용을 포함한다. 기회비용에는 기업주의 시간, 자본을 포함하기 때문에 이윤이 0이라는 것은 총수입이 이러한 기회비용을 충분히 보상할 수준이라는 의미이다. 장기 균형에서 경제적 이윤은 0이지만 어느 정도의 기회비용은 보전되고 있기 때문인데, 정상이윤만 존재하는 상태이다. 정상이윤은 상품을 생산할 유인이 될 수 있을 정도의 이익을 말한다.

> 장기 균형 상태에서 완전경쟁기업은 평균비용이 최소화되는 수준에서 기업을 운영하게 된다. 이때 경제적 이윤은 0이지만 투입한 생산요소의 기회비용은 보전되고 있기 때문에 정상이윤만 존재한다.

독과점 논란··· 네이버쇼핑 미래는?

네이버는 부정하고 있지만, 현재 이커머스 업계에서는 네이버가 네이버쇼핑을 통해 강력한 포털 경쟁력을 바탕으로 사실상 오픈마켓에 가까운 플랫폼을 구축하고 있다고 본다. 네이버쇼핑의 지난해 연간 거래액은 20조 원에 이른다.

문제는 네이버쇼핑을 둘러싼 독과점, 불공정 논란이다. 강력한 포털 경쟁력을 바탕으로 설계된 플랫폼이기 때문에 네이버쇼핑의 시장 장악력이 지나치게 높아지며 수수료와 관련된 '갑질' 행태까지 지적되고 있으며 네이버의 간편결제 솔루션인 네이버페이의 사용을 강제한다는 비판까지 나오고 있다.

정치권도 규제로 방향을 잡았다. 국회 정무위원회 소속 박용진 더불어민주당 의원은 지난 1일 오픈마켓은 물론 네이버쇼핑을 공정거래위원회의 판매수수료율 실태조사 대상에 포함시키는 내용의 개안정안을 대표 발의했다. 네이버쇼핑의 수수료율은 공개되어 있지만 다른 업체들의 정보도 함께 모아 쉬운 비교가 이뤄져야 한다는 취지다.

공교롭게도 개정안이 나온 1일 네이버는 기존 쇼핑몰 결제 버튼에서 N페이 구매 표기를 N 구매하기로 바꿔 네이버페이 강요 논란에서 발을 빼는 분위기를 연출했다. 구매하기 대신 N페이 버튼만 있어 사실상 네이버페이 사용을 강요한다는 비판에 대응하기 위이다. 지난해 네이버페

이를 통해 거래된 금액안 약 7조 원이 넘는다. 네이버쇼핑의 강력한 독과점 시스템이 네이버페이 경쟁력으로 이어지며 이커머스 전반의 지배력 강화가 고조됨에 따라 비판이 고조되자, 네이버가 한 발 물러난 것으로 풀이된다.

네이버쇼핑에 대한 전방위적 비판과 규제가 나오는 가운데 성균관대학교 경제학과 박민수 교수는 1일 강원대학교에서 열린 경제학 공동학술대회에서 '인터넷쇼핑 서비스 시장의 경쟁과 소비자 후생: 네이버와 네이버쇼핑'을 주제로 발표하며 네이버페이의 순기능에 주목해 눈길을 끈다.

박 교수는 네이버쇼핑과 관련된 설문조사 결과를 공개하며 소비자잉여(후생)는 약 194만 원 정도로 나타났다고 밝혔다. 박민수 교수는 "네이버쇼핑의 소비자 후생 증가 효과는 소비자들의 선택의 폭을 넓혀준다는 점과 타 쇼핑몰에 비해 상품가격이나 판매자 수 등 네이버쇼핑의 품질이 우수하다는 점에서 비롯된 효과"라면서, "여기에는 네이버쇼핑의 진입으로 인한 타 온라인쇼핑몰들의 경쟁촉진 효과는 고려되지 않은 것인 만큼, 네이버쇼핑의 시장진입을 통한 소비자잉여 증대 효과는 더 클 것"이라고 분석했다.

네이버 쇼핑의 등장이 온라인 쇼핑 자체에도 도움이 된다고 강조하는 한편 네이버가 시장지배적 지위를 이용해 온라인 쇼핑 서비스 시장이나 간편결제 시장에서의 지배력을 확대하고 있다는 논란에 대해서 "네이버가 인터넷 검색 서비스 시장에서 지배적 사업자인지 알 수 없고, 설사 검색 서비스에서 지배력을 가지고 있다 하더라도 그것이 온라인쇼핑 시장에 전이됐다고 보기 어렵다"고 말했다.

출처 : 이코노믹리뷰, 2018. 2. 9.

4. 경쟁과 효율성

완전경쟁시장의 단기 균형 상태에서는 가격이 한계비용과 같다. 이것은 자원배분의 효율성에서 매우 중요한 의미가 있다. 앞의 수요공급이론에서 공부하였듯이 시장 가격은 소비자가 재화 한 단위를 더 소비함으로써 얻는 편익, 즉 한계편익을 나타낸다. 소비자가 한 단위 더 소비하기 위해 추가로 지불하려고 하는 금액인 한계지불용의금액을 의미하기도 한다. 한계비용은 생산자가 한 단위 더 시장에 공급하기 위해 추가로 투입해야 하는 비용을 나타낸다.

따라서 시장 가격과 한계비용이 같다는 것은 소비자의 한계지불용의금액과 생산자의 한계비용이 같아진다는 것을 의미한다. 완전경쟁시장에서는 소비자잉여와 생산자잉여의 합인 사회후생이 극대화되어 자원배분이 효율적으로 이루어진다.

더욱이 완전경쟁시장의 장기 균형에서 기업은 장기평균비용이 최소화되는 수준에서 생산을 한다. 이것은 완전경쟁시장에서 소비자들이 최소 비용으로 재화를 소비할 수 있으며, 생산자들은 최소 비용으로 생산한다는 것을 의미한다. 이 상태에서 기업들은 정상이윤만 보상을 받고 최적 조업도에서 생산을 하게 된다. 결국 완전경쟁시장에서는 소비자잉여가 극대화되고 생산시설이 완전히 이용되는 최적의 생산이 보장된다. 이 때문에 완전경쟁은 자원배분의 효율성에서 이상적인 시장으로 평가된다.

Ⅲ 불완전경쟁시장

1. 독점시장

1) 배경

하나의 산업에서 단일기업이 재화나 서비스를 공급하는 시장형태를 **독점시장**(monopoly)이라고 한다. 독점기업은 시장지배력을 갖는 가격 설정자로서 역할을 한다. 독점산업의 진입장벽은 너무 높아서 신규기업의 진입은 어렵다.

독점이 형성되는 원인으로 규모의 경제, 법률 및 특허권, 생산요소의 독점 그리고 기업의 독점화 시장전략 등이 있다.

첫째, 규모의 경제 때문에 발생하는 독점이 있다. 앞에서 공부하였듯이 규모의 경제는 생산량이 증가함에 따라 장기평균비용이 감소하는 것을 말한다. 생산규모가 증가할수록 생산비가 하락한다면 기업은 계속 규모를 확장하려 할 것이다. 규모의 경제가 존재하면 대규모 기업은 낮은 비용으로 대량생산을 할 수 있기 때문에 비용구조가 높은 소규모 기업은 경쟁에서 밀려 퇴출당하게 된다. 결국 대규모 단일기업에 의해 **자연독점**(natural monopoly)이 발생한다. 전기, 통신, 수도, 가스 등 시설투자비가 큰 산업의 초기에 주로 나타난다.

둘째, 정부가 특수한 목적으로 독점력을 부여하기도 한다. 과거 우리나라는 재정수입을 목적으로 소금을 전매하거나 KT&G(구 한국담배인삼공사)에 담배와 홍삼 등의 독점 판매권을 부여하였다. 그뿐만 아니라 정부는 특허권, 판매권, 인허가 등을 단일기업에 부여하여 독점을 허용하기도 한다. 특허권의 예로 보면 정부는 기술혁신을 장려하기 위해 발명가에게 몇 년간 특허권을 부여한다. 이렇게 되면 특허권 보유자는 유효한 기간에 관련 상품을 독점적으로 공급할 수 있게 된다. 물론 특허권의 효력이 끝나고 나면 진입장벽이 사라지고 기술을 습득한 다른 기업들이 자유로이 진입하여 시장구조가 경쟁체제로 바뀌게 된다.

셋째, 특정 기업이 제품생산에 필요한 생산요소나 기술을 보유하면 독점이 발생한다. 마이크로소프트사의 윈도우가 한 예이다. 마이크로소프트사는 윈도우와 같은 뛰어난 운영체제 기술을 보유하고 있기 때문에 전 세계의 운영체제 산업을 독점하고 있다.

마지막으로, 기업 스스로 독점공급자로서 지위를 누리기 위해 경쟁기업을 도산시키거나 신규기업의 진입을 막거나 경쟁기업을 합병하여 독점이 발생하는 경우가 있다.

2) 독점기업의 문제

경쟁시장 기업과 독점기업이 직면하는 시장수요곡선의 차이점을 구분할 필요가 있다. 앞에서 경쟁시장 기업이 직면하는 수요곡선은 수평선으로 가격 수용자라는 것을 살펴보았다. 독점기업은 시장의 유일한 생산자로서 독점기업이 직면하는 수요곡선은 시장수요곡선 자체가 된다. 독점기업은 시장수요곡선에 따라 가격을 결정하는 가격 설정자로서 행동한다. 즉 독점기업은 이윤극대화를 위한 생산량을 결정한 후 시장수요곡선에서 가격을 결정한다. 시장수요곡선은 우하향하기 때문에 독점기업의 생산량이 증가하면 가격은 하락하고 생산량이 감소하면 가격은 상승하게 된다.

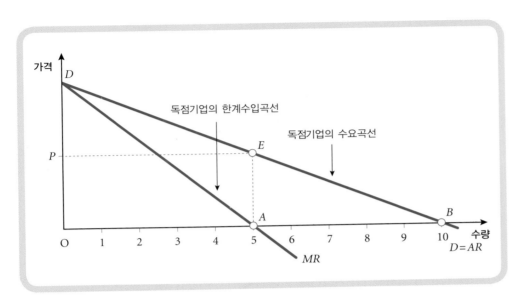

그림 4.5 독점기업의 수요곡선과 한계수입곡선

독점기업의 문제는 앞에서 논의했던 완전경쟁시장의 생산자의 문제와 중요한 차이점이 있다. 완전경쟁기업은 수평인 수요곡선에 직면하기 때문에 시장가격(P)과 한계수입(MR)이 같다. 따라서 주어진 시장 가격(P)과 한계비용(MC)이 일치하는 점에서 이윤을 극대화한다. 이와는 달리 독점기업은 우하향하는 시장수요곡선에 직면하기 때문에 한계수입과 한계비용이 같은 생산량을 선택할 것이다. 수요곡선에서 한계수입곡선을 도출하는 방법은 〈그림 4.5〉에서 보듯이 한계수입곡선은 수요곡선의 각 점에서 왼쪽으로 반으로 나눈 점들을 연결한 것이다.

3) 독점기업의 균형

독점기업의 균형은 한계수입(MR)과 한계비용(MC)이 같아지는 점에서 달성된다. 〈그림 4.6〉에는 독점기업의 비용곡선과 수요곡선이 그려져 있다. $MR=MC$인 Q_0만큼 생산을 하고 가격은 P_0일 때 독점기업의 이윤은 극대화된다. 이때 가격은 한계비용보다 크

> 독점기업의 이윤극대화 문제에서 한계수입과 한계비용이 같아지는 점에서 균형이 달성되며, 이때 가격은 한계비용보다 크다.

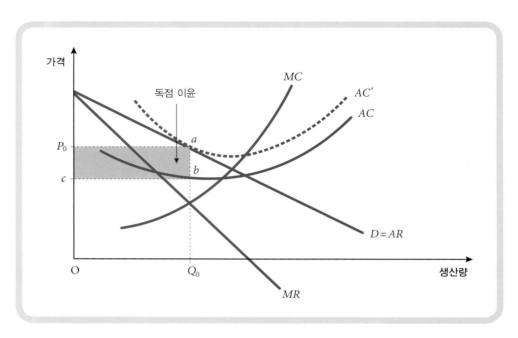

그림 4.6 독점기업의 단기 균형

다. 독점기업은 수입($P_0 a Q_0 O$)에서 비용(cbQ_0O)을 제외한 P_0abc만큼의 독점 이윤을 얻는다.

앞서 경쟁시장의 기업도 한계수입과 한계비용이 일치하는 생산량을 선택한다는 것을 살펴보았다. 독점기업도 한계수입과 한계비용이 같아지는 점에서 생산량을 결정한다는 점에서 독점기업과 경쟁시장 기업의 의사결정이 같다고 볼 수 있다. 그러나 경쟁시장 기업의 한계수입은 시장 가격과 같지만, 독점기업의 한계수입은 시장가격보다 낮다는 점에서 중요한 차이가 있다. 이를 다음과 같은 식으로 표현할 수 있다.

완전경쟁시장 기업 : $P = MR = MC$

독점기업 : $P > MR = MC$

경쟁시장에서 기업은 가격이 한계비용과 같은 수준에서 생산규모를 결정하지만 독점기업은 한계비용보다 높은 수준에서 가격을 결정하기 때문에 독점 이윤을 얻을 수 있다. 독점 이윤은 진입장벽으로 장기에도 지속할 수 있다. 그러나 독점기업이라도 평균비용이 높은 경우 이윤을 얻지 못하거나 손해를 보는 경우도 있다. 만일 생산 조건이 변하여 평균비용곡선이 AC에서 AC'으로 이동한다면 이윤이 0이 된다.

4) 독점과 사회적 후생 감소

우리는 앞에서 독점기업은 이윤극대화를 위해 가격을 한계비용보다 높게 설정한다는 것을 공부하였다. 이는 소비자나 사회 전체적으로 보면 바람직하지 못하다. 독점일 때 사회적 후생 수준이 완전경쟁시장과 어떻게 차이가 나는지 공부해보기로 하자.

〈그림 4.7〉에서 E_c는 경쟁시장의 균형점, E_m은 독점기업의 균형점이다. 경쟁시장에서는 수요곡선과 공급곡선이 만나는 점에서 균형이 이루어지기 때문에 P_c의 가격으로 Q_c만큼 생산한다. 이때의 사회적 총후생은 삼각형 ABE_c가 될 것이다. 그런데 독점기업은 P_m의 가격에 Q_m 수준으로 생산하기 때문에 사회적 후생은 음영으로 되어 있는 부분만큼 사라지는데, 이를 **사중손실**(deadweight loss)이라고 한다. 즉 독점으로 발생한 사회 전체의 비효율성이다. 그뿐만 아니라 독점기업은 소비자잉여의 일부분을 빼앗아 오기 때문에 완전경쟁시장보다 많은 생산자잉여를 갖는다.

이처럼 독점의 문제는 독점기업이 사회적으로 바람직한 생산량보다 과소생산하고

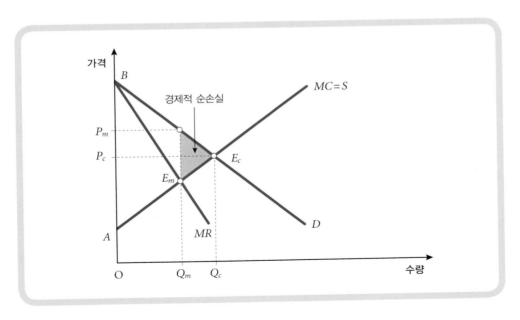

그림 4.7 독점과 사회적 후생 감소

높은 가격을 설정하여 사회적 후생을 감소시킨다는 데 있다. 그리고 독점체제가 유지되면 다른 기업을 의식하지 않고 충분한 이윤이 보장되는 만큼 독점기업의 경영자와 근로자 모두 기업 운영상의 효율성을 높이려는 노력을 기울이지 않게 되고, 이로 인한 비효율성이 발생할 가능성이 크다.

5) 가격차별

가격차별(price discrimination)은 동일한 제품에 대해 서로 다른 가격으로 판매하는 것을 말한다. 완전경쟁시장에서는 일물일가의 법칙이 존재하므로 가격차별이 불가능하고 불완전경쟁시장에서는 가격차별이 가능하다.

기업은 소비자들의 이질적인 기호나 지리상의 거리에 따른 수송비 및 관세장벽 때문에 시장의 분리가 가능한 경우에 가격차별을 통해 이득을 높이려고 한다. 가격차별이 성립하기 위해서는 시장을 분리할 수 있거나 차익거래의 방법이 없어야 한다. 만일 소비자가 낮은 가격에 상품을 구매하여 다른 소비자에게 높은 가격에 판매할 수 있다면 기업은 가격차별을 통해 이윤을 늘리기 어려울 것이다.

일반적으로 논의되는 가격차별에는 1급 가격차별(완전가격차별), 2급 가격차별, 3급 가격차별의 세 종류가 있다. 1급 가격차별은 소비자의 최대지불용의금액만큼 가격을 매기는 경우를 말한다. 2급 가격차별은 수량을 일정한 구간으로 나누어 각기 다른 가격을 책정하는 경우이고, 3급 가격차별은 소비자 특성(연령, 소득, 성별 등)에 따라서 다른 가격을 책정하는 것을 말한다. 모든 소비자의 최대지불용의금액을 알거나 다른 가격을 책정하기 어렵기 때문에 현실에서 1급 가격차별은 보기 어렵다.

일상에서 많이 경험하는 것은 3급 가격차별이다. 영화관을 예로 살펴보자. 영화관은 성인과 학생에게 다른 요금을 부과한다. 조조할인처럼 시간에 따라 다른 가격을 책정하기도 한다. 상영하는 영화는 똑같은데 나이에 따라 또 상영 시간에 따라 다른 요금을 받는 것이다. 이처럼 영화관이 가격차별을 실시하는 것은 수입의 증대에 도움이 되기 때문이다. 일반적으로 독점기업은 수요의 탄력성이 높은 시장에서는 더 낮은 가격을 매기고, 탄력성이 낮은 시장에서는 더 높은 가격을 매긴다. 영화관에서 학생에게는 낮은 가격을, 성인에게는 높은 가격을 받는 것은 학생집단의 가격탄력성이 더 높기 때문이다.

1급 가격차별과 3급 가격차별은 소비자의 지불용의금액을 분석하여 가격을 다르게 책정한다. 그러나 판매자가 소비자의 특성이나 지불용의금액을 알지 못하는 경우가 빈번하다. 이러면 2급 가격차별이 적합할 수 있다. 2급 가격차별은 상품의 소비량이 많을수록 소비자에게 낮은 가격을 제시하여 판매량을 극대화하는 전략이다. 도넛가게에서 수량에 따라 다른 가격을 책정하는 경우, 마트에서 실시하는 '1+1행사'나 '할인행사'가 이에 해당한다. 소비자 입장에서는 재화를 여러 개 구매하면 이익을 얻는 듯해 원래 의도했던 것보다 더 많은 재화를 사게 된다. 결국 기업은 이러한 가격차별을 통해 소비자의 구매 욕구를 자극해 판매를 증가시킬 수 있기 때문에 더 많은 이윤을 얻을 수 있다.

2. 과점시장

1) 과점의 특성

과점(oligopoly)은 제품의 판매자가 소수인 시장구조이다. 오늘날 주요 산업은 대부분 과점시장의 형태를 띠고 있다. 특히 우리는 주변에서 과점시장과 만나고 있다. 예를 들면 냉장고, 세탁기, TV, 컴퓨터, 자동차와 같은 것들이다.

과점시장은 매우 복잡하기 때문에 완전경쟁시장이나 독점시장보다 분석하기 어려운 특징을 갖고 있다. 과점시장의 제품은 동질적이거나 이질적일 수 있다. 제품이 동질적인 경우의 과점은 독점과 비슷하지만 독점과는 달리 다른 경쟁기업의 행동을 고려해야 한다. 제품이 이질적인 경우의 과점은 독점적 경쟁시장과 비슷하다. 한 가지 차이점은 독점적 경쟁시장에서는 진입이 자유롭지만, 과점시장에서는 진입이 제한적이라는 데 있다.

> 과점시장은 비교적 소수의 기업들이 유사한 상품을 생산하여 하나의 시장에서 경쟁하는 형태로서 오늘날 주요 산업은 대부분 과점시장의 형태를 띠고 있다. 특히 과점기업 사이에는 담합이 잘 이루어지고, 가격 경쟁뿐만 아니라 비가격 경쟁도 치열하며, 경쟁기업의 행동에 매우 민감한 상호 의존성을 가지고 있다.

과점시장의 가장 큰 특징은 공급자 간의 상호작용이다. 한 기업의 의사결정이 다른 기업의 의사결정에 영향을 미친다. 이러한 상호작용을 연구하는 데 게임이론(game theory)이 활용되고 있다. 게임이론에 관해서는 부록을 참조 바란다.

2) 과점시장의 모형

과점시장의 경우 시장에 소수의 기업이 존재하기 때문에 이들 간의 상호작용이 중요하다. 상대방의 반응을 고려하여 자신의 행동을 결정해야 하기 때문에 이론화하기 어려운 측면이 있다. 과점의 가장 단순한 예인 기업이 둘뿐인 복점(duopoly)에 대한 기본이론으로 두 기업이 생산량을 경쟁수단으로 삼는 꾸르노 모형(Cournot model)과 가격을 경쟁수단으로 삼는 베르뜨랑 모형(Bertrand model)이 있다. 꾸르노 모형은 생산량을 경쟁수단으로 삼고 경쟁기업의 생산량을 추측하여 생산량을 결정한다. 베르뜨랑 모형은 가격을 경쟁수단으로 삼고 경쟁기업의 가격을 추측하여 가격을 조정한다.

카르텔 모형(cartel model)은 기업들이 완전한 담합을 하여 거대한 독점기업처럼 행동한다고 가정한다. 동일한 산업에 속하는 기업들이 경쟁을 줄이기 위해 서로 합의하여 연합하는 것을 담합이라 한다. 카르텔은 독점기업과 거의 비슷한 방법으로 카르텔 전체의 이윤극대화를 시도한다. 과점시장에서 소수의 기업은 경쟁을 하고 경쟁사보다 많은 상품을 판매하기 위해 광고 등에 큰 비용을 지출한다. 기업 간 경쟁은 부담이 되기 때문에 가격이나 생산량을 결정할 때 상의하여 공동보조를 맞추는 담합을 하게 된다.

석유수출국기구(OPEC) 회원국들이 원유 가격의 상승을 위해 담합하여 생산량을 줄이는 것이 대표적인 사례이다. OPEC 회원국들은 구두 혹은 문서로 원유 생산 할당량을 조정한다. 어떤 국가가 협정을 무시하고 몰래 할당량 이상으로 원유를 생산하여 이득을 취하려고 들 수 있기 때문에 원천적으로 취약성을 갖는다.

3. 독점적 경쟁시장

1) 독점적 경쟁시장의 특징

독점적 경쟁시장은 다수의 공급자가 존재하고 진입이 자유롭기 때문에 완전경쟁시장과 비슷한 성격을 띠지만, 제품의 차별성(product differentiation)을 가진다는 점에서 상이하다. 현실적으로 완전경쟁시장보다 독점적 경쟁시장을 우리 주변에서 많이 볼 수있다. 제품의 차별성을 가지는 예로 자동차, 아파트, 컴퓨터 등이 있다. 자동차는 옵션에 따라 다양한 가격을 형성하기 때문에 소비자가 개성과 취향을 살릴 수 있는 제품을선택할 수 있다. 독점적 경쟁시장에서 기업들은 가격경쟁보다 자신만의 차별화된 상품의 특성을 강조하면서 경쟁한다.

2) 독점적 경쟁시장의 균형

독점적 경쟁기업의 이윤을 극대화하는 방법을 살펴보기로 하자. 〈그림 4.8〉은 독점적경쟁시장의 단기에서 개별기업의 균형을 나타낸 것이다. 독점적 경쟁시장에서 개별기업이 이윤을 극대화하기 위한 최적생산량은 한계수입과 한계비용을 일치하는 수준($P >$ $MR = MC$)에서 결정된다. $MR = MC$라는 이윤극대화를 위한 최적 조건은 완전경쟁시

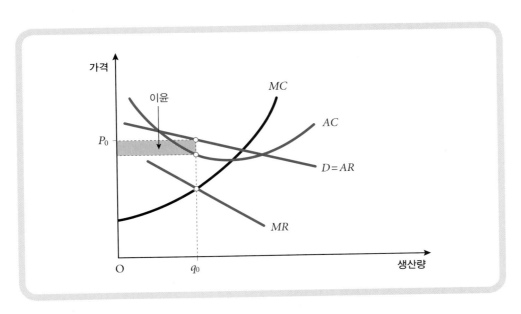

그림 4.8 독점적 경쟁시장에서의 단기 균형

장, 독점시장, 독점적 경쟁시장에 동일하다. 그러나 완전경쟁시장에서는 수평적인 수요에 직면해서 최적 조건은 $P=MR$이고, 독점과 독점적 경쟁시장에서는 우하향하는 수요곡선에 직면하기 때문에 $P>MR$로 차이가 있다. 독점적 경쟁시장에서 기업은 음영 처리된 부분만큼 이윤을 남긴다. 이윤은 총수입에서 총비용을 차감한 것이다.

독점적 경쟁시장에서 단기 균형은 독점기업이 직면한 문제와 동일하다. 그러나 독점적 경쟁시장의 장기 균형은 독점시장과 다르고 완전경쟁시장에서 기업이 직면하는 문제와 같아진다. 즉 독점적 경쟁시장의 기업들은 장기적으로 이윤이 0인 상태에서 균형을 이루게 된다.

독점적 경쟁시장에서 진입의 최종결과는 완전경쟁시장과 동일하지만 그 과정은 차이가 있다. 완전경쟁시장에서 시장의 변화는 수요와 공급의 상호작용에 의해 발생한다. 이윤이 있으면 새로운 기업의 진입으로 공급이 늘어나 이윤이 감소하여 0의 이윤에 이르러 진입이 멈추게 된다.

이와는 달리 독점적 경쟁시장에서 시장의 변화는 진입으로 잔여수요곡선의 기울기가 더 완만해지고 좌측으로 이동하게 된다. 〈그림 4.9〉에서 보듯이 시장의 진입으로 수

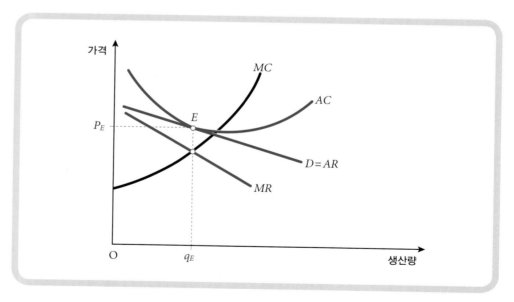

그림 4.9 독점적 경쟁시장에서의 장기 균형

요곡선은 완만하다. 독점적 경쟁시장의 E점에서 개별기업이 직면하는 수요곡선은 평균비용곡선과 접하고 있다. 이 상태에서는 총수입과 총비용이 같기 때문에 이윤은 0이 된다. 진입의 유인이 없기 때문에 균형 상태에 이르게 된다.

게임이론

게임이론(game theory)은 자신의 행동뿐만 아니라 상대방의 행동에 따라 결과가 달라질 수 있는 전략적 상황을 연구하는 학문이다. 과점시장에서 각 기업 간 전략과 반응을 고려하여 이윤을 획득하는 과정을 분석하는 데 활용되고 있다.

게임에는 경기자(player), 전략(strategy), 보수(payoff)의 세 가지 핵심요소가 있다. 경기자는 개인, 기업, 국가 등 게임에 참여하는 주체로서 게임의 의사결정 단위를 구성하게 된다. 전략은 경기자들이 어떻게 행동할 것인가에 대한 계획이다. 보수는 경기자의 행동에 대한 게임의 결과로 얻는 보상이다.

게임의 균형

게임의 균형은 경기자가 경기의 결과에 만족하여 자신의 전략을 바꿀 유인이 없는 상태로 우월전략 균형, 내쉬 균형 등이 있다. 우월전략은 상대방이 어떤 전략을 선택하더라도 자신의 전략이 더 큰 보수를 얻는 전략이다. 그리고 우월전략의 조합은 우월전략 균형이라고 한다.

〈부록 표 1〉에서 우월전략 균형을 살펴보자. 경기자 1, 2가 전략을 선택하는 데 네 가지 결과가 나올 수 있다. 괄호 속의 숫자는 보수행렬의 값으로 각 경기자가 게임으로부터 얻는 이득이다. 괄호 속의 첫 번째 숫자는 경기자 1의 보수, 두 번째 숫자는 경기자 2의 보수를 나타낸다. 경기자 1의 입장에서는 경기자 2가 어떤 전략을 펼치든 a_2 전략이 우월전략이다. 경기자 2의 입장에서는 경기자 1이 어떤 전략을 펼치든 b_2가 우월

부록 표 1 우월전략 균형

경기자 1	경기자 2		
	전략	b_1	b_2
	a_1	(10, 10)	(1, 12)
	a_2	(12, 1)	(5, 5)

부록 표 2 과점기업의 균형

기업 1	기업 2		
	전략	가격 유지	가격 인하
	가격 유지	(100, 40)	(50, 60)
	가격 인하	(120, 30)	(70, 20)

전략이다. 따라서 우월전략의 조합인 (a_2, b_2)를 선택하는 것이 우월전략 균형이다.

상대방의 전략에 대해 최적 대응전략을 선택할 때 최적 대응전략 조합을 내쉬 균형 (Nash equilibrium)이라 한다. 상대방의 전략이 B일 때 나의 최적 대응전략은 A이고, 자신의 전략이 A일 때 상대방의 최적 대응전략이 B라면, 이때 최적 대응전략 조합인(A, B)가 내쉬 균형이다.

과점기업의 균형사례를 살펴보기로 하자. 〈부록 표 2〉에서 보수행렬은 각 기업이 얻는 이윤이라고 가정하자. 기업 1의 경우 기업 2가 가격 유지 혹은 가격 인하 전략을 선택하든 기업 1은 가격 인하를 선택하는 게 우월전략이다. 기업 2의 경우 기업 1이 가격 유지 전략을 선택하면 기업 2는 가격 인하 전략의 보수는 60이고, 가격 유지 전략의 보수 40으로 가격 인하 전략이 최선이다. 기업 1이 가격 인하 전략을 선택하면 기업 2는 가격 유지 전략의 보수는 30이고, 가격 인하 전략의 보수는 20으로 가격 유지 전략이 최적이다. 따라서 최적 전략 조합은 (가격 인하, 가격 인하)이고 내쉬 균형은 (120, 30)이 된다.

1. 완전경쟁시장에서 단기 균형과 장기 균형을 구분하여 설명하시오.

2. 완전경쟁시장에서 이윤극대화하려는 기업의 한계비용함수가 $MC(Q)=4+q$이고 시장 가격은 2라고 할 때 최적생산량은?

3. 완전경쟁시장에 참여하고 있는 개별기업의 단기비용곡선에 대해 설명하시오.

4. 완전경쟁시장의 개별기업이 손해를 보더라도 계속 운영하는 이유와 일시적으로 조업중단을 결정하는 조건에 대하여 설명하시오.

5. 완전경쟁시장에서 가격상한제를 실시할 때 소비자잉여, 생산자잉여, 사회적 후생에 어떤 변화를 가져오는지에 대해 설명하시오.

6. 독점기업의 이윤극대화조건과 완전경쟁기업의 이윤극대화조건을 비교하여 설명하시오.

7. 수요곡선이 $P=10-Q$이고 한계비용이 5인 독점기업의 최적생산량은?

8. 독점의 경우 완전경쟁보다 사회적 후생 손실이 나타나는 이유는 무엇인가?

9. 독점적 경쟁시장의 특성에 대해 설명하시오.

10. 독점적 경쟁시장의 단기 균형과 장기 균형에 관해 설명하시오.

11. 이윤극대화를 추구하는 독점기업의 1차 가격차별, 2차 가격차별, 3차 가격차별에 대해 설명하시오.

12. 어떤 제과점에서 케이크 10개를 생산할 때 평균 생산비용이 10만 원이 들었다. 그런데 케이크를 한 포대 더 만드니 평균 생산비용이 11만 원이 되었다. 이 경우 케이크를 하나 더 만들 때의 한계비용은?
    ① 1만 원   ② 10만 원
    ③ 11만 원   ④ 21만 원
    ⑤ 121만 원

13. 배럴당 100달러를 넘나들던 유가가 배럴당 40달러 이하로 급락했다가 최근 60달러 정도로 회복되었다. 유가 하락이 기업재무 상황에 미치는 가능성을 유추해볼 때 가장 거리가 먼 것은?
    ① 항공사의 영업이익 증가
    ② 해운사의 영업이익 증가
    ③ 발전회사의 생산원가 하락
    ④ 한국전력의 영업이익 증가

⑤ 정유회사의 재고 평가이익 증가

14. 독점적 경쟁시장은 시장에 다수의 경쟁자가 존재하지만 제품 차별화를 통해 생산자가 일시적으로 시장지배력을 갖는 시장을 말한다. 다음 중 우리나라에서 이런 특징이 가장 잘 나타나는 산업은?

① 영화   ② 이동통신

③ 주식시장   ④ 자동차

⑤ 전력

15. 항공산업처럼 높은 진입장벽은 신규로 진입하려는 업체에게는 불리하지만 기존 업체에게는 유리하다. 신규 업체에 대한 진입장벽의 사례로 올바르지 않은 것은?

① 기존 업체가 기술과 유통망을 장악하고 있는 경우

② 시장에서 확고한 제품 차별화로 성과를 내고 있는 경우

③ 기존 업체가 대규모 투자를 통해 규모의 경제를 실현한 경우

④ 정부가 소비자 보호나 공공의 이익을 이유로 규제를 철폐하는 경우

⑤ 기존 제품 대신 신제품을 도입하는 데 들어가는 전환비용이 높은 경우

16. 여러 요인에 의해 독점체제가 나타나기도 하는데, 아래 보기에서 독점이 출현하는 이유를 모두 고르면?

> ㉠ 핵심 기술에 대한 특허를 장기간 보유
> ㉡ 신규 업체의 시장 진입을 제한하는 법규
> ㉢ 해당 상품과 밀접한 대체재의 존재
> ㉣ 규모의 경제 실현

① ㄱ, ㄴ   ② ㄱ, ㄷ

③ ㄱ, ㄴ, ㄹ   ④ ㄴ, ㄹ

⑤ ㄷ, ㄹ

17. 최근 국제유가가 급락하자 사우디아라비아가 주도하는 OPEC은 감산을 시도하였다. 다음 중에서 옳지 않은 것은?

① 나머지 OPEC 회원국들은 사우디아라비아의 감산을 보고만 있을 것이다.

② 나머지 OPEC 회원국들은 상호 협조적 행동을 취할 것이다.

③ 사우디아라비아는 OPEC 회원국 중에서 시장점유율이 가장 큰 국가이다.

④ 석유에 대한 수요의 가격탄력성이 작을 때 성공 가능성이 높다.

⑤ 나머지 OPEC 회원국들도 감산을 시작할 것이다.

18. 다음 지문을 읽고 괄호 A, B, C에 들어갈 용어를 순서대로 연결한 것은?

> 가격차별이란 동일한 제품과 서비스에 대해 소비자마다 가격을 다르게 책정하는 것이다. 대표적인 예로 학생할인, 영화관의 조조할인 등이 있다. 가격차별의 종류에는 재화나 서비스의 수량에 따라 다른 가격을 책정하는 (A) 가격차별, 개별 소비자에 최대지불용의금액만큼의 가격을 책정하는 (B) 가격차별이 있다. (B) 가격차별은 (C)라고 불리기도 한다. (A) 가격차별과 (B) 가격차별의 차이는 독점기업이 소비자의 효용함수를 정확하게 알고 있는지 여부에 달려 있다.

① 1급－3급－불완전가격차별　　② 2급－1급－완전가격차별
③ 2급－1급－불완전가격차별　　④ 3급－2급－완전가격차별
⑤ 3급－1급－완전가격차별

19. 다음 글의 경제현상과 밀접한 용어를 고르면? 항공사들은 이윤극대화를 위해 비행기 내 탑승하고 있는 승객들에게 가격을 달리 책정하는 게 보통이다. 항공 여객 수요에 대한 가격탄력성이 다르기 때문이다.

① 가격차별　　　　　　　　　② 규모의 경제
③ 죄수의 딜레마　　　　　　　④ 자연독점
⑤ 네트워크 외부성

20. 다음 중 합리적 선택에 관한 옳은 설명을 모두 고른 것은?

> ㉠ 매몰비용을 포함해야 한다.
> ㉡ 기회비용이 동일하다면 편익이 큰 것을 선택해야 한다.
> ㉢ 명시적 비용뿐만 아니라 암묵적 비용도 고려해야 한다.
> ㉣ 총비용과 총편익을 비교해 총편익이 클 경우 선택한다.

① ㄱ, ㄴ　　　　　　　　　　② ㄱ, ㄷ
③ ㄴ, ㄷ　　　　　　　　　　④ ㄱ, ㄴ, ㄷ
⑤ ㄴ, ㄷ, ㄹ

21. 어떤 산업이 자연독점화되는 이유로 옳은 설명을 모두 고르면?
① 다른 산업에 비해 규모의 경제가 작게 나타나는 경우
② 생산량이 증가함에 따라 평균비용이 계속 감소하는 경우

③ 고정비용의 크기가 작은 경우

④ 최소효율 규모의 수준이 매우 큰 경우

⑤ 기업 수가 증가할수록 산업의 평균 생산비용이 감소하는 경우

22. 현실 경제에서는 완전경쟁시장보다는 과점시장이 많이 존재하는데, 이런 과점시장에서 나타날 수 있는 상황으로 가장 거리가 먼 것은?

① 가격이 신축적으로 변화하지 않는다.

② 담합과 카르텔이 나타난다.

③ 희소한 자원이 비효율적으로 사용되고 있다.

④ 개별기업의 전략적 행동은 나타나지 않는다.

⑤ 비가격 경쟁이 치열하다.

23. 시장구조에 대한 다음 설명 중 옳지 않은 것은?

① 자연독점은 규모의 경제가 존재할 때 발생한다.

② 독점기업의 이윤을 극대화하는 생산량은 한계비용과 한계수입이 일치하는 수준에서 정해진다.

③ 독점적 경쟁시장은 기업들의 제품 차별화와 관련이 깊다.

④ 완전경쟁시장의 장기 균형 상태에서 기술능력이 동일한 기업들의 초과이윤은 0이다.

⑤ 완전경쟁시장에서는 시장 진입과 퇴출이 자유롭기 때문에 기업들이 가격을 자유롭게 결정할 수 있다.

요소시장과 미시경제학의 확장

■ 생산요소 시장과 자원배분

기업이 노동과 같은 생산요소를 수요하는 것은 판매할 재화를 생산하기 위해서이다. 따라서 기업의 생산요소에 대한 수요는 생산물 또는 서비스에 대한 소비자들의 수요에 의해 영향을 받거나 아니면 수요로부터 도출된다. 예를 들어 의류산업 활성화로 디자이너 수요가 증가하거나 제과산업 호황으로 밀가루 수요가 증가하는 경우가 있다. 육아 서비스에 대한 수요 증가는 육아 근로자들에 대한 파생수요를 증가시키게 된다.

즉 생산요소에 대한 수요는 생산물에 대한 수요에 의존한다. 이처럼 생산요소에 대한 수요는 생산물 수요로 인해 발생하기 때문에 파생수요 또는 유발수요라고 한다. 기업은 이윤극대화를 달성하는 수준에서 생산량을 결정하기 때문에 생산요소의 수요 역시 기업의 이윤극대화 행동에 의해 영향을 받는다.

Ⅰ 생산요소의 수요와 공급

1. 생산요소의 수요

기업이 생산요소를 얼마나 수요할 것인지는 추가 단위의 생산요소가 기업에 가져다주는 추가적인 수입과 추가적인 비용의 크기에 따라 결정된다. 생산요소를 한 단위 더 추가함으로써 들어가는 비용보다 수입이 크다면 기업은 생산요소를 더 고용할 것이다.

기업이 생산요소를 한 단위 더 고용함으로써 얻는 추가적인 수입을 **한계수입생산물**(marginal revenue product, *MRP*)이라고 한다. 따라서 생산요소 가운데 노동을 한 단위 더 추가로 투입했을 때 기업이 얻는 추가적인 수입을 노동의 한계수입생산물(MRP_L)이라 하고, 자본인 경우에는 자본의 한계수입생산물(MRP_K)이라 한다.

> 기업이 생산요소를 한 단위 더 고용함으로써 얻는 추가적인 수입을 한계수입생산물(*MRP*)이라고 하며, 생산요소의 한계생산물에 한계수입을 곱한 것과 같다.

한계수입생산물은 두 가지 요인에 의해 결정된다. 하나는 추가된 생산요소가 생산한 산출물의 양으로 이를 **한계생산물**(*MP*)이라고 부른다. 생산요소가 노동이면 **노동의 한계생산물**(MP_L)이라 하고, 자본이면 **자본의 한계생산물**(MP_K)이라고 부른다. 다른 하나는 한 단위의 추가 산출물을 판매함으로써 얻는 총수입의 증가분으로, 바로 기업의 **한계수입**(*MR*)이다. 따라서 모든 기업에서 한계수입생산물은 한계생산물에 한계수입을 곱한 것과 같아진다. 생산요소가 노동인 경우 다음과 같이 나타낼 수 있다.

$$MRP_L = MP_L \times MR$$

노동의 한계수입생산물(MRP_L)은 기업이 한 단위 추가로 고용한 노동에 대해 지불하고자 하는 최대 가격이다. 따라서 기업의 노동에 대한 수요곡선은 바로 노동의 한계수입생산곡선이 된다. 그런데 노동을 한 단위 더 투입했을 때 추가로 늘어나는 생산량인 노동의 한계생산물(MP_L)은 체감하기 때문에 여기에 기업의 한계수입(*MR*)을 곱한 노동의 한계수입생산물(MRP_L)도 체감한다. 그래서 〈그림 5.1〉에서 보듯이 노동의 한계수입생산물곡선은 우하향하는 모습을 취하게 된다.

한계수입생산물의 체감 정도는 생산물의 시장 형태에 따라 다르게 나타난다. 개별기업이 자신이 생산한 생산물을 시장에서 주어진 가격으로 판매해야 하는 완전경쟁시장을 생각해보자. 완전경쟁시장에서는 가격이 일정하게 주어지기 때문에 기업이 산출물을 한 단위 더 판매함으로써 얻는 수입인 한계수입(*MR*)은 생산물의 가격(*P*)과 같다. 그러므로 위의 식은 다음과 같이 바꾸어 쓸 수 있다.

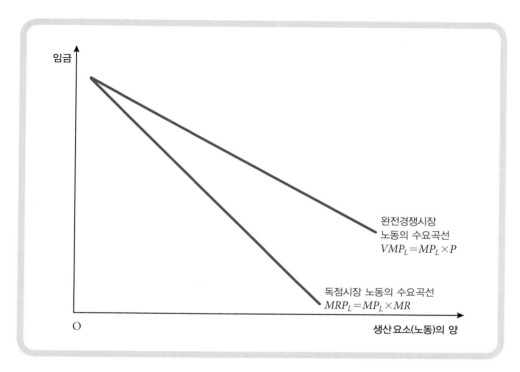

그림 5.1 노동수요곡선

$$MRP_L = MP_L \times P = VMP_L$$

이때 노동의 한계수입생산물(MRP_L)의 체감 정도는 노동의 한계생산물(MP_L)의 체감에 의해서만 결정된다. 생산물 시장이 완전경쟁 상태에서 상품 가격이 일정할 때의 한계수입생산물을 특별히 한계생산물가치(value of marginal product, VMP)라고 부른다. 이에 반해 독점시장에서는 생산물을 더 판매하려면 가격도 함께 낮추어야 하기 때문에 가격이 일정하지 않고 생산량에 따라 달라진다. 따라서 한계수입생산물은 한계생산물과 생산량에 따라 변화하는 가격 모두의 영향을 받는다. 이 때문에 독점시장의 한계수입생산물 곡선은 완전경쟁시장의 한계생산물가치 곡선보다 기울기가 더 가파르다.

한편 생산요소를 한 단위 더 구입함으로써 발생하는 총비용의 증가분은 재화시장에서 재화를 한 단위 더 생산하는 데 드는 총비용의 증가분인 한계비용(MC)과 구분하여 한계요소비용(marginal factor cost, MFC)이라 한다. 요소시장이 완전경쟁 상태일 때 한계요소비용은 생산요소의 가격과 같다. 완전경쟁시장에서 생산요소를 수요하는 기업은 생산요소의 시장 수요와 시장 공급에 의해 결정된 가격을 그대로 받아들이는 가격 순응자이기 때문이다.

> 기업이 생산요소를 한 단위 더 구매함으로써 발생하는 총비용의 증가분은 한계요소비용(MFC)이라 하며, 요소시장이 완전경쟁 상태일 때 한계요소비용은 생산요소의 가격과 같다.

따라서 기업은 생산요소를 고용할 경우 한계수입생산물과 한계요소비용을 비교하여 고용량을 결정할 것이다. 즉 생산요소를 한 단위 더 고용하여 추가로 벌어들일 수 있는 수입과 추가로 지출되어야 하는 비용을 비교하여 수입이 더 많으면 고용을 늘릴 것이고 지출이 더 많으면 고용을 줄이려 할 것이다. 결국 생산요소 시장의 균형은 한계수입생산물과 한계요소비용이 같아지는 수준에서 결정될 것이다. 즉 $MRP=MFC$가 된다.

> 생산요소 시장의 균형은 한계수입생산물과 한계요소비용이 같아지는 $MRP=MFC$ 수준에서 결정된다.

다음 〈표 5.1〉은 완전경쟁적인 상품시장에서 기업이 생산성과 상품 가격을 고려하여 노동고용량을 결정하는 과정을 보여주고 있다. 우선 자본설비는 고정되고 노동투입량만 변화시킬 수 있는 단기생산을 가정한다. 수확체감의 법칙이 성립하기 때문에 노동투입량이 증가함에 따라 총생산은 증가하지만 추가 증가분인 노동의 한계생산물은 감소하고 있다. 경쟁시장에서는 생산물의 가격(P)이 개별기업의 생산량과 상관없이 일정하게 유지되므로 완전경쟁기업은 시장에서 결정된 상품 가격 5만 원을 받아들인다고 가정하자.

이 경우 총생산물과 가격을 곱한 값이 총노동고용량에 대응하는 총수입이며, 이 총수입의 증가분이 노동의 한계수입생산물(MRP_L)이다. 즉 노동 한 단위를 추가로 고용함에 따른 총수입액의 증가분이다. 하지만 노동을 한 단위 추가로 고용할 때 생산물 판매에 따른 수입이 발생함과 동시에 월급과 같이 노동고용을 위한 비용도 추가로 요구된다. 여기서는 노동시장이 완전경쟁시장이라고 가정하여 한 기업의 노동수요량이 노동가격에 영향을 거의 미치지 못할 만큼 미미하다고 본다. 그러면 노동자를 추가로 고용

표 5.1 완전경쟁시장에서의 노동수요 스케줄

노동투입 L	총생산물 Q_x	한계생산물 MP_L	상품 가격 P_x	총수입 $P_x \times Q_x$	한계수입 생산물 $MRP_L = VMP_L$	한계요소 비용 $MFC_L = W$	이윤
0	0	–	5	0	–	–	0
1	10	10	5	50	50	30	20
2	19	9	5	95	45	30	15
3	27	8	5	135	40	30	10
4	34	7	5	170	35	30	5
5	40	6	5	200	30	30	0
6	45	5	5	225	25	30	−5
7	49	4	5	245	20	30	−10
8	52	3	5	260	15	30	−15

할 경우 추가적으로 발생되는 비용으로서의 임금은 30만 원으로 주어진다.

먼저 기업이 첫 번째 노동자를 고용할 것인지를 살펴보자. 만일 첫 번째 노동자를 고용하게 되면 기업이 얻는 추가적인 수입은 50만 원인 반면에 추가적인 비용은 30만 원이므로 추가적 이윤 20만 원을 얻게 된다. 그러므로 기업은 임금을 지불하고 첫 번째 노동자를 고용할 것이다. 두 번째 노동자에 대해서도 마찬가지로 고용에 따른 추가적 수입이 추가적 비용보다 크기 때문에 고용할 것이다. 이러한 과정을 거쳐서 기업은 VMP_L = W가 되는 다섯 번째 노동자까지 고용할 것이다. 그러나 여섯 번째 노동자를 고용하게 되면 고용에 따른 추가적 비용 30만 원이 추가적 수입 25만 원보다 크기 때문에 고용하지 않을 것이다. 결론적으로 완전경쟁 노동시장에 임금이 30만 원으로 주어진 경우 기업은 이윤극대화를 위해 총 5명을 고용할 것이다.

지금까지 생산물 시장과 생산요소 시장 모두 완전경쟁이라면 이윤극대화를 추구하는 기업은 VMP_L = W가 달성되는 점에서 고용할 것이라는 점을 가상적 사례를 통해 확인하였다. 즉 고용주는 노동 한 단위를 새로 고용함으로써 증가한 생산물로부터 얻는 추가적 수익, 즉 추가적인 노동 한 단위로 생산한 제품을 판매하여 얻게 되는 수입인 노동의 한계생산물가치(VMP_L)만큼을 임금으로 지불하고자 한다. 그리하여 다음과 같은 식이 성립된다. 물론 완전경쟁기업을 가정하므로 여기서 상품 가격 P는 일정하게

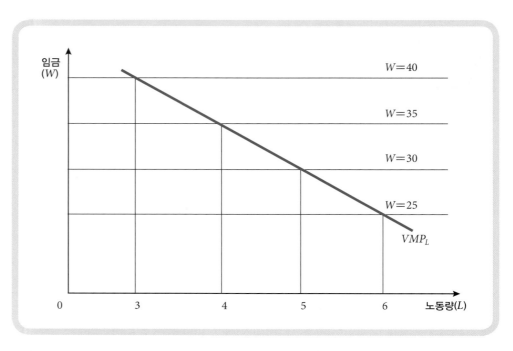

그림 5.2 노동의 한계생산물가치

주어져 있다.

$$VMP_L = MP_L \times P = W$$

그러나 노동의 한계생산물은 노동의 투입이 일정한 수준 이상으로 늘어남에 따라 감소한다. 따라서 노동의 한계생산물가치(VMP_L)도 일정한 수준에서부터 감소한다. 〈그림 5.2〉에서 임금이 30만 원인 경우 5명 미만의 노동자를 고용하면 '$VMP_L > W$'이므로 노동자를 추가로 고용함으로써 기업의 이윤이 증가하고, 반면에 5명 이상의 노동자를 고용하면 '$VMP_L < W$'이므로 고용을 줄임으로써 오히려 이윤이 증가된다. 이러한 논리를 연장하면 기업의 한계생산물가치곡선에서 기울기가 우하향인 부분이 완전경쟁기업의 단기 노동수요곡선이 된다. 왜냐하면 기업의 노동수요곡선은 있을 수 있는 여러 가지 임금 수준에 대응하여 기업이 고용하려고 하는 노동자의 수를 나타내기 때문이다.

2. 생산요소의 공급

일반적으로 생산요소의 경우에도 상품의 공급과 마찬가지로 가격이 높으면 공급이 늘어나고, 가격이 떨어지면 공급이 줄어들 것이라 생각할 수 있다. 그러나 모든 생산요소의 공급곡선이 반드시 오른쪽 위로 향하는 것은 아니다. 예를 들면 토지는 그 양이 한정되어 있기 때문에 공급이 매우 비탄력적이다. 그리하여 단기에는 공급량이 가격과 별상관이 없는 수직의 공급곡선으로 나타난다. 또한 노동의 경우에 임금이 상승하면 일정 기간은 노동 공급량이 증가하므로 개인의 노동공급곡선은 우상향하는 기울기를 가진다. 그러나 노동공급곡선은 언제나 우상향한다고 할 수는 없다. 여가에 대한 수요가 노동자의 소득에 따라 달라질 수 있기 때문이다. 여가는 정상재이기 때문에 소득이 늘어나면 그 수요도 늘어난다. 따라서 임금률이 일정한 수준 이상으로 상승하면 고소득으로 인한 여가의 증가, 즉 노동시간의 감소가 나타나는데, 이 경우에는 노동공급곡선이 전체적으로 뒤로 굴절된 좌상향(우하향)하는 형태를 보인다.

좀 더 구체적으로 살펴보자. 개인의 노동 공급에 대한 의사결정은 다음과 같은 전제하에서 이루어진다고 가정한다.

첫째, 노동자는 주어진 여건하에서 효용을 극대화하려고 한다.

둘째, 노동자가 이용 가능한 하루의 시간은 여가와 노동에만 이용된다.

일반적으로 노동 공급을 많이 할수록 많은 임금소득을 얻게 되지만 그만큼 여가시간은 줄어든다. 물론 여가시간이 늘어나면 좋겠지만 그러면 노동소득이 줄어들어 여가 이외의 상품들에 대한 소비가 줄어든다. 여가가 늘어 효용이 증가하는 한편 다른 상품 소비가 줄어들어 효용이 감소하는 양면을 갖게 된다. 따라서 노동과 여가시간을 적절히 배분하여 효용이 최대가 되도록 하는 것이 중요하다.

이때 시간당 임금이 상승하면서 나타나는 효과로 대체효과와 소득효과가 있다. 먼저 여가를 즐기는 대신 그 시간에 노동을 하면 소득을 벌 수 있다. 즉 여가를 즐기면 임금소득을 포기해야 한다. 따라서 임금은 여가의 기회비용이다. 즉 임금 상승은 여가의 기회비용이 높아짐을 의미한다. 따라서 상대적으로 비싸진 여가의 소비를 줄이고자 한다. 이처럼 임금 상승에 의해 여가시간이 감소하고 노동 공급이 증가하는 효과를 **대체효과**라고 한다. 그리고 여가는 소득이 늘어남에 따라 수요가 증가하는 정상재이므로 임

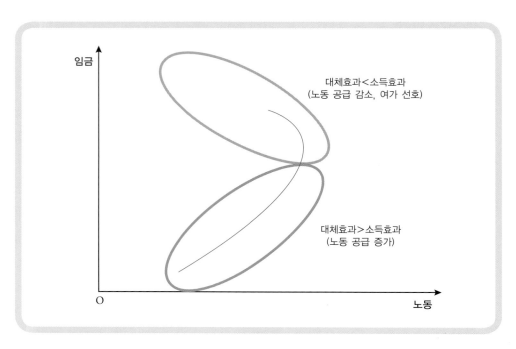

그림 5.3 후방굴절 노동공급곡선

금 상승으로 가계소득이 증가하면 여가를 늘리고자 한다. 이와 같이 임금이 상승함에 따라 일을 적게 하고도 소득이 증가하므로, 노동 공급을 줄이고 여가의 소비를 늘리는 것을 **소득효과**라고 한다.

따라서 시간당 임금의 상승에 따른 노동자 개인의 전체 노동 공급 시간은 임금이 상승할 경우 노동 공급이 증가하는 대체효과와 노동 공급이 줄어드는 소득효과의 상대적 크기에 따라서 달라진다. 만일 '소득효과<대체효과'일 경우 전체 노동 공급 시간은 증가하며, 이런 경우 노동공급곡선은 우상향하지만, '소득효과>대체효과'일 경우 전체 노동 공급 시간은 줄어들며, 노동공급곡선이 후방으로 굴절되는 형태를 보인다. 물론 현실적으로는 대부분 대체효과가 소득효과보다 크게 나타난다.

〈그림 5.3〉처럼 일을 더 해 소득을 더 얻는 대신 여가를 선호하게 되면 노동의 공급곡선은 일정 기간까지는 우상향하다가 어떤 점을 지나서는 좌상향하는 **후방굴절 공급곡선**(backward bending supply curve)의 모양을 지니게 될 수도 있다. 따라서 생산물 시장에서 재화의 공급곡선은 항상 우상향한다고 생각할 수 있지만 생산요소의 공급곡선이 반

드시 그렇다고는 할 수 없다. 그러나 논의의 편의를 위해 일단 생산요소의 공급곡선도 우상향한다고 가정한다.

3. 생산요소 가격의 결정

노동을 예로 들어 생산요소의 가격과 균형고용량의 결정을 알아보자. 경쟁시장에서는 노동의 수요와 공급에 의해 균형임금과 균형고용량이 결정된다. 노동의 균형임금은 〈그림 5.4〉에서 보는 바와 같이 노동의 공급곡선과 수요곡선의 교차점에서 결정된다.

만약 임금이 W_1이라면 노동의 수요에 비해 공급이 많아서 초과공급(실업)이 발생한다. 이때는 노동자들 간에 일자리 구하기 경쟁이 나타나 임금이 하락할 것이다. 만약 임금이 W_2라면 노동의 수요가 노동의 공급보다 많아서 초과수요(노동의 부족)가 발생한다. 이때는 기업들의 노동자 구하기 경쟁으로 인해 임금은 상승할 것이다. 반면에 임금이 W_0이면 노동의 수요와 공급이 정확하게 일치하여 임금의 상승 압력이나 하락 압력이 작용하지 않을 것이다. 이때의 임금 W_0를 **균형임금**이라 하며, 이에 대응하는 고용량 L_0를 **균형고용량**이라 한다.

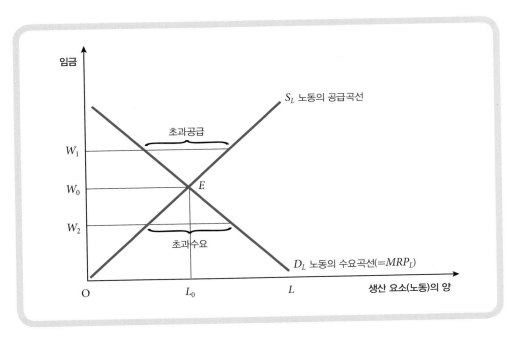

그림 5.4 생산요소의 수요와 공급

4. 지대와 경제적 지대

생산요소의 가격과 수급량은 일반적으로 생산요소의 수요와 공급에 의해 결정된다고
생각할 수 있다. 그러나 생산요소는 일반 상품과 달리 매우 특수한 성질을 가지고 있기
때문에 생산요소의 가격결정에 대해서는 다양한 학설이 제기되어 왔다. 여기서는 생산
요소 가운데 토지를 대상으로 하여 생각해본다.

1) 지대

일반적으로 지대(rent)란 토지를 사용하는 대가, 즉 엄밀히 말하면 생산과정에 사용되
는 토지 서비스에 대한 가격으로 정의되고 있다. 따라서 지대는 토지의 매매 가격인 지
가와는 다른 개념이다. 현실 경제에서는 토지를 빌려서 사용하는 경우가 토지를 소유
하면서 사용하는 경우보다 많기 때문에 지가보다 지대에 더 많은 관심을 기울일 수밖에
없다.

그런데 토지 문제는 그리 간단하지 않다. 토지는 공기와 같이 자연에 의해서 주어진
것이다. 그런데도 공기에는 가격이 없지만 토지에는 그 사용료를 지불해야 한다. 그 이
유는 어디에 있을까? 우선은 공기와 달리 토지는 그 공급량이 한정되어 있기 때문이다.
또 한 가지는 개별 토지마다 고유한 특성이 있기 때문이다. 농사짓는 데는 비옥도가 가
치를 결정하고, 상업의 경우에는 유동인구의 크기와 같은 입지가 다르다. 금을 캐는 사
람에게는 매장량이 중요하다. 이처럼 공기와 달리 토지에 사용료인 지대가 발생하는 근
본 원인은 토지의 공급이 제한되고 토지마다 고유한 성질을 지니고 있다는 것이다.

원래 지대란 전통적으로 토지를 소유한 지주들에게 귀속되는 소득을 말하는 용어로
과거에 토지의 경우에는 곡물을 재배하는 것 말고는 다른 용도로 사용되는 사례가 없었
다. 따라서 지주 스스로 토지를 경작하지 않는 한 토지에 대한 기회비용은 발생하지 않
는다고 보아야 할 것이다. 따라서 빈 땅을 누군가 이용할 경우 그 사람이 지불해야 할
적정 임대료 수준의 근거는 어디서 찾아야 하는가 하는 문제가 발생한다. 지대의 결정
에 관해서는 대체로 다음과 같은 학설이 있다.

(1) 차액지대

차액지대(differential rent)는 리카도(D. Ricardo)가 주장한 것이다. 같은 토지에 자본이

나 노동의 투입량을 증가시켜 나가면 '수확 체감' 현상 때문에 수확의 증가분은 점차로 감소하게 된다. 만일 인구가 적고 토지의 비옥도가 높은 경우에는 수확량이 가장 많고 비옥한 토지만을 경작하더라도 인구를 부양하기에 충분할 것이다. 그러나 인구가 늘어나 곡물 수요가 증가하면 덜 비옥한 토지를 경작하거나 기존의 토지를 더욱 집약적으로 이용할 수밖에 없다. 이때 이러한 토지에서 경작이 이루어지려면 생산물의 가격을 보장할 수 있을 만큼 농산물 가격이 높아져야 한다. 이렇게 농산물 가격이 상승하면 보다 비옥한 토지에서는 생산비를 초과하는 잉여를 얻을 수 있다. 리카도는 이 잉여를 지주가 지대로 취한다고 보았으며, 비옥도나 위치 등의 차이에 의해 발생한다고 하여 차액지대라고 했다.

구체적인 예를 들어 살펴보자. 생산성에 따라 각 토지에 등급을 매겼다고 가정하자. 이런 과정에서 2등급 토지에 대한 수요가 발생하면, 1등급 토지의 소유자들은 소작농들로부터 지대를 받을 수 있다. 이때 지대는 1등급 토지와 2등급 토지의 생산력 차이에 의해 결정된다. 생산성이 더 높은 토지를 사용하기 위해서는 추가적인 비용을 부담하라고 요구할 수 있기 때문이다. 같은 방식으로 3등급의 토지에 대한 수요가 발생할 경우 2등급 토지의 소유자들은 2등급 토지와 3등급 토지의 생산력 차이만큼 지대를 받을 수 있다. 결국 지대라는 것은 공급이 비교적 제한되어 있는 요소에 대한 대가로서의 성격을 갖는다. 공급이 제한되어 있기 때문에 생산성이 떨어지는 토지까지 사용하게 되는 상황이 발생하는 것이다. 만약 생산성이 높은 토지가 무한히 많다면 지대가 형성되기 어려울 것이다.

(2) 절대지대

절대지대(absolute rent)는 마르크스(K. Marx)가 주장한 것이다. 자본주의 사회에서는 아무리 열등지라도 지주가 토지를 무상으로 임대하지는 않는다. 이처럼 비옥도와 위치 등이 가장 나쁜, 즉 한계지에서 지주가 요구하는 지대를 절대지대라고 한다.

(3) 준지대

준지대(quasi-rent)는 마셜(A. Marshall)이 주장한 것이다. 그는 내구 자본 설비에 지대 개념을 적용하여 내구 자본 설비가 주는 서비스에 대해 지불되는 대가를 준지대라고 했다. 즉 기계나 설비와 같은 내구 자본 설비는 그 공급이 장기적으로는 가변적이지만, 어떤 것은 단기적으로 토지와 같이 고정적이기 때문에 지대의 성질을 띤다고 볼 수 있다. 이처럼 어떤 것이 단기적으로 공급이 고정될 때 이것 때문에 생기는 수입을 준지대라고 한다.

이렇게 볼 때 지대 이론은 토지에만 국한되는 것이 아니라 공급이 고정되는 경우에는 모든 생산요소에 적용될 수 있게 되며, 공급이 완전히 고정된 생산요소가 얻게 되는 보수를 지대라고 한다. 즉 단기, 장기를 막론하고 공급이 일정하게 고정된 생산요소가 생산과정에 참여하여 얻는 보수가 지대인 것이다. 준지대가 지대와 다른 점은 준지대는 단기적으로만 존재하고 장기적으로 그 요소의 공급이 증가하면 없어진다는 점이다.

2) 경제적 지대

이처럼 현대 경제학에서는 지대의 정의를 확대시켜 어떤 형태의 생산요소라도 그것을 사용함으로써 얻는 수입과 그 생산요소의 실제 공급 가격 간의 차액을 지대라는 개념으로 표현한다. 전통적인 지대와 달리 지대의 개념을 확장하여 적용한 개념으로 **경제적 지대**(economic rent)가 있다. 경제적 지대란 생산요소에 지급되는 비용 중에서 그 생산요소가 공급되도록 유도하는 데 필요한 금액을 초과하는 부분을 말한다. 어떤 생산요소를 현재의 용도에 사용하기 위해 지불해야 하는 최소한의 비용을 **전용수입**(transfer earnings)이라고 하는데, 경제적 지대란 바로 전용수입을 초과하여 지급한 비용이다. 이러한 개념 확대에 의해 지대란 단순한 토지 사용료뿐만 아니라 다른 생산요소의 경우에도 적용될 수 있게 되었다.

> 경제적 지대란 생산요소에 지급되는 비용 중에서 그 생산요소가 공급되도록 유도하는 데 필요한 금액, 즉 어떤 생산요소를 현재의 용도에 사용하기 위해 지불해야 하는 최소한의 비용인 전용수입을 초과하여 지급한 비용을 말한다

기업이 생산활동을 수행하는 과정에서 노동력을 활용한 경우에는 임금을, 자본을 이용한 경우에는 이자를, 그리고 토지를 사용한 경우에는 임대료 내지 지대를 지불해야 한다. 그렇다면 특정 생산요소를 사용한 대가를 지불할 때 고려해야 할 중요한 요인 중 하나가 기회비용이다. 왜냐하면 노동을 공급하는 경우에는 여가를 포기해야 하고, 자

본의 경우에는 현재의 소비를 포기해야 한다. 따라서 기회비용은 생산요소 가격을 측정하는 데 중요한 판단 기준이 된다.

가령 특정인을 근로자로 계속 고용하고자 하는데, 해당 근로자는 이미 다른 직장에서 지금 받는 연봉의 2배를 약속받고 이직을 권유받고 있는 상태라고 하자. 그렇다면 이 사람이 지금 다니는 회사를 계속 다니면, 이직으로 인한 연봉 상승분을 포기해야 한다. 따라서 이러한 사람을 현재 회사에서 계속 근무하게 하려면 해당 근로자의 기회비용 이상의 임금을 지급해야만 할 것이다. 자본의 경우도 마찬가지다. 특정 자본을 활용하기 위해서는 해당 자본을 다른 곳에 투자했을 때 얻을 수 있는 이자 수익 이상을 제공하지 않으면 계속해서 활용하기 어렵다.

바로 이러한 이유로 기회비용은 생산요소의 이용료 수준을 결정함에 있어서 반드시 고려해야 할 요인 중 하나이다. 이때 기업의 입장에서 생산요소를 현재 용도로 사용하기 위해 지급하는 최소의 비용이 바로 전용수입이다. 이러한 전용수입은 공급자 입장에서는 생산요소를 현재의 고용 상태에 제공하는 것과 관련한 기회비용이다. 그리고 경제적 지대는 그 생산요소가 실제로 얻고 있는 수입에서 전용수입을 뺀 값이다. 즉 어떤 생산요소에 대해서도 전용수입을 초과하는 사용료는 모두 경제적 지대가 된다.

Ⅱ 소득 불평등과 분배

1. 소득 분배의 개념

경쟁적 시장기구는 소득 분배(income distribution)의 불평등을 초래하기 마련이다. 이 때문에 정부는 소득 분배를 개선하는 정책을 시행하고자 한다. 이를 위해서는 먼저 소득의 분배 상태를 정확히 파악해야 한다.

소득의 분배 상태를 파악하는 방식은 기능별 소득 분배와 계층별 소득 분배로 나누어진다. 기능별 소득 분배(functional distribution of income)는 노동, 자본, 토지 등 생산요소가 생산과정에서 수행한 기능별 기여도에 따라 그 소유자들에게 얼마만큼씩 소득이 돌아가는가를 따져보는 것이다. 각 생산요소 시장에서 결정되는 요소 가격과 요소 고용량을 곱하면 그 요소의 제공자들에게 돌아간 소득의 크기를 알 수 있다.

그러나 현대의 복잡한 경제에서 이와 같은 도식적 구분은 점차 그 의미를 잃어 가고 있다. 무엇보다 사람들이 소득을 모두 생산 기능에 따라 분배받게 된다면 노동능력이 없는 사람들은 소득을 분배받지 못한다. 그러므로 소득 분배는 사람을 기준으로 따져야 된다는 것이 소득의 인적 분배 이론이다. 그런데 이는 결국 소득계층 간의 분배 상태를 나타내므로 계층별 소득 분배(size distribution of income)라고 한다.

2. 소득 불평등의 발생 원인과 측정

1) 소득 불평등의 원인

소득 격차가 발생하는 원인은 다양하다. 첫째, 개인적 요인으로서 개인들 간 능력의 차이를 들 수 있다. 이러한 능력의 차이는 유전적인 요인도 있겠지만 생활환경의 차이에서 비롯되기도 하고, 개인적인 교육이나 훈련의 차이에서도 발생할 수 있다.

둘째, 사회적·정책적 요인으로서 성별·학별·인종이나 종교, 신분 제도, 노동 조건의 차이 등 여러 면에서 차별이 존재하는 경우에는 개인의 능력 또는 노력과 별 관계 없이 소득 불평등이 발생할 수 있다. 이러한 불평등은 사회 제도가 민주화될수록 감소하지만, 조세 제도가 간접세 중심일수록, 또 역진적일수록 증가하게 된다.

셋째, 개인 간의 불공평한 자산 보유 상태는 소득 분배의 불균형을 야기하는 주요 요인이다. 대부분의 노동자들에게 있어 소득의 주된 부분은 노동이며, 자산소득의 비중은 적다. 이에 비해 자본가의 소득에서는 인적 소득은 적은 반면 자산소득의 비중은 높다. 노동자 가계와 자본가 가계는 이와 같이 소득의 원천에서부터 뚜렷하게 구분될 뿐 아니라 소득의 크기에서도 큰 차이가 나타나기 쉽다.

2) 소득 불평등의 측정

한 국가 내의 모든 가계를 소득의 원천에 관계없이 소득의 크기에 따라 차례로 배열하여 상이한 소득계층의 소득이 총소득 중 차지하는 비율을 살펴봄으로써 소득 분배의 불평등 정도를 판단하는 것이 계층별 소득 분배이다. 이러한 계층별 소득 분배를 측정하는 방법으로는 10분위 분배율, 로렌츠 곡선, 지니계수 등이 있다.

(1) 10분위 분배율

10분위 분배율(deciles distribution ratio)이란 전체 가구를 소득이 낮은 수준부터 차례대로 10등분으로 분류하여 소득이 제일 낮은 첫 번째 10%를 1분위, 두 번째 10%를 2분위, 같은 방법으로 아홉 번째 10%를 9분위, 열 번째 10%를 10분위로 하여 최하위 40% 계층의 소득 점유율과 최상위 20% 계층의 소득 점유율 간의 비율을 측정하는 것이다.

$$10분위 분배율 = \frac{최하위\ 40\%\ 소득계층(저소득층)의\ 소득\ 점유율}{최상위\ 20\%\ 소득계층(고소득층)의\ 소득\ 점유율}$$

따라서 소득 분배가 완전히 평등하면 최하위 40% 계층의 소득 점유율이 40%, 최상위 20% 계층의 소득 점유율이 20%이므로 10분위 분배율은 2가 되고, 소득 분배가 완전히 불평등하다면 최하위 40%의 소득 분배율이 0이므로 10분위 분배율은 0이 된다.

이와 같이 10분위 분배율은 수치가 클수록 하위계층의 소득 점유율이 높아지기 때문에 소득 분배 상태가 개선되어 가는 것이며, 수치가 작을수록 하위계층의 소득 점유율이 낮아지기 때문에 소득 분배가 불평등해지는 것이다. 대체로 10분위 분배율의 수치가 0.45 이상일 경우를 고균등 분배, 0.35 이상 0.45 미만일 경우를 균등 분배, 0.35 미만일 경우를 저균등 분배라고 한다.

최근에는 5분위 배율도 많이 이용되고 있다. 5분위 배율은 소득 수준 상위 20%의 소득 점유율을 하위 20%의 소득 점유율로 나눈 것이다. 즉 전체 가구를 소득별로 20%씩 5개 계층 분위로 나눴을 때 가장 높은 5분위의 소득 점유율을 가장 낮은 1분위의 소득 점유율로 나눈 것이다. 소득배율은 고소득자와 저소득자 간 소득 격차를 나타내는 것으로, 상위 20%가 많이 가질수록 5분위 배율의 값은 커진다. 그래서 5분위 배율은 그 값이 낮을수록 소득 분배가 평등하게 이루어진다고 할 수 있고, 반면 배율이 높을수록 소득 불평등은 크다.

$$5분위 배율 = \frac{상위\ 20\%(고소득층)의\ 소득\ 점유율}{하위\ 20\%(저소득층)의\ 소득\ 점유율}$$

(2) 로렌츠 곡선

로렌츠 곡선(Lorenz curve)은 사회 구성원을 최저 소득층에서 최고 소득층에 이르기까지 소득순으로 정렬하여 각 소득층에 속하는 사람들이 전체 소득 가운데 얼마만큼의 소득을 점유하고 있는가를 누적적인 비율로 나타낸 곡선이다. 즉 이는 소득자의 누적 점유율과 소득액의 누적 점유율 사이의 대응관계를 그림으로 나타낸 것이다. 〈그림 5.5〉처럼 로렌츠 곡선은 가구 누적 점유율을 가로축에, 소득의 누적 점유율을 세로축에 표시한 사각형에서 계층별 소득 분배를 나타낸 것이다.

예를 들면 최하위 20% 가구의 소득 점유율이 10%에 해당한다면 양자의 관계는 a점으로 표시된다. 그리고 사회 전체 소득자 가운데 저소득계층 80%의 소득 점유율이 64%라면 양자의 관계는 b점으로 표시된다. 이와 같이 하여 각 가구의 누적 백분율에 대응하는 소득액의 누적 백분율을 구하고, 이 점들을 연결하면 $OabO'$와 같은 활 모양의 선이 나타나는데, 이것이 바로 로렌츠 곡선이다.

만약 소득 분배가 완전히 불평등하다면 모든 소득은 단 한 사람에게만 집중될 것이기 때문에 전체 소득계층의 소득 점유율은 0이었다가 마지막 한 사람의 소득 점유율이 100%가 되기 때문에 로렌츠 곡선은 OTO' 선이 될 것이다. 따라서 로렌츠 곡선은 대각

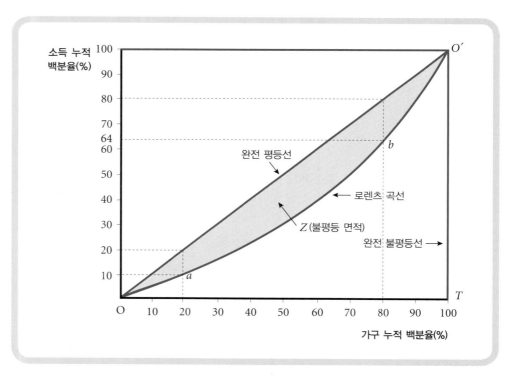

그림 5.5 로렌츠 곡선

선에 가까울수록 소득 분배가 평등한 상태이고, 대각선에서 멀수록 불평등한 상태가 된다.

(3) 지니계수

로렌츠 곡선은 소득 분배 상태를 그림으로 한눈에 볼 수 있다는 장점이 있지만 하나의 숫자로 표시할 수 없어 여러 나라의 소득 분배 상태를 비교할 수 없다는 단점이 있다. 이러한 단점을 보완해 하나의 숫자로 표시한 것이 지니계수(Gini coefficient)다.

지니계수는 로렌츠 곡선에서 완전 평등선 아래의 면적과 로렌츠 곡선 자체의 면적 비율로 나타낸 것으로 다음과 같은 공식으로 구할 수 있다.

$$\text{지니계수}(G) = \frac{\text{대각선과 로렌츠 곡선 사이의 면적}(Z)}{\triangle OTO'}$$

따라서 소득 분배가 완전히 평등하다면 분자 면적이 0이므로 지니계수는 0이 되고, 완전히 불평등하다면 분자 면적이 삼각형 OTO'이므로 지니계수는 1이 된다. 따라서 지니계수는 0과 1 사이의 값으로 나타나는데, 소득 분배가 평등할수록 0에 가까워지고, 불평등할수록 1에 가까워진다. 그리고 대체로 이 수치가 0.5 이상이면 저균등 분배, 0.4 이상 0.5 미만이면 중균등 분배, 0.4 미만이면 고균등 분배로 구분한다.

지니계수는 분배의 상태를 평가하는 지표로 가장 많이 사용되고 있다. 근로소득, 사업소득의 정도는 물론 부동산, 금융자산 등의 자산 분배 정도도 파악할 수 있다. 그러나 지니계수는 소득이 얼마나 균등하게 분배되었느냐 하는 한 가지 차원에서만 평가하는 것일 뿐, 누가 어떤 식으로 어느 정도의 소득을 얻고 있느냐 하는 것이 감안된 것이 아니다. 따라서 지니계수에 의한 분배 상태의 평가는 우리가 실제로 느끼는 것과는 상당히 다를 수 있다. 최근에는 중위소득의 50%를 빈곤기준선으로 잡아 이에 미치지 못하는 인구의 비율을 나타내는 상대적 빈곤율도 주요한 소득분배지표로 활용되고 있다.

> 지니계수는 0과 1 사이의 값으로 나타나는데 대체로 소득 분배가 평등할수록 0에 가까워지고, 불평등할수록 1에 가까워진다. 그리고 대체로 이 수치가 0.5 이상이면 저균등 분배, 0.4 이상 0.5 미만이면 중균등 분배, 0.4 미만이면 고균등 분배로 구분한다.

3. 한국의 소득 분배 구조

일반적으로 소득 분배는 선진국일수록, 임금 격차가 작을수록 평등하게 나타난다. 또 가구별 자산 소유 정도의 차이가 크지 않을수록 분배 형평성도 높아진다.

〈표 5.2〉에서 볼 수 있듯이 우리나라의 지니계수는 1997년에 0.264로 낮아서 소득 분배가 상대적으로 평등하였다. 그러던 것이 IMF 사태가 생기면서 1999년에 0.298로까지 악화되었고, 외환위기를 극복한 후 2003년까지는 많이 개선되었다. 하지만 이후 계속 악화되어 2009년에는 0.320을 기록했다. 5분위 분배율로 파악해 보아도 외환위기를 겪은 이후 2003년까지 소득 불평등이 상당 부분 해소되었으나 그 이후 다시 소득 분배가 악화되었음을 보여주고 있다.

소득 불평등은 어떤 방식으로 어떤 기초 자료를 이용하느냐에 따라 결과가 다양하게 나타난다. 예컨대 현행 지니계수는 노동자 계층의 임금소득 격차만 보여줄 뿐 부동산·금융자산에서 나오는 자산소득은 포함시키지 않는다. 시장경제의 경쟁체제는 사유재산을 기반으로 하기 때문에 부의 본질적인 격차는 개인적인 능력의 차이에서보다는 자산의 소유에 따라 발생한다. 그러므로 부는 소득보다 격차가 훨씬 더 크기 때문에 소득 지니계수로 분배 불평등 수준을 재는 것은 한계가 있다.

한국 경제는 외환위기 이후 경기침체로 인한 실직 및 비정규직 증가, 학력별 임금 격차 확대, 고령화 진전에 따른 독신가구 증가 등의 현상이 나타나고 있다. 더구나 산업구조의 변동은 소득 분배 악화의 보다 근본적인 원인이 될 수 있다. 외환위기 이후 우리 경제의 새 패러다임으로 자리 잡은 글로벌 스탠더드의 확산과 정보통신기술을 중심으로 한 기술 발전은 소득 분배를 더욱 악화시킬 것이라는 전망이 많다. 인터넷 등 첨단기

표 5.2 도시 근로자 가구 소득분배지수

분배지표별	1997	1999	2001	2003	2005	2007	2009	2011	2013	2015	2016
지니계수	0.264	0.298	0.290	0.283	0.298	0.316	0.320	0.313	0.307	0.307	0.317
5분위 배율 (단위 : 배)	3.97	4.93	4.66	4.66	5.17	5.79	6.11	5.96	5.70	5.67	6.27
상대적 빈곤율 (중위소득 50% 미만, 단위 : %)	8.7	12.2	11.3	12.1	13.6	14.9	15.4	15.0	14.5	14.2	15.4

자료 : 통계청

소득으로 본 난쟁이와 키다리

네덜란드의 경제학자 펜(I. Pen)이 쓴 **소득 분배**라는 책에 현실의 소득 불평등 상태를 잘 말해 주는 아주 재미있는 내용이 있다. 펜은 가상의 가장행렬을 연출한다. 그 행렬에는 소득을 가진 모든 사람이 출연한다. 흥미로운 것은 출연하는 사람들의 키가 각자의 소득에 비례한다는 점이다. 소득이 많은 사람은 키다리로, 평균 소득을 가진 사람은 평균 신장(170cm)으로, 소득이 적은 사람은 난쟁이로 출연한다.

이 가장행렬은 영국에서 1시간 동안 벌어진다. 영국의 모든 인구 모델이 1시간 동안에 모두 출연해야 하므로 빠르게 진행된다. 가장행렬에 처음 등장하는 사람들은 머리를 땅속에 파묻고 거꾸로 나타난다. 거꾸로 서 있다는 것은 키가 마이너스(즉 소득이 마이너스)라는 뜻이다. 즉 파산한 사업가나 빚진 사람들이 이들이다.

거꾸로 선 사람들이 지나가고 나면 마치 개미처럼 땅바닥에 붙어 선 사람들이 등장한다. 신문 배달 소년, 시간제로 일하는 주부 등 소득이 아주 적은 사람들이다. 이들은 소인국 사람들처럼 키가 몇 cm밖에 되지 않는다.

이들이 지나가고 나서 한참 뒤에 키가 1m도 안 되는 난쟁이들이 등장한다. 정부가 주는 보조금으로 살아가는 노약자와 실업자, 장사가 안 되는 노점상, 사람들이 알아주지 않는 천재 화가 등

이 그들이다. 그다음에는 1m가 조금 넘는 사람들이 등장한다. 청소부, 지하철 집표원 등 저임금 노동자들이다. 이때도 '레이디 퍼스트'의 원칙이 지켜져 여성들이 먼저 등장한다. 그러나 이것은 여성들의 임금이 남성보다 적다는 것을 의미한다.

이렇게 30분이 지나도록 계속 난쟁이들만 등장한다. 그래서 펜은 이를 '난쟁이의 행렬'이라고 불렀다. 이것은 한 사회 내에 소득이 적은 사람들이 그렇게 많다는 것, 다시 말해 소득 분배가 불평등하다는 것을 의미한다.

가장행렬이 시작된 후 40분이 지났을 때에야 비로소 평균 신장(170cm)의 사람들이 등장한다. 이것은 사회의 대다수가 평균 소득에도 미치지 못하는 사람들이라는 것을 의미한다. 이후에 등장하는 사람들은 키가 급속히 커진다. 54분이 되면 키가 2m가 되는 키다리들이 등장한다. 대졸 회사원, 교장 등이다. 그다음에는 5m가 되는 거인들이 등장하는데 이들은 군 대령, 국영기업 기술자, 성공 못한 변호사 등이다. 59분이 되면 8~12m나 되는 거인들이 등장하는데 대학교수, 대기업 중역, 고등법원판사 등을 상징하며, 그다음에는 20m가 되는 거인들이 수입 좋은 회계사, 의사, 변호사들을 상징하며 등장한다.

마지막 몇십 초를 남겨 놓고는 수십 미터의 초거인들이 등장한다. 이들은 주로 유명한 대기업의 중역들이고, 일부는 왕족들이다. 영국 여왕 엘리자베스 2세의 남편인 필립 공은 60m이고, 석유회사 '로열 더치 셸'의 전무는 110m이다. 마지막 몇 초에 등장하는 사람들은 키가 너무 커서 얼굴이 구름에 가려져 있으며, 마일(1마일=1.6km) 단위로 키를 재야 한다. 대부분 거대한 유산을 물려받은 사람들이다. 영국의 유명한 가수 톰 존스도 1마일의 키를 자랑하며 등장한다. 맨 나중에

등장하는 석유왕 폴 게티는 키가 10마일이 되는지 20마일이 되는지 알 수가 없을 정도이다.

이와 같이 소득에 비례하도록 키를 조정하여 가장행렬을 펼쳐 보니, 대다수가 난쟁이고 키다리는 소수에 불과하다. 이를 통해 한 사회 내에는 소득이 적은 사람(난쟁이)이 대다수이고 소득이 많은 사람(키다리)은 적다는 것을 알 수 있다.

출처 : KOSIS 통계교실

술을 바탕으로 한 정보화로의 산업 구조 변화는 새로운 사업기회를 창출하며, 거기에 기민하게 적응하여 높은 투자 수익률을 올리는 소수와 그렇지 못한 다수를 만들어낼 것이라는 예상이다. 그러므로 시간이 흘러 사회 구성원의 대다수가 정보화에 적응할 때까지 소득 분배가 악화될 가능성이 있다.

4. 소득 재분배정책

어떻게 분배하는 것이 공정한 분배인가? 모든 사람이 똑같은 소득을 받는 것, 즉 결과의 균등이 공정한 분배인가? 일을 열심히 한 사람과 게을리한 사람, 일을 전혀 하지 않은 사람이 모두 똑같은 소득을 받는 것은 불공정한 분배이다.

자본주의의 초기 단계에서는 생산에 공헌한 정도에 따라 소득을 분배하는 것이 공정한 분배라고 생각했다. 그러나 이 원칙을 적용할 수 없는 노약자나 병자, 장애자, 비자발적 실업자 등이 있다. 이 때문에 거의 모든 국가에서 계층 간의 소득 격차를 완화하기 위해 정부가 나서서 조세제도와 정부지출을 통하여 '소득 재분배정책'을 펴고 있다.

조세제도의 대표적인 예는 소득이 높아질수록 더 높은 세율을 적용하는 누진세이다. 조세부담이 누진적이면 조세를 납부하기 전의 소득 격차보다 납부한 후의 소득 격차가 줄어든다. 소득 재분배를 목적으로 하는 조세제도의 또 다른 예는 저소득층이 많이 소비하는 상품에 대해서 세금을 낮추거나 부가가치세를 면제해주는 반면, 고소득층이 주로 사용하는 상품에 대해서는 특별소비세 등을 통해 세금을 높이는 방식의 조세제도가 있다.

한편 정부지출을 통한 소득 재분배정책은 조세제도에 비해 보다 구체적이고 직접적이다. 소득 재분배를 목적으로 하는 정부지출은 주로 저소득층을 대상으로 사회복지비를 중심으로 이루어지기 때문이다. 사회복지비는 저소득층의 최저생계비를 위한 지출이나 노약자, 장애자, 소년 · 소녀가장 등 경제적으로 자립하기 어려운 계층의 생계보조나 경제적 자활을 위해 지출되는 것을 말한다. 이러한 **사회보장제도**(social security system)는 19세기 말 이래 도입되어 이들에게도 인간다운 삶을 위해 필요한 최소한의 생계를 보장함으로써 공헌도 원칙을 보완하고 있다.

그러나 조세제도 혹은 정부지출을 통한 소득 재분배정책은 빈곤을 근본적으로 퇴치하지 못한다는 한계가 있다. 동시에 소득 재분배정책은 경제의 전반적인 효율성을 떨어뜨려 근본 취지와는 달리 가난한 사람들의 생활수준을 높이지 못할 수도 있다. 이를 보완하기 위해서는 기회 균등이 중요하다. 즉 모든 사람이 타고난 능력을 차별받지 않고 최대한 발휘할 수 있도록 동등한 기회가 부여되어야 한다는 것이다. 기회의 균등이 보장되어야만 계층 간의 유동성이 커져 건강한 사회가 이루어지기 때문이다. 계층 간의 유동성이란 가난한 사람도 열심히 노력하면 잘사는 계층이 될 수 있다는 것을 의미한다. 다만 모든 사람이 동등한 천부적 능력을 타고난 것이 아니기 때문에 기회의 균등이 결과의 균등으로 보완되는 것이 바람직하다고 볼 수 있다.

■ 시장실패와 정부 개입

일반적으로 자유로운 시장경제체제에서는 자원이 효율적으로 배분되고 사회적 후생이 극대화된다. 하지만 현실적으로는 경제행위를 시장에만 맡기게 되면 자원의 효율적 배분이 이루어지지 않고 사회적 후생도 극대화되지 않는 상황이 발생할 수 있다. 그것은 규모의 경제, 공공재, 외부효과, 불확실성 등이 존재하기 때문이다. 이러한 상황을 종합적으로 일컬어서 시장실패라고 부른다. 그리고 이러한 시장실패가 일어나는 경우에 정부는 시장에 개입하여 민간부문의 경제활동을 일정 수준에서 규제하게 된다. 그러나 시장의 가격 기구가 완벽하지 못하여 시장실패가 발생하였듯이, 정부의 역할이 증대될수록 정부의 실패 사례도 나타나고 있다.

I 자원배분의 효율성

1. 파레토 최적

경제 상태를 비교 평가하는 지표는 효율성, 형평성, 안정성, 성장성 등이 있다. 이 중에서 효율성을 고려할 때 가장 기본적이고 일반적인 개념이 **파레토 효율성**(Pareto efficiency)이다. 일반적으로 효율적이라는 용어는 '투입된 비용에 비해 획득하는 것이 상대적으로 많은 경우'를 말한다. 하지만 파레토 효율성에서 정의하는 효율성은 '타인에게 손해를 끼치지 않고는 어떤 사람을 더 나은 상태로 만들 수 없는 상황에 도달한 것'을 의미한다.

가령 배 10개가 존재하는 상황을 생각해보자. 한 사람은 5개, 다른 한 사람은 4개를 가지고 있다면 둘 중 한 사람은 다른 사람이 가지고 있는 배를 가져오지 않고도 1개의 배를 더 소유할 수 있다. 이른바 개선의 여지가 있는 것이다. 하지만 만일 두 사람이 5개씩 나눠 갖고 있다면 한 사람이 더 많은 배를 얻기 위해서는 다른 사람의 배를 빼앗아야 한다. 이러한 두 가지 상황에서 앞의 경우는 현재보다 더 나은 어떤 상태가 존재하는 것을 의미하며, 따라서 개선의 여지가 있기 때문에 효율적이지 않다고 정의된다. 후자의 상태는 현재보다 더 나은 상태가 존재하지 않기 때문에 더 개선될 여지가 없다. 이처럼 더 나아질 수 있는 상태가 없는 경우 그것은 결국 현재의 상황이 가장 효율적이라는 것을 의미하는데, 이를 '파레토 효율성'이라고 부른다.

결국 파레토 효율성은 실현 가능하고 더 이상 파레토 개선을 할 수 없는 배분 상태이다. 즉 하나의 자원배분 상태에서 다른 사람에게 손해가 가도록 하지 않고서는 어떤 한 사람에게 이득이 되는 변화를 만들어내는 것이 불가능할 때 이 배분 상태를 파레토 효율적이라고 한다. 파레토 효율성은 소비와 생산 단계에서 각각 정의될 수 있다.

우선 소비 단계의 파레토 효율성이란 한 사람의 효용 증가를 위해 반드시 다른 한 사람의 효용이 감소해야 하는 상태를 말한다. 그리고 생산 단계의 파레토 효율성은 한 재

> 파레토 효율성이란 하나의 자원배분 상태에서 다른 사람에게 손해가 가도록 하지 않고서는 어떤 한 사람에게 이득이 되는 변화를 만들어내는 것이 불가능할 때의 배분 상태를 말하며, 소비와 생산 단계에서 각각 정의될 수 있다

화의 생산량이 증가하기 위해 반드시 다른 한 재화의 생산량이 감소해야 하는 상태를 의미한다.

2. 파레토 최적의 비판

경제학자들은 교환의 효율성, 생산의 효율성, 자원배분의 효율성이 보장되는 완전경쟁시장에서는 파레토 최적이 달성된다고 본다. 그러나 파레토 최적이 무조건 좋은 것은 아니라는 지적도 있다. 예컨대 A와 B 두 사람만 있는 사회에서 빵과 콜라 두 가지 재화만 있다고 가정해보자. A가 빵과 콜라 전부를 독차지하고, B는 아무것도 가지지 못했다 하더라도 이는 파레토 최적이다. B를 위해 A가 가진 빵과 콜라를 뺏어 온다면 A의 만족은 낮아질 수밖에 없기 때문이다. 이런 점 때문에 파레토 최적은 소득 재분배 효과를 인정하지 않고 현상유지를 옹호하는 기준이라는 비판을 받기도 한다.

Ⅱ 시장실패

시장실패(market failure)란 경제활동을 시장기구에 맡길 때 효율적인 자원배분 및 공정한 소득 분배나 재분배가 실현되지 않는 상황을 말한다. 시장의 실패가 일어나는 원인은 여러 가지가 있다.

규모의 경제나 정부의 제한적인 인가 및 허가 등으로 인해 독과점시장이 형성되거나 완전경쟁시장이라 하더라도 규모의 경제, 공공재, 외부효과, 불확실성, 소득 분배의 불공평 등이 존재하면 시장의 실패가 일어나 자원배분의 효율성이 이루어지지 않는다. 이런 것들은 현실 경제에 수없이 존재한다. 여기에 민간부문의 경제활동에 대한 정부의 간섭이나 규제의 근거가 있게 된다.

1. 규모의 경제

규모의 경제(economies of scale)란 생산의 규모가 증가하면 이에 따라 평균비용이 계속해서 낮아지는 현상을 일컫는다. 규모의 경제는 자연독점을 낳는다. 일반적으로 시장 전체 수요를 여러 생산자보다 하나의 생산자가 더 적은 비용으로 생산, 공급할 수 있는 시장 조건을 자연독점이라고 한다. 이 경우 만약 여러 기업이 생산을 담당한다면 각 기

정부의 기능

시장경제에서 시장과 정부의 기능은 상호 보완이 불가피합니다. 정부 기능의 범위에 대한 논의의 핵심은 정부가 무엇을 해야 하고 무엇을 하지 말아야 하는가, 그리고 어떤 수단을 어떻게 사용할 것인가라고 할 수 있습니다.

시장경제에 대한 정부의 개입 정도는 나라마다 상당한 차이가 있지만 시장개입의 목적이 시장실패의 보완과 형평의 개선에 있다는 데 어느 정도 국제적인 공감대가 형성되어 있습니다. 어떤 사람은 형평의 개선을 시장실패의 보완에 포함시켜 논의하기도 합니다.

	시장실패의 보완			형평의 개선
최소 기능	공공재 공급 • 국방 • 사유재산	• 법과 질서 확립 • 거시경제 안정유지	• 공중보건	빈곤층 보호 • 빈곤 퇴치 • 재난 구호
중간 기능	외부효과 개선 • 의무교육 제공 • 환경보호	독점 규제 • 공익사업 관리 • 반독점정책	불완전 정보 극복 • 보험(의료·생명·연금) • 금융규제 • 소비자 보호	사회보험 제공 • 연금을 통한 소득 분배 • 빈곤층을 위한 공적부조 • 실업보험
적극적 기능	민간경제활동 조정 • 시장기능 활성화(공기업 민영화, 규제 완화 등) • 유인 제공			소득 재분배

출처 : 세계은행, World Development Report, 1997. 한국은행 홈페이지에서 가져옴

업의 생산량은 감소하고 각 기업의 평균비용은 증가하게 된다. 이렇게 되면 규모가 가장 큰 기업만이 경쟁에서 살아남고 자연히 독점이 형성되게 되고, 이러한 독점시장이 출현하면 완전경쟁처럼 자원의 최적 배분이 이루어지지 않게 된다.

예를 들어 도시 내의 도시가스 공급의 경우를 생각해보자. 도시가스 공급망 구축에

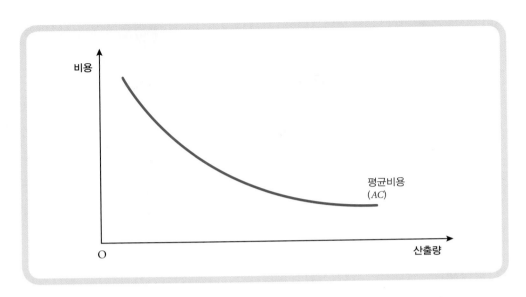

그림 5.6 규모의 경제와 평균비용

는 막대한 비용이 소요된다. 이 경우 평균 공급망 구축비용은 추가적인 가구당 도시가스 가입비용보다 크다. 이렇게 되면 도시가스 가입자 수가 증가할수록 도시가스를 이용하는 평균비용은 감소하게 된다. 결국 계속 규모를 키우게 된다.

> 시장 전체 수요를 여러 생산자보다 하나의 생산자가 더 적은 비용으로 생산, 공급할 수 있는 자연독점은 기업의 평균비용이 지속적으로 감소하는 규모의 경제가 존재할 때 발생한다. 이 경우 규모가 가장 큰 기업만이 경쟁에서 살아남고 자연히 독점이 형성되게 되고, 이러한 독점시장이 출현하면 완전경쟁처럼 자원의 최적 배분이 이루어지지 않게 된다

일반적으로 자연독점 기업이 지배하고 있는 시장은 경쟁기업들이 진입하기에 그다지 매력적이지는 않다. 그 이유는 후발 경쟁기업들이 기존의 독점기업에 비해 더 많은 생산량을 생산하지 않는 한 평균 총생산비가 더 높을 것이기 때문이다. 이 때문에 어떤 경우에는 시장 규모가 자연독점 여부를 결정하기도 한다.

예를 들어 도시 내 거주인구가 적을 때는 하나의 다리로 통행수요를 충분히 만족시킬 수 있어 자연독점 상태가 된다. 그러나 인구가 증가하여 다리 이용이 늘어 통행에 혼잡이 발생하면 통행수요를 만족시키기 위해 이제는 두 개 이상의 다리가 필요하게 될

것이다. 따라서 자연독점이었던 시장이 시장 규모가 증가함에 따라 경쟁적 시장으로 변하기도 한다. 대표적인 사례로 국내 통신업체가 과거에는 한국통신 단일 업체였으나, 최근에는 몇 개 업체 간 경쟁구도로 바뀐 것을 들 수 있다.

또한 독과점시장에서는 시장지배력을 가진 기업이 상품의 가격과 수량을 마음대로 정하기 쉽다. 어느 한 기업이 시장을 독점하게 되면 그 기업은 더 많은 이윤을 얻기 위하여 가능한 한 높은 가격으로 적은 공급량을 유지하려 할 것이다. 몇 개의 기업이 시장을 지배하는 과점시장의 경우에도 기업들은 더 많은 이윤을 얻기 위하여 담합을 할 수 있다. 이처럼 독과점시장에서는 경쟁시장에 비하여 상품의 가격은 높은 반면에 공급량은 줄어든다.

2. 공공재

보통 공공재(public goods)라고 하면 정부나 지방자치단체와 같은 공공기관에서 생산, 공급하는 재화나 서비스만을 의미한다고 생각하기 쉽다. 그러나 사적 부문에서 생산, 공급하더라도 다음과 같은 일정한 요건이 갖추어지면 공공재가 되기도 한다.

첫째, 소비에 있어서 비경합성(nonrivalry in consumption)이다. 예를 들어 빵을 생각해보자. 누군가 빵을 먹으면 다른 사람은 그 빵을 소비할 수 없다. 이런 것을 경합성이라 한다. 그에 반해 소비의 비경합성이란 한 개인이 소비에 참여하더라도 다른 사람의 효용을 감소시키지 않는 성질을 말한다. 따라서 사람들은 서로 소비하기 위해 경합을 벌일 필요가 없다. 다시 말해 동일한 재화나 서비스의 소비에 참여하는 사람이 아무리 많아도 제각기 소비할 수 있는 양에는 전혀 변함이 없는 특성을 말한다. 따라서 많은 사람이 동일한 조건으로 동시적 소비가 가능하다.

둘째, 비배제성(nonexcludability)이다. 대부분의 재화는 주인이 있고 그 주인만이 소비한다. 즉 다른 사람은 소비하지 못하도록 하는 배제성이 있는 것이다. 이에 반해 재화나 서비스에 대해 어떤 대가도 지불하지 않고 어떤 사람도 소비할 수 있는 것을 비배제성이라 한다. 일반적으로 소비의 비경합성과 비배제성 두 가지 성격을 모두 만족시키는 재화를 순수공공재(pure public goods)라 한다. 이는 매우 강한 조건으로 현실적으로 순수공공재는 많지 않다. 순수공공재의 경우로는 국방, 치안, 외교, 공중파 TV 시청, 라디오 청취, 등대나 한산한 공원 그리고 무료도로 등이 있다.

현실적으로는 공공재라고 생각하는 대부분의 재화와 서비스는 이 두 가지 조건을 어느 정도는 만족시키지만 완벽하게 충족시키지는 못하는 비순수공공재(impure public goods)이다. 그리고 경합성과 배제성을 모두 갖추고 있으면서 공공재와 대조되는 재화를 민간재 또는 사적재(private goods)라고 한다. 이런 재화나 서비스는 한 사람이 사용하면 다른 사람은 사용할 수 없으며 대가를 지불한 사람만이 향유할 수 있다. 대부분의 재화와 서비스는 사적재에 속한다.

> 일반적으로 소비의 비경합성과 비배제성 두 가지 성격을 모두 만족시키는 재화를 순수공공재라 하며, 이 두 가지 조건을 어느 정도는 만족시키지만 완벽하게 충족시키지는 못하는 것을 비순수공공재라 한다. 그리고 경합성과 배제성을 모두 갖추고 있으면서 공공재와 대조되는 재화를 민간재 또는 사적재라고 하며, 대부분의 재화와 서비스는 사적재에 속한다.

비순수공공재는 두 가지로 분류할 수 있다. 먼저 경합성은 없지만 배제성이 존재하는 비순수공공재는 클럽재라고도 하며, 생산량이 증가할수록 평균비용이 감소하는 '자연독점'의 특성을 가지고 있다. 대표적인 예로 전기를 들 수 있다. 전기는 생산 초기에는 막대한 시설비용이 들어가지만 전기를 소비하는 사람들이 증가할수록 평균비용은 줄어든다. 그리고 어떤 가구에서 전기를 소비한다고 해서 다른 가구의 소비에 영향을 줄 만큼 전기의 양이 크게 줄어들지는 않는 비경합성을 지니고 있다. 하지만 요금을 지불하지 않으면 사용이 불가능하므로 배제성이 존재한다.

한편 경쟁적이지만 배제적이지 않은 비순수공공재를 공유자원이라고 한다. 누군가가 혼잡한 거리를 걷는다면 다른 사람이 도심지의 보도를 이용하는 즐거움을 감소시킨다. 그러나 그런 이유로 행인들의 보행을 막을 수는 없다. 마찬가지로 바닷속의 물고기도 어부들이 잡는 물고기가 늘어날수록 다른 어부들이 잡을 수 있는 물고기는 줄어든다. 하지만 어부들에게 매번 요금을 부가하는 것도 현실적으로 어렵다. 가축을 방목하는 목초지도 공유자원의 대표적인 예의 하나다.

일반적으로 공공재는 한 사람이 추가로 소비에 참여해도 다른 사람에게는 아무런 영향을 미치지 않는다. 이것은 소비의 비경합성 때문이며 소비자 한 사람을 추가하는 데 따른 한계비용은 0이다. 따라서 공공재의 가격 또한 0이다. 그래서 공공재의 가격은 성립될 수 없고 성립시키는 것도 바람직하지 않다. 설사 공공재의 가격이 성립되어도 이 재화와 서비스는 경합성과 배재성의 여부에 따라 네 가지 유형으로 분류된다. 빵이나 자동차, 옷처럼 경합성과 배재성 모두 가지고 있는 것을 '사적재'라고 한다. 사적재를 소비하기 위해서는 반드시 대가를 지불해야 한다. 반대로 경합성과 배재성이 모두 없는 재화를 '순수공공재'라고 한다. 또한 경합성은 있지만 배재성이 없는 재화를 '공유자원'이라고 하고, 반대로 경합성은 없지만 배재성이 존재하는 재화와 서비스는 '자연독점'의 특성을 갖는다.

재화의 유형

경합성		배재성	
		없다	**있다**
없다		**순수공공재** • 국방, 외교, 치안 • 한가한 무료도로 • 화재경보	**자연독점** • 전기 • 유선방송 • 한가한 유료도로
있다		**공유자원** • 바닷속 물고기 • 혼잡한 시민공원 • 혼잡한 무료도로	**사적재** • 빵 • 옷 • 혼잡한 유료도로

그림 5.7 재화의 유형

를 집행하려면 비배제성 때문에 집행이 불가능하다. 대부분의 사람들은 타인에 의해 공공재가 생산 및 공급된다면 공짜로 소비하려고는 하면서 자기가 직접 그 비용을 부담하려고는 하지 않을 것이다. 이처럼 타인에 의해서 공급된 공공재에 공짜로 편승하여 소비하고자 하는 경향 때문에 생기는 문제를 무임승차자 문제(free rider problem)라고 한다. 이와 같이 무임승차자가 존재하는 상황에서는 수익자 부담의 원칙이 적용되지 않는다. 따라서 소비자들은 공공재에 대한 자신들의 자발적인 선호를 정확히 표시하지 않게 되므로, 시장경제의 원리에 맡길 때 사회적으로 필요한 양만큼의 공공재 공급이 이루어지지 못한다. 즉 시장의 실패가 발생한다.

국방 서비스를 예로 들어서 무임승차의 문제가 발생할 경우 사회적으로 어떤 결과를 초래하는지를 살펴보자. 가령 국방 서비스가 시장기구에 의해 생산 및 공급된다면 이를 담당하는 기업이 존재함으로써 그 서비스를 시장에서 판매하게 될 것이다. 즉 해당 기업은 국방에 필요한 다양한 최신 무기들을 구입하고 국방과 관련된 전투에 참여할 군인들을 고용하여 일정 수준의 국방력을 갖춘 다음에 보호 서비스를 받고자 하는 사람들에게서 일정액의 대가를 받고 유사시에 보호해줄 것을 약속한다. 하지만 한 개인의 입장에서 생각해보면 만일 본인 주변 사람들이 이러한 국방 서비스를 받고 있다면 굳이 본인은 돈을 지불하지 않더라도 동일한 국방 서비스를 받을 수 있기 때문에 국방 서비스를 구입할 필요를 느끼지 않을 것이다. 그런데 이러한 생각을 한 개인이 아니라 사회 구성원 모두가 하게 된다면 대부분의 사회 구성원들은 무임승차를 하려고 할 것이다. 그러면 결국 그 회사는 실제 국방 서비스 업무를 지속적으로 유지하기 힘들게 되고 결국 문을 닫게 될 것이 뻔하다.

이처럼 자율적인 시장기구에 공공재 공급을 맡길 경우 사회가 필요로 하는 수준만큼의 생산과 공급이 실현되는 것은 불가능하다. 그러므로 공공재의 공급은 강제적 수단에 의해서 이루어지도록 하는 수밖에 없다. 현실적으로 국민 모두가 세금을 납부하고 신체 건강한 성인 남자는 누구나 병역의 의무를 이행해야 한다는 등의 강제적인 방법을 통하지 않고서는 만족할 만한 수준의 국방 서비스가 제공될 수 없다. 따라서 공공재의 공급은 대부분 정부의 재정 지출을 통해 이루어진다.

3. 외부효과

외부효과(external effects)는 어느 한 경제주체의 소비나 생산행위가 본인 의도와 관계없이 다른 경제주체의 소비나 생산행위에 유리하거나 불리하게 미치지만 이에 대해 어떠한 대가를 요구하거나 비용을 지불하지 않는 경우를 가리킨다. 다시 말하면 시장 혹은 가격기구를 통하지 않고, 시장의 외부에서 다른 경제주체의 경제활동에 손실이나 혜택 등의 영향을 주는 것으로서 '손해에 따른 보상이나 이득에 따른 대가를 지불하지 않는다'는 의미이다. 여기서 외부라는 용어는 가격 기구 내에서 내생화되지 않고 가격 기구의 작동 영역 외부에 존재한다는 점을 강조하기 위한 표현으로, 상대에게 영향을 미치되 그 영향이 가격화되지 못하기 때문에 값을 받거나 지불하지 않는 경우를 말한다. 이처럼 제3자에게 끼친 혜택이나 손해는 성격상 시장에서 사고팔 수 없는(즉 대가를 주고받지 않는) 특징을 가졌기 때문에 시장의 테두리 밖에 존재하는 현상으로 볼 수 있다는 뜻에서 외부성이란 이름이 붙여졌으며 '비가격 효과'라고도 부른다.

외부효과는 긍정적 영향을 주는 **외부경제**(external economy)와 부정적 영향을 주는

외부효과란?

정부는 비흡연자들의 간접흡연으로 인한 피해를 막고 흡연자들 또한 담배를 끊을 수 있는 사회 분위기를 조성한다는 취지에서 금연구역을 도입하고 점차 그 범위를 넓혀가고 있습니다. 그에 따라 사람들의 인식이 많이 바뀌어서 지금은 건물 내에서 담배를 피우면 안 된다는 것이 상식이 되고 있지만 이전에는 실내 흡연이 어느 정도 용인되는 분위기가 있었습니다.

하지만 분명한 것은 밀폐된 공간에서 담배를 피우는 행위는 설령 의도하지 않았다고 하더라도 다른 사람들의 건강에 어떤 식으로든 나쁜 영향을 주었을 것입니다. 더구나 흡연자가 자신이 내뿜은 연기로 인해 건강상에 조금이라도 해로운 영향을 받은 사람들에 대해 보상한 경우는 없었습니다. 이와 같이 어떤 한 사람의 행동이 다른 사람들에게 의도하지 않은 손해를 입히고도 아무런 대가를 지불하지 않을 때 우리는 외부효과(externalities)가 발생했다고 말합니다. 남에게 피해를 주고도 이에 대한 보상을 지불하지 않는 경우 이러한 행위는 시장기구의 외부에서 일어난 것으로 보아 외부효과란 이름이 붙여졌습니다.

소리를 크게 하여 음악을 듣는 아파트 주민은 결코 의도한 것은 아니지만 이웃 주민들이 잠을 자거나 공부하는 것을 방해하게 되는데, 이 경우 역시 외부효과의 한 사례라 할 수 있습니다.

해로운 외부효과만 있나요?

외부효과는 해로운 것만 있는 게 아니라 이로운 것도 있습니다. 해로운 외부효과가 대가를 지불하지 않는 것과는 반대로 이로운 외부효과는 대가를 받지 못합니다.

이로운 외부효과의 대표적인 예로서 독감예방접종을 들 수 있습니다. 어떤 사람이 독감에 걸리지 않기 위해 독감예방주사를 맞는다면 주변 사람들이 독감에 걸릴 가능성도 낮아집니다. 한 사람의 독감예방접종이 다른 사람들에게 아무런 대가 없이 이득을 주기 때문에 이로운 외부효과가 발생하는 것이지요.

이로운 외부효과의 또 다른 예로는 기업의 신기술 개발이 있습니다. 어떤 기업에서 개발한 새로운 기술은 당장은 아니더라도 시간이 흐름에 따라 점차 다른 기업들에 널리 퍼져 결과적으로 경제와 사회의 전체적인 기술수준을 향상시키게 됩니다.

출처 : 한국은행, 경제교육

외부불경제(external diseconomy)로 나눌 수 있다. 다른 사람에게 이익을 주고도 이에 대해 보상을 받지 못하는 것이 외부경제이며, 다른 사람에게 손해를 입히고도 이에 대해 대가를 지불하지 않는 것이 외부불경제이다. 우리가 살고 있는 집 주변에 도서관이나 공원과 같은 편리하고 유익한 시설물을 유치하기 위하여 로비를 하는 임피(yes in my front yard, YIMFY) 현상은 외부경제가 제공하는 혜택을 최대한 얻으려는 '공짜심리'의 표현이다. 반면 쓰레기 소각장이나 원자력 발전소의 건설을 반대하기 위하여 주민이

집단행동을 하는 님비(not in my back yard, NIMBY) 현상은 외부불경제가 제공하는 피해를 최소화하려는 '방어심리'의 표현이다.

> 외부효과는 어느 한 경제주체의 소비나 생산행위가 본인 의도와 관계없이 다른 경제주체의 소비나 생산행위에 유리하거나 불리하게 미치지만 이에 대해 어떠한 대가를 요구하거나 비용을 지불하지 않는 경우를 가리킨다. 이러한 외부효과는 긍정적 영향을 주는 외부경제와 부정적 영향을 주는 외부불경제로 나눌 수 있다.

통상적으로 외부효과는 경제주체의 조합에 따라서 8개 유형으로 분류된다. 〈표 5.3〉을 참조하여 각각의 경우를 살펴보자.

8개 유형별 사례를 보면, ① 여름 휴가철 해운대 해수욕장에 관광객이 일시적으로 모일 때 인근 상인의 이동판매 수송비를 절약시킬 수 있는 경우, ② 관광객들의 쓰레기 무단투기가 인근 해수욕장 바다와 해변가 일대를 오염시킴으로써 관광지로서의 매력이 상실되어 관광객이 줄어들 경우, ③ 한 주민이 본인이 거주하는 주택 담장 언저리에 가꾼 장미꽃을 지나가는 이웃집 주민들이 바라보면서 만족을 느낄 경우, ④ 관광객들의 무분별한 쓰레기 투기와 고성방가가 다른 관광객들에게 불쾌감을 주었을 경우, ⑤ 농부가 과수원을 경영함으로써 인근 양봉업자의 벌꿀 생산에 도움을 주었을 경우, ⑥ 강 상류에 위치한 양돈업자가 가축 배설물을 방류하여 하류에 위치한 양어장을 오염시켰을 경우, ⑦ 낙후 지역에 쾌적한 첨단산업단지가 개발되어 공원, 도로망과 편의시설이

표 5.3 외부효과의 8개 유형

경제행위	수취자	외부효과의 유형	분류
소비행위	생산자	긍정적 외부효과	①
		부정적 외부효과	②
	소비자	긍정적 외부효과	③
		부정적 외부효과	④
생산행위	생산자	긍정적 외부효과	⑤
		부정적 외부효과	⑥
	소비자	긍정적 외부효과	⑦
		부정적 외부효과	⑧

들어섬으로써 인근 주민들도 휴식공간이나 휴양시설을 공유할 경우, ⑧ 오염배출 공장 시설물이 주택가에 위치하여 인근 지역주민들에게 각종 매연을 배출하고 소음을 야기할 경우이다.

이처럼 외부효과가 존재하면 개인적 관점에서 계산된 비용과 사회적 관점에서 계산된 비용이 서로 다르기 때문에 자원의 효율적 배분이 이루어지지 못한다. 외부경제가 존재하면 사회적으로 바람직한 양보다 적게 생산되고 외부불경제가 존재하면 많이 생산되기 때문이다.

구체적으로 외부경제가 있을 경우에는 어떤 재화를 생산함으로써 사회 전체가 얻는 사회적 편익이 그것을 생산하는 생산자가 얻는 개인적 이익보다 크다. 다시 말해 그 재화를 생산함으로써 사회 전체가 부담하는 비용이 개인이 부담하는 비용보다 작다. 예를 들어보자. 기업 A가 강의 상류에서 조림사업을 할 경우 사회 전체적으로 보면 강물의 정수비용이 절감될 것이다. 결국 기업 A의 사적 비용은 정수비용 절감효과를 고려한 사회적 비용보다 크게 되고, 실제 조림사업 규모는 사회가 바라는 최적 규모보다 적게 되는 현상이 발생하게 된다.

반대로 외부불경제가 있을 때는 어떤 재화를 생산함으로써 사회 전체가 얻는 사회적 편익이 이를 생산하는 생산자가 얻는 개인적 이익보다 작다. 다시 말해 그 재화를 생산함으로써 사회 전체가 부담하는 비용이 개인이 부담하는 비용보다 크다. 외부불경제의 대표적인 예는 공해이다. 기업은 한계비용을 계산할 때 대기오염이나 하천오염과 같은 사회에 해악을 끼치는 비용은 감안하지 않는다. 같은 강변에 위치한 2개의 기업을 생각해보자. 기업 A는 화학회사로서 상류에서 폐기물을 방류한다. 그 결과 강물을 정수하여 사용하는 음료회사인 기업 B에 추가적인 비용을 유발하게 된다고 하자. 그러면 이러한 외부불경제가 발생함으로써 기업 A의 사적 비용은 폐기물 정화에 필요한 비용을 포함한 사회적 비용보다 적다. 따라서 단순히 시장기구에 방치하게 되면 사회가 바라는 것 이상으로 생산이 확대되는 이른바 자원배분의 왜곡 현상이 나타나게 된다.

그러므로 외부경제가 수반될 때는 보조금을 지급하여 생산활동을 촉진시키는 것이 바람직하다. 반대로 공해 등 외부불경제가 발생할 때는 소비나 생산활동을 법적으로 규제하거나 세금이나 벌금을 부과하여 그것의 활동이 적정 수준에서 이루어질 수 있도록 해야 한다.

외부효과는 어떤 영향을 미치나요?

우리는 외식을 할 때 음식을 얼마나 주문해야 할지 종종 고민하게 됩니다. 너무 많이 시켜 남기게 되면 돈을 낭비하는 셈이 되고 너무 적게 시켜 모자라면 외식의 즐거움이 줄어들기 때문입니다. 기업도 제품을 생산할 때 생산비와 판매수입을 고려해서 신중하게 의사결정을 하게 됩니다. 이처럼 어떤 경제활동에 따르는 비용과 편익은 사람들이 신중하게 행동하도록 유도합니다. 그런데 이러한 비용과 편익이 그 행위를 하는 사람에게 직접적으로 돌아가지 않는다면 사람들의 의사결정을 잘못 이끌어 시장기능이 제대로 작동하지 못하는 결과를 낳게 되는데, 이를 일컬어 '시장의 실패'라고 합니다.

외부효과는 이와 같은 시장실패를 일으키는 문제 중의 하나입니다. 다시 말해 사람들이 다른 사람이 받게 되는 이익을 적절히 고려하지 않으면, 남을 이롭게 하는 일은 그에 대한 합당한 대가를 받지 못하여 사회적으로 필요한 양에 비해 너무 적게 만들어집니다. 반대로 남에게 피해를 주는 일은 그것이 만들어내는 피해에 대해 보상을 하지 않기 때문에 사회적으로 용인될 수 있는 양보다 과하게 만들어집니다. 오늘날 환경오염이 심각해진 이유가 바로 이것입니다.

자동차를 운행할 때 발생하는 배기가스는 대기를 오염시켜 다른 사람에게 피해를 주지만 자동차 운전자는 그러한 피해에 따른 비용을 고려하지 않습니다. 따라서 운전자는 자동차를 운행하는 데 필요한 개인적인 비용과 환경오염에 따른 부담금을 합한 사회적 비용보다 더 적은 비용으로 자동차를 운행하는 셈이 됩니다. 다시 말해 개인적인 비용만을 자동차 운행에 따른 비용으로 인식할 뿐 실질적인 비용이라 할 수 있는 사회적 비용은 고려하지 않는 것입니다. 그러므로 자동차 운행을 더 많이 하게 되어 환경오염이 보다 심각해지는 것이지요.

외부효과에 대한 해결책은?

그러면 외부효과를 줄이기 위한 방안으로는 어떤 것이 있을까요? 외부효과의 대표적 사례인 환경오염을 줄이기 위해 이용되는 정부정책을 통해 살펴보겠습니다.

우선 정부는 자동차 운전자에게 환경오염 비용을 세금으로 부담하게 합니다. 자동차 운전자가 환경오염에 따른 비용까지 고려해 자신의 비용으로 생각하게 된다면 자동차 운행량이 감소하여 환경오염도 줄어들 것이기 때문입니다. 우리나라에서는 모든 자동차 소유주들에게 배기량에 따라 자동차세를 부과하는 외에 오염물질을 상대적으로 많이 배출하는 경유 사용 자동차 소유주에게는 추가로 환경개선부담금을 내도록 하고 있습니다.

또 다른 방법으로 정부는 환경오염을 줄이기 위하여 오염물질 배출에 대한 일정 기준을 정하여 직접 규제하고 있습니다. 환경부는 대기환경보전법에서 휘발유 또는 가스자동차, 경유 사용 자동차, 이륜자동차 등 차종별로 배출허용기준을 마련하여 배기가스 배출에 대해 통제하고 있습니다.

최근에는 이와 같은 직접규제 방법에 시장요소를 가미한 방법도 도입되고 있습니다. 언론에 자주 회자되고 있는 탄소배출권 거래제도가 바로 그것입니다. 탄소배출권이란 탄소를 일정 기준치 이상으로 버릴 때 필요한 일종의 허가증인데 이 방식을 이용하면 더욱 적은 비용으로 환경오염 문제를 해결할 수 있습니다.

출처 : 한국은행, 경제교육

4. 불확실성

현실 경제에는 **불확실성**(uncertainty)이 많이 존재한다. 예를 들어 현실 사회에서 소비자의 선호나 생산기술, 그리고 각종 경제적 예상 요인이 변하여 시장 가격이 종잡을 수 없다면 한계비용에 의한 가격 설정이 이루어지기 힘들다. 설사 한계비용에 의한 가격 설정이 이루어진다 해도 생산량의 급격한 감소가 자원의 유휴와 실업을 가져와 경제에는 전체적으로 비효율적인 자원배분을 초래할 수도 있다. 물론 때에 따라 보험시장이 이러한 위험을 많이 완화시키기도 하지만 그렇다고 완전히 제거할 수는 없다.

5. 소득분배의 불공평

시장경제에서 소득분배는 생산요소의 공급량과 이들 가격에 의해 결정되며 구매력이 있는 사람들의 선호가 중시되기 때문에 부자는 가난한 사람보다 더 큰 영향력을 미친다. 즉 시장은 생산요소의 소유량을 주어진 것으로 하여 각 생산요소가 생산에 공헌한 정도에 따라 생산요소의 가격과 소득분배를 결정한다. 그래서 소득분배에 관한 한 시장의 역할은 제한되어 있다. 이 제한된 시장의 역할이 소득분배의 불공평을 야기하며 소득분배의 불공평은 경제적 복지의 불균등뿐만 아니라 힘의 불균등 분배까지 의미한다.

이와 같은 불균등한 능력과 생산요소의 분배는 '빈익빈 부익부' 현상을 초래하여 소득분배의 불평등을 더 심화시킬 우려가 있고, 사회의 '분배적 정의(distributive justice)'를 저해한다. 다만 앞에서 언급된 규모의 경제로 인한 독과점, 공공재, 외부효과, 불확실성은 자원의 최적 배분과 관련된 시장기구의 경제적 효율이 달성되지 못하여 자원배분의 왜곡이 나타나는 경우로 미시적 시장실패로 정의한다. 반면에 소득 불평등은 인플레이션, 실업과 더불어 경제의 불안정을 가져오는 거시적 시장실패로 구분하여 정의할 수 있다.

Ⅲ 외부효과의 내부화

외부효과가 발생하면 효율적인 자원배분이 어려워진다. 이런 경우 외부효과를 내부화함으로써 사회적 후생이 극대화될 수 있다. 내부화 방식은 크게 두 가지로 나눌 수 있다. 하나는 민간경제주체가 자율적으로 해결하는 사적 대응 방식이고, 다른 하나는 정부가 개입하여 해결하는 방식이다.

1. 사적 대응

1) 사업 영역의 다각화

긍정적인 외부효과가 발생하는 경우 사업 영역을 다각화함으로써 외부효과 발생 주체가 외부효과의 수혜자가 되는 방식이다. 가령 양봉업자가 과수원을 함께 운영함으로써 쌍방 간의 외부편익을 누리는 방식이다.

2) 정서적 유도

긍정적인 외부효과가 발생할 경우에는 외부경제활동을 촉진시키기 위해서 장려 표창이나 기타 비금전적인 차원에서 만족감을 부여하는 것이다. 그리고 이와 반대로 부정적인 외부효과가 발생할 경우에는 도덕적 규범이나 기타 민간 차원에서의 규탄 및 기타 제재 수단 등을 통해서 외부불경제 행위를 억제시키는 것이 있다.

3) 코스의 정리

미국 경제학자 코스(Ronald M. Coase)는 환경재산권을 분명하게 설정해줄 경우에 정부의 개입 없이 시장기구 스스로 외부효과 문제를 효율적으로 해결할 수 있다는 것을 보여주었는데 이것을 코스의 정리(Coase Theorem)라고 한다. 즉 코스는 외부효과가 존재한다고 해서 정부의 개입이 불가피하게 요구되는 것은 아니라고 주장하였다. 만약 외부효과로 인해 영향을 받는 모든 이해 당사자들이 자유로운 협상에 의해 상호 간의 이해를 조정할 수 있다면 정부의 개입 없이도 효율적인 자원 배분을 달성할 수 있다는 것이다. 따라서 정부의 역할은 이해 당사자들 사이에서 자발적인 합의가 쉽게 이루어질 수 있도록 제도적 · 행정적 지원을 제공하는 데 국한되어야 하며, 만일 직접 나서서 외부효과의 문제를 해결하려 하면 원래의 의도와는 달리 상태를 더욱 악화시킬 수도 있

재산권이 명확하게 설정되어 있고 협상비용(거래비용)이 무시할 정도로(존재하지 않는다고 말할 만큼) 매우 낮다면, 재산권이 누구에게 설정되었든 관계없이 정부 개입 없이도 당사자 간 자발적인 협상을 통하여 효율적 자원배분을 달성할 수 있다.

다고 지적하였다.

코스의 정리는 두 가지 측면에서 기존의 외부경제에 대한 대응 방식과 차별성을 지니고 있다. 우선 기존의 경제학자들이 외부효과가 존재할 때 최적 배분을 달성하기 위해서는 정부 개입이 필수적이라고 믿었던 반면, 코스는 재산권만 명확히 설정되면 자원의 효율적 배분의 달성을 위한 정부 개입이 불필요하다는 점을 분명히 지적하였다. 다음으로 재산권이 누구에게 설정되든 관계없이 생산량은 최적 수준에서 변함이 없다는 결과를 도출해냈다.

가령 놀부는 염소 목장을 소유하고 있고, 흥부는 과수원을 운영하고 있다고 하자. 그런데 놀부 소유의 염소들이 자꾸 흥부가 경영하는 과수원 농지를 짓밟고 다녀서 피해가 나고 있다고 한다. 이처럼 외부불경제가 발생하는 상황에서는 당연히 목장 소유자인 놀부가 과수원 주인인 흥부에게 일정액의 피해액을 보상하면 된다고 주장할 수 있다. 하지만 코스의 주장은 다르다. 즉 과수원 주인의 농사지을 권리를 보장해도 되지만 거꾸로 목장 주인에게 염소의 통행권을 보장해주어도 사회적 최적이 달성된다는 것이다. 즉 어느 쪽이든 재산권이 잘 정의만 되어 있으면 된다는 것이다.

우선 농사지을 권리가 흥부에게 보장되는 경우 둘은 협상을 하고 목장 주인인 놀부가 염소의 통행에 따라 발생하는 피해를 과수원 주인인 흥부에게 보상한다. 그리고 보상비용을 감안하여 염소의 마릿수는 적정 수준으로 유지된다. 그런데 반대로 목장 주인인 놀부에게 염소의 통행권을 보장해주는 경우는 일반적인 관습상 이해하기는 어렵지만 동일한 결론에 도달하게 된다. 우선 과수원 주인인 흥부는 염소의 통행이 자신에게 가져오는 피해를 감안하여 염소의 통행을 제한해주면 보상을 해주겠다는 제의를 목장 주인인 놀부에게 할 수가 있다. 이에 목장 주인인 놀부는 보상을 받는 대신 염소의 마릿수를 적정으로 유지하여 과수원에 대한 피해를 최소화한다.

전자의 경우는 놀부가 흥부에게 보상하는 과정에서, 후자의 경우는 흥부가 놀부에게 보상하는 과정에서 항상 염소의 마릿수는 사회 전체적인 측면에서 고려할 때 적정한 수준으로 유지될 수 있다. 비록 보상의 주체는 다르지만 외부불경제를 창출하는 염소의 마릿수에 대한 사회적 최적 수준이 달성되는 것은 동일하다는 것이다. 이상의 설명은 한 가지 중요한 시사점을 제시한다. 즉 재산권이 잘 정의되어 있어야 한다는 것이다. 농사지을 권리를 보장하는 방향이든 염소의 통행권을 보장하는 방향이든 누구의 권리를 보장할지, 누가 어떤 권리를 가지는지 재산권이 명확해야 한다는 것이다.

하지만 코스의 정리는 그 자체의 이론적 한계도 있다. 먼저 코스의 정리는 재산권 설정의 중요성을 다시금 부각시켰으나, 우리가 현실에서 보는 외부효과 혹은 공해의 문제에서는 이해 당사자가 누구인지 정확히 판별하기 힘든 경우가 많다. 예를 들어 최근 중요한 이슈로 부각되고 있는 지구 오존층의 파괴와 같은 세계적인 환경오염 문제의 경우 여러 국가가 관련되어 있으나 아직 국제적인 재산권을 설정할 제도적 장치는 없으며 일부 사안에 대해서만 국제협약을 통해 재산권이 규정되고 있다.

이 밖에 요즘 세계 각국에서 문제가 되고 있는 산성비의 경우 그 정확한 원인이 어디에 있는지를 알지 못하며 따라서 산성비에 의한 피해 문제에 있어서 가해자 측으로 누구를 불러야 할지 막연하다. 게다가 재산권의 설정은 소득분배의 문제를 결정하는 아주 중요한 사안이므로 이해 당사자의 첨예한 대립을 피할 수 없으며, 이에 따른 정치적 부담이 매우 어려운 과제이다. 최근 그린벨트의 축소를 둘러싸고 그린벨트 내 거주자와 환경단체 간에 발생하는 대립은 바로 재산권 설정이 얼마나 어려운가를 잘 보여주고 있다. 그리고 이해 당사자의 수가 많을 경우 코스가 제의한 협상 과정은 매우 비현실적이다. 실제 공해문제에 있어서 이해 당사자들이 무수히 많은 경우가 대다수임을 생각할 때 코스의 정리가 적용되기 어려운 것이 사실이다.

2. 정부 개입

1) 직접규제

정부가 오염방지시설의 강제적인 설치를 규제화하거나 오염 배출량을 법적으로 제한하는 등의 방식이 직접규제 방식이다. 하지만 정부가 개별 산업의 연관관계와 환경오염에 대한 전문적인 정보를 완전히 공유하기는 어렵다. 이 때문에 관련된 감시 및 규제 체제를 운영하는 데는 상당히 많은 비용이 요구된다.

2) 피구세

외부효과가 존재할 때 자원이 효율적으로 배분되지 못하는 근본적인 이유는 사회적 관점에서 계산된 사회적 비용(편익)과 개인적 관점에서 계산된 사적 비용(편익)이 서로 다르기 때문이다.

가령 자동차 제조공장에서 배출되는 각종 환경오염 배출물은 대기와 강물을 오염시키므로 실제로 자동차를 이용하지 않는 제3자에게도 손해를 끼치는 외부불경제가 발생하게 된다. 하지만 자동차를 생산하는 기업 입장에서는 생산에 따른 한계비용을 계산할 때 대기 및 강물 오염이라는 사회적 차원에서 초래되는 비용은 고려하지 않는다. 일반적으로 생산과정에서 환경오염을 유발하는 기업은 배출된 오염물질로 인해 관련 지역주민들의 건강이 악화되고, 농작물이나 수산물 등이 피해를 입는 것 등은 비용을 산정할 때 고려하지 않고, 대신 자사 기업이 부담해야 하는 생산에 투입된 요소비용만을 고려해서 생산량을 결정한다. 실제로는 자동차를 생산할 경우에 고려되어야 할 사회적 비용은 기업이 자동차를 생산할 경우 투입되는 사적 비용과 자동차 생산으로 야기될 수 있는 환경오염을 정화하는 데 필요한 비용을 합한 것이다. 하지만 기업은 사회적 비용이 아니라 이보다 적은 사적 비용만을 고려해서 생산량을 결정하기 때문에 필요 이상으로 많은 제품을 생산하게 된다.

이러한 상황을 〈그림 5.8〉을 통해서 설명해보면 다음과 같다. 생산활동에 따른 부산물로 공해물질을 방출하는 자동차 생산기업이 완전경쟁기업인 경우, 기업이 실제로 인

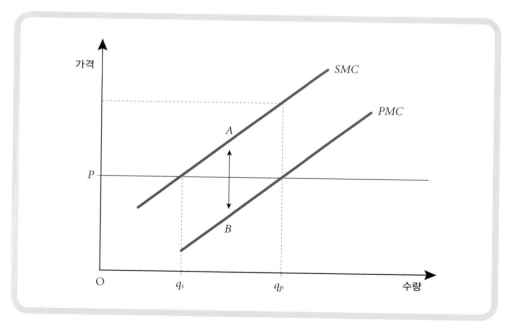

그림 5.8 피구세

식하고 있는 생산활동의 **사적 한계비용**(private marginal cost, PMC)보다 사회 전체적 관점에서 고려되어야 할 **사회적 한계비용**(social marginal cost, SMC)이 더 크다. 즉 PMC <SMC가 성립한다. 사회적 관점에서 볼 때 자동차 생산은 $P=SMC$인 q_s까지만 이루어져야 하는데 실제로는 $P=PMC$인 q_p까지 생산된다. 즉 외부불경제가 감안되지 않기 때문에 자동차의 시장 가격은 불필요하게 낮고 생산은 과잉 수준이 되는 것이다.

이런 경우 정부가 판매되는 자동차 한 대당 AB만큼의 특별소비세를 기업에 부과한다고 하자. 그러면 공급곡선(즉 한계비용곡선)은 부과된 특별소비세 크기인 AB만큼 상향 이동하여 사회적으로 바람직한 q_s까지만 생산하게 된다. 이때 부과되는 조세를 이론적으로 최초로 분석한 아서 피구(Arthur C. Pigou)의 이름을 빌려 **피구세**(Pigouvian tax)라고 한다. 외부불경제를 낳는 상품의 생산이나 소비에 세금·벌금 등을 부과하는 것이 바람직한 자원배분을 가져올 수 있다는 것이다. 이와 반대로 외부경제를 낳는 상품의 경우에는 사적 비용이 사회적 비용보다 크다. 따라서 사회적으로 볼 때 더 많이 생산되어야 함에도 불구하고 높은 사적 비용에 입각하여 생산량을 결정하는 기업은 상품을 필요 이하로 적게 생산하고, 그 결과 가격은 불필요하게 높은 수준이 된다. 이 경우는 외부경제 효과의 크기에 부합하는 만큼의 보조금을 지급하여 생산활동을 촉진시키면 사회적으로 적정한 수준을 생산할 수 있게 된다.

3) 오염허가서 판매

오염허가서 판매는 오염배출량 규제에 있어서 피구세와 유사한 측면이 있다. 하지만 피구세의 경우에는 적정한 피구세율을 구하기가 어렵고, 설령 적정한 피구세율을 구하더라도 세율 변경에 따른 절차상의 어려움이 있다. 하지만 오염허가서 판매의 경우는 오염배출 허용량만큼의 **배출권**(licenses to pollute)을 판매하면 되기 때문에 신속하게 대처할 수 있는 장점이 있다.

예를 들어 생산과정에서 일정 수준의 환경오염을 발생시킬 수 있는 권리를 각 기업에 배정한다고 하자. 우선 오염허가서가 거래시장에서 매매되고, 오염허가서를 구입하지 않으면 오염물질을 배출하지 못하도록 규제한다. 이때 기업 A와 기업 B가 있다고 가정하자. 오염물질 방출총량은 100단위로 규제한다. 다만 기업별로 오염물질 단위당 정화비용에 차이가 있다. 〈표 5.4〉에 나타난 바와 같이 기업 A는 단위당 정화비용이 100

표 5.4 오염허가서 거래

구분	기업 A	기업 B
단위당 정화비용	100	200
초기 오염배출량	50	50
오염허가서 거래	−30	+30
오염허가서 거래 후 오염배출량	20	80(=30+50)

만 원, 기업 B는 200만 원이 소요된다. 이때 오염허가서가 거래시장을 통해 30단위의 배출권이 단위당 150만 원의 가격에 기업 A에서 기업 B로 판매가 이루어졌을 경우를 생각해보자. 이때 전체 정화비용 감소분은 3,000만 원이 된다.

$$전체\ 정화비용\ 감소분 : B\ 감소분 - A\ 증가분 = 30 \times 200 - 30 \times 100 = 3,000$$

그리고 각 개별기업의 오염허가서 거래 이후의 이득을 살펴보면 다음과 같다. 기업 A가 오염허가서를 판매함에 따른 이득은 허가서 판매수입에서 정화비용 증가분을 뺀 1,500만 원($30 \times 150 - 30 \times 100$)이며, 기업 B가 오염허가서를 구매함에 따른 이득은 정화비용 감소분에서 허가서 구입비용을 뺀 1,500만 원($30 \times 200 - 30 \times 150$)이다.

3. 정부실패

오늘날 정부는 국민경제에서 다양한 경제활동을 한다. 사회간접자본, 국민의 복지, 교육 등에 대한 국민의 요구에 부응하고 시장실패를 보완한다는 이유로 정부는 시장개입을 정당화해왔으며 이 과정에서 '큰 정부'를 지향하게 되었다. 그러나 정부의 개입과 규제가 반드시 바람직한 결과만을 가져다주는 것은 아니다. 정부 역시 완전하지 못하기 때문이다. 정부의 적절치 못한 대응이나 지나친 개입이 시장실패를 더욱 악화시킬 수 있다. 이처럼 정부의 개입이 자원배분의 효율성을 높이기보다 오히려 해치는 경우가 있는데, 이를 시장실패에 빗대어 **정부실패**(government failure)라고 한다.

즉 시장의 가격기구가 완벽하지 못하여 시장실패가 발생하듯이 시장실패를 치유하는 정부의 기능과 역할도 완벽할 수가 없다는 것이다. 시장실패에 관한 정확한 정보 부족으로 정부가 적절히 치유할 수 없는 경우나 시장실패에 관한 정보는 충분하지만 치유

수단이 부적절하거나 다양한 치유 수단을 적재적소에 활용하지 못할 경우 시장실패는 제대로 치유될 수 없는데, 이를 정부실패라고 한다. 정부실패의 원인을 설명하는 것으로서 차선의 이론과 공공 선택 이론, 그리고 지대 추구 행위 등이 있다.

차선의 이론(theory of the second best)이란 각종 시장실패 현상들이 존재할 경우 이들을 동시에 치유해야만 경제 전체의 효율적인 자원배분을 달성할 수 있다는 이론이다. 그러나 경제의 각 부문에 따라서는 재원의 부족이나 혹은 제도적·정치적 이유 때문에 시장실패의 치유가 불가능한 경우가 있어 최선의 해결이 불가능하다는 것이다. 특히 치유 불가능한 시장실패에 대한 정보가 충분하지 못한 상황에서는 특정 부문에 대한 시장실패의 치유는 이전보다 못한 결과를 초래할 수 있다.

공공 선택 이론(public choice model)은 시장실패의 치유를 정부의 시장개입에 의거하기보다 정치적 의사결정 과정을 중심으로 하는 비시장적 의사결정의 경제학적 연구라고 할 수 있다. 그러나 정치 그 자체를 경제학 연구의 대상으로 하려는 것만은 아니며 정치와 경제가, 혹은 정치와 시장이 상호 관련을 맺고 있는 복합 영역 내에서 작용하는 여러 제도 간의 상호작용에 대한 분석을 그 중심으로 하는 경제학적 이론이며, 이를 위하여 집단의 비시장적 의사결정의 문제를 주요 연구 과제로 하고 있다.

지대 추구 행위(rent seeking behavior)란 특정 이익 집단들이 그들의 경제력과 정보력을 동원하여 입법과 행정에 영향력을 행사하여 그들의 이익을 도모함으로써(즉 지대 추구 행위를 지속함으로써) 조직화되지 못한 일반 국민에게 비용을 유발하게 하는 것이다. 특히 행정 관료들에게 승진 과정이나 예산 배정을 통해 엄청난 영향력을 발휘하는 정치인들은 차기 당선을 위해 이익집단이나 압력단체의 지대 추구 행위에 협조적인 경우가 허다하다. 정부의 시장개입이 정치인-관료-이익집단의 지대 추구 행위에 악용될 경우 부정과 부패의 원인이 되며 정부실패의 사회적 비용은 더욱더 증가한다.

자본주의 경제가 발전함에 따라 정부의 역할은 증대되고 정부실패 현상 또한 급격히 늘어나고 있다. 불완전한 시장기구를 중심으로 한 자본주의 경제가 더 효율적으로 작동하기 위해서는 불완전한 정부의 역할 또한 배제할 수 없으며, 이에 정부 역할의 재정립이라는 과제는 정부실패를 어떻게 극소화하느냐 하는 문제에서 그 출발점을 삼아야 할 것이다.

■ 정보·행동경제학

경제주체들이 합리적인 의사결정을 내리기 위해서는 완전한 정보를 가지고 있어야 한다. 하지만 완전한 정보라는 조건을 충족시키는 것은 매우 어렵다. 이 장에서는 현실 경제에서 불완전한 정보가 경제주체들의 의사결정에 어떠한 영향을 미치는지를 살펴보고자 한다. 특히 최근 진화론과 심리학 등을 활용해 그동안 경제학이 제대로 설명하지 못했던 경제주체의 비합리적인 행위에 초점을 맞춘 경제이론들이 나타나고 있다. 이러한 범주에 속한 대표적인 이론으로 부각되고 있는 행동경제학의 개념을 살펴볼 것이다.

I 정보경제학

1. 정보경제학이란

지금까지 소비자와 생산자는 그들의 경제행위 선택에서 완전한 정보를 가지고 있다고 가정하였다. 그러나 현실적으로 현대인들이 공통적으로 직면하고 있는 가장 중요한 현상 중 하나가 '불확실성'이라고 할 수 있다. 불확실성이란 현실 세계에서 의사결정 과정에 무작위성(randomness)이 존재하는 상황이다. 이러한 불확실성은 정보의 비대칭성에서 발생한다. 정보의 비대칭성(asymmetric information)은 이를테면 상품을 판매하는 사람은 그 상품의 질이나 가격에 대한 정보를 알고 있지만 소비자는 그러한 정보를 알지 못하는 경우, 또 종업원은 열심히 일을 하지만 기업주는 그것을 모르는 경우 등과 같은 상황에서 발생한다.

정보경제학이란 경제활동에 필요한 완전한 정보를 보유하지 못한 경우, 특히 거래의 한쪽이 다른 쪽보다 적은 정보를 가지고 있을 때 발생하는 정보의 비대칭성과 관련한 현상을 분석하는 경제학의 한 분야이다.

비대칭적 정보는 다음과 같은 두 가지 형태로 구분할 수 있다. 첫째, 거래 당사자나 거래상품의 특성을 한쪽은 알고 있으나 다른 쪽은 모르는 경우로, 이러한 비대칭적 정보의 상황을 '감추어진 특성(hidden characteristics)' 또는 '역선택(adverse selection)'이라고도 한다. 둘째, 어느 한 당사자의 행동을 다른 쪽에서 관찰할 수 없을 경우에도 비대칭적 정보의 상황이 발생하는데 이 경우를 '감추어진 행동(hidden action)' 또는 '도덕적 해이(moral hazard)'라고 한다.

2. 역선택

1) 역선택의 사례

역선택(adverse selection)은 자기선택 또는 반대선택이라고도 하며 자신만이 가진 정보에 기초하여 행동함으로써 결과적으로 정상 이상의 이득을 챙기거나 타인에게 정상 이상의 손해 또는 비용을 전가하는 행위 일반을 가리킨다.

앞서 언급한 비대칭적 정보의 상황은 상품시장, 노동시장, 보험시장, 금융시장을 막론하고 현실 경제에서 발생할 수 있다. 불완전 정보의 상황을 이용하여 중고차 시장을 분석한 애컬로프(G. A. Akerlof)에 의하면 중고차의 경우, 같은 연식의 동일 차종이라도 차 주인의 성격과 관리 정도에 따라 품질의 차이가 나게 된다. 만약 차 주인과 구매자가 중고차에 대한 완전한 정보를 가지고 있다면 적정한 가격에서 거래가 성립될 것이다. 그러나 실제로 차 주인은 자신의 차에 대한 정보(차의 결함 여부, 사고 여부, 주행거리 등)를 잘 알고 있지만 구매자는 이러한 차의 결함 여부에 대해 알기가 어려운 비대칭적 정보의 상황에 놓이게 된다.

실제로 중고차 시장에서는 겉과 속이 모두 좋은 차들도 있지만 반대로 겉은 멀쩡하지만 속은 형편없는 차들도 동시에 나온다. 겉과 속이 모두 좋은 차를 '참살구'라고 하고 반대로 겉은 멀쩡하지만 속이 형편없는 차를 '개살구'라고 한다. 중고차를 팔려고 내놓는 사람은 차가 참살구인지 개살구인지를 분명히 알고 있다. 하지만 차를 사려는 사람은 참살구인지 개살구인지를 명확히 알지 못하는 정보의 비대칭성이 생겨나게 된다.

만약 중고차 시장에서 정보가 완전하다면 두 가지 유형의 차가 확연히 구분되고 중고차의 가격은 수요와 공급에 의해서 결정되고 시장은 효율적으로 작동된다. 그러나 현실적으로 중고차를 사러 나온 사람은 두 가지 유형의 차가 섞여 있다는 사실만 알 뿐 그 차가 어느 쪽인지 가려내지는 못한다. 그래서 어떤 차를 놓고 흥정을 벌일 때 확률이 반반이라는 생각에서 참살구 차와 개살구 차의 중간 가격을 부를 것이다. 그러면 참살구 차의 주인은 가격이 마음에 들지 않아 차를 팔려고 하지 않을 것이다. 반면에 개살구 차의 주인은 기꺼이 그 차를 팔려고 할 것이다. 이런 일이 반복되면 결국 참살구 차는 중고차 시장에서 자취를 감추고 개살구 차만 거래가 이루어진다. 이 때문에 중고차 시장에서 산 차가 알고 보니 형편없는 차라고 한탄하는 사람이 많이 생긴다. 이처럼 겉만 번지르르한 개살구가 판치는 시장을 '개살구 시장'이라고 한다.

　개살구 시장에서는 바람직하지 않은 상대를 만나 거래할 가능성이 매우 크다. 비단 중고차 시장뿐만 아니라 판매자와 구매자의 정보가 비대칭적인 시장이면 어디에서나 이와 같은 개살구 시장의 특성이 나타나게 된다. 이렇게 바람직하지 않은 상대를 만나 거래할 가능성이 높은 현상을 역선택이라고 한다. 다시 말해 중고차 가격을 높게 받기 위해서 차 주인은 자신의 차가 품질이 좋다고 주장할 것이고, 이것을 알지 못하는 구매자는 원래 가격보다 높은 가격으로 중고차를 구매함으로써 실제로는 손실을 보게 되는 현상이 벌어진다.

> 거래상품에 대한 정보를 한쪽만 알고 있어 겉보기에 그럴듯한 상품들이 주로 거래되는 시장을 '개살구 시장'이라고 한다. 개살구 시장에서는 바람직하지 않은 상대를 만나서 거래할 가능성이 커진다. 이를 '역선택' 이라고 한다.

　보험시장의 경우 가장 바람직한 보험료는 보험회사가 보험 가입자의 사고 위험성을 정확하게 파악하여 위험성의 정도에 따라 보험료를 책정하는 것이다. 그러나 보험회사는 일반적으로 가입자의 사고 위험성 정도를 정확하게 파악하기 어렵기 때문에 위험성이 높은 가입자나 낮은 가입자 모두에게 똑같은 보험료를 징수할 수밖에 없다. 이 경우 자신의 위험도가 높은 사람은 보험 가입을 선호하게 될 것이다. 그러므로 보험회사가 지급해야 할 보상금액은 증가할 것이고 따라서 보험료가 인상될 것이다. 높은 보험료하에서는 사고 위험성이 높은 사람만 보험에 가입하려는 역선택의 문제가 발생하게 된다.

　금융시장의 경우 은행은 예금이자와 대출이자의 차이인 예대마진이 주요 수입원이 되기 때문에 대출된 자금을 회수하지 못하는 경우 손실을 보게 된다. 대출자금의 회수 가능성은 기업이나 개인의 신용 정도와 자금의 용도에 따라 달라진다. 예를 들면 수익률은 높지만 부도 위험이 큰 기업과 수익률은 낮지만 부도 위험이 작은 기업이 있다고 하자. 은행은 위험 기업과 안전 기업을 구분하기가 쉽지 않다. 그러나 대출을 받으려는 기업은 자기 기업에 대한 정보를 은행보다 더 많이 알고 있기 때문에 비대칭적 정보의 상황이 된다. 이 경우 수익률과 부도 가능성이 모두 높은 기업이 더 많은 대출을 원하게 될 가능성이 있으며, 은행의 부실대출 가능성도 그만큼 높아진다.

이러한 현상은 신용카드 시장에도 적용할 수 있다. 신용카드 회사는 카드 사용에 따른 수수료의 수입과 빌려주는 돈에 대한 이자가 주요 수입원이 된다. 그러나 신용카드 회사는 신용이 높은 회원과 낮은 회원을 구분하는 것이 어렵기 때문에 동일한 수수료와 이자를 받게 된다. 반면 카드사 회원은 자신이 상품대금과 이자를 갚을 수 있는 능력이 있는지는 신용카드 회사보다 더 잘 알고 있기 때문에 비대칭적 정보의 상황이 된다. 이 경우 신용이 낮은 가입자들의 사용이 더 많아질 것이므로 이자율이 상승하게 되고, 신용카드사가 부실채권을 가질 수 있는 가능성도 커진다.

2) 역선택의 해결책

시장에서 상품에 대한 정보가 불완전하여 역선택의 현상이 일어나면 구매자와 판매자 간의 거래가 위축된다. 참살구를 팔고자 하는 사람은 손해가 나기 때문에 판매를 포기할 것이고 사고자 했던 사람들은 혹시 가격에 비해서 품질이 낮은 물건을 잘못 살까 봐 구매를 꺼린다. 시장을 통한 거래가 사회 전체의 이익을 증가시킨다는 관점에서 보았을 때 역선택 현상으로 인해 거래가 위축되는 것은 사회 전체적인 이익을 감소시킨다.

역선택 문제가 발생할 경우에 정보를 가지지 못한 쪽이 정보를 가지고 있는 쪽과 동등한 정보를 갖게 되면 이 문제는 해결될 수 있다. 이러한 방법으로는 선별, 신호발송, 규제에 의한 강제집행, 평판 등이 있다.

먼저 **선별(screening)**이란 역선택은 근본적으로 정보의 비대칭성에서 발생하기 때문에 정보가 없는 쪽에서 여러 가지 자료를 가지고 간접적이지만 상대방에 대한 정보를 얻고자 하는 것을 의미한다. 예를 들어 자동차 보험은 가입자의 연령이나 직업 등을 고려하여 연령이 낮거나 영업용 차량을 운전할 경우 보험료를 높게 받고, 연령이 높거나 가정용으로 차량을 운전할 경우 보험료를 낮게 받는다. 또 생명보험의 경우에는 발병 가능성이 높은 신체 조건을 가진 가입자나 업무 위험성이 높은 가입자는 보험료를 높게 받거나 보험 가입을 거절하는 등의 방법을 사용한다.

> 역선택의 해결방안으로 선별, 신호발송, 규제에 의한 강제집행, 평판 등이 있다.

신호발송(signaling)은 자신이 판매하는 상품의 품질이 우수하다는 것이 알려지면 더 높은 가격을 받을 수 있기 때문에 정보를 가진 판매자도 '감추어진 특성'을 알리고자 하는 것이다. 이 경우 자신의 정보를 구매자에게 알리고자 하는 노력은 구매자에게 일종의 신호를 보내는 것과 같기 때문에 신호발송이라고 한다. 즉 선별이 정보가 없는 쪽에서 자신에게 허용되는 모든 정보를 사용하여 품질을 구분하는 것이라면, 신호발송은 정보를 알고 있는 쪽에서 상대적으로 우수한 품질을 알리는 방법이다.

예컨대 "내가 판매한 중고차가 향후 몇 달 안에 고장이 날 경우 무상수리를 한다"는 보증서를 발행하는 것은 품질이 좋다는 것을 상대방에게 알리는 강력한 신호가 될 수 있다. 품질이 좋지 않으면서 보증서를 남발할 경우 몇 달 동안에 수리비가 많이 들 위험이 있으므로 이를 함부로 발행할 수는 없다. 정보가 없는 쪽에서는 이러한 보증서를 통해 상품에 대한 정보를 얻을 수 있다.

스펜스(M. Spence)는 교육 모형을 통해 신호발송이 어떻게 정보로 전달되는지를 밝혔다. 그에 따르면 노동시장에서 기업가는 생산성이 높은 노동자를 원하고 있지만 노동 생산성은 외관상으로 파악하기 어렵다. 이런 상황에서는 노동자가 자신의 생산성이 더 높다는 것을 증명해야 하는데, 교육이 그러한 신호발송의 일종이 된다고 하였다.

규제에 의한 강제집행(regulation)이란 정부의 규제에 의해 모든 당사자들이 강제적으로 거래하도록 하는 것이다. 보험의 경우 모두 강제적으로 보험에 가입시킨다면 사고 위험성이 낮다고 생각하는 사람은 불리하지만 그러한 보험이 제공되는 것이 역선택에 따라 보험시장이 완전히 무너지는 것보다 이득이 될 수 있을 것이다. 자동차 보험의 경우 책임보험에 의무적으로 가입하게 하는 것도 사고 발생 시 피해자를 보상해주기 위한 것이지만 역선택의 문제를 해결하는 효과도 있다.

국민건강보험의 경우도 마찬가지다. 참살구인 건강한 사람과 개살구인 허약한 사람에 대한 정보가 보험회사에는 없다. 따라서 보험회사는 국민 전체의 평균적인 의료비를 기준으로 해서 보험료를 산정할 수밖에 없다. 이 경우 건강한 사람은 보험가입을 꺼릴 것이고 허약한 사람만 가입하게 될 것이다. 이렇게 되면 당연히 보험회사의 수익구조가 악화될 것이고 더 이상 보험회사를 운영하지 못하게 될 수도 있다. 즉 건강보험이라는 시장이 사라질 수도 있는 것이다. 이럴 때 정부가 국민건강보험이라는 이름으로 모든 국민의 가입을 의무화한다면 건강한 사람이 허약한 사람에 비해 손해를 본다는 부

역선택

정보의 비대칭으로 인해 발생하는 가장 대표적인 현상은 '역선택'과 다음에 설명할 '도덕적 해이'입니다.

먼저 역선택이 많이 발생할 수 있는 중고차 시장을 예로 들어보겠습니다. 부산에 사는 영철 씨는 출퇴근용으로 H회사의 소형 중고차를 구매하기로 마음먹었습니다. 인터넷 검색으로 그 회사의 소형 중고차가 200만 원 정도가 됨을 확인하고 나서 중고차 시장에 갔습니다. 영철 씨는 중고차 매매상에게 H회사 소형 중고차를 사고 싶다고 말합니다. 중고차 매매상이 가지고 있는 H회사의 소형 중고차는 과거에 사고 이력이 있는 차(①)와 상태가 양호한 차(②) 두 대였습니다. 중고차 매매상은 ①번 중고차가 100만 원, ②번 중고차는 300만 원의 가치를 가지고 있다는 것을 알고 있었습니다. 그런데 중고차 매매상이 이러한 정보는 숨긴 채 영철 씨에게 "어느 정도의 가격을 생각하고 있습니까?"라고 묻자 영철 씨는 "200만 원까지 지불할 의사가 있습니다"라고 밝혔습니다. 그러면 중고차 매매상은 ②번 중고차를 200만 원에 팔면 자신이 손해를 보기 때문에 ①번 중고차만을 팔려고 할 것입니다. 영철 씨는 ①번 중고차의 내부 기능을 잘 알 수는 없었지만 겉면이 말끔했기 때문에 그 차량을 구입하였습니다. 과연 영철 씨는 바람직한 선택을 한 것일까요? 아닙니다. 영철 씨는 ①번 차량의 실제 가치인 100만 원보다 더 높은 가격으로 지불한 것이 됩니다. 그뿐만 아니라 과거 사고 이력이 있었던 차이기에 성능도 좋지 않았겠죠? 만일 영철 씨도 중고차 매매상이 가지고 있는 차량에 대한 정보를 알 수 있었다면 이러한 선택을 하지 않았을 겁니다. 이처럼 역선택은 정보의 비대칭으로 인해 정보를 갖지 못한 사람(영철 씨)이 바람직하지 못한 선택을 하게 될 가능성이 높아지는 것을 일컫습니다.

해결 방안

이처럼 정보의 비대칭으로 인한 역선택으로 정보를 갖지 못한 측은 바람직하지 못한 선택을 하게 될 가능성이 있습니다. 이로 인해 중고차 시장이나 보험시장이 제대로 작동하지 못할 수도 있는 것이죠. 정보가 모든 사람에게 공평하게 제공된다면 중고차를 적정 가격으로 구입할 수 있으며 화재보험 가입자들은 화재예방 노력을 소홀히 하지 않을 것입니다.

그렇다면 역선택 문제를 줄이기 위해서는 어떤 방법들이 있을까요?

중고차 시장에서는 3년 전부터 '중고차 품질보증제도'가 시행되고 있습니다. 중고차를 구입한 후 1개월 또는 주행거리 2,000km까지 중고차에 대한 품질을 보증해주는 제도입니다. 이에 따라 소비자는 중고차에 대한 정보를 갖지 못해 잘못된 구매를 하였더라도 이를 보상받을 수 있게 되었습니다. 보험회사에서도 역선택을 방지하기 위해 다양한 방법을 마련하고 있습니다. 생명보험 가입신청자에 대해 병적기록을 확인한다든지 흡연 여부를 파악하여 사망위험이 높은 사람에 대해서는 할증보험료를 적용하고 있습니다.

출처 : 한국은행, 경제교육

작용은 있지만 건강보험시장을 유지할 수 있게 된다. 정부가 이러한 강제행위를 하는 이유는 건강보험시장 자체가 없어지는 것보다는 다소 불완전한 형태로라도 유지되는 것이 사회 전체적으로 바람직하기 때문이다.

또한 정보를 가진 쪽이 정직하고 솔직하게 자신의 정보를 제공한다는 **평판**(reputation)을 만들어 스스로의 이익은 물론 역선택의 문제도 해결할 수 있다. 역이나 터미널 근처에 있는 식당은 주로 여행객들이 들르기 때문에 음식 맛에는 그다지 신경을 쓰지 않는 경향이 있다. 즉 여행객들이 역이나 터미널 근처 식당에 대한 정보를 가지지 못하기 때문에 식당들은 대개 맛있는 음식을 만들더라도 손님이 크게 늘지는 않을 것이다.

그러나 역이나 터미널 근처에 맥도날드나 버거킹, 롯데리아와 같은 규격화된 동일 품질의 음식을 제공하는 식당이 있다면 여행객들은 그 식당에 대한 일반적인 평판(식당에 대한 정보)을 알고 있기 때문에 안심하고 찾을 수 있을 것이다. 미국의 고속도로 휴게소나 한국의 역, 터미널 근처에 전국적인 평판을 가지고 있는 식당이 있는 것도 역선택의 문제를 효과적으로 해결하는 수단이 된다.

3. 도덕적 해이

1) 도덕적 해이의 사례

경제적 거래관계를 맺고 있는 거래 당사자 중에서 어느 한쪽이 계약 조건을 충실히 이행하면서 행동하고 있는지를 알기 어렵기 때문에 발생하는 문제도 있다. 예로 기업주와 노동자의 관계, 의사와 환자의 관계, 보험회사와 보험 가입자의 관계는 정보를 가진 쪽의 행동을 정확하게 감시하고 확인할 수 없기 때문에 문제가 발생하게 된다. **도덕적 해이**(moral hazard)란 거래 또는 계약의 당사자가 취하는 행동이 모두에게 영향을 미치지만 다른 쪽 당사자가 그의 행동을 감시하고 통제할 수 없는 경우 발생한다. 도덕적 해이는 원래 미국에서 보험 가입자들이 보험금을 타기 위해 고의로 사고를 내는 것을 의미하였는데, 오늘날에는 법과 제도적 허점이 있는 경우 이 허점을 이용하여 자신의 이익을 추구하는 행위 일반을 의미하고 있다.

거래 당사자 중 한쪽의 행동이 다른 쪽에 영향을 미치는 경우를 대리관계(agency relationship)라고 하는데, 행동을 취하는 쪽을 대리인(agent), 영향을 받는 쪽을 주인

(principal)이라고 하여 도덕적 해이를 주인-대리인 모형(principal-agent model)이라고도 한다.

예를 들어 기업의 주인은 주주인데, 경영자는 주주의 이익을 위해서 고용된 사람이다. 그런데 경영자의 이해관계와 주주의 이해관계가 일치하지 않을 수도 있다. 주주의 입장에서 보면 이윤이 많이 날수록 좋지만 경영자의 입장에서 보면 매출액이 커질수록 더 좋을 수도 있다. 경영자로서의 명성이나 위신 같은 것은 기업의 매출액에 비례해서 커지는 경향이 있기 때문이다. 따라서 경영자는 이윤보다 매출액을 더욱 중시하는 방향으로 기업을 경영할 수 있다.

의뢰인과 변호사 간에도 이런 사례가 발생할 수 있다. 의뢰인에게 유리한 판결이 내려지도록 소송을 대리하는 대가로 수임료를 받는 변호사에게, 재판의 결과와는 관계없이 수임료가 동일하다면 변호사는 그 업무를 태만히 할 가능성이 있다. 그러나 변호사가 제대로 변호를 했는지에 대해서 법률 의뢰인(주인)은 판단하기가 매우 곤란하다. 즉 의뢰인이 재판에 패소했을 때 변호사가 최선을 다한 결과인지, 과실에 의한 것인지 판단하기가 어렵다는 것이다.

의료사고 시비가 빈번하게 발생하는 것도 도덕적 해이로 설명할 수 있다. 즉 병을 치료하기 위해 수술을 받은 환자(주인)는 병을 고쳐 주는 의사(대리인)가 최선을 다해 치료했는지 알기가 어렵다. 또한 수술 중 사고가 났을 경우 환자는 의사의 과실을 입증할 만한 고도의 의학적 지식이 없는 경우가 대부분이다. 이처럼 대리인이 상대방(주인)의 정보가 부족한 것을 이용하여 스스로의 이득을 먼저 챙기는 행동을 할 때 도덕적 해이가 일어났다고 말한다. 이러한 도덕적 해이는 상품시장, 보험시장, 노동시장 등에서 빈번하게 발생한다.

> 대리인이 상대방의 정보가 부족한 것을 이용해 자신의 이득을 먼저 챙기는 행동을 할 때 도덕적 해이가 일어났다고 말한다.

먼저 상품시장에서의 도덕적 해이를 살펴보자. 기업은 자신이 생산하는 상품의 품질을 소비자가 쉽게 판단하기 어려울 경우 품질을 떨어뜨려 이윤을 증대시키려는 '도덕적 해이'가 발생할 수 있다. 이 같은 기업의 동기를 소비자들이 알고 있다면 수요가 감소하게 되고 가격이 하락한다. 가격이 하락하면 기업은 품질 좋은 상품을 생산할 동기가 없어지게 되기 때문에 품질이 낮은 제품만 생산하게 될 것이다.

보험시장에서의 도덕적 해이는 보험 가입 전에는 사고 발생 시 보상을 염려하여 사고예방에 주의를 기울이던 사람이 보험 가입 후에는 주의를 게을리하는 경향을 의미한다. 즉 화재보험의 경우 보험 가입 전에는 화재가 발생하면 전액 자신의 손실이 되기 때문에 화재 발생에 항상 주의를 기울이다가 보험 가입 후에는 보험금으로 손실을 만회할 수 있기 때문에 화재 발생에 주의를 적게 기울이는 경우이다. 자동차보험의 경우에도 보험 가입 전에는 항상 사고에 주의하지만, 보험 가입 후에는 보험금으로 사고금액을 보상해주기 때문에 상대적으로 사고에 주의하지 않는 경향이 나타난다.

노동시장에서의 도덕적 해이는 대기업 조직에서 노동자들의 근무태만을 직접 통제하는 것이 어렵기 때문에 노동자들이 근무를 태만히 할 가능성이 높은 경우를 의미한다. 이러한 노동자들도 법적 규제나 노동조합 규정 등으로 명백한 과실이 나타나지 않는 한 처벌을 할 수 없다.

2) 도덕적 해이의 해결책

상품시장에서 도덕적 해이를 해결하는 방법으로는 기업이 평판을 유지하게 하는 것이 있다. 단기적으로는 품질 좋은 상품을 생산하는 것이 이윤은 낮지만, 품질 좋은 상품을 생산한다는 것을 소비자들이 알게 된다면 소비자는 높은 가격을 지불할 의향이 있게 된다. 이 때문에 이러한 평판이 유지되고 있는 한 기업은 도덕적 해이의 유혹에서 벗어날 수 있다.

보험시장에서는 도덕적 해이를 해결하기 위해 흔히 손실액의 일정 비율만 지급하는 **공동보험**(coinsurance)이나 손실액의 일부를 공제한 후 지급하는 **공제식 보험**(deductibles) 제도를 도입하고 있다. 자동차 보험에서 사고에 따른 보험금 지급 후 그 지급액에 따라 보험료를 할증한다든지, 신호위반이나 교통위반의 경우 보험료를 할증하는 할증 보험료는 일종의 공동보험으로 볼 수 있다. 또 의료보험의 경우 일정 금액을 환자 본인이 부담하는 것은 공제식 보험의 일종이라고 할 수 있다.

또 대리인의 노력이 스스로의 보수와 직결되도록 만드는 것도 도덕적 해이를 줄이는 좋은 방법이다. 지주가 땅을 대신 경작해주는 사람을 고용하는 경우가 이에 해당한다.

도덕적 해이

영희는 학교에서 화재예방 교육을 받고 집으로 돌아와 "아빠, 우리도 소화기 사야겠어요. 화재예방을 위해서 꼭 필요하대요."라고 말합니다. 하지만 아버지는 "괜찮아. 우리 집은 화재보험에 가입했으니 불이 나더라도 보험회사로부터 보상을 받을 수 있단다"라고 대답합니다. 이 대화에서처럼 영희네가 보험에 가입하지 않았더라면 소화기를 집안에 비치한다거나 화재 위험물질을 잘 관리하려고 하겠지만 보험에 가입했기 때문에 그러한 노력을 소홀히 하게 되는 것입니다. 여기서도 정보의 비대칭 문제가 발생하고 있습니다. 보험회사 측에서는 영희네가 화재보험에 가입한 이후에도 계속해서 화재예방 노력을 해줄 것을 바라지만 영희 아버지는 보험가입 전후의 화재예방 노력 정도를 달리하게 되는 것이죠. 즉 보험회사 측에서는 알지 못하는 아버지의 감추어진 행동(정보)이 문제가 됩니다. 이처럼 '도덕적 해이'란 정보를 가진 측(영희 아버지)이 정보를 갖지 못한 측(보험회사)에서 보면 바람직하지 않은 행동을 취하는 경향을 말합니다.

또 다른 예를 살펴볼까요? 유명 연예인들은 매니저를 고용합니다. 매니저는 자신의 고용주인 연예인의 이익을 위해서 스케줄을 관리하고 방송사에 홍보를 하지요. 하지만 항상 그렇진 않답니다. 때로는 매니저가 자신의 이익을 위해서 과도한 일정을 잡기도 하고 장거리 여행도 마다하지 않습니다. 다시 말해 매니저는 자신을 위해 연예인에게 해로운 행동을 할 가능성이 있다는 얘기죠. 그런데도 연예인은 매니저가 어떤 생각을 가지고 있는지 정확히 알 수 없다는 데서 문제가 발생합니다.

그렇다면 도덕적 해이 문제를 줄이기 위해서는 어떤 방법들이 있을까요?

예컨대 화재가 발생하였을 때 손실의 일부만 보상해주는 공동보험제도를 채택하는 방법이 있습니다. 가령 피해액의 70%만 보상해주기로 약정한다면 나머지 30%의 손실은 보험가입자가 부담해야 하므로 화재예방을 위한 노력을 게을리 하지 않겠지요.

여러분은 TV나 라디오 광고, 전단지, 옥외 광고 등 매일 수많은 광고를 접하고 있습니다. 이런 광고들은 여러분에게 제품에 대해 더 많은 정보를 제공하여 바람직한 선택을 할 수 있도록 도움을 줍니다. 하지만 때로는 판매자들에게 유리한 정보만 제공하면서 여러분의 판단을 흐릴 수도 있으니 물건을 구매할 때는 항상 꼼꼼히 따져보는 습관이 필요하겠지요?

출처 : 한국은행, 경제교육

만약 수확한 것을 모두 땅주인이 갖고 경작한 사람에게는 고정된 월급을 지급하기로 계약을 한다면 도덕적 해이가 나타날 것은 자명하다. 경작자가 아무리 열심히 일한다 해도 자신에게 돌아오는 이득은 고정된 월급뿐이기 때문이다. 반면에 수확량 중 일정한 비율을 보수로 지급하기로 한 경우라면 상황이 달라진다. 수확이 많아지면 경작자 자신에게도 이득이 되므로 자발적으로 열심히 일하려는 태도를 보일 것이기 때문이다.

> 도덕적 해이를 방지할 수 있는 방안으로 평판 유지, 공동보험, 공제식 보험, 성과급, 처벌 등이 있다.

우리가 현실에서 보는 보수지급의 방법에는 이와 같은 논리에서 나온 것들이 많이 있다. 기본급 외에 실적에 따라 보수를 지급하는 성과급 제도가 그것이다. 매장에서 판매한 금액에 비례해서 보수를 지급하거나 보험회사에서 보험설계사에게 계약실적에 따라 보상을 해주는 것이 좋은 예이다. 또한 영업실적이 일정 수준을 넘어서면 특별보너스를 지급하겠다고 약속하는 것도 비슷한 동기에서 나온 것이다. 전문경영인에게 보수의 일부로서 일정한 가격에 주식을 살 수 있는 권리, 즉 스톡옵션을 주는 것 또한 경영자 스스로 주식가격을 최대한 높이는 방향으로 경영하도록 만든다. 이처럼 성과급은 고정급이나 연공서열식 제도보다는 도덕적 해이의 가능성을 감소시킬 수 있다. 이렇듯 도덕적 해이를 막고 동기부여를 위해 지급하는 높은 임금을 **효율 임금**(efficiency wage)이라고 한다.

또 하나의 방법은 근무 태만 등이 발견되었을 때 벌을 가하는 방법이다. 어떤 노동자가 근무를 태만히 하여 해고되었더라도 다른 기업에서 원래 직장에서 받던 것만큼의 임금을 받게 된다면 해고의 위협을 두려워하지 않을 것이다. 그러나 원래 직장에서 높은 임금을 받다가 다른 기업에서 그만큼의 임금을 받기 어렵다면 근무 태만을 적절하게 제어할 수 있을 것이다.

Ⅱ 행동경제학

1. 행동경제학이란

주류경제학이 상정하고 있는 경제인은 완전히 합리적이며, 오직 자신의 이익을 추구하는 사람이다. 경제학에서 사용되는 '합리적'이란 말은 선호가 명확하며, 거기에는 모순이 없고 항상 불변해야 한다는 의미이다. 그리고 그 선호를 토대로 자신의 효용(만족)이 극대가 되는 대안을 선택하는 것이다. 경제적 인간은 언제라도 커피나 홍차 가운데 어느 쪽이 좋다고 명확히 말할 수 있고, 선호는 시간이나 상황에 따라 변해서도 안 된다. 커피와 홍차에 대한 선호가 아침과 밤에 다르다든지, 어제는 등산이 취미라고 말하다 오늘은 낚시를 제일 좋아한다고 해서는 안 된다.

경제적 인간에게는 합리성과 함께 자신의 이익만을 극대화하려는 이기심이 더해진다. 자신의 이익을 추구하는 사람이 만일 이타적 행동을 한다고 해도 그것은 어떤 보답을 기대하는 것으로 여겨진다. 경제적 인간에게는 윤리나 도덕적인 개념이 배제된다. 이익을 얻을 기회가 주어지면 범죄가 아닌 한 그것을 최대로 이용한다. 따라서 경제적 인간은 법을 지키지만 법의 틀을 벗어나는 윤리라는 개념은 가지고 있지 않다.

그러나 뒤의 메달리스트들의 감정처럼 우리의 인간 사회는 완전한 합리성과 이기심만으로는 설명할 수 없는 무수한 사례가 있다. 다음과 같은 간단한 게임을 예로 들어보자. 어떤 사람이 여러분에게 10,000원을 주면서 그중 일부를 친구에게 나누어 줄 것을 요구했다. 친구가 여러분의 제안을 받아들이면 둘 모두 나누어 주는 금액이 얼마든 돈을 가질 수 있다. 그러나 친구가 여러분의 제안을 거부하면 둘 다 한 푼도 가질 수 없게 된다. 만약 6,000원을 준다고 하면 친구는 당연히 수락할 것이고 여러분은 4,000원을 가질 수 있다. 아마 5,000원이나 4,000원 정도라도 친구는 수락할 가능성이 크다. 그러나 만약 여러분이 8,000원을 가지고 친구에게 2,000원만 준다고 하면 친구가 수락할 것인가?

전 세계에서 시행된 이 실험에서 대부분의 사람들은 2,000원 이하의 돈을 받는 것을 거부했다. 만족 극대화라는 관점에서 보면 납득할 수 없는 결과이다. 친구가 2,000원을 수락하면 무조건 2,000원이 생긴다. 하지만 거절하면 단돈 1원도 생기지 않는다. 그럼에도 2,000원 이하의 돈을 나누어 주는 것에 찬성하지 않았다. 공정성에 대한 개념이나 복수심 혹은 단순한 분노 때문에 수락하지 않는 것이다. 이 게임을 **최후통첩** 게임이라고 하는데, 의사결정 과정에서 합리성보다는 감정이 우선적으로 작용한다는 것을 보여주는 사례이다.

> 인간이 완전히 합리적이라는 주류경제학과 달리 행동경제학은 인간이 실제로 어떻게 선택하고 행동하는지, 그 결과로 어떠한 사회 현상이 일어나는지를 다루는 학문이다.

이처럼 **행동경제학**(behavioral economics)이란 인간의 다양한 심리적·감정적 요소가 의사결정에 미치는 영향을 연구한다. 인간이 실제로 어떻게 선택하고 행동하는지, 그 결과로 어떠한 사회 현상이 발생하는지를 다룬다. 즉 행동경제학은 심리학, 인지과학 등의 발견 내용을 경제이론에 접목하여 사람은 실제로 어떻게 행동하는가, 왜 그렇게 행동하는가, 그 행동의 결과로 어떤 사회 현상이 발생하는가를 다룬다.

행동경제학은 주류경제학에서 상정하고 있는 인간의 합리성, 자제심, 이기심을 부정하지만 인간이 비합리적이거나 비이기적이라는 것을 의미하는 것은 아니다. 인간이 완전히 합리적이거나 완전히 이기적이라는 점만을 부정할 뿐이다. 인간은 완전히 합리적이지 않을 뿐만 아니라 때로는 이기심이 아닌 이타심이나 공정성 등에도 영향을 받는다는 점을 인정한다. 그렇다고 해서 인간이 전혀 사익을 추구하지 않고 순수하게 이타적이라고 말하는 것도 아니다. 오로지 물질적 사익만 추구한다는 비현실적인 전제를 부정하고 있다. 과음이나 충동구매와 같은 곧장 후회할 일을 계속하기도 하고, 기부나 자선행위를 하고 양심에 따라 행동하기도 한다.

2. 소유효과

리처드 테일러(Richard Thaler) 교수는 코넬대학교 경제학과 학생들을 대상으로 흥미로운 실험을 하였다. 그는 학생들에게 코넬대학교의 로고가 새겨진 머그잔을 나누어 주었다. 그 머그잔은 교내 매점에서 6달러에 판매되고 있었다. 머그잔을 무작위로 나누어 주었기 때문에 머그잔을 받은 학생이라고 해서 특별히 컵을 좋아하는 학생이라고 볼 수는 없다.

그 후 일종의 경매시장을 개설하고 잔을 받은 학생에게는 최소한 어느 정도 가격이면 그 잔을 다른 학생에게 팔 용의가 있는지 그 가격을 적게 하였다. 반대로 잔을 받지 못한 학생에게는 최대로 어느 정도 가격이면 그 잔을 살 용의가 있는지를 적게 하였다. 머그잔 소유자들이 판매할 용의가 있는 가격의 평균치는 5.25달러였다. 반면에 머그잔 구매자들이 지불할 용의가 있는 가격의 평균치는 불과 2.75달러였다. 판매자들이 받고자 하는 가격 수준은 구매자들이 지불하고자 하는 가격의 약 2배에 가까웠다.

이처럼 사람들이 자신이 가지고 있는 물건(권리, 자연환경, 건강 상태, 경제 상황 등을 포함)을 내놓고 그 대가로 받기를 원하는 가격(willingness to accept, *WTA*)과 그것을 손에 넣기 위해서 지불할 만하다고 생각하는 가격(willingness to pay, *WTP*)의 차이를 소유효과(endowment effect) 혹은 초기 부존효과라고 한다. 즉 자신이 소유한 물건의 대가로 요구하는 금액은 그것을 가지고 있지 않을 경우에 구매비용으로 지불해도 좋다고 생각하는 액수보다 크다는 것을 말한다.

> 사람들이 자신이 가지고 있는 물건을 내놓는 대가로 받고자 하는 가격(*WTA*)이 그것을 얻기 위해서 지불하고자 하는 가격(*WTP*)보다 큰 현상을 소유효과라고 한다.

일단 무엇이든 내 소유가 되고 나면 그 물건은 나에겐 현재 상태가 되기 때문에 그 물건의 심리적 가치는 상승하게 된다. 쓰지 않고 방치하던 물건도 남이 달라고 하면 아까워지는 것도 이러한 현상이다.

이와 같은 *WTA*와 *WTP*의 괴리는 기존의 경제학에 중대한 의문을 제기한다. 미시경제학의 초반부에 나오는 내용 중 무차별곡선은 서로 교차하지 않는다는 전제가 있다. 이는 무차별곡선들이 '가역적(reversible)'이라는 암묵적 가정에 기초하고 있다. 즉 재화 *X*를 가지고 있을 때 *X*를 *Y*와 교환하는 것이 무차별하다면 재화 *Y*를 가지고 있을 때 *Y*를 *X*와 교환하는 것이 무차별하다는 것이다. 그러나 소유효과가 존재한다면 이러한 의미의 가역성은 더 이상 존재하지 않는다. 재화 *X*를 소유할 때의 무차별곡선과 재화 *Y*를 소유할 때의 무차별곡선이 서로 다르며, 그 두 무차별곡선은 서로 교차할 수 있다는 것이다.

또한 소유효과에 의한 *WTA*와 *WTP*의 괴리는 공공정책에도 중대한 의문을 던진다. 혐오시설의 건립을 놓고 해당 지역주민들과 정부 또는 기업 사이에 보상액을 둘러싸고 갈등이 벌어지는 것도 바로 *WTA*와 *WTP* 간의 괴리 때문이다. 지역주민들의 환경 포기에 대한 *WTA*가 그것에 대한 정부나 기업의 *WTP*보다 크기 때문이다. 해당 주민들에게는 그냥 토지나 환경이 아니고 '내 토지', '내 환경'이다. 반면에 다른 주민들이나 정책 입안자들에게는 그냥 토지이고 생태계일 뿐이다.

3. 현상유지 바이어스

미국의 뉴저지와 펜실베이니아 주에서는 보험제도를 가지고 대규모의 실험을 한 적이 있었다. 소비자들에게 두 가지 유형의 자동차 보험을 선택하도록 했다. 하나는 낮은 보험료를 기본으로 하되 소송권이 포함되어 있지 않은 보험이고, 또 하나는 비싼 보험료를 내는 대신에 소송권을 기본으로 포함하는 보험이었다.

뉴저지는 낮은 보험료를 기본으로 하고 있었는데 1988년부터 추가 보험료를 내면 소송권을 옵션으로 추가할 수 있도록 하였다. 그러자 뉴저지 운전자 중 83%가 소송권이 없는 보험을 선택하였다. 펜실베이니아에서는 1990년에 비싼 보험료를 기본으로 하고, 보험 계약 시에 소송권을 제외하면 보험료를 깎아 주는 옵션을 따로 선택할 수 있도록 하였다.

실험에 참가한 사람들을 두 집단으로 나누고 앞의 두 가지 보험 중 하나를 선택하도록 하였다. 한 집단에는 뉴저지의 보험제도, 즉 낮은 보험료를 기본으로 하되 추가 보험료를 지불하고 소송권을 포함시킬 것인지를 물었다. 그리고 다른 집단에는 펜실베이니아의 보험제도, 즉 높은 보험료를 제시한 후에 보험료를 인하시키는 대신에 소송권을 제외할 것인지를 물었다. 뉴저지 보험 설계에서는 23%만이 추가 보험료를 내고 소송권을 포함시키겠다고 응답하였다. 반면에 펜실베이니아 보험 설계에서는 53%가 소송권을 그대로 유지하겠다고 응답하였다. 이 실험을 바탕으로 연구자들은 펜실베이니아에서 1990년에 새로운 보험제도가 시행되더라도 대부분의 사람들이 소송권을 그대로 보유하려 할 것이라고 예측하였다.

이 연구에 따르면 어떤 대안이든지 그것이 '현재 상태'로 주어져 있으면 사람들은 그것을 바꾸기보다는 그대로 유지하려고 한다. 즉 사람들은 현재 상태에서 변화되는 것을 회피하는 경향이 있다는 것이다. 현재 상황이 특별히 나쁘지 않은 한 변화를 시도하면 좋아질 가능성과 나빠질 가능성 두 가지가 모두 있다. 이때 손실 회피 현상 때문에 현재 상태를 유지하려는 경향이 강해진다. 이처럼 현재 상태를 유지하려는 현상을 **초기값 효과**라고 하기도 한다. 마치 PC에서 다양한 설정을 할 수 있음에도 불구하고 초기설정(디폴트, default)을 그대로 사용하는 사람이 많은 것과 마찬가지이다.

장기 기증에 동의하는 사람은 나라마다 큰 차이가 있다. 우리나라를 비롯하여 일본이나 미국에서도 장기 기증을 하려는 비율은 그리 높지 않은 편이다. 같은 유럽에서도 독일, 영국, 덴마크 등에서는 장기 기증률이 상당히 낮은 반면에 스웨덴, 오스트리아, 프랑스, 벨기에 등에서는 장기 기증률이 90% 전후에 이를 정도로 매우 높다.

장기 기증률이 낮은 나라에서는 장기 기증을 하겠다는 별도의 의사표시를 해야만 장기 기증자가 된다. 즉 태어나면서 장기 기증을 하지 않는 것이 초기값이고 장기 기증을 하기 위해서는 별도의 절차가 필요하다. 반면에 장기 기증률이 높은 나라에서는 장기 기증을 하는 것이 초기값이기 때문에 별도의 의사표시를 하지 않는 한 장기 기증자가 된다. 즉 태어나면서 자동적으로 장기 기증자가 되기 때문에 별도의 의사표시를 해야만 장기 기증을 안 할 수 있다. 장기 기증에 대한 초기값에 따라서 나라마다 장기 기증률에 큰 차이가 나타나고 있음을 알 수 있다.

이처럼 초기설정이 사람들의 의사결정에 영향을 미치는 원인은 크게 세 가지로 나누어 볼 수 있다. 우선 공공정책의 경우에는 초기값이 정책결정자(정부)의 권유로 생각하여 받아들인다. 둘째, 초기값을 받아들이면 의사결정에 들어가는 노력이나 비용을 아낄 수 있다. 초기값 대신에 다른 대안을 선택하기 위해서는 신청서류를 쓰고 발송하거나 관공서를 방문하는 등 별도의 노력과 비용이 필요하지만 초기값을 그대로 받아들이면 이런 노력을 하지 않아도 된다. 셋째, 주어진 초기값을 포기하는 것은 일종의 손실이며, 다음에서 설명되는 손실 회피성이 작동하기 때문이다.

이러한 현상유지 바이어스(status quo bias)는 현재 상태를 변화시키지 않으려 한다는 의미에서 일종의 '관성'이 작용하고 있다고 볼 수 있다. 관성은 물리적인 세계뿐만 아니라 인간 사회에도 존재한다. 사람들이 같은 브랜드의 상품을 계속 사고, 직장을 잘 옮기지 않으려는 성향을 가지는 것도 이러한 관성과 관련되어 있다. 어떤 신문을 구독할 것인지, 어떤 우유를 먹을 것인지, 어떤 자동차를 선택할 것인지 등의 의사결정을 내릴 때 우리는 종종 현재 사용하고 있는 브랜드를 선택한다. 그것은 현재의 상품이 객관적으로 최적이어서가 아니라 단지 '현재 상태'였기 때문일 수 있다.

> 현재 상태를 바꾸기보다는그대로 유지하려고 하는 경향을 현상유지 바이어스라고 한다.

4. 손실 회피

손실 회피(loss aversion)는 동일한 크기의 이득으로부터 얻는 만족보다는 동일한 크기의 손실로부터 겪는 고통이 더 클 때 사용하는 개념이다. 다음의 상황을 살펴보자.

서점에서 현금으로 교재를 구입하면 30,000원이고, 신용카드로 사면 33,000원이다. 만약 여러분이 서점의 주인이라면 이 사실을 손님들에게 어떤 방법으로 알릴 것인가? 그리고 어느 방법에서 현금 구입이 더 많을 것인가?

⑴ 책값은 33,000원이지만 현금으로 구입하면 3,000원을 할인해 드립니다.
⑵ 책값은 30,000원이며 신용카드로 구입하시면 3,000원의 추가 요금이 부과됩니다.

⑴번과 ⑵번은 동일한 상황이다. 그러나 ⑴번은 할인을 해준다는 '이득'의 상황이고 ⑵번은 추가 요금이 부가된다는 '손실'의 상황이다. 사람들이 완벽하게 합리적이라면 동일한 선택을 할 것이다. ⑴번의 경우이든 ⑵번의 경우이든 현금 구입의 횟수는 같을 것이다. 그러나 대부분의 사람들은 ⑴번의 경우보다 ⑵번의 경우에 현금 구입을 더 많이 선택한다. 이는 동일한 크기의 이득으로부터 얻는 만족보다 동일한 크기의 손실이 주는 고통이 더 크기 때문이다. 행동경제학자 대니얼 카너먼 교수의 연구에 따르면 손실은 이득보다 약 2배 정도 더 큰 영향력을 갖는다고 한다. 현금 구입으로 인한 3,000원의 이득에서 얻는 기쁨보다 신용카드로 인한 3,000원의 손실로 인한 충격이 더 크기 때문에 사람들은 후자의 상황을 회피하려는 경향을 보인다는 것이다.

> 손실 회피란 동일한 크기의 이득으로부터 얻는 만족보다 동일한 크기의 손실로부터 겪는 고통이 더 큰 현상을 말한다.

이러한 현상을 트버스키(A. Tversky)와 카너먼(D. Kahneman)은 가치함수(value function)를 이용하여 설명하고 있다. 가치함수란 준거점을 기준으로 하여 이득과 손실로부터 생기는 가치의 크기를 나타내는 함수이다. 〈그림 5.9〉에서 0은 준거점, 가로축은 이득의 크기, 그리고 세로축은 각각의 이득으로부터 생기는 가치의 크기를 나타낸다. 따라서 가로축의 원점을 기준으로 하여 왼쪽은 손실이며 세로축의 원점 아랫부분은 마이너스의 가치를 나타내고 있다.

손실 회피 성향을 반영하여 〈그림 5.9〉에서 이득 영역보다는 손실 영역에서 가치함수의 기울기가 더 크게 나타나 있다. 연봉이 2,000만 원에서 3,000만 원으로 오르는 사람의 기쁨보다는 4,000만 원에서 3,000만 원으로 줄어드는 사람의 고통이 더 클 것이라는 주장이 그것이다. 꼭 같은 3,000만 원인데도 손실 쪽의 고통이 더 크다. 가치함수는 S자형을 띠고 있는데, 이는 다음과 같은 가치함수의 특성을 나타내고 있다.

첫째, 준거점 의존성이다. 전통적인 경제학에서 말하는 것과는 달리 가치 혹은 효용의 크기는 소유하는 재화(소득 혹은 부)의 절대적인 크기뿐만 아니라 준거점으로부터의 변화 또는 비교에 영향을 받는다. 마치 학기말 평가에서 C+를 피하고 간신히 B−를 받은 학생이 A−를 놓치고 B+를 받은 학생보다 더 만족스러워하는 것과 같은 이치이다. 그리고 준거점은 상황과 사람에 따라 달라진다.

둘째, 민감도 체감의 현상이다. 이득이나 손실의 크기가 작을 때는 변화에 민감하여 상대적으로 큰 가치의 변동을 초래한다. 반면에 이득이나 손실의 크기가 점점 커지면 변화에 대한 민감도가 떨어지고 따라서 가치의 변동도 상대적으로 작아진다. 이것은 경제학에서 말하는 한계효용체감의 법칙과 같은 원리이다. 이득이나 손실의 크기가 커짐에 따라서 가치함수의 기울기가 작아지고 있음을 의미하는 것이다.

한편 앞서 본 소유효과와 현상유지 바이어스도 손실 회피 성향으로 설명할 수 있다. 소유효과란 *WTA*와 *WTP* 간의 괴리를 말하는데, 소유하고 있는 물건을 내놓는 것(매

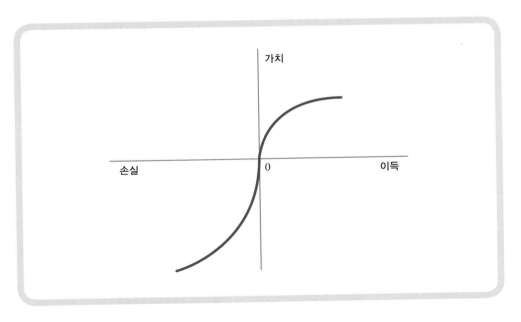

그림 5.9 가치함수

각)은 손실로, 그것을 손에 넣는 것(구매)은 이득으로 느낀다. 마찬가지로 물건을 구입하기 위해서 지불하는 금액은 손실로, 그것을 팔아서 얻는 금액은 이득으로 느낀다. 어느 경우이든 동일한 크기더라도 손실 쪽을 더 크게 평가하는 것이 손실 회피이다. 따라서 손실을 회피하려는 성향 때문에 이미 보유하고 있는 것을 팔려고 하지 않고 실제로 소유하고 있는 물건에 집착하게 된다.

현상유지 바이어스의 경우에도 손실 회피로 설명할 수 있다. 즉 현재 상태에서 벗어날 때 이득을 얻을 수도 있고 손실을 볼 수도 있다. 그러나 이때 얻을 수 있는 이득으로부터 생기는 만족보다는 손실로부터 입게 되는 고통의 크기가 더 크기 때문에 현재 상태로부터 벗어나지 않으려는 경향을 보이게 된다.

1. A 생수회사에서는 현재 종업원 10명을 고용하여 천연 광천수를 생산 판매하고 있다. 종업원의 임금은 시간당 10,000원이며 광천수 한 병의 가격은 2,000원이다. 가변투입요소는 종업원뿐이며, 생산물 시장과 생산요소 시장은 완전경쟁적이라고 한다. 만약 해당 기업이 이윤극대화를 추구하고 있다면 마지막으로 고용된 종업원의 시간당 한계생산물가치와 한계생산물은 각각 얼마인가?

2. B 생수회사에서는 종업원의 한계생산물이 시간당 광천수 20병, 광천수 한 병의 가격이 2,000원이라고 하자. 마찬가지로 가변투입요소는 종업원뿐이며, 생산물 시장과 생산요소 시장은 완전경쟁적이라고 한다. 이때 종업원의 시간당 임금이 30,000원일 경우 기업은 노동의 고용을 늘리는가 아니면 줄이는가?

3. 완전경쟁기업의 노동의 한계생산물이 $100-2L$이고, 재화의 가격은 100원, 임금은 5,000원이라고 하자. 이윤이 극대가 되는 고용량은 몇 단위인가?

4. 완전경쟁시장에서 노동수요곡선이 우하향하는 이유로 가장 타당한 것은?
    ① 한계효용체감의 법칙
    ② 한계효용균등의 법칙
    ③ 한계생산체감의 법칙
    ④ 한계생산균등의 법칙
    ⑤ 수확체감의 법칙

5. 수요곡선이 일정할 경우 공급곡선은 어떤 특성을 지닐수록 경제적 지대가 커지는가?
    ① 공급곡선이 가파를 경우
    ② 공급곡선이 비탄력적일 경우
    ③ 공급곡선이 완만할 경우
    ④ 공급곡선이 탄력적일 경우
    ⑤ 공급곡선이 수평일 경우

6. 다음 중 소득이 불평등한 경우는?
    ① 지니계수의 값이 클 경우
    ② 지니계수의 값이 작을 경우
    ③ 로렌츠 곡선이 완전평등선에 가까운 경우
    ④ 로렌츠 곡선이 대각선에 가까운 경우
    ⑤ 지니계수의 값이 0일 경우

7. 소득 분배가 불평등할수록 로렌츠 곡선의 모양은 어떻게 되는가?

① 로렌츠 곡선이 대각선에 가까워진다.

② 로렌츠 곡선이 대각선에서 멀어진다.

③ 대각선과 로렌츠 곡선 사이의 면적이 작아진다.

④ 로렌츠 곡선이 완전평등선에 가까워진다.

⑤ 대각선과 로렌츠 곡선 사이의 면적이 작아진다.

8. 다음 중 공공재의 성질로 타당한 것은?

① 배제성과 비경합성　　　　② 비배제성과 경합성

③ 배제성과 경합성　　　　　④ 비배제성과 비경합성

⑤ 수익자 부담원칙

9. 공공재의 생산을 정부가 주로 주관하는 이유로 가장 타당한 것은?

① 수익자 부담원칙을 정확히 적용할 수 있기 때문이다.

② 사기업이 생산할 경우 지나친 초과이윤을 얻기 때문이다.

③ 배제원칙이 적용되기 때문이다.

④ 무임승차자 문제가 발생하기 때문이다.

⑤ 공공재는 경합성의 성질을 지니기 때문이다.

10. 아래 보기에 제시된 사례 중에서 시장실패의 원인에 해당하지 않는 것을 모두 고르시오.

① 규모의 경제　　　　　　② 이기적 효용함수

③ 공공재　　　　　　　　④ 수확체감의 법칙

⑤ 불확실성　　　　　　　⑥ 외부효과

⑦ 경쟁시장

11. 다음 중 규모의 경제를 가장 잘 설명하는 것은?

① 생산량이 많아질수록 평균생산비용이 낮아진다.

② 생산량이 많아질수록 평균생산비용이 높아진다.

③ 생산물의 종류가 많아질수록 평균생산비용이 낮아진다.

④ 생산물의 종류가 많아질수록 평균생산비용이 높아진다.

⑤ 생산물의 종류가 많아질수록 한계비용이 낮아진다.

12. 공해로 인하여 생산의 사회적 한계비용이 사적 한계비용보다 클 경우에 대한 설명으로 가장 타당한 것은?

① 사회적으로 바람직한 양보다 지나치게 많이 생산된다.

② 사회적으로 바람직한 양보다 지나치게 적게 생산된다.

③ 사회적으로 바람직한 양만큼 생산된다.

④ 국가가 직접 생산을 담당하는 것이 효율적이다.

⑤ 자원의 효율적 배분이 이루어진다.

13. 다음 중 사적 경제활동이 사회적 최적 수준보다 과다하게 이루어질 가능성이 높은 경우를 모두 고르시오.

① 개인 주택 담장의 장미꽃 조경 면적

② 폐수가 방류되는 강 상류 지역 제철공장의 철강 생산량

③ 도심지역의 교통체증과 이로 인한 자동차 매연

④ 과수원에 인접한 양봉업자의 벌꿀 생산량

⑤ 인근 주민들도 이용 가능한 산업단지 내 편의시설 규모

14. 중고차 시장에서 중고차의 외형은 멀쩡하지만 성능이 좋지 않은 차를 빗대는 말로 가장 타당한 것은?

① 참살구   ② 개살구

③ 참복숭아   ④ 개복숭아

⑤ 외부경제

15. 중고차 시장에서 중고차의 외형에는 차이가 없지만 성능이 좋은 차보다는 성능이 좋지 않은 차가 주로 거래되는 현상을 가장 잘 나타내는 것은?

① 역선택   ② 도덕적 해이

③ 모럴 해저드   ④ 참살구 시장

⑤ 외부경제

16. 보험시장에서 사고 위험성이 높은 사람들이 보험 가입을 선호하고 따라서 보험료가 올라가는 현상을 가장 잘 나타내는 용어는 무엇인가?

① 역선택   ② 도덕적 해이

③ 모럴 해저드   ④ 참살구 시장

⑤ 외부경제

17. 중고차 시장에서 어떤 구매자가 중고차의 결함을 잘 알지 못하여 비싼 가격을 지불하고 중고차를 구입하는 손실을 입었다면, 이러한 현상을 무엇이라 하는가?

① 역선택   ② 도덕적 해이

③ 모럴 해저드   ④ 참살구 시장

⑤ 외부경제

18. 우리나라에서는 국민건강보험에 의무적으로 가입하게 되어 있다. 이는 무엇에 대한 해결방법 중 하나인가?

    ① 역선택
    ② 개살구 시장
    ③ 모럴 해저드
    ④ 참살구 시장
    ⑤ 외부경제

19. 대리인이 주인보다는 자신의 이득을 먼저 챙기는 행동을 한다면, 이를 무엇이라 하는가?

    ① 역선택
    ② 도덕적 해이
    ③ 개살구 시장
    ④ 참살구 시장
    ⑤ 규모의 경제

20. 전문경영인에게 보수의 일부로서 일정한 가격에 주식을 살 수 있는 권리, 즉 스톡옵션을 주는 것은 어떤 현상에 대한 대책인가?

    ① 역선택
    ② 개살구 시장
    ③ 모럴 해저드
    ④ 참살구 시장
    ⑤ 규모의 경제

21. 다음 중 도덕적 해이를 설명하는 데 도움이 되는 것은?

    ① 개살구 시장 모형
    ② 주인-대리인 모형
    ③ 죄수의 딜레마
    ④ 참살구 시장 모형
    ⑤ 절약의 역설

22. 다음 중 '주인-대리인'의 관계로 보기 어려운 것은?

    ① 환자와 의사
    ② 의뢰인과 변호사
    ③ 주주와 전문경영인
    ④ 남편과 아내
    ⑤ 주인과 머슴

23. 사람들은 자신이 쓰지 않고 방치하는 물건이라도 남이 달라고 하면 아까워하는 경향이 있는데, 이를 무엇이라 하는가?

    ① 현상유지 바이어스
    ② 손실회피
    ③ 가치함수
    ④ 소유효과
    ⑤ 대체효과

24. 동일한 크기의 이득으로부터 얻는 만족보다 손실로부터 겪는 고통이 더 큰 현상을 무엇이라 하는가?

① 현상유지 바이어스   ② 손실회피

③ 가치함수   ④ 소유효과

⑤ 대체효과

25. 사람들은 우유, 자동차, 신문 등을 선택할 때 별 고민 없이 현재와 동일한 브랜드를 계속 소비하려는 성향이 있다. 이러한 현상을 가장 잘 나타내는 것은?

① 현상유지 바이어스   ② 손실회피

③ 가치함수   ④ 소유효과

⑤ 소득효과

PART 2

거시경제의 이해

06 거시경제의 기초 개념

미시경제학은 개별 경제주체의 행동과 시장수요와 공급의 상호작용에 대해 분석한다. 이 분석은 개인과 기업의 행동, 재화와 서비스 시장의 변화 등을 이해하는 데에는 매우 유용하지만, 경기순환이나 실업, 인플레이션과 같은 국민경제 전체의 움직임에 대해서는 설명해주지 못한다. 경제 전체의 변화에 대한 이해를 목적으로 하는 경제학 분야가 거시경제학이다. 이 장에서는 거시경제학이 왜 출현했는가, 거시경제학이 관심을 갖는 경제문제는 무엇인가에 대해 살펴보고 거시경제학의 가장 중요한 개념인 국민소득의 개념과 그 측정에 대해 살펴본다.

I 거시경제학의 기원

2008년 가을, 미국 거대금융회사들의 도산으로 미국에서 경제위기가 시작됐다. 이 사태의 영향은 미국에만 그치지 않고 전 세계의 다른 나라들에도 미쳤다. 미국 경제가 안 좋아지자 미국과 교역을 하는 많은 나라들의 경제도 안 좋아졌다. 세계 각국에서 불경기로 기업들이 도산하거나 적자에 시달리고 노동자들은 일터에서 쫓겨났고, 가계들은 소득의 감소로 소비가 극도로 위축되었다. 이런 사태에 직면해서 각국들이 채택한 정책은 대부분 비슷했다. 중앙은행이 천문학적인 자금을 민간에 대출을 해줘서 가계나 기업들의 파산을 막고 생산과 소비활동을 유지하도록 지원했으며, 중앙정부는 재정자금을 대량으로 지출해서 민간의 경기를 활성화하도록 유도했다. 그 결과 10여 년이 지난 지금 많은 나라들은 당시의 경제위기에서 벗어나서 새로운 경제발전의 길을 걷고 있다.

　경제위기에서 빠져나오는 데 필요한 이러한 정책 판단은 어떤 원리와 분석에서 나온 것일까? 이에 대한 해답을 주고자 하는 것이 거시경제학(macroeconomics)이라고 할 수 있다. 사실 오늘날 우리가 배울 거시경제학이 자리를 잡게 된 것도 '대공황'(Great Depression)이라고 하는 1930년대의 경제위기를 배경으로 한다. 1929년 미국 주식시장의 주가 폭락으로 시작된 경제위기는 미국 노동자의 1/4을 실직 상태에 빠뜨렸고, 그 영향이 전 세계로 퍼져나가 대부분의 당시 선진국들이 심각한 정치경제적 위기에 빠졌다. 자본주의경제에는 19세기 이래로 주기적으로 공황이나 경기침체가 찾아왔지만, 당시의 경제학자들은 시장경제의 자율에 맡겨두면 경기는 저절로 회복된다는 신념을 갖고 있었다. 실제로 정부가 나서지 않아도 그럭저럭 각국 자본주의경제는 위기를 벗어나곤 했던 것이다. 그러나 1930년대의 대공황은 그대로 두기에는 너무나 심각한 문제였고, 자본주의체제 자체의 붕괴를 가져올 것이라는 위기의식을 불러일으켰다. 이에 학자와 정치가들은 경기침체를 이해하고 그것을 해결하거나 방지하기 위한 방법을 찾으려고 했다.

　1936년에 영국 경제학자 존 메이너드 케인스가 쓴 고용, 이자, 화폐에 대한 일반이론은 오늘날과 같은 거시경제이론의 기반을 놓은 책이었다. 케인스는 대공황과 같은 경제위기 상황에서는 정부가 적극적으로 나서서 재정자금을 지출하고(대출이자율 인하, 대출 확대와 같이) 금융을 완화하여 경제 활성화를 위해 노력해야 한다고 주장했다.

　제2차 세계대전이 끝난 뒤 케인스 이론이 현실적으로 유효하다고 인정받게 되고, 많은 학자들이 그 이론을 다듬는 과정에서 이전의 미시경제이론과는 다른 거시경제학이 발전하게 되었다. 물론 모든 학자가 케인스의 견해에 동의한 것은 아니다. 하이에크나 프리드만과 같은 학자들은 시장경제는 저절로 회복하는 능력이 있다고 여전히 믿고, 정부가 경제에 개입해서는 안 된다고 주장했다. 오늘날 우리가 배우는 거시경제학 이론은 학자들 사이의 치열한 논쟁과 현실에서 정책으로 시행해서 얻은 경험들을 바탕으로 해서 만들어진 것이라고 할 수 있다.

Ⅱ 거시경제학의 대상

거시경제학은 경제 전체의 움직임을 나타내는 변수들에 관심을 갖는다. 이렇게 경제 전체의 움직임을 결정하는 원리를 파악함으로써 거시경제학은 오늘날 우리가 당면한 주요한 경제문제를 해결하고자 한다. 아래에서 거시경제학이 관심을 갖는 주요 경제문제에 대해 살펴보자.

1. 경제성장

아래 그림을 보자. 한국은 2000년에 1인당 국내총생산이 1만 달러를 조금 넘었지만(실제로 11,865달러였다), 2018년에는 3만 1,000달러를 넘어섰다. 이것은 한국 경제가 그만큼 성장했기 때문이다. 2001~2018년 사이에 한국 경제는 연간 최저 0.8%(2009년)부터 최고 7.7%(2002년) 사이의 성장률을 기록했다. 경제성장은 국민총소득 또는 국내총생산이 증가하여 경제규모가 커지는 현상을 말한다. 경제성장은 생활 수준 향상과 일자리 제공이라는 경제적 과제를 해결하는 기초이기 때문에 현대 자본주의경제의 필요불가

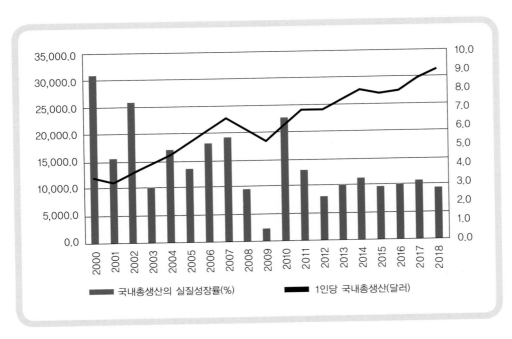

그림 6.1 한국의 1인당 국민총소득과 경제성장률 추이(2000~2018)

결한 과제라 할 수 있다.

예를 들면 2000년에 한국에 등록된 자동차 대수가 1,206만 대였는데, 2018년에는 2,320만 대로 거의 2배 가까이 늘어났다. 이것은 한국 경제의 성장 때문에 가능해진 일이라고 할 수 있다. 이처럼 경제성장은 생활 수준을 향상시킨다는 점에서 분명히 바람직한 일이다. 그리고 경제가 지속적으로 성장해야 늘어나는 인구에 대해 일자리를 제공할 수 있다.

이처럼 경제 규모의 확대, 구체적으로 국민소득의 증가를 가져오는 경제성장은 거시경제학이 일차적으로 관심을 갖는 경제문제이다. 경제성장이 발생하는 원동력으로는 생산 방식의 효율화를 가져오는 기술 진보, 기계·설비·산업로봇 등과 같은 자본 스톡의 증가, 교육과 훈련을 통한 노동의 양과 질의 증가, 토지 등 자연자원의 증대 등을 들 수 있다.

> 경제성장은 기술 진보, 자본 스톡의 증가, 노동의 양과 질의 증가, 자연자원의 증대와 같은 요인에 의해 이루어진다.

여기서 한 가지 유의할 것은 경제성장이 무조건 바람직한 것만은 아니라는 점이다. 특히 최근 들어서는 자원고갈, 환경오염 등의 문제를 고려한 **지속 가능한 성장** (sustainable economic growth)을 추구하는 것이 중요하다는 인식이 확산되고 있다.

2. 경기변동

한국 경제는 2000년대 들어 13년 동안 1인당 소득이 2배 이상 늘어났지만, 그 증가가 항상 일정하게 이루어진 것은 아니었다. 〈그림 6.1〉에서 국내총생산의 실질성장률을 보면, 2009년에 1% 이하의 성장을 한 반면, 2000년, 2002년, 2010년에는 6% 이상 성장했음을 알 수 있다. 이처럼 경제는 침체하다가 활기를 띠기도 하고 그 반대 방향으로 움직이기도 한다. 경제의 침체(불황)와 활기(호황)가 되풀이되는 현상을 **경기변동** 또는 **경기순환**이라고 한다.

경기가 호황일 때는 그것이 과열되어 투자 과잉, 인플레이션이 일어나고 경기가 갑작스레 붕괴하지 않을까 하는 걱정이 있다. 반면에 경기가 불황일 때는 기업의 생산과 경제의 침체(불황)와 활기(호황)가 반복해서 일어나는 현상을 경기변동 또는 경기순환이라고 한다. 경기변동이 심해지면 경제와 사회의 불안으로 사람들의 두려움과 불만이 커진다.

판매가 위축되어 노동자들의 노동시간이 감소하거나 아예 노동자들이 일자리를 잃는 상황이 경제 전체로 확산된다. 이렇게 되면 노동자와 그 가족들의 생계에 위험이 닥치게 되고 사회는 불안정해진다. 대개 경제가 호황일 때보다 불황일 때 사람들의 두려움과 불만이 더 커진다.

경기호황이 과열되거나 경기침체나 불황이 장기화되면 큰 문제가 일어나므로 오늘날의 자본주의 국가 정부들은 경기를 예측하고 조절하기 위해 많은 노력을 기울인다. 거시경제학의 발달은 이러한 정부들의 경기 예측과 조절 능력을 키워주었다. 그래서 정부의 경기조절이 항상 성공하는 것은 아니지만, 예전에 비해서 경제가 많이 안정된 것은 틀림없는 사실이다.

3. 인플레이션

우리는 소비생활을 통해 매년 물가가 상승하고 있다고 느낀다. 〈그림 6.2〉에서 보듯이 2000년에서 2018년 사이에 한국에서는 연도별로 차이가 있지만, 매년 1%와 5% 사이의 물가상승이 있었다. 전체적으로 이 기간 중에 물가가 약 1.6배 상승했다. 한편 같은 기간에 한국 노동자들의 월평균 임금은 131만 원에서 255만 원으로 1.9배 상승했다. 말하자면 이 기간에 임금이 상승했지만 물가가 상승한 것을 감안하면 한국 노동자들의 생활수준이 임금 상승에 비례해서 나아졌다고 말하기 어렵다.

이처럼 물가가 지속적으로 상승하는 현상을 인플레이션(inflation)이라고 한다. 물가는 왜 상승할까? 물가는 단기적으로 경기순환과 관련이 있다. 경기가 상승국면에 있으면 인플레이션이 심해지는 경향이 있다. 경기 상승기에는 경제 전체의 생산물에 대한 모든 수요, 즉 총수요가 생산물의 모든 공급, 즉 총공급을 초과하기 때문에 물가가 지속적으로 상승하게 된다. 반면에 경기 하강기에는 총수요가 총공급에 미치지 못하기 때문에 물가 상승은 억제된다. 인플레이션은 생산비의 상승 때문에 심해지기도 한다. 1970년대에 세계경제를 강타한 두 차례의 석유파동은 석유가격을 각각 4배와 3배가량 인상시킴으로써 전 세계적으로 인플레이션을 심화시킨 적이 있다. 장기적으로는 물가수준

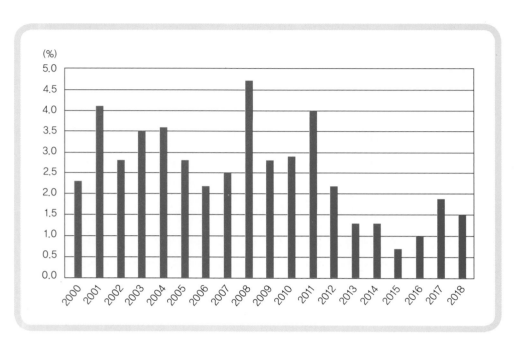

그림 6.2 한국의 물가상승률(2000~2018)

은 경제 내에 유통되는 화폐량에 의해 결정된다. 장기적으로 화폐량이 많아지는 정도에 따라 물가의 상승률이 달라진다.

인플레이션이 심하면 사람들의 경제생활이 힘들어진다. 대개 임금 상승이 물가 상승을 따라잡지 못하기 때문에 임금으로 생활하는 사람들은 실질소득의 감소를 겪게 된다. 이런 상황은 사람들에게 좌절감을 불러일으켜서 사회가 불안해진다. 이 밖에도 인플레이션은 여러 가지 부정적인 효과를 가져오기 때문에 정부 입장에서는 물가를 안정시키기 위해 노력하지 않으면 안 된다.

> 인플레이션은 물가가 지속적으로 상승하는 현상을 말한다. 인플레이션이 심해지면 대부분 소비자들의 생활을 어렵게 하며 부와 소득이 불평등하게 재분배된다.

4. 실업과 저고용

한국에서 실업문제는 1997년의 외환위기 이후 신자유주의 경제정책이 본격적으로 도입되면서 중요한 사회문제로 등장했다. 당시 경제위기로 인해 많은 기업이 도산했는가

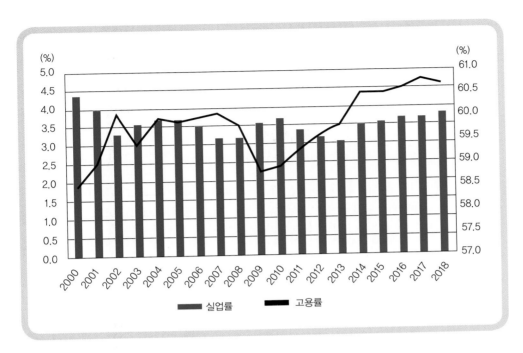

그림 6.3 한국의 실업률과 고용률

하면 살아남은 기업들도 비용을 줄이기 위해 많은 종사자들을 내보냈다. 이로 인해 한국 사회에서는 실업률이 높아짐과 동시에 비정규직 노동자와 자영업자가 크게 증가하기 시작했다. 2008년에 세계경제를 강타한 미국발 경제위기는 또다시 한국 사회에서 실업문제를 악화시켰다.

실업(unemployment)이란 사람이 현재의 임금 수준에서 일할 의사와 능력을 갖고 있고 현재 일자리를 찾고 있으나 취업하지 못하고 있는 상태를 말한다. 저고용(under employment)은 사람이 일을 하기는 하지만 생계수단을 얻을 수 있을 만큼 충분한 시간 동안 일을 하지 못하고 있는 상태를 말한다.

실업률은 경제활동인구[1] 중에서 실업자가 차지하는 비율을 나타낸다. 〈그림 6.3〉에서 보듯이 한국의 실업률은 외환위기 직후인 2000년에 4.5%에 육박(실제로 4.4%)했으나 2002년까지 3%대로 떨어졌다. 그 이후 상승과 하락을 거듭했으나 다시 4%대로 올라가

---

[1] 경제활동인구는 "만 15세 이상 인구 중 조사대상 주간 동안 재화나 서비스를 생산하기 위하여 실제로 수입이 있는 일을 한 취업자와 일을 하지 않았으나 구직활동을 한 실업자"(통계청)를 말한다. 즉 취업자와 실업자를 합친 것이다.

지는 않았다. 최근에 실업률보다 실제 상황을 더 잘 반영해준다고 보고 더 많이 이용하는 지표가 고용률이다. 이것은 만 15세 이상 인구 중에서 취업자가 차지하는 비율을 나타낸다. 〈그림 6.3〉에서 고용률의 변화를 보면 2000년에 58.5%의 낮은 수준에서 출발해 그 이후 많이 회복됐지만, 2009년과 2010년에 2000년 수준으로 다시 떨어진 것을 볼 수 있다.

　개인적으로 실업과 저고용은 본인과 그 가족의 생계를 어렵게 하며, 인간으로서의 자존감을 상실하게 한다. 또 노동력은 한 나라 경제의 중요한 생산자원이지만 저장이 불가능하다. 따라서 노동자가 실업상태에 있다는 것은 그만큼 생산자원을 낭비하는 것이 된다. 그러므로 실업이 심각해지지 않도록 적정한 일자리를 만들어내고 충분한 임금과 소득이 주어지도록 경제를 관리하는 것은 정부의 중요한 임무 중 하나이다.

> 실업이란 사람이 현재의 임금 수준에서 일할 의사와 능력을 갖고 있고 현재 일자리를 찾고 있으나 취업하지 못하고 있는 상태를 말한다. 저고용은 사람이 일을 하기는 하지만 생계수단을 얻을 수 있을 만큼 충분한 시간 동안 일을 하지 못하고 있는 상태를 말한다.

Ⅲ 국민소득의 개념과 측정

우리는 일상생활에서 TV나 신문 등 언론매체를 통해 국내외 경제의 흐름에 대해 다양한 소식을 접하고 있다. 이 소식 속에서 우리가 흔히 듣고 보는 경제용어 중 하나가 **국내총생산** 또는 **GDP**이다. 이 용어는 경제 전반의 활동 수준을 나타내는 지표로 가장 유용하게 사용된다. 분기별로 GDP의 성장률을 계산해보면 경제활동이 활발해지고 있는지, 부진해지고 있는지를 파악할 수 있다. GDP를 측정하는 과정을 살펴보면 GDP의 구성요소가 무엇인지, 국민경제의 순환이 어떻게 이루어지는지를 이해할 수 있게 된다. 그러므로 GDP의 개념과 그 측정 문제는 거시경제를 이해하는 첫걸음이다.

1. 경제의 순환

한 나라의 경제는 생산과 분배, 소비의 흐름을 반복하는 순환적 성격을 지니고 있다. 이처럼 생산, 분배 및 소비의 과정이 끊임없이 반복되는 것을 '국민경제의 순환'이라고 한다. 이 순환 과정은 경제체제에 관계없이 인간의 경제생활이 지속되는 한 존재한다. 그것은 〈그림 6.4〉에서 살펴볼 수 있다.

가계는 기업·정부·해외부문에 생산요소를 제공하고 임금, 이자, 지대, 배당의 형태로 요소소득을 얻는다. 또 가계는 정부나 해외부문으로부터 이전지출로 소득을 얻는다. 이전지출이란 사회보장 지출이나 원조와 같이 정부나 해외부문이 재화나 서비스를 구매하지 않고 가계에 지불하는 돈을 말한다. 가계는 이 소득의 일부를 저축하고 정부에 세금으로 지불하며, 그 나머지를 소비 지출한다. 가계가 저축한 자금은 금융시장을 통해 기업의 운영 및 투자자금으로 공급된다.

기업은 가계로부터 제공받은 생산요소를 이용하여 생산물을 만들어서 가계와 정부, 해외부문, 기업에 판매한다. 판매된 생산물은 가계의 소비지출과 정부의 구매, 기업의 투자활동에 이용된다. 기업은 생산물 판매대금으로 요소소득을 지불하고 조세를 납부하며 투자지출을 하고 해외에서 재화와 서비스를 구입한다.

정부는 가계 및 기업으로부터 조세를 징수하여 공공지출에 충당한다. 그 대부분은 재화와 용역을 구입하기 위해 가계와 기업에 지출되며, 정부에서 가계로 무상으로 제공되는 이전지출도 있다. 정부가 가계로부터 생산요소를 구입하게 되면 가계는 그에

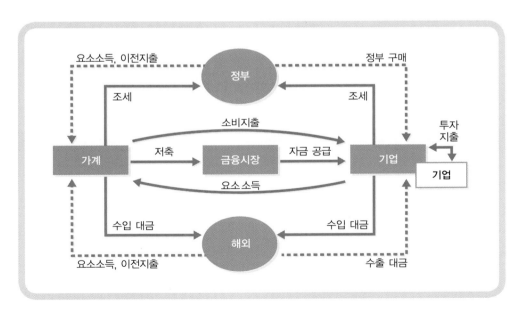

그림 6.4 국민경제의 순환 모형

해당하는 소득을 정부로부터 얻고, 생산물 시장에서 생산물을 구입하면 그만큼 지출이 기업으로 들어간다.

해외부문은 가계로부터 생산요소를 구입하고 기업으로부터 생산물을 구입한다. 이것은 국민경제 입장에서 보면 해외부문에 대한 수출이다. 해외부문은 또 가계와 기업에게 생산물을 판매한다. 이것은 국민경제의 수입에 해당하는 부분이다.

2. 국민소득의 개념

국민경제는 위에서 살펴본 것처럼 끊임없이 순환하고 있다. 거시경제학에서 우리가 관심을 갖는 것은 이 순환의 규모가 확대, 축소, 또는 정체되고 있는가 하는 것이다. 순환의 규모가 커진다는 것은 경기의 변화가 크다는 뜻이고, 그것이 작아진다는 것은 경기의 변화가 작다는 뜻이기 때문이다. 이 순환의 규모를 표시하는 것이 국민소득의 개념이다. 국민소득이란 일정 기간 경제순환 과정에서 국민들에게 발생한 소득을 의미한다.

오늘날 가장 많이 사용되는 국민소득 개념인 국내총생산(gross domestic product, GDP)은 "일정 기간 한 국가 내에서 생산된 모든 최종 생산물의 시장가치"라고 정의된다. GDP의 의미를 잘 이해하기 위해서는 이 정의를 쪼개서 하나씩 자세히 살펴봐야 한다.

'일정 기간'이란 GDP의 측정 대상이 되는 기간을 의미하며, 1년, 아니면 4분기 또는 반기에 대해 측정되기도 한다. 말하자면 국내총생산은 플로(flow) 변수이다('좀 더 알기' 참조). GDP는 일정 기간 생산된 것만을 측정 대상으로 삼는다. 그러므로 그 기간

🔍 좀 더 알기

경제변수 중에는 일정 기간을 기준으로 측정되는 것이 있고, 일정 시점을 기준으로 측정되는 것이 있다. 앞의 변수를 플로(flow) 또는 유량(流量), 뒤의 변수를 스톡(stock) 또는 저량(貯量)이라고 한다. 사과의 수요량은 예컨대 2019년 1월 1일부터 12월 31일까지를 기준으로 그 변수의 상태를 묘사하는 것이므로, 플로이다. 플로 통계는 연중, 반기중, 분기중, 월중 등과 같이 표시하여 일정 기간에 생산, 소비, 수출 등의 경제활동이 얼마나 이루어졌는지를 나타낸다. 반면에 한 나라의 자본량, 화폐량이라든지 인구 수 같은 것은 일정 시점, 예컨대 2019년 8월 1일 현재를 기준으로 그 변수의 상태를 묘사하는 것이므로, 스톡이다. 스톡 통계는 연말, 반기말, 분기말, 월말 등과 같이 표시하여 특정 시점에서의 수량이나 금액을 나타낸다.

이전에 생산된 물품의 거래나 그 기간 이전에 있었던 외상 거래에 대한 지불은 GDP에 포함되지 않는다.

'한 국가 내에서'란 말은 그 나라 안에서 생산된 재화와 서비스만 GDP에 포함시킨다는 뜻이다. 한류스타가 미국에서 벌어들인 소득은 한국의 GDP에 포함되지 않는다. 반면 미국 기업인 GM이 한국에서 생산한 자동차의 가치는 모두 한국의 GDP에 포함된다. 즉 국내총생산은 국민이 아니라 국경을 기준으로 측정되는 개념이다.

'최종 생산물'이란 더 이상의 가공 없이 그 자체가 완성품인 재화를 말한다. 생산과정에 투입되어 가공이 되는 재화는 중간 생산물이다. 가령 스마트폰을 만드는 데 들어간 유리판은 중간 생산물이므로 그 가치는 GDP에 포함되지 않는다. 중간 생산물의 가치를 GDP 계산에서 제외하는 이유는 그 가치가 최종 생산물의 가치에 이미 포함되어 계산되었기 때문이다.

'시장가치'란 GDP를 집계할 때 매우 다양한 종류의 생산물의 가치를 시장에서 평가되는 가치, 즉 시장가격을 공통의 기준으로 사용한다는 뜻이다. 사과 한 알과 스마트폰 1개가 최종 생산물이라고 할 때 이것들을 어떤 공통의 기준으로 합산할 것인가? 누구나 받아들일 수 있는 가장 객관적인 기준은 시장가격이다.

> 국내총생산(GDP)은 "일정 기간 한 국가 내에서 생산된 모든 최종 생산물의 시장가치"로 정의된다.

3. GDP의 측정

오늘날 대부분의 나라들은 정부 또는 정부의 위탁을 받은 기관이 GDP를 측정해서 공표한다. 한국에서는 한국은행이 이 역할을 담당한다. 한국은행은 GDP를 세 가지 다른 측면에서 측정해서 발표한다. 국민경제의 순환 과정에서 한 방향으로는 기업이 생산한 재화 및 서비스가 흐르고(생산), 다른 방향으로는 그것에 대한 지출 금액이 흐른다(지출). 한편 재화와 서비스의 생산에 참여한 경제주체들은 그 대가로 요소소득을 획득한다(분배). GDP의 세 가지 측정 방법은 순환 과정의 이 세 가지 측면에 대응하는 것이다.

생산의 측면에서 GDP를 측정하는 방법을 **생산 접근법**이라고 한다. 이것은 기업에 의해 생산된 모든 재화와 서비스의 총액을 측정하는 방법이다. 지출의 측면에서 GDP를 측정하는 방법은 **지출 접근법**이라 한다. 이것은 국내에서 생산된 재화와 서비스에 대해 지출된 총액을 측정하는 방법이다. 분배 접근법은 생산에 참여한 모든 노동자와 경영자, 자본 소유자가 획득한 총소득을 측정하는 방법이다.

1) 생산 접근법

생산 접근법은 경제 내의 각 기업 또는 산업의 생산액을 집계하는 것이다. 이 방법으로 GDP를 집계하려면 앞에서 말한 이중 계산 문제를 해결해야 한다. 예를 들어 스마트폰을 만드는 데 각각 다른 기업에 의해 생산된 회로기판과 유리판, 카메라가 들어간다고 하자. GDP를 계산할 때 회로기판의 생산액, 유리판의 생산액, 카메라의 생산액, 스마트폰의 생산액을 모두 합한다면, 스마트폰의 생산액에 이미 포함되어 있는 회로기판, 유리판, 카메라의 가치가 두 번씩 계산되는 셈이 된다. 이런 이중 계산을 피하는 방법은 여러 재화와 서비스 중에서 최종 생산물만을 가려내어 집계하거나, 중간 생산물이든 최종 생산물이든 그것을 생산할 때 얻어진 부가가치만을 합산하는 것이다.

카페에서 4,000원짜리 아메리카노 커피 한 잔을 만드는 데 원료로 원두커피 500원어치를 투입했다면 이 카페에서 생산된 부가가치는 3,500원이 된다. 부가가치의 정의상 모든 생산 단계에서 생산된 부가가치만을 합산하면 최종 생산물의 가치와 같아진다(269쪽 '좀 더 알기' 참조). GDP를 생산 접근법을 사용해서 측정할 때도 이런 방식을 적용하면 이중 계산 문제를 피하면서 정확한 집계치를 얻을 수 있다.

2) 지출 접근법

국민경제의 총지출은 크게 4개 항목으로 구성된다. 소비, 투자, 정부지출, 순수출(수출액에서 수입액을 뺀 것)이 그것이다. 이 4개의 지출 항목은 한 나라의 경제를 구성하는 4개의 경제주체 집단, 즉 소비자, 기업, 정부, 외국인(해외부문)에게서 나오는 지출 유형이다. 소비는 개별 가계들이 구입한 최종 재화와 서비스의 구입액이다. 기업이 '소비'한 재화는 생산물을 생산하기 위한 중간 투입물이기 때문에 소비항목에 포함되지 않는다. 마찬가지로 정부가 '소비'한 재화와 서비스도 소비 항목에 포함되지 않는다. 투자는 기업이 구입한 최종 생산물의 가치를 나타낸다. 자동차업체가 로봇 용접기를 구입한다면 그것은 소비가 아니라 미래의 생산에 사용할 장비로서 투자로 분류된다. 그렇다면 자동차업체가 구입한 타이어는 어떻게 분류할까? 타이어는 자동차 생산에 바로 투입되

부가가치와 최종 생산물 가치

예를 들어 시중에서 10만 원에 팔리고 있는 떡 한 시루를 생각해보자. 떡을 찌기 위해서는 쌀가루가 있어야 하고, 쌀가루는 쌀로 만들어진다. 쌀은 벼를 도정해서 얻고, 벼는 농부가 논에서 생산한다. 벼의 가치가 4만 원, 도정된 쌀이 5만 원, 제분소에서 만든 쌀가루가 7만 원이고, 마지막으로 떡은 10만 원에 판매되고 있다고 하자. 여기서 떡만 최종 생산물이고 나머지 벼나 쌀, 쌀가루는 중간 투입물이다. 그러므로 떡에서 발생한 국민소득은 10만 원이다.

그런데 이 최종 생산물 가치 10만 원은 각 생산 단계에서 부가된 부가가치의 합계와 일치한다. 위의 예에서 농부는 4만 원의 부가가치

를 생산했다. 이 부가가치는 노동과 자본, 토지라는 생산요소가 생산에 참여해서 창출한 가치이다.

그리고 정미소는 4만 원의 벼를 도정해서 5만 원어치의 쌀을 생산했으므로, 1만 원의 부가가치를 창출한 것이 된다. 제분소는 5만 원어치의 쌀로 7만 원어치의 쌀가루를 생산해서, 2만 원의 부가가치를 창출했다. 마지막으로 떡집은 7만 원의 쌀가루로 10만 원의 떡을 생산했으므로 3만 원의 부가가치를 창출했다. 각 단계에서 생산된 부가가치의 합계는 4만 원+1만 원+2만 원+3만 원, 총 10만 원이 된다. 이것은 떡값 10만 원과 정확히 일치한다.

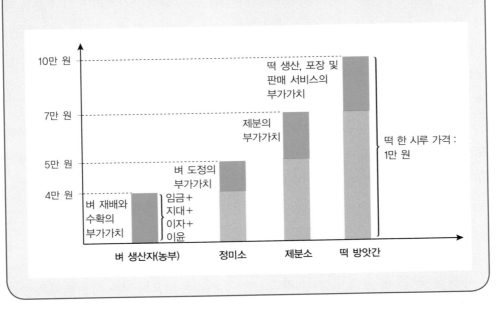

어 최종 생산물에 그 가치가 반영된다. 그러므로 타이어에 대한 지출은 투자가 아니다. 투자는 그 가치가 즉각 생산물에 이전되는 것이 아니라 오랜 시간(수명기간)에 걸쳐 이전되는 생산장비나 설비에 대한 지출만을 포함한다. 기업이 재고를 보유하는 것도 투

자로 분류하는데, 이에 대해서는 다음 장에서 자세히 설명한다.

정부지출은 중앙정부, 광역자치단체, 기초자치단체가 구입하는 재화와 서비스의 가치를 나타낸다. 중앙정부와 지방자치단체는 국방, 외교, 경찰, 사회간접자본건설, 교육, 복지 등을 위해 많은 지출을 한다. 이 지출의 합계가 정부지출이다.

순수출(net exports)은 해외수출과 해외수입의 차이를 말한다. 수출은 한국 거주자가 해외 거주자들에게 재화와 서비스를 판매한 금액이다. 반대로 수입은 한국 거주자가 해외의 거주자에게서 재화와 서비스를 구매한 금액을 말한다. 그러므로 순수출은 한국 거주자가 해외에 판매한 것이 해외로부터 구매한 것보다 얼마나 많은지를 나타낸다. 이것은 다른 말로 **무역수지**라고 한다. 순수출이 플러스이면 무역수지가 흑자가 되고, 순수출이 마이너스이면 무역수지가 적자가 된다.

지출 접근법에서 GDP를 측정할 때 순수출을 추가하는 이유는 두 가지이다. 첫째, 가계의 소비와 기업의 투자, 정부지출에는 해외로부터 구입한 재화와 서비스가 포함되어 있다. 국내에서 생산된 재화와 서비스에 대한 지출을 정확히 계산하려면 그 부분을 빼야 한다. 그것을 모두 모아 수입 항목에 포함시키는 것이다. 둘째, 해외의 외국인들이 구매한 국내 재화와 서비스, 즉 수출품의 가치는 소비, 투자, 정부지출에 포함되지 않았다. 따라서 국내에서 생산된 생산물에 대한 지출을 정확히 계산하려면 이것들을 더해 주어야 한다. 그것을 모아 수출 항목에 포함시키는 것이다.

이제 이 지출 항목들을 모으고 그것들이 GDP와 같다는 사실을 수식으로 표현해 보자. C를 소비, I를 투자, G를 정부지출, $X-M$을 순수출이라고 하면 지출의 합계가 GDP와 같다는 사실은 다음과 같이 표현할 수 있다.

$$GDP = C + I + G + (X - M)$$

이 식을 국민소득 창출 방정식이라고도 한다. 이것은 앞으로 자주 사용될 매우 중요한 수식이므로 꼭 기억해두자.

3) 분배 접근법

생산에 참여한 경제주체는 그 사람이 노동자이든, 경영자이든, 주식소유자이든 그 생산에 기여했다고 평가받는 부분만큼 보수를 받는다. 그것은 그 사람의 소득이 된다. 가령 LED TV 1대의 가격이 100만 원이라고 하자. 100만 원의 가격에는 그 완제품과 부품을 생산하고 판매하는 데 참여한 노동자에게 지불한 임금이 포함되어 있다. 그뿐만 아니라 관련 기업 경영자의 보수와, 심지어 생산에 관여한 각 기업의 주식 소유자에게 배당금의 형태로 지급된 보수도 포함되어 있다. 그러므로 모든 최종 생산물의 가치는 그 생산에 참여한 생산요소에 대한 보수로 모두 분해될 수 있다. 경제 전체로도 GDP의 가치를 그 창출에 참여한 경제주체들에 대한 보수로 분해할 수 있다. 생산요소에 대한 보수, 즉 소득의 측면에서 국내총생산을 측정하는 방법을 분배 접근법이라고 한다.

4. 국민소득 3면 등가의 법칙

생산 접근법으로 측정한 국민소득을 생산국민소득, 지출 접근법으로 측정한 국민소득을 지출국민소득, 분배 접근법으로 측정한 국민소득을 분배국민소득이라고 한다. 이세 가지 국민소득 개념은 동일한 것에 대해 다른 측정 방식을 사용한 것이므로 동일한 값을 가져야 마땅하다. 물론 실제 측정 과정에서는 오차가 발생할 수 있으므로 현실에서 반드시 일치하도록 측정되는 것은 아니다.

원칙상 생산국민소득, 지출국민소득, 분배국민소득이 동일하다는 사실을 거시경제학에서는 국민소득 3면 등가의 법칙이라고 부른다. 즉 다음의 등식이 성립한다는 것이다.

생산국민소득(=최종 생산물 합계액=총부가가치 합계액)
=분배국민소득(=총요소소득=임금+이자+지대+이윤)
=지출국민소득(=소비+투자+정부지출+(수출−수입))

국민소득의 크기를 생산물 시장에서의 최종 생산물의 가치라는 관점에서 파악한 것이 생산국민소득이다. 생산물에 대한 지출이라는 관점에서 파악한 국민소득이 지출국민소득이다. 최종 생산물의 가치에 해당하는 소득이 생산요소를 제공한 경제주체들에게 분배되는데, 이 측면에서 파악한 소득이 분배국민소득이다. 이 세 측면에서 측정된 국민소득은 원칙적으로 모두 같아야 한다. 이것을 국민소득 3면 등가의 법칙이라고 부른다.

5. 국민소득 개념의 한계

GDP는 국민소득 개념 가운데 가장 널리 사용되는 개념이다. 세계화의 진전과 더불어 어느 나라의 생산요소인가를 구분하는 것보다 어느 지역에서 실제로 생산이 이루어지고 있는가 하는 것이 고용과 소득의 창출에서 중요하기 때문이다. 이처럼 GDP는 경제 활동이나 경제적 성과의 국제적 비교에서 중요한 역할을 한다. 대표적으로 1인당 GDP 수준은 각 나라 국민들의 후생 수준을 비교하는 지표로서, GDP 증가율은 경제 발전의 척도로서 사용되고 있다. 그러나 이 GDP 개념에는 많은 한계가 있다.

첫째, GDP는 시장에서 거래된 것만을 포함하기 때문에 시장에서 거래되지 않는(비시장성) 재화와 용역은 평가 대상에서 제외된다는 한계가 있다. 대표적인 예로 주부들의 가사 노동은 매일 많은 서비스를 창출하고 있지만 시장을 거치지 않기 때문에 소득 계산에 전혀 포함되지 못한다. 그러나 만일 도우미를 고용했다면 실제로 똑같은 가사 노동이 행해지더라도 도우미의 보수만큼 시장에서 거래가 되었기 때문에 GDP는 증가하는 것으로 나타난다.

둘째, 시장경제의 발달은 GDP를 과대평가하는 경향이 있고 시장경제가 덜 발달된 나라에서는 GDP가 상대적으로 작게 추정된다. 예를 들어 저개발국가의 국민소득 통계를 보면 소득 규모가 믿기 어려울 정도로 작은 것을 볼 수 있다. 우리 감각으로는 그러한 낮은 소득으로 과연 사람들이 생명을 이어갈 수 있을까 의심스러울 정도이다. 그러나 가난하기는 하지만 그들도 그럭저럭 생계는 유지하고 있다. 통계에 잡히지 않는 소득이 상당히 있기 때문이다. 이러한 단점을 보완하기 위해 돈을 받지 않는 생산물 일부도 잠정적인 가격을 적용하여 GDP 계산에 넣기도 한다. 농가에서 생산하여 스스로 소비하는 농산물이나 자기 소유 주택의 임대료 등을 GDP 계산에 넣는 것이 대표적인 예이다.

셋째, GDP는 복지를 나타내는 지표로서 한계가 있다는 점이다. 소득 분배가 전혀 고려되어 있지 않음은 물론 공해와 같은 사회적 비용이 반영되어 있지 않기 때문이다. 여기에는 복지의 주요 요소인 여가도 반영되어 있지 않다.

넷째, GDP에는 한 나라의 자본축적과 관련된 국부의 수준이 반영되어 있지 않다. 부의 크기 자체가 GNP와 직접적인 관련을 갖는 것은 아니지만 인간의 경제적 복지 수준은 소득 못지않게 축적된 부에 의해서도 크게 좌우된다. 상·하수도, 도로, 항만, 공원, 녹지 공간, 주택, 학교, 병원 등을 생각하면 잘 알 수 있다.

다섯째, GDP는 재화와 서비스의 품질이 개선된 것을 반영하지 못한다. 새로운 TV가 훨씬 더 깨끗한 품질의 화면을 보여줌으로써 소비자의 만족을 증가시켰다 하더라도 그 TV의 가격이 이전의 TV와 동일하다면, TV의 품질 개선은 GDP에 반영되지 못한다.

여섯째, GDP는 밀수, 도박, 투기 등 이른바 **지하경제**(underground economy)에서 형성되는 불법소득의 규모를 파악하지 못하는 한계가 있다.

Ⅳ 여러 가지 국민소득 지표

국내총생산 외에도 국민소득의 크기를 실제로 측정해서 사용하는 경우, 측정 기준(사람 또는 영토)이나 지표의 용도(경제활동 수준 파악 또는 국민의 실제소득 수준 파악)에 따라 여러 가지 다른 지표들이 사용된다. 아래에서 그중 주요한 것만 살펴보자.

1. 국민총생산

현재 대부분의 국가에서 국민소득을 나타내는 공식적인 지표는 국내총생산이지만, 과거에는 **국민총생산**(GNP)이 많이 활용되었다. 한국에서도 국가 경제 규모를 나타내는 지표로서 1995년 4/4분기 이전까지는 GNP를 사용하다가 그 이후부터 GNP 대신 GDP를 사용해 오고 있다. 여기서 국내총생산과 국민총생산의 개념상의 차이가 무엇인지 살펴보자.

국민총생산은 "일정 기간 그 나라 국민에 의해 생산된 모든 최종 생산물의 시장가치"라고 정의된다. '그 나라 국민에 의해'라는 뜻은 그 나라의 국민이 소유한 생산요소에 의해 생산된 재화와 용역만을 국민총생산의 계산에 넣는다는 뜻이다. 따라서 국내에서 생산된 것이라 할지라도 외국인 소유의 생산요소에 의해 생산된 것은 국민총생산에 포함되지 않는다. 반면 해외에서 생산된 것이라도 영토에 관계없이 국민 소유의 생산요소에 의해 생산된 것은 국민총생산에 넣는다. 다시 말해 GNP는 국적을 기준으로 한 생산 및 소득 통계다. 한국 기업이 외국에 진출하여 현지에서 생산·판매하여 벌어들인 소득은 한국의 GNP에 포함되지만 한국의 GDP에는 계산되지 않는다. 반면 외국인 회사가 국내 공장에서 생산·판매하여 벌어들인 소득은 한국의 GDP에는 포함되지만 한국의 GNP에는 포함되지 않는다. 가령 현대자동차 미국 공장이 2018년에 60억 달러의 생산고를 올렸다고 하자. 이 생산액 중 이 공장의 한국인 주주, 한국인 경영자, 한국인 직원이 받은 요소소득은 한국의 GNP에 포함된다. 그러나 이 금액은 한국의 GDP와는 전혀 무관하다.

그 나라의 국민이나 국민 소유의 생산요소가 외국에서 생산활동을 하는 과정에서 받은 소득을 해외수취 요소소득이라 하고, 국내에서 외국인이나 외국인 소유의 생산요소가 생산활동을 하는 과정에서 받아 가는 소득을 해외지불 요소소득이라 한다. 그리고 해외로부터 받은 요소소득에서 해외로 지불한 요소소득을 뺀 것을 해외 순수취 요소소득이라고 부른다. 다시 말하면 GDP는 GNP에서 해외 순수취 요소소득을 뺀 것과 같다. 왜냐하면 GDP에는 외국인에게 귀속되는 요소소득이 포함되어 있는 반면, 해외에서 창출되었으나 그 나라 국민에게 귀속되는 요소소득은 포함되지 않기 때문이다. GDP와 GNP의 관계는 다음과 같은 식으로 정리할 수 있다.

$$GDP = GNP - \text{해외수취 요소소득} + \text{해외지불 요소소득}$$
$$= GNP - \text{해외 순수취 요소소득}$$

따라서 외국과의 거래가 없는 완전한 폐쇄경제에서는 GNP=GDP이다. 그러나 자본이나 노동 등 생산요소를 외국에 많이 수출한 나라, 즉 해외투자를 많이 하는 나라에서는 GNP가 GDP보다 크다. 반면에 외국의 생산요소를 많이 도입한, 즉 외국인의 투자를 많이 유치한 나라에서는 GNP가 GDP보다 작다. 결론적으로 국내총생산과 국민총생산이 다른 점은 총생산규모를 산정할 때 국내라는 지역(공간)을 기준으로 하느냐, 아니면 국민이라는 사람(국적)을 기준으로 하느냐에 있다.

최근 국민총생산 대신 국내총생산을 공식적인 국가 경제 규모의 측정지표로 활용하는 이유는 국가별 경제적 교류가 긴밀해지는 세계화의 영향 때문이라고 할 수 있다. 세계화가 점점 심화되면서, 외국인이 국내에서 생산활동을 하는 비중이 갈수록 커지는 한편, 자국민도 더욱더 많은 국가에서 다양한 형태의 생산활동을 하게 되었다. 이 때문에 GNP로는 한 나라에서 이루어지는 경제활동 규모를 나타내기가 점점 더 어려워지고 있다. 그래서 국내의 경제활동 수준을 더 잘 반영하는 지표로서 GDP 개념이 사용되고 있는 것이다. 가령 국내의 고용상황은 국적과 관계없이 국내에서 활동하는 모든 기업의 생산 및 판매액과 더 밀접한 관련이 있다고 할 수 있다.

2. 실질 국민총소득

위에서 본 바와 같이 GDP는 한 국민경제의 경제활동 수준을 비교적 잘 반영해주지만, 그 나라 국민이 일정 기간 소득과 그 소득의 구매력을 나타내는 데에는 충분하지 않다. 가령 GDP에는 그 나라 국민들이 해외에서 얻는 소득은 포함되어 있지 않다. 그렇다고 GNP 개념을 사용하자니, 이것은 교역조건의 변화 때문에 발생하는 실질 소득 수준의 변화를 반영하지 못한다.

그래서 UN, IMF, OECD 등 국제기구가 중심이 되어 국민경제 체계를 개정하면서 새로운 소득지표인 **실질 국민총소득**(real gross national income, GNI) 개념을 개발하였다. 실질 GNI는 "한 나라의 국민이 국내는 물론 해외에서 생산활동에 참여한 대가로 벌어들인 총소득의 실질구매력"을 나타내는 지표다. 이것은 기존의 실질 국내총생산에 '교역 조건 변화에 따른 실질 무역 손익'과 국가 간 생산요소 이동에 따른 '실질 해외 순수취 요소소득'을 더하여 산출한다.

GNI는 말 그대로 소득(income) 지표다. GNI를 계산하는 것은 GNP와 크게 다르지 않다. 특정 연도의 가격으로 산출되는 **명목 GNI**(nominal GNI)는 종전의 명목 GNP와 같게 된다. 그런데 국민들이 받는 실질소득이 과거에 비해 어떻게 변화되었는가를 따져볼 때는 대외거래와 교역 조건의 변화도 감안해야 한다. 그것은 수출 가격과 수입 가격의 비율인 교역 조건이 변화하면 국민소득의 실제 구매력이 변화하기 때문이다.

일반적으로 기준연도와 비교하여 교역 조건이 불리해지면 일정량의 상품을 수출하여 수입할 수 있는 상품의 양이 감소하게 되므로 국민이 소비하거나 투자할 수 있는 재원이 줄어들어 경제적 후생, 즉 실질소득이 감소하게 된다. 생산이 늘어나더라도 외국인 배당 몫이 커진다든지 국내수출품은 해외에 싸게 팔고 석유 등 원자재는 비싸게 사와야 한다면 국민총소득은 늘어날 수 없다. 특히 수출입 상품의 교환비율, 즉 수출로 벌어들인 소득으로 얼마나 수입할 수 있느냐를 나타내는 비율인 교역 조건이 100에서 75

로 떨어졌다면 과거에 반도체 10만 개를 수출하고 그 돈으로 사올 수 있는 석유가 이를 테면 100만 배럴이었는데 이제는 75만 배럴(75%)밖에 사올 수 없다. 이는 실질소득이 줄어드는 것과 같다.

따라서 '교역 조건 변화에 따른 실질 무역 손익'은 국가 간의 거래에서 교역 조건이 변화함에 따라 발생하는 실질소득의 국외유출 또는 국내유입을 의미한다. 이 같은 효과를 감안해서 소득 변화를 따지는 것이 실질 GNI다. 결국 교역 조건이 나빠질수록 경제성장률(GDP 증가율)보다 소득증가율(GNI 증가율)이 더 떨어진다. 물론 교역 조건이 개선되면 소득 증가율이 생산 증가율을 웃돌게 된다.

명목 GNI = 명목 GDP(= 명목 GDI) + 명목 해외 순수취 요소소득 = 명목 GNP

실질 GNI = 실질 GDP + 교역 조건 변화에 따른 실질 무역 손익
　　　　　+ 실질 해외 순수취 요소소득
　　　　= 실질 GDI + 실질 해외 순수취 요소소득
　　　　= 실질 GNP + 교역 조건 변화에 따른 실질 무역 손익

GDP는 한 국가 내에서의 생산활동 규모를 잘 나타내지만 교역 조건의 변화에 따른 실질구매력의 변화를 제대로 반영하지 못하는 한계가 있다. 그러므로 1인당 국민소득 개념으로는 외국과의 교역 조건을 감안한 GNI 개념을 주로 활용한다.

3. 국민총처분가능소득

국민총처분가능소득(gross national disposable income, GNDI)은 GNI에 해외 순수취 경상이전을 더하여 산출한다. 해외 순수취 경상이전이란 해외수취 경상이전에서 해외지급 경상이전을 제한 값이다. 우선 해외수취 경상이전이란 생산활동과는 관계없이 외국으로부터 받는 소득으로서 해외 동포나 근로자가 보내온 송금 등을 말하며, 해외지급 경상이전이란 생산활동과는 관계없이 외국에 지급되는 해외 이주비나 무상원조 등을 말한다.

국민총처분가능소득은 소비율, 투자율, 저축률 등의 산정에 활용되는 자료로서 소비

좀 더 알기

한국의 국민소득 지표

한국의 2018년 국민소득 지표를 보면, 국내총생산이 1,893.5조 원이고 국민총소득은 그보다 적은 1,898.5조 원이다. 이것은 해외수취 요소소득보다 해외지불 요소소득이 그만큼 많았기 때문이다. 즉 2018년에 한국 국민이 해외에서 벌어들인 요소소득이 해외로 지불한 요소소득보다 적었다는 것이다.

한국 국민소득의 구성은 표를 보면 알 수 있다. 생산 측면에서 파악한 국민소득(GDP)을 산업부문별로 살펴보면, 서비스업이 1,049.9조 원, 제조업이 504.6조 원이다. 이 두 부문이 전체의 82.1%를 차지할 정도로 비중이 매우 크다.

지출국민소득을 보면 민간소비지출이 908.3조 원으로 전체의 48%를 차지한다. 수출이 788.3조 원으로 가장 커 보이지만 수입으로 누출되는 것을 감안해야 하기 때문에, 수출에서 수입을 뺀 순수출로 보면 87.1조 원으로 별로 크지 않다. 민간소비지출 다음으로 큰 자리를 차지하는 것이 투자지출로 592.9조 원이고 비중은 31.3%이다. 미국의 경우는 2016년에 민간소비지출이 전체의 68.8%를 차지했고, 투자는 19.5%에 지나지 않았다. 미국과 비교하면 한국은 민간소비지출은 적고 투자가 많은 나라이다. 투자는 미래의 소득 및 소비 증가를 위해 현재 소비를 억제하는 것이므로, 한국은 미래를 위해 현재를 희생하는 지출구조라고 할 수 있다.

한국의 생산국민소득과 지출국민소득(2018)

생산국민소득		지출국민소득	
농림어업	34.5	민간소비지출	908.3
광업	2.2	정부지출	305.5
제조업	504.6	투자지출	592.9
전기가스수도업	36.8	수출	788.3
건설업	102.4	수입(-)	701.2
서비스업	1,049.9	순수출	87.1
순생산물세*	163.1	통계상 불일치	-0.3
국내총생산	1,893.5	국내총생산	1,893.5
해외순수취 요소소득	5.0		
국민총소득	1,898.5		

(단위 : 조 원)

자료 : KOSIS

주 : *순생산물세는 생산물에 대한 조세에서 정부보조금을 뺀 것임

나 저축으로 자유로이 처분할 수 있는 총소득이다. 예를 들면 총소비와 총저축을 국민총처분가능소득으로 나눈 값을 각각 평균소비성향, 평균저축성향이라고 부른다.

$$GNDI = GNI + 해외수취 \ 경상이전 - 해외지급 \ 경상이전$$
$$= GNI + 해외 \ 순수취 \ 경상이전$$
$$= 총소비 + 총저축$$

V 물가의 개념과 측정

1. 물가지수의 개념

물가(prices)란 시장에서 거래되는 개별 상품의 가격을 경제 생활에서 차지하는 중요도를 감안하여 평균한 것이다. 즉 물가란 모든 상품과 서비스 가격의 종합적인 가격 수준을 나타내는 개념이다. 또 인플레이션이란 이러한 물가수준이 지속적으로 현저하게 상승하는 현상을 말한다. 그리고 인플레이션을 좀 더 객관적이며 과학적인 근거에 따른 수치로 측정하기 위해 제안된 개념이 물가지수이다.

물가지수는 거래되는 상품의 가격 변동을 종합적으로 나타내는 지수로서, 상품의 종류와 수량을 고정시켜 놓고 기준시점의 물가수준을 100으로 했을 때 비교시점의 물가를 하나의 숫자로 표시한 것이다. 예를 들어 금년도 물가지수가 125라면 이는 기준연도보다 물가가 25% 올랐다는 것을 의미한다.

> 물가지수는 상품의 종류와 수량을 고정시켜 놓고 기준시점의 물가수준을 100으로 했을 때 비교시점의 물가를 하나의 숫자로 표시한 것이다.

물가가 모든 재화와 서비스 가격의 종합적인 가격 수준을 의미하는 개념이지만 물가지수의 계산에 모든 재화와 서비스의 가격을 고려하는 것은 현실적으로 불가능하다. 그래서 국민경제에서 중요한 의미를 지닌 일부 재화와 서비스를 선택하여 물가지수를 작성하게 된다. 물가지수의 계산에 선택되는 재화와 서비스의 종류는 물가지수의 종류에 따라 달라진다.

　현재 한국에서 널리 사용되는 물가지수로는 생산자물가지수, 소비자물자지수, GDP 디플레이터가 있다. 생산자물가지수는 한국은행이, 소비자물가지수는 통계청이 작성하며, 기준연도는 5년마다 개편된다.

2. 물가지수의 종류

1) 생산자물가지수

국내 생산자가 생산물을 시장에 내놓을 때 매기는 가격을 측정하기 위해 작성된다. 따라서 도매 단계에서 거래되는 생산재 및 완성 소비재의 도매가격 변동을 계산의 자료로 삼는다. 생산자물가지수(producer's price index, PPI)는 국내에서 생산하여 국내시장에 출하되는 재화와 서비스를 조사 대상으로 하고 있다. 현재 한국에서는 16개 주요 도시 지역에서 거래되는 주요 품목 867개(재화 765개, 서비스 102개)를 대상으로 중요도에 따라 가중치를 달리하여 지수를 산출하고 있다.

2) 소비자물가지수

도시 가계가 일상생활을 영위하기 위해 구입하는 재화 가격과 서비스 요금의 변동을 측정하기 위해 작성된다. 따라서 소비자물가지수(consumer's price index, CPI)는 도시 가계의 평균적인 생계비 내지 구매력의 변동을 측정한 것이며 한 국가의 대표적인 인플레이션 지표로 사용된다. 소비자물가지수의 조사 대상 지역은 2010년 기준으로 서울, 부산, 대구, 광주 등 38개 주요 도시이며, 조사 대상 품목은 가계 소비지출 중에서 차지하는 비중이 1/10,000 이상인 460개 품목으로 되어 있다.

3) GDP 디플레이터

GDP 디플레이터(GDP deflator)는 한 나라 안에서 생산된 모든 최종 생산물의 평균적인 가격 수준을 나타내는 종합적인 물가지수이다. 이것은 최종 재화 및 서비스의 가격을 계산의 근거로 하며 명목 GDP를 실질 GDP로 나누어 계산한다.

공식 발표되는 물가와 피부 물가가 다르게 느껴지는 이유

우리는 일상생활을 하면서 물가의 변화를 체감한다. 시장과 마트에 장 보러 갈 때, 밖에서 점심이나 저녁 식사를 하거나 커피를 마실 때, 책을 사고 온라인 장터에서 물건을 살 때, 우리는 주머니나 계좌에서 돈을 지출하면서 물가를 몸으로 느낀다. 가끔 몸으로 느끼는 물가수준이나 그 변동이 정부가 발표하는 통계와 다르다는 생각이 들 때가 있다.

그 이유는 무엇일까? 몇 가지 합리적 설명을 제시할 수 있다.

첫째, 개개인이 소비하는 품목이 특정 분야에 집중되는 경우가 있기 때문이다. 가령 어떤 시점에서 날씨가 좋지 않아 채소 등 식료품 가격은 많이 올랐으나 IT 기술의 발전으로 TV, 냉장고와 같은 가전제품 가격은 하락하여 전체 소비자물가지수는 그다지 변하지 않았다고 해보자. 그럼에도 식료품 소비가 많은 사람들은 물가가 많이 올랐다고 느낄 것이다. 반면에 가전제품을 주로 구입한 사람은 물가가 내렸다고 느낄 것이다. 평균 물가는 변함이 없으나 이 두 부류의 사람들은 제각각 물가지수가 물가 변동을 제대로 반영하지 못한다고 생각할 것이다. 이런 이유에서 오는 괴리를 줄이기 위해 당국은 서민들의 장바구니 물가에 더 근접한 생활물가지수와 신선식품지수를 보조지표로 함께 만들어 발표하고 있다.

둘째, 생활 수준의 향상이나 자녀의 성장 등에 따라 소비지출이 늘어난 것을 물가가 오른 것으로 착각하기도 한다. 소득이 높아져서 TV나 냉장고를 큰 것으로 바꾸고 외식도 늘린 사람이 있다고 생각해보자. 이 사람은 가전제품 구입비가 늘고 외식비가 늘어난 것을 물가상승으로 착각할 수 있다.

셋째, 사람들의 심리적 요인도 공식 물가와 피부 물가의 차이를 가져오는 원인이 될 수 있다. 사람들은 가격이 오른 상품에 대해서는 민감하게 반응하지만 가격이 내린 상품에 대해서는 심리적으로 무시하는 경향이 있다. 그래서 평균 물가는 거의 변동하지 않음에도 물가가 상승했다고 생각할 수 있다. 특정 지역의 부동산 가격 상승이 언론에 의해 크게 부각될 경우 사람들은 물가가 오르고 있다고 느끼는 경우도 있다.

출처 : 한국은행, 경제이야기, "물가란 무엇이며, 어떻게 측정하나?"

3. 물가지수의 측정

물가지수는 어떤 기준연도의 재화의 가격을 100으로 했을 때 비교하고자 하는 연도의 가격들이 평균적으로 얼마나 올랐는가를 측정하는 개념이다. 그런데 물가지수는 단순 산술평균으로 산출하지는 않는다. 어떤 재화와 서비스가 총지출에서 차지하는 상대적 비중에 따라 일정한 가중치를 부여한 가중평균방식으로 산출한다. 물가지수에서 가중치 선정의 기준이 되는 것은 상품의 거래액 또는 거래수량인데, 일반적으로 거래량이

표 6.1 물가지수 계산 예

	첫해		이듬해	
	생산량	단위 가격	생산량	단위 가격
스마트폰	500대	50만 원	520대	53만 원
사과	1,000상자	3만 원	1,100상자	3.1만 원
책	700권	2만 원	700권	2.2만 원

많은 상품일수록 더 큰 가중치가 적용된다. 그런데 시간이 흐르면 기술혁신과 소비자 선호의 변동으로 개별 상품들의 거래량 비중은 변하기 마련이다. 이에 따라 가중치도 변하는 것은 물론이다. 따라서 가중치를 어느 시점의 것으로 취하느냐에 따라 물가지수가 갖는 의미와 산정 방식은 달라진다.

물가지수의 성격을 이해하기 위해 구체적인 예를 통해 물가지수를 산출하는 방식을 알아보도록 하자. 〈표 6.1〉에는 두 해에 걸쳐 세 가지 재화의 생산량과 가격이 나와 있다. 이 표를 이용해서 소비자물가지수를 직접 구해보기로 하자.

한 경제가 표에 제시된 대로 생산하여 소비한다고 가정하면, 첫해에는 소비자가 스마트폰 500대와 사과 1,000상자, 책 700권을 구입하는 데 모두 2억 9,400만 원이 들었음을 알 수 있다. 그런데 똑같은 양의 상품을 사는 데 이듬해에는 얼마가 들까? 이듬해에는 같은 제품의 가격이 달라지기 때문에 수량은 같아도 지출액은 달라질 수밖에 없다. 계산해보면 3억 1,140만 원이 든다.

이 계산 결과를 갖고 우리는 이듬해의 소비자 물가지수를 구할 수 있다.

$$이듬해\ 소비자물가지수 = \frac{500대 \times 53만원 + 1,000상자 \times 3.1만\ 원 + 700권 \times 2.2만\ 원}{500대 \times 50만원 + 1,000상자 \times 3만\ 원 + 700권 \times 2만\ 원}$$

$$\times 100 = \frac{3억\ 1,140만\ 원}{2억\ 9,400만\ 원} \times 100 = 105.9$$

여기서 분모는 첫해에 스마트폰, 사과, 책을 각각 500대, 1,000상자, 700권을 구입하는 데 들어간 비용이고, 분자는 이듬해에 그 재화들의 동일량을 구입하는 데 들어간 비용이다. 즉 분자에는 기준연도인 첫해의 재화 묶음을 그대로 둔 채 가격이 변화된 것만을 고려하고 있다. 따라서 이 계산을 통해서는 재화 묶음의 가격(물가)이 어떻게 변화되었는지만 고찰할 수 있게 되는 것이다. 이렇게 기준시점의 거래량을 가중치로 활용하여 물가지수를 구하는 방법을 '라스파이레스(Laspeyres)식'이라고 한다. 이 방식은 기준시점과 동일한 거래량이 있다고 간주하여 비교시점에서의 물가의 변동을 측정하는 방법이다.

다음으로 앞의 예를 그대로 이용하여 국내생산물에 대한 종합적인 물가수준을 보여주는 GDP 디플레이터를 구해보자. 이것은 어느 한 해의 명목 국내총생산을 실질 국내총생산으로 나누고 100을 곱하여 계산한다. 한 경제가 앞의 표에서 제시된 세 가지 재화만을 생산한다면 이듬해의 명목 국내총생산액은 3억 2,510만 원이고, 첫해를 기준연도로 한 이듬해 실질 국내총생산액은 3억 700만 원이 된다.

이듬해 명목 국내총생산
=520대×53만원+1,100상자×3.1만 원+700권×2.2만 원=3억 2,510만 원

이듬해 실질 국내총생산(첫해 기준)
=520대×50만 원+1,100상자×3만 원+700권×2만 원=3억 700만 원

그러면 이듬해의 GDP 디플레이터는 아래와 같다.

$$\text{이듬해의 GDP 디플레이터} = \frac{\text{3억 2,510만 원}}{\text{3억 700만 원}} \times 100 = 105.9$$

이듬해의 GDP 디플레이터가 105.9라는 것은 그해에 생산된 모든 최종 재화를 이듬해 가격으로 구입하기 위해 필요한 지출이 첫해의 가격으로 구입할 때 필요한 지출보다 5.9% 더 많다는 것을 의미한다. 이때는 이듬해에 생산된 재화의 양은 그대로 두고, 이것을 첫해의 가격으로 구입할 때의 금액과 얼마나 달라지는가를 파악한 것이다. 이처럼 비교시점의 거래량을 가중치로 채택하여 물가지수를 구하는 방식을 '파셰(Paasche)식'이라고 한다. 이 방식은 라스파이레스식과는 반대로 기준시점도 비교시점과 동일한 거래량이 있다고 가정하고 계산하는 방법이다.

GDP 디플레이터는 명목 GDP를 실질 GDP로 나눈 것으로, 기준연도와 비교한 실질 GDP에 포함된 재화와 서비스의 가격 수준을 측정한다.

4. 경제성장률

우리는 매년의 경제활동 수준의 변화에 많은 관심을 갖는다. 경제성장률이 그런 변화를 나타내는 대표적인 지표라 할 수 있다. 여기에 관심이 많은 것은 그것이 우리의 경제생활이 얼마나 나아졌는지를 보여주기 때문이다. 경제성장률을 계산할 때 사용하는 경제변수가 GDP이다. 그런데 GDP를 측정할 때에는 각 재화와 서비스의 가격을 사용하는데, 이 가격이 고정되어 있는 것이 아니라 끊임없이 변동한다. 가격이 변동하면 실제 생산에는 변화가 없는데 GDP가 변하는 것처럼 보이게 된다. 그러므로 국내총생산을 정확히 계산해서 경제활동 수준의 변화를 평가하는 데 사용하려면 가격 변동의 효과를 제거해야 한다.

국내총생산을 측정할 때 물가 변동을 고려하지 않고 그냥 그해의 가격을 그대로 사용해서 계산한 국내총생산을 '명목 국내총생산(nominal GDP)' 또는 '경상가격 국내총생산'이라고 한다. 이에 대해 어떤 해의 물가를 기준물가로 설정해서 그것을 기준으로 계산한 국내총생산을 '실질 국내총생산(real GDP)' 또는 '불변가격 국내총생산'이라고 부른다.

각각 그해의 가격으로 측정한 2개의 명목 GDP를 바로 비교해서는 두 해의 GDP의 차이에 대해 말할 수 없다. 그동안 물가가 어떻게 변했는지를 모르기 때문이다. 실제 생산의 변화가 없는데도 물가가 변동해서 GDP가 변한 것처럼 보일 수도 있다. 불변가격 GDP를 계산하면 이런 문제를 피할 수 있다.

〈표 6.2〉에서처럼 라면과 스마트폰만 생산되는 단순한 경제가 있다고 하자. 첫해에 라면이 개당 1,000원의 가격으로 36억 개 팔렸으며, 스마트폰은 40만 원의 가격으로 2,300만 개가 팔렸다. 이듬해에는 라면 가격이 1,100원으로 인상되고 37억 개 팔렸으며, 스마트폰 가격이 41만 원으로 오르고 2,400만 개가 판매되었다. 판매 당시의 가격으로 측정한 GDP는 첫해에 12.8조 원, 이듬해에 13.91조 원이다. 이 경우 GDP는 약 8.7% 증가한 것이 된다. 즉 경제성장률이 8.7%라는 것이다. 그러나 이 성장률은 실제

표 6.2 명목 GDP와 실질 GDP의 계산 예

	라면		스마트폰		명목 GDP	실질 GDP
	가격	판매량	가격	판매량		
첫해	1,000원	36억 개	40만 원	2,300만 개	12.8조 원	12.8조 원
이듬해	1,100원	37억 개	41만 원	2,400만 개	13.91조 원	13.3조 원

주 : GDP=(라면 가격×라면 판매량)+(스마트폰 가격×스마트폰 판매량)

경제성장을 과대 평가한 것이다. 이듬해에는 첫해보다 두 상품의 생산량이 다 늘어나기는 했지만, 두 상품의 가격도 함께 올랐기 때문에 경제성장률 8.7%에는 가격 상승의 효과도 포함되어 있기 때문이다.

GDP가 실제 생산량 증가분을 반영할 수 있도록 하기 위해서는 가격 변화가 없을 경우의 이듬해 GDP가 얼마인지를 계산해보면 된다. 이것은 이듬해의 라면 판매량 37억 개에 첫해의 라면 가격 1,000원을 곱하고, 이듬해의 스마트폰 판매량 2,400만 개에 첫해의 가격 40만 원을 곱해서 더하면 구할 수 있다. 그것이〈표 6.2〉에 이듬해의 실질 GDP 13.3조 원으로 표시되어 있으며, 경제성장률을 측정하면 3.9%가 된다. 이것이 진정한 경제성장을 나타내는 성장률이라고 할 수 있다.

1. 1929년 미국 주식시장의 주가 폭락으로 시작된 대공황과 2008년 미국의 금융위기에서 시작된 세계적인 공황의 공통점을 찾아보시오.

2. 1936년 출간된 **고용, 이자, 화폐에 대한 일반이론**에서 영국 경제학자 케인스는 대공황을 극복하기 위해 국가가 어떤 역할을 해야 한다고 주장했는지 말해보시오.

3. 오늘날 모든 국가에서 정치가들뿐만 아니라 일반 국민들도 경제성장에 커다란 관심을 보인다. 그 이유가 무엇이겠는가?

4. 물가가 지속적으로 상승하는 현상인 인플레이션이 일어나는 이유를 제시하시오.

5. 실업은 실업자 개인에게는 소득을 얻을 기회를 상실한다는 고통을 준다. 그렇다면 실업은 사회 또는 경제 전체에는 어떤 영향을 미치는지 말해보시오.

6. 다음 사건들이 미시경제학의 대상인지, 거시경제학의 대상인지를 판단하시오.

   1) 고등어는 '국민 생선'으로 불리지만 일본의 후쿠시마 원전 폭발 사태 이후에 한국 사람들이 회유성 어종인 고등어가 방사선 물질에 오염되었을까 봐 걱정돼서 그것을 덜 먹게 되었다.

   2) 미국의 중앙은행인 연방준비제도이사회가 금리를 올리기로 결정하자 한국의 주식시장에서 주가가 크게 떨어졌다.

   3) 전 세계적으로 사람들의 커피 선호가 커지자 차를 생산하던 중국의 윈난성 지역의 농가들이 차나무 대신 커피나무를 심어 커피 생산을 시작했다.

   4) 금년에는 경기가 아주 좋아 1인당 국민소득 증가율이 높아서 국민들의 소비도 크게 늘어날 것으로 전망된다.

7. 오늘날의 경제에서는 때때로 물가가 상승하면서 경기가 침체되는 이른바 스태그플레이션이 일어나기도 한다. 경제학자들은 이 두 가지 문제를 동시에 해결하기는 매우 어렵다고 본다. 따라서 단기적으로 두 문제 중 한 가지의 해결에만 집중해야 하는 경우가 많다. 여러분이 정책 결정자라면 물가 상승과 경기침체 중 어느 문제에 먼저 집중하겠는가? 여러분의 선택을 말하고 그 이유를 제시하시오.

8. 국민경제의 순환과 국민소득 간의 관계에 대해 설명해보시오.

9. 다음 항목들이 플로 개념에 속하는지, 스톡 개념에 속하는지를 말하시오.

   1) 지난 1주일간 국내에서 소비된 삼겹살의 양

   2) 지난해 말 현재 한국의 총취업자 수

   3) 여러분이 소속된 학과의 재학생 수

4) 현재 시중에 나와 있는 현금통화의 양

10. 지출 접근법으로 국내총생산을 측정할 때 순수출을 지출에 추가하는 이유를 설명하시오.

11. 국민소득 3면 등가의 법칙에 대해 설명하시오.

12. 국내총생산(GDP)과 국민총생산(GNP)의 차이를 설명하시오.

13. 저개발국에서 농업은 자급자족 경작이 많아서 농산물의 많은 부분이 농부와 농부 가족에 의해 소비된다. 농업뿐만 아니라 일상생활에서도 저개발국 사람들은 자신이나 가족에게 필요한 서비스의 대부분(예 : 이발, 세탁, 목욕 등)을 스스로 조달한다. 가난한 나라의 GDP에 대해 논의할 때 이러한 사실이 갖고 있는 의미에 대해 말해보시오.

14. 율도국에서는 계피사, 곶감사, 수정사의 세 기업이 각각 계피, 곶감, 수정과의 세 가지 재화를 생산한다. 계피사와 곶감사는 생산에 필요한 투입물을 자체적으로 조달한다. 수정사는 다른 두 회사가 생산한 계피와 곶감을 투입해서 수정과를 만든다. 세 기업은 모두 제품 생산을 위해 노동자를 고용하고 있다. 기업들은 제품의 판매 수입에서 노동 및 중간 투입물에 들어간 비용을 뺀 만큼의 이윤을 얻는다. 다음 표는 수정사가 계피사와 곶감사의 계피와 곶감을 모두 구입하여 투입물로 사용할 경우의 세 기업의 생산활동을 정리한 것이다. 다음 물음에 답하시오.

	계피사	곶감사	수정사
중간 투입물	0	0	50
			45
임금	20	30	60
이윤	30	15	45
생산물 판매수입	50	45	200

1) 최종 생산물의 가치를 기준으로 국내총생산을 계산하시오.

2) 생산과정에서 발생한 부가가치를 기준으로 국내총생산을 계산하시오.

3) 요소소득을 기준으로 국내총생산을 계산하시오.

15. 위 문제에 제시된 율도국 경제에서 계피와 곶감이 수정사의 중간 투입물로 판매되기도 하고 소비자들에게 최종 생산물로도 판매되기도 한다고 하자. 다음 표는 이 경우의 세 기업의 생산활동을 표시한 것이다. 다음 물음에 답하시오.

	계피사	곶감사	수정사
중간 투입물	0	0	50
			45
임금	40	50	60
이윤	70	60	45
생산물 판매수입	110	110	200

1) 최종 생산물의 가치를 기준으로 국내총생산을 계산하시오.

2) 생산과정에서 발생한 부가가치를 기준으로 국내총생산을 계산하시오.

3) 요소소득을 기준으로 국내총생산을 계산하시오.

16. 다음의 거래 중에서 한국의 국내총생산에 포함되는 것을 모두 고르시오.

① 아라네 가족이 지금 살던 집을 팔고 이웃 동네에 있던 집을 사서 이사했다.

② 진영에서 단감을 생산하는 하니 씨는 일본 도쿄에 있는 할인점에 단감을 2톤 수출했다.

③ 글로벌 자동차 회사인 GM 대우사의 외국인 임원들은 금년에 연봉을 총 500억 원 받았다.

④ W전자는 P시의 산업단지에 반도체 장비공장을 새로 지었다.

⑤ 성인은 자신이 보유하고 있던 S전자 주식 100주를 매도했다.

17. 다음 중 GDP를 보는 올바른 관점에 해당하지 않는 것은?

① 일국 경제 내의 모든 원재료 및 생산요소의 거래액

② 일국 경제 내의 모든 사람의 총소득

③ 일국 경제 내에서 최종 생산물로 사용된 재화 및 서비스 생산에 대한 총지출

④ 일국 경제 내의 생산과정에서 발생한 부가가치의 합계

⑤ 일국 경제 내의 최종 생산물의 총가치

18. 어떤 나라의 1년간 경제활동의 결과가 다음 표와 같다. 이 나라의 GDP를 올바르게 계산한 것을 보기에서 고르시오.

가계의 소비지출 : 600억 원	기업의 투자지출 : 200억 원
정부의 구매 : 100억 원	총수출 : 500억 원
총수입 : 450억 원	해외수취 요소소득 : 30억 원
해외지불 요소소득 : 40억 원	

① 900억 원   ② 950억 원   ③ 960억 원   ④ 1,020억 원   ⑤ 1,400억 원

19. 다음 표는 김밥과 즉석밥을 생산하고 소비하는 어떤 경제의 두 해의 자료이다.

재화	2014년		2019년	
	수량	가격	수량	가격
김밥	200	2,000원	250	4,000원
즉석밥	200	3,000원	500	4,000원

2014년을 기준연도로 하여 각 연도에 해당하는 명목 GDP, 실질 GDP, GDP 디플레이터를 계산하시오.

20. 다음 표는 한국의 연도별 명목 국내총생산과 실질 국내총생산을 나타낸다.

	2014	2015	2016	2017	2018
명목 GDP(조 원)	1,562.9	1,658.0	1,740.8	1,835.7	1,893.5
실질 GDP(2015년 기준, 조 원)	1,612.7	1,658.0	1,706.9	1,760.8	1,807.7

1) 각 해의 GDP 디플레이터를 계산하시오.

2) GDP 디플레이터를 이용하여 2015년부터 모든 해의 인플레이션율을 계산하시오.

21. 다음 표는 2017년, 2018년, 2019년의 GDP 디플레이터와 소비자물가지수를 나타낸 것이다. 각 물가지수를 이용해서 2016~2017년, 2017~2018년의 인플레이션율을 계산하시오.

	2016	2017	2018
GDP 디플레이터(2015=100)	101.99	104.25	104.74
소비자물가지수(2015=100)	100.97	102.93	104.45

07 거시경제의 장기 분석

이 장에서는 장기(long-run)에서의 거시경제행태를 비교적 단순한 모형을 사용하여 설명한다. 장기적인 거시경제를 설명하기 위해 이 장에서 채택하는 모형에서는 물가가 신축적이고 노동시장과 생산물시장이 완전경쟁적이라고 가정한다. 또한 경제주체들이 의사결정과 관련된 주요 경제변수들에 대해 완전한 정보를 가지고 있다고 가정한다. 그런데 이러한 가정들은 고전파 거시경제학에서 주로 채택하는 가정들이다. 따라서 많은 경제학자들은 고전학파 거시경제학이 장기의 경제분석에 적합하다고 믿고 있다. 이상의 가정들에 기초하여 이 장에서는 비자발적 실업이 없는 완전고용 이론, 대부자금시장의 균형에 기초한 이자율결정원리 및 거시경제균형, 그리고 화폐의 중립성이라고 표현되는 장기에서의 화폐의 역할에 대해 설명한다.

I 장기와 단기의 주요한 차이

이 장에서는 장기에서의 거시경제행태를 설명하고자 한다. 거시경제의 특징적 현상들을 설명하는 경제학은 크게 '고전학파'적 시각과 '케인스학파'적 시각으로 양분되어 있는데 많은 경제학자들은 고전학파적 시각을 장기에서의 거시경제를 잘 설명하는 것으로 받아들인다. 그러므로 이 장은 고전학파적 거시경제이론이라고 보아도 무방하다.

장기적 관점 혹은 고전학파의 관점에서 경제를 본다는 것은 케인스학파적 시각과 세 가지 점에서 차이가 난다. 첫째는 가격의 신축성 여부이고, 둘째는 완전경쟁시장 여부,

나머지 하나는 완전정보 가정이 그것이다.

우선, 가격의 신축성을 살펴보기로 한다. 앞에서 우리는 가격이 시장경제에서 자원을 배분하는 신호역할을 한다는 것을 배웠다. 문제는 이 가격이 신축적인가, 아니면 경직적인가 하는 것이다. 즉 어느 특정 시장에서 초과 공급이 존재할 경우 가격이 즉각적으로 하락하여 수요와 공급이 균형을 달성하고 시장이 청산되는가, 아니면 가격이 느리게 조정되어 상당 기간 불균형이 존재하는가 하는 것이다. 대체적으로 시장은 일시적으로는 불균형상태에 있을 수 있지만 장기적으로 가격이 조정되어 균형을 달성한다고 예상할 수 있다. 즉 장기적으로 가격은 신축적이다.

두 번째는 시장구조(market structure)와 관련된다. 현실의 시장은 경쟁적 요소도 있고 불완전경쟁적 요소도 일부 혼재되어 있다. 문제는 단기에 있어 어느 특정의 기업들이 시장지배력을 발휘하더라도 장기적으로 이들을 위협하는 경쟁기업이 출현하여 시장이 경쟁적으로 작동하리라고 예상할 수 있다. 고전학파에서는 모형의 단순화 가정으로 완전경쟁시장을 가정한다. 경쟁시장의 작동은 이해하기 쉽고 많은 경제현상을 설명하고 예측하는 데 유용하다.

세 번째는 완전정보 가정이다. 완전정보는 경제주체가 의사결정을 내릴 때 필요한 핵심적인 정보를 알고 있다고 가정하는 것이다. 예를 들어보자. 가계가 노동공급에 관한 의사결정을 내릴 때는 명목임금과 물가수준에 관한 정보를 모두 필요로 한다. 왜냐하면 노동의 공급으로부터 발생하는 비효용(disutility)에 대한 대가로 가계는 궁극적으로 자신이 받는 명목임금(W)의 구매력에 관심이 있기 때문이다. 즉 노동공급의 결정요인은 실질임금(W/P)이고 노동자, 즉 가계는 물가수준에 대한 정보를 완전히 알고 있다고 가정한다. 이럴 경우 노동자들이 명목임금에 의지해서 노동공급량을 결정한다는 이른바 '화폐착각(money illusion)'현상이 일어나지 않게 된다.

이상의 세 가정에 기초하여 이 장에서 설명하게 될 장기에서의 거시경제를 묘사하는 명제는 크게 세 가지로 나타난다. 하나는 완전고용 이론이고, 두 번째는 이자율 결정원리로 설명되는 거시경제균형원리이며, 나머지는 물가결정원리이다. 다음 절에서는 이러한 장기에서의 거시경제행태를 설명하는 고전학파의 주요 이론들을 차례로 설명하기로 한다.

Ⅱ 완전고용 이론

1. 총생산함수

재화와 서비스의 생산이 이루어지기 위해서는 생산요소가 투입되어야 한다. 따라서 장기의 경제 전체 산출량 수준은 경제 전체 생산요소들의 고용 수준과 직접적으로 관련된다. 이 절에서는 장기에서 거시경제적으로 산출과 고용이 어떻게 결정되는지를 살펴보기로 하자. 그러기 위해 우리는 경제 전체적인 총생산규모와 생산요소 간의 기술적 관계를 보여주는 함수, 즉 총생산함수를 도입하기로 한다.

$$Y = Af(L, K)$$

여기서 Y는 총산출량, L은 투입 노동량, K는 투입 자본량이고 A는 기술 수준이다. 함수 f는 주어진 노동과 자본을 투입했을 때 생산량이 가장 효율적으로 생산된다는 것을 함축하고 있다. 따라서 생산기술이 주어졌다고 할 때 경제 전체의 총산출이 노동과 자본량의 고용 규모에 의해 결정된다.

우리가 살펴볼 필요가 있는 문제는 고용되는 노동과 자본의 양이 어떻게 결정되는가이다. 하지만 우리는 자본도 특정 크기로 주어졌다고 가정하고 노동량이 노동시장에서 어떻게 결정되는지를 살펴보고 그에 따라 산출 수준이 어떻게 결정되는지를 살펴보기로 하자.

그러면 이제 총생산함수는 다음과 같이 나타낼 수 있다.

$$Y = \overline{A}f(L, \overline{K})$$

여기서 $\overline{A}$와 $\overline{K}$는 그 수준이 고정되어 있다는 의미이다. 위의 총생산함수는 투입되는 노동량과 총산출 간의 관계를 표현하는 식이다. 우리는 투입 노동량 수준이 증가할 때 노동 1단위 증가에 따른 산출량 증가분은 감소한다고 가정한다. 이것을 **노동의 한계생산**(Marginal Product of Labor, MP_L)이 하락한다고 말한다. 그리고 이것을 노동량-산출 평면에 나타내면 〈그림 7.1〉과 같이 나타낼 수 있다.

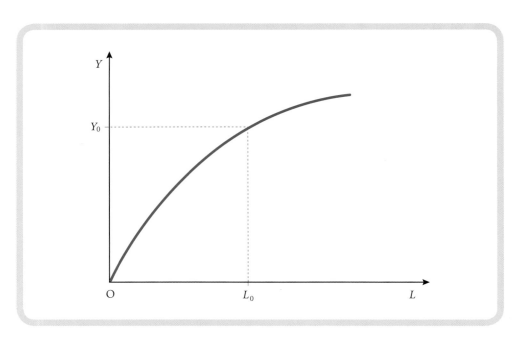

그림 7.1 총생산함수

2. 균형고용량의 결정

1) 노동수요량의 결정

경제 전체의 노동의 고용 수준을 살펴보기 위해 노동시장을 움직이는 주요한 2개의 요소인 노동수요와 노동공급원리를 살펴보아야 한다. 먼저 노동수요원리를 살펴보기로 하자. 그런데 개별 경제주체들의 활동들의 합으로 전체 경제가 구성되므로 노동을 수요하는 개별 경제주체들의 행위를 살펴보기로 한다.

노동을 수요하는 경제주체는 기업이다. 기업은 노동시장에서 노동을 구입하고 이를 이용하여 생산한 상품을 상품시장에 내다 판다. 기업에 의한 최적 노동수요패턴을 살펴보기 위해 대표적 기업이 노동을 추가적으로 한 단위 더 고용할지를 결정하는 문제를 고려해보자. 기업은 추가적 노동 한 단위를 고용하는 데 따른 한계편익과 한 단위 고용에 따른 추가적 비용을 비교할 것이다. 노동 한 단위 추가 투입에 따른 한계편익은 무엇인가? 그것은 **노동의 한계생산**(Marginal Product of Labor, MP_L)이다. 그에 반해 노동 한 단위 추가에 따른 비용은 무엇인가? 그것은 명목임금 W를 물가 P로 나눈 실질임금, 즉

W/P이다. 한계편익이 실물로 표현되었기 때문에 비교를 위해서는 이 추가비용도 실물로 표현되어야 하고 따라서 실질임금이 노동 한 단위 고용에 따른 추가적인 비용이 된다.

이런 상태에서 노동의 한계생산이 실질임금보다 클 경우 기업은 고용을 증가시켜 추가적인 한계편익을 모두 흡수하는 것이 이윤을 증가시키는 방법이 된다. 따라서 고용을 증가시키고자 할 것이다. 반대로 노동의 한계생산이 실질임금보다 작을 경우 기업은 이윤극대화를 위해 노동량을 감소시킬 것이다. 결국 노동의 한계생산과 실질임금이 같아지게 되는 그러한 노동 수준이 기업에게는 최적 수준이 될 것이다. 즉 L^*를 최적 노동수요량이라고 할 경우 다음과 같은 등식이 성립한다.

$$MP_L(L^*) = \frac{W}{P}$$

이제 이 결과를 이용하여 실질임금과 기업의 최적 노동수요량의 관계를 살펴보기로 하자. 위의 균형상태에서 실질임금이 증가한다고 해보자. 그러면 노동의 한계생산이 실질임금보다 작게 되므로 $MP_L(L^*) < \frac{W}{P}$이 되고 기업은 최적상태에서 이탈하게 된다. 따라서 이러한 임금 상승에 직면하여 기업은 자신의 노동수요량을 감소시키는 방향으로 반응하게 될 것이다. 기업이 노동 고용량이 감소하면 노동의 한계생산은 증가하기 때문에 줄어든 고용량 수준에서 다시 $MP_L(L) = \frac{W}{P}$가 성립되어 균형상태가 회복된다. 요약하면 실질임금이 증가하면 기업의 최적 노동수요량은 감소하게 된다. 즉 노동수요곡선은 〈그림 7.2〉에서 보듯이 우하향하는 노동수요곡선인 L^d로 나타난다.

2) 노동공급량의 결정

노동을 공급하는 주체는 가계이다. 앞에서도 언급했다시피 시장경제에서 자원 배분의 신호역할을 하는 것은 가격변수이다. 그러므로 노동이라는 자원을 배분하는 데 그 역할을 하는 가격변수는 임금, 더 정확하게는 실질임금이 된다. 즉 노동공급량은 실질임금의 변화에 반응하게 된다. 구체적으로는 실질임금의 상승은 여가의 기회비용을 상승시켜 가계로 하여금 여가를 줄이고 노동공급을 증가시키도록 유인한다. 하지만 실질임금의 증가는 정상재라고 할 수 있는 여가 소비의 증가를 가져오고 그에 따라 노동공급

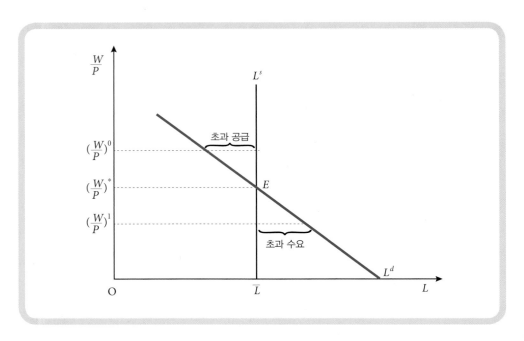

그림 7.2 노동수요곡선과 노동공급곡선

을 줄이게끔 한다. 이 두 상반되는 힘이 작용하여 최종적으로 실질임금 변화에 노동공급이 반응하게 된다. 하지만 단순함을 위해 노동공급량이 실질임금의 변화와 무관하게 $L = \overline{L}$로 일정하다고 가정하기로 하자. 즉 〈그림 7.2〉와 같이 수직의 노동공급곡선(L^s)을 고려하기로 한다.

3) 완전고용과 산출량 결정

지금까지 우리는 노동시장에 작동하는 2개의 주요한 힘인 노동수요와 노동공급을 개별 기업과 개별가계의 차원에서 살펴보았다. 그런데 개별노동수요를 합하면 경제 전체의 노동수요가 되고 개별공급을 모두 합하면 전체 노동공급이 되므로 앞에서 살펴본 것을 경제 전체의 고용량과 임금을 결정하는 데 이용할 수 있다. 이제 노동수요와 공급이 어떻게 상호작용하여 고용 수준과 산출량을 결정하는지 살펴보기로 하자.

먼저, 실질임금이 $\left(\dfrac{W}{P}\right)^0$ 수준에 있을 경우를 고려해보자. 이 상태에서는 〈그림 7.2〉에서 보듯이 노동의 초과 공급상태가 만들어진다. 즉 이 실질임금 수준이 지속되면 실업이 발생한다. 하지만 이 실업상태는 오래 지속되지 못한다. 실직상태에 있는 사람들끼리 취업하기 위해 경쟁할 것이고 이것은 결국 실질임금을 떨어뜨리게 될 것이기 때문이다. 그리고 이 임금 하락은 노동의 초과 공급이 사라질 때까지 지속될 것이다. 마찬가지로, 실질임금이 $(\frac{W}{P})^1$인 상태를 고려해보자. 〈그림 7.2〉에서 보다시피 이 경우에는 노동의 초과 수요가 발생한다. 그리고 이 초과 수요는 기업들로 하여금 더 많은 노동을 고용하기 위한 경쟁을 만들어내고 결국 임금은 상승하게 된다. 결국 명목임금(W)의 신축성이 노동시장에서 수요와 공급을 일치시켜 균형상태를 만들어낸다. 이 상태는 주어진 임금에 고용되기를 희망하는 모든 노동자는 모두 고용된다는 의미에서 완전고용상태이다. 즉 〈그림 7.3〉의 상단에 제시되어 있는 것과 같이 균형임금 수준 $(\frac{W}{P})^*$에서 기업

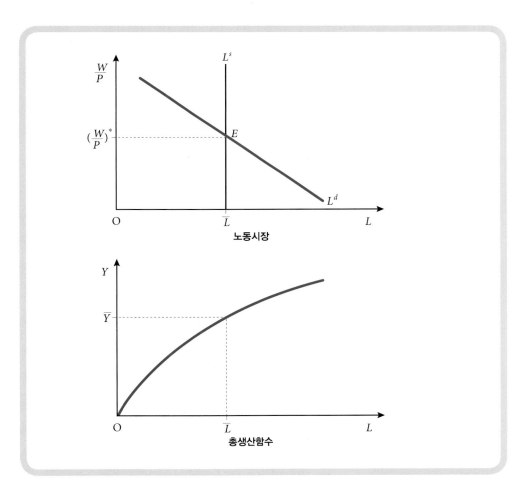

그림 7.3 노동의 완전고용과 완전고용산출량

이 고용하기를 희망하는 고용 수준($\overline{L}$)도 모두 충족된다. 그러면 이상에서와 같이 노동시장에서 완전고용이 달성되면 총생산함수에 의해 산출 수준 $\overline{Y}$가 결정된다. 그리고 이때의 생산 혹은 산출을 자연율 수준의 산출량 혹은 완전고용 산출량이라 부른다. 이것이 〈그림 7.3〉의 하단에 나타나 있다. 즉 장기의 거시경제에서는 노동의 완전고용($\overline{L}$)이 이루어지고 그에 따라 완전고용수준의 산출량($\overline{Y}$)이 달성된다.

Ⅲ 거시경제균형

1. 총수요와 그 결정요인

앞에서 우리는 거시경제의 공급 측면, 즉 총공급에 대해 살펴보았다. 요약하면, 노동시장에서는 완전고용이 달성되며 이때의 생산량을 완전고용생산량이라 부른다. 생산된 것은 공급될 것이므로 여기에서 우리는 자연스럽게 다음과 같은 질문을 하게 된다. 이렇게 생산된 재화와 서비스들의 총합, 즉 총공급량은 경제 안에 있는 경제주체들에 의해 어떻게 수요되는가? 이 절에서는 이 문제를 살펴보고자 한다.

경제주체들에 의해 이루어지는 모든 수요의 합을 우리는 **총수요**(aggregate demand)라고 부른다. 그런데 여기서 총수요의 개념을 명확히 이해할 필요가 있다. 앞 장들에서 재화와 서비스에 대한 수요를 '사고자 하는 의지와 능력'이라고 정의했는데 이 기본 개념이 총수요에도 적용된다. 즉 총수요는 거시경제 전체적으로 상품과 서비스에 대한 수요이고 계획된 지출이라고도 불린다. 그리고 이러한 총수요 혹은 계획된 지출은 사후적으로 발생한 지출, 즉 사후적 지출과 엄격히 구분된다.

이제 총수요 혹은 계획된 지출을 자세히 살펴보기로 하자. 단순함을 위해 해당 기간에 생산된 재화와 서비스에 대한 지출을 하는 경제주체는 가계와 기업뿐이라고 가정하자. 이럴 경우 이 경제주체들에 의한 지출은 **소비**(consumption, C)와 **투자**(investment, I)로 구성된다. 가계에 의해 이루어지는 소비는 계획된 것과 실행된 것 사이에 큰 차이가 없다. 하지만 투자는 다르다. 투자지출은 신규 생산기계 구입과 같은 고정투자, 가계에 의한 신규 주택투자와 기업에 의한 재고의 축적인 재고투자로 구성된다. 그런데 이 재고투자는 경기변동에 따라 변동이 심한데, 경기침체로 인해 제품판매가 부진하여 의도하지 않게 재고가 누적되어 만들어지는 재고투자가 발생하는 경우가 있다. 즉 기업이 애초에 의도한 재고규모가 있는 반면 의도하지 않은 재고투자가 있게 된다는 것이다. 그래서 지출 개념은 두 가지로 구분할 수 있다. 의도하지 않은 재고투자를 제외한 투자, 즉 계획된 투자(혹은 사전적 투자)와 가계소비를 합친 것은 계획된 지출(E)이라 하고 의도하지 않은 재고투자가 반영된 투자, 즉 사후적 투자와 소비를 합친 것을 사후적 지출이라 한다.

여기서 총수요는 계획된 지출을 의미한다. 사후적 지출은 총공급과 항상 일치하게 된다. 하지만 총수요는 총공급과 항상 일치하는 것은 아니다. 총공급과 총수요가 일치할 때를 우리는 거시경제균형이라 부른다.

지금까지는 총수요의 개념을 살펴보았으므로 이제 총수요의 결정요인이 무엇인지를 간단히 살펴보기로 하자. 총수요의 첫 번째 구성요소인 가계소비(C)는 소득과 이자율에 의해 결정된다. 하지만 단순함을 위해 이자율 요인을 고려하지 않기로 하자. 그런데 앞에서 살펴본 바와 같이 장기의 소득은 완전고용 수준의 산출량 $\overline{Y}$와 같으므로 가계소비는 다음과 같이 표현될 수 있다.

$$C = C(\overline{Y})$$

계획된 지출의 두 번째 구성요소는 투자, 정확하게는 계획된 투자 I이다. 계획된 투자는 이자율에 영향을 받는다. 더 구체적으로는 실질이자율에 영향을 받는다. 투자의 결정요인이 명목이자율이 아니라 실질이자율이라는 것은 다음과 같이 생각할 수 있다. 기업이 자금을 빌려 투자를 할 경우 비용이 발생하는데, 일차적으로 그 비용을 명목이자율(i)과 연관지어 생각할 수 있다. 하지만 투자는 신규자본의 구입을 의미하기 때문에 가격 상승에 따른 자본이득도 발생한다. 물가 상승, 즉 인플레이션에 따른 신규자본의 가치 상승은 이득이므로 진정한 투자비용은 명목이자율(i)에서 인플레이션율(π)을 뺀 실질이자율(r)의 영향을 받는다고 할 수 있다. 따라서 투자와 그 결정요인과의 관계인 투자함수는 다음과 같이 된다.

$$I = I(r)$$

여기서 실질이자율이 상승하면 투자는 감소한다.

2. 균형이자율 결정과 거시경제균형

앞에서 총수요의 구성요소와 그 결정요인들을 살펴보았다. 따라서 거시경제균형, 즉 총공급과 총수요의 균형은 다음과 같이 표현할 수 있다.

$$\overline{Y}=C(\overline{Y})+I(r)$$

이러한 거시경제균형이 어떻게 달성되는지를 이해하는 것이 중요하다. 우리는 이것을 대부자금시장의 균형이라는 시각에서 살펴볼 수 있다. 대부자금시장은 투자를 위해 빌려주고 차입하는 자금, 즉 대부자금이 중개되는 시장을 의미한다. 모든 시장과 마찬가지로 대부자금시장도 수요와 공급의 요소를 가진다. 우선 대부자금의 공급부터 살펴보기로 하자. 대부자금의 공급은 저축에서 나온다. 그래서 대부자금 공급은 저축을 의미한다. 그런데 저축은 소득에서 소비를 뺀 부분이다. 따라서 앞의 단순거시경제에서 살펴보면 저축은 다음과 같다.

$$S(\overline{Y})=\overline{Y}-C(\overline{Y})$$

이것은 변수의 정의에 의해 성립하는 저축의 정의식이다. 우리는 앞에서 단순함을 위해 소비 C가 단지 소득에 의해 결정된다고 가정했다. 그런데 소득이 완전고용 수준의 산출량 $\overline{Y}$이기 때문에 결국 저축(S)은 고정된 완전고용 수준의 산출량 $\overline{Y}$ 수준에 의해 결정된다. 이것은 〈그림 7.4〉의 실질이자율−대부자금공간에서 수직의 대부자금 공급곡선(S)으로 표현된다. 여기서 수직이라는 것은 대부자금 공급, 즉 저축이 이자율에 반응하지 않음을 반영한 것이다. 물론 현실에서 저축은 이자율에도 반응하지만 우리는 모형의 단순함을 위해 이자율에 반응하지 않는다고 가정하기로 한다.

반면, 대부자금의 수요는 투자에서 비롯된다. 그래서 우리는 대부자금 수요를 투자라고 할 수 있다. 그리고 앞에서 살펴본 바와 같이 투자의 변동은 이자율과 반대 방향이기 때문에 우리는 대부자금 수요곡선, 즉 투자곡선(I)은 〈그림 7.4〉에서와 같이 우하향

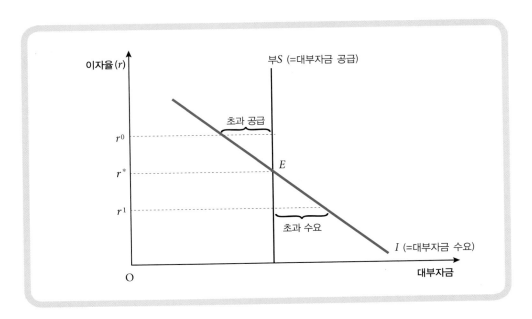

그림 7.4 대부자금시장의 균형

하는 곡선으로 묘사할 수 있다.

　대부자금시장의 균형은 무엇을 의미하는가? 우리는 대부자금시장의 균형이 바로 거시경제균형을 의미한다는 것은 쉽게 확인할 수 있다. 즉 저축과 투자가 일치하면 곧바로 $\overline{Y} = C(\overline{Y}) + I(r)$이 성립함을 알 수 있다. 그러면 어떻게 대부자금시장은 균형에 도달하는가? 그것은 또다시 가격변수인 이자율의 신축적 조정에 의해 달성된다. 즉 〈그림 7.4〉에서와 같이 이자율이 r^0로 균형 수준보다 높다고 하자. 그러면 저축, 즉 대부자금의 초과 공급상태가 만들어진다. 이럴 경우 대부자금의 공급자들 간에 경쟁이 발생하고 이 결과 이자율이 하락하여 저축과 투자가 일치하게 된다. 마찬가지로 이자율이 r^1 수준일 경우 대부자금의 초과 수요가 발생하고 이것은 이자율을 끌어올리게 될 것이다. 따라서 이자율의 신축적 조정에 의해 대부자금시장균형 및 거시경제균형이 달성된다.

　여기서 다시 한 번 강조하면 장기에 있어 거시경제는 이자율이라는 가격변수의 신축적 조정에 의해 총공급과 총수요가 서로 일치한다는 점이다. 즉 이자율이 너무 높아 총수요가 부족할 경우에는 이자율이 하락한다. 그리하여 투자수요가 증가하고 결국 총수요가 증가하여 총수요 부족현상은 발생하지 않게 된다.

3. 재정정책

이제 정부지출이 경제에 미치는 장기적 효과를 살펴보기로 하자. 앞 절에서는 모형에 정부가 들어가 있지 않았다. 하지만 정부는 해당 기간에 생산된 재화와 서비스에 대해 지출을 하는 중요한 한 축이다. 정부를 반영할 경우 정부지출 G가 총수요의 한 요소를 구성하고 가계소비는 소득에서 세금 T를 뺀 가처분소득의 함수로 나타난다. 따라서 거시경제균형은 다음과 같이 변형된다.

$$\overline{Y} = C(\overline{Y} - T) + I(r) + G$$

그리고 위 식을 약간 변형하면 우리는 정부지출이 포함된 거시경제에서의 전체 균형도 여전히 총저축과 투자의 균형으로 표현될 수 있다는 것을 확인할 수 있다. 그것을 보여주기 위해 위 식을 아래와 같이 변형해보자.

$$\overline{Y} - C(\overline{Y} - T) - G = I(r)$$

식의 왼편은 가처분소득 $Y - T$에서 소비를 뺀 민간저축 $Y - T - C(\overline{Y} - T)$와 정부저축 $T - G$의 합으로 구성되어 총저축 S를 나타낸다. 따라서 거시경제균형은 다음과 같이 표현 가능하다.

$$S(\overline{Y}, \ T, \ G) \equiv \overline{Y} - C(\overline{Y} - T) - G = I(r)$$

그러면 이제 정부지출의 경제적 효과를 간략히 살펴보기로 하자. 정부지출(G)의 증가는 총저축 ($S \equiv \overline{Y} - C(\overline{Y} - T) - G$)를 감소시킨다. 그래서 〈그림 7.5〉에서 보듯이 정부지출의 증가는 저축을 감소시켜 총저축곡선 S를 왼쪽으로 이동시키고 그 결과 실질이자율이 상승한다. 이러한 실질이자율의 상승은 투자를 정부지출 증가분만큼 정확하게 떨어뜨리게 된다. 이것을 구축효과라고 한다. 즉 정부지출 증가는 장기적으로 총수요 구성요소들의 상대적 크기에 영향을 미칠 뿐 총수요를 증가시킬 수 없다.

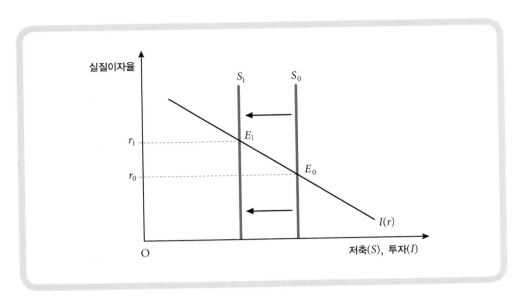

그림 7.5 정부지출 증가의 효과

Ⅳ 물가결정원리와 화폐의 중립성

1. 물가결정원리

물가수준과 그것의 상승인 인플레이션은 사람들의 생계비와 관련이 있기 때문에 물가수준이 어떻게 결정되는가는 매우 중요하다. 장기적으로 무엇이 물가를 결정하는가? 경제학자들은 장기에서의 물가는 주로 그 경제의 통화량 수준과 밀접하게 관련된다고 주장한다.

장기에서의 경제를 설명하는 것으로 받아들여지는 고전학파 이론에서는 물가를 화폐시장에서 결정되는 변수로 인식한다. 따라서 물가가 어떻게 결정되는지를 알기 위해서는 화폐시장의 두 축인 화폐수요와 화폐공급을 살펴볼 필요가 있다. 우선 화폐수요를 살펴보기로 하자. 고전학파에서는 화폐의 주요한 역할이 교환의 매개수단이라고 파악한다. 이럴 경우 화폐수요는 거래량에 비례하는 총소득 Y와 물가수준 P에 의해 결정된다고 본다. 따라서 화폐수요(M^d)는 다음과 같이 간단히 표현할 수 있다.

$$M^d = kPY$$

여기서 k는 명목소득(PY) 대비 화폐보유비율을 가리킨다. 이 화폐수요는 물가수준에 비례한다는 것을 직관적으로 쉽게 알 수 있다. 화폐공급의 경우 통화당국인 중앙은행에 의해 통제된다고 가정할 경우 물가수준과 독립적이며 물가(P)–화폐(M)공간에서 수직선으로 표현할 수 있다. 이러한 화폐수요와 화폐공급에 관한 기본적인 사고가 〈그림 7.6〉에 표현되어 있다. 이 그림에 의하면 화폐수요와 화폐공급의 균형을 달성하는 E_0에서 균형물가수준이 결정된다.

균형물가수준 P는 어떻게 달성되는가? 예를 들어 실제 물가수준이 균형 수준보다 높다고 가정해보자. 그러면 화폐의 초과 수요가 발생한다. 화폐의 초과 수요는 사람들이 현재 수준보다도 화폐를 더 많이 보유하고자 한다는 것을 의미한다. 이러한 것은 결국 상품과 서비스에 대한 지출의 감소를 통해 달성 가능하다. 즉 총수요의 감소를 통해 가능하다. 따라서 물가는 하락할 것이다. 물가가 하락하면 화폐수요는 하락하고 화폐시장은 다시 균형상태에 도달한다.

한편 균형상태에서 통화량(M)을 증가시키면 화폐시장은 E_1에서 새로운 균형을 형성하고 물가수준은 상승하게 된다. 하지만 여기서 거래량(Y)의 변동이나 화폐보유비율의 변화는 화폐수요곡선을 이동시킬 수 있고 따라서 물가수준에 영향을 미칠 수 있다. 그렇지만 고전학파 거시경제체계에서는 기술진보가 없다고 가정할 경우 소득 수준 Y는

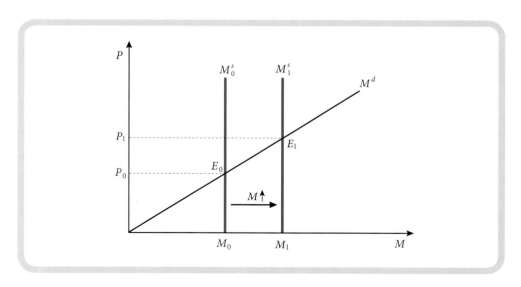

그림 7.6 화폐시장과 물가결정

생산요소의 완전고용 수준으로 고정된다. 그리고 화폐보유비율도 장기적으로 일정하다고 가정한다. 이럴 경우 물가수준에 영향을 주는 가장 중요한 변수는 그 경제의 화폐량이 된다. 즉 장기적으로 한 경제의 물가수준을 결정하는 것은 화폐의 공급량이다. 이 것을 우리는 화폐수량설이라고 부른다. 이러한 화폐수량설은 다음과 같은 화폐수량방정식으로 정식화될 수 있다.

$$M \cdot V = P \cdot Y$$

여기서 V는 화폐의 유통속도로서 1년 동안 화폐 1단위가 거래를 매개하는 평균횟수를 나타낸다.

위 식은 화폐시장의 균형으로부터 쉽게 도출할 수 있다. 즉 $M^d = kPY$이고 $M^s = M$이므로 화폐시장의 균형에 의해 다음의 식이 성립한다.

$$M = kPY$$

여기서 화폐보유비율의 역수인 $1/k$은 화폐의 유통속도 V가 되므로 화폐시장의 균형은 앞의 화폐수량방정식으로 표현된다.

한편, 이 화폐수량방정식은 경제적 직관으로도 설명된다. 즉 화폐수량방정식의 오른편은 상품거래액을 의미하고 왼편은 경제에 주어진 화폐의 결제액을 가리키는데 화폐경제에서는 위 식은 항상 성립하게 된다. 마찬가지로 이 화폐수량방정식에서 화폐의 유통속도와 소득수준이 일정하다고 할 경우 통화량(M)의 증가는 물가(P)의 상승으로 귀결됨을 확인할 수 있다.

2. 고전파적 이분법과 화폐의 중립성

장기의 거시경제행태를 비교적 잘 설명한다고 평가받는 고전학파 이론을 대표하는 원리들 중에서는 화폐의 중립성과 고전파적 이분법이 있다. 고전파적 이분법은 경제변수를 실질변수와 명목변수로 구분할 수 있고 명목변수를 도입할 필요가 없이 실질변수의 결정원리를 설명할 수 있다는 것을 의미한다. 실질변수란 GDP, 실업률, 실질이자율,

실질임금 및 고용 등과 같은 개념이고 명목변수는 통화량, 명목이자율 및 가격 등과 같은 개념이다. 앞에서 우리는 GDP가 고용량에 의해 결정되고 고용량은 노동의 생산성과 실질임금과 같은 실질변수에 의해 결정됨을 살펴보았다. 실질이자율도 저축, 투자와 같은 실질변수의 상호작용에 의해 결정됨을 살펴보았다. 즉 명목변수의 도입 없이도 그 결정원리를 설명할 수 있었다.

화폐의 중립성은 화폐량의 변동은 장기적으로 물가와 명목임금 같은 명목변수에만 영향을 미칠 수 있을 뿐 산출량이나 실질임금 등에는 영향을 미칠 수 없다는 것을 의미한다.

이것을 간단히 살펴보기 위해 거시경제 전체적인 상품시장과 노동시장을 살펴보기로 하자. 앞에서 살펴본 바와 같이 전체적인 상품시장에서는 총공급과 총수요가 상호작용한다. 물가와 총공급 간의 관계를 나타내는 곡선을 총공급곡선(aggregate supply curve, AS곡선)이라고 한다. 완전고용 수준의 총공급은 물가와 독립적으로 결정되므로 장기의 총공급곡선은 물가수준 산출량공간에서 수직선으로 나타난다. 한편, 물가와 총수요 간 관계를 의미하는 총수요곡선(aggregate demand curve, AD곡선)은 화폐수량방정식에서의 P와 Y의 관계로 묘사된다. 화폐가 거래의 매개수단이고 거래가 상품 구입에 따른 지출을 의미하므로 화폐수량방정식에서의 P와 Y의 관계는 총수요관계라고 볼 수 있다. 즉 통화량(M)과 화폐의 유통속도(V)가 일정할 경우 물가와 산출은 반비례관계에 있으므로 〈그림 7.7〉의 오른쪽에서와 같이 우하향하는 총수요곡선이 유도된다.

여기서 정부가 통화량을 증대시키는 확대통화정책을 실시한다고 하자. 그러면 민간의 보유 통화량(M)이 증대하고 가계의 화폐량 증가는 상품에 대한 지출 증가로 나타날 것이다. 즉 총수요가 증가하는 것이다. 하지만 총공급은 고정되어 있으므로 통화량 증가는 물가만 상승시킬 것이다. 한편 물가가 상승하면 노동시장에서 실질임금($\frac{W}{P}$)이 하락할 것이고 〈그림 7.7〉의 왼쪽에서 알 수 있듯이 노동의 초과 수요가 발생한다. 하지만 이러한 노동의 초과 수요는 명목임금을 증가시키고 이 증가는 물가가 상승하기 전의 실질임금 수준으로 회복될 때까지 증가할 것이다. 즉 장기적으로 실질임금은 불변이고 따라서 고용량 및 산출량은 변하지 않을 것이다. 단지 명목변수와 명목임금만 증가하게 된다.

요약하면, 통화량 증가는 물가와 임금만 증가시킬 뿐 실질변수에는 영향을 미치지 못하는데 이것을 화폐의 중립성이라 한다.

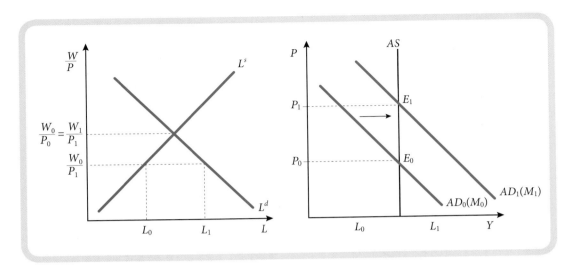

그림 7.7 통화공급 증가와 물가의 반응

통화적 관점에서 본 물가

경제학자들은 사람들에게 인플레이션과 디플레이션은 화폐적 현상이라는 것과 물가변동이 궁극적으로는 중앙은행의 통화정책으로부터 도출된다는 것을 주장하고 싶어 한다. 한 나라의 중앙은행이 사람들이 보유하기를 원하는 것보다 더 많은 화폐를 창조할 때 인플레이션이 발생하고, 반대로 중앙은행이 너무 적게 화폐를 창조할 때는 디플레이션이 발생한다. 하지만 중앙은행의 통화정책과 인플레이션 간의 연결성은 부정확하고 종종 지난 수년 동안 관심에서 멀어졌다. 이러한 부정확성에는 두 가지 이유가 있다. 하나는 모든 가격변화가 인플레이션으로부터 발생하는 것은 아니라는 것이며, 다른 하나는 어떤 것은 실제로 특정 상품의 풍부함과 희소성으로부터 발생하기 때문이다. 그리고 대중들의 화폐에 대한 수요는 종종 안정적이지 않은 것도 이유가 된다. 하지만 경제학자는 우리가 화폐와 물가변동 간의 관계를 더 명확히 볼 수 있게끔 도와주는 단순한 방법을 알고 있다.

인플레이션과 디플레이션의 화폐적 특성을 고찰하기 위해, 경제학자들은 가격변화를 두 가지 구성요소로 분리하는데, 초과화폐공급과 화폐의 유통속도 변화가 그것이다. 초과화폐공급은 단순히 화폐공급증가율과 실질산출증가율의 차이다. 화폐의 유통속도는, 화폐가 평균적으로 주어진 시기에 몇 번의 거래를 매개하는가를 나타낸다. 실제로 경제학자들은 초과화폐공급 외에도 이 유통속도가 물가에 영향을 미치는 것으로 파악한다.

이러한 시각을 미국의 물가변동에 적용해보자. 미국 GDP 디플레이터는 2013년 처음 3분기 동안에 평균 1.3% 상승했다. 이러한 물가변화는 초과화폐공급의 증가가 4.3%였고, 유통속도가

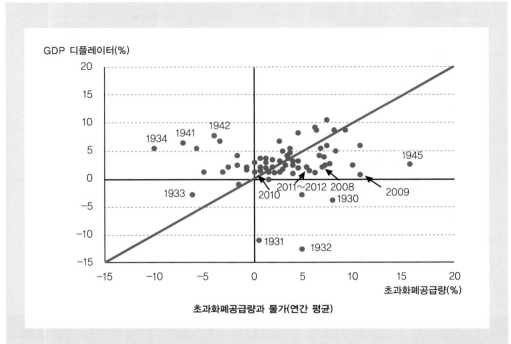

초과화폐공급량과 물가(연간 평균)

3% 하락으로 구성되었다. 이 방법이 보여주듯이, 2013년 동안에는 물가변화와 통화량변동 간의 연결성이 매우 약했다. 이러한 부정확성은 일반 적이다. 단기(1년 혹은 2년)에는 초과화폐공급은 GDP 디플레이터의 매우 작은 부분만을 설명한다. 만약 초과화폐공급이 매년 물가상승률을 모

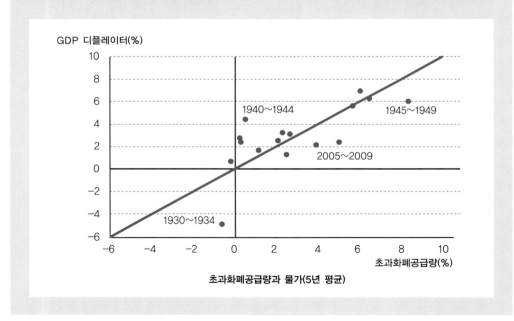

초과화폐공급량과 물가(5년 평균)

두 설명한다면, 첫 번째의 산포도의 점들은 45도 선상 근방에 거의 위치할 것이다. 그러면 모든 인플레이션은 화폐적 현상이 된다. 하지만 실제로 점들은 많이 퍼져 있다. 이것은 GDP 디플레이터와 초과화폐공급 간에는 직접적인 대응관계가 성립하지 않는다는 것을 의미한다. 단순상관계수도 0.1에 불과하다.

하지만, 장기에 있어서는 비화폐적 요인(유통 속도)이 GDP 디플레이터에 미치는 효과는 사라지고 초과화폐공급과 물가 간의 연결성이 지배하기 시작한다. 초과화폐공급과 물가의 5년간 평균치들은 두 번째 산포도에서 45도 선 근방에 거의 위치해 있다. 5년의 시간 구간에서는 초과화폐공급과 물가변화 간의 상관계수는 0.72로 크게 증가했다. 즉 인플레이션이 화폐적 현상이라는 것이 설명된다.

출처 : Owen F. Humpage and Margaret Jacobson, FRB of Cleveland, 2013.

1. 고전학파가 가정하는 장기에서의 거시경제행태에 대해 올바르지 못한 것은?
   ① 가격은 신축적이다.
   ② 시장은 경쟁적이다.
   ③ 경제주체들은 완전정보를 보유하고 있다.
   ④ 수요에 의해 공급이 결정된다.
   ⑤ 공급에 의해 수요가 결정된다.

2. 다음 중 총수요와 관련하여 잘못 설명하고 있는 것은?
   ① 폐쇄경제에서의 총수요는 가계소비, 투자 및 정부지출로 구성된다.
   ② 의도하지 않은 재고투자를 포함할 경우 그 투자를 사전적 투자라고 한다.
   ③ 투자를 설명하는 변수는 실질이자율이다.
   ④ 투자는 기업의 고정투자, 가계에 의한 신규주택 구입, 그리고 재고투자가 있다.
   ⑤ 총수요를 결정하는 주요 요소는 소득과 실질이자율이다.

3. 다음 중 장기에서의 거시경제균형과 관련하여 잘못 설명하고 있는 것은?
   ① 생산요소들은 완전고용된다.
   ② 정부지출의 증가는 이자율은 상승시켜 총수요를 떨어뜨린다.
   ③ 총공급과 총수요의 균형은 저축과 투자의 균형으로 나타난다.
   ④ 저축과 투자는 이자율의 신축적 조정에 의해 균형을 달성한다.
   ⑤ 총수요보다 총공급이 클 경우 이자율이 하락한다.

4. 다음 중 고전학파의 구축효과를 제대로 설명하고 있는 것은 ?
   ① 물가가 하락할 때 소비자의 실질자산이 증가하여 소비가 증가한다.
   ② 통화량이 증가하면 물가가 상승한다.
   ③ 정부지출의 증가가 이자율을 상승시켜 투자를 위축시킨다.
   ④ 노동자의 실질임금은 노동의 한계생산에 의해 결정된다.
   ⑤ 기대인플레이션이 상승하면 명목이자율이 상승한다.

5. 정부가 세금보다 정부지출이 더 많고 가계는 세후 소득보다 더 적게 소비한다면 민간저축과 정부저축은 어떻게 되는가?
   ① 정부저축>0, 민간저축>0
   ② 정부저축<0, 민간저축<0

③ 정부저축>0, 민간저축<0

④ 정부저축<0, 민간저축>0

⑤ 정부저축=0, 민간저축>0

6. 다음 중 대부자금시장과 관련하여 잘못 설명하고 있는 것은?

① 대부자금이란 투자를 위해 차입하는 자금이다.

② 대부자금 공급의 원천은 저축이다.

③ 대부자금 수요의 원천은 투자이다.

④ 대부자금 공급의 원천은 소득이다.

⑤ 대부자금시장에서 결정되는 것은 실질이자율이다.

7. 다음 중 통화공급에 대한 올바른 개념은?

① 사람들이 보유하고자 하는 화폐의 양이다.

② 사람들이 공급하고자 하는 화폐의 양이다.

③ 시중에 유통 중인 화폐의 양을 말한다.

④ 위의 어느 것도 해당하지 않는다.

⑤ 통화공급은 소득에 비례한다.

8. 화폐수량설에 대해 올바로 설명하고 있는 것은?

① 물가수준은 화폐공급량에 의해 결정된다.

② 물가수준은 경제의 실질변수에 영향을 미치지 않는다.

③ 통화량은 실질산출량과 같은 실질변수에 영향을 미치지 않는다.

④ 장기에 경제의 실질변수와 명목변수의 결정에 영향을 미치는 요소는 다르다.

⑤ 물가가 상승하면 화폐의 유통속도가 상승한다.

9. 경제의 장기 모습에 대해 설명하고 있는 고전학파모형에 대해 잘못 설명하고 있는 것은?

① 총수요가 산출에 영향을 미치지 않는다.

② 화폐의 유통속도는 일정하다.

③ 정부지출의 증가는 소득을 증가시킨다.

④ 통화량의 증가는 명목소득을 증가시킨다.

⑤ 통화량의 증가는 산출에 영향을 미치지 않는다.

10. 화폐와 관계된 고전학파 이론 중 잘못된 것은?

① 고전학파 이론에서 화폐수요는 산출과 물가에 의해 결정된다.

② 화폐공급은 주로 중앙은행에 의해 결정된다.

③ 물가가 상승하면 화폐가치도 상승한다.

④ 화폐의 초과 공급은 물가를 상승시킨다.

⑤ 화폐의 초과수요는 물가를 하락시킨다.

11. 가격신축성 개념을 설명하고 이에 기초하여 고전학파의 완전고용 이론을 설명하시오.

12. 장기에 있어 거시경제균형이 달성되는 과정을 설명하시오.

13. 고전파적 이분법과 화폐의 중립성에 대해 설명하시오.

14. 화폐수량설에 대해 설명하시오.

15. 정부지출의 증가가 실질산출과 이자율 및 투자에 미치는 효과를 논하시오.

국민소득과 지출

한 나라의 국민소득의 크기는 궁극적으로 그 나라의 양적·질적 규모에 의해 결정된다. 한 나라의 양적·질적 규모란 인구수, 국토 면적뿐만 아니라 그 나라에 주어진 천연자원, 역사 이래 축적된 물적 자본, 교육과 훈련으로 축적된 인적 자본, 그 나라의 기술 수준을 포함한다. 이 모든 자원이 총동원되어 생산된 국민소득을 잠재국민소득이라고 한다. 그런데 단기적으로 일어나는 경기순환에 따라 국민소득은 잠재국민소득보다 커지기도 하고 작아지기도 한다. 이 장에서는 단기의 국민소득을 결정하는 요인으로서 국민소득에 대한 지출 요소들에 대해 살펴보기로 한다.

I 국민소득의 결정요인

1. 잠재국민소득과 국민소득의 단기적 변동

2017년에 한국의 GDP는 당해 연도 가격으로 약 1.5조 달러였다. 이에 반해 미국의 GDP는 약 19.4조 달러였다. 일본의 GDP는 같은 해에 약 4.9조 달러를 기록했다. 이처럼 나라별로 GDP의 크기를 다르게 하는 궁극적 요인은 무엇일까?

미국은 국토 면적이 983만 km²로 한국의 10만 km²보다[1] 98배 크고, 인구가 약 3억 2,600만 명(2018년)으로 약 5,200만 명(2018년)인 한국보다 6.3배 많다. 국토 면적이 크

---

[1] 2011년 자료

면 천연자원도 더 풍부할 것이며, 인구가 많으면 생산에 투입할 노동력이 더 많아진다. 게다가 미국은 산업화가 한국보다 오래돼서 축적된 자본이 훨씬 더 많고, 개별 노동자들의 생산성도 더 높다. 이처럼 한 나라의 GDP를 궁극적으로 결정하는 요인은 그 나라의 양적·질적 규모라고 할 수 있다. 여기에는 인구수, 국토 면적, 천연자원, 물적 자본, 인적 자본, 기술 수준이 포함된다. 이 모든 자원이 모두 동원되어 생산된 국민소득은 장기적으로 그 나라가 달성할 수 있는 최대의 GDP라고 할 수 있다. 이것을 **잠재국민소득**이라고 부른다.

> 한 나라의 모든 자원을 다 동원하여 생산할 수 있는 최대의 국민소득 수준을 잠재국민소득이라고 한다. 그것은 인구수, 국토 면적, 천연자원, 물적 자본, 인적 자본, 기술 수준에 의해 결정된다.

그런데 현실의 국민소득이 항상 잠재국민소득을 달성하는 것은 아니다. 경기순환이 있기 때문이다. 경기가 불황이면 단기적으로 실제국민소득은 잠재 수준에 미치지 못한다. 반대로 경기가 호황일 때에는 (항상 그런 건 아니지만) 국민소득이 잠재 수준을 넘어서기도 한다. 이렇게 단기적으로 국민소득을 잠재 수준 주변에서 변동하도록 만드는 요인들이 존재한다.

앞에서 국민소득 3면 등가의 법칙에 대해 공부한 적이 있다. 즉 생산국민소득과 분배국민소득, 지출국민소득은 어느 쪽에서 측정하든 사후적으로는 원칙적으로 일치한다는 것이다. 그런데 만약에 국민소득의 생산 측면에서 어떤 변동이 일어나거나, 지출 측면에서 변동이 일어나면 국민소득이 변동한다.

예를 들어 설명해보자. 일단 단순화를 위해 경제에는 가계와 기업만 있다고 가정한다. 즉 정부지출과 조세가 0이고, 수출과 수입도 0이라고 가정한다. t년도에 K국의 국민소득 생산액이 1,000조 원이었다고 하자. 그러면 이 해의 K국 국민소득은 1,000조 원이 된다. 그런데 그 해에 K국에 예기치 못한 재해가 일어나서 국민들의 소비 심리가 심하게 위축되어 소비지출이 본래 예상보다 많이 줄었다고 하자. 그러면 기업들은 생산해놓은 재화와 서비스를 계획대로 판매하지 못하게 된다. 그래서 이때 기업들에게 예상치 못한 재고가 추가로 50조 원어치 생기게 되었다고 하자. 이 재고 추가의 효과는 그다음 해에 나타난다. $t+1$년도에 기업들은 작년에 생긴 예상치 못한 재고를 줄이기 위해 생산을 50조 원만큼 줄인다. 이렇게 되면 $t+1$년도의 생산국민소득은 t년도보다 50조 원이 줄어든 950조 원이 되는 것이다. 만약 t년도의 1,000조 원의 국민소득이 잠재 국민소득 수준이었다면, 국민소득이 950조 원으로 줄어든 $t+1$년도에 K국은 불황을 겪게 된다.

이처럼 예상치 못한 지출의 변화는 국민소득의 단기적 변동을 일으킨다. 이 변동을 더 잘 이해하기 위해 지출 측면의 국민소득 결정요인에 대해서 생각해보자. 이를 위해 먼저 거시경제의 주요한 지출 요소인 소비지출과 투자지출에 대해 자세히 살펴보자.

2. 소비지출

여러분이 하고 있는 가장 중요한 경제활동이 무엇이냐고 물으면 아마도 대부분의 학생들이 '소비'라고 할 것이다. 소비는 사람의 경제생활의 최종 목표이다. 소비는 사람의 생존에 꼭 필요하고 삶의 보람을 가져다주는 기본 행위라고 할 수 있다. 그만큼 중요하다는 뜻이다. 그러면 소비지출의 규모를 결정하는 요인은 무엇일까?

한 가족의 소비지출의 규모를 결정하는 요인 중 가장 중요한 것은 그 가족의 소득이다. 〈그림 8.1〉은 2003년 1/4분기부터 2016년 4/4분기까지의 한국 가구의 월평균 소득과 소비지출의 관계를 보여준다. 이 그림을 보면 한국 가계들의 소득이 높아질수록 소비지출도 같이 높아지는 것을 알 수 있다.

그림에서 소득과 소비지출의 관계를 나타내는 산포도의 추세선을 추정해보면 기울기가 0.4901이고 종축 절편이 약 45만 원이 된다. 소득을 Y, 소비를 C라 표시하면 이것은 다음 식으로 나타낼 수 있다.

$$C=449{,}834+0.4901Y$$

이것을 일반화한 것을 소비함수라고 한다. 소비함수는 다음과 같이 표현된다.

$$C=a+cY$$

여기서 c는 소득이 늘어날 때 소비가 얼마나 늘어나는가 하는 비율($\Delta C/\Delta Y$)을 의미

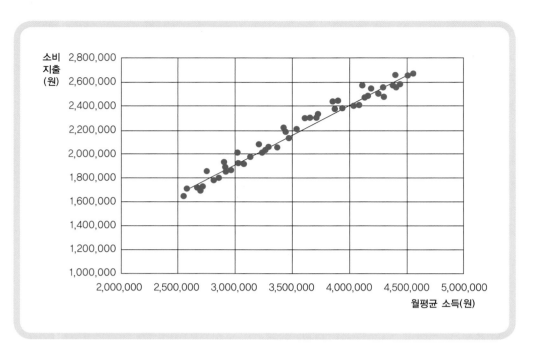

그림 8.1 한국 가구의 월평균 소득과 소비지출의 관계(2003~2016)

한다. 이것을 한계소비성향(marginal propensity to consume, MPC)이라고 한다. 그런데 소득 수준이 높아지면 소비 수준도 높아지지만 소득 수준만큼 소비가 높아지는 것은 아니다. 한국 가계의 경우 한계소비성향이 약 0.5이다. 그 나머지는 저축되거나 조세로 처분된다. 상수 a는 가계의 기초소비를 나타낸다. 모든 가계는 소득이 없더라도 소비지출을 해야 생존할 수 있다. 극단적으로 소득이 전혀 없더라도 차입이나 이전지출, 과거의 저축을 이용하여 소비를 할 수 있다.

경제학자들은 〈그림 8.1〉에서와 같은 평균적인 가계가 나타내는 소득과 소비지출 간의 관계가 거시경제 전체에서도 성립한다고 생각한다. 즉 현재의 총소득과 총소비지출 간에도 총소비함수가 존재한다고 본다. 우리는 앞으로 $C = a + cY$ 소비함수가 거시경제에서도 성립한다고 가정할 것이다. 이것을 그림으로 나타낸 것이 〈그림 8.2〉이다. 가로축에 소득 수준을 놓고 세로축에 소비를 놓았다.

예를 들어 소득 수준이 Y_0일 때 소비는 C_0가 됨을 의미한다. O_a는 기초 소비를 나타낸다. $\Delta C / \Delta Y$인 한계소비성향도 그림에서 확인할 수 있다. 한계소비성향은 소비곡선

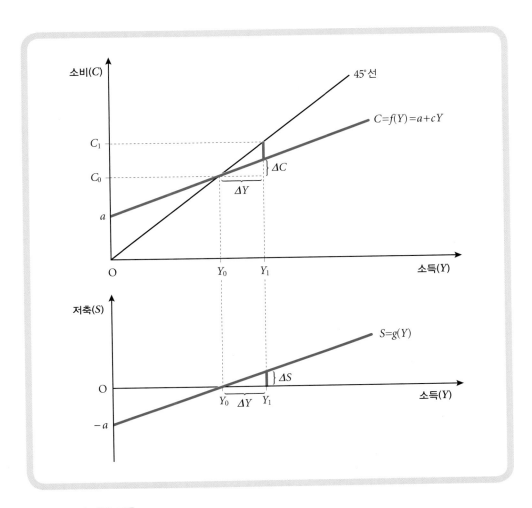

그림 8.2 소비와 저축

위에서 접선의 기울기로 측정될 수 있다. 소비함수가 직선일 경우 이 기울기는 항상 일정하다. 즉 한계소비성향 자체는 소득이 변화해도 변하지 않는다.

한편 소득 중에서 소비하는 비율(C/Y)을 **평균소비성향**(average propensity to consume, APC)이라 한다. 그림으로 설명하자면 평균소비성향은 소비곡선상의 원점에서 각 소비 수준으로 그은 직선의 기울기로 측정된다. 소득이 커질수록 이 직선의 기울기는 감소하는데, 이것은 평균소비성향은 소득 수준이 커질수록 작아짐을 의미한다.

정부부문과 해외부문이 없다고 가정하면, 소득 중에서 소비하고 남은 부분이 저축이 된다. 소득이 증가하면 소비가 증가하듯이, 소득이 증가할 때 저축도 증가한다. 증가하소비함수는 소득과 소비 간의 양적인 관계를 나타내는 함수이다. 일반적으로 소득이 늘어나면 소비도 늘어난다. 소득 중에서 소비가 차지하는 비율을 평균소비성향, 소득의 증가분 중에서 소비의 증가분이 차지하는 비율을 한계소비성향이라고 한다.

는 소득 중에서 저축이 차지하는 비율($\Delta S/\Delta Y$)을 한계저축성향(marginal propensity to save, MPS)이라고 한다. 이것은 〈그림 8.2〉의 저축곡선상의 한 점에서의 접선의 기울기로 측정된다. 〈그림 8.2〉에서 소비곡선과 비교하면 저축곡선은 절편이 마이너스이고 기울기가 플러스인 직선이다. 소득에서 소비를 제외한 나머지가 저축이기 때문에 두 곡선은 밀접한 관계를 갖고 있다. 가령 소득이 0일 때 소비가 기초소비만큼 존재하므로, 그때 저축은 기초소비만큼 마이너스가 된다. 저축곡선의 기울기는 1에서 소비곡선의 기울기를 뺀 것과 같다. 일정 수준의 소득에서 저축이 차지하는 비율(S/Y)을 **평균저축성향**(average propensity to save, APS)이라고 한다. 그래서 평균저축성향은 $1-APC$와 같다. 소비와 저축의 관계를 정리하면 다음과 같다.

$$Y \equiv C + S$$
$$MPC + MPS = 1$$
$$APC + APS = 1$$

예를 들어 지난해 국민소득이 1,000조 원이었다고 하자. 이때 700조 원을 소비하고 300조 원을 저축했다면 평균소비성향은 700조 원/1,000조 원=0.7이고, 평균저축성향은 300조 원/1,000조 원=0.3이다. 이 둘을 합하면 1이 된다. 그리고 올해의 국민소득이 1,100조 원으로 증가했는데, 이 중에서 소비가 760조 원이었다면 한계소비성향은 60조 원/100조 원=0.6이 된다. 그리고 한계저축성향은 40조 원/100조 원=0.4가 된다. 이 둘을 더하면 역시 1이 됨을 알 수 있다.

3. 투자지출

투자지출이란 기계설비의 구입, 건물 짓기, 재고의 증가 등 생산에 사용될 실물자본을 늘리기 위해 수행하는 재화와 서비스의 구매를 말한다. 기계설비의 구입과 건물 짓기 등이 투자라는 것은 바로 이해되지만, 재고의 증가를 투자지출에 포함시키는 것에는 설명이 좀 필요하다. 완성된 재화의 재고 자체는 생산에 사용되지는 않지만, 기계설비와 마찬가지로 기업의 미래 매출에 영향을 미친다. 예를 들어 자동차업체 H를 생각해 보자. H사가 자동차를 한 대 조립하는 데에는 30시간이 걸린다고 하자. 지금 당장 10대의 자동차 주문이 들어왔는데 재고가 없다면, 지금부터 10대를 생산해서 넘겨주어야 한다. 이 30시간 동안은 사실상 판매가 정지된 상태가 된다. 기업 입장에서는 재고를 가지고 있다면 30시간을 흘려보내지 않고 계속 매출을 올릴 수 있다. 그러므로 생산에 일정한 시간이 걸리는 재화의 경우 일정 수준의 재고를 갖고 있는 것이 합리적이다. 결국 재고의 확보 여부는 기업의 장래 매출에 영향을 미치며, 그런 이유로 경제학에서는 재고의 증가도 투자지출로 본다.

> 투자지출이란 기계설비의 구입, 건물 짓기, 재고의 증가 등 생산에 사용될 실물자본을 증가시키기 위해 수행하는 재화와 서비스의 구매를 말한다. 즉 투자지출은 설비투자와 재고투자로 이루어진다.

일정 기간 발생한 재고의 변화를 재고투자(inventory investment)라고 한다. 10억짜리 공장 건물을 지으면 투자지출이 10억 늘어나는 것처럼 일반적으로 투자지출은 0 이상의 값을 갖는다. 그러나 재고투자는 음(−)의 값을 가질 수도 있다. 가령 자동차업계의 자동차 재고가 한 달 동안 7만 대에서 6만 대로 줄었다면 −1만 대 가치의 재고투자가 발생한 것이 된다. 재고의 변동은 계획에 의해 일어날 수도 있고 예상치 못한 매출의 변화 때문에 발생할 수도 있다. 기업 입장에서는 주도면밀한 계획을 세워서 재고를 관리하려고 하지만, 매출이 항상 계획대로 이루어지는 것이 아니기 때문에 재고투자가 계획대로 실현되기는 쉽지 않다. 예상치 못한 매출의 변화 때문에 일어나는 재고의 변동을 계획(또는 의도)되지 않은 재고투자(unplanned or undesired inventory investment)라고 한다. 계획되지 않은 재고투자는 양(+)이든 음(−)이든 실제로 발생한 투자지출의 일부가 된다.

그러므로 일정 기간 일어난 실제 투자지출(actual investment spending)은 계획된 투자지출과 계획되지 않은 투자지출의 합과 같다. I_p를 계획된 투자지출, I_u를 계획되지 않은 재고투자, I를 실제 투자지출이라고 하면, 이 세 변수는 다음과 같은 관계로 나타낼 수 있다.

$$I \equiv I_p + I_u$$

그렇다면 기업의 계획된 투자는 어떤 요인에 의해 결정될까? 그것은 이자율과 예상 국내총생산이다.

먼저 이자율과 투자지출의 관계에 대해 생각해보자. 이자율은 기업이 투자를 결정할 때 고려해야 하는 기회비용을 결정한다. 가령 기업이 투자자금을 외부에서 조달한다면 시장에서 결정된 이자율을 매기마다 지불해야 한다. 따라서 기업은 투자 사업에서 얻을 수 있는 수익률이 이자율보다 높아야 투자를 하려고 할 것이다. 가령 〈표 8.1〉의 예를 생각해보자. 현재 G국에서 놀이공원, 철강 제조, 연륙교, 사과 가공 등 4개의 투자 사업이 계획되고 있다고 하자. 각 사업의 규모는 2,000억 원, 1조 원, 5,000억 원, 500억 원이며, 예상 수익률은 각각 10%, 9%, 7%, 5%라고 한다. 만약 현재의 시장 이자율이 8%라고 하면, 놀이공원과 철강 제조 투자 사업은 실행이 되겠지만 연륙교와 사과 가공 투자 사업은 실행이 안 된다. 뒤의 두 사업은 수익률이 시장 이자율보다 낮아서 투자를 하면 적자를 보게 되기 때문이다. 그러면 이 이자율하에서는 계획된 투자가 1조 2,000억 원이 된다. 그런데 정부의 금융완화정책으로 시장 이자율이 4%로 내려갔다고 하자. 이제는 연륙교와 사과 가공 투자 사업도 수익률이 시장 이자율보다 높으므로 두 사업 모두 수지가 맞는 사업이 된다. 그래서 계획된 투자는 1조 2,000억 원에서 1조 7,500억 원으로 증가하게 된다. 이처럼 이자율이 내려가면 계획된 투자가 증가한다. 반대로 이자율이 올라가면 계획된 투자는 감소한다.

기업이 외부 차입이 아니라 내부에 축적된 유보이윤을 활용해서 투자를 할 경우에는 위에서 설명한 이자율과 투자지출의 관계가 성립하지 않을 수 있다고 생각할 수 있을

표 8.1 투자 사업과 예상 수익률 예

	놀이공원 투자 사업	철강 제조 투자 사업	연륙교 투자 사업	사과 가공 투자 사업
사업 규모	2,000억 원	1조 원	5,000억 원	500억 원
예상 수익률	10%	9%	7%	5%

것이다. 그러나 이때에도 이자율과 투자지출의 관계는 동일하게 적용된다. 기업은 사내 유보이윤을 예금 또는 다른 형태로 활용하여 수익을 얻지 않고 그 자금을 투자 사업에 지출하므로 그 수익이 투자지출의 기회비용이 된다. 그 수익은 시장 이자율과 같을 것이므로 기업은 투자 사업의 수익률과 시장 이자율을 비교하여 투자 여부를 결정할 것이다.

기업의 투자지출은 국내총생산의 변화에도 영향을 받는다. 기업은 미래에 매출이 증가할 것이 예상되면 거기서 이윤을 얻기 위해 그것에 대비하고자 할 것이다. 현재의 생산능력으로 미래의 매출 증가에 대비하지 못할 것으로 생각된다면 기업은 투자지출을 통해 생산능력을 확충하려고 할 것이다. 장래의 매출이 증가할 것으로 기대되는 상황은 일반적으로 국내총생산이 급격히 증가할 것으로 기대되는 경우에 발생한다. 따라서 예상 국내총생산이 크게 증가하면 경제 전체로 기업들의 투자지출이 증가한다. 사실 예상 국내총생산은 현재의 국내총생산 수준에 영향을 받는다. 현재의 경기 상황이 좋아서 국내총생산이 증가하고 있으면, 기업들은 장래의 국내총생산도 증가할 것으로 생각할 것이다. 그러므로 현재 국내총생산의 증가는 기업들의 투자지출을 늘리는 요인으로 작용한다.

국내총생산의 증가에 따라 기업들이 장래의 국내총생산 증가에 대비해서 투자지출을 늘리는 경우, 국내총생산 증가에 유발되어 일어나는 투자라는 의미에서 그것을 유발 투자(induced investment)라고 한다. 이에 반해 국내총생산과 무관하게 주로 이자율의 높낮이에 의해 결정되는 투자를 독립 투자(autonomous investment)라고 한다.

Ⅱ 균형국민소득의 결정 : 단순 소득-지출 모형

1. 균형국민소득과 실제국민소득

이제 단기적으로 균형국민소득이 어떻게 결정되는지 생각해보자. 경제학에서 '균형'이란 어떤 경제변수가 변동하지 않고 안정적으로 어떤 상황에 머물러 있는 상태를 말한다. 그러므로 균형국민소득이란 현재의 소득수준에서 안정되어 변동이 없는 상태의 국민소득 수준을 의미한다.

균형국민소득의 결정에 대해 살펴보기 위해 몇 가지 단순화 가정을 해둔다.

첫째, 이 경제에는 기업과 가계만 존재한다. 그러므로 정부의 조세와 정부지출이 0이며, 해외수출과 수입도 0이다.

둘째, 기업들의 생산능력은 충분해서 수요가 있을 경우 기업들은 생산물을 얼마든지 공급할 수 있다고 가정한다.

셋째, 기업들이 생산을 늘리더라도 물가수준은 일정하게 유지된다고 가정한다. 이것은 둘째 가정에서 파생된 가정이다.

이제 t년도에 K국의 기업들이 생산한 최종 생산물의 가치가 1,000조 원이라고 하자. 기업들은 이 중에서 700조 원어치를 가계의 소비용으로 판매하고, 250조 원어치를 다른 기업들에게 투자용으로 판매했다고 하자. 이 경우 소비와 투자를 합한 총지출이 950조 원에 불과하므로, 기업들은 50조 원에 해당하는 예상치 못한 재고투자를 하게 된다. 이 예상치 못한 재고의 증가에 대응하여 $t+1$년도에 기업들은 생산량을 50조 원만큼 줄인다. 그러면 $t+1$년도의 K국 국내총생산은 950조 원으로 감소하게 된다. 만약 $t+1$년도의 가계와 기업의 총지출이 950조 원이라면 기업들은 더 이상 예상치 못한 재고투자를 하지 않게 되고 국내총생산도 더 이상 변동하지 않는다. 이 예에서 안정된 상태로 돌아간 국내총생산 950조 원이 바로 균형국민소득이 된다.

이상의 예를 일반화해서 설명하자면, 국민소득은 그 수준에서 계획된 총지출($AE \equiv C+I$)과 같을 때 균형을 이룬다.[2] 현재의 국민소득 수준에서 계획된 총지출이 국민소득과 일치하지 않으면 예상치 못한 재고투자가 발생하고, 그것은 다음 기에 국민소득의 변화를 가져온다. 계획된 총지출이 국민소득과 일치해야 국민소득은 더 이상 변하지 않고 균형 상태로 있게 되는 것이다. 그것을 기호로 표현하면 다음과 같다.

$$Y = C + I$$

〈그림 8.3〉은 $Y=C+I$를 그림으로 옮긴 것이다. 세로축은 총지출이고 가로축은 국민소득을 나타낸다. 45°선은 세로축과 가로축이 같은 점들의 집합인데, 국민소득에 대응하는 최종생산물 총생산액을 나타낸다.

총지출곡선 $C+I$는 〈그림 8.2〉와 같은 총소비함수($C=a+cY$)를 투자의 크기(I)만큼

---

[2] 지금부터는 표기법을 단순화하기 위해 I_p 대신에 I가 계획된 투자를 나타내는 것으로 한다.

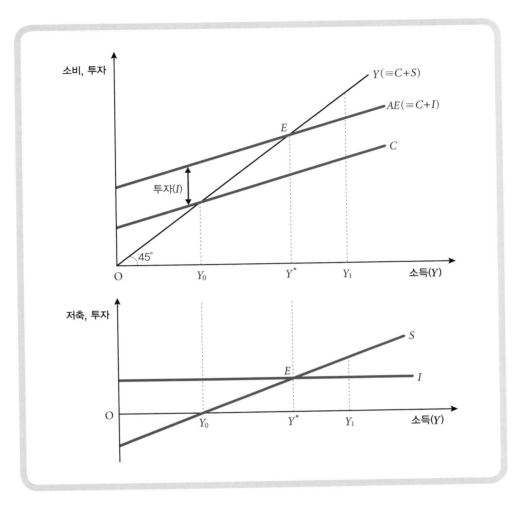

그림 8.3 두 부문 모델에서의 균형국민소득

평행 이동시킨 것과 같다. 한계소비성향(c)은 1보다 작은 값을 가지므로 총지출곡선은 45°선보다 기울기가 작다. 이 곡선이 45°선과 만나는 점에서 균형국민소득이 결정된다. 그림에서는 점 E에서 총지출곡선과 45°선이 교차하는데, 이때의 국민소득이 균형국민소득(Y^*)이 된다.[3]

만약 실제국민소득이 Y^*보다 큰 Y_1이면 총지출이 총생산액에 미치지 못하므로 기업

---

[3] $Y=C+I$에 $C=a+cY$를 대입하면 $Y=a+cY+I$가 되는데, 이것을 Y에 대해 풀면 균형국민소득의 크기를 결정할 수 있다. 즉 $Y^*=\dfrac{1}{1-c}(a+I)$이다.

에 예상치 못한 재고투자의 증가가 발생한다. 따라서 다음 기에는 기업들이 생산을 줄일 것이므로 국민소득이 감소한다. 반대로 실제국민소득이 $Y*$보다 작은 Y_0이면 총지출이 총생산액을 초과하므로, 기업들은 예상치 못한 재고의 감소에 직면한다. 음(-)의 재고투자가 발생한 것이다. 다음 기에 기업들은 감소한 재고를 채우기 위해 생산을 늘릴 것이다. 그러면 국민소득은 증가한다. 이처럼 총지출이 국민소득과 일치하지 않으면 국민소득은 증가하거나 감소해서 총지출과 일치하도록 변화한다.

이렇게 해서 결정된 균형국민소득이 잠재국민소득 수준과 항상 일치하는 것은 아니다. 균형국민소득이라고 해서 자본 설비와 노동력의 완전 이용, 즉 완전고용을 보장하는 것은 아니다. 균형국민소득이란 생산물에 대한 총지출과 국민소득이 일치한다는 조건을 충족할 뿐이고, 생산요소의 완전고용과는 상관없는 개념이다.

> 국민소득은 그 수준에서 계획된 총지출과 같을 때 균형을 이룬다. 현재의 국민소득 수준에서 계획된 총지출이 국민소득과 일치하지 않으면 예상치 못한 재고 투자가 발생하고, 그것은 다음 기에 국민소득의 변화를 가져온다. 계획된 총지출이 국민소득과 일치하면 국민소득은 더 이상 변하지 않고 균형 상태로 머물러 있게 된다.

〈그림 8.4〉를 보자. $Y*$를 균형국민소득, Y_F를 완전고용 국민소득이라고 하자. 그림에서 보듯이 균형국민소득 $Y*$는 완전고용 국민소득 Y_F보다는 낮은 수준에서 결정되고 있다. 현재의 총지출이 완전고용을 가져올 소득을 유발하기에는 부족하기 때문이다. 균형국민소득이 완전고용 국민소득 수준과 같아지는 경우는 우연히 그렇게 되거나, 정부가 완전고용을 가져오기 위해 의식적으로 노력할 때 일어날 수 있다.

2. 균형국민소득의 변동과 승수효과

앞 절에서 총지출의 크기에 따라 균형국민소득이 결정된다는 것을 이해했다. 만약 총지출을 구성하는 요인, 즉 소비와 투자 중 어느 하나 또는 둘 모두가 변동하면 균형국민소득도 변동한다. 예를 들어 장래의 소득 수준에 대한 기업가들의 기대가 좋아져서 기업들이 투자를 늘린다고 생각해보자. 이것은 각 국민소득 수준에서 총지출을 늘릴 것이다. 그러면 균형국민소득도 증가한다.

이것을 〈그림 8.5〉에서 확인해보자. K국 경제의 원래 총지출이 $C+I$였는데, 투자지

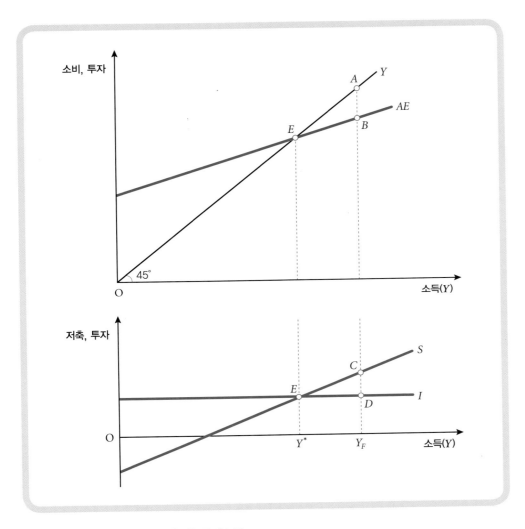

그림 8.4 균형국민소득과 완전고용 국민소득

출이 ΔI만큼 증가하여 총지출이 $C+I+\Delta I$로 늘어났다. 그림에서 총지출곡선이 ΔI만큼 위로 이동했다. 총지출곡선이 이렇게 이동하면 균형국민소득은 Y_0에서 Y_1으로 증가할 것이다. 본래의 균형국민소득 Y_0에서는 총지출이 총생산액을 초과함으로써 기업들의 재고투자가 예상치 않게 감소하고 따라서 기업들은 다음 기에 생산을 늘릴 것이기 때문이다.

　그런데 여기서 주의할 점은 투자지출의 증가분보다 균형국민소득의 증가분이 더 크다는 점이다. 〈그림 8.5〉에서 투자의 증가분 ΔI와 균형국민소득의 증가분 ΔY를 비교

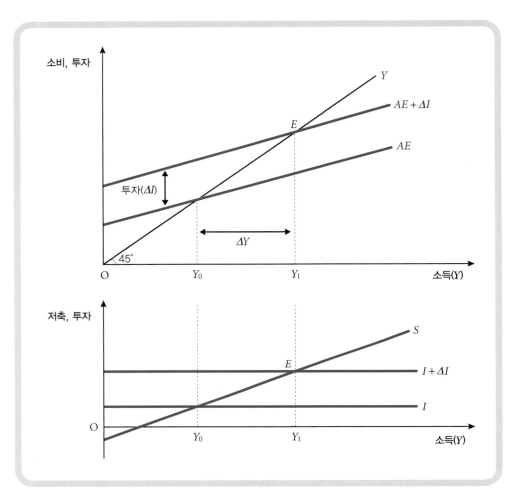

그림 8.5 투자의 증가와 균형국민소득의 변화

해보면 후자가 더 크다는 것을 확인할 수 있다. 일반적으로 투자의 증가분보다 더 많은 소득의 증가가 일어나게 되는 현상을 투자의 **승수효과**(multiplier effect)[4]라고 한다. 그러면 왜 이런 현상이 일어날까?

어느 기업이 1조 원짜리 철강 제조 공장을 새로 짓기로 했다고 해보자. 이러한 투자 지출의 증가는 공장 건물, 용광로 시설 등 공장 건설에 필요한 모든 생산물의 수요를 증

---

[4] 승수효과는 사실은 투자뿐만 아니라 소득 증가와 무관한 독립적 지출 증가가 있으면 언제나 일어난다. 소비의 독립적 증가, 앞으로 보게 될 정부 지출의 증가, 수출의 증가도 승수효과를 일으킨다.

독립적 지출이 증가할 때 그에 따라 소득이 증가하는데, 그 소득 증가는 애초의 독립적 지출 증가보다 크다. 이처럼 독립적 지출의 증가가 최초의 증가 규모 이상의 소득 증가를 가져오는 현상을 승수효과라고 한다.

가시키고 따라서 생산을 증가시킬 것이다. 이것은 그 산업부문들의 종사자들에게 그 금액만큼의 소득을 발생시킬 것이다. 즉 1조 원짜리 철강 제조 공장 건설은 동일 액수의 생산 증가를 가져오고, 이것은 그 생산에 관여한 노동자와 자본가, 대출자, 지주에게 임금과 이윤, 이자, 지대소득의 증가를 가져온다.

소득 증가 과정이 여기서 끝난다면 1조 원의 투자 증가는 1조 원의 소득 증가만을 가져올 뿐일 것이다. 그러나 그다음 과정이 기다리고 있다. 임금, 이윤, 이자, 지대소득을 추가로 얻은 가계들은 그 소득 증가의 일정 부분(한계소비성향에 해당하는 비율)을 소비지출을 늘리는 데 사용한다. 이것은 다시 소비지출의 대상이 된 생산물의 생산 증가를 가져온다. 생산 증가는 또 소득 증가를 가져오고 소비지출도 다시 증가한다. 결국 이런 과정이 반복되면서 총생산이 점점 더 증가하게 된다. 한계소비성향이 1보다 작기 때문에 소득 증가 과정이 반복되면서 늘어나는 생산 증가와 소득 증가는 그 크기가 점점 더 작아지게 되고 마침내 그 효과가 소멸된다.

그렇다면 1조 원의 투자지출 증가는 얼마만큼의 승수효과를 일으킬까? 한계소비성향이 0.6이라고 가정하고 효과의 크기를 구체적으로 계산해보자. 최초의 투자지출 증가는 그만큼의 생산 및 소득 증가를 가져온다. 그리고 소득 증가는 다음 차에서 한계소비성향을 곱한 만큼 소비 증가를 가져오고, 이것이 다시 생산과 소득 증가를 가져온다. 그것을 정리하면 다음과 같다.

최초의 투자지출 증가로 인한 생산 및 소득 증가＝1조 원

＋1회 차 소득 증가에 유발된 소비지출로 인한 생산 및 소득 증가＝0.6×1조 원

＋2회 차 소득 증가에 유발된 소비지출로 인한 생산 및 소득 증가＝$0.6 \times (0.6 \times 1$조 원)

＋3회 차 소득 증가에 유발된 소비지출로 인한 생산 및 소득 증가＝$0.6^3 \times 1$조 원

......

국민소득 총증가분＝$(1 + 0.6 + 0.6^2 + 0.6^3 + \cdots) \times 1$조 원

한국 경제의 잠재경제성장률

한국은행의 경제전망보고서에 따르면, 최근 한국 경제의 구조 변화, 대내외 여건 등을 종합적으로 감안할 때 한국 경제의 잠재경제성장률은 2016~2020년 중 2.8~2.9% 수준인 것으로 추정된다. 2000년대 초반 잠재성장률이 5% 내외였던 것을 생각하면 10여 년 동안 많이 하락해온 것이다.

아울러 GDP에 대한 GDP 갭의 비율을 나타내는 GDP 갭률은 최근 잠재성장률에 못 미치는 성장세가 이어지면서 소폭의 마이너스 수준을 지속하고 있다.

한국의 잠재경제성장률이 하락하는 원인은, 최근 경제성장률이 2%대 수준을 지속하고 있는 상황에서 총요소생산성이 하락하고, 자본축적이 근본적으로 둔화되고 있기 때문이다.

총요소생산성이 하락하는 것은 서비스업 발전이 미흡하고 규제가 많아 한국 경제의 생산성이 지속적으로 하락하기 때문이다. 산업구조 변동으로 인해 노동력이 노동생산성이 낮은 서비스업 부문으로 이동하고, 1인당 노동생산성 증가세도 둔화되고 있는 상황이다.

한국의 시장규제는 OECD 33개국 중 30위(2013년 기준), 지적재산권 보호 정도는 30개국 중 26위(2016년 기준)로 매우 엄격한 편이다. 이로 인해 효율적인 자원배분이 저해되고 지적재산권 보호가 취약하여 경제의 혁신성이 제약되고 있는 것이 생산성 증가를 저해하는 요인으로 작용하는 것으로 평가되고 있다.

자본축적 속도는 설비투자 증가율에 의해 주로 결정된다. 한국은 1990년대만 해도 연평균 8.1%의 설비투자증가율을 보였지만, 그 이후 계속 하락하여 2010년대에는 연평균 4.0%의 증가율만을 보였다. 최근 한국의 자본축적이 둔화된 것은 과거 고도경제성장 과정에서 물적 자본이 빠르게 축적되어 이미 자본축적 수준이 높다는 점, 최근 세계경제의 불확실성 확대 등으로 투자가 부진했다는 점 때문이다.

2008년의 세계금융위기 이후 지속된 총수요의 부진도 생산요소 공급 및 생산성 향상에 부정적 영향을 미친 것으로 분석된다. 가계소득 감소, 가계부채 누적 등에 따른 소비 부진은 투자 부진, 유휴노동력 증가 등을 통해 성장잠재력을 약화시켰다. 금융위기 이후 지속된 대외수요 약화로 인한 수출 부진도 기업들의 인적·물적 자본축적에 부정적 영향을 미쳤다.

향후 인구 고령화의 급격한 진행과 더불어 생산가능인구의 감소가 예상됨에 따라 노동공급 요인의 잠재성장률 하방 압력이 커질 것으로 예상된다. 한국이 성장잠재력을 늘리기 위해서는 경기 반등 계기를 마련하기 위한 거시경제정책과 더불어 사회·경제 구조의 개혁을 통해 경제 체질을 강화하는 노력을 함께해야 한다.

산업구조 조정, 노동 및 재화·서비스 시장 개혁, 기술혁신 등을 통해 한국 경제의 생산성을 높여 나가는 것이 매우 중요하다. 중장기적인 관점에서 저출산·고령화 등 인구구조 변화에 대한 포괄적인 대책을 적극적으로 수립·시행해야 한다. 한편으로 경제부문별 불균형을 완화시키는 제도적 장치를 마련하는 것도 중요하다.

출처 : 한국은행, 경제전망보고서

이 총증가분은 일종의 무한등비급수이므로, 그 합은 $\dfrac{1}{1-0.6}\times1$조 원=2.5조 원이 된다. 이처럼 투자지출은 최초의 액수보다 2.5배가 큰 소득 증가를 가져왔다.

위에서 든 예를 일반화하면 승수효과는 다음과 같이 정리할 수 있다. 투자지출이 ΔI만큼 증가할 때 승수 과정을 통해 증가하는 소득의 크기를 ΔY라고 하면, 둘 사이의 관계는 다음과 같다.

$$\Delta Y=\frac{1}{1-MPC}\times\Delta I$$

여기서 $\dfrac{1}{1-MPC}$를 투자 승수(investment multiplier)라고 부른다. 앞에서 $MPC+MPS$ =1임을 살펴본 적이 있다. 그러므로 투자 승수의 분자 $1-MPC$는 MPS와 같다. 따라서 투자 승수는 한계저축성향의 역수와도 같다. 이 말은 소득이 증가할 때 저축되는 비율이 작고 소비되는 비율이 높을수록 승수효과도 커진다는 것을 의미한다.

Ⅲ 단순 소득–지출 모형의 확장

지금까지는 가계와 기업부문만 존재한다고 가정하고 균형국민소득의 결정에 대해 살펴봤다. 그러나 현실에는 정부도 중요한 경제주체로 존재하고 해외부문도 있다. 이것은 균형국민소득의 결정에 대해 분석할 때 정부지출과 조세, 수출과 수입도 고려해야 함을 의미한다. 이렇게 확장된 소득–지출 모형에서도 기본적인 원리는 변함이 없다.

1. 정부와 해외부문의 도입

제10장에서 봤듯이 정부와 해외부문을 도입하면 지출 요인에 정부지출과 순수출(수출 –수입)이 포함된다. 따라서 정부지출을 G, 순수출을 $X-M$이라고 하면, 경제의 총지출은 다음과 같이 나타낼 수 있다.

$$AE=C+I+G+(X-M)$$

그러므로 국민소득이 균형이 되는 조건은 다음과 같다.

$$Y = C + I + G + (X - M)$$

이것을 그림으로 표시하면 〈그림 8.6〉과 같다.

총지출이 $AE_0 (= C + I + G + (X - M))$일 때 총지출곡선과 45°선, 즉 총생산량곡선이 교차하는 E_0가 균형점이며, 그때 균형국민소득은 Y^*이다. 이 상태에서 만약 정부지출이

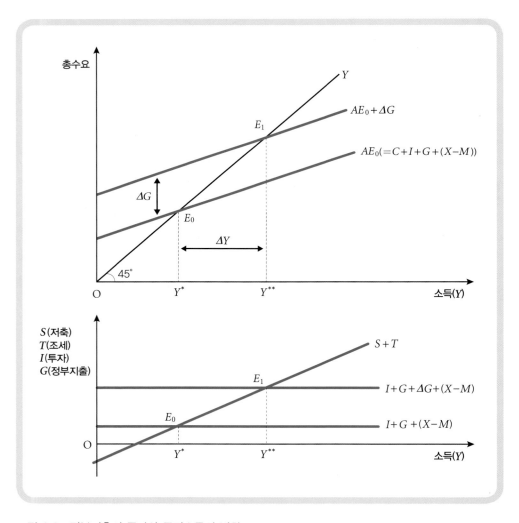

그림 8.6 정부지출의 증가와 국민소득의 변화

증가한다면 어떤 일이 일어날까? 정부지출이 ΔG만큼 증가하여 총지출이 $AE_0 + \Delta G$로 변했다고 하자. 그러면 균형점은 E_1으로 이동한다. E_1에 대응하는 균형국민소득은 Y^{**}이다. 짐작할 수 있다시피 정부지출의 증가도 투자의 경우와 동일한 과정을 거쳐서 승수 효과를 일으킨다. 그림에서 ΔG의 정부지출 증가에 대응해 그보다 큰 ΔY의 소득 증가가 있었음을 확인할 수 있다.

2. 디플레이션 갭과 인플레이션 갭

지금까지 살펴본 바와 같이 단기적으로 국민소득은 총지출의 크기에 의해 결정된다. 그런데 총지출에 따라 결정된 이 균형국민소득이 완전고용을 가져온다는 보장은 없다. 소비와 투자가 완전고용 국민소득을 가져올 만큼 충분히 높은 수준을 유지하도록 하는 장치가 자본주의 경제체제 내에 존재하는 것은 아니기 때문이다.

만약 균형국민소득 수준이 완전고용 국민소득 수준보다 작으면 그 경제는 불황과 실업문제에 직면한다. 반대로 균형국민소득 수준이 완전고용 국민소득 수준보다 크면 인플레이션 압력을 받는다. 한 경제에서 완전고용 국민소득을 기준으로 이보다 균형국민소득이 작을 경우 경제가 디플레이션 갭(deflationary gap) 상태에 있다고 하고, 균형국민소득 수준이 완전고용 국민소득 수준보다 클 경우에는 경제가 **인플레이션 갭**(inflationary gap) 상태에 있다고 한다.

〈그림 8.7〉에서 총지출곡선이 AE_1으로 주어졌다면 그때의 균형국민소득 Y_1은 완전고용 국민소득 Y_F보다 작을 것이다. 유효 수요가 E_0D만큼 부족하기 때문이다. 이때 이 부족한 유효 수요의 크기, 즉 총지출의 부족분을 디플레이션 갭이라 한다. 디플레이션 갭이 있을 경우 유효 수요가 부족하여 물가가 하락하고 실업이 늘어나는 경향이 있다.

인플레이션 갭은 〈그림 8.7〉의 총지출곡선 AE_2처럼 완전고용 국민소득 수준을 가져오는 총지출곡선 AE_0보다 총지출이 많을 때 발생한다. 이때의 균형국민소득은 Y_2인데 이것은 완전고용 국민소득 Y_F보다 크다. 완전고용 국민소득을 가져오는 유효 수요보다 큰 부분이 CE_0인데, 이것이 인플레이션 갭이다. 그런데 인플레이션 갭이 발생하여 균형국민소득 수준이 완전고용 소득수준보다 높다고 하더라도 실질국민소득이 완전고용 소득수준 이상으로 늘어날 수가 없다. 결국 인플레이션 갭의 경우 생산이 늘어나는 것이 아니라 물가의 상승으로 명목 국민소득이 늘어날 뿐이다. 즉 실제 국민소득이 완전고용

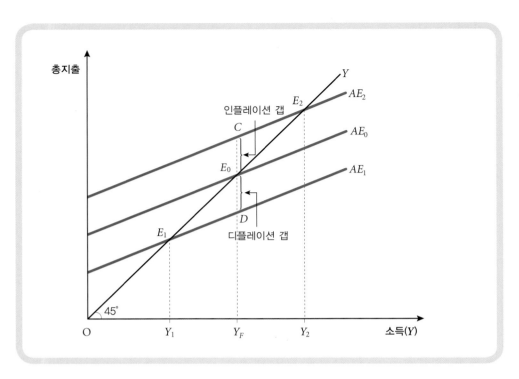

그림 8.7 디플레이션 갭과 인플레이션 갭

국민소득보다 클 수 없으므로 물가가 오르는 인플레이션 현상이 나타나는 것이다.

　디플레이션 갭이나 인플레이션 갭이 발생하여 실업이나 인플레이션이 심각한 문제가 될 때에는 정부가 각종 경제정책을 사용하여 그 문제를 완화하기 위해 노력해야 한다. 앞에서 봤듯이 완전고용 국민소득 수준을 보장해주는 자동장치가 경제체제 내에 있는 것이 아니기 때문에 의식적으로 완전고용 수준을 회복하고자 하는 정부의 노력이 중요해지는 것이다.

> 총지출이 부족하여 균형국민소득이 완전고용 국민소득 수준에 미치지 못할 때 총지출의 부족분을 디플레이션 갭이라고 하고, 총지출이 과다하여 균형국민소득이 완전고용 국민소득 수준보다 클 때 총지출의 과다분을 인플레이션 갭이라고 한다.

한국 경제는 디플레이션 국면으로 들어가나?

최근 저인플레이션 기조가 이어지는 가운데 2019년 들어 소비자물가 상승률이 0%대로 낮아지면서 디플레이션 발생 가능성에 대한 우려가 전문가들 사이에 나타나는 모습이다. 디플레이션에 대한 우려는 금융위기 이후 주요국에서도 여러 차례 논의되었으며, 한국의 경우에도 물가상승률이 크게 낮아졌던 2014~15년 중 제기되었던 적이 있다. 다만 그때는 물가상승률이 다시 2% 수준으로 높아지면서 논란이 사라졌다. 디플레이션 발생 가능성에 대한 우려가 계속 제기될 경우 소비자들 사이에 자기실현적 소비 연기 등이 일어나고, 그에 따라 경제가 악영향을 받을 수 있다.

디플레이션의 개념은 통상적으로 물가수준의 하락이 자기실현적(self-fulfilling) 기대 경로를 통해 상품 및 서비스 전반에서 지속되는 현상을 가리킨다. 이러한 정의에 비추어 최근의 저인플레이션 현상을 평가해보면, 이것은 물가하락의 ① 광범위한 확산성 및 ② 자기실현적 특성 측면 모두에 해당되지 않는데다 ③ 제도적 특이 요인도 상당 부분 가세한 결과로 디플레이션의 징후로 보기는 어렵다.

먼저 소비자물가 구성 품목 중 가격하락을 주도하는 품목 수의 비중은 여전히 적다. 따라서 물가하락이 광범위한 확산성을 보이지 않고 있다. 또한 일반인의 기대인플레이션이 물가안정목표 수준인 2%를 상회하고 있어 자기실현적 물가 하방 압력을 어느 정도 제어하는 안착점(anchor) 역할을 하고 있는 것으로 판단된다. 아울러 현재 우리 경제는 교육·의료·통신 관련 복지정책 강화 등으로 수요 측 압력과 관련성이 낮은 요인에 의한 물가의 하방 압력이 지속되고 있는 상황이다.

한편, 한국 경제는 향후 예상 밖의 충격이 발생하지 않는 이상 전반적인 총수요가 급격히 위축될 가능성도 낮은 것으로 평가된다. 이러한 점에서 물가 여건뿐만 아니라 경기 상황, 자산시장 여건 등 보다 종합적인 방식으로 디플레이션 발생 가능성을 평가하는 IMF의 디플레이션 취약성지수(DVI)를 산출해보면, 우리 경제의 디플레이션 위험도는 '매우 낮음' 단계에 해당하는 것으로 나타났다.

물가에 대한 경기적 요인 외 구조적·제도적 요인 등의 영향을 감안할 때, 최근의 약한 물가 상승 압력이 예상보다 장기화되면서 이와 관련한 우려가 반복될 가능성을 배제할 수 없다. 디플레이션은 현재 그 발생 가능성이 매우 낮은 것으로 평가되나 분명 경계해야 하는 현상인 만큼 물가 여건과 함께 전반적인 경기 상황에 대해 지속적으로 점검해 나갈 필요가 있다.

출처 : 한국은행, "우리 경제의 디플레이션 리스크 평가"

1. 잠재국민소득과 실제국민소득이 어떻게 다른지, 그 둘은 어떤 관계인지 설명하시오.

2. 한 가족의 소비지출의 규모를 결정하는 요인이 무엇인지 생각해보시오.

3. 평균소비성향과 한계소비성향에 대해 설명하고, 두 성향의 관계에 대해 생각해보시오. 소비함수는 $C=a+cY$라고 가정한다.

4. 재고투자에 대해 설명하고, 재고투자의 변동의 원인이 무엇인지 말하시오.

5. 균형국민소득과 완전고용 국민소득의 관계에 대해 설명하시오.

6. 인플레이션 갭과 디플레이션 갭에 대해 설명하시오.

7. 율도국과 이어도국의 기업들이 경제의 장래 전망을 밝게 보고 각각 10조 원의 추가 투자를 했다.

   1) 이 투자 증가로 인해 두 나라에서는 소득이 얼마나 증가할 것인지 계산하시오. 율도국의 한계소비성향은 0.5이고, 이어도국은 0.7이다. 단, 두 나라 모두에서 물가와 이자율이 일정하며 조세와 국제무역은 없다고 가정한다.

   2) 두 나라의 한계소비성향의 차이가 승수효과에 어떤 차이를 가져왔는지 비교해보시오.

8. 인당수 나라의 통계 당국이 이 나라 국민의 전부인 심청, 경래, 시원의 세 사람에 대해 소득 수준이 변화할 때 소비지출이 어떻게 변화하는가를 조사했다. 각 소득 수준에 대응하는 소비지출의 액수를 나타낸 다음 표를 보고 물음에 답하시오.

이름	소득 수준		
	0원	100만 원	200만 원
심청	20만 원	80만 원	160만 원
경래	30만 원	90만 원	150만 원
시원	35만 원	85만 원	135만 원

   1) 각 국민의 소비함수를 구하시오. 각 국민의 한계소비성향은 얼마인가?

   2) 경제 전체의 총소비함수를 구하시오. 경제 전체의 한계소비성향은 얼마인가?

9. 다음 표는 한 경제의 국내총생산(GDP), 소비지출(C), 계획된 투자(I_p)를 나타낸다. 각 GDP에 대응하는 이 경제의 총지출과 계획되지 않은 투자지출(I_u)을 계산하여 표를 완성하고 다음 물음에 답하시오.

GDP	C	I_p	AE	I_u
단위 : 조 원				
0	50	190		
300	290	190		
600	530	190		
900	770	190		
1,200	1,010	190		
1,500	1,250	190		
1,800	1,490	190		

1) 총소비함수를 추정하시오.

2) 균형국민소득 Y^*를 구하시오.

3) 독립 투자가 130조 원으로 감소한다면 새로운 Y^*는 얼마인가?

10. 다음과 같은 현상이 벌어지면 독립 투자는 어떻게 변화하는가?

1) 한국은행은 기준금리를 4%에서 3.75%로 인하했다.

2) 동해에서 대형 유전이 발견되어 정부의 세입이 크게 증가할 것으로 예상되며, 정부는 이 재원으로 복지지출을 크게 늘리려고 한다.

3) 베이비붐 세대가 대거 정년퇴직하게 되어 당분간 소비가 크게 위축될 것으로 보인다.

11. 다음 중 한 나라가 갖고 있는 생산능력을 모두 활용하면서 물가 상승 등의 부작용을 일으키지 않고 달성할 수 있는 소득수준을 나타내는 말은?

① 균형국민소득

② 잠재국민소득

③ 실제국민소득

④ 명목국민소득

⑤ 실질국민소득

12. 다음은 평균소비성향(APC), 한계소비성향(MPC), 평균저축성향(APS), 한계저축성향(MPS) 사이의 관계를 나타낸 것이다. 옳지 않은 것은?

① $APC = 1 - APS$

② $MPS = 1 - MPC$

③ $APC + APS = MPC + MPS$

④ $APC > MPC$

⑤ $APC + APS = 1$

13. 다음 표는 어느 나라의 국민소득과 소비지출 및 투자지출을 나타낸 것이다. 이 표에 기초한 보기의 설명 중 올바른 것은?

국민소득	1,500	1,600	1,700	1,800
소비지출	1,000	1,060	1,120	1,180
투자지출	300	300	300	300

① 한계저축성향은 0.4이다.

② 기초소비는 200이다.

③ 국민소득이 2,000일 때 소비지출은 1,260이다.

④ 균형국민소득은 2,200이다.

⑤ 한계소비성향은 0.5이다.

14. 다음과 같은 국민소득 결정모형에서 독립적 투자를 얼마나 증가시키면 완전고용 국민소득 수준(Y_F)을 달성할 수 있는가? 단, Y_F는 4,500이다.

$Y = C + I$

$C = 200 + 0.9Y$

$I = 150$

① 50   ② 100   ③ 150   ④ 200   ⑤ 250

15. 소비지출과 투자지출에 의해 국민소득이 결정되는 한 경제를 생각해보자. 소비함수는 $C = 10 + 0.75Y$이고, 투자지출은 $I = 30$이다. 완전고용 국민소득이 $Y_F = 200$이라면, 이 경제는 어떤 현상을 겪고 있는가?

① 인플레이션 갭 10   ② 인플레이션 갭 20

③ 디플레이션 갭 10   ④ 디플레이션 갭 20

⑤ 디플레이션 갭 없음

09

화폐와 화폐시장

화폐는 모든 자원을 필요한 곳으로 운반해주는 경제 내의 혈액과 같다. 혈액이 부족하면 빈혈 증세가 나타나고 성장이 지체되는 것과 마찬가지로 경제 내에서 유통되는 화폐가 부족하면 거래가 위축되고 이로 인해 성장이 둔화되는 디플레이션을 겪게 된다. 이와 반대로 통화량이 과다해지면 물가가 급격히 상승하는 인플레이션이 나타나 경제의 건전성이 위협을 받게 된다. 현대 시장경제에서 화폐는 실물경제를 투영해주는 그림자로서 매우 중요한 역할을 수행하고 있다. 이 장에서는 화폐의 기능부터 시작하여 통화량의 정의에 대해 살펴본다. 그리고 화폐 수요가 발생하는 내용과 화폐 공급경로를 이해하고자 한다.

Ⅰ 화폐의 기초 개념

1. 화폐의 기능과 형태

1) 화폐의 기능

화폐(money)가 누구에게나 친근하고 소중한 까닭은 화폐가 시장체제에서 매우 중요한 역할을 수행하기 때문이다. 화폐는 다음과 같은 몇 가지 기능을 수행한다.

첫째, 교환을 위한 매개체로서 수용될 수 있어야 하고, 사람들이 재화와 서비스를 얻기 위해 이를 기꺼이 사용하려고 해야 한다. 둘째, 화폐는 모든 물품의 가치를 측정하는 가치 척도이자 계산 단위로서 다른 재화와 서비스의 가치를 평가할 수 있는 표준이 되어야 한다. 셋째, 화폐는 가치를 저장하는 수단이어야 한다. 즉 일정 기간 보유할 수 있어야 하고, 그 후에 재화와 서비스를 구입하기 위해 사용될 수 있어야 한다. 이 밖에도 화폐는 가치 이전의 기능이나 지급 수단의 기능을 하기도 한다.

화폐는 교환 매개 기능, 가치 척도 및 계산의 단위, 가치 저장 기능 등의 역할을 한다.

현대의 시장체제는 화폐의 교환에 의해 운영된다. 시장체제에서의 모든 경제행위를 이해하기 위해서는 화폐의 역할에 대해 알고 있어야 한다. 이를 위한 가장 좋은 방법은 다음과 같은 질문을 던져 보는 것이다. "화폐가 없다면 경제는 어떻게 운영될까?" 이런 경우에는 재화와 서비스가 직접 교환되어야 할 것이다. 이를 **물물교환**(barter system)이라 한다. 물물교환 체계에서 상호 교환이 이루어지려면 짝이 맞는 두 집단이 있어야 한다. 예를 들어 염소를 팔고 옷을 사려는 사람은 옷을 팔고 염소를 사려는 다른 사람을 만나야만 교환이 이루어질 수 있다. 즉 **욕망의 이중적 일치**(double coincidence of wants)가 이루어질 때만 교환이 성립된다. 그러나 화폐는 거래를 두 부분으로 분리시킴으로써 직접적 교환의 필요성을 제거시켜준다. 한 가지 재화가 화폐와의 교환으로 팔리고 그 화폐는 다시 다른 재화를 구입하기 위해 사용될 수 있다. 이와 같이 거래가 두 부분으로 분리됨으로써 경제는 더욱 효율적으로 운영될 수 있다.

교환 과정에 화폐가 도입됨으로써 **거래비용**(transaction cost)은 상당히 감소된다. 거래비용이란 구매자와 판매자가 자발적으로 교환하는 데 쓰이는 비용으로서 여기에는 기록이나 협상을 하는 데 들어가는 협상과 조정비용, 그리고 거래 당사자들을 찾아내는 데 들어가는 탐색비용 등이 포함된다. 물물교환에서는 직접 교환이 일어나야 하기 때문에 이때는 거래 당사자들의 짝을 맞추고, 협상을 하고, 계약을 확인하며, 이에 대한 이행 여부를 확인하는 등 보다 많은 거래비용이 발생한다. 그러나 화폐가 사용될 때는 재화와 서비스의 협상과 인도가 통일되고 일관된 방식으로 이루어진다.

또한 화폐는 '특화(전문화, specialization)'를 증진시킴으로써 효율성의 증대를 가져온다. 물물교환 제도가 제대로 운영되려면 교역이 일어날 수 있는 확률을 높여야 하고, 이에 따라 개별 교역자는 여러 가지 재화를 만들어야 한다. 그러나 화폐가 도입되어 직접 교환 과정이 두 부분으로 분리됨에 따라 더 이상 자기와 짝이 될 교역 상대자를 찾을 필요가 없어지고, 따라서 각자는 가장 효율적인 분야에서 특화할 수 있게 된다.

2) 화폐의 형태

현대 사회에서는 지폐, 동전 또는 가계수표와 같은 몇 가지 형태의 화폐를 사용한다. 화폐는 오랜 역사를 가지고 진화해 왔다. 아래에서 화폐의 진화 과정에 대해 간략히 살펴보자.

물물교환 경제에서 화폐경제로 넘어올 때 가장 먼저 화폐로 사용된 것은 곡물, 조개껍데기, 피혁 등 생활 주변에서 쉽게 사용될 수 있는 물품이었다. 이러한 화폐는 일반적인 물품 형태이기 때문에 **물품화폐** 또는 **상품화폐**(commodity money)라고 부른다. 어떤 물품을 화폐로 사용했는가는 당시 경제 사회의 여건에 따라 다르다. 농경사회에서는 곡물, 유목사회에서는 피혁 등이 화폐로 사용되었다.

오늘날과 같은 형태의 화폐는 귀금속을 사용했던 서아시아 지역에서 처음으로 생겨났다. 수많은 물품 중에서 왜 하필이면 금이나 은과 같은 귀금속이 화폐로 사용되었을까? 예를 들어 염소를 화폐로 사용한다면 어떤 불편한 점이 따를 것인가를 알아보자. 염소는 소액의 거래를 위해서 작은 단위로 나눌 수 없으며 동질성에 문제가 있다. 또한 수명이 제한되어 있어서 내구성이 없으며 휴대하기도 불편하다.

여기서 우리는 화폐가 되기 위한 조건 혹은 속성을 유추할 수 있는데, 화폐의 초기 형태인 귀금속은 이러한 조건을 지니고 있다. 첫째, 무거웠기 때문에 중량에 따라 매우 작은 단위로 분할될 수 있다는 점이다. 소액의 거래를 위해서는 작은 단위로 쪼갤 수 있어야 하고, 거액의 거래를 위해서는 큰 단위로 묶을 수도 있어야 하는데 금속은 이러한 속성을 충족시키고 있다. 둘째, 귀금속은 같은 종류일 경우에 동질적이기 때문에 쉽게 판별될 수 있다. 그래야만 표준화가 가능하고 화폐로 식별하기가 쉽다. 셋째, 귀금속은 내구성을 가지고 있으며 수명이 영구적이다. 그래야만 장기간 보관하더라도 가치가 유지되며 안정적이 된다. 넷째, 귀금속은 휴대가 비교적 간편하다.

이 같은 특성을 지닌 귀금속은 중량에 따라 쪼개져서 사용되었는데, 이를 **칭량화폐**(money by weight)라고 한다. 그러나 일찍부터 누구의 저울을 사용할 것인지에 대한 문제가 대두되었다. 즉 구매자들은 상인들의 저울을 별로 신뢰하지 않았던 반면, 판매자 역시 구매자의 저울을 별로 신뢰하지 않았다. 이에 대한 해결책은 정부가 금속에 검인을 찍어 중량을 확실하게 표시하는 것이었는데, 이때부터 주화가 사용되기 시작했고 이를 **주조화폐**(metallic coin)라고 한다.

서유럽에서는 중세 말엽까지 동전이 만족스러운 화폐 제도였다. 그런데 중세 말엽에 이르러서 다음과 같은 세 가지 요소가 결합됨으로써 새로운 화폐 제도의 필요성이 대두되었다. 그 하나는 일부 상인들이 상당한 양의 부를 축적했다는 사실이다. 그 결과 이들은 화폐를 축적할 만한 안전한 장소가 필요하게 되었다. 또 하나는 거대한 금융 거래의 출현이었다. 증가된 세계 무역이 대규모의 빈번한 거래를 필요로 하게 된 것이다. 마지막으로 더 많은 사람들이 도시에 거주하기 시작하고, 집에서 멀리 떨어진 곳에서 생산 활동을 하게 됨에 따라 화폐의 도움을 받아서 더 많이 교환해야 할 필요성이 생겼다. 일부 상인들은 화폐를 축적해 둘 안전하고도 편리한 장소를 제공하는 사업을 시작했다. 그리하여 초기 형태의 은행이 출현했다. 은행에 귀금속을 보관하는 사람은 영수증을 원했다. 이에 따라 나중에는 영수증이 오히려 귀금속보다 더 많이 교환되기 시작했다. 이 영수증도 처음에는 한 장이 발급되었으나 나중에는 몇 가지 단위로 구분된 여러 장의 영수증이 발급되어 소규모 거래에도 사용될 수 있었다. 그러던 중 몇몇 은행은 운영이 잘되지 않았기 때문에 사람들은 부실한 은행과 좋은 은행을 분별할 수 있는 방법을 찾게 되었다.

이 문제는 정부가 은행에 대한 관리와 규제를 담당함으로써 해결되었고, 정부는 귀금속을 보관하고 그 보관량에 대한 증명서를 발급하는 책임을 지게 됨으로써 이때부터 **지폐**(paper money)가 앞에서 언급한 화폐의 기능을 수행하기 시작했다. 지폐는 그 자체가 상품으로서의 가치를 갖지 않았으나 은행에 저장되어 있는 동일 금액의 금이나 은을 기초로 발행됨으로써 유통되는 데 문제가 없었다. 이러한 지폐를 **태환지폐**(convertible money)라고 부르는데, 누구나 요구하면 지폐를 금이나 은으로 바꿔준다는 뜻이다. 지폐는 제조비용이 적고 휴대가 간편해서 금속화폐 대신 광범위하게 사용될 수 있었다.

지폐의 사용이 일반화되자 은행들은 신용 상태만 좋으면 실제로 금고에 보관하고 있는 금이나 은보다 훨씬 많은 양의 지폐를 발행할 수 있다는 사실을 깨닫게 되었으며, 이에 따라 오늘날과 같은 **불환지폐**(unconvertible money)가 등장하게 되었다. 불환지폐는 그 자체로는 하등의 상품가치가 없어 명목화폐라고도 한다. 현대 국가에서는 지폐에 표시된 액수의 가치를 법에 의해 보장하고 있다. 국가가 법적으로 그 가치를 보장한다는 의미에서 오늘날 우리가 사용하는 화폐를 **법화**(法貨, legal tender)라고 부른다.

최근에 들어와서는 **수표**(check)가 화폐로 사용되고 있다. 이전의 지폐는 지니고 다니기에는 편했으나, 거래 규모가 커짐에 따라 사용이 다소 불편해졌다. 절차상으로 볼 때도 다량의 동전이나 지폐를 사용하는 것보다 한 장의 수표에 많은 액수를 기입하는 쪽이 훨씬 편리하다. 또 동전과 지폐는 구매자와 판매자가 지역적으로 멀리 있을 때는 운반이 곤란하다는 단점도 있다. 수표의 사용은 지불받을 사람을 수표에 명시함으로써 구매자가 돈을 받는 사람을 통제할 수 있다는 이점도 있다. 초기의 화폐 형태에는 이러한 특성이 없었는데, 수표의 출현으로 인해 교환 과정은 더욱 쉬워졌다.

수표란 숫자가 쓰인 단순한 종잇조각에 불과하고, 실제로 당좌계정의 잔고일 뿐이다. 당좌계정의 잔고는 통화 공급량의 주요 구성 요소이다. 오늘날 정부가 소유한 귀금속의 가치와 통화 공급량의 가치를 비교하면 통화 공급량이 귀금속의 가치보다 더 큼을 알 수 있다. 이는 화폐의 가치가 귀금속의 가치에 기반을 두고 있는 것이 아님을 의미한다.

〉〉〉 읽을거리

신용카드와 전자화폐도 돈인가?

사람들은 신용카드를 이용하여 물건을 구입하고 식사대금을 지불하는 등 실생활에서 지갑 속의 현금과 같이 거래의 매개수단으로 사용하고 있다. 그렇다면 신용카드도 돈으로 보아야 하지 않을까요? 언뜻 보면 그럴듯해 보이지만 결론적으로 말하면 신용카드는 돈이 아니다. 신용카드는 지불을 늦추는 수단에 불과하기 때문이다. 신용카드 주인이 신용카드를 이용하여 식사대금을 지급하면 신용카드를 발급한 은행 또는 신용카드회사가 우선 식사대금을 지급하고 신용카드 주인은 후에 이 금액을 신용카드 사용대금 청구서를 받고 본인의 예금계좌를 이용하여 은행이나 신용카드회사에 납부하게 된다.

한편 전자화폐는 IC카드, 컴퓨터 등 전자적인 매체에 저장되어 있는 화폐적 가치로서 상품이나 서비스의 구매대금 결제에 사용된다. 전자화폐 역시 예금이나 현금을 근거로 돈을 전자화폐에 저장하여 사용한다는 점에서 현금의 대용수단

이 되지만 그 자체로 돈이라고 할 수는 없다. 전자화폐로 물건을 구입하면 신용카드와 달리 사용액이 전자 매체에서 곧바로 빠져나간다. 즉 전자적으로 내장된 금액 범위 안에서만 전자화폐를 이용하여 물건을 사는 데 사용할 수 있다. 이런 의미에서 전자화폐는 자기앞수표에 가깝다고 볼 수 있다. 전자화폐는 그 자체가 돈이 아니며 그 뒤에 있는 예금계좌가 돈이며 따라서 그 예금계좌의 잔액이 통화, 즉 돈에 포함된다.

신용카드나 전자화폐를 돈으로 간주하는 것은 돈의 기능 중 교환의 매개수단만을 염두에 두었기 때문이다. 그러나 돈, 즉 화폐는 교환의 매개수단 이외에 가치 척도 및 가치 저장의 수단으로도 사용되고 있는 점을 생각하면 신용카드나 전자화폐를 왜 돈이라고 할 수 없는지 이해할 수 있다.

출처 : 한국은행, 알기 쉬운 경제이야기

새로운 화폐의 발명에 매력을 느낀 인류는 이제 컴퓨터를 이용함으로써 아예 '수표가 없는 사회(checkless society)'를 추구하고 있다. 모든 거래 당사자는 은행에 예금 구좌를 가지고 전국의 모든 은행이 컴퓨터로 연결된 온라인 체제하에 있으며 결제는 개인 예금 구좌 간의 자동이체로 이루어지게 되었다. 이러한 제도를 전자 **자금이체 제도**(electronic fund transfer system, EFTS)라고 하며, 이때 사용되는 화폐를 전자화폐라고 한다. 전자화폐는 결제 방식에 따라 선불카드형, 신용카드형, 전자수표형, 현금형으로 분류된다.

2. 화폐의 발행 제도

화폐를 발행할 때 그 가치의 기준이 되는 것을 **본위**(standard)라고 한다. 그래서 화폐가치의 기준을 어디에 두는가에 따라 여러 가지 본위 제도로 나누어 볼 수 있다. 화폐가치의 기준을 금속에 두는 것을 '**금속 본위**'라고 한다. 이는 화폐가치를 금속에 한정시켜 두기 때문에 구속 본위라고도 한다. 반면에 화폐가치를 지폐에 두면 '지폐 본위'라고 하는데, 지폐란 그 자체로서는 아무런 가치가 없기 때문에 지폐 본위를 자유 본위라고도 한다.

금속 본위 제도에서 화폐가치를 금속의 한 종류에 두면 '단본위'라고 하고, 화폐가치를 금속의 두 종류 이상에 두면 '복본위'라고 한다. 또 금속의 그 한 종류가 금이면 금본위제, 은이면 은본위제라고 한다. "악화가 양화를 구축한다"는 그레셤의 **법칙**(Gresham's law) 때문에 역사적으로는 복본위제가 쓰인 적은 거의 없으며, 단본위제 중에서도 금본위제가 주로 사용되었다.

금본위제에서는 통화량이 금의 양에 의해 결정되기 때문에 물가와 환율이 안정되고 국제수지가 자동 조절되는 등의 장점이 있으나 경기 상태에 따라 적절하게 통화량을 재량으로 조절할 수 없다는 단점도 가지고 있다. 더욱이 중앙은행이 화폐의 발행을 독점하여 법화를 발행하게 되어 금태환이 화폐 발행에 꼭 필요하지 않게 되면서 금본위제가 사라지게 되었다. 1930년 이후 정부의 재량적 경제 정책을 통한 경제 안정이 정책 목표로 대두됨에 따라 중앙은행의 의사결정으로 화폐의 발행이 규제되는 관리 통화 제도가 보편화되었다. 지금은 모든 국가가 관리 통화 제도를 채택하고 있다.

지폐 본위인 관리 통화 제도에서는 정부의 재량에 따라 통화량을 인위적으로 조절할 수 있다는 장점이 있다. 그러나 경제 여건의 변화에 신축적으로 대응할 수 있다는 것은 어디까지나 이론적 가능성일 뿐, 실제로 정책 당국이 이런 능력이나 수단을 갖는가 하는 것은 또 다른 문제이다.

실제로 정부가 국민의 인기를 얻기 위하여 화폐 발행을 남발한 사례가 많다는 비판도 있다. 그래서 나라마다 다르기는 하지만 통화 남발을 막기 위해 각종 제도적 장치를 마련하고 있다. 예를 들어 중앙은행을 행정부로부터 독립시켜서 화폐가치의 안정을 중앙은행 제1의 목표로 설정하기도 하며, 화폐 발행에 의한 적자 재정 지출을 억제하기 위해 정부의 중앙은행 차입 규모를 국회가 매년 설정하기도 한다.

3. 통화지표와 유동성 지표

1) 통화지표

엄격한 의미에서 화폐와 통화는 구별된다. **통화**(currency)란 현재 통용되고 있는 화폐이다. 즉 조선시대의 엽전은 화폐이긴 하지만 통화는 아니다. 영국의 파운드화는 영국 화폐이긴 하지만 국내에서 통용되지 않으므로 우리나라의 통화는 아니다. 그러나 우리는 앞으로 일반적인 관례에 따라 통화와 화폐를 같은 개념으로 사용할 것이다.

어느 한 시점에서 국민 경제에 유통되고 있는 화폐의 존재량을 통화의 공급 혹은 **통화량**(money supply)이라 한다. 즉 통화량은 '스톡(stock)'의 개념이다. 그런데 앞의 수요와 공급 이론에서 이미 배웠듯이 화폐가 아닌 일반 재화일 때는 수요량과 공급량은 일정 기간의 수량을 의미하므로 '플로(flow)'의 개념이다. 따라서 '통화의 공급'이란 용어를 사용할 때 이것이 한 시점에서 화폐의 존재량을 의미하는지 혹은 일정 기간 일어난 통화량의 증가분을 의미하는지가 잘 구분되지 않는다. 흔히 통화의 공급을 전자의 개념으로 쓰기는 하지만 통용어만 보아서는 개념이 매우 애매하다. 따라서 이 경우에는 통화 공급보다 통화량이란 용어가 보다 적절한 것으로 보인다. 이처럼 용어의 사용에는 세심한 주의가 필요하다.

통화량은 국민경제의 규모에 비하여 지나치게 많으면 인플레이션 현상이 나타나고, 반대로 지나치게 적으면 생산과 소비 활동이 위축되는 경기 후퇴를 가져오기도 한다. 따라서 물가안정과 완전고용을 달성하기 위해서는 통화량이 적절하게 유지되어야 한다. 통화량을 적절하게 조절하기 위해서는 무엇보다 통화량의 크기를 파악할 수 있는

지표가 있어야 하는데, 이 지표를 **통화지표**(currency index)라고 한다.

통화지표는 무엇을 돈의 범주에 포함시키는지에 따라 여러 가지가 있을 수 있다. 흔히 통화라고 하면 지폐나 주화와 같은 현금만을 떠올리기 쉽다. 그러나 금융기관의 각종 예금 등도 필요한 경우 현금으로 인출할 수 있으므로 범위를 넓혀 이들도 통화에 포함시킬 수 있다. 세계 대부분의 나라는 IMF가 제시하는 통화금융통계 편제기준 등을 참고로 통화가 가진 유동성 등을 따져 다양한 통화지표를 작성하고 있다. 우리나라에서는 '협의통화(M1)', '광의통화(M2)', '금융기관유동성(Lf)', '광의유동성(L)' 등 4개의 지표를 작성하여 사용하고 있다. 각국의 중앙은행은 이러한 통화지표의 추이를 관찰하여 시중자금의 움직임을 분석하고 통화정책을 수행하는 데 참고하고 있다.

통화지표는 기본적으로 중요한 세 가지 요소에 의해 결정된다. ① 통화총량지표의 구성요소인 금융상품, ② 통화 보유주체, 그리고 ③ 통화 발행주체이다. 즉 통화지표는 통화발행 주체가 발행하는 통화지표에 해당하는 금융상품을 통화 보유주체가 얼마만큼 보유하고 있는지를 나타내는 총량으로 정의된다.

● **협의통화**　협의통화(narrow money, M1)는 화폐의 지급결제 수단으로서의 기능을 중시한 지표로서 민간이 보유하고 있는 현금과 예금취급기관의 결제성 예금의 합계로 정의되고 있다. 현금은 가장 유동성이 높은 금융자산으로, 교환의 직접 매개 수단으로 사용되는 지폐와 동전으로 구성된다. 결제성 예금은 예금취급기관의 당좌예금, 보통예금 등 요구불예금과 저축예금, 시장금리부 수시입출금식 저축성예금(MMDA)으로 구성된다. 결제성 예금은 비록 현금은 아니지만 수표 발행 등을 통해 지급결제 수단으로 사용되거나 즉각적으로 현금과 교환될 수 있으며 기능 면에서 현금과 거의 같기 때문에 협의통화에 포함된다. 한편 결제성 예금에 저축예금 등 수시입출식 예금이 포함된 것은 수시입출식 예금도 각종 자동이체 서비스(ATS) 및 결제기능 등을 갖추고 있어 요구불예금과 마찬가지로 입출금이 자유로운 금융상품이기 때문이다. 이와 같이 협의통화는 유동성이 매우 높은 결제성 단기금융상품으로 구성되어 있어 단기 금융시장의 유동성 수준을 파악하는 데 적합한 지표이다.

> 협의통화($M1$) = 현금통화(민간보유현금) + 예금통화(예금취급기관의 결제성 예금)
>   = 현금통화 + 요구불예금 + 수시입출금식 저축성예금(MMDA 등)

● 광의통화 광의통화(broad money, $M2$)는 협의통화($M1$)보다 넓은 의미의 통화지표로서 협의통화($M1$)에 준결제성 예금이 포함된다. 준결제성 예금에는 예금취급기관의 정기예금, 정기적금 등 기간물 정기 예·적금 및 부금, 거주자 외화예금, 그리고 양도성 예금증서(CD), 환매조건부채권(RP), 표지어음 등 시장형 금융상품, 금전신탁, 수익증권 등 실적배당형 금융상품(금전신탁, 수익증권 등), 금융채, 발행어음, 신탁형 증권저축 등을 포함한다. 단, 유동성이 낮은 만기 2년 이상의 장기 금융상품은 제외한다.

이와 같이 광의통화($M2$)에 기간물 정기 예·적금 및 부금 등 단기 저축성 예금뿐만 아니라 시장형 금융상품, 실적배당형 금융상품 등을 포함하는 것은 이들 금융상품이 비록 거래적 수단보다는 자산을 증식하거나 미래의 지출에 대비한 일정 기간 저축 수단으로 보유되지만 약간의 이자소득만 포기한다면 언제든지 인출이 가능하여 결제성 예금과 유동성 면에서 큰 차이가 없다고 보기 때문이다. 또한 거주자 외화예금도 국내에서의 지급결제 수단으로는 약간의 제약이 있지만 언제든지 원화로 바뀌어 유통될 수 있기 때문에 광의통화($M2$)에 포함하고 있다. 광의통화($M2$)는 금융상품의 유동성을 기준으로 편제되기에 종전에 금융기관의 금융상품을 중심으로 편제되었던 총통화(구 $M2$)에 비해 금융권 간 자금이동에 따른 지표 왜곡 문제를 해소할 수 있는 등 시중의 유동성을 잘 반영하고 있다.

> 광의통화($M2$) = 협의통화($M1$) + 준결제성 예금
>   = $M1$ + 만기 2년 미만 정기 예·적금 + 시장형 상품(CD, 표지어음, RP 등)
>   + 만기 2년 미만 실적배당형 금융상품(금전신탁, 수익증권 등) + 만기 2년 미만 금융채
>   + 기타 종금사 발행어음, 2년 미만 외화예수금 등

2) 유동성 지표

● **금융기관 유동성** 한국은행은 기존 유동성 지표인 총유동성($M3$)을 2006년 6월부터 **금융기관 유동성**(liquidity of financial institutions, Lf)이라는 명칭으로 바꾸어서 계속 편제하고 있다. 금융기관 유동성(Lf)은 금융기관이 공급하는 유동성을 측정하는 지표로서 광의통화($M2$)에 만기 2년 이상 장기 금융상품(정기예적금, 금융채 등)과 생명보험회사의 보험계약준비금 및 증권금융 예수금 등을 포함한다.

> 금융기관 유동성(Lf) = 광의통화($M2$)
> $\qquad$ + $M2$에 포함되는 금융상품 중 만기 2년 이상 장기 금융상품
> $\qquad$ + 생명보험계약 준비금
> $\qquad$ + 증권금융 예수금 등
> $\quad$ = 광의통화($M2$)
> $\qquad$ + $M2$에 포함되는 금융상품 중 만기 2년 이상 정기 예·적금 및 금융채 등
> $\qquad$ + 한국증권금융(주)의 예수금
> $\qquad$ + 생명보험회사(우체국보험 포함)의 보험계약 준비금
> $\qquad$ + 농협 국민생명공제의 예수금 등

● **광의 유동성** 광의 유동성(liquidity aggregates, L)은 우리나라 경제에 풀려 있는 전체 유동성을 측정하는 지표이다. 따라서 광의 유동성(L)에는 금융기관 유동성(Lf) 외에 기업과 정부 등에서 발행되는 기업어음(CP), 회사채, 자산유동화증권, 국채, 지방채 등의 유동성 금융상품도 포함된다.

> 광의 유동성(L) = 금융기관 유동성(Lf)
> $\qquad$ + 정부 및 기업 등이 발행한 유동성 시장금융상품(증권회사 대고객 RP, 여신전문기관의 채권, 예금보험공사채, 자산관리공사채, 자산유동화전문회사의 자산유동화증권, 국채, 지방채, 기업어음, 회사채 등)

이상의 통화지표 및 유동성 지표의 포괄 범위를 정리하면 〈표 9.1〉 및 〈그림 9.1〉과 같다.

표 9.1 통화지표의 포괄 범위 비교

협의통화(M1)	=현금통화+요구불예금+수시입출금식 저축성예금
광의통화(M2)	=M1+정기 예·적금 및 부금+시장형 상품(CD, 표지어음, RP 등)+실적배당형 상품(금전신탁, 수익증권, CMA 등)+금융채+종금사 발행어음 등 만기 2년 이상 제외
금융기관 유동성(Lf)	=M2+M2 포함 금융상품 중 만기 2년 이상 정기 예·적금 및 금융채 등+한국증권금융의 예수금+생명보험회사의 보험계약 준비금 등
광의 유동성(L)	=Lf+정부 및 기업 등이 발행한 유동성 시장금융상품(증권회사 RP, 여신전문기관의 채권, 예금보험공사채, 자산관리공사채, 자산유동전문회사의 자산유동화증권, 국채, 지방채, 기업어음, 회사채 등)

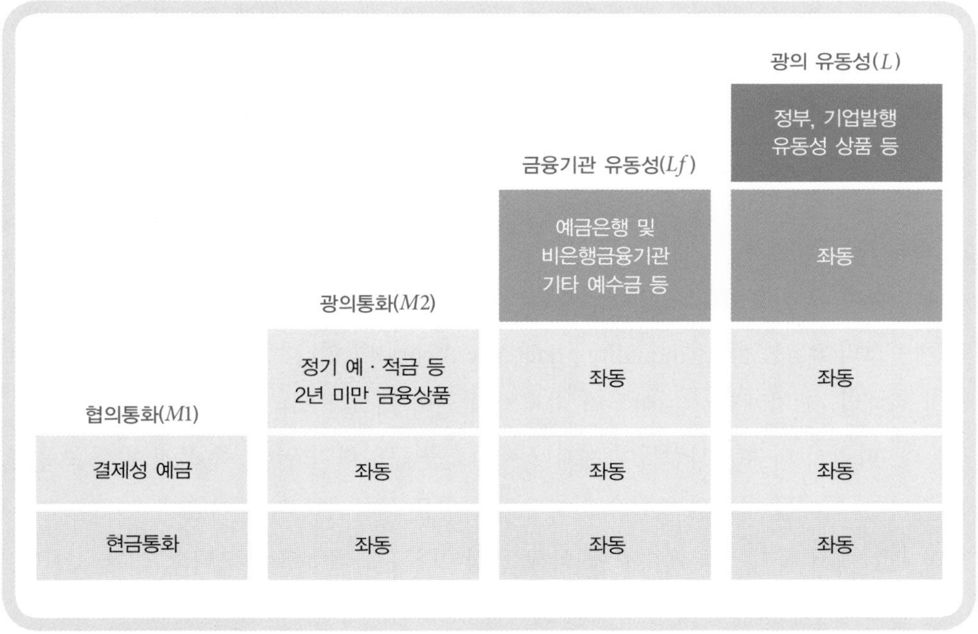

그림 9.1 통화지표별 구성 내역

Ⅱ 화폐의 수요와 공급

1. 화폐의 수요

1) 화폐 수요의 개념

화폐 수요의 개념을 자금 수요와 혼동하기 쉬우므로 잘 파악해 둘 필요가 있다. 예를 들어 영구와 맹식에게 월요일 아침에 똑같이 용돈을 2만 원씩 주었다고 하자. 영구는 동아리 활동을 활발히 하는 까닭에 돈을 써야 할 곳이 많다. 그래서 2만 원의 용돈을 1주일 동안에 모두 써 버렸다고 하면, 주말에 영구의 화폐 수요는 0이 된다. 그러나 맹식은 여름 방학 동안 배낭여행을 위해 2만 원을 고스란히 보관하고 있다면, 맹식의 화폐 수요는 2만 원이 된다. 이와 같이 화폐 수요란 어느 한 시점에서 사람들이 보유하고자 하는 화폐의 양을 말한다.

위의 예에서 영구는 화폐를 써야 할 곳은 많지만, 즉 자금의 수요는 큰 반면에 화폐의 수요는 작다. 반면에 맹식은 현재 화폐를 보유하고자 하는, 즉 화폐 수요가 크다고 말한다. 또 한 가지 예를 들어보자. 옛날 시골의 할머니들은 시장에 쌀을 팔러 가면서 돈을 사러 간다고 했다. 이는 쌀을 내다 파는 대신에 돈을 수요하겠다는 뜻이다. 반대로 일반 가정에서 쌀을 구입하려 한다면 이는 쌀을 가지겠다는, 즉 쌀을 수요하겠다는 뜻이다.

2) 화폐 보유의 동기

화폐 수요가 무엇에 의해 어떻게 결정되는가에 대한 이론으로는 고전학파의 **화폐수량설**과 케인스의 유동성 선호설(liquidity preference theory)이 있다. 고전학파의 화폐관에 의하면 화폐란 그 자체로서는 아무런 가치가 없으며 재화나 서비스를 구입할 때 가치를 갖는다. 따라서 화폐는 사람들이 재화나 서비스를 구입하기 위해, 즉 쓰기 위해 보유하는 것이며, 화폐를 하나의 자산으로 보유하는 것을 불합리한 일로 여겼다. 이러한 기본적인 관념에서 물가는 화폐수량에 의해 결정된다는 화폐수량설이 나오게 된 것이다. 여기에 대해서는 뒤에서 다시 자세히 알아볼 것이다.

케인스의 화폐관이 고전학파의 그것과 근본적으로 다른 점은 화폐는 거래를 하기 위해 보유되는 면도 있지만, 자산의 일종으로 보유될 수도 있다는 점을 명확히 인식한 점이라 하겠다. 고전학파는 이자를 제공하지 않는 현금을 채권이나 실물 자산처럼 부

(wealth)로 보유하는 것은 비합리적이라 주장했다. 반면에 케인스는 증권시장과 같은 자본시장이 발달한 오늘날 자본시장에서의 자산 가격에 대한 전망에 비추어볼 때 자산을 화폐의 형태로 보유하는 것도 합리적이라 주장하며, 일반 대중이 현금을 보유하는 세 가지 동기를 제시했다. 케인스가 제시한 화폐 수요의 세 가지 동기는 거래적 동기(transaction motive), 예비적 동기(precautionary motive), 투기적 동기(speculative motive)이다.

> 케인스는 사람들이 화폐를 가지려고 하는 동기에는 거래적 동기, 예비적 동기, 투기적 동기가 있다고 제시하였다.

가계나 기업을 막론하고 일정 기간에 현금을 수취하는 시점과 지출하는 시점이 일치할 가능성은 크지 않다. 따라서 이 기간에 일상 거래를 위해 현금을 보유할 필요가 있다. 이는 경제주체의 능동적인 수요라기보다 화폐의 수취 시점과 지출 시점 간의 차이를 메우고 거래를 하기 위해 필요한 수요이다. 이렇게 거래를 위한 동기에서 보유하고자 하는 현금 잔고에 대한 수요를 '거래적 동기의 화폐 수요'라고 한다. 한편 사람들은 예기치 못한 거래, 즉 계획되지 않은 거래에 대비하기 위해 현금을 보유하고자 하며 이를 '예비적 수요'라고 한다. 다시 말해 계획된 거래를 하기 위해서 생겨나는 화폐 수요가 거래적 수요이며 계획되지 않은 거래를 위해서 보유하는 화폐가 예비적 화폐 수요이다.

고전학파는 거래적 목적 외에 현금을 보유하는 것은 채권을 매입했을 때 얻을 수 있는 이자를 포기하는 것이므로 비합리적인 행위로 보았다. 그래서 고전학파 경제학자들은 화폐는 오직 거래적 동기에 따라 보유하는 것이라 생각했다. 그러나 케인스는 자산을 현금의 형태로 보유하는 것이 채권이나 주식 등을 보유하는 것보다 유리할 때가 있다고 주장했다. 예를 들어 낮은 가격으로 채권이나 주식을 매입하여 비싼 가격으로 매각하면 매매 차익(자본 이득)을 얻을 수 있는데, 이 자본 이득을 얻으려면 증권의 가격이 낮을 때 매입해야 한다. 가격이 낮을 때 증권을 매입하기 위해서는 현금을 보유하고 있어야 하는데, 이때의 화폐 수요를 '투기적 동기에 의한 화폐 수요'라고 한다. 즉 부의 일부를 자본 이득을 얻을 기회를 포착할 때까지 현금 형태로 보유함을 말한다.

이와 같이 케인스는 화폐 수요를 세 가지로 나누어 설명하지만 이는 이론의 편의를 위한 것이지 실제로 모든 사람이 이 세 가지 동기를 명확히 구분하여 화폐를 수요하는 것은 아니다. 예비적 동기의 화폐 수요는 미래의 불확실한 사태에 대비하기 위한 것인데, 지출의 필요가 명확하게 예측되지 않는다는 점에서 구별되기는 하지만 지출을 전제로 한다는 점에서는 여전히 거래적 동기에 의한 것이다. 따라서 어떤 사람이 일정액의 화폐를 보유할 경우에 세 가지 동기로 확실하게 구분한다는 것은 매우 어려운 일이다.

3) 화폐 수요 함수

앞에서 사람들이 왜 화폐를 보유하는지를 살펴보았다. 일반적으로 사람들은 거래를 위해서 또는 긴급한 상황에 대비하기 위해서, 아니면 여러 가지 자산의 구매에 대한 이득을 위해서 화폐를 보유한다. 그러면 무엇이 사람들로 하여금 화폐 보유량을 변화시키는 것일까? 케인스는 거래적 동기의 화폐 수요와 예비적 동기의 화폐 수요는 명목 소득(Y)의 함수라고 보았다. 일반적으로 소득이 증가할수록 거래 규모가 커질 가능성이 높아서 더 많은 화폐가 필요하게 된다. 물론 현금으로 채권을 모두 매입했다가 거래가 필요할 때마다 채권을 팔아서 필요한 현금을 만들 수도 있겠으나 수시로 채권을 사고파는 데 소요되는 시간, 비용, 불편 등을 감안하면 비록 이자소득을 포기하더라도 어느 정도는 현금으로 보유하는 것이 합리적이다. 이는 예비적 동기의 화폐 수요에 대해서도 마찬가지이다. 따라서 거래적 동기의 화폐 수요와 예비적 동기의 화폐 수요를 합하여 L_t라고 하면 다음과 같이 나타낼 수 있다.

$$L_t = L_t(Y)$$

케인스의 투기적 동기에 의한 화폐 수요 이론은 자산을 화폐로 보유할 것인가 혹은 유가증권의 형태로 보유할 것인가에 대한 투자자의 의사결정을 다룬다. 화폐는 자본 이득이 0인 무위험 자산이지만 이자소득을 내지는 못한다. 반면에 유가증권은 자본 이득이 양(+)이거나 혹은 음(−)일 수도 있지만 양(+)의 이자소득을 가져다준다. 따라서 증권으로부터의 수익을 포기하고 수익률이 0인 화폐를 보유한다면, 그것은 장래에 좀더 유리한 조건으로 증권을 매입하려는 의도가 있다는 의미다.

자본 이득은 유가증권의 가격 변동에 의해 결정된다. 그런데 증권의 가격은 이자율과 깊은 관계가 있다. 따라서 투기적 동기의 화폐 수요는 이자율과 관계가 있음을 짐작할 수 있다.

대표적인 유가증권의 하나인 채권의 가격과 이자율의 관계는 다음과 같다. 예를 들어 매년 1,000원의 확정 이자를 지급하는 액면 5,000원권의 회사채를 떠올려 보자. 만약 시장의 연간 이자율이 25%가 된다면 이 채권 가격은 4,000원이 될 것이다. 왜냐하면 연간 이자율이 25%이므로 1,000원의 이자를 받기 위해 4,000원 이상을 투자할 사람은 없을 것이기 때문이다. 즉 채권 가격이 4,000원 이상이면 아무도 채권을 구입하지 않을 것이다. 마찬가지로 시장 이자율이 연 10%이면 이 채권 가격은 10,000원이 될 것이다. 왜냐하면 10,000원을 투자해 1,000원을 이자로 받으므로 수익률이 10%가 되기 때문이다. 만약 채권 가격이 10,000원보다 낮은, 이를테면 8,000원이 된다면 수익률이 12.5%(=1,000원/8,000원)로 시장 이자율보다 높은 까닭에 이 회사채에 대한 수요가 증가하여 채권 가격이 올라가므로 결국은 10,000원이 될 것이다. 이와 같이 채권 가격은 이자율과 역의 관계에 있다. 즉 이자율 상승은 채권 가격의 하락을 의미하고 반대로 이자율 하락은 채권 가격의 상승을 의미한다.

만약 현재 이자율이 높으면 앞으로 이자율이 하락할 것으로 예상한다. 즉 현재의 채권 가격이 낮다면 조만간 채권 가격이 상승할 것으로 예상하여 사람들은 채권을 구입하려 할 것이므로 화폐 수요는 줄어든다. 반면에 현재의 이자율이 낮으면 앞으로 이자율이 상승할 것으로 예상한다. 즉 현재의 채권 가격이 높으면 사람들은 조만간 채권 가격이 하락할 것으로 예상할 것이고, 채권 가격이 하락했을 때 채권을 구입하기 위해 지금은 현금을 보유하려 할 것이므로 투기적 동기의 화폐 수요가 증가한다. 따라서 투기적 동기의 화폐 수요는 시장 이자율의 감소함수가 된다. 이러한 투기적 화폐 수요를 L_s라고 하면 다음과 같이 표시할 수 있다.

$$L_s = L_s(r)$$

따라서 케인스의 유동성 선호설에 의하면 화폐 수요(M_d)는 소득의 증가함수인 거래적 및 예비적 동기의 화폐 수요와 이자율의 감소함수인 투기적 동기의 화폐 수요로 구성되며, 이를 다음과 같이 나타낼 수 있다.

$$L = L_t + L_s = L_t(Y) + L_s(r)$$

거래적 화폐 수요와 예비적 화폐 수요는 소득의 증가함수이고, 투기적 화폐 수요는 이자율의 감소함수이다. 따라서 화폐수요는 소득의 증가함수인 동시에 이자율의 감소함수이다.

이와 같은 이자율과 화폐 수요량과의 관계를 그림으로 나타내면 〈그림 9.2〉와 같다. 화폐수요곡선(L)이 우하향하는 것은 이자율과 화폐 수요량 간에 역의 관계가 있음을 의미한다. 이자율이 r_0일 때 화폐 수요량은 M_0만큼이다. 이때 이자율이 r_1으로 하락하면 화폐 수요량은 M_1으로 증가한다. 이때는 명목소득이 일정한 것(Y_0)으로 간주한 것이다.

만일 다른 요인은 일정한데 명목소득이 변하면 어떻게 될까? 명목소득이 증가한다고 가정하자. 명목소득이 증가하면 거래적 및 예비적 동기의 화폐 수요(L_t)가 증가한다. 따

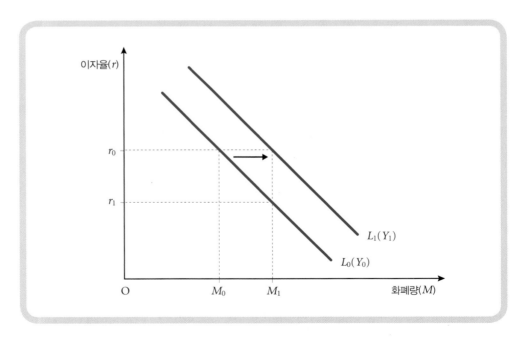

그림 9.2 화폐수요곡선과 이동

라서 이자율이 그대로인 한 명목소득의 증가는 화폐 수요를 증가시킨다. 이것은 화폐 수요곡선의 우측 이동으로 나타난다. 즉 〈그림 9.2〉에서 다른 요인이 일정할 때 명목소득이 Y_0에서 Y_1으로 상승하면 화폐수요곡선이 $L_0(Y_0)$에서 $L_1(Y_1)$으로 우측 이동한다. 이때 이자율이 r_0로 변화가 없으면 화폐 수요량은 M_0에서 M_1으로 늘어나게 된다.

2. 화폐의 공급

1) 본원 통화

유통되는 화폐량을 **통화 공급**(money supply)이라 한다. 오늘날 대부분의 경제처럼 법정 불환지폐를 사용하는 경우 법적으로 화폐 발행에 대한 독점권을 정부에 부여하며, 이를 통해 정부는 통화 공급을 관리한다. 조세와 정부 구매처럼 통화 공급도 정부의 정책 수단이 된다. 통화 공급에 대한 관리를 **금융 정책**(monetary policy)이라 한다.

일반적으로 통화 공급에 대한 통제권은 '중앙은행'이라 불리는 독립된 기관에 위임되어 있다. 여기서는 가장 좁은 의미의 통화인 $M1$을 기준으로 삼아 통화가 어떤 경로를 통해 공급되는가를 살펴보기로 하자. $M1$은 현금통화와 예금통화(요구불예금)의 합으로 정의했는데, 이 둘은 모두 중앙은행의 본원 통화량에 의해 결정된다.

통화량은 중앙은행이 조절하므로 본원 통화의 공급 과정을 먼저 이해하는 것이 필요하다. 조폐공사에서 찍어 내어 중앙은행 금고에 보관하는 현금은 아직 통화가 아니다. 이것이 통화가 되기 위해서는 중앙은행 창구를 통해 중앙은행의 밖으로 나와야 한다. 이처럼 중앙은행 창구를 통해 시중으로 흘러나온 화폐를 **본원 통화**(reserve base, reserve money, monetary base) 또는 **고성능 화폐**(high-powered money)라고 한다. 일단 중앙은행 밖으로 흘러 나간 현금(본원 통화)은 비은행 민간이나 은행에 의해서 보유되는데, 비은행 민간인 가계나 기업이 보유하는 현금을 현금통화라고 한다. 따라서 현금통화는 중앙은행의 본원적 통화가 공급될 때 증가하게 된다.

본원 통화의 나머지 일부는 예금은행의 지불 준비금으로 사용된다. 중앙은행은 예금은행이 보유하는 예금 잔고의 일정 비율을 현금으로 보유하도록 법적으로 정해 놓고 있다. 이를 법정 지불준비제도라고 하는데, 처음에는 예금주의 예금 인출을 보장하고자 도입되었으나 1940년 이후에는 통화량을 조절하는 수단으로 이용되고 있다. 예금은행들은 지불 준비금을 중앙은행에 예치하거나 자체에서 보관하게 되는데, 전자를

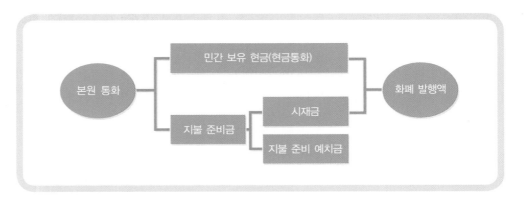

그림 9.3 본원 통화의 구성

지불 준비 예치금(지준 예치금)이라 하고, 후자를 시재금(cash in vault)이라 한다.

> 중앙은행이 발행하는 통화를 본원 통화라고 하며 민간 보유 화폐와 예금은행의 지급 준비금의 합으로 측
> 정된다.

이 시재금과 앞에서 말한 비은행 민간이 보유하는 현금통화를 합하여 화폐 발행액이라 한다. 중앙은행 예치금은 중앙은행 내부로 들어와 있기 때문에 화폐 발행액에 포함되지 않는다. 그리고 예금은행이 보유하는 현금인 시재금은 현금통화에 포함시키지 않는다. 따라서 화폐 발행액 중 비은행 민간이 보유하는 현금만이 현금통화가 된다. 이러한 본원 통화의 구성을 그림으로 나타내면 〈그림 9.3〉과 같다.

2) 신용 창조

한편 예금은행은 영리기관이므로 가계와 기업으로부터 받은 예금을 잘 운용하여 수익을 얻으려 할 것이다. 수익을 얻는 방법은 주식이나 채권을 사거나 때로는 부동산에 투자하는 등 매우 다양하다. 그러나 가장 일반적인 방법은 기업이나 가계에 대출을 하고 이자 수입을 얻는 것이다. 즉 예금금리와 대출금리의 차액을 수입으로 획득한다. 이 과정에서 중앙은행이 애초에 공급한 화폐보다 훨씬 더 많은 통화가 공급된다.

통화 공급의 과정을 보기 위해 여기서는 대출만 있다고 가정한다. 은행은 예금 중에서 지불 준비금을 제외한 자금으로 수익을 얻기 위해 대출을 하게 되는데, 이 대출이 곧

예금화폐이고, 이 예금화폐를 공급하는 과정을 신용 창조(credit creation)라고 한다. 중앙은행이 민간부문에 공급한 현금이 예금은행에 처음 예치될 때 그 예금을 본원적 예금(primary deposit)이라 한다. 본원적 예금의 증가로 조달된 자금을 은행이 기업에 대출하고 그 현금이 다시 은행에 예치될 때 그 예금을 파생적 예금(derived deposit)이라 한다. 은행이 이 파생적 예금 일부를 다시 기업에 대출한 후에 은행권으로 예입되는 과정이 반복된다면 은행 전체의 파생적 예금의 크기는 본원적 예금의 몇 배로 커진다. 이때 파생적 예금의 증가는 마치 예금이 새로 창조된 것처럼 보이는 까닭에 이것을 예금 창조(deposit creation)라고 부른다.

이러한 예금 창조의 과정은 간단한 수치를 예로 들어 설명하면 쉽게 이해할 수 있다. 단, 모든 예금은 요구불예금이고 현금 누출이 없으며, 예금은행은 초과 지불 준비금을 보유하지 않는다고 가정한다. 이제 A라는 사람이 최초에 100만 원을 갑 은행에 요구불예금을 했다고 하자. 즉 본원적 예금이 100만 원이다. 법정 지불 준비율이 10%라면 갑 은행은 10만 원의 법정 지불 준비금을 제외한 90만 원을 B에게 대출할 수 있다. B가 다시 90만 원을 을 은행에 요구불예금을 한다면 을 은행은 81만 원을 대출할 수 있게 된다. 이 81만 원을 C에게 대출하고 C가 또다시 81만 원을 고스란히 병 은행에 요구불예금을 하고 병 은행이 다시 대출할 수 있다. 이 과정이 무한히 반복된다면 요구불예금의 총액은 다음과 같을 것이다.

$$100만 원 + 90만 원 + 81만 원 + 72.9만 원 + \cdots$$
$$= 100 + 100(1-0.1) + 100(1-0.1)^2 + 100(1-0.1)^3 + \cdots$$

이는 초항이 100이고 공비가 $(1-0.1)$인 무한등비급수이므로 그 합은 다음과 같이 계산된다.

$$예금총액 = \frac{100만 원}{1-(1-0.1)} = 100만 원 \times \frac{1}{0.1} = 1,000만 원$$

이 예금총액 1,000만 원 중에서 100만 원은 A가 최초에 예치한 본원적 예금이므로 새롭게 창조된 요구불예금, 즉 예금화폐의 증가액은 900만 원이 된다. 이를 일반화하기

표 9.2 예금 창조 과정

은행	요구불예금	지불 준비금	대출금
갑 은행	1,000,000	100,000	900,000
을 은행	900,000	90,000	810,000
병 은행	810,000	81,000	729,000
정 은행	729,000	72,900	656,100
⋮	⋮	⋮	⋮
합계	10,000,000	1,000,000	9,000,000

위해 본원적 예금을 C라 하고 지불 준비율을 r이라 하면 예금총액은 다음과 같이 간단히 계산할 수 있다.

$$예금총액 = \frac{C}{r} = C \times \frac{1}{r}$$

또 새롭게 증가된 신용 창조액은 요구불예금의 총액에서 본원적 예금을 제외한 것이므로 다음과 같이 계산할 수 있다.

$$신용\ 창조액 = \frac{C}{r} - C = \frac{1-r}{r} \times C$$

여기서 $1/r$ 혹은 $(1-r)/r$을 신용 승수라고 한다. 이 신용 승수에 의해 지불 준비율 r이 높아지면 요구불예금, 즉 예금화폐 및 신용 창조액의 크기는 감소하고 그 반대로 지불 준비율이 낮아지면 통화량은 증가하게 된다. 이와 같이 중앙은행은 법정 지불 준비율을 변경시킴으로써 통화량을 조절할 수 있으며 이 정책을 법정 지불 준비율 정책이라한다.

> 은행이 고객의 예금을 대출하고 그것이 다시 예금되어 원래의 예금을 초과하여 예금통화가 창출되는 과정을 신용 창조 혹은 예금 창조라고 한다.

지금까지는 이해를 돕기 위해 신용 창조가 여러 단계를 거쳐서 이루어지는 것으로 설명했지만 실제로 신용 창조의 과정은 매우 간단히 설명될 수 있다. 만약 한 은행이 최초의 본원적 예금 100만 원을 모두 지불 준비금으로 사용한다면 어떻게 될까? 지불 준비율이 10%이므로 은행은 단 한 번에 1,000만 원의 대출을 할 수 있게 된다. 즉 지준율이 10%이므로 1,000만 원의 예금에 대해 100만 원의 지불 준비금을 보유하면 되는데, 이를 거꾸로 생각하면 100만 원의 지불 준비금으로 1,000만 원의 예금총액이 만들어진다는 의미이다. 그래서 만약 예금은행이 중앙은행으로부터 자금을 차입(재할인)하여 이를 지불 준비금으로 사용한다면 예금통화는 그 승수 배만큼 증가하게 될 것이다. 예금은행이 중앙은행으로부터 차입을 한다는 것은 본원적 통화의 증가를 의미하는데, 신용 창조 과정을 통해 예금화폐는 본원적 통화 증가의 몇 배로 증가된다. 이와 같은 이유로 본원적 통화를 '고성능 화폐'라고도 한다.

3) 통화 공급 방정식

화폐의 공급은 한 국가의 중앙은행, 우리나라의 경우에는 한국은행에 의해 결정된다. 중앙은행이 본원 통화를 발행하여 예금은행과 민간에게 공급하면 본원 통화량의 크기가 결정된다. 예금은행에 본원적 예금이 들어오면 신용 창조를 통해 예금 통화량이 결정된다. 여기에 민간의 현금통화를 더하면 통화량이 결정된다. 즉 본원 통화의 크기가 결정되면 여기에 통화승수를 곱한 만큼의 통화량이 결정되는데, 이것을 **통화 공급 방정식**이라고 한다. 통화 공급 방정식은 다음과 같이 유도된다.

우선 본원적 통화는 민간 보유 현금과 지급 준비금으로 구성된다.

$$RB = C + R \, (RB : 본원\ 통화, \ C : 민간\ 보유\ 현금, \ R : 지급\ 준비금)$$

또 통화는 현금통화와 예금통화의 합이므로 다음이 성립한다.

$$M = C + D \, (D : 요구불예금)$$

한편 현금통화비율과 지급 준비율을 각각 c와 r이라고 하면

$$C = cM, \ R = rD$$

이다. 그러면

$$RB=cM+rD$$
$$RB=cM+r(M-C)$$
$$RB=cM+r(M-cM)$$
$$RB=(c+r-rc)M$$
$$\therefore M=\frac{1}{c+r(1-c)}\cdot RB$$
$$\therefore M=m\cdot RB\,(m:통화승수)$$

이와 같은 통화 공급 방정식을 통하여 중앙은행은 실제로 그 나라의 명목통화 공급을 통제할 수 있다. 하지만 중앙은행이 실질통화 공급을 통제할 수 있다는 보장은 없다. 물가수준의 변화에 따라서 실질통화 공급량은 중앙은행의 의도와 달라질 수 있기 때문이다. 명목통화 공급과 실질통화 공급 간의 관계는 다음과 같다.

$$실질통화\ 공급액=\frac{명목통화\ 공급액}{물가수준}$$

여기서는 분석을 단순화하기 위해서 물가수준에 변화가 없다고 가정한다. 이 경우 명목치와 실질치는 동일해진다. 중앙은행이 통화의 공급을 책임진다는 것은 통화의 공급이 이자율이나 기타 제도적인 요인에 의해 영향을 받지 않음을 의미한다. 수직축에 이자율을 두고 수평축에 통화량을 두면 통화 공급 함수는 〈그림 9.4〉처럼 수직선이 된다. 중앙은행이 통화 공급을 증가시키면 공급곡선은 오른쪽으로 이동하고, 감소시키면 왼쪽으로 이동한다.

3. 화폐시장의 균형

이상에서 화폐의 수요와 공급을 간단하게 검토했는데, 이 화폐의 수요와 공급이 일치할 때 화폐시장의 균형은 다음과 같이 달성된다.

$$M_s=L[=L_t(Y)+L_s(r)]$$

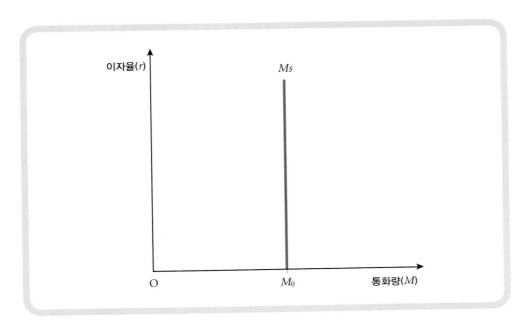

그림 9.4 통화공급곡선

이 식의 좌변인 M_s는 화폐의 공급, 즉 통화량인데, 이는 중앙은행에 의해 결정된다고 가정한다. 우변은 화폐 수요로, 소득의 증가함수인 거래적 및 예비적 동기의 화폐 수요와 투기적 동기에 의한 화폐 수요의 합이다.

만약 화폐 수요량이 화폐 공급보다 많으면, 다시 말해 사람들이 보유하고자 하는 화폐량이 통화량보다 많으면 어떻게 되는가? 사람들은 시중의 화폐량이 부족하다고 느끼므로 보유하고 있던 유가증권을 매각하여 화폐 보유량을 늘리고자 할 것이다. 그래서 증권의 가격은 하락할 것이고, 증권의 가격과 반비례하는 이자율은 상승할 것이다. 반대로 화폐 수요가 통화량보다 적다면, 즉 보유하고자 하는 화폐량이 존재하는 통화량보다 적다면 사람들은 통화량이 너무 많다고 느낄 것이므로 증권을 매입하려 할 것이다. 따라서 증권 가격이 상승하고 이자율은 하락하게 된다.

즉 화폐시장에 초과 수요가 있으면 이자율이 상승하고 초과 공급이 있으면 이자율이 하락한다. 따라서 화폐 부문에서 화폐의 수요와 공급이 일치할 때 균형이 달성된다. 이 때의 이자율을 **균형 이자율**이라 하며, 이러한 과정을 그래프로 나타내면 〈그림 9.5〉와 같다.

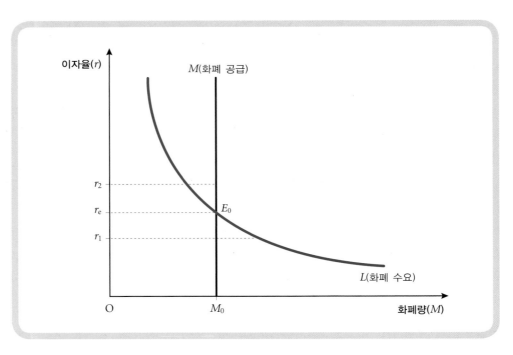

그림 9.5 화폐시장의 균형과 이자율의 결정

〈그림 9.5〉는 물가수준과 명목소득이 일정하게 주어졌다고 가정하고 화폐의 수요와 공급곡선을 그린 것이다. 우선 화폐의 공급은 중앙은행에 의해 일방적으로 결정되기 때문에 이자율과는 무관하므로 M_0 수준에서 수직으로 그려져 있다. 화폐 수요의 경우에는 명목소득이 일정하다고 가정하였으므로 거래적 및 예비적 화폐 수요도 일정하다. 그러나 투기적 화폐 수요가 이자율의 감소함수이므로 화폐수요곡선은 우하향하는 것으로 그려져 있다. 만약 이자율이 r_1이면 화폐시장이 초과 수요이므로 이자율이 상승할 것이다. 반대로 이자율이 r_2이면 화폐시장이 초과 공급이므로 이자율이 하락할 것이다. 따라서 화폐의 수요와 공급이 일치하는 E_0점에서 균형이 달성되며 이때의 이자율인 r_e를 균형 이자율이라 한다.

이제 만약 일정하다고 가정한 변수들이 변한다면 화폐시장의 균형은 어떻게 될까? 〈그림 9.6〉과 〈그림 9.7〉은 외생 변수인 통화량이 변하거나 국민소득이 변하는 경우의 화폐시장 균형을 나타내고 있다.

〈그림 9.6〉에서 최초의 화폐 공급과 화폐 수요가 각각 M_0와 L로 주어진다면 균형 이

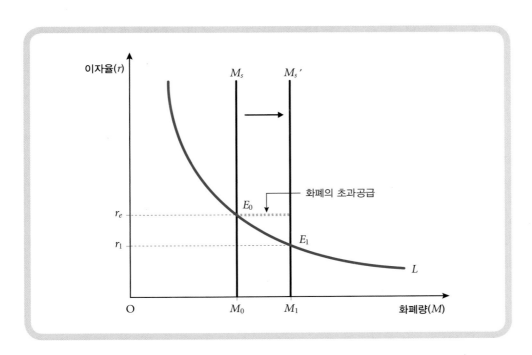

그림 9.6 통화량의 변동과 화폐시장의 균형

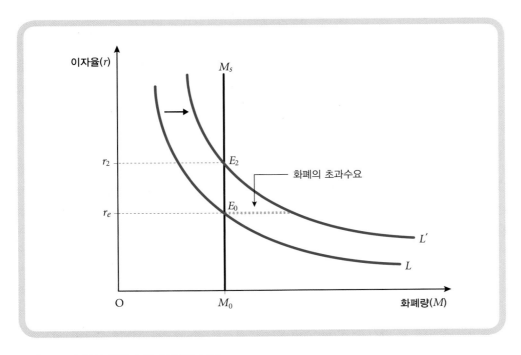

그림 9.7 소득의 변동과 화폐시장의 균형

자율은 r_e가 될 것이다. 이제 만약 화폐의 수요곡선은 불변이지만 중앙은행이 통화량을 증가시켜서 화폐공급곡선이 M_s에서 $M_s{'}$으로 이동한다면 새로운 균형 이자율은 r_1이 된다. 반면에 중앙은행이 통화량을 감소시킨다면 화폐공급곡선은 왼쪽으로 이동하고 균형 이자율은 상승할 것이다.

한편 화폐 공급을 고정시킨 채로 소득 수준을 증가시키면 어떤 변화가 일어날까? 소득 수준이 증가하면 동일한 이자율 수준에서 거래적 및 예비적 화폐 수요가 증가할 것이므로 화폐수요곡선은 오른쪽으로 이동한다. 〈그림 9.7〉에서 화폐수요곡선이 L에서 $L{'}$으로 오른쪽으로 이동하면 균형 이자율은 r_e에서 r_2로 상승하게 된다. 즉 소득이 증가하면 거래적 화폐 수요도 증가하므로 r_e의 이자율 수준에서는 화폐의 초과 수요가 발생하게 되고 따라서 화폐 공급의 증가가 없는 상황에서는 이자율이 상승하게 된다.

4. 화폐와 물가

화폐 수량설은 원래 물가와 화폐량 사이의 관계를 설명하는 이론으로, 물가수준이 화폐량에 의해 결정된다고 본다. 이 화폐 수량설에는 피셔(I. Fisher)의 거래 수량설과 마셜(A. Marshall)의 현금잔고 수량설이 있는데, 이 둘을 묶어서 고전적 화폐 수량설이라고 한다. 이후 1930년대의 대공황을 겪으면서 케인스 이론이 등장하고 화폐 수량설에 대한 회의론이 제기되기도 하였다. 그러나 1950년대 이후 인플레이션 현상이 나타나기 시작하면서 시카고대학교의 프리드먼(M. Friedman) 교수를 중심으로 물가수준의 결정에 통화량의 크기가 중요하다고 주장하는 신화폐 수량설이 대두되었다.

1) 화폐 수량설

● 피셔의 거래 수량설 피셔의 거래 수량설은 교환방정식(equation of exchange)이라 불리는 간단한 식으로 설명할 수 있다. 즉 국민 경제에서 일정 기간 재화와 서비스의 거래액이 화폐의 유통액과 동일함을 나타내는 항등식을 교환방정식이라 한다.

$$MV = PT$$

항등식의 좌변에 있는 M은 한 시점에서 존재하는 화폐의 양이고, V는 화폐의 유통

속도이다. 화폐의 유통 속도는 화폐가 거래에 평균적으로 사용된 횟수를 말한다. 예를 들어 영구가 점심 식사로 자장면을 사 먹고 3,000원을 중국집 주인에게 지불했다면 돈은 한 번 사용된 것이 된다. 중국집 주인이 내일 또 장사를 하기 위해 밀가루를 구입하고 소매상인에게 3,000원을 지불했다면 유통 속도는 2가 된다. 소매상인이 다시 도매상에게 밀가루를 구입하고 화폐를 지불했다면 화폐는 3번 사용되었으므로 유통 속도는 3이된다. 이와 같이 화폐의 유통 속도란 화폐가 평균적으로 몇 사람의 손을 거쳤는지를 나타내는 횟수를 의미한다. 따라서 화폐의 유통 속도를 화폐량과 곱한 MV는 일정 기간 사용된 화폐의 총액, 즉 유통액을 나타낸다. 만약 100만 원의 화폐량이 평균적으로 5번 움직였다면 총 500만 원의 화폐가 유통된 셈이다. 다시 말해 재화나 서비스를 구입하기 위해 화폐를 지불할 것이므로 지불액이 총 500만 원이 된다.

반면에 항등식의 우변에 있는 P는 물가수준이고 T는 일정 기간 이루어진 거래량이다. 따라서 이 둘을 곱한 PT는 거래액 혹은 판매액이 된다. 예를 들어 평균 가격, 즉 물가가 5원이고 거래량이 100만 개라면 거래된 총액은 500만 원이 될 것이다. 화폐는 재화나 서비스의 거래가 이루어질 때 유통되므로 좌변의 화폐 유통액과 우변의 거래금액은 항상 같다. 결국 교환방정식이란 사람들이 일정 기간 재화와 서비스를 구입하기 위해 지불한 금액과 재화 및 서비스의 총판매액이 동일함을 뜻하는 항등식이 될 것이다. 우리는 이 단순한 항등식을 이용하여 화폐량의 변동이 물가수준을 변동시킬 수 있음을 설명할 수 있다.

일정 기간의 거래량은 생산량에 의해 결정되는데, 고전학파의 가정에 따라 항상 완전고용이 달성된다면 거래량 T도 완전고용 수준에서 일정하다고 가정할 수 있다. 또한 화폐의 유통 속도가 거래 관습이나 화폐의 사용 습관에 의해 결정된다고 상정하면, 관습이 쉽게 변하지 않는 점을 생각해 유통 속도 V도 일정하다고 가정할 수 있다. 마지막으로 통화량 M은 중앙은행에서 정책적으로 결정하는 외생 변수로 가정한다.

항등식에서 V와 T가 고정되어 있기 때문에 물가수준 P는 외생 변수인 통화량 M과 비례함을 알 수 있다. 즉 중앙은행이 통화량을 10% 증대시키면 이와 정확히 비례하여 물가도 10% 상승하게 된다.

이와 같이 원래 피셔의 거래 수량설은 통화량과 물가수준 사이의 관계를 설명하는 물가 이론이다. 그러나 피셔의 이론은 결과적으로 화폐 수요가 거래액과 비례해서 결정됨을 의미하는 것으로도 해석될 수 있다. 이때 화폐는 단지 거래의 편의를 위해 존재하며, 교환 수단으로서의 화폐 기능이 강조되고 있다.

● 현금잔고 수량설(현금잔고 방정식) 현금잔고 수량설은 케임브리지대학교의 마셜(A. Marshall), 피구(A. C. Pigou) 등에 의해서 전개되었다. 피셔의 거래 수량설에서 거래액은 중고품이나 중간재 등을 모두 포함한 총거래액이다. 이제 이들을 제외한 최종재만을 대상으로 하여 교환방정식을 변형시킨 것이 마셜의 현금잔고 방정식이다.

$$MV_y = Py(단, y는 최종재, 즉 실질 국민소득이다.)$$

이 식을 변형하면 다음과 같다.

$$M = \frac{1}{V_y}Py$$

여기서 $k = 1/V_y$이라고 하면

$$M = kPy$$

가 되는데, 이를 마셜의 현금잔고 방정식이라 한다. 여기서 k를 '마셜의 k(Marshallian k)'라고 한다. 또 피셔의 거래 유통 속도 V와 구분하기 위하여 소득 유통 속도(income velocity of money) V_y를 대신 사용하였다. 이제 소득 유통 속도 V_y가 일정하고 실질 국민소득 y도 완전고용 수준에서 일정하다고 가정하면 피셔의 경우와 마찬가지로 물가수준 P는 통화량 M과 역시 비례한다.

한편 이 식은 화폐의 공급과 수요가 일치하는 화폐시장의 균형 조건을 의미하는 것으로도 이해할 수 있다. 좌변의 M은 통화량을 나타내므로 화폐 공급인 반면, 우변의 kPy는 화폐 수요로 볼 수 있다. 즉 실질소득 y에 물가를 곱한 Py는 명목소득이므로 kPy는 사람들이 명목소득 중 일정 비율(k)을 화폐로 수요하고자 하는 것을 나타낸다. 위에서 유통 속도 V_y가 일정하다고 가정하였으므로 화폐 보유 비율 k도 일정하다.

특히 우변에서 사람들은 소득의 일정 비율을 화폐로 보유하고자 한다고 가정하는데, 이는 화폐 수요가 명목소득의 함수임을 뜻한다. 마셜은 소득을 획득하는 시기와 지출하는 시기가 일치하지 않기 때문에 이 시간의 갭을 메우기 위해, 즉 거래적 목적을 위해 명목소득 중 일정 비율을 화폐로 보유한다고 보았다.

수학적으로 보면 피셔의 교환방정식과 마셜의 현금잔고 수량설은 동일하다. 피셔의 거래량 T를 실질소득 y로 대체하고 유통 속도의 개념을 다소 수정한 것 외에는 별다른 차이가 없는 것처럼 보인다. 그러나 이 두 이론은 화폐의 기능을 서로 다른 면에서 파악하고 있다는 점에서 그 성격이 본질적으로 다르다. 피셔의 교환방정식에서는 화폐를 단순히 거래의 수단으로서만 파악하는 반면, 마셜의 현금잔고 방정식에서는 화폐의 가치 저장 기능을 강조했다. 그래서 피셔의 교환방정식에서는 거래 관습, 금융 제도 등과 같은 화폐의 지불 측면을 강조하는 반면, 마셜은 화폐의 수요 측면을 강조했다.

또한 교환방정식에서는 화폐 수요가 명시적으로 표현되어 있지 않고 거래의 목적상 필요한 만큼의 화폐가 수요된다고 암묵적으로 표현되어 있음에 비해 현금잔고 수량설에서는 화폐 수요를 명시적으로 다루고 있기 때문에 화폐의 수요-공급 분석에 보다 적합하다.

그럼에도 두 이론 모두 통화량과 물가수준의 비례관계라는 공통적인 결론에 도달한다는 점에서 고전적 화폐 수량설이라는 동일한 범주에 포함시킬 수 있다. 요컨대 고전적 화폐 수량설에 따르면 화폐 공급량의 변화는 오직 물가수준을 변화시킬 뿐이며 실질 생산이나 실질소득 또는 고용 수준을 변화시킬 수는 없다. 즉 화폐 공급의 변화는 경제의 실물 부문에 아무런 영향을 미칠 수 없다는 것이다.

2) 신화폐 수량설

케인스 이후 화폐는 교환의 매개수단일 뿐만 아니라 가치 저장 수단이라는 점이 널리 받아들여지기 시작하였다. 시카고대학교의 프리드먼도 화폐의 가치 저장의 기능에 초점을 둠으로써 개인의 자산 선택이라는 관점에서 화폐 수요의 결정 요인을 분석하였다. 이처럼 화폐의 가치 저장 기능을 강조하는 화폐 수요 이론을 **자산선택이론**(portfolio theories)이라 한다. 자산선택이론에 따르면 화폐 수요는 화폐 보유에 따르는 위험 및 수익뿐만 아니라 다른 자산들의 위험 및 수익에도 의존한다고 한다. 즉 화폐 수요의 크기는 화폐 보유로부터 얻는 한계수익과 다른 자산으로부터 생기는 한계수익이 일치하는 점에서 결정된다. 따라서 화폐 수요는 각종 자산들의 수익률의 함수로 볼 수 있다.

또한 일정하게 주어진 부(wealth)를 화폐와 증권을 비롯한 다양한 자산 형태로 보유할 것이므로 화폐 수요는 부의 크기에 의해서도 영향을 받는다. 따라서 프리드먼의 화폐 수요 함수를 다음과 같이 나타낼 수 있다.

$$L = L(r_s, r_b, \pi^e, W)$$

여기서 r_s는 주식에 대한 수익률, r_b는 채권 수익률, π^e는 예상 물가 상승률, W는 부의 크기를 각각 나타낸다. 만일 주식이나 채권의 수익률이 상승하면 화폐 수요량은 감소할 것이다. 그래야만 화폐 보유의 한계수익이 주식이나 채권의 한계수익과 같아질 것이기 때문이다. 다시 말해 r_s와 r_b가 상승하면 주식과 채권이 더 투자가치가 있으므로 화폐 수요는 감소하게 된다. 예상 물가 상승률(π^e)이 높아지는 경우에는 화폐의 투자가치가 떨어질 것이므로 화폐 수요는 감소할 것이다. 끝으로 부(W)가 증가하는 경우에는 화폐 수요가 증가한다. 모든 형태의 보유 자산의 크기는 부의 크기에 의해서 결정되기 때문이다.

1. 다음 명제가 참인가 거짓인가를 판별하시오.

   (1) 광의통화(M2)에는 만기 2년 이상의 장기금융상품이 포함된다.

   (2) 시중은행이 보유하는 현금인 시재금은 현금통화에 포함된다.

   (3) 우리나라의 통화량을 조절하는 기관은 금융감독원이다.

   (4) 중앙은행이 기업이 수출하는 대가로 받은 외환을 매입하면 통화량이 증가한다.

2. 케인스의 화폐 수요 동기가 아닌 것은?

   ① 투자적 수요   ② 거래적 수요

   ③ 현물적 수요   ④ 예비적 수요

   ⑤ 투기적 선호

3. 현금통화와 예금통화로 구성되어 있는 통화지표는 무엇인가?

   ① 협의통화   ② 광의통화

   ③ 금융기관 유동성   ④ 광의 유동성

   ⑤ 총유동성

4. 중앙은행이 발행하여 공급하는 화폐를 무엇이라 하는가?

   ① 현금통화   ② 시재금

   ③ 본원 통화   ④ 지불 준비 예치금

   ⑤ 보조화폐

5. 본원 통화(MB)를 구성하는 것이 아닌 것을 모두 고르시오.

   ① 현금통화   ② 시재금

   ③ 지준 예치금   ④ 요구불예금

   ⑤ 예금통화

6. 증권 가격과 이자율은 (   )의 관계에 있다. (   )에 들어갈 말은 무엇인가?

7. 법정 지급 준비율이 10%일 때 신규예금 1억 원으로 만들어질 수 있는 최대의 예금통화 액은 얼마인가? (단, 신규예금을 포함하고 민간은 현금을 보유하지 않는다고 가정한다.)

8. 피셔의 화폐 수량설은 $MV = PT$에서 V가 의미하는 것은?

   ① 통화량   ② 물가

   ③ 거래량   ④ 유통 속도

   ⑤ 화폐 보유율

9. 다음은 한국은행이 발행하는 본원 통화의 구성을 나타낸 그림이다. 빈 곳을 채우시오.

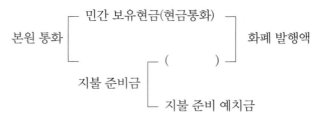

10. 다음 중 본원 통화가 증가하지 않는 경우는?
① 중앙은행이 정부대출을 늘리는 경우
② 수출증가 등으로 중앙은행의 외화자산이 증가하는 경우
③ 시중은행이 중앙은행의 대출을 늘리는 경우
④ 중앙은행이 통화안정증권을 매각하는 경우
⑤ 중앙은행의 자산이 증가하는 경우

10 총수요와 총공급

앞에서 우리는 장기에서의 총생산량과 물가가 어떻게 결정되는가를 고전학파의 완전고용 이론과 화폐수량설을 이용하여 살펴보았다. 그리고 총수요와 완전고용 총공급 개념에 입각하여 장기의 거시경제균형에 대해서도 살펴보았다. 그리고 고전학파의 이분법에 의해 총공급량은 물가수준과는 무관하게 완전고용 수준으로 결정되었다. 한편, 앞에서 살펴본 단기 변동을 설명하는 또 하나의 모형인 균형소득결정모형에서는 총공급은 총수요의 크기대로 얼마든지 충족된다고 가정했다. 하지만 거시경제의 총공급 측면은 제대로 분석하지 않았기 때문에 단기의 거시경제변동을 설명하는 데 다소 한계가 있었다. 그래서 총공급 측면이 단기에 어떻게 영향을 받는지를 살펴볼 필요가 있다. 이 장에서는 단기에서의 경제 전체의 총생산량과 물가의 결정 및 그 변동, 즉 경기변동을 이른바 '총수요-총공급 모형'을 이용하여 살펴보기로 하자.

I 총수요곡선

1. 총수요곡선의 모양

먼저 물가와 총수요의 관계에 대해 생각해보자. 개별 재화에 대한 수요는 개별 재화의 가격에 대한 각 개인의 '구매계획'을 시장 전체로 합한 것이다. 이에 비해 여기서 우리가 살펴보려는 총수요는 앞에서 설명한 바와 같이 전체 개별 물가변동의 평균치인 물가수준에 대응한 경제주체들의 '총구매계획'을 의미한다. 즉 총수요는 각 물가수준에서 가계, 기업, 정부가 구입하려는 재화와 서비스의 총량을 의미한다. 그러므로 총수요는 소비지출(consumption, C), 투자지출(investment, I), 정부지출(government expenditure, G), 그리고 순수출(net export, $X-M$)을 그 구성요소로 하고 있다.

그렇다면 물가가 상승할 때 총수요가 감소하고 물가가 하락할 때 총수요가 증가하는 이유는 무엇일까? 여기에는 크게 세 가지 이유가 있다.

첫째, 자산효과(wealth effect)이다. 물가가 하락하면 화폐의 실질구매력이 상승하고, 물가가 상승하면 화폐의 실질구매력이 하락한다. 자산을 현금이나 예금의 형태로 보유하고 있는 사람은 물가가 하락할 때 자신이 더 부유해졌다고 생각하게 될 것이다. 따라서 물가가 하락할 때 소비를 늘리고자 할 것이다. 이것을 자산효과라고 한다. 자산효과가 작동하면 물가가 하락할 때 소비지출이 늘어나고 따라서 총수요가 늘어날 것이다. 반대로 물가가 상승하면 소비지출이 줄어들고 따라서 총수요가 감소할 것이다.

둘째, 이자율 효과(interest rate effect)가 있다. 가계나 기업은 거래할 때 발생하는 불편함(거래비용)을 줄이기 위해 평소에 화폐를 보유해둔다. 그런데 만약 물가가 상승한다면 거래에 필요한 화폐량이 늘어날 것이다. 부족한 화폐를 채우기 위해 사람들은 보유하고 있는 채권을 매각할 것이다. 그러면 채권시장에 공급이 늘어나고 채권가격이 하락한다. 하지만 채권으로부터 발생하는 미래현금 흐름은 일정하기 때문에 시장이자율의 대표적인 채권수익률은 상승한다. 시장이자율이 인상되면 기업은 투자를 줄이게된다. 결국 물가의 상승은 이자율의 상승을 통해 투자의 감소를 가져오고 그 결과 총수요를 줄이게 된다.

셋째, 국제무역효과(international trade effect)이다. 국내 물가의 변화는 상품의 해외수출과 수입에 영향을 미친다. 가령 환율은 1미국달러당 1,000원인데, 해외 물가는 가만히 있고 한국의 물가가 상승하여 한국의 자동차 가격이 2,000만 원에서 2,500만 원으로 상승했다고 하자. 그러면 미국에서 팔리는 한국의 수출 자동차는 가격이 2만 달러에서 2만 5,000달러로 상승한다. 한국산 자동차의 가격이 상대적으로 비싸졌기 때문에 미국 소비자들은 한국산 자동차의 구입을 줄일 것이다. 한국에서도 유사한 상황이 벌어진다. 한국 자동차의 가격이 오른 반면 한국이 미국에서 수입한 미국산 자동차는 가격이 오르지 않는다. 따라서 한국 소비자들은 한국 자동차 소비를 줄이고 미국 자동차 소비를 늘릴 것이다. 그래서 국내 물가의 상승은 수출을 줄이고 수입을 늘림으로써 순수

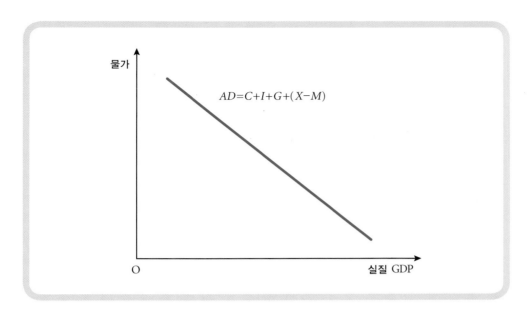

그림 10.1 총수요곡선

출의 감소 효과를 일으킨다. 그래서 국내 물가의 상승은 국제무역효과를 통해 총지출을 줄이게 된다. 반대로 물가의 하락은 순수출을 증가시켜 총지출을 늘리게 된다.

이처럼 물가의 상승은 이 세 가지 효과를 통해 총수요를 감소시키고, 하락은 총수요를 증가시킨다. 이 관계가 〈그림 10.1〉에 우하향하는 총수요곡선으로 나타나 있다.

2. 총수요곡선의 이동

앞에서 물가수준의 상승은 총수요를 감소시키고 물가수준의 하락은 총수요를 증가시킨다는 것을 살펴보았다. 물가수준이 변할 경우 총수요는 곡선을 따라 상승하거나 감소하는 변화를 한다. 즉 물가수준의 변화와 그에 따른 균형 국민소득의 변화는 총수요곡선 위에서의 변화로 나타난다.

이에 반해 물가수준 이외의 요인들이 변동하면 곡선 상에서의 변화가 아니라 곡선 자체의 이동을 가져온다. 그러면 총수요곡선의 이동을 가져오는 요인들을 살펴보자. 앞에서 총수요를 구성하는 항목들로 소비지출, 투자지출, 정부지출, 순수출이 있음을 보았다. 이 총수요를 구성하는 항목들에 변화가 있으면 총수요곡선이 이동한다. 소비지출의 변동, 투자지출의 변동, 정부지출의 변동, 순수출의 변동은 총수요곡선을 왼쪽

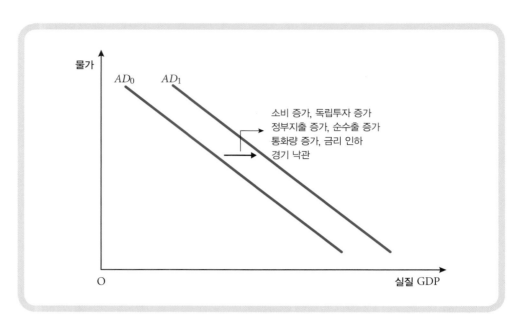

그림 10.2 총수요곡선의 이동

또는 오른쪽으로 이동시킨다(〈그림 10.2〉 참조).

소비지출이 변화하는 경우를 생각해보자. 어느 해에 국민들의 평균수명이 늘어나고 있다는 뉴스를 접하고 많은 가계들이 노후를 대비한 저축의 필요성을 더욱 강하게 느껴 현재 소비를 줄인다고 생각해보자. 이렇게 되면 각 물가수준에서 총수요는 적어지게 될 것이다. 그러면 총수요곡선은 왼쪽으로 이동한다.

반대로 주식시장의 호황으로 사람들이 자산이 많아졌다고 느껴 저축을 덜한다고 하자. 이렇게 되면 소비지출이 늘어 주어진 물가수준에서 재화와 서비스에 대한 수요가 증가하므로 총수요곡선은 오른쪽으로 이동한다.

다른 경우로, 정부가 세금을 인하하면 소비지출이 증가하여 총수요곡선은 오른쪽으로 이동한다. 반대로 정부가 세금을 인상하면 소비지출이 감소하여 총수요곡선은 왼쪽으로 이동한다.

투자지출에 변동이 있어도 총수요곡선이 이동한다. 주어진 물가수준에서 기업들이 투자하려는 금액에 영향을 미치는 사건도 총수요곡선을 이동시킨다. 예를 들어 컴퓨터 업계에서 처리속도가 이전보다 훨씬 빠른 신형 컴퓨터가 개발되어 많은 기업들이 이 신형 컴퓨터로 기존 컴퓨터를 대체한다고 하자. 이렇게 되면 각 물가수준에서 재화와 서비스의 수요량이 증가하므로 총수요곡선은 오른쪽으로 이동한다. 반대로 기업들이 장래에 사업 여건이 비관적이라고 생각하여 투자를 줄이면 총수요곡선은 왼쪽으로 이동한다.

조세정책도 투자의 변동을 통해 총수요곡선에 영향을 미칠 수 있다. 투자세액공제(기업의 투자지출과 연계된 세금환급)는 주어진 이자율에서 투자재에 대한 기업의 수요를 증가시킨다. 따라서 총수요곡선은 오른쪽으로 이동한다.

투자와 총수요에 영향을 미치는 또 하나의 정책변수는 통화량이다. 통화량이 증가하면 단기적으로 이자율이 하락한다. 이에 따라 자금의 차입비용이 낮아지므로 기업의 투자지출이 늘고 총수요곡선은 오른쪽으로 이동한다.

정부 구매의 변동도 총수요를 이동시킨다. 정책당국이 총수요곡선을 이동시킬 수 있는 가장 직접적인 방법은 정부 구입의 증감이다. 예를 들어 국회가 새로운 무기 구입을 줄이기로 결정한다면 각 물가수준에서 재화와 서비스의 수요량이 감소하므로 총수요곡선은 왼쪽으로 이동한다. 반면에 정부가 더 많은 도로를 건설하기 시작하면 각 물가수준에서 재화와 서비스의 수요량이 증가하여 총수요곡선은 오른쪽으로 이동한다.

Ⅱ 총공급곡선

1. 단기총공급곡선의 도출

우하향하는 총수요곡선에 반해 총공급곡선은 단기적으로 우상향하는 특징을 가진다. 즉 물가가 상승하면 총공급량이 증가한다는 것이다. 그 이유를 살펴보자.

기업의 목적은 이윤을 극대화하는 것이기 때문에 총공급규모는 각 산출 한 단위로부터 발생하는 이윤에 의해 결정된다. 이윤이 증가하면 생산을 늘릴 것이기 때문이다. 산출 한 단위의 이윤은 산출 한 단위의 가격에서 산출 한 단위의 생산비용을 뺀 것이다.

그런데 재화와 서비스를 생산하는 데 투입되는 여러 생산요소의 비용은 단기에 고정되는 경향이 있다. 예를 들어 임금은 종종 가격이 고정된 장기 계약에 의해 일정 기간 고정되어 있기 때문에 단기적으로 명목임금은 경직성을 보이며, 원료의 경우도 종종 가격이 고정된 장기 계약으로 기업에 의해 구매되기 때문에 단기적으로는 가격이 고정되어 있게 된다. 생산요소비용이 고정되어 있는 상태에서 물가 상승은 제품 한 단위당 이윤을 증가시켜 기업들로 하여금 제품 공급을 증가시킬 유인을 제공한다. 따라서 단기적인 물가 상승은 총공급량의 증가를 가져온다. 이를 이윤효과(profit effect)라 한다. 하지만 장기적으로는 노동자들이 물가수준에 맞추어 임금계약을 다시 요구할 것이고, 원료 공급자도 가격을 조정하게 되므로 이윤효과는 사라질 것이다.

우상향하는 총공급곡선에 대한 또 다른 설명은 가격 경직성이다. 경제 전체로 보면 단기적으로 생산물의 가격을 신축적으로 조정할 수 있는 기업들도 있고, 여러 여건(예 : 고객과의 관계, 메뉴비용 등)으로 인하여 생산물 가격을 신축적으로 조정할 수 없는 기업들도 있다.

이제 총수요가 증가하였다고 가정해보자. 제품의 가격을 신축적으로 조정할 수 있는 기업들은 자사 제품의 가격을 즉시 상승시키겠지만, 비신축적 기업들은 단기적으로 가격을 올릴 수 없으므로 고용·생산의 증가로 이에 대응할 것이다. 따라서 제품의 가격을 올리는 기업들에 의하여 물가수준은 상승하고, 고용·생산을 증가시키는 기업들에 의하여 산출 및 국민소득은 증가하게 된다.

반대로 총수요가 감소하는 경우, 신축적인 가격 조정 기업들은 자사 제품의 가격을 즉시 인하하겠지만, 비신축적 가격 조정 기업들은 가격 조정을 할 수 없다. 이 상황에서 판매량은 줄어들게 될 것이고, 기업은 생산과 고용을 감소시킨다. 따라서 물가가 하락하면 국민소득은 줄고, 물가가 상승하면 국민소득은 증가한다. 이 경우 총공급곡선은 〈그림 10.3〉의 단기총공급곡선과 같이 우상향하는 기울기를 갖게 된다.

2. 단기총공급곡선의 이동

우상향하는 단기총공급곡선의 이동을 이해하기 위해서는 기업이 이윤을 고려해서 자신의 생산량을 결정한다는 점을 상기할 필요가 있다. 단기적으로 생산비가 고정된 상태에서 물가수준의 변화는 생산자들의 이윤 전망을 변화시킴으로써 생산량을 변화시킨다. 하지만 물가수준 이외의 다른 요인이 변화했을 때도 기업의 이윤 전망을 변화시킬 수 있으면 생산량이 변함으로써 총공급곡선이 이동하게 된다. 예를 들어 물가수준과 산출량 수준이 일정한데 갑자기 석유 가격이 올랐다고 생각해보자. 이렇게 되면 주

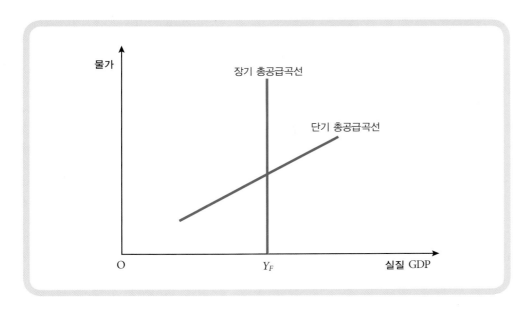

그림 10.3 총공급곡선

어진 물가수준에서 기업들의 생산비가 높아져 이윤이 줄어들게 될 것이고 결국 생산을 줄이게 된다. 따라서 총공급곡선은 왼쪽으로 이동한다. 반대로 명목임금의 하락과 같이 생산비를 낮추는 요인은 기업의 이윤 전망을 밝게 하여 생산이 늘어남으로써 총공급곡선이 오른쪽으로 이동한다. 따라서 물가수준 이외의 다른 요인의 변화가 기업의 이윤에 영향을 미친다면 총공급곡선의 이동을 가져오게 된다(〈그림 10.4〉 참조).

단기총공급곡선의 이동에 영향을 미치는 요인으로는 생산비용의 변동, 기대물가의 변동, 생산성의 변동 등을 들 수 있다. 주어진 물가수준에서 생산비용의 변동은 기업들의 이윤 변동을 발생시켜 총공급곡선을 이동시킨다. 가령 다른 조건들이 일정할 때 임금 수준이 하락하면 제품 단위당 생산비용을 하락시켜 총공급을 증가시킨다. 따라서 생산비용의 하락은 총공급곡선의 우측 이동을 가져온다. 반대로 국제 원유가의 상승과 같은 제품 단위당 생산비용의 상승은 총공급곡선의 좌측 이동을 가져올 것이다.

기대물가의 변동 역시 총공급곡선의 이동에 영향을 미칠 것이다. 노동자와 기업은 실질임금에 관심이 높다. 즉 임금으로 살 수 있는 재화와 서비스의 양에 관심이 높다. 물가가 상승할 때 동일한 명목임금을 버는 노동자는 재화와 서비스를 살 수 있는 양이 줄어든다. 따라서 물가가 상승할 것으로 예상하는 노동자는 실질임금의 하락을 막기

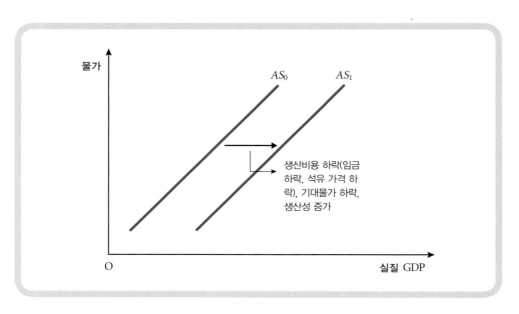

그림 10.4 단기총공급곡선의 이동

위해 더 높은 명목임금을 요구할 것이다. 따라서 기대물가의 상승은 임금 상승을 가져오고, 이는 다시 생산비용을 증가시켜 총공급곡선을 왼쪽으로 이동시킨다. 따라서 기대물가의 상승은 총공급곡선의 좌측 이동을 가져오고, 하락은 우측 이동을 가져온다.

3. 장기총공급의 결정요인

위의 요인들은 모두 우상향하는 단기총공급곡선의 이동을 가져오는 것이다. 한편, 장기적으로 경제 전체의 총공급량은 물가 및 화폐량과는 무관하다. 대신 장기의 총공급량은 한 국가의 잠재적인 생산능력을 나타낸다. 따라서 그것은 노동력의 변화, 자본 스톡의 증가, 기술의 변화에 의해 결정된다. 이에 대해 좀 더 자세히 고찰해보도록 하자.

1) 노동력의 변화
노동력은 양적인 면과 질적인 면이 있는데, 이 두 측면 모두 중요한 의미를 지닌다. 먼저 양적인 측면을 고찰해보자. 만약 다른 요인들이 변하지 않는다면 노동력의 규모가 증가할수록 산출 수준은 증가할 것이다. 이때 노동력은 인구의 증가, 노동에 대한 태도의 변화, 이민의 증대 등으로 인해 증가할 수 있다.

노동력의 질적인 측면은 노동 생산성, 즉 1인당 산출 수준에 영향을 미친다는 측면에서 매우 중요하다. 이는 정부의 역할이 어느 정도 요구되는 지점이기도 하다. 교육은 외부효과를 가져다주기 때문에 기초적인 의무교육은 대부분 공적인 자금의 투입을 통해서 이루어진다. 그래서 교육에 대한 더 많은 지출은 총공급곡선의 우측 이동을 가져온다.

의무교육 이상의 수준에서는 여러 가지 다양한 방식으로 교육이 제공되는데, 보통의 경우에는 정부의 보조금이 투입되기는 하지만 완전 무상으로 제공되는 경우는 드물다. 기업에서는 종업원들의 훈련에 많은 자금을 들이고 있는데, 이것은 그러한 훈련 과정을 통해 종업원들의 생산성을 향상시킬 수 있기 때문이다.

사람들이 더 많은 시간 동안, 더 열심히, 더 효과적으로 일하도록 동기를 부여하는 것도 중요한 요인이 될 수 있다. 대부분의 경우 사람들은 경제적 유인에 잘 반응하는데, 여기에 정부의 일정한 역할이 또 중요하게 작용한다. 만일 정부가 높은 소득세를 부과하면 근로자들의 노동의욕은 저하될 것이다. 또한 정부가 소득세를 누진적으로 부과하면 고소득자가 상대적으로 더 많은 세금을 납부하게 된다. 그러면 고소득자들은 높은 세금으로 인해 근로의욕이 저하되어 노동을 적게 할 것이고 이는 세금 감소로 이어져 결국은 저소득자에게까지 높은 세율이 적용되는 악순환을 겪게 될 것이다. 이를 시정하지 못하면 바로 빈곤의 덫에 빠지게 된다. 정부는 이렇게 되지 않도록 노동에 대한 경제적 유인체계를 잘 조정할 필요가 있다.

2) 자본 스톡의 증가

다른 요인이 일정하다면, 일반적으로 장비가 좋으면 더 좋은 성과를 달성하기 마련이다. 국내총생산(GDP) 가운데 더 많은 부분을 새로운 공장을 짓고 기계를 구입하는 데 투자한 국가는 그렇지 않은 국가에 비해 더 높은 성장률을 달성할 것이다. 이는 총공급곡선의 우측 이동을 가져온다.

기업들이 투자를 단행하는 데는 복잡한 의사결정의 과정이 내포되어 있는데, 그중 중요한 요인으로 다음의 두 가지를 고려해볼 수 있다. 하나는 미래에 이윤을 획득할 수 있다는 기업의 낙관적인 전망이고 다른 하나는 투자에 들어가는 비용(이자율)이다. 저축률이 낮은 경제에서는 저축을 유인하기 위해 높은 이자율을 제공할 수밖에 없는데,

이는 곧 기업의 투자비용을 증가시킴으로써 투자를 적게 만든다. 이런 경우 정부는 대개 안정적으로 낮은 이자율을 유지하는 정책을 취하게 된다.

3) 기술의 변화

총공급곡선의 우측 이동을 가져오는 세 번째 요인은 새로운 기술을 채택하는 비율이다. 일반적으로 연구개발(R&D)은 공공 부문이나 민간 부문에서 수행할 수 있는데, 연구개발이 가져오는 외부경제효과가 크기 때문에 대부분의 경우는 정부의 지원이 이루어지고 있다. 하지만 새로이 개발된 기술이 빠르게 채택되어 확산될지, 또는 순수하게 연구과정을 통해서 이루어진 결과가 산업적 이용으로 연결될 수 있을지는 확신하기 어렵다.

또한 혁신 혹은 새로운 기술의 적용 과정은 경쟁적인 환경 속에서 더 잘 달성될 수 있기 때문에, 정부가 독점을 규제하거나 비효율적 산업 내지 제한적 관행들을 제거함으로써 경제성장, 즉 총공급곡선의 우측 이동을 가져올 수 있다.

이러한 국민경제의 잠재적 생산능력의 증가는 〈그림 10.5〉에서 보듯이 장기총공급곡선의 우측 이동을 가져온다.

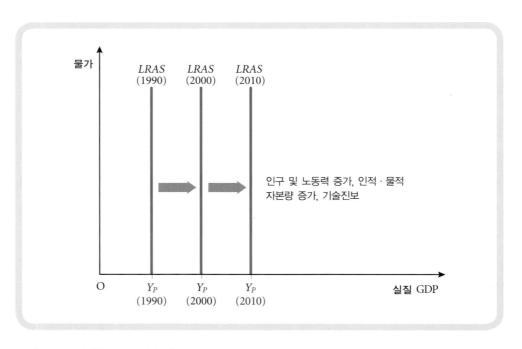

그림 10.5 장기총공급곡선의 이동

Ⅲ 거시경제의 단기 균형과 균형의 변화

1. 총수요-총공급의 균형

〈그림 10.6〉의 점 E_0는 거시경제의 장·단기 균형상태를 의미한다. 총수요곡선과 단기 총공급곡선이 만나는 점에서 장기 공급곡선도 만나고 있다. 이때는 완전고용 국민소득이 달성되고 있으면서 동시에 물가, 임금, 사람들의 예상이 모두 반영되어 인플레이션의 위험도 없는 균형상태이다.

하지만 이러한 장기 균형상태는 총수요나 총공급 측의 변화로 인해 단기적으로 언제든지 깨질 수 있다. 거시경제가 장기 균형상태를 이탈하는 것은 앞에서 고찰했던 총수요곡선과 단기총공급곡선을 이동시키는 요인들이 작용하기 때문이다. 거시경제가 장기 균형상태를 이탈하여 단기적으로 완전고용 국민소득수준을 하회하거나 상회하는 점에서 균형을 이루게 되면, 경기가 침체하여 디플레이션 갭 상태에 처하거나 아니면 경기가 과열되어 인플레이션 갭 상태에 놓이게 된다. 하지만 장기적으로 임금, 물가 예상 등이 모두 다시 총수요와 총공급에 반영되면 원래의 국민소득수준으로 돌아오게 된다.

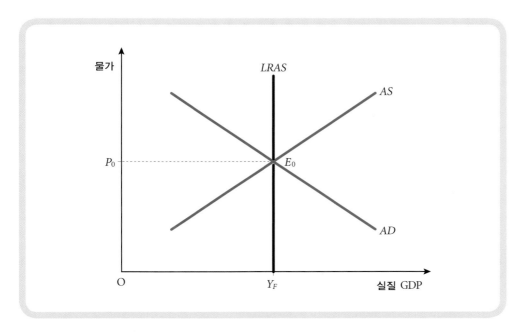

그림 10.6 총공급곡선과 총수요곡선의 균형

2. 거시경제의 균형 이탈과 회복

1) 총수요곡선의 이동

먼저 총수요 측면에서 변화가 발생한 경우를 고찰해보자. 사람들이 경기를 비관적으로 보게 되면 가계는 소비를 줄이고, 기업은 투자를 꺼리게 된다. 그러면 총수요는 줄어든다. 정부가 균형재정을 위해 정부지출을 줄이거나 해외 수요가 줄어들어 수출이 줄어들어도 총수요는 줄어들게 된다. 또한 자연재해, 전쟁의 발발이나 주식 가격의 폭락 등에 의해서도 총수요는 줄어들 수 있다. 물론 반대의 경우에는 총수요가 늘어날 것이다.

어떤 요인에 의해서든 거시경제가 장기 균형을 달성하고 있는 상태에서 총수요가 줄어들게 되면 경제는 장기 균형상태를 이탈하여 단기 균형상태에 놓이게 된다. 〈그림 10.7〉은 이 상황을 잘 보여주고 있다.

어떤 요인에 의해서든 총수요가 감소하면 총수요곡선은 AD에서 AD'으로 이동하게 되며, 단기적으로는 단기총공급곡선(AS)과 총수요곡선이 만나는 E_1점에서 다시 균형을 이루게 된다. 총수요의 감소로 인해 균형 국민소득수준은 완전고용 국민소득수준보다 낮은 Y_1에서 달성된다. 총수요가 감소했기 때문에 물가는 P_1 수준으로 하락한다. 기업

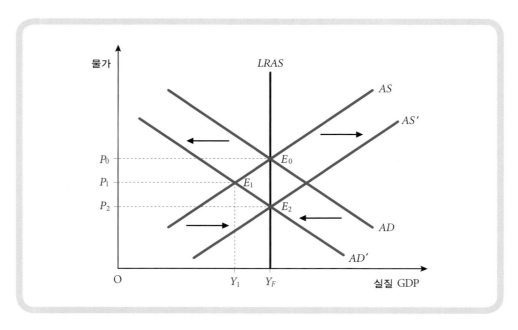

그림 10.7 총수요 변화의 장·단기 효과

들은 생산물의 판매량이 축소되기 때문에 생산을 감소시키고 고용을 줄이게 된다. 따라서 이런 경우는 경기침체상태를 의미하며, $Y_1 Y_F$만큼의 디플레이션 갭이 발생하고 있다. 총수요의 감소로 인해 경기가 침체하고 국민소득이 줄어들었으며, 실업이 증가한 상태가 된 것이다. 하지만 이러한 단기 경기침체는 장기적으로는 유지될 수 없다. 디플레이션 기업은 물가를 떨어뜨려 총수요를 증가시킬 것이다. 그리고 물가의 하락에 따른 기대물가의 하락은 단기총공급곡선을 AS'으로 이동시킬 것이다. 따라서 장기적으로 거시경제는 E_2에서 균형을 달성한다.

2) 총공급곡선의 이동

다음으로 총공급 측면에서 변화가 발생한 경우를 고찰해보기로 하자. 총공급곡선의 이동은 생산비의 변화를 발생시키는 요인에 의해 발생하는 것이라고 앞에서 설명했다.

예를 들어 중동에서의 정정 불안으로 인한 투기적 석유 수요로 인해 국제 원유가가 상승했다고 가정해보자. 주어진 물가수준에서 국제 원유가의 상승은 석유와 관련된 제품들의 생산비용을 상승시켜 총공급곡선의 좌측 이동을 가져온다. 〈그림 10.8〉에서 총공급곡선이 AS에서 AS'으로 이동하고, 그 결과 공급이 줄어듦으로써 초과 수요가 발생

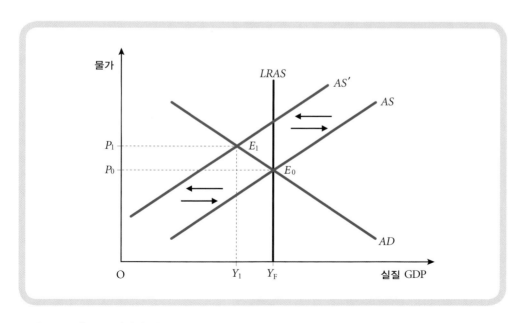

그림 10.8 총공급 변화의 장·단기 효과

하여 물가가 상승한다. 물가의 상승(P_1)은 총수요의 감소를 가져오며 균형 국민소득은 Y_1으로 완전고용 국민소득수준보다 낮아지게 된다. 그리하여 거시경제의 균형은 E_0에서 E_1점으로 이동한다.

결과적으로 총공급곡선이 왼쪽으로 이동한 결과 물가 상승에 따른 인플레이션과 국민소득 감소로 인한 실업 증가가 동시에 발생하는 경기침체기를 맞이하게 된다. 즉 경제는 소위 '스태그플레이션(stagflation)'에 직면하게 된다. 하지만 이러한 단기 경기침체는 장기적으로는 성립할 수 없다. 장기적으로는 예상물가가 하락하면서 단기총공급곡선은 AS'에서 다시 AS곡선으로 이동하기 때문이다.

 **읽을거리**

국내경제에서 물가의 신축성 여부

소비자물가에 포함된 품목들 중에는 가격이 수시로 바뀌는 품목이 있는가 하면, 그렇지 않은 품목도 있다. 예컨대 기상여건 변화의 영향을 크게 받는 농산물 가격은 신축적으로 움직이지만, 이를 재료로 활용하는 외식 서비스와 같은 개인 서비스 요금의 경우에는 경직적으로 움직이는 경향이 있다. 개별 가격이 얼마나 자주 움직이느냐 하는 것은 통화정책 당국의 입장에서 중요한 이슈이다. 한국은행도 가격 경직성의 크기에 따라 경제충격이 인플레이션에 미치는 영향의 크기와 지속성이 달라질 수 있다는 점을 감안하여 가격 경직성에 대해 꾸준히 연구하고 있다.

한편 소비자물가의 구성품목을 경직적 물가와 신축적 물가로 구분하는 절대적인 기준은 없다. 다만 기존 연구를 참조하여, 소비자물가 구성품목의 가격변동비율이 0.3(회/월)보다 가격이 빈번하게 바뀐 품목은 신축적 물가로, 그렇지 않은 품목은 경직적 물가로 각각 분류할 수 있다. 예컨대 가격이 상대적으로 빈번하게 변하는 쌀의 경우에는 가격변동비율이 0.9(회/월)로 나타나 이를 신축적 물가로 분류할 수 있다.

또한 소비자물가에서 경직적·신축적 물가가 각각 차지하는 비중과 경직적·신축적 물가의 주된 구성품목을 살펴보면 다음과 같다. 먼저 소비자물가에서 차지하는 비중(가중치 기준)을 보면, 경직적 물가가 52%로 신축적 물가(48%)를 소폭 상회하는 것으로 나타났다. 그러나 정부의 직간접적인 영향을 크게 받는 규제가격을 제외하고 시장 가격만 대상으로 할 경우에는, 오히려 신축적 물가가 차지하는 비중(54%)이 경직적 물가(46%)를 상회했다.

한편, 경직적·신축적 물가의 주된 구성품목을

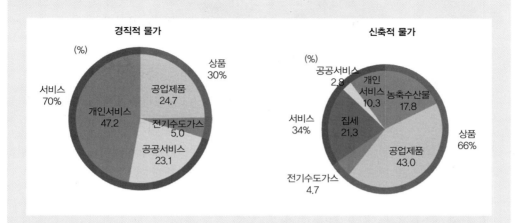

경직적 물가

(%)

상품
30%

공업제품
24.7

서비스
70%

개인서비스
47.2

전기수도가스
5.0

공공서비스
23.1

신축적 물가

(%)

공공서비스
2.8

개인
서비스
10.3

농축수산물
17.8

서비스
34%

집세
21.3

상품
66%

공업제품
43.0

전기수도가스
4.7

살펴보면, 경직적 물가에서는 서비스가 70%(이 중 개인 서비스 43%, 공공 서비스 23.1%) 비중이었으며 상품이 30%(이 중 공업제품이 24.7%, 전기·수도·가스는 5.0%) 순이었다. 반면 신축적 물가에서는 상품이 66%(공업제품 43.0%, 농축산품 24.7%, 전기수도가스 4.7%)의 비중이었으며 서비스가 34%를 차지하였다. 이는 미 연준에서 미국을 대상으로 연구한 결과와도 부합한다(Bryan and Meyer, 2010). 경직적 물가에서 서비스 비중이 높은 것은 서비스요금에서 원재료 비용이 차지하는 비중이 낮은 데다, 서비스

공급자도 고객관리 차원에서 잦은 가격변동보다는 가격을 안정적으로 유지하는 것을 선호하기 때문인 것으로 보인다(Meyer, 2011). 반면 교역재(tradables) 비중이 높은 '상품'의 경우 글로벌 경쟁 심화의 영향을 보다 크게 받기 때문에 신축적 물가에서 차지하는 비중이 높았던 것으로 추정된다.

출처 : 부유신·설범영, 한국은행 『BOK이슈노트』, 2016. 9.

1. 물가와 총수요 간의 관계를 올바로 설명하고 있는 것은?
   ① 물가가 하락하면 실질자산이 증가하고 투자가 증가한다.
   ② 물가가 상승하면 실질자산이 하락하고 투자가 감소한다.
   ③ 물가가 하락하면 실질자산이 증가하고 소비가 증가한다.
   ④ 물가가 상승하면 실질자산이 하락하고 수출이 증가한다.
   ⑤ 물가가 상승하면 실질자산이 하락하고 투자가 상승한다.

2. 갑자기 부동산이 폭락하면 어떤 곡선이 이동하는가?
   ① 총수요곡선이 왼쪽으로 이동한다.
   ② 단기총공급곡선이 이동하지만 장기총공급곡선은 이동하지 않는다.
   ③ 장기총공급곡선이 이동하지만 단기총공급곡선은 이동하지 않는다.
   ④ 단기총공급곡선과 장기총공급곡선 모두 이동한다.
   ⑤ 단기총공급곡선이 왼쪽으로 이동한다.

3. 총수요의 증가는 단기에는 _____ 에 더 큰 영향을 미치고 장기에는 _____ 에 더 큰 영향을 미친다.
   ① 산출, 물가   ② 물가, 산출
   ③ 물가, 물가   ④ 산출, 산출
   ⑤ 이자율, 물가

4. 총수요곡선이 우하향하는 이론과 관계가 없는 것은?
   ① 물가가 하락하면 실질자산이 증가하여 가계소비가 증가하여 총수요가 증가한다.
   ② 물가가 하락하면 이자율이 하락하여 투자가 증가하여 총수요가 증가한다.
   ③ 물가가 하락하면 국내물가의 해외가격이 하락하여 순수출이 증가한다.
   ④ 물가가 하락하면 미래 기대물가수준은 상승하여 가계소비가 증가하여 총수요가 증가한다.
   ⑤ 물가가 하락하면 총수요가 증가한다는 것이 총수요곡선의 우하향의 의미이다.

5. 단기총공급곡선 이론과 관계가 없는 것은 ?
   ① 예상치 않은 총수요 증가에서 비롯된 기대하지 않은 물가의 상승은 가격을 고정시킨 채 산출변동으로 반응하는 기업들의 산출을 증가시키게 한다.
   ② 기대하지 않은 물가의 상승은 실질임금을 하락시켜 고용과 산출을 증가시킨다.

③ 기대된 물가상승은 단기총공급곡선을 위로 이동시킨다.

④ 예상치 못한 원유가격 상승은 단기총공급곡선을 우측이동시킨다.

⑤ 예상치 못한 물가상승이 총공급을 증가시킨다는 것이 총공급곡선의 우상향의 의미이다.

6. 금융위기가 거시경제에 미치는 장·단기 효과는?

① 총수요를 감소시켜 단기에는 산출과 물가를 감소시키고 장기적으로 물가를 하락시킨다.

② 총수요를 감소시켜 장·단기에 산출과 물가를 모두 떨어뜨린다.

③ 총공급을 감소시켜 단기에 물가를 상승시키고 산출을 떨어뜨린다.

④ 총공급을 감소시켜 장기에 물가와 산출을 떨어뜨린다.

⑤ 총공급을 상승시켜 산출은 증가하고 물가는 하락한다.

7. 원유가격이나 농산물가격의 폭등이 거시경제에 미치는 효과는?

① 총수요를 감소시켜 단기에는 산출과 물가를 감소시키고 장기적으로 물가를 하락시킨다.

② 총수요를 감소시켜 장·단기에 산출과 물가를 모두 떨어뜨린다.

③ 총공급을 감소시켜 단기에 물가를 상승시키고 산출을 떨어뜨린다.

④ 총공급을 감소시켜 장기에 물가와 산출을 떨어뜨린다.

⑤ 총공급을 상승시켜 산출은 증가하고 물가는 하락한다.

8. 총수요곡선을 오른쪽으로 이동시키는 정부정책에 대해 잘못 설명한 것은?

① 중앙은행이 통화량을 증가시켜 이자율을 떨어뜨려 소비와 투자를 증가시킨다.

② 정부지출을 증가시켜 총수요를 직접적으로 증가시킨다.

③ 중앙은행이 민간들의 부채관리 등 거시건전성을 상승시켜 총수요를 증가시킨다.

④ 노동시장이 유연성을 증가시켜 가계소득을 증가시켜 소비를 증가시킨다.

⑤ 세율을 하락시켜 가계의 가처분소득을 증가시켜 소비를 증가시킨다.

9. 장기총공급곡선의 이동과 관련하여 잘못 설명하고 있는 것은?

① 노동의 증가는 장기총공급곡선을 오른쪽으로 이동시킨다.

② 자본의 축적 증가는 장기총공급곡선을 오른쪽으로 이동시킨다.

③ 기술진보는 장기총공급곡선을 오른쪽으로 이동시킨다.

④ 원유가격의 일시적 하락은 장기총공급곡선을 오른쪽으로 이동시킨다.

⑤ 노동생산성의 증가는 장기총공급곡선을 오른쪽으로 이동시킨다.

10. 총수요－총공급 모형과 관련하여 잘못 설명하고 있는 것은?

　① 우하향하는 총수요 모형은 자산효과에 의해 설명될 수 있다.

　② 우하향하는 총수요 모형은 이자율효과에 의해 설명될 수 있다.

　③ 우상향하는 총공급 모형은 가격 경직성 이론에 의해 설명될 수 있다.

　④ 수직의 총공급곡선은 임금 경직성 이론에 의해 설명될 수 있다.

　⑤ 기술진보가 발생하면 수직의 총공급곡선은 오른쪽으로 이동한다.

11. 총수요곡선이 우하향하는 이론 세 가지를 기술하시오.

12. 한국은행이 시중의 국채를 사들여 화폐공급이 증가하고 이에 따라 시장이자율이 하락할 경우, 이것이 총수요곡선에 미치는 효과를 설명하시오.

13. 단기총공급곡선이 우상향하는 이유를 설명하시오.

14. 장기총공급곡선이 수직인 것의 함의를 기술하시오.

15. 금융위기로 인해 국민들의 소비심리가 위축되어 소비지출이 크게 감소할 경우, 이것이 물가와 실질산출에 미치는 효과를 총수요－총공급곡선을 이용하여 설명하시오.

경제정책

국민경제는 다양한 요인에 의해 불안정해질 수 있다. 어떤 요인에 의해서건 경기가 침체하거나 과열될 수 있다는 말이다. 물가가 장기간 상승하는 인플레이션이 발생하거나 경제가 불황에 빠져서 실업률이 계속해서 높아지는 등 경제가 불안정해지면 국민들이 고통을 받게 된다.

이때 정부는 경제에 개입하여 불황인 경우에는 경기를 진작시키는 정책을 취하고 과열인 경우에는 경기를 누그러뜨리는 정책을 취할 수 있다. 경제정책은 정부의 이러한 정책을 통틀어 일컫는 말이다. 정부가 가진 정책수단은 크게 재정정책과 통화정책으로 나뉜다.

재정정책은 정부가 불안정해진 경제를 안정시키기 위해 재정지출이나 조세의 변화를 사용하는 정책이다. 여기서 재정지출이란 정부지출과 이전지출을 말한다. 통화정책은 같은 목적으로 통화량 또는 이자율을 변화시키는 정책이다. 이는 모두 총수요 측 요인(총수요 곡선)을 변화시키기 때문에 총수요관리정책이라고 부른다. 또한 정부의 이러한 정책은 경제를 안정화시키는 목적으로 이루어지기 때문에 경제안정화정책이라고도 한다.

Ⅰ 재정정책

1. 정부의 수입과 지출

국민경제의 소득과 지출 흐름에는 가계와 기업부문 외에 정부부문이 있다. 여기서 정부부문으로는 조세와 정부차입의 형태로 자금이 유입되며, 정부부문으로부터는 정부의 재화 및 서비스 구입과 가계에 대한 이전지출의 형태로 자금이 유출된다.

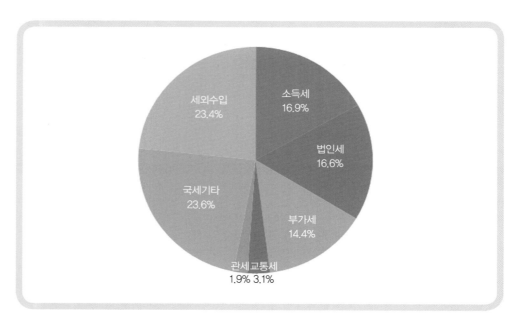

그림 11.1 2019년도 한국의 세입 구성

　1회계연도 정부의 수입을 세입이라고 한다. 세입은 크게 내국세와 관세, 세외수입으로 나뉜다. 정부수입의 가장 큰 원천은 내국세인 조세이다. 이외에도 정부는 중앙은행으로부터 차입할 수도 있고 국채를 발행할 수도 있다. 2019년도 예산안에 나타난 우리나라 세입 구성은 〈그림 11.1〉과 같다.

　현재 우리나라 중앙정부의 조세수입은 총세입의 80% 이상을 차지하고 있다. 그중에서 소득세, 법인세, 부가가치세의 비중이 크게 나타나고 있음을 알 수 있다. 국내총생산(GDP)에서 조세수입이 차지하는 비중(조세수입/명목 GDP)을 '조세부담률'이라 하는데, 이는 국민 전체의 조세부담 정도를 나타내는 지표이다. 2018년 현재 우리나라 국민의 조세부담률은 20.3% 수준이며, 조세부담률에 사회보험을 포함한 '국민부담률'은 25.0%를 조금 넘는 수준이다.

　조세나 정부차입으로 들어온 수입은 정부의 재정지출을 통해 유출된다. 재정지출은 정부지출과 이전지출로 나눌 수 있다. 정부지출은 정부의 직접적인 재화와 서비스 구입을 말하고 이전지출은 정부로부터 가계로 무상으로 지원되는 자금을 말한다. 〈그림 11.2〉는 2019년도 정부예산안에 나타난 재정지출의 구성을 나타낸 것이다. 대표적인

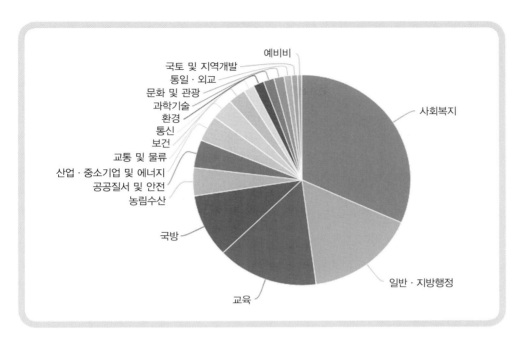

그림 11.2 2019년도 한국의 세출 구성

정부지출의 대상은 사회복지, 일반·지방행정, 교육, 국방, 치안, 대규모 사회간접자본의 건설 등이다. 이전지출은 각종 보조금, 국공채 이자, 실업급여, 각종 연금 등과 같은 사회복지 지출이 대표적인 형태이다.

2. 재정정책과 총수요

재정정책이란 정부의 재정지출이나 조세수입을 변경시킴으로써 국민경제를 안정적으로 성장시키면서 복지를 증대하려는 정부의 활동을 말한다. 일반적으로 재정정책은 뒤에 고찰할 통화정책과 함께 단기(short run)에 이루어지는 총수요관리정책이다.

예컨대 경기 전망이 나빠지거나 또는 세계 시장이 불황에 빠져 있는 등의 이유로 총수요가 감소하면 물가가 하락하고 생산과 고용이 줄어든다. 이를 디플레이션 갭 혹은 경기침체(후퇴) 갭이라고 한다. 이때 늘어난 실업이 임금을 하락시킨다면 고용과 생산이 다시 증가해서 경기가 회복되겠지만, 노동조합이나 근로자들이 임금의 하락을 수용하지 않는다면 불황은 한동안 지속된다. 반대로 총수요가 과다하여 단기적으로 잠재국민소득보다 높은 수준에서 생산이 이루어지면 인플레이션이 발생한다. 이를 인플레이션 갭 또는 경기과열(확장) 갭이라고 한다. 이렇게 총수요가 부족하면 실업이 늘고, 과다하면 인플레이션이 발생한다.

정부는 경기가 침체상태에 있는 경우에는 재정지출의 증가나 조세감면, 또는 이 두 가지를 동시에 사용하여 경기를 회복시키려 한다. 반대로 인플레이션이 발생한 경우에는 재정지출을 줄이거나 조세를 증가시키는 것으로 대응한다. 정부의 재정지출은 정부의 재화와 서비스 구입을 의미하는 정부지출과 이전지출로 구성된다. 이 가운데 정부지출은 총수요곡선에 직접적으로 영향을 미친다. 이미 앞에서 고찰했듯이 정부의 재화와 서비스 구입 자체가 총수요의 일부분이기 때문이다. 정부지출이 증가하면 총수요곡선은 오른쪽으로 이동하고 정부지출이 감소하면 총수요곡선은 왼쪽으로 이동한다.

이처럼 정부지출의 확대는 민간의 부족한 소비나 투자지출을 정부가 보충함으로써 경기를 부양하는 정책이다. 따라서 대규모 자금을 도로, 항만 등 사회간접자본(SOC)에 투자하면 투입 물자 등에 대한 수요를 늘리고 고용을 창출함으로써 경기를 즉각적으로 부양하는 데 효과가 있다.

반면에 정부의 이전지출과 조세는 총수요에 간접적으로 영향을 미친다. 이전지출은 정부의 직접적인 재화와 서비스의 구입과는 달리 처분가능소득의 변화를 통해 소비를 변화시킴으로써 총수요에 영향을 미친다. 조세의 변화도 이전지출과 마찬가지로 처분가능소득의 변화를 통해 소비에 영향을 미친다. 정부가 이전지출을 늘리거나 세율을 낮추면 처분가능소득이 증가해서 총수요곡선이 오른쪽으로 이동하며, 반대로 정부가 이전지출을 줄이거나 세율을 높이면 처분가능소득이 감소하고 소비가 줄어 총수요곡선이 왼쪽으로 이동한다.

3. 재정정책의 효과

경기가 침체상태에 있는 경우에는 정부의 재정지출을 늘리고 세금을 적게 거두어들이는 적자재정정책 혹은 확대재정정책(expansionary fiscal policy)을 실시함으로써 경기회복을 기대할 수 있다. 이때 재정지출의 증가는 생산물에 대한 소비 증가로 연결되고, 세금감면은 기업투자와 가계소비를 촉진하게 된다.

이와 반대로 인플레이션 등 경기가 과열 기미를 보일 경우에는 재정지출을 줄이고 세금을 더 많이 거두어들이는 흑자재정정책 혹은 긴축재정정책(contractional fiscal policy)을 실시함으로써 과열된 경기를 진정시킬 수 있다.

1) 승수효과와 구축효과

예산안이 정해진 상황에서 정부가 재정지출을 늘리려면 국공채 발행을 증가시킬 수밖에 없다. 마찬가지로 예산안이 정해진 상황에서 조세를 감소시키면 그에 해당하는 부족분을 역시 국공채 발행으로 메워야만 한다. 두 경우 정부의 지출이 수입보다 많은 경우이기 때문에 적자재정 혹은 확대재정정책이라고 한다.

이때 정부의 재정지출 가운데 정부지출(G)은 총수요의 구성요소이다. 따라서 정부지출의 증가는 직접적인 재화와 서비스 구입을 의미하므로 일단 그 자체가 직접적으로 총수요를 증가시킨다. 다음으로 총수요의 증가로 인한 소득의 증가는 한계소비성향만큼 소비를 증가시킴으로써 다시 간접적으로 소득을 증가시킨다. 소득의 증가는 다시 소비를 증가시키는 과정이 반복된다. 이 과정에서 정부지출의 증가는 그보다 큰 국민소득의 증가를 가져오는데, 이를 정부지출의 승수효과라 한다. 이는 앞에서 고찰한 투자의 승수효과와 같은 논리이다.

〈그림 11.3〉의 위쪽에 있는 소득-지출 모형에서 정부지출을 증가시키면 총지출곡선은 승수효과에 의해 AE_0에서 AE_1으로 상향 이동한다. 이에 따라 새로운 균형국민소득도 정부지출 승수효과를 반영하여 일차적으로 Y_0에서 Y_1 수준까지 증가한다. 그런데 정부지출의 증가는 국공채의 발행을 통해서 이루어지기 때문에 이자율을 상승시킨다. 현재 균형을 이루고 있는 국공채시장에 새로운 채권을 발행하여 공급하면 채권의 공급이 늘어나 채권의 가격이 하락한다. 채권의 가격이 하락하면 이자율은 상승한다.

이자율이 올라가면 민간의 투자지출과 소비지출이 감소하여 총수요가 줄어든다. 이로 인해 국민소득수준은 다시 Y_1에서 Y_2까지 하락하게 된다. 이를 구축효과(crowding-out effect)라 한다. 정부지출의 구축효과는 투자가 이자율에 얼마나 탄력적으로 반응하느냐에 따라서 달라진다. 탄력적으로 반응할수록 구축효과는 커진다.

> 확대재정정책이 이자율을 높여 민간의 소비지출과 투자지출을 위축시키는 것을 구축효과라 한다.

〈그림 11.3〉의 아래쪽 그림은 소득-지출 분석 모형의 논리를 AD곡선으로 표현한 것

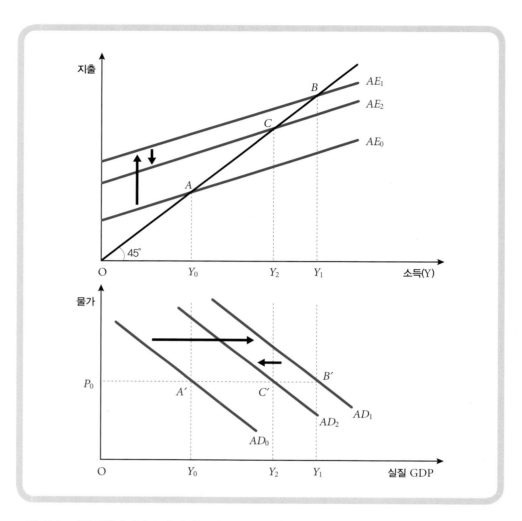

그림 11.3 재정정책이 총수요에 미치는 영향

이다. 소득-지출 모형은 유휴 설비가 많이 존재하고 실업률이 높은 경제상태를 상정하고 있다. 생산의 증가에 따른 물가의 변동이 거의 없다고 보는 것이다. 따라서 소득-지출 모형을 $AD-AS$ 모형으로 나타내면 AS곡선이 수평선에 가까운 모양으로 나타난다. 정부지출이 늘어날 때 AD곡선은 AD_0에서 AD_1으로 이동했다가 다시 AD_2로 이동하게 된다. 이때 AD곡선이 AD_1에서 AD_2로 이동한 것은 이자율 상승으로 인한 구축효과 때문이다. 물가수준이 P_0로 일정하면 국민소득수준은 최종적으로 Y_0에서 Y_2로 증가하게 된다.

2) 확대재정정책의 효과

이제 $AD-AS$ 모형을 이용하여 재정정책의 효과를 살펴보자. 먼저 확대재정정책이 실시되는 경우를 고찰한다. 정부가 확대재정정책을 사용하게 되는 이유는 경기가 단기적으로 침체된 상태에 있기 때문이다. 이때는 총생산(=총소득)이 완전고용생산량보다 낮은 상태로서 이른바 경기침체(후퇴) 갭이 나타난다. 정부는 이 갭을 메우기 위해 확대재정정책을 실시하게 된다.

〈그림 11.4〉에서처럼 경제가 단기적으로 E_0에서 거시경제균형을 이루고 있다고 하자. 단기 균형점인 E_0에서는 총생산이 Y_0로 완전고용 생산량인 Y_F보다 작다($Y_0 < Y_F$). 따라서 그만큼 경기침체(후퇴) 갭이 발생하고 있으며 정부는 이를 메우기 위해 정부지출을 증가시킬 수 있다.

이미 고찰했듯이 정부지출의 증가는 AD곡선을 최종적으로 AD_0에서 AD_2로 이동시킨다. 이때 만약 물가가 P_0 수준이라면 총수요는 Y_2로 늘어나지만 총생산은 Y_0 수준이기 때문에 초과 수요가 발생한다. 이는 물가수준을 상승시킨다($P_0 \rightarrow P_1$). 물가수준의 상승은 한편으로는 소비지출과 수출을 감소시킴으로써 총수요량을 줄이고 다른 한편으로는 총공급량을 늘림으로써 경제를 새로운 거시경제의 단기 균형점인 E_1점으로 이

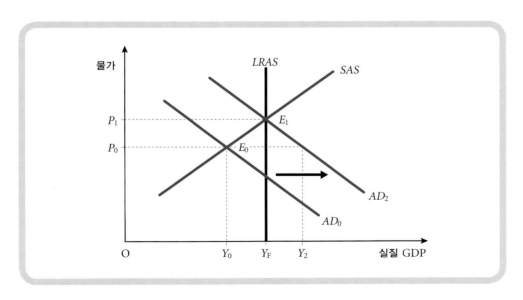

그림 11.4 확대재정정책의 효과

동시킨다. 따라서 정부는 정부지출을 확대시킴으로써 경기침체(후퇴) 갭을 메우고 다시금 장ㆍ단기 거시경제의 균형을 회복하게 된다.

3) 긴축재정정책의 효과

정부가 긴축재정정책을 사용하게 되는 이유는 단기적으로 경기가 과열된 상태에 있기 때문이다. 이때는 단기적으로 총생산이 완전고용 생산량보다 높은 상황으로 이른바 경기과열(확장) 갭이 나타난다. 정부는 이 갭을 제거하기 위해 긴축재정정책을 실시하게 된다.

〈그림 11.5〉에서처럼 경제가 단기적으로 E_2에서 거시경제균형을 이루고 있다고 하자. 단기 균형점인 E_2에서는 총생산이 Y_2로 완전고용 생산량인 Y_F보다 크다($Y_F < Y_2$). 따라서 그만큼 경기과열(확장) 갭이 발생하고 있으며 정부는 이를 제거하기 위해 정부지출을 줄일 수 있다. 정부의 정부지출 감소는 AD곡선을 최종적으로 AD_1에서 AD_2로 이동시킨다. 이때 만약 물가수준이 P_2라면 총수요는 Y_0로 줄어들지만 총생산은 Y_2이기 때문에 초과 공급이 발생한다. 이는 물가수준을 하락시킨다($P_2 \rightarrow P_1$). 물가수준의 하락은 한편으로는 소비지출과 수출을 늘림으로써 총수요량을 증가시키고 다른 한편으로는 총공급량을 줄임으로써 경제를 새로운 거시경제의 단기 균형점인 E_1으로 이동시킨다.

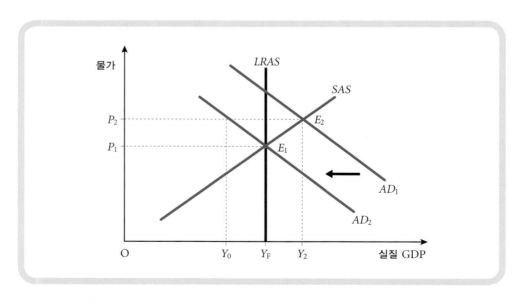

그림 11.5 긴축재정정책의 효과

따라서 정부는 재정지출을 축소시킴으로써 경기과열(확장) 갭을 메우고 다시금 장·단기 거시경제의 균형을 회복할 수 있게 된다.

4. 재정정책의 고려사항

위에서 살펴본 바에 의하면 정부는 적절한 재정정책을 통해서 외부적 충격으로 인해 발생한 경기침체(후퇴) 갭이나 경기과열(확장) 갭을 단기적으로 제거할 수 있을 것으로 보인다. 하지만 현실경제에서 재정정책의 효과를 기대하는 것은 위의 모형에서 단순하게 생각한 것보다 훨씬 더 복잡하다. 이하에서는 재정정책의 효과를 고찰할 때 함께 고려해야 할 몇 가지 사항을 지적한다.

1) 정책수단의 불확실성

정부가 현재의 경기상태에 대한 판단을 근거로 하여 적극적으로 수행하는 경기 조절적인 정책수단을 재량적 재정정책수단이라 한다. 구체적으로는 세율의 변경, 공공사업의 실시, 공공부문의 고용을 들 수 있는데 이러한 수단을 사용할 때 나타날 수 있는 문제점을 잘 고려해야 한다.

첫 번째 수단으로 세율의 변경을 들 수 있다. 가령 불황기에는 세율을 인하함으로써 민간의 수요를 증가시키고, 호황기에는 반대로 세율을 인상함으로써 민간의 수요를 억제하는 방식이다. 하지만 이 방식은 몇 가지 문제가 있다. 우선 관련 세법을 개정하는 데 상당한 시간이 소요된다는 점이다. 이 점은 다음에 나오는 정책 시차의 문제와 관련된다. 또한 세율을 인상하는 경우에는 납세자의 반발에 부딪히게 될 수 있다. 세율을 낮출 경우에도 조세감면이 경기부양을 위한 임시적 수단이라는 인식이 강하면 경기 조절 효과가 상대적으로 약화될 가능성이 크다.

두 번째 수단으로 공공사업(public works)의 실시를 들 수 있다. 가령 불황기에 실업이 증가할 경우에 이른바 임금 살포 형태의 공공사업을 실시하는 경우가 이에 해당한다. 글로벌 금융위기에 직면했을 때 정부가 실시한 희망 근로 사업은 대표적인 공공사업으로 볼 수 있다. 하지만 이러한 공공사업 역시 정책 실시를 위해서는 많은 시간이 소요되고, 공공지출에 따른 정책 효과는 상당한 기간이 지나서야 나타난다. 또한 단기 대책으로 대규모 공공 투자 사업을 실시할 경우 종종 졸속 사업에 따른 자원의 낭비가 생길 우려도 있다.

세 번째 수단으로 공공부문의 고용을 들 수 있다. 이는 불황기에 실업자를 공공부문에 잠정적으로 고용한 뒤, 호황기에 다른 직업을 구할 수 있도록 지원하는 방안이다. 하지만 일반적으로 공공부문에 고용되는 많은 근로자들은 일정 기간이 지나도 다른 직종에 취업하기가 쉽지 않다는 문제가 있다.

2) 재정적자의 문제

확대재정정책으로 인해 재정적자가 대규모로 지속될 경우 재정의 장기적 건전성이 악화될 수 있다는 점을 고려해야 한다. 예를 들어 서방 선진국들은 1970년대 중반의 석유위기에 직면하여 확대재정정책을 실시했으며, 일본 경제의 경우는 1990년대 중반에 장기 침체를 극복하기 위해 대규모로 정부지출을 늘렸다. 그 결과 재정적자와 국가부채가 급격히 증가했고, 이로 인해 이자부담이 가중됨으로써 재정적자가 고착화된 경험이 있다. 이후 선진국들은 재정정책의 기조를 설정할 때 단기적인 경기상황에 초점을 맞추기보다는 장기적으로 재정의 건전성을 높이고 국민의 세금을 더욱 효율적으로 활용하는 데 더 큰 비중을 두고 있다. 그래서 단기적인 경기조절은 상당 부분 통화정책에 의존하고 있다.

3) 정책 시차의 문제

재정정책이 경기조절의 중요한 수단이 되어야 한다는 생각은 케인스에서 비롯되었다. 실제로 케인스는 불황 시에는 재정지출을 늘림으로써 전혀 생산적이지 못한 일자리라도 창출해야 한다고 주장했다. 하지만 이러한 재정정책의 경기조절능력에 대해서는 회의적인 의견도 제기되고 있다.

이러한 회의론은 재정정책의 시차에서 비롯된다. 일반적으로 경기상황의 파악, 정부의 예산안 작성, 국회의 동의, 사업계획의 수립, 사업의 집행에 이르기까지는 상당한 시간이 소요된다. 따라서 성장둔화를 우려하여 재정 지출을 늘린다 해도 실제로 그 효과가 나타날 때쯤에는 이미 경기는 회복 국면에 진입해 버릴 수도 있다. 이런 경우 재정지출은 오히려 경기과열을 유발할 수 있다.

〈그림 11.6〉은 이런 문제점을 잘 보여준다. A선은 경기의 순환 과정에 따른 경제의 변동 경로를, B선은 재량적 재정정책을 통해 의도한 경기조절 경로를 의미한다. 그리고

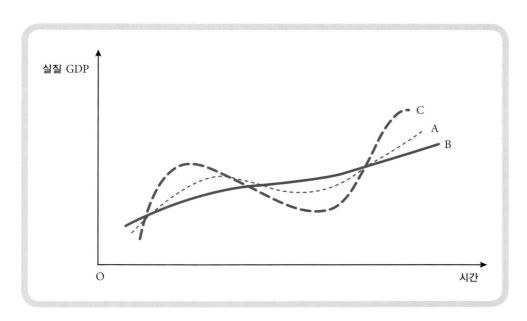

그림 11.6 재량적 재정정책의 효과

C선은 재량적 재정정책으로 인해 의도하지 않은 결과, 즉 더 큰 경기의 변동성을 초래하게 되는 점을 보여준다.

4) 자동안정화 장치

위에서 고찰한 정책 시차의 문제는 재정정책의 유용성을 상당히 반감시킨다. 그런데 경기가 과열되어 총수요가 과다할 경우에는 이를 완화해주고, 반대로 총수요가 부족할 경우에는 이를 자동적으로 보완해주는 자동안정화 장치(built-in stabilizer)가 존재한다. 대표적인 자동안정화 장치로는 조세 측면에서의 '누진소득세'와 지출 측면에서의 '실업보험'을 들 수 있다.

자동안정화 장치란 정부가 의도적으로 개입하지 않더라도 지출 구조 및 조세 구조에 의하여 경기가 자동적으로 조정되도록 하는 기능을 말한다.

누진소득세(progressive income tax)를 적용하면 호황기에는 조세수입 증가율이 소득 증가율을 넘어서게 된다. 왜냐하면 총소득이 증가할 때 개인과 기업은 높은 세율을 적용받기 때문이다. 결국 호황기에는 상대적으로 세금을 더 많이 내게 되고 가처분소득 증가율은 하락한다. 이는 소비 증가율을 하락시킴으로써 경기 과열을 억제하는 효과를 낳는다. 반대로 불황기에 총소득이 감소하면 낮은 소득 세율이 적용되어 총수요의 감소를 억제한다. 따라서 경기의 침체를 완화하는 작용을 한다.

실업보험(unemployment insurance)이란 근로자와 기업 및 국가가 일정액의 보험료를 적립했다가 근로자가 해고되었을 때, 일정한 기간 동안 실업수당을 지급하는 제도이다. 일반적으로 불황기에는 실업이 증가하고, 이에 따른 소득 감소로 인해 총수요의 위축이 우려된다. 하지만 이와 함께 실업수당의 지출이 증가하면 결국 민간 소비와 유효 수요가 증가하여 경기 하강을 방지하는 데 도움이 된다.

이처럼 자동안정화 장치는 호황과 불황의 강도를 완충시키는 긍정적인 기능을 가지고 있지만 상황에 따라서는 부정적인 측면도 지니고 있다. 예를 들어 불황을 극복하고 회복 국면에 접어드는 와중에 소득 세율도 함께 오르면 경기 회복이 느려질 수 있다.

Ⅱ 통화정책

1. 통화정책수단

통화정책이란 중앙은행이 통화량이나 금리를 조절하여 국민경제의 안정적인 성장을 실현하고자 하는 경제정책을 말한다. 금본위 제도하에서 통화정책의 주된 역할은 금의 유·출입에 따라 발생하는 국제 수지의 불균형을 해소하는 것이었다. 그러다가 1930년 대 대공황을 계기로 많은 나라들이 관리 통화 제도로 이행하면서 통화의 방만한 공급 가능성을 차단하여 물가를 안정시키는 것이 통화정책의 주된 목표로 인식되기 시작했다. 특히 1970년대 두 차례의 석유 위기로 인해 세계경제가 인플레이션의 폐해를 직접 경험하고부터는 이러한 인식이 더욱 확고히 자리 잡았다.

제2차 세계대전 이후의 복구 과정과 1960년대의 세계적인 호황, 그리고 1970년대의 극심한 경기침체를 거치면서 중앙은행은 완전고용과 경제의 안정적 성장에도 관심을 가져야 한다는 견해가 나타났다. 한편 1980년대 이후 본격화된 금융 자유화와 금융시장 개방으로 금융 시스템의 불안정성이 커지고, 실제 여러 나라가 금융위기를 겪으면서 물가의 안정이 통화정책의 주요 관심사로 떠올랐다.

중앙은행이 구사하는 통화정책수단은 크게 간접조절수단과 직접조절수단으로 구분된다. 간접조절수단은 시장의 자연스러운 흐름에 부합하는 이른바 시장 친화적 정책수단으로서 공개시장 조작, 지급준비제도, 재할인율 제도(중앙은행 대출 정책)가 이에 해당한다. 직접조절수단은 시장 메커니즘보다는 정책당국에 부여된 행정적 권한을 통하여 수행되는 것으로서 은행의 여·수신 금리를 규제하거나 은행 대출 규모를 일일이 통제하는 것을 예로 들 수 있다. 현재 한국은행이 일상적으로 수행하는 통화정책은 모두 간접조절수단에 의존하고 있다.

1) 공개시장 조작

공개시장 조작(open market operation)이란 중앙은행이 공개시장에서 금융기관을 상대로 국공채 등의 유가증권을 사고팔아 시중의 통화량이나 금리 수준에 영향을 미치려는 가장 대표적인 정책수단이다. 공개시장이란 증권시장, 채권시장처럼 특별한 조건 없이 아무나 자유롭게 참가해 자금을 빌려 쓰거나 유가증권을 매매할 수 있는 시장을 의미한다.

시중에 통화량이 너무 많다고 판단되면 중앙은행은 국공채를 판매함으로써 통화를 줄이고 반대로 통화량이 부족한 것으로 판단되면 국공채를 매입함으로써 통화량을 늘린다. 금융 자유화가 진행되고 금융시장이 발달함에 따라 공개시장 조작은 통화량을 조절하는 주된 수단이 되었다. 공개시장 조작방식은 은행과 비은행 금융기관 등 다양한 경제주체가 참여하는 금융시장에서 시장 메커니즘에 의해 이루어지기 때문에 가장 시장 친화적이면서 일상적인 유동성 조절 수단이라고 할 수 있다.

2) 지급준비제도

지급준비(reserve requirements)제도란 은행 등 금융기관으로 하여금 지급준비금 적립 대상 채무의 일정 비율(지급준비율)에 해당하는 금액을 중앙은행에 지급준비금으로 예치하도록 의무화하는 제도이다. 중앙은행은 지급준비율을 조정하여 은행의 자금사정을 변화시킴으로써 시중의 유동성을 조절할 수 있다.

예를 들어 지급준비율을 올리면 은행들은 더 많은 자금을 지급준비금으로 예치해야 하기 때문에 대출할 수 있는 여력이 축소되고 결국 시중에 유통되는 돈의 양이 줄어들게 된다. 반대로 지급준비율을 내리면 은행이 대출할 수 있는 여력이 커지고 시중에 유통되는 돈의 양은 늘어나게 된다.

1980년대 이후 금융 자유화 및 개방화 등으로 법적 강제력보다는 '시장 기능'에 바탕을 둔 정책의 필요성이 부각되어 공개시장 조작이 주된 금융정책수단으로 떠오르면서 지급준비제도의 역할은 상대적으로 축소되었다. 이에 따라 많은 나라들이 지급준비율을 인하했으며 일부 국가에서는 지급준비제도 자체를 아예 폐지하기도 했다.

3) 재할인율 제도(중앙은행 대출 제도)

재할인율(rediscount rate) 제도란 중앙은행이 예금기관을 상대로 재할인율을 변동시켜 통화량을 조절하는 금융정책수단이다. 여기서 재할인율이란 중앙은행이 일반은행에 대출해줄 때 적용하는 이자율을 의미한다. 재할인율이라고 불리는 이유는 중앙은행제도가 형성되기 시작할 때의 중앙은행은 상업은행이 기업에 할인해준 어음을 다시 할인·매입하는 형식으로 자금을 지원했기 때문이다. 중앙은행이 시중은행에게 빌려줄때 적용하는 이자율인 재할인율을 인상하면 통화량은 감소하고 재할인율을 인하하면통화량은 증가한다. 하지만 재할인율의 변화는 경제에 미치는 영향이 크기 때문에 자주 사용하기는 힘든 정책이다.

이처럼 전통적으로 중앙은행의 통화정책수단은 공개시장 조작, 지급준비제도와 함께 대출 제도(재할인 정책)를 의미하였다. 그러나 최근 들어 많은 중앙은행들이 개별 금융기관을 상대로 한 일시적 부족 자금 대출과 함께 일시적 여유 자금을 예수할 수 있는 대기성 여·수신 제도(standing facility)를 도입하면서 중앙은행의 대출 제도는 여·수신 제도로 발전되었다.

2. 통화정책의 효과

중앙은행의 통화량 변화는 화폐시장에서 이자율을 변화시킴으로써 투자에 영향을 미치고 투자는 승수효과를 통해 소득에 영향을 준다. 통화정책의 효과는 이자율을 매개로 해서 간접적으로 이루어진다. 그래서 통화정책은 이자율이 통화량 변화에 얼마나 민감하게 반응하느냐 하는 것과 투자가 이자율의 변화에 얼마나 탄력적으로 반응하는가에 따라 달라진다.

정부가 앞에서 고찰한 세 가지 수단 가운데 하나, 예컨대 공개시장에서 국채를 매입

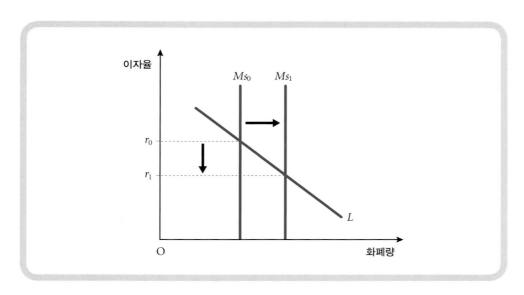

그림 11.7 확대금융정책과 화폐시장

함으로써 확대통화정책(expansionary monetary policy)을 실시하게 되면 시중의 통화량이 늘어남으로써 화폐시장에서 이자율이 낮아진다. 이는 〈그림 11.7〉에서처럼 통화공급량이 Ms_0에서 Ms_1으로 늘어나면 이자율이 r_0에서 r_1으로 떨어지는 것으로 확인된다. 긴축통화정책을 실시하면 반대로 이자율이 올라간다.

이자율이 하락하면 기업의 투자와 가계의 소비가 증가하고 소득-지출 모형에서 총지출곡선(AE)이 상향 이동한다. 이는 〈그림 11.8〉의 AE_0에서 AE_1으로의 이동으로 표현된다. 그러면 새로운 균형점이 A점에서 B점으로 이동하고 균형 총생산은 Y_0에서 Y_1으로 투자의 승수 배만큼 증가한다. 이는 총수요곡선의 우측 이동으로 나타나고 있다.

이처럼 확대통화정책의 효과도 앞에서 고찰한 확대재정정책의 경우와 기본적으로 동일하게 나타난다. 다만 정부지출이 증가하는 경우에는 직접적으로 총지출을 증가시키지만, 통화량을 증가시키는 경우에는 이자율이 하락하여 간접적으로 총지출을 증가시키는 점에서 차이가 난다. 또한 정부지출을 증가시키는 경우에는 이자율 상승으로 인한 구축효과가 발생하지만 통화량 확대에서는 이러한 구축효과가 발생하지 않는다. 다만 경기가 침체되어 있을 때 이자율이 이미 매우 낮은 수준에 있다면 통화량을 늘리더라도 이자율은 더 이상 낮아지지 않을 것이다. 이런 상황을 유동성 함정(liquidity

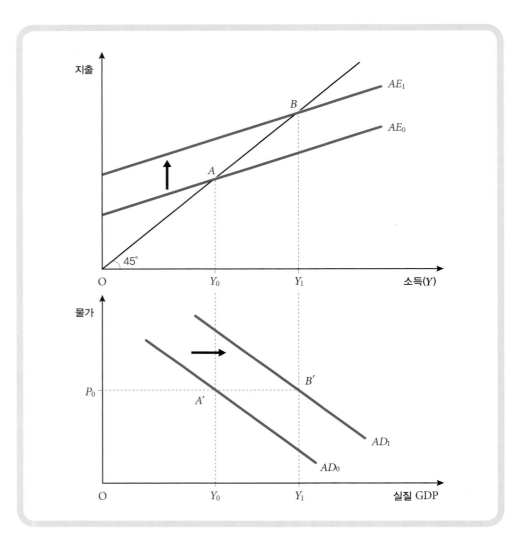

그림 11.8 금융정책의 효과

trap)에 빠져 있다고 하는데 이런 경우에는 통화정책이 효과가 없다.

1) 확대통화정책의 효과

이제 AD-AS 모형에서 통화정책의 효과를 살펴보자. 먼저 확대통화정책이 실시되는 경우를 고찰한다. 정부가 확대통화정책을 사용하는 경우는 확대재정정책의 경우와 마찬가지로 총생산이 완전고용 생산량보다 낮은 경우에 발생하는 경기후퇴(침체) 갭을

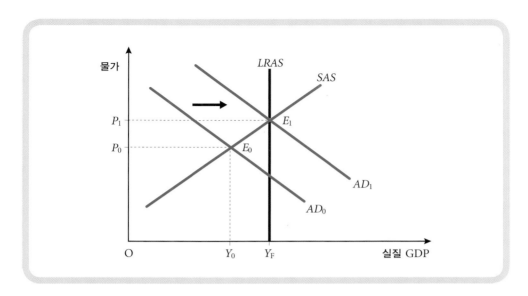

그림 11.9 확대통화정책의 효과

메우기 위해서이다.

〈그림 11.9〉에서처럼 경제가 단기적으로 E_0에서 거시경제균형을 이루고 있다고 하자. 단기 균형점 E_0에서는 총생산이 Y_0로 완전고용 생산량인 Y_F보다 작다. 따라서 그만큼 경기침체(후퇴) 갭이 발생하고 있다. 이때 중앙은행은 이 갭을 메우고 경기를 회복시키기 위해 통화 공급을 증가시키는 정책을 실시할 수 있다. 통화 공급이 증가하면 이자율이 하락하고 이는 투자를 증가시킴으로써 AD 곡선을 최종적으로 AD_0에서 AD_1으로 이동시킨다. 그러면 경제는 새로운 거시경제의 단기 균형점인 E_1으로 이동한다. 따라서 중앙은행은 통화 공급을 늘림으로써 경기침체(후퇴) 갭을 메우고 다시금 장·단기 거시경제의 균형을 회복시킬 수 있다.

2) 긴축통화정책의 효과

정부가 긴축통화정책을 사용하는 경우는 총생산이 완전고용 생산량 수준보다 높은 경우에 발생하는 경기과열(확장) 갭을 제거하기 위해서이다.

〈그림 11.10〉에서처럼 경제가 단기적으로 E_2에서 거시경제균형을 이루고 있다고 하자. 단기 균형점 E_2에서는 총생산이 Y_2로 완전고용 생산량인 Y_F보다 크다. 따라서 그만

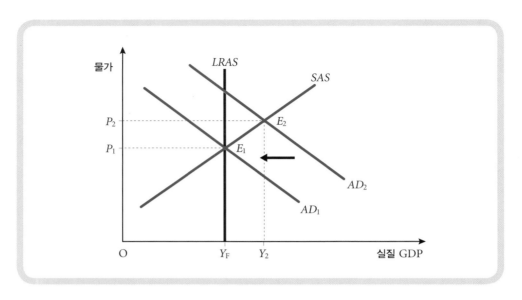

그림 11.10　긴축통화정책의 효과

큼 단기적으로 경기가 과열된 상태에 있다. 이때 중앙은행은 경기과열(확장) 갭을 제거하고 물가를 안정시키기 위해 통화 공급을 줄이는 정책을 실시할 수 있다. 통화량이 줄어들면 이자율이 상승하고 이는 투자를 감소시킴으로써 AD곡선을 최종적으로 AD_2에서 AD_1으로 이동시킨다. 그러면 경제는 새로운 거시경제의 단기 균형점인 E_1으로 이동한다. 따라서 중앙은행은 통화 공급을 줄임으로써 인플레이션 갭을 메우고 다시금 장·단기 거시경제의 균형을 회복시킬 수 있다.

좀 더 알기

금융 시스템

금융 시스템이란 가계부문의 저축 활동(자금의 공급)과 기업부문의 투자 활동(자금의 수요)을 효율적으로 연결시켜서 두 부문 간의 자금 흐름을 원활하게 하는 금융의 운영 체계이다. 따라서 금융 시스템에는 금융시장과 금융기관은 물론 금융과 관련된 법규와 관행 등의 하부 구조까지 포함된다.

금융 시스템의 중요한 기능은 가계, 기업, 정부, 금융기관 등 경제주체들이 저축, 차입, 보험 계약 등을 통해 소비나 투자와 같은 경제활동을 원활하게 수행할 수 있도록 지원하는 것이라고 할 수 있다. 또한 금융 시스템은 정책당국이 통화정책을 수행하는 중요한 경로가 된다. 여기서는 금융 시스템을 구성하는 두 부문인 금융시장과 금융기관에 대해 살펴본다.

금융시장

금융시장(financial markets)은 저축을 하고 싶어 하는 사람들이 돈을 빌리려는 사람들에게 자금을 공급하는 시장이다. 즉 자금의 거래가 이루어지는 조직화된 장소를 금융시장이라고 하는데, 증권거래소 등과 같이 꼭 구체적인 장소가 있어야 하는 것은 아니다. 자금의 공급자와 수요자가 체계적으로 거래가격을 설정하고 이에 따라 거래가 이루어지는 추상적인 시장도 포함한다.

금융시장은 거래되는 금융상품의 만기를 기준으로 하여 1년 미만의 단기 금융시장(money market, 화폐시장)과 1년 이상인 장기 금융시장(capital market, 자본시장)으로, 청구권의 성격에 따라서 채권시장과 주식시장, 금융거래의 단계를 기준으로 발행시장과 유통시장으로 구분된다. 또한 금융상품의 거래장소와 방법을 기준으로 장내시장(거래소 시장)과 장외시장으로, 금융거래가 금융기관을 통해서 이루어지는지 여부에 따라서 직접금융시장과 간접금융시장으로 구분되기도 한다.

금융시장 가운데 가장 중요한 것은 '채권시장'과 '주식시장'이다. 채권(bond)이란 돈을 빌린 사람이 그 증서를 보유한 사람에게 특정한 금액을 갚아야 할 의무가 있음을 나타내는 차용 증서이다. 채권에는 액면가, 만기(maturity), 만기가 되기까지 정기적으로 지급되는 이자율이 규정되어 있다. 채권을 구입한 사람은 그 채권을 만기까지 보유할 수도 있고, 만기 이전에 다른 사람에게 판매할 수도 있다. 주식은 어느 기업의 소유권을 나타내며, 따라서 그 회사 이윤에 대한 청구권이다. 만일 삼성전자가 모두 100만 주의 주식을 발행한다면 주식 1주당 그 회사에 대한 100만 분의 1의 지분(equity)을 보장해준다.

기업이 주식의 매각을 통하여 자금을 조달하는 것을 지분금융(equity finance)이라 하고 채권의 매각을 통한 자금 조달을 부채금융(debt finance)이라고 한다. 회사들은 보통 이 두 가지 방법을 모두 활용하여 자금을 조달하지만 주식과 채권은 이처럼 서로 성격이 다르다. 채권과 달리 주식은 기업이 한 번 조달한 자금을 다시 상환할 필요가 없으며 주주총회나 회사의 정관에 따라 배당금을 지급하면 된다. 이윤을 내지 못하는 경우에는 배당금을 지급하지 않을 수도 있다.

금융기관

금융기관은 저축하려는 사람들과 자금을 차입하려는 사람들을 간접적으로 연결해주는 중개기관이다. 자금 공급자와 수요자가 직접 거래할 경우 높은 탐색비용으로 거래 자체가 불가능할 수 있지만 금융기관은 거래비용을 절감시켜 소규모 금융거래도 가능하게 함으로써 금융거래를 활성화한다. 우리나라의 금융기관은 은행, 비은행 예금 취급 기관, 보험회사, 증권 관련 기관, 기타 금융기관, 그리고 금융보조기관 등 6개 그룹으로 구분할 수 있다.

은행(bank)은 통화창조기능이 있다는 점에서 다른 금융기관과 구분된다. 여기에는 중앙은행과 예금은행이 포함되며 예금은행은 일반은행과 특수은행으로 나뉜다. 일반은행은 은행법에 의해 설립되고 특수은행은 각각의 개별법에 의해 설립된다. 일반은행은 주로 예금으로 조달한 자금으로 대출을 한다. 특수은행은 특정 부문에 자금을 공급하기 위해 설립된 은행으로 한국산업은행, 한국수출입은행, 기업은행 등이 있다.

Ⅲ 정책효과 논쟁과 정책 혼합

경제학에서는 총수요곡선을 이동시키는 데 재정정책이 효과적인지 아니면 통화정책이 효과적인지를 둘러싸고 케인스학파(Keynesian)와 통화론자(monetarist)들 사이에 오랜 논쟁이 이어져 오고 있다. 극단적인 케인스학파는 재정정책만이 효과가 있다고 주장하는 반면에 극단적인 통화론자들은 통화정책만이 효과가 있다고 주장한다. 두 학파 간의 이러한 견해 차이는 구체적으로는 구축효과, 정책 시차, 정책의 불확실성을 둘러싸고 이루어진 논쟁으로 요약될 수 있다.

1. 정책효과 논쟁

1) 구축효과

정부지출을 증가시키면 직접적으로 총수요를 증가시키지만 이자율이 상승함으로써 민간의 투자지출을 줄이기 때문에 증가한 총수요를 일부분 구축한다. 이때 구축효과의 크기는 투자가 이자율에 반응하는 정도에 따라 달라진다. 투자가 이자율 변화에 민감하게 반응할수록 구축효과는 커지게 될 것이다.

통화론자들은 재정정책의 구축효과가 크게 나타난다고 보았다. 그들은 구축효과가 재정정책으로 인한 총수요 확대를 부분적으로 또는 거의 상쇄해 버리기 때문에 재정정책은 효과가 크지 않다고 보았다. 또한 정부지출로 인한 민간투자의 구축은 자본의 축적을 방해하여 순조로운 경제성장에 걸림돌이 된다고 보았다. 반대로 확대 통화정책을 사용하면 이자율이 하락하여 오히려 민간의 투자가 촉진될 수 있기 때문에 상대적으로 더 유용하다고 주장했다.

이에 대해 케인스학파 경제학자들은 실제로 구축효과는 크지 않다고 본다. 그들은 투자가 단기적으로 이자율의 변화에 그렇게 민감하지 않다고 본다. 왜냐하면 기업들의 투자는 투자에 따른 수익 전망이나 장기적인 사업 계획에 따라서 이루어진다고 보기 때문이다. 따라서 경기가 매우 침체되어 있을 때 정부가 재정지출을 통해 앞으로 경기를 활성화시킬 것이라고 기대하면 민간에서는 오히려 적극적으로 투자가 이루어질 수도 있다고 주장한다.

2) 정책 시차

재정정책이든 통화정책이든 정책을 실시하기 위해서는 준비와 실행에 시간이 소모되며 정책의 결과가 나타나기까지에도 시간이 필요하다. 이처럼 정책이 수립, 집행되는 시점과 그 정책이 효과가 나타나는 시점이 다르게 되는데 이를 정책 시차(policy lag)라 한다.

> 정책이 수립, 집행되는 시점과 그 정책이 효과가 나타나는 시점이 다른 것이 정책 시차이다.

정책 시차는 크게 내부시차(inside lag)와 외부시차(outside lag)로 나눌 수 있다. 내부시차는 다시 경제에 충격이 와서 경기가 변동한 사실을 인식하는 데까지 걸리는 인식시차(recognition lag)와 인식한 이후 정책을 수립하고 필요한 절차를 거쳐 실행하기까지 걸리는 실행시차(implementation lag)로 나뉜다. 외부시차는 실행된 정책이 현실적으로 효과가 나타나는 데까지 걸리는 시간이다.

정책의 실시와 그 효과 사이에 시차가 존재한다는 것은 경제의 안정을 위한 정책이 잘못하면 오히려 경기를 더 불안하게 만들 수도 있다는 것을 알려준다. 일반적으로 재정정책은 정책의 수립과 실행에 걸리는 시간이 길지만, 정책을 실시한 후 효과는 매우 빨리 나타나는 것으로 알려져 있다. 즉 내부시차는 길고 외부시차는 짧게 나타난다. 반면에 통화정책은 중앙은행의 의지만으로 정책의 수립과 실행이 신속히 이루어지기 때

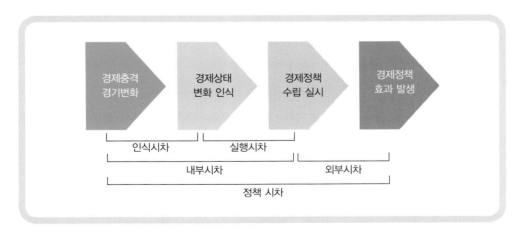

그림 11.11 정책 시차

문에 재정정책에 비해 내부시차가 매우 짧다. 그래서 통화론자들은 이 점을 들어 통화정책이 재정정책보다 효과적이라고 주장한다.

반면에 케인스학파는 통화정책은 정책의 실행 이후 현실적으로 효과가 나타나기까지 걸리는 시간이 길다고 본다. 즉 내부시차는 짧지만, 대신 외부시차가 길다는 것이다. 정부지출의 증가가 즉각적으로 총수요를 증가시키고, 조세감면이 소비지출을 빠르게 늘리는 효과를 가지는 반면에 통화정책은 효과가 나타나기까지 상당한 시간이 필요하다고 보았다. 왜냐하면 통화정책은 이자율 변화를 통해 투자지출을 변화시키는 것인데, 투자지출은 앞에서 지적했듯이 단기적으로 이자율 변화에 민감하지 않아 실제로 투자지출이 증가하기까지 상당한 시간이 걸린다고 보기 때문이다.

3) 정책의 불확실성

케인스학파는 통화정책의 효과가 '통화량 증가 → 이자율 하락 → 투자 증가 → 총수요 증가'라는 일련의 과정을 거쳐서 이루어지는데, 이 과정이 너무 길고 불확실하다고 주장한다. 먼저 경기침체기에 통화량을 늘려도 이자율이 하락하기 어려운 경우가 있다. 예컨대 불황기에 이자율이 충분히 낮은 상태에서는 유동성 함정에 빠져 있기 때문에 통화량을 아무리 늘려도 이자율이 더 이상 내려가지 않는 경우가 있다. 또한 이자율이 충분히 떨어진다 해도 이자율 하락이 곧바로 기업의 투자지출 증가로 연결된다는 보장이 없다. 왜냐하면 케인스에 의하면 기업의 투자는 기업가의 야성적 충동(animal spirits)에 의해 결정된다고 보기 때문이다. 이에 반해 재정정책의 효과는 직접적이고 확실하기 때문에 경기침체 시에는 효과가 불투명한 통화정책보다는 총수요에 직접 영향을 미칠 수 있는 재정정책을 사용하는 것이 유용하다고 주장했다.

통화론자들은 여기에 대해 통화량의 증가가 반드시 이자율의 변화를 통해서만 총수요에 영향을 미치는 것은 아니라고 한다. 이자율과는 상관없이 통화량의 변화 자체만으로도 총수요를 변화시킨다고 주장한다. 나아가 통화공급의 증가는 구축효과 없이 총수요를 증가시킬 수 있기 때문에 통화정책이 재정정책보다 바람직하다고 주장한다.

더구나 통화론자들은 통화정책을 적극적으로 실시해야 한다고 주장하지는 않는다. 통화론자들은 정부가 경제에 적극적으로 개입하는 데 반대한다. 재정정책이든 통화정책이든 정책 시차가 존재하기 때문에 정책의 효과는 불확실성을 지니고 있다. 따라서 이들은 경제상황이 심각해서 정부가 개입하지 않을 수 없을 때라도 정부는 소극적으로 대응해야 하며, 보통의 경우에는 미리 정해 놓은 준칙에 따라서 통화정책을 운용해야 한다고 주장한다. 이것이 통화론자인 프리드먼 교수의 이름을 따서 만든 프리드먼의 'k% 준칙(k% rule)'이다. 이는 정부가 재량적으로 통화정책을 실시하기보다는 장기적인 경제성장률에 대응하는 일정 비율만큼 매년 통화공급을 증가시켜 나가는 정책을 실시해야 한다는 것이다. 이 방식은 정책의 부작용을 줄일 뿐만 아니라 정책의 투명성을 높여 장기적으로 경제의 안정성을 높여준다고 주장한다.

2. 정책 혼합

이상에서 케인스학파와 통화론자들 간의 정책효과를 둘러싼 상반된 견해를 살펴보았다. 하지만 오늘날에는 극단적인 케인스학파의 견해도 극단적인 통화론자의 견해도 찾아보기 힘든 상황이다. 대부분의 경제학자들은 재정 및 통화정책이 모두 단기적으로 경기를 확대시키는 효과를 갖는다는 점에서 의견이 일치하고 있다.

앞에서 고찰했듯이 정부지출을 증가시키면 이자율이 상승하면서 총생산이 증가하고, 통화량을 증가시키면 이자율이 하락하면서 총생산이 증가한다. 따라서 어떤 정책을 선택할 것인지는 경제상황에 따라서 적절하게 판단되어야 한다고 본다. 만일 현재의 총생산 수준이 너무 낮고 실업자가 많은 반면 이자율이 낮은 수준이라고 판단되면 정부는 확대재정정책을 사용하는 것이 유리할 것이다. 반대로 총생산은 낮지만 이자율이 너무 높은 상태로 판단되면 정부는 확대통화정책을 실시하는 것이 유리하다.

그러나 만일 총생산이나 이자율 수준을 적절하게 유지하는 데 어느 하나의 정책만으로는 원하는 성과를 기대할 수 없다고 판단될 때는 이 두 정책을 적절히 혼합해 사용할 수도 있다. 예를 들어 총생산을 증가시키면서도 이자율은 현재 수준을 유지하고 싶은 경우를 생각해보자. 이때는 확대재정정책과 확대통화정책을 동시에 실시하면 된다. 확대재정정책을 실시하면 총생산은 증가하지만 이자율이 높아져 민간의 투자를 감소시키기 때문에 총생산을 일부분 구축한다. 이때 확대통화정책을 동시에 실시하면 재정정책으로 인해 상승한 이자율이 통화공급 증가에 의해 다시 하락하기 때문에 재정정책으로 인한 구축효과를 상쇄할 수 있다. 이처럼 두 정책을 동시에 실시하면 효과가 더 크게 나타날 수 있는데 이를 **정책 혼합**(policy mix)이라고 한다.

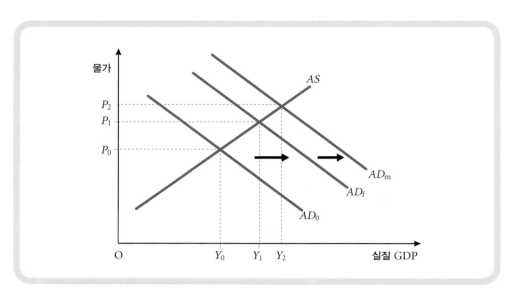

그림 11.12 재정 · 금융정책 혼합의 효과

　이를 설명하고 있는 것이 〈그림 11.12〉이다. 확대재정정책을 실시하면 AD곡선이 AD_0에서 AD_f로 이동하기 때문에 물가는 P_0에서 P_1으로 상승하고 총생산은 Y_0에서 Y_1까지 증가한다. 총수요곡선 AD_f는 확대재정정책의 이자율 상승으로 인한 구축효과까지 반영한 곡선이다. 이때 만약 확대통화정책을 동시에 실시한다면 이자율 하락으로 인한 구축효과를 상쇄할 수 있다. 따라서 정책의 효과는 총수요곡선을 AD_m으로 이동시켜 물가는 P_2까지 상승하고 총생산은 Y_2까지 증가한다. 이처럼 두 정책을 동시에 실시하면 독립적으로 실시하는 경우보다 정책의 효과가 크게 나타나는 것을 알 수 있다.

1. 유동성 함정은 통화정책이 경기 부양에 효과가 없을 때 사용되는 개념이다. 다음 중 유동성 함정과 관계가 가장 먼 것은?
   ① 디플레이션 예상
   ② 투자 심리의 위축
   ③ 어두운 경제전망
   ④ 고조된 현금 기피 현상
   ⑤ 제로 수준에 가까운 저금리

2. 조세(tax)에 대한 다음 설명 중 옳은 것은?
   ① 소득세 제도는 자동안정화 장치와 무관하다.
   ② 우리나라의 경우 국세에 비해 지방세의 비중이 더 높다.
   ③ 근본적인 조세 개혁이란 소비 기반 과세에서 소득 기반 과세로의 이전을 말한다.
   ④ 세율이 높아질수록 정부의 조세수입은 증가해 재정적자 완화에 도움이 된다.
   ⑤ 부가가치세와 특별소비세는 모두 간접세다.

3. 다음 중 중앙은행이 통화량을 증가시키기 위해 취할 수 있는 조치가 아닌 것은?
   ① 본원통화의 공급
   ② 국공채의 매각
   ③ 지급준비율 인하
   ④ 재할인율 인하
   ⑤ 정책금융의 확대

4. 경기의 자동안정화 장치에 해당하지 않는 것은 무엇인가? 모두 고르시오.
   ① 누진소득세
   ② 실업보험
   ③ 건강보험
   ④ 고용보험
   ⑤ 손해보험

5. 재정정책과 통화정책에 대한 설명이다. 옳은 것은?
   ① 경기가 호황일 때는 재정지출의 축소, 감세, 이자율 인하 등의 정책이 유효하다.
   ② 경기가 침체할 때는 재정지출의 증대, 증세, 이자율 인하 등의 정책이 유효하다.

③ 경기가 호황일 때는 재정지출의 증대, 감세, 이자율 인상 등의 정책이 유효하다.

④ 경기가 침체할 때는 재정지출의 증대, 감세, 이자율 인하 등의 정책이 유효하다.

⑤ 경기의 국면과 재정정책 및 통화정책의 유효성은 크게 관계가 없다.

6. 다음 설명 중 틀린 것은?

① 케인스학파는 통화정책보다 재정정책의 효과가 크다고 본다.

② 화폐수요의 이자율 탄력성이 작을수록 통화정책의 효과는 크게 나타날 수 있다.

③ 투자가 이자율에 탄력적으로 반응할수록 통화정책의 효과는 크게 나타난다.

④ 투자가 이자율에 탄력적으로 반응할수록 재정정책의 효과는 낮게 나타난다.

⑤ 통화학파는 통화정책의 효과가 크므로 경기안정화를 위해 통화정책을 적극적으로 실시해야 한다고 본다.

7. 다음은 구축효과에 대한 설명이다. 설명 중 틀린 것은?

① 구축효과란 재정정책의 효과를 줄이는 것을 말한다.

② 통화학파는 재정정책의 구축효과가 크다고 본다.

③ 케인스학파는 재정정책의 구축효과가 작다고 본다.

④ 투자가 이자율에 탄력적으로 반응할수록 구축효과는 작다.

⑤ 통화정책에는 구축효과가 나타나지 않는다.

8. 다음 설명 중 틀린 것은?

① 재정정책은 정부의 재정지출과 조세의 변화를 통해 경기를 안정시키려는 정책을 말한다.

② 재정지출은 정부지출과 이전지출로 구성된다.

③ 정부지출은 정부가 재화와 서비스를 구입하는 것으로 총수요의 구성요소이다.

④ 이전지출은 정부가 가계에 무상으로 제공하는 돈을 말한다.

⑤ 정부지출이나 이전지출이나 같은 재정지출이기 때문에 그 효과는 같게 나타난다.

9. 100억 원의 정부지출 증가로 인해 민간의 투자가 100억 원 감소했다면, 다음 설명 중 옳은 것은?

① 재정정책에서 균형예산의 효과와 같다.

② 긴축통화정책이고, 균형국민소득을 100억 원 증가시킬 것이다.

③ 구축효과이고, 균형국민소득은 변화가 없을 것이다.

④ 리카도의 동등성원리이고, 균형국민소득을 100억 원 감소시킬 것이다.

⑤ 구축효과이고 균형국민소득을 100억 원 증가시킬 것이다.

10. 다른 조건이 일정하다면, 다음 중 어떤 경우에 통화공급이 증가하는가?

    ① 재정흑자가 증가할 때

    ② 정부의 차입이 증가할 때

    ③ 조세수입이 증가할 때

    ④ 정부지출이 증가할 때

    ⑤ 재정적자가 감소할 때

11. 확대 재정·통화정책의 효과가 총공급곡선의 기울기에 따라서 어떻게 다르게 나타나는지를 설명하시오.

12. 확대통화정책은 통화량 증가 → 이자율 하락 → 투자지출 증대의 과정을 통해서 총수요를 확대시킨다. 이때 정책의 효과는 화폐 수요의 이자율 탄력성, 투자지출의 이자율 탄력성, 투자 승수의 크기에 의해 결정된다는 점을 설명하시오.

13. 정책 시차란 무엇인가? 정책 시차가 길고 불안정할수록 재정·통화정책의 유효성이 줄어드는 이유는 무엇인가?

14. 자동안정화 장치의 예를 들고, 그 효과를 설명하시오.

15. 중앙은행이 전통적으로 사용해 온 통화량 조절 수단을 설명하시오.

16. 구축효과에 대한 케인스학파와 통화론자 사이의 견해 차이를 설명해보시오.

17. 정책 시차에 대한 케인스학파와 통화론자 사이의 견해 차이를 설명해보시오.

실업과 인플레이션

실업률과 인플레이션은 경제체제의 건전성과 성과를 판단할 수 있는 중요한 변수이며, 동시에 경제고통을 구성하는 주요 항목이기도 하다. 실제로 실업은 개인적인 차원에서 소득 감소에 따른 경제적 곤란과 개인의 자존심 상실이라는 이중의 고통을 초래한다. 아울러 사회적인 차원에서도 실업은 커다란 문제가 된다. 가정 파탄과 범죄율 증가 등 다양한 사회문제의 원인이 될 수 있으며, 생산 자원의 낭비이기도 하다. 따라서 고용률 향상을 통한 실업문제 해결은 어느 국민경제에서나 우선적인 과제라 할 수 있다. 또한 인플레이션은 경제주체들 사이의 부와 소득을 재분배함으로써 생산과 저축에 영향을 미친다. 인플레이션은 대부분의 국민에게 영향을 미치기 때문에 더욱 심각하게 여겨지기도 한다. 이 장에서는 실업과 인플레이션의 발생 원인과 파생되는 문제점들을 학습하고, 관련 거시경제 정책에 대하여 살펴본다.

Ⅰ 실업

1. 실업의 개념과 측정

1) 실업의 개념

일반적으로 **실업**(unemployment)이라고 하면 다니던 직장에서 퇴출되거나 직업을 구하지 못한 경우로 생각하기 쉽다. 하지만 경제학에서 말하는 실업의 개념은 이와는 좀 다르다. 예를 들어 학생, 주부, 부모의 재산이 많아서 놀고먹는 사람들은 모두 실업자일까? 경제학적 정의에 따르면 이들 중 어느 누구도 실업자가 아니다. 경제학에서 실업자란 단순히 직업이 없는 사람을 뜻하지 않는다. 실제로 여러분이 한창 일할 시간인 평일 오후에 백화점이나 지하상가에 가보면 넘쳐나는 사람들을 볼 수 있을 것이다. 만약 이렇게 많은 사람들이 돈벌이를 하지 않는 것이라면 실업률은 30~40%나 되어야 하는데, 실제 정부가 발표하는 공식적인 실업률은 훨씬 낮다. 왜 그런가? 그 이유는 실업이란 일할 의사와 능력을 가지고 있지만 일자리를 얻지 못한 경우로 엄격히 정의하고 있기 때문이다. 만약 어떤 사람이 현재 직업을 갖고 있지 않음에도 불구하고 일자리를 찾고 있지 않다면 이 사람은 실업자로 분류되지 않는다. 또한 정년퇴직한 경우나 일할 의욕이 없이 백수로 지내는 사람도 구직활동을 하고 있지 않기 때문에 실업자가 아니다.

- 경제학에서 실업이란 단순히 직업이 없는 사람이 아니라, 일할 의사와 능력을 가지고 있지만 일자리를 얻지 못한 경우를 말함
- 일할 의사가 없다면 일을 하지 않더라도 실업자 통계에서 제외됨

개인에게 있어 직업이란 단순히 소득을 벌어 생계를 유지하는 것만을 의미하지 않는다. 그것은 가족을 유지하고 자아를 성취하는 수단이기도 하다. 때문에 실업은 당사자에게 극심한 고통을 안겨주는 것은 물론 그 가족의 생활까지도 위협받게 되는 결과를 초래한다. 갑작스런 불황으로 대량 실업이 발생한 대표적인 사례는 1930년대 미국에서 시작되어 전 세계로 확산되었던 대공황(Great Depression)을 들 수 있다. 우리나라는 지난 30여 년 동안 3~4%의 낮은 실업률을 유지해 왔다. 하지만 1997년 외환위기 이후 갑

1931년 대공황기에 무료 급식소 앞에 줄을 선 실업자들

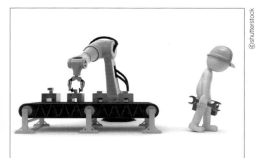

생산자동화로 인한 실업

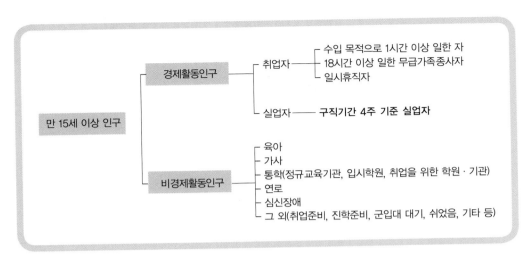

그림 12.1 경제활동인구 상태별 분류

출처 : 통계청

자기 8%가 넘는 실업률을 경험했으며, 이때 실업이 개인적으로나 사회적으로 얼마나 커다란 문제가 되는지를 뼈저리게 경험한 바 있다.

2) 실업률의 측정

실업문제를 이해하기 위해서 가장 먼저 해야 할 일은 **실업률**(unemployment rate)의 정확한 의미를 파악하는 것이다. 이를 위해서는 정부가 어떤 방식으로 실업률을 측정하는지를 살펴볼 필요가 있다. 2018년 기준으로 우리나라 정부는 매달 한 번씩 3만 5,000가구를 대상으로 조사한 통계 자료를 발표하며, 실업률도 이 조사에 의거해 측정하고 있다. 조사는 매월 15일이 포함된 1주간(일요일~토요일)을 조사대상주간으로 하며, 그 다음 주간에 조사를 실시한다. 이 설문조사에 대한 응답 결과를 기초로 조사대상 가구에 속한 만 15세 이상의 모든 성인을 생산활동에 참여할 수 있는 **생산활동가능인구** 혹은 **노동가능인구**로 정의한다. 단, 만 15세 이상 인구 중 현역군인, 사회복무요원, 형이 확정된 교도소 수감자, 의무경찰, 외국인 등은 복무 및 수감 기간 중에는 노동력이 제한되기 때문에 제외한다. 그리고 생산활동가능인구는 다시 경제활동인구와 비경제활동인구로 구분한다.

먼저 **경제활동인구**는 만 15세 이상 인구 중 재화와 서비스를 생산하기 위하여 노동을 제공할 의사와 능력이 있는 사람을 말한다. 여기서 **경제활동**이란 수입을 목적으로 상품이나 서비스를 생산하는 일을 말한다. 다만 도박이나 매춘 등 법률에 위배되는 활동, 법률에 의한 강제노역과 봉사활동, 증권·선물 등 투자활동은 경제활동에 포함되지 않는다. 그리고 경제활동인구는 현재 취업하고 있는가를 기준으로 다시 취업자와 실업자로 구분된다.

취업자에는 조사대상주간에 수입을 목적으로 1시간 이상 일한 사람이나, 동일 가구의 가구원이 운영하는 농장이나 사업체의 수입을 위하여 주당 18시간 이상 일한 **무급가족종사자**가 포함된다. 그리고 직업 또는 사업체를 가지고 있으나 일시적인 병 또는 사고, 연가, 교육, 노사분규 등의 사유로 일하지 못하고 일시 휴직한 사람도 취업자로 분류된다. 취업자는 종사상 지위에 따라 임금근로자와 자영업자 및 무급가족종사자로 구분된다. 임금근로자는 자신의 근로에 대해 임금, 봉급, 일당 등 어떠한 형태로든 일한 대가를 받는 근로자로 상용, 임시 및 일용으로 구분된다. **상용근로자**는 고용계약기간이 1년 이상인 사람과 고용계약을 하지 않았으나 소정의 채용 절차에 따라 입사하여 인사관리규정을 적용받거나 상여금 및 퇴직금 등 각종 수혜를 입는 사람이다. **임시근로자**는 고용계약기간이 1개월 이상 1년 미만인 사람 또는 고용계약 없이 일정한 사업(완료 1년 미만)의 필요에 의해 고용된 사람을 의미하며, **일용근로자**는 고용계약 기간이 1개월 미만 또는 매일매일 고용되어 일급 또는 일당제 급여를 받는 사람을 말한다. 자영업자와 무급가족종사자는 비임금근로자라고 한다.

실업자란 조사대상주간에 수입이 있는 일을 하지 않았고 지난 4주간 적극적으로 구직활동을 한 사람으로서 일자리가 주어지면 즉시 취업이 가능한 사람을 말한다. 여기에는 과거에 구직 활동을 계속하였으나 일시적인 질병, 일기불순, 구직 결과 대기, 자영업 준비 등 특별한 사유로 조사 기간 중에 구직활동을 하지 못한 사람도 포함한다.

실업자 분류 시 적용되는 구직활동기간은 **국제노동기구**(International Labour Organization, ILO)에서도 특별히 정하고 있지 않고 각 나라의 실정에 따라 결정하도록 하고 있다. 그러나 대다수 OECD 국가는 실업자의 구직활동기간을 4주간으로 하고 있다. 이에 따라 우리나라도 1999년 6월부터 실업자의 구직활동기간을 기존의 1주간 이외에 4주간으로 하는 실업자 통계를 보조지표로 작성·공표해 왔으며 2005년 6월부터는 구직활동기간이 4주간 기준인 실업자 통계를 주지표로 발표하고 있다. 가령 조사대상자에게 "지난 1주일 동안 수입을 얻기 위해 1시간 이상 일한 적이 있습니까?"라고 묻고 "그렇다"고 대답하면 그 사람은 취업자로 분류된다. "아니다"라고 대답한 사람에게는 다시 "지난 4주일 동안 구직활동을 한 적이 있습니까?"라고 묻고, "아니다"라고 대답하면 비경제활동인구로 분류하고, "그렇다"고 대답한 사람에게는 다시 "지난주에 일자리를 제안받았으면 받아들였을 것입니까?"라고 묻고 여기에 "그렇다"고 대답한 사람만 실업자로 분류한다. 다만 여기서 "아니다"라고 대답한 사람 가운데 당시의 불가피한 상황으로 구직활동을 하지 못했지만 앞으로 구직활동을 할 사람들은 실업자로 분류한다.

그리고 만 15세 이상 사람들 가운데 경제활동인구에 포함되지 않는 사람들, 즉 취업자도 실업자도 아닌 비경제활동인구는 일할 능력이 없거나 일할 의사가 없어 적극적인 구직활동을 하지 않는 사람을 말한다. 구체적으로는 전업주부, 학생, 일을 할 수 없는 연로자 및 심신장애자, 자발적으로 자선사업이나 종교단체에 관여하고 있는 사람(전업은 제외)들을 주로 포함하는데 이런 사람들은 자발적 의사에 따라 경제활동을 하지 않거나 신체 형편상 일을 할 수 없는 상황이므로 경제활동인구에서 빠지게 된다. 그런데 이들 말고도 경제활동인구에 포함되지 않는 사람들이 있는데 이들은 통념상 실업자로 보는 경향이 있다. 우선 취업준비생들은 경제활동인구에 포함되지 않는다. 신체상으로는 별다른 문제가 없는데 조기퇴직이나 명퇴 등으로 쉬고 있는 사람도 경제활동인구에 포함되지 않는다. 그리고 취업할 의사가 없이 그저 쉬고 있다는 구직단념자도 경제활동인구에 포함되지 않는다. 실제로 백수건달이라고 불리는 사람들의 경우는 일할 의사

- 경제활동 조사대상기간 및 시기 : 조사는 매월 15일이 포함된 1주간(일요일~토요일)을 조사대상주간으로 하며, 그다음 주간에 조사를 실시
- 15세 이상 인구 : 조사대상월 15일 현재 만 15세 이상인 자
- 경제활동인구 : 만 15세 이상 인구 중 조사대상기간 동안 상품이나 서비스를 생산하기 위하여 실제로 수입이 있는 일을 한 취업자와 일을 하지는 않았으나 구직활동을 한 실업자의 합계
- 취업자 : ① 조사대상주간에 수입을 목적으로 1시간 이상 일한 자, ② 동일 가구 내 가족이 운영하는 농장이나 사업체의 수입을 위하여 주당 18시간 이상 일한 무급가족종사자, ③ 직업 또는 사업체를 가지고 있으나 일시적인 병 또는 사고, 연가, 교육, 노사분규 등의 사유로 일하지 못한 일시휴직자
- 실업자 : 조사대상주간에 수입이 있는 일을 하지 않았고, 지난 4주간 일자리를 찾아 적극적으로 구직활동을 하였던 사람으로서 일자리가 주어지면 즉시 취업이 가능한 자
- 비경제활동인구 : 만 15세 이상 인구 중 조사대상기간에 취업도 실업도 아닌 상태에 있는 자

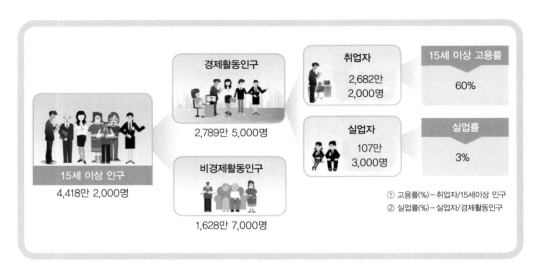

그림 12.2 2018년도 우리나라 경제활동인구

가 없기 때문에 취업자도 실업자도 아닌 비경제활동인구에 포함되어 실업률 계산에서 제외된다.

〈그림 12.2〉는 2018년도 기준으로 우리나라의 만 15세 이상 인구를 세 가지로 구분한 것이다. 만 15세 이상 인구는 생산가능인구 혹은 노동가능인구라 하는데, 2018년 현재 우리나라의 15세 이상 인구는 4,418만 2,000명이며, 이 중 취업자는 약 2,682만 2,000명, 실업자는 약 107만 3,000명이었다. 그리고 경제활동 인구는 취업자와 실업자의 합으로 정의되는데, 우리나라 인구의 약 절반에 해당하는 2,789만 5,000명에 이르고 있다. 경제활동 참가율은 15세 이상 인구에 대한 경제활동인구의 비율을 의미하며, **고용률**은 만 15세 이상 인구 중 취업자가 차지하는 비율을 말한다. 또한 **실업률**은 경제활동인구에서 실업자가 차지하는 비율이다. 구체적으로 경제활동 참가율과 고용률 및 실업률은 다음과 같은 방식으로 구할 수 있다. 여기에 따르면 실업률은 약 3.8%, 경제활동 참가율은 약 63.1%, 고용률은 약 60.7%라는 계산이 나온다.

$$경제활동\ 참가율(\%) = \frac{경제활동인구}{만\ 15세\ 이상\ 인구} \times 100$$

$$고용률(\%) = \frac{취업자}{만\ 15세\ 이상\ 인구} \times 100$$

$$실업률(\%) = \frac{실업자}{만\ 15세\ 이상\ 인구} \times 100$$

3) 실업률과 고용률

일반적으로 고용률이 올라가면 실업률은 떨어질 것으로 예상하는 경우가 많다. 하지만 실물경제에서는 실업률과 고용률이 같이 떨어지거나 같이 올라가는 경우가 많다. 이러한 현상을 이해하려면 우선 실업률 계산식을 다시 고려해볼 필요가 있다. 앞에서 설명된 바와 같이 취업자란 통계청 조사주간에 한 시간이라도 일을 해서 돈을 번 사람이며, 실업자는 구직활동을 하고 있지만 조사주간에 수입이 발생하는 일에 전혀 종사하지 못한 사람이다. 특히 '실업'이란 '일을 하려는 의사가 있는데 일자리가 없는 사람'으로 규정한다. 따라서 '일할 의사'가 없다면 일을 하지 않더라도 실업자 통계에 잡히지 않는다. 대표적인 예로 취업준비생이 있다. 취업준비생은 구직단념자로서 '일할 의사'가 없는 실망실업자로 분류되어 실업자에 포함되지 않으며, 실업률에 잡히지 않는다. 실제로 실업률은 실업자가 경제활동인구에서 차지하는 비중이다. 따라서 실업률 계산식에

🔍 좀 더 알기

학생이 아르바이트를 하면서 입사원서도 냈다면 취업자인가, 실업자인가? 학교를 다니는 학생이므로 비경제활동인구이기도 하고, 아르바이트를 하고 있으므로 취업자의 정의에도 부합한다. 또한 입사원서도 제출한 것으로 볼 때 구직활동을 수행한 실업자라고도 볼 수 있다. ILO에서는 이러한 복수의 활동상태를 가지게 되는 사람이 취업자, 실업자, 비경제활동인구 중 반드시 하나의 활동상태에만 배타적으로 귀속되도록 우선성 규칙(priority rule)을 적용하도록 하고 있다. 우선성 규칙은 노동력조사에서 경제활동상태가 취업인 사람을 먼저 파악하고, 나머지 사람들 중에서 실업자를 파악한 뒤 마지막으로 남은 사람들을 비경제활동인구로 간주하는 규칙이다. 그 결과 항상 취업자를 실업자와 비경제활동인구보다 우선적으로 파악하고, 실업자는 비경제활동인구보다 우선적으로 파악하게 되는 것이다. 따라서 사례에서처럼 아르바이트를 했다면 그 사람이 학교를 다니고 있든지 또는 구직활동을 하고 있든지 여부와 상관없이 취업자가 되는 것이다. 이 규칙 때문에 우리나라에 거주하는 15세 이상 모든 인구는 빠짐없이 취업자, 실업자, 비경제활동인구 중 하나의 활동상태를 가지게 된다.

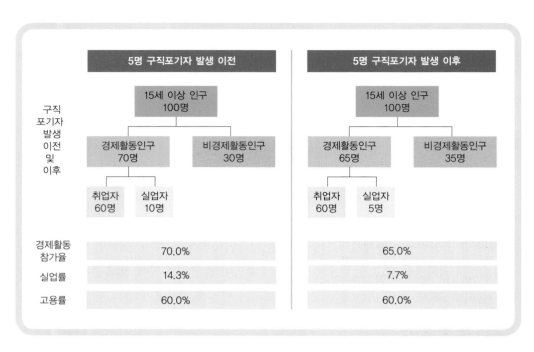

그림 12.3 구직포기에 따른 경제활동인구 구성과 고용통계의 변화

는 생산가능인구가 아니라 경제활동인구가 고려되므로 실업률은 실업자와 취업자 수 변화와 함께 경제활동 참가율 변화에 의해서도 달라질 수 있다.

$$경제활동인구 = 취업자 + 실업자(구직의사가 있는데 일자리가 없는 사람)$$

물론 경제활동 참가율에 변화가 없는데 실업자 수가 줄어든다면(취업자 수가 증가한다면) 실업률은 떨어지고 고용률은 올라갈 것이다. 하지만 우리가 흔히 경제활동인구라고 하면 취업자와, 일을 하려는데 일자리가 없는 실업자를 더한 개념으로 구직단념자는 실업자에 속하지 않으니 경제활동인구가 아니라 비경제활동인구에 포함된다. 가령 현재 취업준비를 하던 대학생이 장기적인 구직난으로 적극적인 구직활동을 포기한다면 '구직단념자'로 전환되면서 실업자도 아니고 경제활동인구에도 해당되지 않는다.

이로 인해 취업자 수가 늘어나지 않는 상황에서 구직을 포기하는 사람이 늘어도 실업률이 떨어지는 이상한 현상이 생기게 된다. 가령 〈그림 12.3〉에서 보듯이 15세 이상

인구가 100명, 경제활동인구가 70명, 취업자가 60명, 실업자가 10명인 인구 구성을 가정해보자. 만일 실업자 중 5명이 구직활동을 포기하고 비경제활동인구로 옮겨간 '실망실업자'가 된다면 실업률은 오히려 14.3%에서 7.7%로 떨어지면서 고용상황이 호전된 것으로 나타나는 고용상의 착시현상이 발생하게 된다. 하지만 이런 경우 고용률은 60.0%로 변화가 없음을 확인할 수가 있다.

만일 대학을 졸업하고 공무원시험을 준비 중인 친구는 '경제활동인구'가 아니다. 하지만 그 친구가 학비를 벌기 위해 편의점에서 1주일에 아르바이트 한 시간 이상을 하게

'실업' 다룬 볼 만한 영화 뭐 있을까?

영화 속에서 실업은 좋은 소재가 된다. 실업은 '문제적 개인'을 만들어내기 좋은 환경이기 때문이다. 잘나가던 직장인이 어느 날 갑자기 실업자가 됐다고 생각해보라. 그가 겪을 심적 갈등과 자괴감, 당장의 호구지책, 가족과의 관계, 그리고 이를 극복하기 위한 노력 등 하나하나가 중요한 영화적 모티브를 제공한다.

실직자들이 직접적으로 등장하는 대표적인 영화가 〈풀 몬티(1998)〉이다. '풀 몬티'는 홀딱 벗은 상태를 뜻하는데, 실직한 영국의 철강노동자들이 생계를 위해 스트립쇼를 벌인다는 이야기다. 이 영화는 외환위기를 맞은 국내에서도 개봉돼 많은 공감을 얻었다. 영국은 1970~1980년대에 경제가 급속히 위축되고 구조조정이 일어나면서 대대적인 실업문제에 봉착했다. 따라서 풀 몬티 외에도 발레를 배우고 싶은 소년을 그린 〈빌리 엘리어트(2001)〉, 그리고 이완 맥그리거 주연의 〈브래스드 오프(1997)〉 등 폐광을 앞둔 탄광촌을 배경으로 한 실업 관련 영화들이 많다. 2007년에 개봉되었던 재일교포 이상일 감독이 연출한 일본 영화 〈훌라 걸스〉도 일거리가 사라진 탄광촌이 하와이풍 휴양지로 바뀐다는 줄거리를 담고 있다. 실업을 다룬 미국 영화로는 짐 캐리 주연의 〈뻔뻔한 딕 & 제인(2005)〉이 있다. 잘나가던 IT 업체 홍보 담당자인 짐 캐리가 갑자기 회사가 파산해 실업자가 되면서 겪는 내용을 코믹하게 다뤘다. 그러나 미국은 상대적으로 실업문제가 덜해 실업에 대한 영화적 접근도 영국보다 훨씬 덜 심각하고 작품도 많지 않다. 실업, 빈곤문제를 다룬 걸작으로는 이탈리아의 거장 비토리오 데 시카 감독의 〈자전거 도둑(1948)〉을 빼놓을 수 없다. 제2차 세계대전 직후 로마에서 거리를 배회하던 실업자 안토니오가 간신히 일자리를 얻고 자전거도 구했으나 도둑을 맞고서 나중엔 본인도 자전거 도둑이 되는 이야기다.

출처 : 한국경제, 2007. 6. 22

되면 취업자로 분류된다. 결국 이래저래 실업률에는 잡히지 않게 된다. 또한 대학졸업 시즌이 되면 통상적으로 취업자가 늘게 된다. 그렇다면 고용률은 올라가지만 졸업하고 당장 취업되지 않아 구직활동 중인 경우도 늘게 되어 실업률도 상승한다. 그래서 고용률도 올라가고 실업률도 상승하는 현상이 발생하게 된다. 이와 반대로 감소한 취업자 수보다 실업자들이 구직활동을 포기하고 비경제활동인구로 옮겨간 '실망실업자'가 더 많다면 실업률과 고용률은 동시에 떨어지는 현상도 발생하게 된다. 이처럼 실업률만으로 국가의 고용 상황을 파악할 경우 정확한 실체파악이 어려우므로 실제 일을 하고 있는 사람들을 기준으로 생산가능인구 전체 중 취업자의 비중을 나타내는 '고용률'이 보조지표로 사용될 필요가 있다.

2. 실업의 종류와 결정요인

1) 실업의 유형

실업은 크게 자발적 실업과 비자발적 실업으로 나눌 수 있는데, 자발적 실업에는 마찰적 실업이 있으며, 비자발적 실업에는 구조적 실업, 계절적 실업, 경기적 실업이 있다.

(1) 자발적 실업

자발적 실업(voluntary unemployment)이란 일할 능력이 있으면서도 현재의 조건에서는 일할 의사가 없어서 발생하는 실업이다. 자발적 실업에는 마찰적 실업이 있다. 마찰적 실업(frictional unemployment)은 근로자가 한 직장에서 다른 직장으로 옮기는 과정에서 단기적으로 발생하게 되는 실업이다. 현재 다니고 있는 직장의 임금이 낮거나 또는 자신의 적성이나 관심분야와 맞지 않아서, 혹은 이사나 여건이 더 좋은 직장을 구하기 위해 일시적으로 실업을 선택하는 경우를 말한다. 개인의 자발적 선택이라는 차원에서 본다면 마찰적 실업은 국민경제 내에서 항상 일정한 비중으로 나타날 수밖에 없다. 따라서 한 국민경제에서 마찰적 실업만이 존재하고 있다면 완전고용이 이루어진 상태로 본다.

> • 마찰적 실업 : 근로자가 한 직장에서 다른 직장으로 옮기는 과정에서 단기적으로 발생하게 되는 실업

(2) 비자발적 실업

비자발적 실업(involuntary unemployment)이란 현재의 조건에서 일할 능력과 의사가 있음에도 불구하고 일자리를 구하지 못해 발생하는 실업이다. 여기에는 구조적 실업, 계절적 실업, 경기적 실업이 있다.

구조적 실업(structural unemployment)은 산업 구조의 변화나 제도적 요인으로 인해 노동시장의 수요와 공급에 불균형이 발생함으로써 나타나는 장기적이고 만성적인 실업이다. 먼저 산업 구조가 변하면서 산업 간 노동력의 수요와 공급에 불균형이 발생하여 실업이 야기되는 경우를 들 수 있다. 경제성장과 기술 발전으로 소득수준이 높아지면 사람들이 선호하는 재화와 서비스의 종류도 변한다. 이때 사람들의 선호가 떨어진 재화와 서비스를 생산하는 산업은 사양화되고 그 부문에 종사하던 근로자는 일자리를 잃게 된다. 대신 새로이 탄생하는 산업에서 일자리가 늘어나지만 사양 산업에 종사하던 근로자들이 갑자기 새로운 산업에서 일자리를 구할 수 없기 때문에 그 과정에서 실업이 발생한다. 또한 뒤에서 고찰할 최저임금이나 효율임금과 같은 제도적 요인도 구조적 실업을 야기한다. 예컨대 최저임금은 노동의 수요량과 공급량이 일치되는 임금 수준보다 높게 형성된다. 이렇게 되면 노동공급량은 늘고 수요량은 줄어 공급과잉 현상이 발생하며, 일자리에 비해 구직자 수가 더 많기 때문에 적지 않은 근로자들은 실업자가 된다.

계절적 실업(seasonal unemployment)은 자연적 요인이나 생활양식으로 인해 수요가 계절적으로 편재됨으로써 매년 순환적·규칙적으로 나타나는 형태의 실업이다. 자연적 요인이라는 것은 기후(계절)의 변화를 의미하며 생활양식이라는 것은 사회적 관습과 유행이다. 여름철에는 아이스크림과 생맥주에 대한 수요가 많아지고 겨울철에는 스키와 관련된 수요가 증가하는 것이나, 바캉스 시즌 또는 크리스마스 시즌에 특정 제품에 대한 수요가 집중되는 것을 들 수 있다. 이러한 실업은 전통적으로 농업, 관광업, 건설업 등에서 많이 발생하는 것으로 여겨진다. 일반적으로 농업의 농한기, 관광업의 비수기, 건설업은 장마철이나 동절기에 생산활동 수준이 크게 변동하게 됨에 따라 나타나는 고용 수준의 변동이 실업 발생의 주요 원인이 된다.

경기적 실업(cyclical unemployment)은 경기변동에 따른 총수요의 부족으로 일하려는 사람 모두에게 일자리를 제공할 수 없을 때 발생하는 실업이다. 불황기에 재화와 서비스에 대한 수요가 감소하면 생산이 줄고 노동자는 해고된다. 이때 하방 경직성으로 인해 임금이 균형 수준으로 내려가지 않으면 실업이 발생할 수밖에 없다. 경기적 실업이 발생하면 일을 하려는 사람이 일자리보다 많기 때문에, 모든 일자리가 다 차더라도 일부 사람들은 실업상태에 놓이게 된다. 경기가 회복되어 일자리가 늘어나면 이 실업은 해소된다. 경기가 불황으로 빠질 때 정부가 실시하는 확대 재정 및 금융정책은 이 실업을 줄이는 것이 주요한 목적이다.

기술적 실업(technological unemployment)은 기술진보와 함께 기술력이나 재능, 그리고 교육 수준이 상대적으로 떨어지는 노동자들이 자동화 설비에 의해 대체됨으로써 발생하는 선진사회의 실업이다. 이른바 마르크스적 실업이라고도 부르는데 최근 노동력을 대체하는 기계나 로봇을 이용한 공장자동화 등 신기술의 도입으로 해당 직종에 대한 노동수요가 감소하여 실업이 생기는 것이다. 구조적 실업이 해당 산업의 사양화 과정에서 실업이 발생하는 반면에 기술적 실업은 보다 효율적인 생산방식을 도입한다는 차이가 있다. 그리고 이러한 기술진보가 항상 고용에 부정적 효과만을 가져온 것은 아니다. 신기술이 낡은 산업이나 구식 기계를 사용하던 노동자의 실업을 가져오는 것은 사실이지만, 동시에 새로운 산업을 창출해냄으로써 또 다른 고용 기회도 만들어 왔다. 가령 노동 절약형 기계가 발명되면 그것과 관련된 산업부문에서는 실업이 발생하지만, 노동 절약형 기계를 생산하는 산업부문에서는 고용이 증가할 수 있기 때문이다. 따라서 지금까지는 기술적 실업은 실업을 창출하는 동시에 다른 한편으로는 다른 일자리를 창출했기 때문에 주요한 정책적 고려 대상이 되지 못했다. 그러나 최근 컴퓨터 활용이 확산되면서 제조업 분야에 정보화가 가속화되고 실질적으로는 실업이 점차 증가하는 경향이 있다는 연구 결과가 발표되고 있어 고용정책의 주요 이슈로 부각되고 있다.

이 외에도 위장실업(disguised unemployment, 잠재적 실업 혹은 가장실업이라고도 한다)이 있는데, 이는 표면적으로는 실업이 아니지만 노동자가 그의 한계생산력에 미달한 임금을 받는다든가, 생산능력을 충분히 발휘하지 못하고 있는 상태를 말한다. 구체적으로 원하는 시간보다 더 적게 일해야 하는 경우로서 소득이 생계를 이어갈 수 없을 만큼 낮은 취업자로서 흔히 반실업상태로 표현된다. 이러한 위장실업은 비경제활동인구화한 노동력을 포함하며, 체감실업률이 상당히 높아지는 원인이 된다. 원래 위장실업이라는 개념은 로빈슨(J.V. Robinson) 여사가 「고용론(Essay in the Theory of

Employment」(1937)에서 처음 사용한 용어이다. 복지사회제도가 발달되지 않은 나라에서 해고된 사람들은 자력으로 생활을 유지해야 하므로 어쩔 수 없이 소득수준이 낮은 지위·직업으로 전락하든가 자급자족적인 생업에 종사하게 된다. 이러한 비자발적 취업은 생산능률의 현저한 저하를 수반하게 되는데, 이처럼 생산력이 낮은 직업에 비자발적으로 취업하고 있는 상태를 위장실업이라고 한다. 즉 노동자가 현실적으로 고용되어 임금을 받고 있으나, 가능한 생산능력을 충분히 발휘하지 못하는 처지에 놓인 상태를 위장실업이라고 하는 것이다. 오늘날에는 노동이 현상적으로 취업상태에 있으되, 그 한계생산력이 0에 가까운 상태를 위장실업이라고 이해하는 경우가 많다. 예를 들어서 흥부가 1,000평의 논에서 쌀 100가마를 생산해 왔는데, 그의 두 아들이 실직을 하여 흥부의 쌀농사를 도와 생산했지만 수확량이 여전히 100가마에 그치게 될 경우 아들 2명의 한계생산력은 0에 가깝게 때문에 위장실업으로 볼 수 있다.

- 구조적 실업 : 산업 구조의 변화나 제도적 요인으로 인해 노동시장의 수요와 공급에 불균형이 발생함으로써 나타나는 장기적이고 만성적인 실업
- 계절적 실업 : 자연적 요인이나 생활양식으로 인해 수요가 계절적으로 편재됨으로써 매년 순환적·규칙적으로 나타나는 형태의 실업
- 경기적 실업 : 경기변동에 따른 총수요의 부족으로 일하려는 사람 모두에게 일자리를 제공할 수 없을 때 발생하는 실업
- 기술적 실업 : 기술진보와 함께 기술력이나 재능, 그리고 교육 수준이 상대적으로 떨어지는 노동자들이 자동화 설비에 의해 대체됨으로써 발생하는 선진사회의 실업
- 위장실업 : 표면적으로는 실업이 아니지만 노동자가 그의 한계생산력에 미달한 임금을 받는다든가, 생산능력을 충분히 발휘하지 못하고 있는 상태

---

2) 실업의 결정요인

(1) 완전고용과 마찰적 실업

일반적으로 일하고 싶은 사람이 모두 고용된 상태를 '완전고용'이라 한다. 그러나 완전고용상태는 한 사람의 실업자도 없음을 의미하지는 않는다. 앞에서 고찰했듯이 직장을 옮기는 과정에서 일시적으로 나타나는 일정한 규모의 마찰적 실업은 불가피하기 때문이다. 이 때문에 완전고용이란 엄밀하게 말해 자발적 실업인 마찰적 실업만이 존재하는 상태라고 파악한다.

우리나라는 1997년 이전에는 실업률이 2~3% 수준을 유지하다가 1999년 외환위기

의 여파로 한때 6.9%에 도달하기도 했으며, 이후 2000년도에는 4.1%로 하락한 이후 지금까지 3~4%의 수준을 유지해 오고 있다. 이처럼 우리나라의 실업률이 완전고용 수준에 가까운 미국(4.2%)과 유사하고, 프랑스(10.5%)와 독일(11.2%)보다도 훨씬 낮은 이유는 무엇일까? 우선 우리나라는 농림어업부문 취업자 비중이 다른 선진국에 비해 상대적으로 높다. 그리고 구멍가게 같은 영세 규모의 자영업자, 무급가족종사자가 상당히 많은 비중을 차지하고 있다. 따라서 고용의 질적인 면에서는 취약하나 실업률은 낮게 나타나는 것이다. 또한 실업보험제도 같은 사회안전망 및 직업 알선 기관이 활성화되어 있지 않고, 직장을 옮겨 다니는 것에 대한 사회적 인식도 그리 좋은 편이 아니다. 따라서 현 직장이 불만스러워도 가급적 현재의 직장에 머무르는 경향이 강하다. 상대적으로 마찰적 실업이 작은 것이다. 물론 최근에 고용보험 등 실업자를 위한 생계 지원 제도가 마련되긴 했으나 평생지원 체제가 아닌 한시적인 지원 체제이기 때문에 다니던 직장을 포기하고 다른 직장을 찾아나서는 등 마찰적 실업자가 크게 늘 가능성은 거의 없다. 여성의 경우 최근 많이 개선되기는 했으나 여전히 취업 장애가 상대적으로 높아 구직활동에 소극적이어서 통계적으로 실업자에 적게 포함된다. 결국 우리의 3~4% 실업률은 유럽 선진국의 6~7% 수준과 맞먹는 수준으로 보아도 큰 무리가 없을 것이다.

(2) 비자발적 실업 요인

비자발적 실업은 현재의 임금하에서 노동의 공급량이 노동의 수요량을 초과하기 때문에 발생한다. 즉 어떤 근로자가 현재의 임금으로 일할 의사가 있음에도 불구하고 일자리를 얻지 못한다면 비자발적 실업상태인 것이다. 비자발적 실업자가 발생했을 때 임금이 떨어지면 노동시장은 다시 균형(완전고용)을 회복지만 그렇지 못하면 실업이 장기화된다. 비자발적 실업을 발생시키는 요인으로는 최저임금제, 노동조합, 효율임금 등을 들 수 있다.

　　최저임금제(minimum wage system)는 고용주가 지불해야 할 시간당 최저임금을 법으로 정해 놓은 것이다. 만약 최저임금이 노동의 수요량과 공급량을 일치시키는 임금 수준보다 높게 책정되면, 노동의 공급은 늘어나고 수요는 감소함으로써 노동시장에 초과노동공급상태가 발생한다. 일자리에 비해 일자리를 구하는 사람의 수가 많으면 얼마간의 사람들은 일자리를 구하지 못해 실업자가 된다. 최저임금이 낮아지지 않는 한 이 상황은 지속될 것이다. 이 제도는 주로 미숙련 근로자를 대상으로 하므로, 결과적으로는 미숙련 근로자에 대한 고용 규모를 줄이는 결과를 초래한다. 최근 아파트 경비원에게 최저임금을 적용하자 상당수 아파트가 경비원 수를 줄인 것이 대표적인 사례이다. 따라서 경제학자들은 저임금 근로자를 보호하려면 최저임금제를 시행하는 것보다 보조금을 직접 지급하는 것이 더 효과적이라고 지적하기도 한다. 하지만 대부분의 근로자들은 최저임금 이상의 임금을 받고 일하기 때문에 이것으로만 장기적 실업의 존재 이유를 설명하기는 힘들다.

노동조합(labor union)은 조합원의 고용 유지와 임금 상승을 주된 목적으로 한다. 노동조합의 효과를 분석한 연구 결과에 따르면 노동조합에 속한 근로자들이 그렇지 않은 근로자들에 비해 높은 임금을 받고 있는 것으로 나타났다. 노동조합의 단체 교섭으로 인해 임금이 균형임금 수준보다 높아진다면 당연히 노동의 공급은 늘고 노동의 수요는 줄기 때문에 노동의 과잉 공급이 나타나 실업이 발생한다. 결과적으로 조합원들이 더 받게 되는 보수는 불행히도 실업상태가 된 다른 근로자들의 희생에서 나오는 것이다.

노동조합의 존재에 대해서는 비판적인 견해와 긍정적인 견해가 혼재한다. 비판적인 견해는 노동조합을 하나의 카르텔과 같은 것으로 본다. 따라서 예를 들어 자동차 산업에서 노동조합의 단체 교섭 결과 경쟁시장에서의 균형임금 수준보다 높은 임금을 유지하게 되면 노동의 수요가 줄어 실업이 발생하고 이 실업자들은 다른 부문으로 흘러들어 다른 부문의 임금이 하락하게 된다. 따라서 비판적 견해는 노동조합으로 인해 노동 배분의 효율성과 공평성이 저해된다고 본다. 반면에 노동조합을 옹호하는 입장에서는 노동조합은 근로자들을 고용하는 기업의 시장지배력에 대한 대응 수단으로서 반드시 필요하다고 주장한다. 노동조합이 없을 경우, 기업의 힘이 커지게 되면 개별 노동자들은 기업이 제시하는 근로 조건을 받아들이지 않을 수 없게 된다. 기업은 노조가 없을 경우에는 시장지배력을 행사하여 열악한 고용 조건을 제시할 가능성이 크다. 따라서 노동조합은 기업의 시장지배력에 맞서 기업주들로부터 근로자들을 보호하는 수단이 된다고 본다. 또한 노동조합은 근로 조건에 대한 근로자들의 견해를 대변함으로써 기업으로 하여금 근로자들이 원하는 근로 조건을 제시할 수 있게 해준다. 이렇게 노동조합은 임금을 균형 수준 이상으로 높이고 실업을 초래한다는 점에서는 기업에 불이익을 주지만, 근로 조건에 만족하고 열심히 일하는 노동력을 유지할 수 있도록 한다는 점에서는 이득이 될 수도 있는 것이다.

효율임금(efficiency wage) 이론은 임금의 하방 경직성을 설명하는 또 하나의 이론으로, 근로자의 생산성이 임금 수준에 영향을 받기 때문에 기업은 비자발적 실업이 존재하는 상황에서도 임금을 낮추지 않는다고 본다. 즉 기업은 비대칭적 정보의 상황에서 근로자의 도덕적 해이(moral hazard)와 역선택(adverse selection)을 막기 위해 의도적으로 균형임금 수준보다 높은 임금을 지불한다는 것이다. 기업이 높은 임금을 지불하면 근로자들은 한편으로는 일자리 만족도가 증가하고 다른 한편으로는 이직에 따른 기회비용이 높아진다. 이는 근로자들의 직장에 대한 충성도와 생산성을 높이기 때문에 실업이 발생하더라도 기업으로서는 이익이 되며, 아울러 새로운 근로자의 채용과 교육에 들어가는 비용을 줄일 수 있다고 설명한다. 따라서 기본적으로 효율임금 이론은 최저임금제나 노동조합의 존재와 같은 논리를 갖는다. 다만 효율임금의 경우에는 기업이 스스로 균형임금보다 높은 임금을 지불하는 것이 이득이기 때문에 최저임금제나 노동조합이라는 외적 제약이 없더라도 실업이 발생할 수 있다는 점에서 차이가 있다.

3) 체감 실업률

우리나라 실업률 동향을 살펴보면 경제활동인구조사 통계에 나타난 2000년 이후 우리나라 실업률은 2000년 무렵에 잠깐 4% 정도에 이른 이후 지속적으로 3%대를 유지해오고 있다. 일시적으로 4% 정도로 실업률이 높아진 경우도 있으나 대부분 3%대 중반에 머물고 있는 실정이다. 하지만 국민들 대다수는 이러한 실업률 통계를 신뢰하지 못하고 있는 실정이다. 실제로 실업자가 넘쳐나고 취업하기도 어려운 시점에 **통계상 실업률**과 **체감 실업률**이 너무 다르다고 지적한다.

세계 주요 국가별 실업률을 살펴보면, 2017년 우리나라 실업률은 3.7%로 나타나 있다. 일본은 우리보다 낮은 2.8%, 싱가포르는 1.9%로 더 낮지만, 대만은 3.8%로 우리와 비슷하다. 하지만 비교적 양호한 아시아 국가들과 달리 아메리카 대륙은 '경제가 호황'이라는 미국이 4.4%, 캐나다가 6.3%로 우리보다 높다. 유럽으로 가면 독일이 3.8%로 우리와 비슷할 뿐, 영국 4.3%, 프랑스 9.4%, 이탈리아 11.2%, 스페인 17.2%로 우리보다 상당히 높게 나타난다. 몇 년 전 국가부도 사태를 겪은 그리스는 무려 21.5%에 이른다. 복지국가의 전형으로 알고 있는 북유럽 국가들도 실업률이 높기는 마찬가지다.

급여 올려도 경영 성과 나아진다고?

미국의 자동차 회사인 포드(Ford)는 1914년 종업원들에게 주는 일당을 5달러로 상향 조정했다. 당시 경쟁관계에 있는 다른 자동차 공장에서 일하던 사람들의 평균 일당이 2~3달러 수준이었음을 감안하면 매우 파격적인 것이었다. 빠르게 성장하는 기업이라 하더라도 경쟁 회사 임금의 2배를 지급하는 것은 큰 부담이었을 텐데 포드는 임금 인상 이후 경영 성과가 오히려 개선되었다고 한다. 무슨 일이 일어난 것일까?

자본주의경제가 발전해 온 이래 기업을 경영하는 사용자와 노동을 제공하는 근로자 간의 갈등은 끊임없이 계속되어 왔다. 그중에서도 '임금'을 둘러싼 양측의 힘 대결은 가끔 극단적인 행동을 유발할 만큼 치열하다. 임금은 사용자에게 있어서 생산비용이므로 낮을수록 좋은 것이고, 근로자에게는 생계를 유지하기 위한 소득의 원천이니 높을수록 좋기 때문이다. 먼저 사용자의 입장에서 보면 기업의 이윤은 물건을 판 수익에서 물건을 만드는 데 든 비용을 차감한 것이므로 과다한 임금 인상으로 비용이 증가하게 되면 이윤은 낮아지게 된다. 이윤을 많이 못 남기면 이는 투자 부진으로 이어지고 결국 기업의 장기적인 성장도 어려워지게 된다. 이러한 상황을 피하기 위해 어떤 기업이 판매 가격을 올릴 경우 그 기업은 가격 경쟁력이 약화되어 어려움을 겪을 것이고, 만약 대다수의 기업들이 전반적으로 가격을 올린다면 이는 물가 상승으로 이어져 근로자들이 '실질적으로' 받는 임금은 별로 늘어나지 않게 된다. 따라서 임금은 근로자가 생산에 기여하는 만큼, 즉 노동 생산성만큼만 지급하는 것이 바람직하다는 견해가 일반적이다.

그런데 노동 생산성이 임금을 결정한다는 주장과는 반대로 임금이 생산성을 좌우한다는 이론

(효율임금 이론)이 있다. 이에 따르면 임금 상승은 근로자뿐만 아니라 사용자의 입장에서도 바람직하다는 것으로 앞에서 언급한 포드의 상황이 좋은 예가 될 수 있다.

먼저 포드의 임금이 올라가자 우수한 인력들이 포드에 대거 입사하기 시작했다. 일반적으로 기업이 지급하는 임금보다 높은 생산성을 가진 사람들은 그 기업을 떠나고 생산성이 낮은 사람들만 남아 있을 가능성이 높은데, 기업이 높은 임금을 지급하게 되면 우수한 인력들이 그 회사를 떠나는 역선택(adverse selection) 현상을 완화해 줄 수 있다.

둘째로, 임금 상승 후 포드 근로자들의 결근율이 급락하는 등 근무 태도가 크게 향상되었다. 기업이 종업원들을 완벽하게 감시하기는 어려우므로 종업원들에게는 열심히 일하지 않으려는 도덕적 해이(moral hazard)가 발생할 가능성이 높다. 그런데 임금이 높아지면 근무 태만으로 실직했을 때 그 기회비용이 증가하게 되므로 그러한 도덕적 해이를 완화해준다.

셋째로, 포드 근로자들의 이직이 줄어들었다. 직원들의 이직이 잦은 기업은 신규 채용과 재교육에 따른 비용이 많이 발생하게 되는데 임금이 높아 직원들이 떠나지 않으면 그러한 비용을 크게 줄일 수 있다.

이와 같이 임금 인상은 기업의 생산비용을 증가시키기도 하지만 근로자들의 생산성이 그보다 더 높아진다면 전체적인 경영 성과는 오히려 개선될 수 있다는 것이다. 그러나 이러한 이론도 현실을 완전히 설명해주지는 못한다. 예를 들어 강력한 노조가 근로자들을 보호하고 있는 기업에서는 임금을 인상해도 열심히 일하려는 유인 제공 효과가 별로 크지 않을 것이기 때문이다. 우리 사

벨기에가 7.1%, 노르웨이가 4.2%, 네덜란드가 4.8%, 덴마크가 5.7%, 핀란드가 8.6%로 나타나고 있다. 우리나라는 고용통계상으로는 고용 상황이 아주 양호한 국가에 해당된다. 그런데도 정부가 공식 발표하는 통계지표상의 실업률과 사람들이 피부로 느끼는 체감 실업률에는 다소의 괴리가 있는 것으로 지적받는 이유는 무엇일까?

실업률이 과소 혹은 과다 측정되는 원인들로는 여러 가지가 언급되고 있으며, 이 중에서 대표적인 사례들을 살펴보면 다음과 같다.

첫째, 국민들이 실업률을 비롯한 고용 상황을 실제로는 통계상 숫자로 나타난 이상으로 심각하게 느끼고 있다는 점이다. 이는 주로 고용 관련 통계용어에 관한 '일반적 인식'과 '통계상 정의'가 일치하지 않는 데서 비롯되는 경우가 많다. 우선 1주일의 법정 근로시간이 40시간임을 감안할 때 1주일 동안 1시간만 일해도 취업자로 분류하는 것은 사실상 실업자를 취업자로 둔갑시켜 실업률을 낮추는 결과를 가져온다. 사실 단 1시간이라도 지방자치단체의 공공 근로에 참여하였거나, 최저 생활비에 턱없이 못 미치는 시간제 근로나 아르바이트를 하고 있는 사람도 모두 '취업자'로 분류하고 있다. 정리해고된 사람이 일자리를 찾아 헤매는 과정에서 차비나 벌려는 목적으로 몇 시간 취업을 했다고 해서 그 사람을 취업자로 분류할 수 있을까? 아울러 취직을 못한 자식이 부모가 경영하는 가게에서 일을 도와주거나 잠깐씩 아르바이트를 하는 **무급가족종사자**의 경우처럼 상시 고용을 원하는 임시 고용자와 시간제 고용자는 **사실상 실업자**인데도 취업자로 분류되어 실업률을 낮추는 결과를 가져온다.

두 번째는 실업자와 비경제활동인구를 구분하는 기준인 '**지난 1주일 동안의 구직 활동 여부**'는 기간이 너무 짧다는 문제가 있다. 가령 2주일 전까지 구직활동을 하다가 그 이후에 포기해 버린 사람은 실업자가 아니라 비경제활동인구가 되는데, 실제 OECD에 속한 대부분의 국가에서는 '지난 1주일 동안'이 아니라 '지난 4주일 동안' 구직활동을 했으나 일자리를 구하지 못한 사람을 실업자로 간주하고 있다. 이런 경우에는 실업자가 증가하고 비경제활동인구는 감소하게 된다. 현재 우리나라도 실업률을 국제적으로 비교하기 위해 '지난 1주일 동안'의 구직활동 여부를 조사하는 것 외에도 '지난 1개월 동안'의 구직활동 여부도 동시에 조사해 두 가지 기준에 따른 실업률을 모두 작성하고 있다. 2008년을 기준으로 1주일 동안 구직활동을 하지 않은 사람을 실업자가 아니라고 간주할 경우 우리나라의 실업률은 3.0%이고, 1개월 동안 구직활동을 하지 않은 사람을 실업자가 아니라고 간주할 때 실업률은 3.2%이다.

세 번째는 **실망 실업자**들은 비경제활동인구로 분류되어 실업률을 낮추게 된다. 가령 대학 졸업 후 취업에 실패하여 자포자기한 상태로 구직활동을 포기하는 경우는 일종의 강요된 실업으로서 전업 주부들이 자발적으로 취업을 포기한 것과는 다르다.

네 번째는 조사대상자가 조사원 앞에서 자신이 실업자라는 사실을 밝히기 싫어 사실과는 달리 일자리를 구하려 하지 않는다고 대답하기도 한다. 이런 경우에는 실업률이 현실을 적절히 반영하지 못하고 실제보다 낮은 실업률을 보여준다. 이런 문제 때문에 유럽에서는 실업수당을 받으러 오는 사람들을 실업자로 취급하는 방법을 사용하고 있다. 실업자로 판정되어야만 실업수당을 받을 수 있기 때문에 자신이 실업자라는 사실을 숨기지 않게 된다. 하지만 우리나라는 실업보험의 역사가 아직은 짧기 때문에 이 방법을 사용하기가 어렵다.

다섯 번째는 매춘, 마약, 도박, 밀수와 같이 비합법적인 직업에 종사하는 은밀한 **업무 종사자**(clandestine worker)는 스스로 직업을 공개하기를 꺼려 실업자로 행세함으로써 실업 통계가 사실보다 높게 산출될 수도 있다.

취업자와 실업자에 관한 통계상 정의가 일반적인 사람들의 통념과 많은 차이가 나면서, 통계상 실업률과 우리가 체감하는 실업률에 차이가 발생하게 된다. 그러면 통계기준을 사람들 상식에 맞추면 되지 않을까 하는 생각도 가질 수 있다. 하지만 현실적으로 취업자 기준을 어떻게 정하는가와 취업자와 실업자를 구분하는 경계선을 정하기가 매우 어렵다. 그래서 국내 실업 통계도 세계적으로 합의된 기준에 따르고, 이 기준을 우리만 바꿀 경우 국가 간 비교에서의 객관성 상실 등 다양한 문제가 발생할 수 있기도 하다.

하지만 기본적으로 대다수 사람들이 실업자로 생각하는 통념과 동떨어진 실업률 계산방식의 한계점을 보완하기 위해 나온 통계가 고용보조지표이다. 참고로 미국은 오래 전부터 U1~U6라는 여섯 가지 실업률 통계를 만들어 왔다. U1은 실업자의 정의를 매우 좁게 규정한 것이며, U2, U3, U4로 갈수록 실업자의 정의를 점점 확대해 실업률이 높게 나타난다. 미국의 U3가 우리나라 실업률에 해당하는 통계지표다. 우리나라도 미국을 비롯한 여러 해외 사례를 참고해 실업률 외에 세 가지 실업률 지표를 발표하는데, 이것이 바로 고용보조지표이다.

고용보조지표는 통계청이 2014년부터 발표했는데, 우리나라 고용보조지표에는 고용보조지표(1), 고용보조지표(2), 고용보조지표(3)이 있다. 고용보조지표(1)은 기존 실업률 통계에 시간적으로 불완전한 취업자, 즉 취업시간이 짧아 더 일을 하고자 하는 사람을 실업자로 간주한 고용지표다. 고용지표(2)는 기존 실업률 통계에다 비경제활동인구 가운데 취업을 희망했으나 취업이 안 된 사람까지 실업자로 간주하여 만든 고용지표다. 고용보조지표(3)은 고용보조지표(1)과 고용보조지표(2)를 포함해 가장 포괄 범위가 넓은 실업률 통계다. 참고로 2018년 11월의 우리나라 실업률은 3.2%인데, 고용보조지표(3)은 10.7%로 나타났다. 아마 고용보조지표(3)이 일반 국민들이 느끼는 실업률이 아닐까 하는 생각도 든다. 실업률 통계가 체감 실업률과 괴리된 엉터리 통계라고 생각하는 이들은 고용보조지표를 잘 살펴보면 통계와 감각 간의 차이를 줄일 수 있을 것이다. 언론도 실업률뿐 아니라 고용보조지표를 잘 활용하면 실업문제의 특성과 동향을 좀 더 잘 파악할 수 있을 것이다.

좀 더 알기

1주일에 1시간만 일해도 취업자인가에 대한 논란이 많다. 하지만 ILO에서는 수입을 목적으로 조사대상주간(1주) 동안 1시간 이상 일한 사람을 취업자로 정의하고 있다. 일반적으로 취업자라고 하면 사업체에 출근하거나 자기 사업을 하면서 주 5일 이상 일하는 사람을 떠올리기 쉬운데, ILO 기준에 따르면 근로형태를 가리지 않고 수입을 목적으로 1주일 동안 1시간 이상 일했다면 모두 취업자라고 정의하고 있는 것이다. 그렇다면 왜 취업기준은 1시간인가? 기본적으로 경제활동인구조사는 경제정책에 필요한 거시경제지표를 만들어내는 통계조사이기 때문이다. 한 나라의 총생산을 측정하기 위해서는 취업자 수와 근로시간에 기초한 총노동투입량이 필요한데, 이를 계산하기 위해서는 수입을 목적으로 1시간 이상 수행된 모든 일이 파악되어야 한다. 특히 고용상황이 변하면서 단시간 근로, 부정기 근로, 교대 근로 등 다양한 취업형태가 나타나고 있으므로 이러한 형태의 취업을 모두 포함하기 위해서는 수입을 목적으로 1시간 이상 일한 모든 사람을 취업자로 파악할 필요가 있기 때문이다.

Ⅱ 인플레이션

어느 한 시점에서 물가의 정도를 나타내는 물가수준(price level)을 통해 분기별 혹은 연도별 물가를 비교한다. 대표적인 물가지수로는 소비자물가지수(consumer price index, CPI), 생산자물가지수(production price index, PPI), GDP 디플레이터(GDP deflator) 등이 개발되어 사용되고 있다. 그리고 인플레이션(inflation)이란 전반적인 일반 물가수준이 지속적으로 상승하는 현상을 말하며, 구체적으로는 물가지수가 증가하는 것으로 표현된다. 그런데 개별 상품의 가격과 물가지수는 전혀 다른 개념임을 유의해야 한다. 예를 들어 삼겹살 가격이 오른다고 해서 인플레이션이 발생하고 있다고 말할 수는 없다. 삼겹살 가격이 오르더라도 우유나 라면의 가격이 떨어지면 물가는 오히려 떨어질 수도 있다. 따라서 인플레이션은 일반 물가의 상승, 즉 상품 대부분의 가격이 상승하여 물가지수가 증가할 때 나타나는 현상이다.

그리고 인플레이션이 발생한다는 것은 화폐가치의 하락을 의미하기 때문에 월급으로 생활하는 소비자들의 실질소득이 감소하며, 이는 곧 소비자들의 구매력(purchasing power)이 감소한다는 것과 같은 의미이다. 때문에 인플레이션은 곧 통화량의 증가를 의미한다. 그러므로 인플레이션을 지속시키는 가장 근본적인 원인은 통화공급량의 증가에서 찾아야 한다는 견해가 있다. 통화공급의 증가를 제외한 다른 수요 측 요인들이 일시적으로 인플레이션을 발생시킬 수는 있지만 지속적이지는 못하다는 것이다. 왜냐하면 통화공급이 뒷받침되지 않는 한, 생산이 증가하면서 동시에 화폐의 구매력이 떨어질 수가 없기 때문이다.

이처럼 인플레이션은 대개 정부의 과도한 통화 발행과 건전하지 못한 재정정책에 의해 일어난다. 국민경제의 유통에 필요한 통화량보다 많은 돈을 유통시키면 물가가 오를 수밖에 없다. 그래서 밀턴 프리드먼과 같은 경제학자는 "인플레이션은 언제나 어디에서나 화폐적 현상이다(inflation is always and everywhere a monetary phenomenon)"라고 단언한 바 있다. 하지만 여기서는 인플레이션을 통화공급의 증가만으로 정의하지 않고 수요와 공급 측의 모든 요인에 의해 나타나는 물가 상승으로 파악한다. 그러면 인플레이션은 총수요－총공급 모형에서 총수요곡선과 총공급곡선이 교차하는 균형물가수준이 상승하는 것으로 표현된다. 물가수준의 상승은 총수요곡선이 우측으로 이동하거나 총공급곡선이 좌측으로 이동할 때 나타난다.

1. 인플레이션의 원인과 대책

인플레이션의 원인을 설명하는 수요 견인설과 비용 인상설은 오랫동안 논쟁거리가 되어 왔다. 일반적으로 수요 견인설은 인플레이션의 원인을 수요 측면에서 찾으려고 하고 있음에 반해 비용 인상설은 공급 측면에서 찾고 있다. 그리고 수요 측 요인으로 인해 발생하는 인플레이션을 수요 견인 인플레이션(demand-pull inflation)이라 하며, 공급 측 요인으로 인해 발생하는 인플레이션을 비용 인상 인플레이션(cost-push inflation)이라고 부른다. 1970년대 이전까지는 인플레이션의 발생 원인은 대부분 경기과열기에 총수요가 증가함으로써 나타나는 수요 견인 인플레이션이었다. 수요 견인 인플레이션 개념을 넓게 정의할 때 수요 측에는 총수요곡선을 우측으로 이동시키는 모든 요인이 포함된다. 즉 소비와 투자의 증가, 통화량의 증가, 정부지출의 증가 및 세율의 감소, 수출 증가와 수입 감소로 인한 순수출의 증가, 인플레이션 기대 심리 등 가계, 기업, 정부, 해외 부문 등과 같은 경제주체들의 지출총액인 총수요 증가를 들 수 있다. 하지만 1970년대 초반 제1차 오일쇼크 발생 이후에는 비용 인상 인플레이션이라는 새로운 형태의 인플레이션이 나타난다. 공급 측에는 총공급곡선을 좌측으로 이동시키는 모든 요인이 포함된다. 예컨대 천재지변, 임금 상승, 석유 및 원자재 가격 상승 등 생산요소 가격 상승으로 인한 생산비 인상으로 전반적인 물가수준이 오르는 현상들이 여기에 해당한다.

그리고 수요 견인설과 비용 인상설 어느 쪽을 지지하는가 하는 것은 이론적 문제를 넘어서 많은 실천적 문제와 정책적 함의를 갖고 있다. 수요 견인설을 주장하게 되면 초과 수요가 물가 상승의 원인이기 때문에 임금의 인상은 물가 상승의 원인이라기보다 오히려 그 결과에 대한 대응이라 주장한다. 반면에 비용 인상설은 임금의 인상이나 기업들의 독과점에 의해 제품의 가격이 인상되면 물가가 오른다고 본다. 따라서 이때는 임금 인상이 물가 상승의 원인이 된다.

1) 수요 견인 인플레이션

수요 측 요인에 의한 인플레이션은 과도한 지출로 인해 발생한다. 과도한 지출이란 경제의 생산능력을 넘어서 이루어지는 지출이다. 예컨대 전쟁의 위기로 인해 정부가 군비를 크게 늘리면 경제의 생산능력을 넘어서 총수요를 증가시키기 때문에 인플레이션이 발생한다.

〈그림 12.4〉를 통해 이 과정을 고찰해보기로 하자. 처음에 경제는 E_0점에서 총수요와 총공급이 일치하는 장·단기 균형을 이루고 있다. 이때 경제는 P_0의 물가수준에 완전고용되어 총생산 Y_F에서 안정된 균형상태를 유지하고 있다. 이때 군비 지출이 증가하면 총수요곡선이 AD_0에서 AD_1으로 우측 이동한다. 그러면 총생산은 Y_F에서 Y_1으로 단기적으로 증가하여 경기과열 갭(인플레이션 갭)이 발생하고 물가수준은 P_0에서 P_1으로 상승한다. 총수요가 늘어남으로 인해서 인플레이션이 발생한 것이다. 하지만 이런 경우 정부가 즉각 소비, 투자, 정부지출과 같은 총수요를 억제하는 긴축정책을 실시하여 총수요곡선을 AD_1에서 AD_0로 다시 좌측으로 이동시키면 물가는 하락하고 경제는 다시 이전의 장·단기 균형상태를 회복할 수 있다.

그런데 만일 정부가 아무런 정책을 취하지 않는다면 어떻게 될까? 이때는 앞에서 이미 고찰한 것처럼 장기적으로 임금, 물가, 기대 등이 신축적으로 조정됨으로써 거시경제는 다시 장기 균형상태로 자동 회복된다. 경기가 과열된 경우 노동시장에서는 단기

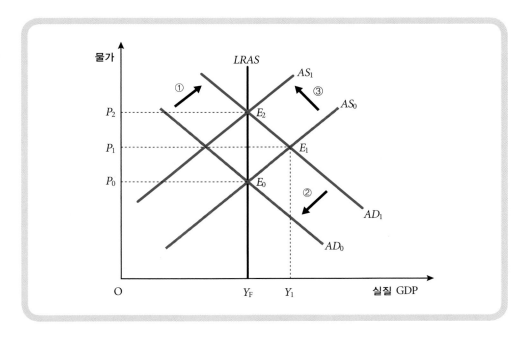

그림 12.4 수요 견인 인플레이션

적으로 실업률이 자연실업률보다 낮은 상태가 된다. 그래서 완전고용 생산(Y_F)보다 높은 총생산(Y_1)이 가능한데 이는 노동자들의 **화폐환상(money illusion)** 때문이다. 화폐환상이란 임금이나 소득의 실질가치는 변화가 없는데도 명목단위가 오르면 임금이나 소득이 올랐다고 받아들이는 것을 의미한다. 예컨대 노동자가 물가 상승과 동일한 비율로 임금이 상승했는데도 임금이 올랐다고 생각하면 그는 화폐환상에 빠져 있는 셈이다. 따라서 노동자들은 임금이 비싸졌다고 생각한 만큼 노동공급을 늘리게 되고 이에 따라 생산이 증대함으로써 물가와 생산 사이의 관계를 나타내는 총공급곡선은 상승커브 형태를 가진다.

즉 총수요가 완전고용 총생산 수준보다 많으면($Y_F < Y_1$) 초과 수요로 인해 물가가 상승($P_0 \rightarrow P_1$)한다. 그러면 기업의 이윤 전망이 밝아진다. 기업들은 늘어난 총수요를 충족시키기 위해 노동자의 명목임금을 인상시켜 고용을 늘리고자 한다. 노동자들이 화폐환상에 빠지면, 인플레이션이 발생했음에도 불구하고 명목임금의 상승에 노동자들은 자신의 실질임금이 상승한 것으로 착각하고 노동 공급을 증가시킨다. 그러면 총생산은 단기적으로 증가($Y_F \rightarrow Y_1$)한다.

하지만 시간이 지나면 노동자들은 물가가 상승했기 때문에 자신의 실질임금이 상승한 것이 아니라는 것을 깨닫고 물가 상승에 해당하는 만큼 명목임금을 더 올려줄 것을 요구한다. 그러면 기업은 비용이 증가하기 때문에 생산을 줄이게 되고, 노동자는 자신의 실질임금이 상승한 것이 아니라는 것을 알고 노동의 공급을 줄여 다시 자연실업률 상태로 돌아간다. 그러면 물가는 더욱 상승($P_1 \rightarrow P_2$)하고 총생산은 완전고용 수준으로 감소($Y_1 \rightarrow Y_F$)한다. 〈그림 12.4〉에서 총공급곡선이 AS_0에서 AS_1으로 좌측 이동하고 물가수준은 P_1에서 P_2까지 추가로 상승한다. 물가수준이 상승하면 총수요량은 감소하기 때문에 경제는 다시 E_2에서 균형을 이루고 완전고용 총생산을 회복하면서 장기적으로 안정된 상태가 된다. 결국 총지출의 증가에 의해 발생한 인플레이션은 단기적으로 총생산을 증가시키지만 장기적으로 생산은 다시 완전고용 수준으로 돌아가고 물가수준만 상승시킨다.

2) 비용 인상 인플레이션
공급 측 요인에 의한 인플레이션은 생산비의 상승으로 인해 발생한다. 생산비를 구성하는 데 가장 중요한 것은 임금과 원료비이다. 노동자들의 임금은 오늘날 대부분의 생산에서 중요한 생산비 항목이다. 그런데 강력한 노동조합이 있다면 임금 협상을 유리하게 진행함으로써 임금을 인상시키기 쉬울 것이다. 그러면 기업은 임금 인상을 제품 가격에 전가할 것이고, 이것이 경제의 전 부분에서 일반화되면 다시 노동조합의 임금 인상 요구를 불러올 것이다. 결국 임금-물가 상승의 악순환(wage-price spiral)이 나타나게 된다. 물론 임금이 상승해도 생산성이 그만큼 증가한다면 물가는 오르지 않을 것이다. 임금 상승으로 인한 제품 가격의 인상만큼 생산성 향상으로 인한 가격 인하가 있을 것이기 때문이다. 게다가 임금의 과도한 인상만으로는 임금-물가 상승의 악순환이 계속되지 않는다. 왜냐하면 임금이 상승하면 고용이 줄고 실업이 늘어나 전체 가계의 소득이 줄어들어 총수요가 감소하기 때문이다. 총수요가 감소하여 총수요곡선이 좌하향으로 이동하게 되면 물가는 하락할 수밖에 없다. 그런데 이때 정부가 경기침체를 극복하기 위해 통화공급을 확대시켜 총수요곡선을 좌하향으로 이동하지 못하게 하거나 심지어 우상향으로 이동하게 하면 임금-물가 상승의 악순환이 발생한다.

석유 위기와 같은 원자재 가격 상승에 따른 **원료비 증가**도 물가 상승의 원인이 된다. 특히 우리나라는 자원의 부족으로 원자재의 상당 부분을 수입에 의존하고 있어 해외 원자재 가격의 상승은 국내 물가에 큰 영향을 미친다. 1973년과 1979년의 석유 위기 직후 국내 물가가 연간 40% 이상 올랐던 것이 그 좋은 예다.

〈그림 12.5〉를 통해 이 과정을 고찰해보기로 하자. 처음에 경제는 E_0점에서 장·단기 균형을 이루고 있다. 이때 경제는 P_0의 물가수준에 완전고용되어 총생산 Y_F에서 안정된 균형상태를 유지하고 있다. 해외 원자재의 가격이 상승하는 등 공급 측에 충격이 발생하면 기업은 생산비가 증가하여 이윤이 감소하게 되면 공급을 줄이게 될 것이므로 총공급곡선이 AS_0에서 AS_1으로 좌측 이동한다. 그러면 총생산은 단기적으로 Y_1으로 줄어들고 물가수준은 P_0에서 P_1으로 상승한다. 앞에서 언급된 수요 견인 인플레이션의 경우 물가가 상승하더라도 총생산 수준이 증가하여 실업은 감소하고 국민소득이 증가한다. 하지만 비용 인상 인플레이션의 경우에는 물가가 상승하고 총생산 수준도 감소하는 새로운 현상이 나타난다. 경기침체와 인플레이션이 동시에 발생한 것이다.

이때 공급 측에서 오는 충격이 일시적인 경우는 물가의 상승도 일시적이기 때문에 충격 요인이 해소되면 가격은 다시 원래대로 회복된다. 이와 달리 충격이 항구적인 경

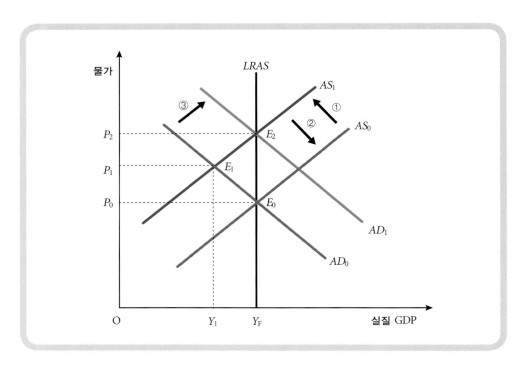

그림 12.5 비용 인상 인플레이션

우도 있다. 예컨대 1980년대 후반에 우리나라 경제는 극심한 노사 분쟁이 발생하였는데, 그 결과 상당한 임금 인상이 이루어진 경우가 이에 해당한다.

공급 측 변화로 인해 나타난 물가 상승과 경기침체에 대해 정부는 두 가지 대책을 생각해볼 수 있다. 하나는 생산의 감소와 실업 증가라는 희생을 막기 위해 물가 상승을 허용하는 방법이다. 경기침체와 물가 상승이라는 경제 상황이 지속되면 실업에 따른 사회적 비용이 크기 때문에 정부가 이 문제를 우선 해결하는 방법이다. 이 경우 정부는 총수요 확대정책을 실시하여 총수요곡선을 AD_0에서 AD_1으로 이동시키면 된다. 그러면 경제는 다시 완전고용 총생산 수준을 회복($Y_1 \rightarrow Y_F$)하고 거시경제의 장·단기 균형을 달성할 수 있다. 하지만 그 대가로 물가수준의 추가적 상승($P_1 \rightarrow P_2$)은 허용해야 한다. 따라서 이러한 총수요 확대정책으로는 문제를 해결하기 어렵다는 인식하에 1980년대 초 총공급 관리정책을 주장하는 **공급경제학**(supply-side economics)이 설득력을 얻게 된다. 공급경제학의 핵심은 정부가 법인세와 같은 각종 조세감면정책을 실시하여 총공급곡선을 AS_1에서 AS_0로 우측 이동시킨다는 것이다. 그렇게 되면 물가는 P_1에서 P_0로 다시 하락하고 총생산 수준도 Y_1에서 Y_F로 증가하여 물가안정과 고용 증가로 인한 실업 감소가 동시에 가능하다는 것이다. 물론 생산의 감소나 실업이라는 희생을 치르더라도 물가 인상을 허용하지 않는 방법도 있다. 이 경우는 장기적으로 가격의 신축적 변화를 통해 총공급곡선이 다시 오른쪽으로 이동함으로써 이전의 균형점으로 돌아가게 하는 것이다. 하지만 이때 장기가 얼마만큼의 시간인지를 고민해야 한다.

2. 인플레이션의 비용

사람들에게 실업과 인플레이션 중 어느 쪽을 더 심각한 문제로 생각하느냐고 물으면 어떻게 대답할까? 일반적으로는 인플레이션이라고 대답하는 경우가 많다. 왜냐하면 실업은 전 인구의 일부분인 실업자들에게는 매우 중대한 문제가 되지만 그렇지 않은 사람들에게는 중요한 문제로 다가오지 않으나, 인플레이션의 경우는 모든 사람이 이로 인해 영향을 받게 되기 때문이다.

사실 인플레이션 문제의 심각성에 대한 의식은 경제학자들보다 일반 국민 사이에서 더욱 강한 것으로 나타나 있다. 많은 사람들이 물가 상승률을 낮추기 위해 실업률의 증가를 감수할 용의가 있다고 대답한다는 연구 결과도 있다. 이처럼 인플레이션은 심각한 경제문제로 인식되고 있다. 그러면 인플레이션은 정말로 심각한 경제문제일까? 만일 그렇다면 무엇 때문에 그럴까?

사람들에게 인플레이션이 왜 문제가 되느냐고 질문하면 흔히 '자신이 벌어들인 소득의 구매력이 떨어지기 때문'이라고 대답한다. 즉 물가가 오르면 자신이 번 소득으로 구매할 수 있는 재화와 서비스의 양이 줄어든다는 생각이다. 하지만 좀 더 깊이 생각해보면 반드시 그렇지는 않다. 극단적으로 생각해서 임금을 포함하여 모든 재화와 서비스의 가격이 2배로 상승했다고 생각해보자. 물가가 2배로 상승했지만 개인들의 구매력은 그대로임을 알 수 있다. 소득도 2배로 상승했기 때문이다. 따라서 이런 경우에는 인플레이션이 경제주체들의 구매력에 아무런 영향을 주지 않는다고 할 수 있다.

이를 좀 더 현실적으로 생각하여 모든 가격이 동일하게 상승하지 않는다고 하더라도 결과는 마찬가지다. 왜냐하면 물가가 상승하면 구매자는 같은 재화와 서비스를 구입하는 데 더 많은 화폐를 지불해야 하지만 동시에 판매자는 그만큼 더 많은 화폐를 받기 때문이다. 따라서 국민경제 전체의 차원에서 볼 때는 인플레이션으로 인해 사람들의 실질적인 구매력이 떨어지지 않는다. 그렇다면 인플레이션이 왜 심각한 경제문제가 되는 것일까?

그것은 인플레이션이 사회 구성원 간의 소득과 부를 재분배하고, 상대 가격 체계를 변화시켜 자원 배분의 왜곡을 발생시키기 때문이다. 인플레이션의 피해는 사람들이 인플레이션을 예상했는지 예상하지 못했는지에 따라서 달라진다. 예상한 인플레이션인 경우는 사람들이 인플레이션에 대해 적절히 대응할 것이기 때문에 예상하지 못한 인플레이션에 비해 그 피해의 정도가 매우 약하다.

1) 예상한 인플레이션

사람들이 인플레이션을 정확하게 예상하면 사회 구성원들 사이에 소득의 재분배가 발생하지 않는다. 예컨대 채권자와 채무자가 있다고 하자. 이들이 인플레이션을 정확히 예상하면 합리적 채권자는 그만큼 명목이자율을 상승시킬 것이고 채무자는 이에 따를 것이다. 왜냐하면 채권자는 실질이자율에 관심을 가지기 때문이다.

> 명목이자율 = 실질이자율 + 예상 인플레이션율

예컨대 한 채권자가 인플레이션이 없을 것으로 예상하고 채무자에게 연리 3%에 자금을 빌려준다고 하자. 이 경우 인플레이션이 없기 때문에 실질이자율은 3%로 같다. 채권자가 중요하게 생각하는 것은 바로 이 **실질이자율**이다. 실질이자율은 구매력의 증가를 말한다. 인플레이션이 없다면 이자율 3%의 증가는 구매력의 3% 증가를 의미하기 때문이다. 실질이자율은 명목이자율에서 인플레이션율을 뺀 것이다. 그런데 향후 1년 동안 인플레이션이 3% 발생할 것으로 예상된다면 채권자는 이제 6%의 명목이자율을 요구할 것이다. 그래야만 실질이자율이 3%가 되기 때문이다. 이 경우 채무자도 6%의 명목이자율을 지급하지만 실질이자율은 3%밖에 안 되기 때문에 6%의 명목이자를 부담할 것이다. 이처럼 사람들이 인플레이션을 정확하게 예상하면 노동 계약 등 여러 가지 계약에서 이를 감안하게 되어 이로 인한 피해를 줄이게 된다.

하지만 인플레이션을 정확하게 예상하더라도 다음 두 가지 종류의 피해는 피할 수 없다. 하나는 인플레이션으로 인해 명목이자율이 높아지기 때문에 사람들은 가급적 현경제학자 어빙 피셔(Irving Fisher, 1867-1947)는 예상 인플레이션이 상승할 때 명목이자율도 같은 크기로 상승하고 실질이자율은 변하지 않는다고 했는데, 이를 '피셔 가설(Fisher hypothesis)' 혹은 '피셔 효과(Fisher effect)'라고 한다. 우선 이자율(interest rate)이란 일정 기간 동안 남에게서 빌린 돈 1원당 빌린 대가로 지불하는 반대급부로서, 돈을 빌려준 사람이 그로 인해 놓쳐 버린 기회비용에 대한 보상비로서의 성격을 가진다. 가령 연간 이자율이 10% 혹은 0.1이라는 것은 1년간 빌린 원금(principal) 1원에 대한 보상비인 0.1원을 퍼센트(%)로 표시한 것이다. 그리고 이자(interest)는 정해진 이자율하에서 원금을 빌린 대가로 지불하는 돈이다. 만일 연간 이자율 10%로 1년간 원금 1,000원을 빌린다면, 이자는 화폐액인 100원이다. 이때 화폐액을 기준으로 계산한 원금 대비 이자의 비율(이자/원금)을 명목이자율(nominal interest rate)이라고 한다. 그런데 10% 명목이자율로 원금 1,000원을 빌려주고 1년 후 원금과 이자를 돌려받기까지 물가가 5% 오르는 경우 1년 후 이자 100원만 돌려받는 것은 돈을 빌려준 사람으로부터 빌린 사람에게 소득을 이전하는 것과 같게 된다. 즉 물가 상승을 반영하지 않은 명목이자율에 근거하여 빌려준 사람은 손해를, 빌린 사람은 이득을 보는 결과를 가져온다. 왜냐하면 5% 물가 상승으로 인해 화폐의 상품구매력(실질가치)이 5%만큼 떨어졌기 때문이다. 가령 명목이자율 10%로 원금 1,000원을 빌려 주면서 1년 후 100원짜리 물건을 구입할 계획이었던 사람은 5% 물가 상승으로 인해 105원이 되어 버린 그 물건을 100원의 이자만으로는 살 수 없다. 이는 5% 물가 상승으로 인해 1년 전에 기대했던 이자의 상품구매력(실질가치)이 100원에서 95원(100/105)으로 하락했음을 의미한다. 또는 이자의 상품구매력(실질가치) 변동률이 −5%(−0.05=(95−100)/100)라는 것이다. 결과적으로 10% 명목이자율의 상품구매력(실질가치)은 5%(=10%−5%)에 불과한 셈이다. 이와 같이 상품구매력(실질가치) 기준으로 환산한 이자율을 실질이자율(real interest rate)이라고 한다.

금 보유를 줄이거나 짧게 하고 이자가 붙는 예금을 선호하게 된다. 이로 인해 나타나는 비용이 구두창 비용(shoeleather cost)이다. 은행 출입이 잦아지면서 신발 밑창을 자주 갈아주어야 한다는 의미이다. 또한 기업들은 가격표를 자주 바꾸어야 하는데 이것이 메뉴비용(menu cost)이다. 이 두 가지 비용은 사소하지만 인플레이션으로 인한 피할 수 없는 비용이다.

2) 예상하지 못한 인플레이션

(1) 부와 소득의 재분배

예상하지 못한 물가 상승이 있게 되면 채무자는 이득을 보고 채권자는 손해를 본다. 채권-채무관계는 화폐자산을 매개로 형성되기 때문이다. 경제에는 통상 두 가지 형태의 자산(富), 즉 화폐자산과 실물자산이 있다. 화폐자산은 예금이나 현금 또는 채권 등을 말하며, 실물자산은 부동산이나 보석 등이다. 그런데 화폐자산은 명목가치가 물가의 등락과는 관계없이 일정하다. 그리고 이러한 화폐자산의 배후에는 반드시 채무관계가 있다.

가령 어떤 사람이 은행에 예금을 가지고 있다면 이는 은행의 입장에서는 부채가 된다. 우리가 가지고 있는 현금은 소지한 사람에게는 자산이지만 이를 발행한 한국은행의 입장에서는 부채가 된다. 정부가 발행한 채권은 정부의 부채이다. 인플레이션이 일어나면 실물자산의 가격은 같이 오르지만 화폐자산의 가격은 오르지 않는다. 그래서 예상하지 못한 인플레이션은 부(자산)의 재분배를 발생시킨다. 예를 들어 A라는 사람이 노트북을 사기 위해 100만 원의 현금을 가지고 있었다고 하자. 친구인 B가 와서 자신이 더 급하다고 이 돈을 연리 10%로 빌렸다. 즉 A는 100만 원의 화폐자산을 갖게 되고, B는 100만 원의 화폐부채를 지게 되었다. 그런데 B는 이 돈으로 100만 원짜리 노트북을 구입했다. 이때 1년 사이에 물가가 2배로 올랐다면 어떻게 될까? B는 A에게 100만 원의 원금에 10%의 이자를 붙여 지불하면 된다. 그러나 그 사이 A는 사실상 손실을 보고 B는 이익을 보았다. 이제 노트북은 물가 상승으로 200만 원짜리가 된다. 가격이 2배로 올랐기 때문에 A는 B로부터 받은 돈을 가지고서는 예전에 살 수 있었던 노트북을 사는 것이 불가능하다. 결국 돈을 빌리고 빌려주고 과정에서 A는 B에게 자신의 돈 절반을 떼어준 것이나 다름없는 결과가 된 것이다.

이처럼 예상 외로 물가가 상승하는 시기에는 화폐자산을 소유한 측으로부터 화폐부채를 진 쪽으로 부가 재분배되는 효과가 나타난다. 또한 예상하지 못한 인플레이션이 지속되면 화폐자산의 가치를 떨어뜨리기 때문에 저축 의욕을 떨어뜨리고 부동산 등 실물자산에 대한 투기를 부추길 가능성도 있다.

따라서 일반적으로 인플레이션이 일어나면 가계보다 기업이, 일반 국민보다 정부가 이득을 보는 것으로 알려져 있다. 가계는 저축을 하고 기업은 투자목적으로 돈을 빌리는 것이 일반적이기 때문이다. 또한 정부는 필요한 재원을 조달하기 위해 현금과 채권을 발행하게 되는데, 이것 모두 정부가 국민에게 진 부채이기 때문이다. 특히 전쟁이나 경제개발을 위한 재원 조달을 위해 정부는 의도적으로 통화 발행을 늘려 물가 상승을 부추기기도 한다. 이렇게 되면 국민의 주머니로부터 정부의 금고로 자산의 재분배가 일어나게 되는데, 이를 '강제 저축'이라 한다.

　　그리고 예상하지 못한 인플레이션은 소득을 재분배하기도 한다. 물가가 오르면 화폐 소득이 일정한 정액 소득자는 손해를 보고 화폐 소득이 물가 상승과 더불어 오르는 소득자는 손해를 보지 않기 때문이다. 금리 생활자나 연금 생활자, 그리고 일정한 봉급을 받는 근로자의 경우에는 일정 기간 동안 화폐 소득액이 고정되어 있어 물가가 상승하면 손실을 본다고 할 수 있다.

(2) 자원 배분의 왜곡

시장경제에서 자원은 시장의 가격 체계에 의해 효율적으로 배분된다. 그런데 인플레이션이 일어나면 대부분의 물가가 함께 오르지만 오르는 폭이 똑같지는 않다. 이렇게 가격 오름 폭이 재화마다 차이가 있기 때문에 인플레이션은 재화의 상대 가격을 변화시킨다. 결국 인플레이션이 빈번히 발생하면 사람들이 인플레이션 기대를 갖게 되기 때문에 거래에서 항상 인플레이션을 감안하게 되어 시장의 가격이 제 기능을 발휘하지 못하게 된다. 이는 시장에서 가격의 정보 전달 기능을 현저히 떨어뜨리거나 왜곡한다. 이렇게 되면 자원 배분이 왜곡되고 경제에 불확실성이 증가한다.

　　예컨대 상대 가격의 변화는 특정 재화에 대해 인플레이션 기대 심리를 갖게 하고, 사람들은 물건값이 더 오르기 전에 미리 사두려는 가(假)수요가 나타난다. 그러면 상대적으로 가격이 더 많이 오르거나 오를 것으로 기대되는 재화는 생산이 촉진되고 그렇지 않은 재화는 생산이 위축된다. 이는 사람들의 기대로 인해 자원이 잘못된 곳으로 흘러 들어가 낭비될 수 있다는 것을 의미한다. 이처럼 인플레이션을 그대로 방치하면 시장 기능이 저하되어 자원 배분이 왜곡되고, 이로 인해 생산성이 하락하면 경제성장이 둔화된다. 그래서 인플레이션은 밀턴 프리드먼의 다음과 같은 말처럼 경제에 치명적인 영향을 초래할 수도 있는 것이다. "인플레이션은 병이다. 위험하고 때로는 치명적이기조차 한 병이다. 그것은 적절한 시기에 치료하지 않으면 한 나라와 그 사회를 붕괴시켜 버리는 병이다"

　　하지만 물가수준이 떨어지는 디플레이션(deflation)의 부정적 효과 역시 무시할 수 없다. 가령 은행에 빚이 많은데 물가가 떨어지면 실질적인 이자부담이 가중된다. 그리고 부동산 담보 대출의 경우에는 디플레이션이 발생할 경우 부동산 가격이 폭락하여 가계의 파국을 가져올 수 있다. 하지만 무엇보다 디플레이션이 인플레이션보다 부정적인 영향을 주는 이유는 인플레이션이 지속될 경우 실물자산에 대한 매점매석이 이루어지듯이 디플레이션 상황에서 소비자들은 추가적인 물가 하락을 기대하고 현재의 구매를 미래로 미루게 된다. 이처럼 한 경제주체의 소비지출 감소는 다른 경제주체의 소득 감소를 가져오게 되고, 이것이 확산되어 사회 전체 소득을 감소시키는 결과를 초래한다. 1990년대 일본의 경우에는 이것을 극복할 정책 수단이 제대로 작동하지 않음으로써 장기 침체에 빠지게 되었다.

(3) 체감 물가

우리는 일상생활 속에서 물가가 오르고 내리는 것을 피부로 느끼며 살고 있다. 주부는 가계부를 쓸 때, 직장인은 점심값과 교통비에서, 학생들은 책과 학용품을 살 때 물가의 움직임을 피부로 느끼게 된다. 그런데 우리는 일상생활에서 피부로 느끼는 물가의 상승률보다 물가지수 작성 기관에서 발표하는 물가지수의 상승률이 낮다는 느낌을 자주 갖게 된다. 일반적으로 소비자들이 일상생활 속에서 느끼는 체감 물가지수는 정부가 공식적으로 발표하는 물가지수에 비해 높다고 느끼는 것이 사실이다.

그 이유는 첫째로 가계마다 소비하는 품목들이 제각기 다르기 때문이다. 예를 들면 어떤 시점에 대학 등록금이 많이 올랐으나 가전제품 가격은 하락하여 전체 소비자물가지수가 변동하지 않았다고 가정할 경우 대학생 자녀를 둔 부모들은 교육비 부담 증가로 물가가 올랐다고 느끼는 반면 전자제품을 구입한 가계에서는 물가가 내렸다고 느낄 것이다. 이는 지수 물가가 여러 가지 상품을 일정한 기준에 따라 종합한 평균적인 가격 수준을 나타낸 반면 체감 물가는 소비자가 구입했던 상품 가격에 대한 주관적 느낌을 나타내기 때문이다. 둘째로 소득수준의 향상에 의한 소비지출의 증가를 물가 상승으로 착각하기도 한다. 셋째로 사람들의 자기중심적 심리도 주요한 요인이 된다. 사람들은 적게 오르거나 하락한 품목보다는 많이 오른 품목을 중심으로 물가 변동을 생각하는 경향이 있어 전체 물가가 거의 변동하지 않는 경우에도 상승한 것으로 느낄 수 있다.

또 물가가 안정되어 있더라도 부동산 가격이나 증권 시세가 급격하게 오른 경우 심리적으로 물가가 상당히 상승한 것으로 느끼는 경우가 많다. 마지막으로 물가지수 작성방법의 구조적 한계에 의해서도 체감 물가와 지수 물가의 차이가 발생한다. 통상 물

인플레이션의 긍정 효과

"사랑은 끝없는 신비이다. 그것을 설명할 수 있는 것이 전혀 없기 때문이다" 동양인으로서 최초로 노벨 문학상을 수상했던 인도의 작가 타고르가 한 말이다. 타고르에게 사랑이란 참으로 설명하기 어려운 주제였나 보다. 하지만 사랑만큼이나 설명하기 어려운 현상들이 경제에도 많다. 최근 전 세계가 경기 후퇴를 벗어나기 위한 대규모 재정 투입 등 경기 부양을 위한 조치들이 결국 인플레이션을 상승시킬 것이라는 우려를 낳고 있다. 우리가 일반적으로 부정적 효과를 발생시킨다고만 생각하는 인플레이션. 만약 그 인플레이션이 역사적으로 긍정적인 결과를 낳은 적이 있다면?

일반적으로 급격한 인플레이션은 경제 불확실성을 증가시키고 생산을 위축시키는 등 국가 경제와 각 개인들의 삶에 좋지 않은 영향을 미치는 것으로 널리 알려져 있다. 1920년대 독일, 오스트리아, 폴란드, 러시아, 1970년대 정치적 혼란을 경험한 남미의 국가들, 1980년대 일부 동유럽 국가들에서 발생한 살인적인 인플레이션은 국민들의 고통을 크게 증가시켰다.

그러나 인플레이션이 오히려 경제발전에 있어 긍정적인 역할을 한 때도 있었다. 대표적인 것이 '가격혁명'이다. 이는 15세기 후반부터 150여 년 동안 멕시코, 페루 등 중남미 스페인 식민지에서 생산된 금이나 은이 유럽으로 대량 유입되고 흑사병의 창궐로 감소했던 유럽 인구가 증가하면서 서유럽 전역의 물가가 5, 6배가량 상승한 현상을 말한다.

당시 유럽의 재화와 서비스의 생산 수준은 큰 변화가 없었다. 이런 시기에 금, 은이 대량으로 유입되어 물가가 급등했다. 유통되는 화폐의 양(통화량)이 증가하면 물가가 상승하기 때문이다.

또 14세기 중엽(1347~1350년) 흑사병의 창궐로 감소했던 유럽 인구가 다시 증가, 물가 상승 압력으로 작용했다. 흑사병으로 사망 인구가 급격히 증가하자 수요가 줄어들게 되면서 이번에는 가격이 하락하게 되었다. 동시에 원재료 공급이 부족하게 되고, 노동시장에서 장인들의 수가 줄면서 살아남은 장인들이 높은 임금을 요구했고, 이는 수공업품의 가격 상승을 낳았다. 이후 전염병이 점차 안정되면서 인구는 다시 증가했다. 이에 따라 식량 및 생필품에 대한 수요는 크게 증가했지만 공급이 수요를 따라가지 못하면서 물가는 상승하게 되었다.

인플레이션이 발생하면 나타나는 현상 중 하나는 사회 계층 간에 부(wealth)가 비자발적으로 재분배된다는 것이다. 인플레이션이 발생하게 되면 화폐 및 금융 자산의 가치는 하락하게 되고, 반면 실물자산의 가치는 올라간다. 따라서 화폐 및 금융자산을 보유한 사람들은 부가 줄어들고 실물자산을 보유한 사람들은 부가 늘어나게 된다.

16세기경부터 무역이 증가하고 수공업품 및 사치품의 생산이 많아지면서 지주들은 소작인들로부터 현물이 아닌 화폐로 지대(rent)를 받기 시작했는데, 이러한 화폐 납부 방식은 초기에는 지주들에게 유리했다. 하지만 가격혁명으로 물가가 치솟으면서 상황은 반전되었다. 높은 인플레이션으로 인해 화폐가치가 하락하면서 화폐를 지대로 받던 봉건 지주들은 손해를 보기 시작한 반면 곡물, 수공제품 등 실물자산을 보유하고 있던 수공업자, 중소상인들은 이득을 보기 시작했다.

이로 인하여 봉건지주들은 경제적 지위가 약해지면서 점차 몰락해 가기 시작했고 수공업자, 중소상인들은 부를 축적하기 시작하면서 축적된 부를 바탕으로 유럽 근대 시민사회 성립의 중심 세

가지수는 5년마다 기준연도를 개편하고 품목별 가중치를 조정하기 때문에 일상생활의 소비 구조가 급격하게 바뀔 경우 이를 제때에 반영하지 못하기 때문에 차이가 발생하기도 한다. 이러한 이유들로 인해 현행 소비자물가지수는 최종 소비 단계의 물가지수로서 대표성과 객관성을 지니고 있으나, 소비자들이 체감하는 물가는 구입하는 품목이나 구입 빈도에 따라 각각 다르기 때문에 소비자물가지수와 체감 물가 사이에 다소 차이가 발생할 수밖에 없다.

이에 따라 우리나라에서는 소비자물가지수를 작성하면서 일반 서민들의 장바구니 물가에 보다 근접한 생활물가지수와 신선식품지수를 보조지표로 함께 만들어 발표하고 있다. 1998년부터는 소비자물가지수의 보조 지수로서 **생활물가지수**가 작성되고 있는데, 이는 481개 소비자물가 조사대상 품목 중에서 일반 소비자들이 자주 구입하는 품목과 자주 구입하지는 않지만 일상생활을 영위하는 데 필수적인 기본 생필품 142개를 선정한 후 이들의 평균적인 가격 변동을 계산한 것으로 소비자가 피부로 느끼는 장바구니 물가에 보다 근접한 물가지수라고 보면 된다.

Ⅲ 필립스 곡선과 스태그플레이션

국민경제가 달성하고자 하는 두 가지 주요한 목표인 완전고용과 안정적인 물가를 달성하는 과정에서 케인스학파와 통화론자들 사이에는 이견이 있다. 케인스학파는 적절한 재정·금융정책을 실시함으로써 경제를 원하는 방향으로 변화시킬 수 있다고 보았다. 즉 불황 시에는 정부지출과 통화공급량을 늘려서 총수요를 증가시키고, 경기가 과열된 상황에서는 그 반대의 정책을 실시하여 경제를 안정적으로 유지해 가는 것이 가능하다고 보았다.

하지만 총수요의 변화는 물가의 변화를 동반한다는 것을 우리는 이미 고찰한 바 있다. 불황은 총수요가 부족하거나 총공급이 줄어들 때 나타날 수 있다. 총수요가 부족하여 발생하는 불황은 물가의 하락과 고용의 감소가 동시에 발생한다. 이때 정부가 확대 재정·금융정책을 실시하면 고용이 늘어나지만 물가도 상승한다. 특히 총공급이 줄어들어 불황이 나타나는 경우는 물가가 올라가면서 고용이 줄어드는 스태그플레이션 현상이 발생한다. 이런 경우에는 총수요 확대정책을 실시하면 고용을 다시 증가시킬 수 있지만 역시 물가를 더욱 상승시킨다.

이처럼 경제정책의 가장 중요한 2대 가치로서의 성장과 물가는 서로 모순관계에 있다. 성장을 추구하려면 물가 상승을 용인해야 하고 물가를 잡으려면 성장을 우선순위에서 배제해야 한다. '필립스 곡선'을 창안한 필립스(A. W. Phillips)도 물가 상승률과 실업률은 상충관계(trade off)에 있다고 했다. 실업률이 낮을수록 물가 상승률이 높고 반대로 물가 상승률이 낮을수록 실업률은 높다. 즉 물가 안정과 완전고용(성장)이라는 두 마리 토끼를 모두 잡을 수 없다는 것이다. 결국 선택의 문제가 따르게 된다. 이러한 측면에서 필립스 곡선은 총수요 관리정책을 실시하면서 나타나는 물가와 실업률 간의 상충관계와 관련하여 중요한 시사점을 제공해준다.

1. 필립스 곡선

1) 인플레이션과 실업률의 관계

영국의 경제학자 필립스는 1861~1957년에 걸친 영국의 시계열 자료를 바탕으로 임금 상승률과 실업률 사이에 매우 안정적인 상관관계가 존재한다는 사실을 발견하였다. 이처럼 실업과 화폐 임금 상승률과의 관계를 도표로 나타낸 것을 그의 이름을 따라 **필립스 곡선**이라 부른다. 필립스에 의하면 실업률이 낮을수록 임금 상승률이 높고, 반대로 임금 상승률이 낮을수록 실업률이 높은 것으로 나타난 것이다. 여기서 임금 상승률은 물가 상승률로 바꾸어 놓을 수 있다. 그러면 실업률이 낮으면 물가 상승률이 높고 실업률이 높으면 물가 상승률은 낮은 물가와 실업 사이의 **상충관계**가 도출된다. 이와 같은 상반된 관계를 〈그림 12.6〉에서 볼 수 있다.

필립스의 발견은 고용 및 인플레이션 대책에서 중요한 것을 시사하고 있다. 무엇보

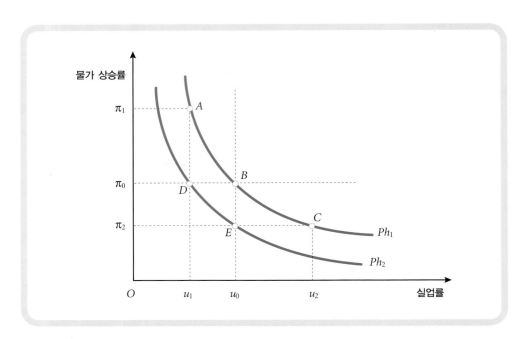

그림 12.6 필립스 곡선과 소득정책

다 필립스의 발견은 완전고용과 물가 안정은 동시에 해결할 수 없는 것이라는 사실을 강조하고 있다. 즉 완전고용과 물가 안정이라는 두 정책 목표는 동시에 추구될 수 없다는 것이다.

〈그림 12.6〉을 통해서 이를 고찰해보자. u_0와 π_0는 각각 그 사회가 허용할 수 있는 실업률과 물가 상승률을 표시하고 있다. 지금 경제가 Ph_1의 한 점인 B점에 있다고 하자. 이때 정부가 실업률을 좀 더 낮추기 위해 확대 재정·금융정책을 실시한다면 실업률은 u_1으로 낮아지겠지만 대신 물가수준은 π_1으로 사회의 허용 수준을 넘어서 있다. 반대로 B점에서 정부가 물가 상승률이 너무 높다고 인식하여 물가 상승률을 줄이기 위해 긴축 재정·금융정책을 사용한다고 하자. 그러면 역시 물가 상승률은 π_2로 낮아지지만 대신 실업률이 u_2로 사회의 허용 수준 이상으로 증가한다. 이처럼 실업과 물가를 동시에 잡는 것은 불가능해 보인다. 결국 어느 한쪽의 목표를 달성하기 위해서는 다른 한쪽을 희

- 실업률과 물가 상승률 사이의 관계를 나타내는 필립스 곡선은 단기에는 우하향
- 필립스의 발견은 완전고용과 물가 안정은 동시에 해결할 수 없는 것이라는 사실을 강조하고 있음

생해야 한다는 것을 의미한다.

그렇지만 물가와 실업을 동시에 해결하는 방법이 있다. 필립스 곡선을 안쪽으로 이동시키는 것이다. 이렇게 필립스 곡선을 안쪽으로 이동시키는 수단을 **소득정책**(income policy)이라 한다. 〈그림 12.6〉에서 필립스 곡선을 Ph_1에서 Ph_2로 이동시키는 것을 말한다. 만일 곡선이 이동하여 B점에서 D점으로 이동하거나, B점에서 E점으로 이동한다면 각각 물가 상승률의 증가 없이 실업률만을 줄일 수 있고 실업률의 증가 없이 물가 상승률만 낮출 수 있다.

하지만 필립스 곡선을 안쪽으로 이동시키는 것은 쉬운 일이 아니다. 사회적 합의를 통해 노동자들은 임금의 인상을, 사용자들은 제품 가격의 인상을 자제하는 등의 합의가 이루어져야 한다. 또한 인력정책을 통해 구조적 실업을 해소해주는 것도 필립스 곡선을 이동시키는 한 방법이다.

필립스 곡선이 가진 이와 같은 함의는 케인스학파 경제학자들뿐만 아니라 정책입안자들에게 매우 중요한 시사점을 제공했다. 그들은 국민경제에서 우하향하는 필립스 곡선을 정확하게 얻을 수 있으면, 재정·금융정책을 통해 적정한 실업률과 물가수준을 의도적으로 달성함으로써 경제를 안정적으로 운영할 수 있을 것으로 생각했다. 정부가 경제에 대해 적극적으로 개입할 수 있는 또 하나의 이론적 근거를 이들은 필립스 곡선에서 발견했던 것이다.

2) 장기 필립스 곡선

경제에 대한 정부의 적극적인 개입에 찬성하지 않는 통화론자들은 필립스 곡선이 우하향하는 모양을 가지는 것은 단기적인 현상일 뿐이며 장기적으로는 수직선이 된다고 보았다. 이들은 정부가 필립스 곡선이 옳다고 믿고 확대 재정·금융정책을 통해 인플레이션을 감수하면서 실업률을 낮추려고 한다면 단기적으로는 실업률을 줄일 수 있지만 장기적으로 실업률은 다시 자연실업률 수준으로 회복되기 때문에 결과적으로는 물가만 상승할 뿐이라고 주장한다. 결국 장기적으로 필립스 곡선이 수직선이라는 의미이다.

이들이 주장하는 핵심은 기대 인플레이션이라는 개념을 통해 설명할 수 있다. 앞의 〈그림 12.6〉에서 단기에 사회적으로 수용 가능한 인플레이션율과 실업률은 π_0와 u_0이며 국민경제는 B점에서 균형을 달성하고 있다고 하자. 이때 노동자들은 π_0만큼의 인플레이션을 예상(기대 인플레이션)하기 때문에 이 수준과 동일한 만큼의 명목임금 인상을 요구한다. 왜냐하면 그렇게 해야만 자신들의 실질임금이 일정한 수준으로 유지될 수 있기 때문이다.

이때 정부가 실업률을 줄이기 위하여 확대 재정·금융정책을 실시하면 실업률은 u_1으로 줄어들지만 대신 물가 상승률이 π_1까지 올라간다. 필립스 곡선 Ph_1의 B점에서 A점으로 이동해 감으로써 정부의 이러한 정책은 단기적으로 실업률을 줄이는 데 유효하다. 그런데 정책의 단기 유효성은 노동자들의 실질임금이 하락하기 때문에 가능하다. 왜냐하면 A점에서 물가 상승률은 이전보다 높아졌지만 노동자들의 명목임금은 단기적으로 경직적이어서 물가 상승률보다 적게 오르기 때문이다. 이는 단기적으로 노동자들의 기대 인플레이션이 실제 인플레이션보다 낮다는 것을 의미한다. 실질임금이 하락하면 고용이 늘어나 실업률이 줄어든다. 즉 단기적으로 노동자들은 화폐환상에 빠지기 때문에 인플레이션이 발생했음에도 불구하고 명목임금이 증가하면 임금이 증가한 것으로 착각하여 기꺼이 노동 공급량을 늘리게 되는 것이다. 그러나 시간이 경과됨에 따라 노동자들은 인플레이션으로 인하여 실질임금이 하락했음을 깨닫는다. 따라서 인플레이션을 예상하는 노동자들은 임금 인상을 요구한다. 실질임금이 이전 수준이 되면 고용이 감소하고 실업률은 다시 이전의 수준(u_0)으로 돌아간다. 따라서 장기적으로는 확대 재정·금융정책은 실업률에 전혀 영향을 미치지 못하고 인플레이션만을 초래할 뿐임을 알 수 있다.

결국 장기적으로 실업률은 일정한 범위의 수준에서 크게 변화하지 않는데, 이를 자연실업률이라고 한다. 그리고 장기적으로 정부의 총수요 확대정책은 물가에만 영향을 줄 뿐 실업률에는 영향을 미치지 못한다는 이론을 **자연실업률 가설**(natural rate of unemployment hypothesis)이라고 부른다. 이러한 주장은 직관적으로도 납득할 수 있다. 먼저 장기적으로 실업률은 노동시장에서 노동의 수요와 공급에 의해서 영향을 받는다. 고용 수준은 최저임금, 노동조합, 직업 탐색의 효율성 등과 같은 요인들에 의해 결정된다. 다음으로 장기적으로 인플레이션은 중앙은행의 통화 공급량에 의해 결정된다. 따라서 장기적으로 인플레이션과 실업률은 무관하다. 필립스 곡선의 한계를 가장 잘 보여주는 현실의 예는 인플레이션과 실업률이 함께 상승하는 스태그플레이션이다.

2. 스태그플레이션

스태그플레이션(stagflation)이란 불경기(stagnation)와 물가 상승(inflation)을 합친 말로, 경기침체기에 물가가 상승하는 현상을 뜻한다. 제2차 세계대전 전까지는 침체기에는 물가가 하락하고 호황기에는 물가가 상승하는 것이 일반적이었다. 하지만 20세기 후반부터는 이러한 경제공식이 깨지는 경우가 잦아졌다. 소득이 늘어난 것도 아닌데 그렇다고 소비가 증가하는 것도 아닌 상황에서 물건값만 오르는 상황이 발생한 것이다.

일반적으로 물가는 경기가 좋을 때 올라간다. 국민소득이 높아지면서 소비가 함께 늘면 자연스럽게 물건 가격도 오르기 때문이다. 따라서 물가 상승은 경제성장에 따른 일종의 대가 혹은 비용 정도로 여길 수 있다. 물론 이와 반대로 경기가 위축되면 지출은 줄어들고 물가는 하락하는 것이다. 따라서 정부는 물가가 상승하면 통화량을 줄이거나 금리를 높여 기업의 투자와 소비 등 총수요를 줄이는 정책 방안을 마련하여 물가를 안정시키는 데 집중하게 된다. 하지만 경기가 침체하면서 동시에 물가가 오르는 스태그플레이션이 닥치면 정부의 이런 처방은 효과가 없게 된다. 정부가 확대 재정·금융정책을 통해 경기를 부양하면 실업은 줄어들겠지만 물가는 더욱 불안해진다. 반대로 긴축정책을 실시하면 물가는 안정되겠지만 경기는 더욱 침체되고 실업자도 늘어나게 된다. 결국 국민들이 인플레이션과 실업 증가라는 이중고에 시달리는 상황에서 정부는 '정책딜레마'에 빠져 효과적인 대응이 어렵게 되는 것이다.

스태그플레이션이 현실적으로 심각한 경제문제로 대두된 것은 1970년대 석유 위기(oil shock) 때부터다. 당시 경제학자들은 물가와 경제성장률 간의 비례관계가 깨지는 현상을 처음으로 겪으면서 다양한 해석을 제시했다. 대개 스태그플레이션은 자국 내 문제보다는 대외적 요인에서 발생하는 경향이 많았다. 흔히 언급되는 석유가격의 상승은 물론이고 때로는 환율이 원인이 되는 경우도 있었다. 대외 환경의 변화에 따라 자국의 화폐 가치가 하락하는 환율의 급등은 수입물가 상승으로 연결된다. 우리 경제는 아무런 변화가 없는데도 불구하고 수입물가가 올라가면 수입제품을 원료로 하는 국내상품의 가격 상승을 초래하여 결국 국내물가 상승으로 연결된다. 이때 기업들은 원자재 가격 상승에 따른 원가 부담 상승으로 투자도 줄이게 되고 판매도 더불어 감소하게 되는 등 어려움을 겪는다. 이는 결국 경기침체로 연결되는 것이다.

골디락스

골디락스와 세 마리 곰

'골디락스(Goldilocks)'는 높은 성장률을 기록하면서도 물가 상승 압력이 거의 없는 이상적인 경제상황을 지칭하는 말로 냉탕도 열탕도 아닌 온탕형 경기 성장패턴을 의미한다. 이 용어는 영국의 전래 동화 '골디락스와 세 마리 곰(Goldilocks and the three bears)'에 등장하는 소녀의 이름에서 유래하였는데 gold(금)와 lock(머리카락)을 합친 말로 금발머리 소녀를 뜻한다. 어여쁜 금발머리 소녀 골디락스는 어느 날 숲속을 걷다 길을 잃고 곰 세 마리가 사는 집에 당도했는데 집 안에는 곰들이 끓여 놓고 나간 세 가지 수프가 있었다. 그녀는 뜨거운 수프, 차가운 수프, 그리고 뜨겁지도 차갑지도 않은 적당한 온도의 수프 중 가장 마지막에 있는 적당한 온도의 수프를 먹고 허기진 배를 채워 기뻐했다는 것이 동화의 주요 내용이다.

'골디락스'라는 용어가 자주 사용되기 시작한 것은 지난 1990년대 후반이다. 당시 미국 경제는 수년간 4% 이상의 높은 성장을 달성하면서도 낮은 실업률과 인플레이션 상태를 유지하는 이례적인 호황기를 누리고 있었다. 많은 경제 전문가들이 이를 가리켜 '골디락스'라고 표현하면서 이 용어가 자주 사용되게 되었다. 또한 영국의 「파이낸셜 타임스(Financial Times)」가 2004년 중국 경제가 9.5%의 높은 성장을 이루면서도 물가 상승이 거의 없었다며 중국 경제가 골디락스에 진입했다고 기사화하면서 이 용어가 항간의 관심을 끈 바도 있다. 한편 골디락스에서 아이디어를 얻어 '골디락스 가격'을 판촉 시에 활용하는 경우를 흔히 볼 수 있다. '골디락스 가격'이란 판촉 기법의 하나로 가격이 아주 비싼 상품, 싼 상품 및 중간 가격의 상품을 함께 진열하여 소비자가 중간 가격 상품을 선택하도록 유도하는 전략을 말한다. 대부분의 사람들이 극단적인 선택보다는 평균값에 가까운 물건을 선택하는 경향이 있는데 이러한 심리를 이용하여 판매량을 올린 것이다. 예를 들어 레스토랑에서 와인 진열대에 병당 3만 원 내외의 중가 와인과 더불어 병당 10만 원 이상의 고가 와인, 병당 1만 원 이하의 저가 와인을 함께 진열하고 있는 것을 흔히 볼 수 있는데, 이는 고가 와인을 판매할 의도보다는 중간 가격의 와인을 많이 팔리게 하려는 전략이 숨어 있는 것이다.

출처 : 한국은행, 퀴즈로 배우는 경제상식

이처럼 스태그플레이션 발생의 원인 자체가 대내적 원인보다는 대외적 요인에서 나타나기 때문에 정부가 구사할 수 있는 정책 또한 매우 제한적일 수밖에 없다. 국내 소비나 투자를 늘릴 수 있도록 정부가 내수를 진작시키는 정책은 실시할 수 있어도 원유가격 상승 등과 같은 외부적 변수들은 직접 통제하기가 어렵기 때문이다. 물론 스태그플레이션을 극복한 선례도 있다. 1979년 제2차 석유 위기로 스태그플레이션을 겪고 있던 미국과 영국은 강력한 긴축정책으로 물가 상승을 억제하는 한편 세금을 줄여 기업의 생산과 투자를 유인했다. 하지만 이 정책은 소득 양극화에 따른 빈부의 차를 확대했다는 비판도 많다. 현재까지는 스태그플레이션에 대한 보편타당한 정책 방안이 밝혀지지 않은 만큼, 많은 국가들은 스태그플레이션이 발생하지 않도록 예방하는 데 많은 노력을 기울이고 있다.

1. 실업의 종류를 설명해보시오.

2. 갑돌이는 현재 한국대학교에 재학중인데 저녁에는 편의점에서 아르바이트를 하고 있는데 최근에는 한국무역상사에 입사원서도 냈다. 그렇다면 갑돌이는 경제활동인구 조사에서 취업자인가? 실업자인가?

3. 실망실업자란 무엇이며, 이들의 존재가 실업률에는 어떤 영향을 미치는지 설명해보시오.

4. 노동조합의 존재는 왜 실업이 발생하는 원인이 되는지 설명해보시오.

5. 효율임금 이론이란 어떤 내용인지 설명해보시오.

6. 실업률이 낮은 것은 항상 바람직한가? 실업의 종류에 따라 설명해보시오.

7. 인플레이션의 원인을 수요 측과 공급 측으로 나누어 설명해보시오.

8. "인플레이션으로 인해 사람들의 실질적인 구매력이 떨어지는 것은 아니다"라는 말이 옳은지 그른지 판단해보시오.

9. 인플레이션은 왜 문제가 되는지 설명해보시오.

10. 장기 필립스 곡선이 왜 수직선이 되는지 설명해보시오.

11. 생산가능인구 중 일자리를 갖고 있는 사람의 비율로, 취업인구 비율로도 불리는 것은?
    ① 실업률 　　　　　　　　　　② 취업률
    ③ 고용률 　　　　　　　　　　④ 경제활동 참가율
    ⑤ 이직률

12. 골디락스(Goldilocks)에 관한 설명 중 틀린 것은?
    ① 높은 성장 　　　　　　　　　② 온탕형 경기성장
    ③ 물가 안정 　　　　　　　　　④ 90년대 후반 미국 신경제
    ⑤ 해당사항 없음

13. 고용통계 작성방법으로 그 조사대상기간이 우리나라에 해당하는 것은?
    ① 1일 또는 1주간 　　　　　　② 월말의 1주간
    ③ 월초의 1주간 　　　　　　　④ 15일이 속한 1주간
    ⑤ 10일이 속한 1주간

14. 고용통계 작성방법 중 우리나라의 취업자 구분기준(무급가족종사자의 경우)에 해당하는 수치는 무엇인가?
    ① 1시간 이상(18시간 이상)　　② 1시간 이상(1시간 이상)
    ③ 1시간 이상(15시간 이상)　　④ 1시간 이상(16시간 이상)
    ⑤ 16시간 이상(18시간 이상)

    아래 표를 보고 답하시오.

총인구	15세 미만 인구	비경제활동인구	실업자
600명	100명	100명	100명

16. 노동가능인구 몇 명인가?
    ① 100명　　　　　　② 200명
    ③ 300명　　　　　　④ 400명
    ⑤ 500명

17. 취업자 수는 몇 명인가?
    ① 100명　　　　　　② 200명
    ③ 300명　　　　　　④ 400명
    ⑤ 500명

18. 경제활동 참가율은 얼마인가?
    ① 25%　　　　　　② 50%
    ③ 65%　　　　　　④ 70%
    ⑤ 80%

19. 실업률은 얼마인가?
    ① 15%　　　　　　② 20%
    ③ 25%　　　　　　④ 33%
    ⑤ 40%

20. 장기적·만성적 실업은?
    ① 마찰적 실업　　　　② 경기적 실업
    ③ 구조적 실업　　　　④ 기술적 실업
    ⑤ 계절적 실업

21. 자발적 선택에 의한 실업은?
    ① 마찰적 실업 　　　　　　　 ② 경기적 실업
    ③ 구조적 실업 　　　　　　　 ④ 기술적 실업
    ⑤ 계절적 실업

22. 기계나 로봇을 이용한 자동화와 관련된 실업은?
    ① 마찰적 실업 　　　　　　　 ② 경기적 실업
    ③ 구조적 실업 　　　　　　　 ④ 기술적 실업
    ⑤ 계절적 실업

23. 주로 1차 산업, 관광업, 건설업, 레저업 분야에서 많이 나타나는 실업은?
    ① 마찰적 실업 　　　　　　　 ② 경기적 실업
    ③ 구조적 실업 　　　　　　　 ④ 기술적 실업
    ⑤ 계절적 실업

24. 순환적 · 누적적 실업은?
    ① 마찰적 실업 　　　　　　　 ② 경기적 실업
    ③ 구조적 실업 　　　　　　　 ④ 기술적 실업
    ⑤ 계절적 실업

25. 한국의 실업률이 완전고용수준에 가까운 미국과 유사하고, 프랑스 · 독일보다 훨씬 낮은 이유가 아닌 것은?
    ① 높은 농림어업부문 취업자 비중
    ② 영세규모의 자영업자 비중이 큼
    ③ 사회안전망의 비활성화
    ④ 여성들의 적극적인 구직활동
    ⑤ 해당 사항 없음

26. 경제활동인구에 포함되지 않는 사람은?
    ① 주부 　　　　　　　　　　 ② 교사
    ③ 임상병리사 　　　　　　　 ④ 회장 비서
    ⑤ 실업자

27. 비용 인상 인플레이션이 발생하는 경우에 해당하는 것은?
    ① 정부지출의 증가 　　　　　 ② 임금의 하락
    ③ 환경오염 　　　　　　　　 ④ 통화량의 증가
    ⑤ 수입원자재 가격 상승

28. 예상하지 못한 인플레이션에 관련된 설명 중 옳지 않은 것은?

① 채권자와 채무자의 부가 재분배된다.

② 봉급을 받는 근로자와 연금생활자가 불리해진다.

③ 부동산 투기를 부추길 가능성이 커진다.

④ 명목환율이 불변이면 순수출이 감소한다.

⑤ 자원배분이 왜곡되지만 상대가격 변화는 발생하지 않는다.

29. 성룡이 신라은행에 저축했다. 저축예금의 이자율이 1년에 5%이고, 이자소득에 대한 세율은 40%가 부과된다. 그리고 1년간 물가 상승률이 2%라고 하자. 피셔 가설에 따를 경우 이 저축예금의 실질 세후이자율은 얼마인가?

① 0%   ② 1%

③ 2%   ④ 3%

⑤ 4%

13 국제무역과 환율

지금까지는 주로 한 나라의 국민경제만을 대상으로 한 경제적 분석을 해 왔다. 하지만 경제 개방화가 가속화되면서 국가 간 경제교류가 확대되고 상호 의존 관계가 커지면서, 세계경제는 마치 단일 국가와 같이 기능을 해 오고 있다.

이 장에서는 국민경제가 상호 연계된 국제경제체제에서 실물의 흐름이 발생하게 된 기본 원리로서 비교우위론을 살펴본다. 하지만 국제무역의 경제적 이익에도 불구하고 현실적으로 시행되고 있는 무역 규제 정책에 대해서도 알아본다. 아울러 자유무역론과 보호무역론을 서로 비교해보고, 서로 다른 나라 사이에 화폐를 교환하는 비율인 환율에 대해서도 알아보고자 한다.

I 국제무역의 이익

1. 자유무역과 비교우위

1) 글로벌화와 국제무역

1930년대의 사람들이 느낀 이 지구의 크기와 넓이는 현재를 살아가는 우리들이 느끼는 것보다는 훨씬 컸을 것이다. 여객 항공기가 나타나기 이전에 한국에서 미국까지는 배를 이용해 갈 수밖에 없었다. 그때 미국까지 가는 데는 대략 보름에서 한 달가량이 걸렸다. 하지만 오늘날 한국에서 미국까지는 항공기로 12시간이면 충분하다. 1930년에 항공 여행은 1마일당 87센트가 들었지만 2005년에는 1마일당 8.5센트로 감소했고, 뉴욕과 런던 간의 3분 통화 비용은 1930년 315달러에서 2005년에는 0.2달러로 하락했다.

과학기술이 발전하면서 지구의 심리적 크기는 점점 더 축소되어 왔다. 이와 함께 국가 간의 재화와 서비스 및 사람의 이동도 그 규모가 점점 더 커졌다. 국제무역은 국내 교역보다 훨씬 더 빠르게 성장했다.

국제무역은 2개 이상의 국가 사이에서 이루어지는 거래이다. 부산과 서울 사람들 간에 이루어지는 거래는 국내 교역인 반면에 부산과 일본 오사카 사람들 간의 거래는 국제 무역이다. 재화와 서비스의 교환이라는 측면에서는 국제무역과 국내 교역 간에 본질적인 차이는 없다. 다만 국제무역의 경우는 국내 교역에는 없는 관세와 쿼터 같은 각국 정부에 의한 제한들이 존재한다는 점에서 차이가 있다.

한 나라가 다른 나라들과 얼마나 긴밀한 관계를 맺으면서 살아가고 있는지는 수출 의존도, 수입 의존도, 무역 의존도와 같은 지표를 이용해서 고찰해볼 수 있다. 수출(수입)이 그 나라 국내총생산(GDP)에서 점하는 비중을 수출(수입) 의존도라고 하며, 수출액과 수입액을 합한 것이 그 나라 국내총생산에서 점하는 비중을 무역 의존도라고 한다.

$$무역\ 의존도 = \frac{수출액(EX) + 수입액(IM)}{GDP} \times 100$$

자급자족적 국민경제가 현실적으로 존재하지 않는다고 할지라도 국민경제의 무역 의존도를 비롯한 대외적 의존도는 국가마다 다르다.

2) 교역의 이득

국제 거래 활동에는 재화 및 서비스의 거래와 노동이나 자본과 같은 생산요소의 국제적 이동이나 거래가 있다. 그러나 이러한 거래 중에서 가장 중요하고 기본적인 거래는 재화와 서비스의 거래, 특히 재화의 수출과 수입이라 할 수 있다. 재화의 거래를 보통 '보이는 무역(visible trade)'이라 하고, 서비스의 거래를 '보이지 않는 무역(invisible trade)'이라 한다. 재화나 서비스가 인간의 욕망을 직접적 또는 간접적으로 충족시키는 수단이라 볼 때 둘 사이에 본질적인 차이는 없다. 다만 관습적으로 무역의 분석은 주로 재화, 즉 상품의 거래를 대상으로 삼고 있을 뿐이다.

모든 상품의 생산이 우리나라보다 비효율적일 것으로 보이는 아프리카의 빈국이나 북한과 같은 국가와 우리나라가 무역을 해서 이득을 볼 수 있을까? 또는 우리보다 생산성이 높은 미국이나 일본과 우리가 무역을 하여 이득을 얻을 수 있을까? 무역의 이득을 제로 섬(zero-sum) 게임으로 보는 중상주의적 견해도 있고, 무역 흑자(+)는 바람직하고 무역 적자(−)는 바람직하지 못한 것이라는 견해도 있다. 또한 국내 자동차 산업을 보호하기 위해 수입 자동차에 대해 높은 관세를 부과해야 한다는 주장이 있는가 하면, 국산품 애용이 반드시 애국이 아니라는 견해도 있다. 중국으로부터 들어온 값싼 제품들이 국내 산업을 파괴하고 실업을 증가시킨다는 견해가 있는가 하면 저가품 수입으로 인해 서민들의 생활의 질이 향상되었다는 주장도 있다. 이처럼 국제무역과 관련해서는 많은 상반된 견해들이 제기되고 있다.

이처럼 상반된 견해가 제기되어 오는 가운데서도 국제무역의 규모가 계속적으로 증가해 온 이유는 무엇일까? 손해를 보면서도 계속해서 국제무역에 참여할 나라가 있을까? 이런 의문에서 우리는 국제무역이 이에 참여하는 모든 나라 사람들에게 이득을 가져다주었음을 짐작할 수 있다. 무역이 이루어지면 각 나라 국민이 소비할 수 있는 상품의 양이 더 많아질 수 있는데, 이를 '교역의 이득'이라고 한다.

> 무역이 이루어지면 각 나라 국민이 소비할 수 있는 상품의 양이 더 많아질 수 있는데, 이를 교역의 이득이라고 한다. 특화로 인한 생산성 향상이 교역의 이득이 발생하는 원천이 된다.

교환이 없는 자급자족경제에서는 모든 것을 스스로 장만해야 한다. 음식과 의복을 스스로 마련해야 하며, 영화를 보고 싶다면 스스로 만들어서 보아야 한다. 한 사람이 구두를 잘 만든다고 해서 그가 구두만 만들어서는 살아갈 수가 없다. 음식도 장만하고 의복도 만들어야 한다. 이런 경제의 생산성은 전체적으로 매우 낮을 수밖에 없다. 하지만 구두 만드는 데 소질이 있는 사람이 구두 만드는 데 특화해서, 농사짓는 데 소질 있는 사람은 농사일에 특화하여 구두와 양식을 서로 교환할 수 있다면, 두 사람 모두 물자를 훨씬 더 풍부하게 소비할 수 있게 될 것이다. 이 특화로 인한 생산성 향상이 바로 교역의 이득이 발생하는 원천이 된다.

개인 간의 교환이 모두에게 이득을 주는 것과 마찬가지로 국가 간의 자유로운 교역도 참여하는 모든 국가에게 이득을 줄 수 있다. 국가 간의 교역은 각 국가가 다른 국가에 비해 더 효율적으로 생산할 수 있는 상품에 특화함으로써 전반적으로 생산성을 향상시킨다. 이처럼 무역은 각 나라가 한정된 자원을 효율적으로 이용할 수 있게 함으로써 여기에 참여하는 주체들에게 더욱 풍부한 소비생활을 가능하게 해주는 것이다.

3) 절대우위론과 비교우위론

이러한 논의들을 다루는 국제경제이론의 기초는 무역 이론이다. 무역 이론은 각 나라가 왜 무역을 하고, 어떤 상품을 수출하고 어떤 상품을 수입하게 되는가를 해명해준다.

애덤 스미스가 국부론을 집필한 저택 자리를 기념하는 동판. 다음과 같은 문구가 새겨져 있다. "이 자리에 그의 어머니의 집이 서 있었고, 그 안에서 스미스가 1767~1776년까지 거주하면서 국부론을 완성했다"

스미스와 리카도는 각각 무역이 무역 당사자에게 이익을 주기 때문에 이루어진다는 입장에서 무역 이론을 전개했다.

무역이 교역 당사국 모두에게 이익이 되며, 따라서 무역은 이러한 이익을 실현시키는 자발적 경제활동임을 이론적으로 설명한 최초의 학자는 애덤 스미스였다. 스미스 이전의 경제 이론과 정책은 중상주의에 의해 지배되고 있었다. 중상주의 경제정책가들은 기본적으로 국가의 이익을 최우선적인 것으로 내세웠으며 개인의 자유로운 행위에 통제를 가함으로써 이러한 목표를 달성할 수 있다고 생각했다. 또한 국가의 부강함은 해외로부터 귀금속, 특히 금을 획득함으로써 이루어진다고 보았으며, 이를 위해 수출을 장려하고 수입은 제한해야 한다는 주장을 펼쳤다.

(1) 스미스의 절대우위(absolute advantage)

스미스는 국내에서 모든 경제주체가 자기의 이익을 증진하고자 자유로운 경제활동을 하면 이것이 '보이지 않는 손(invisible hand)'에 의해 국민경제 전체의 후생을 극대화할 수 있는 것과 같이 국가들 간의 경제 교류도 자유롭게 허용하는 것이 당사국들의 이익을 극대화한다고 주장했다. 즉 그는 각국이 다른 국가보다 생산비가 저렴한 상품만을 생산해서 서로 교환을 하면 각국이 모두 이익을 얻기 때문에 국제무역이 발생한다고 보았던 것이다.

예를 들어 기후 조건 때문에 캐나다는 밀의 생산에는 효율적이지만 바나나의 생산에는 비효율적이다. 반면에 코스타리카는 바나나의 생산에는 효율적이지만 밀의 생산에는 효율적이지 못하다. 즉 캐나다는 밀의 생산에서 비용상의 우위를 갖고, 코스타리카는 바나나의 생산에서 우위에 있다. 이 경우 캐나다는 밀의 생산에 특화하고 코스타리카는 바나나의 생산에 특화하여 밀과 바나나를 서로 교환하면 양국이 모두 이익을 얻는다. 이것이 스미스의 국제무역에 관한 절대우위론 또는 절대 생산비설이다.

국제무역에 대한 스미스의 절대우위론을 다음과 같은 사례를 통해 구체적으로 살펴보자. 한국과 미국이 각각 반도체와 쌀이라는 두 상품을 생산하고 있고, 이 두 상품을 생산하는 데 사용되는 생산요소는 오직 노동뿐이라 하자. 〈표 13.1〉에서처럼 한국에서는 쌀 1단위를 생산하는 데 노동 6단위가 필요하고, 반도체 1단위를 생산하는 데는 노동 2단위가 필요하다. 미국은 쌀 1단위를 생산하는 데는 노동 2단위가 필요하며, 반도체 1단위를 생산하는 데는 노동 4단위가 필요하다. 이 경우 한국은 반도체 생산에 절대우위를 가지고 미국은 쌀 생산에 절대우위를 갖는다. 즉 노동투입량으로 계산되는 절대 생산비의 측면에서 볼 때 한국은 반도체의 생산에서 유리하고 미국은 쌀의 생산에서 유리하다.

스미스는 두 국가가 각각 절대우위에 있는 재화의 생산에 특화하여 교역을 하면 서로 이익을 얻을 수 있다고 한다. 예를 들어 무역을 하기 전에 한국은 8단위의 노동으로 쌀과 반도체를 각각 1단위, 미국은 6단위의 노동으로 역시 쌀과 반도체를 각각 1단위씩 생산 소비할 수 있었다. 결국 두 나라 전체에서 쌀과 반도체는 각각 2단위씩 생산된 셈이다.

이제 양국 간에 무역이 성립하여 한국이 절대우위에 있는 반도체에 특화하면 종전처럼 8단위의 노동으로 반도체를 4단위 생산할 수 있다. 쌀 생산에 절대우위를 갖는 미국

표 13.1 절대우위론(재화 1단위 생산을 위한 노동투입)

구분	한국	미국
쌀	6단위	2단위
반도체	2단위	4단위

이 쌀에 특화하면 6단위의 노동으로 쌀 3단위를 생산할 수 있다. 이제 두 나라의 전체 생산량은 쌀 3단위와 반도체 4단위로 이전에 비해 쌀과 반도체가 각각 1단위와 2단위 더 생산되었다. 이 추가 생산량을 두 나라가 공평하게 나누어 갖는다면 무역 이익이 발생한다.

여기서 한국은 반도체를, 미국은 쌀을 1 : 1의 비율로 교환한다고 가정하자. 한국은 4단위의 반도체 중 1단위를 수출하고 그 대가로 미국으로부터 쌀 1단위를 수입한다면 결국 쌀 1단위와 반도체 3단위를 소비할 수 있게 된다. 그래서 무역을 하기 전에 비해 반도체 소비량이 2단위 늘어난다. 미국 역시 3단위의 쌀 중에서 1단위를 한국에 수출하고 그 대가로 반도체를 1단위 수입한다면 무역이 있기 전에 비해 쌀 1단위의 소비가 늘어난다. 결국 두 나라가 절대우위에 있는 재화에 특화하여 무역을 하게 되면 양국 모두 이익이므로 무역이 성립하게 된다.

이러한 내용을 기회비용의 개념을 이용하여 이해할 수도 있다. 무역이 있기 전까지 한국은 쌀 1단위를 얻기 위해 반도체를 3단위 포기해야 되지만 무역을 하게 되면 1단위만 포기해도 된다. 미국 역시 무역을 하기 전에는 반도체 1단위를 얻기 위해 쌀을 2단위를 포기해야 되지만 무역을 하게 되면 쌀 1단위만 포기해도 된다. 두 나라의 쌀과 반도체의 교역 비율이 1 : 1이기 때문이다. 이와 같이 각 나라가 절대적으로 유리하게 생산할 수 있는 상품만을 분업적으로 생산하여 서로 교역하면 두 나라 모두 이익을 보게 된다는 것이 스미스의 절대우위론 또는 절대 생산비설이다.

(2) 리카도의 비교우위(comparative advantage)

앞의 예에서 만일 미국이 두 재화의 생산에서 모두 절대우위를 갖는다면 어떻게 될까? 예를 들어 미국이 반도체의 생산비도 싸고 쌀의 생산비도 쌀 경우 한국과 미국은 서로 교역을 하게 될까? 교역을 하게 된다면 두 나라에 모두 이익이 될 수 있을까? 스미스의 절대우위론에 따르면 이 경우에는 한국과 미국 사이에 무역이 일어나지 않는다. 그러나 이처럼 절대우위가 없더라도 비교우위가 있는 재화를 생산, 수출하는 것이 교역 당사국 모두에 이익이 된다는 점을 밝힌 사람이 데이비드 리카도(David Ricardo)였다.

이제 〈표 13.2〉에서처럼 한국은 의약품과 자동차를 각각 1단위씩 생산하는 데 6단위, 3단위의 노동이 소요된다고 하자. 한편 미국은 의약품 1단위 생산에 1단위의 노동을 투입하고, 자동차 1단위 생산에는 2단위의 노동을 투입한 다고 하자. 미국은 의약품과 자동차 두 재화의 생산에서 모두 한국보다 더 적은 노동을 투입하므로 절대우위를 갖고, 한국은 두 재화의 생산에서 모두 절대열위에 있다. 그러나 미국이 갖는 우위의 정도는 자동차의 생산보다 의약품 생산의 경우가 더 높다. 즉 미국은 의약품을 생산하는 데는 한국의 6분의 1에 해당하는 노동만 투입하면 되지만, 자동차를 생산하는 데는 3분의 2의 노동을 투입해야 한다. 이처럼 미국은 자동차보다는 의약품 생산에서 더 효율적이기 때문에 의약품 생산에 비교우위를 가진다. 반면에 한국은 두 재화의 생산에서 모두 절대열위에 있지만, 그 열위 정도는 자동차 생산의 경우가 더 적다. 왜냐

한 나라가 두 재화 생산 모두에 절대 우위를 갖는 경우에도 양국이 어느 한 재화에 특화하는 것이 양국 모두의 후생을 증대시킨다는 점을 비교 우위 개념을 통해 설명한 리카도(D. Ricardo)

하면 한국은 의약품을 생산하는 데는 미국에 비해 6배의 노동을 투입해야 하지만, 자동차를 생산하는 데는 1.5배의 노동만 투입해도 되기 때문이다. 이처럼 한국은 의약품보다 자동차를 생산하는 것이 상대적으로 더 효율적이기 때문에 자동차 생산에 비교우위를 가진다고 말할 수 있다.

리카도의 이러한 이론은 기회비용의 개념에 의해 보다 일반적으로 설명될 수 있다. 한국의 경우는 의약품을 1단위 더 생산하기 위해서는 자동차 2단위를 포기해야 한다. 그러므로 의약품 1단위의 기회비용은 자동차 2단위가 된다. 반면에 미국의 경우는 의약품을 1단위 더 생산하기 위해서는 자동차 0.5단위만 포기해도 되므로 의약품 1단위의 기회비용은 자동차 0.5단위가 된다. 기회비용은 비용이므로 낮을수록 생산에서 우위를 지닌다. 따라서 의약품의 생산에는 기회비용이 더 낮은 미국이 비교우위를 가진다. 반면에 자동차를 1단위 더 생산하기 위해 한국은 의약품을 0.5단위 포기해야 하지만 미국

표 13.2 비교우위론(재화 1단위 생산을 위한 노동투입)

구분	한국	미국
의약품	6단위	1단위
자동차	3단위	2단위

은 2단위를 포기해야 한다. 즉 자동차 1단위의 기회비용은 한국에서는 의약품 0.5단위이며, 미국에서는 의약품 2단위가 된다. 따라서 자동차의 생산에서는 기회비용이 낮은 한국이 비교우위를 갖게 되는 것이다.

비교우위에 따라서 한국은 자동차 생산에 특화하고 미국은 의약품 생산에 특화하면 된다. 이제 한국은 의약품 생산에 투입되었던 노동 6단위를 자동차를 생산하는 데 추가로 투입할 수 있으므로 자동차 3단위를 생산할 수 있다. 반면에 미국은 자동차 생산에 투입되었던 노동 2단위를 의약품 생산에 투입할 수 있으므로 의약품 3단위를 생산할 수 있다. 그러면 한국은 의약품이 필요하고 미국은 자동차가 필요할 것이다. 상호 간에 한 단위씩 교환이 이루어진다면 한국은 자동차 1단위를 미국의 의약품 1단위와 교환할 수 있다. 이렇게 교환이 이루어진다면 양국 모두 소비를 늘릴 수 있다. 교역이 없을 경우 한국과 미국은 각각 9단위와 3단위의 노동을 사용하여 의약품과 자동차 1단위씩 생산·소비하고 있었다. 하지만 비교우위에 따라서 특화 생산하여 교역을 했을 경우 한국은 자동차 1단위를 더 소비할 수 있게 되었으며 미국은 의약품 1단위를 더 소비할 수 있게 된 것이다.

> 리카도는 모든 산업에서 절대우위가 없더라도 비교우위가 있는 상품에 특화 생산하여 수출하는 것으로도 쌍방 모두에 이익이 된다는 점을 밝혔다. 그리고 이러한 비교우위는 노동 생산성의 상대적 차이에서 비롯된다고 보았다.

리카도의 이론적 공헌은 절대우위가 없더라도 비교우위가 있는 상품에 특화 생산하여 수출하는 것으로도 쌍방 모두에 이익이 된다는 점을 밝혔다는 데 있다. 그리고 이러한 비교우위는 노동 생산성의 상대적 차이에서 비롯된다. 리카도의 비교 생산비설은 아주 간단한 설명으로 국가 간에 무역이 발생하는 이유를 밝혀준다는 장점을 갖고 있다. 그러나 노동만이 유일한 생산요소라는 가정에 입각하고 있다는 단점도 갖고 있다. 이 때문에 비교 생산비설은 노동 생산성의 차이가 어디서 비롯되는지 명확히 설명하지 못한다. 그리고 양국이 특정 부문의 생산에 특화하는 극단적 분업상태를 설정한다는 면에서 비판을 받고 있다.

4) 비교우위의 원인

한 국가의 비교우위를 결정하는 요인은 무엇일까? 직관적인 해답은 각국이 지닌 생산의 자연적·기술적 조건의 차이에서 찾을 수 있다. 파인애플이나 바나나 같은 열대 과일은 한국에서보다는 동남아시아와 같은 따뜻한 국가에서 비교우위를 가질 것이다. 쿠웨이트가 석유를 수출하고 오스트레일리아가 철광석을 수출하는 것도 자연적 요인 때문이며, 브라질이 커피를 수출하고 말레이시아가 생고무를 수출하는 것도 기후적 조건 때문이다. 이처럼 원래부터 가지고 있는 부존자원의 차이가 비교우위를 결정하는 한 가지 요인임은 분명하다.

하지만 대부분의 경우 비교우위는 기후나 천연자원의 차이로부터 발생하는 것이 아니다. 자본이나 노동과 같은 생산요소 부존의 차이에서도 나타날 수 있다. 의약품 개발과 생산에서 미국이 지닌 비교우위는 이 분야에 대한 막대한 자본 투자 때문에 발생할 수 있다. 한국은 의약품의 연구 개발에 그처럼 많은 지출을 감당할 수 있는 자본이 없었다. 반면에 전자 제품의 생산에서는 잘 훈련된 양질의 노동력으로 인해 비교우위를 갖게 되었다.

이러한 비교우위는 고정된 것이 아니고 시간의 흐름에 따라서 변화할 수 있다. 1970년대 한국은 신발 생산에 비교우위를 가졌으나 지금은 동남아시아와 중국으로 이동해 간 사실을 기억할 것이다. 이처럼 한 국가의 실물자본, 인적자본, 기술에 대한 투자로 인해 시간의 흐름에 따라 비교우위가 변해 가는 것을 동태적 비교우위(dynamic comparative advantage)라고 한다.

2. 무역정책의 효과

무역을 통한 이익에도 불구하고 정부는 현실적으로 자유로운 무역의 흐름을 저해하거나 바꾸려는 정책수단을 시행해 왔다. 일반적으로 무역정책은 관세 및 비관세 정책 등의 수입 규제 정책을 의미한다. 보호무역 장벽의 주요 수단으로는 관세(tariff)와 수입할당(import quota)이 있다.

1) 관세의 경제적 효과

특정 상품에 대해 수입 관세를 부과했을 때의 경우를 상정하여 경제적 효과를 고찰해

헥셔-오린 모형

리카도의 비교우위론은 생산요소가 노동뿐인 경우를 가정했다. 하지만 일반적으로는 자본이라는 생산요소가 중요한 비중을 차지한다. 따라서 한 국가의 비교우위도 노동과 자본이라는 생산요소를 모두 고려하여 설명할 필요가 있다. 이처럼 노동과 자본의 상대적인 부존도를 통해 비교우위의 차이를 설명하고자 한 이론이 바로 헥셔-오린 모형(Heckscher-Ohlin Model)이다.

본문에서 든 예를 통해 헥셔-오린 모형을 설명해보기로 하자. 미국은 한국보다 상대적으로 자본이 풍부하고 의약품은 전자제품보다 상대적으로 자본을 많이 사용하는 제품이라고 하자. 그리고 한국은 상대적으로 노동이 풍부한 나라이고 전자제품은 상대적으로 노동을 많이 사용하는 제품이라고 하자. 다시 말해 의약품은 자본 집약적인 재화이고 전자제품은 노동 집약적인 재화이다. 이때 생산은 자본 집약적이기 때문에 상대적으로 자본이 풍부한 미국이 의약품 생산에 비교우위를 가지며, 전자제품 생산은 노동 집약적이므로 상대적으로 노동이 풍부한 한국이 전자제품 생산에 비교우위를 가지게 된다. 헥셔-오린 모형은 한 국가가 한 생산요소의 양을 상대적으로 풍부하게 가진다면 그 국가는 그 생산요소를 집약적으로 사용하는 재화의 생산에 비교우위를 가진다고 설명한다.

결국 리카도 이론은 두 부문에 있어서의 상대적 노동 생산성의 차이를 갖고 비교우위를 설명하는 이론이고, 헥셔-오린 모형은 양국에 있어서의 상대적 자원 부존도의 차이를 갖고 무역 이익과 무역 패턴을 설명하는 이론이라 할 수 있다. 헥셔-오린 모형이 시사하고 있는 한 가지 중요한 사실은 생산요소의 국가 간 이동이 없더라도 상품의 자유로운 이동이 교역 당사국의 요소 가격을 균등화한다는 내용이다.

자본에 비해 노동이 상대적으로 풍부한 한국에서는 교역이 이루어지기 전에는 노동의 가격이 상대적으로 싼 반면, 노동에 비해 자본이 상대적으로 풍부한 미국에서는 노동의 가격은 높고 자본의 가격이 상대적으로 싸다. 헥셔-오린 정리에 따라 무역이 이루어지면 노동이 풍부한 나라에서는 노동 집약적 재화의 생산이 증가함에 따라 노동에 대한 수요가 증가하여 노동의 가격이 상승하고, 자본이 풍부한 나라에서는 자본 집약적 재화의 생산이 증가함에 따라 자본에 대한 수요가 증가하여 자본의 가격이 상승한다.

따라서 결국 두 나라에서 생산요소의 상대 가격이 일치하게 될 것이다. 즉 국제무역이 이루어지면 국가 간에 생산요소의 이동이 일어나지 않더라도 생산요소의 상대 가격이 균등해지는데 이를 요소 가격 균등화의 정리(factor price equalization theorem)라고 부른다. 요소 가격 균등화가 이루어진다는 것은 무역이 이루어질 경우 한국은 전자제품 생산을 증가시키고 의약품의 생산을 감소시킴으로써 상대적으로 희소한 생산요소인 자본에 대한 수요가 감소한다는 것을 의미한다. 반면에 무역이 이루어지면 상대적으로 풍부한 생산요소인 노동에 대한 수요는 증가한다. 따라서 한국은 실질임금이 상승하는 반면 미국의 실질임금은 하락하는 것이다.

보자. 예를 들어 수입 자동차에 대해 수입 관세를 부과하는 경우를 상정해보자. 자동차 시장에서 수요곡선과 공급곡선이 〈그림 13.1〉과 같다고 하자. 무역이 없다면 자동차의 국내 가격은 1,200만 원이고 30만 대가 생산되어 거래될 것이다. 만약 국제시장 가격이 800만 원이고 자유무역을 허용한다면 소국인 경우 국내시장에서 자동차 가격은 800만 원이 되어 국내 수요량은 50만 대로 증가한다. 그 결과 국내 생산자들은 자동차 생산규모를 30만 대에서 10만 대로 축소하고 40만 대의 자동차는 수입하여 수요량을 충당하게 된다.

다른 조건이 일정하다면 국내 자동차 산업의 고용은 감소하고 실업이 증가한다. 이러한 실업 증가를 내세워 국내 자동차 회사들이 연합하여 행정부와 국회를 설득하여 25%의 수입 관세를 부과하는 데 성공했다고 하자. 그러면 수입 관세를 포함한 수입 자동차의 국내 가격은 1,000만 원이 되어 국내 수요는 40만 대로 줄어들고 국내 자동차 생산은 20만 대로 증가한다. 수입량은 40만 대에서 20만 대로 줄어든다. 그래서 전체 소비자 입장에서 보면 자동차 가격도 높아졌고 수량도 적어졌기 때문에 손해를 보게 된다. 즉 관세는 소비자들의 희생으로 국내 수입 대체품 생산자들에게 혜택을 제공하고

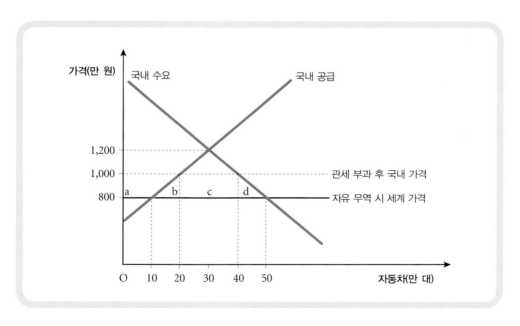

그림 13.1 관세의 경제적 효과

있는 것이다.

관세의 부과로 인해 소비자 잉여는 a+b+c+d만큼 감소하고 대신 국내 수입 대체 산업의 생산자 잉여는 a만큼 증가한다. 그리고 c는 관세 수입이 된다. 그런데 소비자 잉여 감소분 가운데 생산자 잉여로 이전되지 않고 사라진 부분이 있는데, 바로 b와 d의 면적이 여기에 해당한다. 이것을 사중손실(deadweight loss)이라고 하는데, 이는 관세 부과로 인해 경제가 부담하는 희생이라고 할 수 있다.

2) 수입할당의 경제적 효과

관세를 제외한 무역 장벽을 비관세장벽이라고 한다. 대표적인 비관세 장벽 가운데 하나로 수입할당(quota)을 들 수 있다. 관세가 가격을 이용한 간접적 통제 수단인 데 반해 수입할당은 수량에 대한 직접적인 통제 수단이다. 수입할당제는 수입업자 등에게 수입량을 각각 일정하게 할당해서 그 범위에서만 수입하도록 하는 제도이다.

〈그림 13.1〉을 이용해서 역시 마찬가지로 소국인 경우를 상정하여 설명하면, 먼저 자유 무역이 이루어지면 국내 수요는 50만 대이고 이 수요는 국내 생산 10만 대와 수입 40만 대로 충족된다. 이때 수입량을 20만 대로 통제하는 것이 수입할당이다. 이렇게 수입을 20만 대로 통제하면 종전의 가격에서 소비하려는 소비자의 수요를 모두 충족시키지 못하기 때문에 국내 가격은 1,000만 원으로 상승한다. 국내 가격이 상승하면 국내 생산자들의 국내시장 공급이 20만 대로 증가한다. 이때 수입할당으로 인한 소비자 잉여는 관세의 경우와 마찬가지로 a+b+c+d만큼 감소하고 생산자 잉여는 a만큼 증가한다. b+d는 사중손실이다. 관세를 부과할 때와의 차이점은 c부분이다. 관세일 때는 관세 수입이 되었지만 수입할당이 이루어질 경우 이 부분을 할당지대(quota rent)라고 하며 대부분 수입업자 등의 이득으로 돌아간다.

이처럼 수입할당은 관세와 비슷한 효과를 갖는다. 그러나 관세 부과 대신 수량 규제를 하는 것은 그 효과가 보다 직접적이고 확실하다는 면에서, 그리고 수요와 공급 규모가 계속 확대되는 경제에서는 수입 수량을 일정량으로 묶는 것이 규제 효과가 더욱 크게 된다는 면에서 국내의 수입 경쟁 산업은 수량 규제를 일반적으로 선호한다. 아울러 해외의 공급이 비탄력적인 농산물 수입에 대해서는 관세 부과 대신에 수량 규제가 실시되는 경우가 많다. 이는 관세 부과로 국제 가격이 하락하는 경우가 많아 오히려 관세 부과에도 불구하고 국내 가격이 하락하고 수입이 증가하여 국내 농산물 생산에 대한 보호 효과를 기대할 수 없기 때문이다.

3. 자유무역론과 보호무역론

1) 자유무역론

자유무역론이란 국가가 수출을 통제하거나 수입을 제한하지 않고 자유롭게 방임하는 것이 이익이 된다는 이론이다. 즉 무역을 자유롭게 방임하여 세계 각국이 각자 비교우위에 있는 재화를 생산하여 교역하면 자원의 효율적 배분과 국제 분업의 이익이 실현된다는 것이다. 스미스의 무역 이론, 리카도의 비교 생산비설, 그리고 헥셔-오린 이론을 포함한 무역 이론들이 모두 이러한 자유무역에 대한 이론적 근거를 제시하고 있다.

산업혁명이 처음으로 시작된 영국에서는 18세기 중엽에 이미 공업 제품의 해외시장을 확보하기 위해 국가가 극단적으로 간섭하는 중상주의 정책에서 벗어나 자유 무역 정책을 실시하기 시작했다. 그리고 제2차 세계대전 이후에는 브레튼 우즈(Bretton Woods) 협정에 의해 관세 및 무역에 관한 일반 협정(GATT) 체제가 확립되고 국제통화기금(IMF)과 국제개발은행(IBRD)이 창설됨으로써 본격적인 자유무역화의 길로 들어섰다. GATT는 전쟁 중의 보호무역으로 인한 생산과 무역의 침체를 극복하고 자유 무역의 촉진을 통해 세계 경제의 발전과 번영을 도모한다는 이념을 토대로 성립되었다.

GATT는 자유무역의 촉진을 위해 몇 가지 원칙을 정하고 있다. 첫째, '무차별의 원칙' 또는 '최혜국 대우의 원칙'이다. 최혜국 대우란 관세 인하 협정을 맺을 때 협정 당사국들만의 특혜 조치를 금지하는 것이다. 관세를 인하하는 협정이 있으면 이것이 다른 가맹국 모두에게 함께 적용되어야 한다. 둘째, 정부의 불개입과 자유경쟁의 원칙이다. 셋째, 가맹국들이 관세 이외의 수단으로 수입을 제한하는 행위를 원칙적으로 금지하고 있다. 넷째, 분쟁이 발생했을 때 당사국들이 GATT를 통해 협의할 것을 명시하고 있다.

GATT의 활동 가운데 관세 인하 조치로서 특기할 만한 것은 케네디 라운드(Kennedy Round)와 도쿄 라운드(Tokyo Round)의 성과를 들 수 있다. 케네디 라운드에 의해 1967~1972년 사이에 평균 36%의 관세 인하가 이루어졌으며, 1977년에 타결된 도쿄 라운드에서는 1980년부터 관세의 점진적인 인하를 결정했다. GATT는 우루과이 라운드 협상(UR)을 계기로 세계무역기구(WTO)로 탈바꿈했다. WTO는 GATT보다 좀 더 강력한 제재 수단을 가지고 세계 자유무역의 신장을 가져올 것으로 기대되고 있다.

2) 보호무역론

이러한 자유무역론과 GATT를 중심으로 한 선진국의 자유무역 확대의 노력에도 불구하고 각국 정부는 다양한 형태로 무역에 개입해 왔다. 즉 가능하면 수입을 억제하고 수출을 촉진할 수 있는 제반 규제 조치를 사용해 왔던 것이다. 이와 같은 무역 규제의 논리는 무엇이며, 이에 대해 얼마만큼 정당성을 부여할 수 있을까?

정부는 특정 산업에 대한 원료의 공급을 확보하거나 특정한 재화나 서비스에 대한 소비를 억제하기 위해서 무역에 개입할 수도 있다. 식량의 국내 자급도를 일정 수준으로 제고한다든가, 방위 산업 생산량을 얼마로 제고한다든가, 아니면 특수한 소비 물자와 관련하여 보건·풍속상의 이유로 소비를 억제시키는 것이 바람직하다고 하면 정부는 무역·외환상의 규제를 통해 이러한 목표를 달성할 수 있다.

무역에 대한 정부 개입의 필요성 및 정당성을 주장하는 더욱 중요한 근거는 유치산업 보호론이라 할 수 있다. 유치산업이란 한 나라에서 탄생한 지 얼마 되지 않아 유치한 단계에 있는 까닭에 생산성이 낮고 국제 경쟁력이 없는 산업을 가리킨다. 이와 같은 유치산업은 처음부터 자유무역의 환경에서 선진국의 기업들과 경쟁할 수 없다. 적당한 기간 동안 선진국으로부터의 수입을 억제하여 보호하면 규모의 경제 및 학습 효과를 통해 점점 국제 경쟁력을 갖추고, 따라서 국민경제의 발전과 후생 증대에 기여할 수 있는 산업이 된다는 것이다.

유치산업 보호론과 같은 보호무역 이론은 독일의 경제학자 프리드리히 리스트에 의해 이론적으로 체계화되었다. 그는 무역정책은 각국의 경제발전 단계에 따라 달라져야 한다고 주장했다. 자유무역정책은 영국과 같은 선진 공업국에는 적합한 정책이 될 수 있으나 공업 기반을 마련하지 못한 독일과 같은 후진국에는 보호무역정책이 더 적합한 정책이 된다고 주장했다. 공업화를 이루지 못한 후진국으로서는 유치산업 보호를 통해 그 산업의 경쟁력을 갖추고 경제가 성숙·발전된 연후에 자유무역을 실시하는 것이 바람직하다고 주장했다. 이런 의미에서 본다면 리스트도 역시 자유무역을 주장하고 있는 것이다.

리스트의 이와 같은 주장은 전통적인 무역 이론의 이면에 깔린 정태적 비교우위의 제2차 세계대전 후 1960년대에 보호무역정책을 통한 발전도상국 공업화의 필요성을 제창한 학자는 폴 프레비시(P. Prebisch)이다. 그는 발전도상국이 1차 산품을 주로 생산·수출하고 선진국이 공산품을 생산·수출하는 국제 분업 및 무역 구조를 갖는 상황에서는 후진국 1차 산품의 교역 조건이 지속적으로 악화되어 왔다고 주장했다.

그에 따르면 이는 실질 소득이 발전도상국에서 선진국으로 이전되는 것과 같은 효과를 가지며, 따라서 발전도상국은 저소득·저발전의 수렁에서 벗어날 수 없다. 따라서 1차 산품의 교역 조건과 수출 소득을 안정적으로 유지하는 한편, 수입 공산품을 수입 대체하고 나아가 이들 제품의 선진국 수출을 확대시키는 전략이 요구된다고 보았다.

1970년대 후반에 들어와서는 신보호무역주의라는 용어가 사용되기 시작했다. 19세기 리스트의 보호무역주의는 후진국의 유치산업이 보호 대상이었으나, 신보호무역정책에서는 선진국의 사양 산업을 보호 대상으로 삼고 있다. 따라서 보호 대상 산업은 신발, 섬유, 봉제, 완구와 같은 노동 집약적 경공업 부문에서부터 전자·기계·철강·자동차·선박 등의 자본 집약적 중화학 공업 부문까지 매우 광범위하다. 더욱이 최근에는 사양 산업의 보호론과 함께 기술 산업의 보호론도 제기되고 있다. 이 부문에 해당하는 업종은 컴퓨터, 광통신, 신소재, 유전공학, 해양개발, 항공우주산업 등 최첨단 산업이다.

개념을 비판 또는 부인하고 있다는 점에서 그 의의를 찾을 수 있다. 즉 정태적 비교우위론은 비교우위는 주어지는 것이 아니라 만들어지며, 또한 끊임없이 변화한다는 사실을 간과한 것이다.

Ⅱ 환율의 결정

지금까지 설명해 온 무역의 이익과 무역 패턴은 마치 수출 상품과 수입 상품이 직접 교환되는 것처럼 상정한 것이다. 또한 무역 수지의 균형이 가정되었고, 이러한 가정을 바탕으로 재화와 재화의 교환 비율인 교역 조건이 상호 간의 수요와 공급이 일치하도록 하는 수준에서 결정되고, 재화는 이와 같은 교환 비율로 국제적으로 교환된다고 설명했다.

이상의 국제적 거래 방식은 마치 물물교환경제의 거래 방식과 같은 형식이라 할 수 있다. 물물교환경제는 경제발전의 원시적 단계에서는 존재했다고 할 수 있으나, 오늘날 국내적 또는 국제적인 거래에서 일반적인 거래 방식이라 할 수는 없다. 국내에서도 재화의 거래에는 반드시 화폐의 흐름이 그 반대 방향에서 뒤따른다. 재화의 생산자는 재화를 시장에 공급하고 그 대신에 화폐를 받으며, 재화의 수요자는 재화와 교환될 화폐를 가지고 시장에서 자기에게 필요한 재화를 구입하게 된다. 분업과 교환에 의존하는 시장경제에서도 화폐가 필요하고 각 국민경제는 국가에 의해 통제되는 고유의 화폐 제도를 가지며, 모든 경제활동은 이와 같은 화폐 제도를 기초로 이루어진다.

경제적 거래가 국가 사이에서 일어나는 경우에도 물물 교환 방식으로 거래가 이루어지는 경우는 극히 드물다. 국제 거래도 일반적으로 화폐를 매개로, 또는 화폐적 결제를 통해 이루어진다. 다만 국제 거래에서는 거래 당사국이 서로 다른 화폐 제도를 갖고 있기 때문에 결제 방법이 좀 더 복잡하게 되며, 또한 '양국 화폐의 교환 비율을 어떻게 정해야 하는가'라는 문제가 발생한다.

1. 환율이란?

환율(exchange rate)은 1단위의 외국 화폐 또는 지급 수단을 얻기 위해 지급해야 하는 국내 화폐의 양이라 할 수 있다. 예를 들어 한국의 수입업자가 미국의 곡물 수출상으로부터 100만 달러의 곡물을 수입하는 경우를 생각해보자. 한국의 수입업자는 은행이나 기타 달러상에게 가서 100만 달러에 해당하는 외화 또는 외환 증서를 구입하여 결제해야 한다. 이 경우 수입업자가 한국 원화로 얼마를 지급할 것인가는 환율의 크기에 달려 있다. 1달러를 얻기 위해 원화 1,000원을 지급해야 한다면 환율은 1달러=1,000원이다. 이는 곧 1달러와 1,000원이 서로 교환됨을 의미하는 것이므로, 환율은 두 나라 화폐의 교환 비율을 나타낸다.

> 환율은 1단위의 외국 화폐 또는 지급 수단을 얻기 위해 지급해야 하는 국내 화폐의 양이라 할 수 있다.

환율이 올라가는 것을 **평가 하락**(depreciation)이라 하고 환율이 내려가는 것을 **평가 상승**(appreciation)이라 한다. 즉 환율이 상승하는 것은 외국 통화의 가치가 상승하고 국내 통화의 가치가 하락함을, 그리고 환율이 하락하는 것은 외국 통화의 가치가 상대적으로 하락하고 국내 통화의 가치가 상승함을 의미한다.

평가 상승과 평가 하락이란 용어가 보통 자유로운 외환시장에서 한 나라 화폐 가치

환율이란 외환의 가격이다. 즉 외국돈 1단위를 얻기 위해 지불해야 하는 국내통화의 양이다.

의 상대적 상승과 하락을 나타내는 데 비해, 환율이 정부 통화 당국에 의해 결정되고 변경되는 고정환율제도에서는 평가 절상(revaluation)과 평가 절하(devaluation)라는 용어가 사용된다. 외국 통화의 가치가 국내 통화의 가치보다 더 높게 환율이 변경되고 결정될 때 평가 절하라고 하고, 외국 통화의 가치가 국내 통화의 가치보다 더 낮게 변경되는 것을 평가 절상이라 한다.

2. 환율의 결정

환율은 외환(외화)의 가격이므로 다른 모든 재화와 마찬가지로 외환시장에서 외환에 대한 수요와 공급에 의해 결정된다. 외국 여행객이 국내에서 물건을 사거나 서비스를 누리고 지불하기 위해서는 반드시 자신이 가진 외화를 원화로 바꾸어야 한다. 이때 외국인은 외환시장에서 외환을 공급하는 주체가 된다. 반면에 우리가 외국에 여행 혹은 유학을 가거나 외국에 무상 원조를 하기 위해서는 원화를 외화로 바꾸어야 한다. 이 행위가 외환시장에 원화를 공급하고 대신 외환을 수요하는 것이 된다.

자본의 이동에 따르는 외환의 수급을 제외하면 재화 및 서비스의 수입과 수출이 외환의 수요와 공급에 영향을 미치는 가장 중요한 요인이라 할 수 있다. 일반적으로 환율이 상승하면 수입(외환의 수요)이 감소하고 수출(외환의 공급)이 증가하므로 〈그림 13.2〉에서 보는 바와 같이 외환의 수요곡선은 우하향하고, 외환의 공급곡선은 우상향한다.

여기서 환율 변동이 수입과 수출에 미치는 영향을 보자. 예를 들어 가격이 1달러인

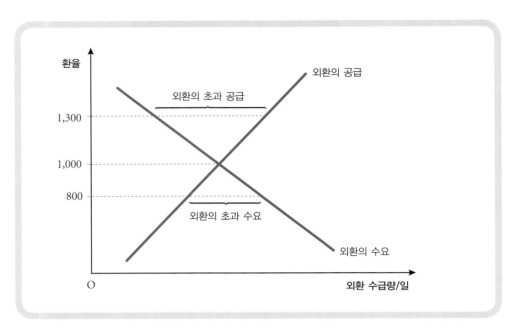

그림 13.2   외환시장의 균형

인형을 미국으로부터 수입한다고 가정하자. 환율이 1달러=1,200원인 경우 이 인형의 외화 표시 가격은 1달러이고 원화 표시 가격은 1,200원이다.

만약 환율이 1달러=1,000원이 되면 인형의 외화 표시 가격은 여전히 1달러지만 원화 표시 가격은 1,000원으로 하락한다. 즉 환율이 하락하면 수입 상품의 외화(달러) 표시 가격은 불변이지만 원화 표시 가격이 하락하므로 국내 수요가 증가하고, 따라서 수입도 증가하게 된다.

반면에 가격이 1,200원인 인형을 1달러로 미국에 수출하는 경우를 생각해보자. 환율이 1달러=1,200원에서 1달러=1,000원으로 하락하면, 종전에 미국에서 1달러 하던 인형의 가격이 1.2달러로 상승한다. 따라서 인형의 미국 내 수요가 줄어들기 때문에 수출은 감소하게 된다.

이처럼 외환의 수요곡선과 공급곡선이 주어지면, 이 두 곡선이 만나는 점에서 균형 환율이 결정된다. 즉 〈그림 13.2〉에서 미국 달러에 대한 원화의 균형 환율은 1달러=1,000원에서 결정된다. 만약 환율이 1달러에 800원이 된다면 수입이 수출을 초과하여 외환의 초과 수요가 발생하고 환율은 상승할 것이다. 반면에 환율이 1달러에 1,300원이면 수출이 수입을 초과하여 외환의 초과 공급이 발생하고, 따라서 환율은 하락할 것이다. 환율이 1달러에 1,000원이면 외환의 수요와 공급이 일치하고 환율은 균형을 이루게 될 것이다. 외환의 수요와 공급이 일치한다는 것은 국제수지가 균형을 이루고 있음을 의미한다.

3. 환율의 변동

균형 환율은 외환의 수요와 공급이 일치하는 점에서 결정된다. 외환시장이 불균형일 때는 환율이 균형 환율로 이동함으로써 외환에 대한 초과 수요와 초과 공급이 해소된다. 그러나 변동환율제도에서는 환율이 끊임없이 변동한다. 어떤 통화는 지속적으로 가치가 상승하는가 하면, 어떤 통화는 지속적으로 가치가 하락하는 모습을 보이기도 한다. 또는 단기적으로 등락을 거듭하기도 한다. 따라서 균형 환율의 개념에 대한 이해와 함께 환율을 변동시키는 기본적인 요인이 무엇인가를 이해하는 것이 중요하다. 환율을 변화시키는 요인으로는 국내외 물가수준과 국내외 소득, 이자율 및 예상을 들 수 있다.

1) 물가의 변동

국내외의 물가가 변동하면 환율이 변동한다. 지금 인형 1개의 가격이 미국에서는 1달러이고 한국에서는 1,000원이라 하자. 이는 미국의 1달러와 한국의 1,000원이 동등한 가치 또는 구매력을 갖는다는 것을 의미하기 때문에 1달러는 1,000원에 교환된다고 할 수 있다.

만일 1달러에 1,200원으로 환율이 결정된다고 하자. 그러면 1,200원을 갖고 미국에서는 인형 1개밖에 구입할 수 없으나 한국에서는 1.2단위를 구입할 수 있다. 이렇게 되면 한국산 인형에 대한 수요가 증가할 것이고, 미국에 대한 인형 수출이 증가하여 달러 공급이 증가할 것이다. 결국 환율은 하락할 것이다.

이처럼 환율이 양국의 물가수준 또는 통화의 구매력을 반영하게 된다는 설이 소위 구매력 평가설(purchasing power parity)이다. 미국의 물가 상승률이 10%, 그리고 한국의 물가 상승률이 20%라면 한국에서는 달러의 값이 10% 상승한다. 즉 달러에 대한 원화의 가치가 10% 하락함을 의미한다. 구매력 평가설은 한 나라의 물가 상승률이 다른 나

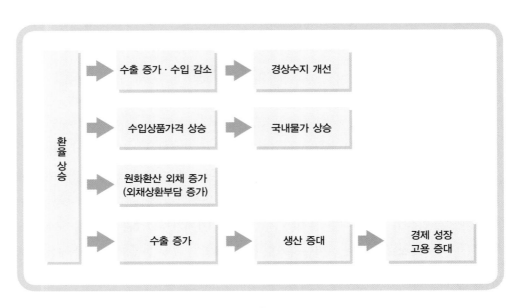

그림 13.3 환율 변동이 경제 각 부문에 미치는 영향

출처 : 한국은행

라보다 빠르게 진행되면 환율이 상승하고, 그 반대의 경우에는 환율이 하락한다는 것이다.

그런데 구매력 평가설을 직접적으로 적용하는 데는 어려움이 있다. 가령 물가 상승률의 차이로 인해 구매력에 차이가 발생하고 이에 따라 양국 간 재화의 가격에 차이가 있더라도, 현실적으로는 정부의 수입 규제 등과 같은 개입 정책이 있을 때는 환율의 인상과 인하가 반드시 뒤따르지는 않는다.

또한 어떤 재화와 서비스는 국가 간에 교역이 이루어지지 않는다. 특히 단기적으로는 다른 요인이 더 중요할 수 있기 때문에 단기 환율의 변동을 설명하는 데는 구매력 평가설이 취약할 수밖에 없다. 그러나 장기적으로는 환율 변동이 국가 간 물가수준의 변동 또는 구매력 변동의 차이와 크게 괴리될 수 없다는 면에서 중요한 요인이라 할 수 있다. 요컨대 구매력 평가설은 단기에 있어서는 환율 변동을 충분히 설명하지 못하지만 장기적인 환율 변동은 잘 설명해줄 수 있는 이론이다.

2) 소득의 변화

양국에서 국민소득의 변화는 환율을 변동시킨다. 소득 이론에서 소비지출과 국민소득의 관계를 배웠다. 소득이 증가하면 소비가 증가하고 소득이 감소하면 소비가 감소한다. 이는 수입 수요에 대해서도 비슷하게 적용할 수 있다. 즉 호황기처럼 경제활동 수준이 높고 소득이 증가할 때는 한 나라의 수입도 증가할 것이며, 불황기 또는 경기침체기에 소득이 감소하면 수입이 감소할 것이다. 예를 들어 우리나라에서 경기침체를 타개하기 위해 정부지출을 증가시켰다고 하자. 이때 총수요가 증가하면 수입 수요도 마찬가지로 증가할 것이다. 이는 외환에 대한 수요를 증가시키고 외환에 대한 수요곡선을 오른쪽으로 이동시키게 될 것이다. 외환 수요곡선이 오른쪽으로 이동하면 환율은 상승한다.

물론 이것은 다른 국가에서는 아무런 조치도 취하지 않을 경우를 가정한 것이다. 다른 국가, 이를테면 미국도 경기 부양책을 쓰고 따라서 한국 수출품에 대한 수입 수요가 증가한다면 외환 공급곡선이 오른쪽으로 이동하게 될 것이고, 이는 환율을 하락시키는 작용을 하게 될 것이다. 이 경우 환율이 상승할지 하락할지는 양국의 경기 부양책이 상대방의 수입 수요에 미치는 크기에 달려 있다.

3) 이자율의 변동

국내외 이자율 변동이 환율을 변동시킨다. 지금까지는 외환 수급에 미치는 영향 가운데 수출입에 따른 외환 수급만을 고려했으나 이는 불완전한 설명이다. 자본의 유입과 유출도 외환의 수급에 영향을 미친다. 자본의 유입은 수출과 마찬가지로 외환의 공급을 의미하며 자본의 유출은 수입과 마찬가지로 외환의 수요를 구성한다. 이자율은 자본의 유·출입을 결정짓는 가장 중요한 요인이다.

예를 들어 한국의 공채 이자율이 10%이고 동일한 미국의 공채 이자율이 5%라고 하자. 물가의 변동과 그 예상에 관한 조건 등 여타의 사정이 동일하다면 한국의 투자가들이나 외국의 투자가들은 높은 이자율을 갖는 한국의 공채에 투자하는 것이 이익이라 생각할 것이다. 따라서 한국으로의 외환이 유입되어 외환 공급이 늘어나고 환율은 하락하게 될 것이다. 반면에 한국의 이자율보다 미국의 이자율이 높으면 우리나라에 투자하던 국내외 투자가들은 미국에 투자하기 위해 원화를 달러로 바꾸려 할 것이다. 즉 미국의 달러에 대한 수요가 증가함으로써 환율은 상승할 것이다.

4) 환율의 예상

환율 변화에 대한 사람들의 예상이 변하면 환율이 변동한다. 예컨대 사람들이 환율이 상승할 것으로 예상하면 수출은 늦추고 수입은 앞당기려고 할 것이다. 그러면 외환 시장에 외환의 공급은 줄고 수요는 증가하기 때문에 실제로 환율을 상승시키는 힘으로 작용한다. 이는 자본 거래에서도 마찬가지다. 환율이 상승할 것으로 예상하면 투자자들은 환차익을 노리기 위해 외환의 공급은 줄이고 수요는 늘릴 것이다. 예상에 따른 이런 행위는 실제로 외환시장에서 환율을 상승시키는 작용을 하는데 이를 자기실현적(self-fulfilling) 현상이라고 한다. 현실에서 단기적으로 환율 변동이 심하게 나타나는 것은 이처럼 사람들의 예상에 따른 행동에 기인하는 경우가 크다.

Ⅲ 국제수지 조정 이론

1. 국제수지

1) 국제수지계정

무역 및 여타의 국제 거래에서 이루어진 거래 내용을 확인하기 위해 정부는 이것을 체계적으로 분류하고 정리한다. 국제수지표는 일정 기간 동안 한 나라의 거주자와 외국의 거주자 사이에 이루어진 모든 경제 거래를 복식 부기 원리에 의해 체계적으로 작성한 통계표이며 국제수지계정(balance of payments accounts)이라고도 한다.

일반적으로 수지(balance)라는 개념은 기업이나 가계의 수지에서 보는 바와 같이 화폐적인 개념으로 수취(receipt)와 지출(payment)이 균형을 이루는지를 보여주는 것이다. 국제 거래에서도 거래의 결과로 발생한 자금 흐름의 방향에 따라 외환의 수취와 지급으로 구분할 수 있는데, 국제수지계정은 한 나라 전체의 외환 수취와 지급이 균형을 이루는지를 보여준다.

우리나라를 포함한 모든 국가들이 국제수지계정을 작성하는데, 나라에 따라 3개월마다 작성하거나 6개월 또는 1년을 단위로 작성하기도 한다. '일정 기간'이란 표현은 국제수지가 스톡(stock)의 개념이 아니고 플로(flow)의 개념임을 뜻한다. 그러나 국가 간의

> **한국 국제수지 작성 연혁**
>
> - 1957년 : 우리나라의 IMF 가입(1955년)을 계기로 편제하기 시작(1950~1956년 연간 편제)
> - 1958년 : 반기 편제로 전환
> - 1965년 : 분기 편제로 전환
> - 1978년 : 월 편제로 전환
> - 1998년 : BPM5(국제수지 편제 매뉴얼 제5판) 이행 완료
> - 2006년 : 경상수지의 계절조정계열, 지역별 경상수지, 서비스무역세분류통계(EBOPS) 공표
> - 2014년 : BPM6(국제수지 편제 매뉴얼 제6판) 이행 완료

모든 거래를 국제수지계정에 일일이 열거할 수는 없다. 그래서 대외 거래를 몇 가지 항목으로 분류하여 집계한다.

우리나라는 국제통화기금(IMF)의 국제수지 편제 기준에 의거하여 1958년부터 한국은행에서 국제수지계정을 작성해 왔다. 그동안 IMF의 편제 기준 개정에 따라 우리나라의 국제수지계정도 여러 차례 바뀌었는데, 1997년까지는 IMF의 국제수지 편제 매뉴얼 제4판에 의거해 왔다. 그러나 IMF는 1980년대 후반 이후 전 세계적으로 나타나기 시작한 금융 및 자본 시장의 국제화와 자유화에 따라 1993년에 국제수지 편제 매뉴얼 제5판을 개정하여 각국에 새로운 기준에 따른 국제수지계정 작성을 권장해 왔다. 이에 우리나라는 1998년부터 제5판에 따라 국제수지계정을 작성, 공포해 왔으며, 2014년부터는 국제수지 편제 매뉴얼 제6판에 의거하여 작성하고 있다.

국제수지계정은 한 국가의 국제무역과 자본의 국제적인 차입과 대출을 기록한 것이다. 여기에는 경상계정과 자본계정 및 금융계정의 세 가지 계정이 포함된다.

● 경상계정(current account)은 국가 간에 이루어지는 경상 거래를 기록하는 부분으로 여기에는 상품 및 서비스, 본원소득, 이전소득 등을 기록한다.

상품 수지에는 거주자와 비거주자 간의 상품의 수출과 수입 거래를 본선인도조건(free on board, FOB)으로 기록한다.

서비스 수지에는 운수 또는 여행이나 유학, 통신, 보험, 특허권 등의 사용료, 사업 서비스, 정부 서비스 등을 기록한다. 예를 들어 외국인이 우리나라의 운송기관 및 보험기관을 이용했을 때 지불하는 금액은 서비스계정의 수취란에 기록하고, 반대로 우리나라 사람이 외국에서 서비스를 구입하고 이에 대한 대금을 지불하는 것은 서비스계정의 지급란에 기록한다.

본원소득 수지에는 거주자와 비거주자 사이에 발생하는 급료 및 임금, 투자소득을 기록한다. 즉 국내에 근무하는 외국인 노동자에게 지불되는 급료와 외국인이 국내에 투자하여 수취하는 배당과 이자 등은 지급란에 기록하는 반면, 해외에 근무하는 우리나라 사람이 벌어들인 소득, 우리나라 사람이 외국에 직접 투자하거나 증권 등에 투자하여 얻은 소득은 수취란에 기록한다.

이전소득 수지는 거주자와 비거주자 사이에 대가 없이 이루어진 재화, 서비스, 현금의 거래를 기록한다. 예를 들어 구호를 위한 식량이나 의약품과 같이 정부나 민간에 의해 이루어지는 무상 원조 등이 여기에 포함된다. 외국으로부터 원조나 증여를 받았을 경우는 수취란에, 그리고 외국에 제공했을 때는 지급란에 기입한다. 그리고 이상의 상품 및 서비스 수지, 소득 수지, 경상 이전 수지를 합하여 경상 수지라고 일컫는다.

● 자본계정(capital account)은 자본이전과 비생산·비금융자산에 대한 거래를 기록한다. 2014년 이전의 자본계정에 해당하는 부분은 거의 대부분 금융계정으로 바뀌었다.

자본이전은 자산 소유권의 무상이전, 채권자에 의한 채무면제 등을 기록한다. 비생산·비금융자산은 브랜드네임, 상표 등 마케팅자산과 기타 양도 가능한 무형자산의 취득과 처분을 기록한다. 물론 상표 등의 이용에 대한 대가는 서비스 수지 항목에 기록된다.

● 금융계정(financial account)은 2014년 이전의 투자수지 부분이 포함되며, 준비자산 증감이 금융계정 안에 들어 있다. 금융계정의 표기는 이전의 자금 유·출입 방향에 따른 부호 표시에서 자산·부채 증감기준으로 바뀌었다. 예컨대 이전에는 외국의 주식을

매입했다면 돈이 나갔기 때문에 (−)로 표시했으나 지금은 자산이 늘었으므로 (+)로 표시하게 된다.

직접투자에는 직접투자관계에 있는 투자자와 투자기업 사이의 주식, 수익재투자, 채무상품의 거래를 기록한다.

증권투자에는 거주자와 비거주자 간에 발생하는 주식 및 채권에 관한 거래를 기록한다. 이때 직접투자나 준비자산에 해당하는 거래를 제외한다.

파생금융상품에는 파생금융상품의 거래로 실현된 손익 및 옵션 프리미엄의 지급과 수취를 기록한다.

기타투자에는 직접투자, 증권투자, 파생금융상품 및 준비자산에 포함되지 않는 모든

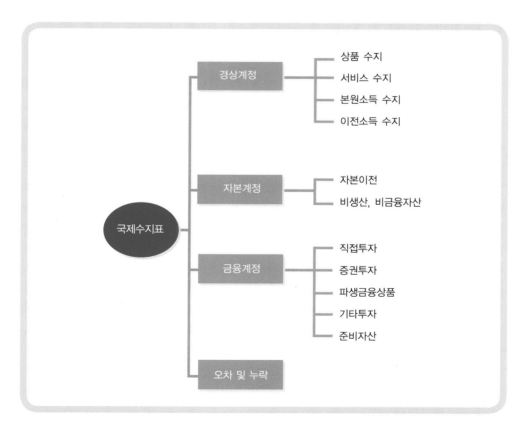

그림 13.4 국제수지표의 구성

대외 금융거래를 기록한다.

준비자산에는 통화 당국이 외환시장의 안정을 위해 언제든지 사용할 수 있고 통제가 가능한 외화표시 대외자산을 기록한다. 이 부분은 민간부문에서 이루어진 경상 거래와 자본 거래의 결과 발생하는 국제수지의 불균형을 직간접적으로 조정하기 위해 사용할 수 있는 중앙은행의 대외자산을 기록한다. 여기에는 중앙은행이 보유하는 외환, 금, SDR 등이 포함된다.

2) 국제수지의 균형

국제수지의 균형은 외환의 수취와 지급이 균형을 이루는 상태를 말한다. 따라서 이는 개념적으로 외환시장에서 특정한 환율 수준을 전제로 하여 정의된다고 볼 수 있다. 〈그림 13.5〉에서 환율이 균형 수준인 e_0에서 결정되면 외환에 대한 수요와 공급이 일치되어 국제수지가 균형을 이룰 것이다. 그러나 환율이 e_1처럼 균형 환율보다 더 높을 때는 외환에 대한 수요가 공급보다 적다. 따라서 이때는 AB만큼 국제수지 흑자상태에 있게 된다고 볼 수 있다. 반대로 환율이 e_2처럼 균형 환율보다 낮을 때는 외환의 수요가 외환의 공급보다 많다. 이 경우에는 CD만큼 국제수지 적자상태에 있게 된다.

변동환율제도를 채택하여 환율이 완전경쟁시장에서 결정된다면 국제수지가 흑자이면 외환시장에 외환이 초과 공급된 상태이기 때문에 환율이 하락하여 이러한 불균형을 제거하고, 반대로 국제수지 적자가 나타나면 환율이 상승하여 불균형을 제거하게 된다. 따라서 개념적으로 순수한 변동환율제에서는 국제수지 불균형 문제가 발생하지 않는다고 할 수 있다.

그러나 변동환율제가 순수하게 운영되는 경제는 찾아보기 힘들다. 또한 1970년대 초까지만 해도 각국은 환율을 일정한 수준에 고정시키고 정부의 개입과 여타의 국제수지 조정 정책을 통해 이를 유지시키는 고정환율제도를 채택해 왔다. 오늘날 변동환율제도를 채택하는 나라도 환율의 적절한 수준에 대한 통제와 개입을 병행하고 있다. 따라서 환율은 상당한 기간 동안 균형 수준 이상 또는 이하로 유지될 수가 있는데, 이로 인해 국제수지도 흑자 또는 적자가 나타날 수 있는 것이다. 환율이 자유롭게 움직여 국제수지 불균형을 제거하지 않는 경우에는 국제수지 동향을 검토하여 흑자 불균형인지 또는 적자 불균형인지, 또한 어느 정도의 불균형 상태인지 파악할 필요가 있게 된다.

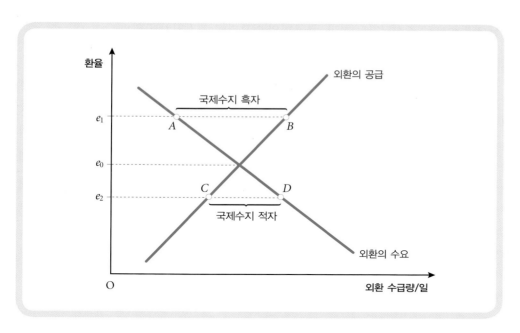

그림 13.5 외환시장의 균형

　국제수지 동향에 대한 검토는 현실적으로 국제수지계정을 통해 이루어진다. 즉 국제수지계정에서 수취보다 지급이 많을 때 적자 불균형, 그 반대의 경우는 흑자 불균형이 된다. 그러나 국제수지계정은 복식 부기의 원리에 의해 기록되므로 국제수지계정 전체로는 양변의 총계가 같기 마련이다. 즉 국제수지는 회계학적 의미에서 항상 균형을 이루게 된다. 따라서 국제수지 균형 혹은 불균형은 모든 계정의 합계로 판정하는 것이 아니다. 대신에 국제수지표의 중간에 한 선을 그어서 그 선 위에 있는 항목들의 수취와 지급을 합계하여 수취가 지급보다 크면 '국제수지 흑자'라고 부르고, 지급이 수취보다 크면 '국제수지 적자'라고 부른다.

2. 국제수지 조정 정책

1) 국제수지 조정 이론

국제수지의 적자나 흑자의 불균형이 발생할 때 이 불균형이 어떻게 조정되는가 하는 문제를 다루는 이론을 국제수지 조정 이론(balance of payment adjustment theory)이라 부른다. 환율제도에 따라 국제수지의 불균형은 그 제도 안에 마련된 메커니즘에 의해 항상 자동적으로 조정되기도 하고, 불균형의 일부만이 조정되기도 한다.

국제수지의 불균형이 자동적으로 또한 완전히 조정되는 환율제도로는 변동환율제도를 들 수 있다. 변동환율제도에서의 환율은 외환의 수요와 공급에 의해 결정된다. 따라서 외환의 수요와 공급이 일치하지 않아 국제수지의 불균형이 발생하면 환율이 변동하므로 항상 국제수지의 균형을 회복할 수가 있다. 즉 변동환율제도에서의 국제수지의 조정이란 환율의 신축적인 변동에 의해 자동으로 이루어진다. 그러나 고정환율제도에서는 환 평가를 중심으로 상하 일정한 폭의 범위에서만 환율 변동이 허용되기 때문에 국제수지의 불균형은 환율 이외에 국민소득이나 물가수준의 변화에 의해 조정되어야 한다. 대표적인 국제수지 조정 이론은 고전학파의 가격 조정 이론과 케인스학파의 소득 조정 이론이 있다.

(1) 고전학파의 가격 조정 이론

이 이론은 금본위 제도(gold standard)를 전제하고 있다. 금본위 제도하에서는 한 나라의 국제수지가 적자로 되면, 외환의 수요가 공급을 초과하기 때문에 환율이 상승한다. 환율이 계속 상승하면 자국의 화폐 가치가 떨어지기 때문에 수입업자는 외환을 매입하여 지급하는 것보다 금을 중앙은행으로부터 구입하여 외국에 지급하는 편이 싸진다. 따라서 금이 유출된다. 그러나 금의 유출은 무한히 계속되지는 않는다. 중앙은행의 금 준비 감소는 통화량을 감소시키고, 화폐 수량설에 따르면 이는 물가수준을 하락시키게 된다. 물가수준이 하락하면 수출이 증가하고 수입이 감소되기 때문에 국제수지의 적자가 조정되고 금의 유출이 정지된다. 국제수지가 흑자가 되는 경우에는 이상과 반대의 과정, 즉 금 유입 → 화폐 수량 증가 → 물가수준 상승에 의해 국제수지가 조정된다.

(2) 케인스학파의 소득 조정 이론

지금 국제수지를 B, 수출과 수입을 각각 X와 M으로 표시하면 다음과 같은 식이 성립한다.

$$B = X - M$$

국제수지가 원래 균형상태($X=M$)에 있다가 외국의 수요가 증가하여 수출이 ΔX만큼 증가했다고 가정하자. ΔX만큼의 수출 증가는 우선 같은 크기만큼 국제수지를 개선한다. 즉 $\Delta B = \Delta X$가 된다. 따라서 ΔX만큼의 흑자, 즉 국제수지 불균형이 발생한다. 이때 수출의 증가는 승수 과정에 따라 국민소득을 증가시키고, 국민소득의 증가는 한계 수입 성향을 통해 또한 수입을 증가시킨다. 한편, 수입의 증가는 국제수지를 악화시키기 때문에 당초의 국제수지 불균형(흑자)의 일부는 소득의 변화에 의해 조정된다. 그러나 이와 같은 국제수지의 소득 조정은 국제수지 불균형의 완전한 조정이 아니고 부분적인 조정에 그친다는 사실이 앞에서 본 금본위 제도에서의 국제수지의 가격 조정과는 다른 점이다.

2) 국제수지의 조정

국제수지의 불균형이 가격 및 소득 조정 메커니즘에 의해 자동적으로 완전히 조정되지 않는 경우에는 정부가 인위적인 정책수단을 사용하여 이를 조정해야 한다. 다시 말해 '국제수지 조정 정책'이 필요하게 된다. 일반적으로 정부가 사용할 수 있는 국제수지 조정 정책의 수단으로는 평가의 변경, 총수요 관리, 외환 통제가 있다.

(1) 평가의 변경

국제수지의 조정 수단으로서 평가의 변경은 수출재와 수입재의 가격 수준을 변화시키는 효과를 가지고 있다. 한 나라의 국제수지가 적자일 때 국내 통화를 평가 절하하면 우선 수출재의 국제 가격을 인하할 수 있으므로 국제 경쟁력이 향상되어 수출이 증가한다. 반면에 수입재의 국내 가격이 상승하기 때문에 수입은 감소하고 수입 대체재의 국내 생산은 증가하게 된다. 이처럼 국제수지가 적자일 때 자국 통화의 평가절하는 수출의 증가와 수입의 감소를 가져오므로 국제수지 적자가 줄어든다. 그런가 하면 한 국가의 국제수지가 흑자일 때 국내 통화를 평가절상하면 위에서와는 반대로 수출이 감소하고 수입이 증가하는 한편, 수입재의 국내 생산은 감소한다. 따라서 국제수지 흑자폭은 줄어든다.

(2) 총수요 관리

총수요를 변화시킴으로써 국제수지의 불균형을 조정하려는 정책을 가리켜 총수요 관리 정책이라 한다. 대표적인 정책수단으로는 앞에서 고찰한 재정정책과 금융정책이 있다. 재정정책이란 정부지출의 증감이나 조세의 증감을 통해 총수요를 관리하는 정책을 말하며, 금융정책이란 중앙은행이 공개시장 조작이나 재할인율 또는 법정 지불 준비율을 변경시킴으로써 통화량과 이자율을 변화시켜 총수요를 관리하는 정책을 말한다. 총수요의 변화는 소득을 변화시키고 소득의 변화는 한계 수입 성향을 통해 수입을 증감시킴으로써 국제수지가 조정된다.

총수요 관리 정책에 의해 국제수지의 불균형을 조정할 때 문제가 되는 것은 그것이 국내 균형과 상충될 때가 있다는 점이다. 일반적으로 국제수지의 균형을 '대외 균형(external equilibrium)'이라 한다. 그에 비해 '대내 균형(internal equilibrium)'은 완전 고용과 물가수준의 안정이라 할 수 있다. 국제수지의 적자나 흑자는 한 나라 경제가 대외적으로 균형상태에 있지 못함을 나타내는 것이다. 마찬가지로, 실업이나 인플레이션의 존재는 한 나라의 경제가 대내적으로 균형상태에 있지 않음을 나타낸다.

총수요 관리 정책은 원래 실업이나 인플레이션과 같은 국내 경제의 불균형을 조정하기 위해 사용되는 정책수단이었다. 예를 들어 실업이 존재할 때 총수요를 증가시키면 국민소득이 증가하고 따라서 고용이 증가된다. 또한 인플레이션이 발생하면 반대로 총수요를 억제하여 물가 상승에 대한 압력을 제거하면 인플레이션이 완화된다. 이와 같이 동일한 정책수단인 총수요 관리 정책이 대내 균형과 대외 균형이라는 두 가지 정책 목표를 달성하기 위해 사용될 수가 있기 때문에 때로는 대내 균형을 위한 총수요 관리의 정책 방향과 대외 균형을 위한 정책 방향이 서로 상충되는 경우가 발생할 수 있다.

이처럼 한 나라 경제의 불균형은 〈표 13.3〉에서 보는 바와 같이 네 가지 유형으로 구분할 수 있다. 이때 첫 번째와 두 번째의 경우에는 대내 균형과 대외 균형을 위한 총수요 관리의 정책 방향이 같기 때문에 문제가 발생하지 않는다. 그러나 세 번째와 네 번째의 경우에는 대내 균형과 대외 균형을 위한 정책 방향이 상반되기 때문에 부득이 어느

표 13.3 경제 불균형의 유형

불균형의 유형	대내 균형을 위한 정책	대외 균형을 위한 정책
실업과 흑자	총수요 증가	총수요 증가
인플레이션과 적자	총수요 억제	총수요 억제
실업과 적자	총수요 증가	총수요 억제
인플레이션과 흑자	총수요 억제	총수요 증가

정책 목표를 우선적으로 생각할 것인지를 선택해야 한다.

(3) 외환 통제

외환 통제란 한정된 외환의 공급을 외환시장을 통해서가 아니라 정부가 직접 여러 가지 대체적인 외환의 용도(수요)에 배분하는 제도를 말한다. 따라서 외환을 사용하려는 사람은 정부로부터 사용 허가를 받아야 하는데, 외환 통제는 이처럼 외환 거래에 대한 직접 규제를 통해 국제수지를 조정하려는 정책이다.

1. 비교우위에 대한 설명으로 옳은 것은?
   ① 무역의 이득이라는 개념에서 나온 것이다.
   ② 경제적 우위의 개념에서 나온 것이다.
   ③ 서로 다른 나라에서 상품을 생산하는 데 드는 절대적인 기회비용의 차이에서 온다.
   ④ 어떤 한 국가에서 어떤 상품을 생산하는 데 드는 상대적인 기회비용의 차이에서 온다.
   ⑤ 서로 다른 나라에서 상품을 생산하는 데 드는 상대적인 기회비용의 차이에서 온다.

2. 다음 중 한 국가가 절대우위를 가진 경우는?
   ① 한 국가가 다른 국가들보다 더 많은 화폐비용을 들여서 생산한다.
   ② 한 국가가 다른 국가들보다 더 적은 화폐비용을 들여서 생산한다.
   ③ 한 국가가 다른 국가들보다 더 적은 노동시간을 들여서 생산한다.
   ④ 한 국가가 다른 국가들보다 더 많은 투입비용을 들여서 생산한다.
   ⑤ 한 국가가 다른 국가들보다 더 적은 투입비용을 들여서 생산한다.

	중국	한국
컴퓨터 1대	6시간	3시간
피자 1판	4시간	1시간

3. 위의 표에서 중국은 무엇을 생산하는 데 절대우위가 있는가?
   ① 컴퓨터
   ② 피자
   ③ 둘 다 절대우위 없음
   ④ 피자, 컴퓨터 생산에는 비교우위가 있음
   ⑤ 둘 다 절대우위 있음

4. 위의 표에서 한국은 무엇을 생산하는 데 절대우위가 있는가?
   ① 컴퓨터
   ② 피자
   ③ 둘 다 절대우위 있음
   ④ 피자, 컴퓨터 생산에는 비교우위가 있음

⑤ 둘 다 절대우위 없음

5. 위 표에서 한국은 무엇을 생산하는 데 비교우위가 있는가?
　　① 컴퓨터
　　② 피자
　　③ 둘 다 있음
　　④ 컴퓨터, 피자 생산에는 절대열위가 있음
　　⑤ 둘 다 없음

6. 위의 표에서 한국이 컴퓨터 1대를 생산하는 데 따른 기회비용은 얼마인가?
　　① 피자 1판
　　② 피자 2판
　　③ 피자 3판
　　④ 피자 4판
　　⑤ 피자 5판

7. 다음 중 두 나라 사이에 교역이 이루어지는 기본 원리와 관련해 옳은 설명을 모두 고르시오.
　　가) 기회비용의 상대적인 크기는 비교우위를 결정한다.
　　나) 각국은 기회비용이 상대적으로 적은 재화를 생산한다.
　　다) 교역이 이루어지는 경우 한 나라가 이득을 보면 다른 나라는 손해를 본다.
　　라) 한 나라가 모든 재화에 절대적인 우위가 있는 경우 교역이 이루어지지 않는다.
　　① 가, 나　　② 가, 라　　③ 나, 다　　④ 나, 라　　⑤ 다, 라

8. 수입에 관세를 부과하면 수입국에 나타나는 영향으로 옳은 것은?
　　① 교역조건을 악화시키고 무역을 축소시킨다.
　　② 교역조건을 악화시키고 무역을 확대시킨다.
　　③ 교역조건을 개선하고 무역을 확대시킨다.
　　④ 교역조건을 개선하고 무역을 축소시킨다.
　　⑤ 모두 아니다.

9. 국제무역 규제에 관한 다음 설명 중 옳은 것은?
　　① 국제무역 규제는 효율적인 생산자들만 살아남게 한다.
　　② 국제무역 규제는 자국이 가장 효율적으로 생산하는 상품에 특화하도록 한다.
　　③ 대부분의 경우 국제무역 규제는 소비자들에게는 해가 된다.
　　④ 무역 규제는 국내 소비자의 희생을 대가로 해외 생산자에게 이득을 가져다준다.

⑤ 무역 규제는 좋은 품질의 상품을 낮은 가격에 생산하도록 한다.

10. 다음 중 비관세장벽에 속하지 않는 것은?
　　① 수입할당제
　　② 수출자율규제
　　③ 반덤핑관세
　　④ 행정적, 기술적 규제
　　⑤ 수출보조금

11. 한 국가의 정부가 2개 혹은 그 이상의 통화 간의 교환비율을 일정하게 유지되도록 하는 정책을 취할 때 옳은 것은?
　　① 고정환율정책이다.
　　② 변동환율정책이다.
　　③ 관리변동환율정책이다.
　　④ 자유방임환율정책이다.
　　⑤ 개입주의환율정책이다.

12. 무역 의존도를 설명하고 올해 한국을 비롯한 주요국의 무역 의존도가 얼마인지 확인해보시오.

13. 교역의 이득에 대해 간단히 설명해보시오.

14. 절대우위론과 비교우위론의 유사점과 차이점을 설명해보시오.

15. 비교우위를 결정하는 요인들에 대해 설명해보시오.

16. 관세와 수입할당의 효과를 비교 설명하시오.

17. 〈그림 13.1〉을 이용하여 관세 철폐의 효과를 설명해보시오.

18. 흔히 "경상수지는 흑자가 바람직하다"고 생각한다. 이 생각이 옳은지 그른지 설명해보시오.

19. 국내물가의 상승은 환율에 어떤 영향을 미치는지 설명해보시오.

20. 환율의 하락이 수출, 수입, 물가 등에 미치는 효과를 설명해보시오.

21. 변동환율제도와 고정환율제도에 대해 설명하시오.

서장

1. ③ 사람들의 욕망에 비해 자원이 부족한 희소성 때문에 경제문제가 발생한다.

2. ② 애덤 스미스의 '보이지 않는 손'은 가격기구를 말하는 것으로 자유로운 시장기구에 의해 자원의 배분이 효율적으로 이루어진다는 것을 말한다.

3. ③ 생산가능곡선을 우측으로 옮길 수 있는 것은 생산요소의 증가나 기술 수준의 향상이다.

4. ④ 어떤 것을 선택하면 다른 것을 포기해야 하는 것을 말한다. 낚시를 하면서 책을 읽는 것은 두 가지를 동시에 한 것으로 기회비용 개념에 적합하지 않다.

5. ① 애덤 스미스가 지은 책 이름은 국부론이다.

6. ⑤ 경제주체에는 가계, 기업, 정부, 해외가 있다. 소비는 가계의 경제활동이다.

7. ③ 정부는 재정의 주체이다. 세금을 걷고 재정지출을 하는 것이 정부의 역할이다.

8. ③ 국가 간에 이루어지는 거래를 무역이라고 한다.

9. ③ 최종적으로 소비 용도로 쓰이는 것이 소비재이다. 기계는 다른 물건을 만드는 데 쓰이기 때문에 생산재이다.

10. ③ 돈을 지불하지 않고 얻을 수 있는 재화가 자유재이다. 일부 돈을 지불하는 경우가 있긴 하지만 아직 공기는 자유재에 속한다고 할 수 있다.

11. ④ 개별적인 것을 합한 것이 전체의 모습과 다를 수 있다는 것을 구성의 오류라고 한다.

12. ① 다른 선택의 기회를 포기함으로써 발생하는 비용을 기회비용이라고 한다. 여기에는 그 선택으로 직접 발생되는 명시적 혹은 회계학적 비용과 그 선택에 따른 암묵적 비용도 포함된다. 2,000만+1,000만=3,000만 원

13. ① 무엇을 얼마나, 어떻게 그리고 누구를 위해 생산할 것인가 하는 것이 경제의 기본 문제이다.

14. ⑤ 생산가능곡선은 주어진 기술 수준에서 노동과 자본을 모두 투입하여 생산할 수 있는 최대의 생산물 조합을 나타낸다.

15. ② 직접 만지거나 눈에 보이는 것은 아니지만 사람의 효용을 증대시키는 것이 서비스이다.

16. ③ 한 번 쓰고 버리는 것을 단용재, 여러 번 반복해서 쓸 수 있는 재화를 내구재라고 한다.

17. ⑤ 한 재화를 더 생산하기 위해서는 다른 재화의 생산을 좀 더 많이 포기하지 않으면 안 된다.

18. ① 가정을 설정하고, 가설을 세우고 이것을 검증한다.

19. ④ $Y = 20 + (10 \times 7) = 90$

20. ③ $Y = 20 + (10 \times 2) = 40$

21. 경제문제는 희소성 때문에 발생한다. 사람들의 욕구는 다양한데 이것을 충족시켜줄 자원은 한정되어 있기 때문에 경제문제가 발생한다.

22. 무엇을, 어떻게, 누구를 위해 생산하는가 하는 것이 경제의 3대 근본 문제이다.

23. 최소의 비용으로 최대의 효과를 거두는 것을 경제원칙이라 한다.

24. 쌀과 자동차를 생산하는 경제에서 하나의 제품을 더 생산하기 위해서는 다른 제품의 생산을 더 줄여야 하기 때문이다. 이것은 한 가지 제품의 생산을 더 늘리려고 한다면 다른 제품의 생산에 투입되고 있었던 생산요소들을 더 많이 빼와야 하기 때문이다.

25. 실증경제학은 있는 그대로 설명하는 것이고, 규범경제학은 경제상태가 어떻게 되어야 한다고 가치 판단을 하는 것을 말한다. "실업률이 3.5%이다"라는 것은 실증경제학적 대상이며, "3.5%의 실업률은 높기 때문에 3% 이하로 낮추어야 한다"는 것은 규범경제학적 주장이다.

26. 정책은 대부분 가치 판단을 포함하기 때문에 규범경제학적인 것이 많다.

27. 미국이 중국으로부터 막대한 무역수지 적자를 보고 있다는 것은 실증경제학의 영역이고, 그 때문에 중국 상품에 높은 관세를 매겨야 한다고 주장하는 것은 규범경제학의 영역이다.

제1장

1. ③ 돈을 벌기 위한 아이스크림 장수의 이기심이 산 정상까지 아이스크림을 운반하게 하였다.

2. ② 양배추와 샌드위치는 보완관계에 있다. 양배추 가격이 오르면 샌드위치에 공급되는 원료의 가격이 오르는 것이므로 샌드위치 가격도 오르게 된다. 그러면 주어진 가격에서 샌드위치 공급은 줄어들게 된다.

3. ④ 소득이 줄어들면 바캉스에 소요되는 비용이 일정함에도 불구하고 바캉스에 대한 수요가 줄어들게 된다.

4. ① 기울기가 마이너스(-)이므로 가격이 올라가면 수요량은 감소한다.

5. ⑤ 냉면과 냉국수는 대체재의 관계에 있다고 할 수 있다. 냉면 가격이 오르면 사람들은 냉면에 대한 수요를 줄이고 냉국수에 대한 수요를 늘리게 된다.

6. ③ 포근한 날씨는 여건의 변화이므로 공급곡선 자체를 이동시킨다. 공급의 증가는 공급곡선을 우측으로 이동시킨다.

7. ① 원유 가격의 상승은 휘발유와 경유 가격의 상승을 가져와 자동차 운행 비용을 증가시킨다. 그러면 자동차에 대한 수요가 감소하게 될 것이다.

8. ④ 빵의 가격이 상승하여 빵에 대한 수요량이 줄어들면 잼에 대한 수요는 감소하게 된다.

9. ① 사과 주스와 오렌지 주스는 대체관계에 있기 때문에 사과 주스의 가격이 올라 사과 주스에 대한 수요가 줄어들면 대체재인 오렌지 주스에 대한 수요는 늘어난다.

10. ⑤ $1600-30P=1400+70P$를 풀면 $P=2$이고 이것을 대입하면 $Q=1,540$이 된다.

11. ⑤ 가격은 오르지만 거래량은 수요의 증가와 공급의 감소 중 어느 쪽이 큰가에 따라 달라진다.

12. ④ 수요와 공급이 모두 증가할 때는 거래량은 분명히 늘어나지만 가격은 알 수 없다. 수요가 공급보다 더 크게 늘어나면 가격은 오르고 공급이 수요보다 더 크게 늘어나면 가격은 떨어진다.

13. ② $= - \dfrac{\dfrac{-20만}{100만}}{\dfrac{100}{500}} = \dfrac{\dfrac{1}{5}}{\dfrac{1}{5}} = 1$

14. ② 일반적으로 필수품에 비해 사치품의 탄력성이 더 크게 나타난다. 교과서는 필수품에 가깝고 만화책은 사치품에 가깝다.

15. ② 가격탄력성이 클 때에는 가격을 내리는 것이 판매액을 늘리는 방법이다. 1개당 가격은 줄어들지만 판매량은 그 이상으로 늘어나기 때문이다.

16. ③ 최저 가격 설정으로 공급량은 늘어나고 수요량은 줄어들어 초과 공급이 발생하게 된다.

17. ① 다른 조건에 변화가 없다면 임금의 상승은 고용의 감소를 가져온다. 그러나 임금의 상승으로 소비자들의 소득이 높아져 소비 지출이 늘어나는 조건의 변화가 온다면 고용은 늘어날 수도 있다. 실제로 최저임금제의 효과는 정책 시행 시의 조건에 따라 다양하게 나타난다.

18. ③ 수요와 공급의 탄력성에 따라 조세의 부담의 정도가 달라진다. 수요곡선이 탄력적일수록 소비자의 부담은 적어진다.

19. ⑤ $-0.4 = \dfrac{-0.2}{\dfrac{X}{2500}}$, $X=1,250$원, 따라서 원래의 가격 2500원+1250원=3,750원이 된다.

20. ① 수요와 공급곡선의 가격탄력성에 따라 달라지며 생산자에 부과하든 소비자에게 부과하든 소비자가 실제로 부담하는 금액은 같다.

21. 그 재화의 가격 변화로 인해 그 재화의 구입량이 변하는 것을 수요량의 변화라고 하고, 그 재화 가격 이외의 요인에 의해 그 재화의 구입량이 변하는 것을 수요의 변화라고 한다.

22. 최고 가격제는 물가의 안정이나 생활필수품 등을 국민들에게 싼 가격에 공급하기 위해 시행한다. 최고 가격제를 시행하면 초과 수요가 발생하여 암시장이 형성될 가능성이 높다. 즉 고질적인 물자 부족 문제가 발생하게 된다.

23. 수요의 가격탄력성이 1보다 클 때, 즉 탄력적일 때에는 가격 변동보다 수요량의 변동이 더 크기 때문에 가격을 내리면 기업의 총수입은 증가하게 된다. 즉 가격이 낮아진 것보다 판매량이 늘어나는 것이 더 많기 때문에 총수입은 늘어나게 된다.

24. 궁극적으로 소비자가 부담하는 것은 동일하다. 수요와 공급곡선의 탄력성에 따라 부담액이 결정된다.

25. 밀접한 대체재의 존재 유무, 그 재화의 가격이 소득에서 차지하는 비중, 기간 등이 탄력성에 영향을 준다. 밀접한 대체재가 많고, 소득에서 차지하는 비중이 크고 기간이 길수록 탄력성은 커지게 된다.

제2장

1. 어떤 재화의 소비량이 일정 수준 이상 증가하면 추가적인 소비에서 얻는 만족감이 줄어드는 것을 한계효용이라 한다. 구체적인 예로 첫사랑을 들 수 있다.

2. 무차별곡선은 우하향하고, 원점에 대해 볼록하다. 원점에서 멀어질수록 만족 수준이 높고, 서로 교차하지 않는다.

3. 한계대체율은 무차별곡선의 기울기로 소비자의 효용 수준을 일정하게 유지하면서 한 재화를 다른 재화로 대체할 때 교환되는 두 재화의 비율을 말한다.

4. 가격이 하락하면 정상재와 열등재의 수요량은 증가하지만, 기펜재의 수요량은 감소한다. 가격이 내리더라도 수요량이 오히려 줄어드는 현상이 나타나는 상품을 기펜재라 한다.

5. 예산선은 $2,000X + 1,000Y = 50,000$이다(예산선 그림은 본문 참조 바람).

6. 소비자효용 극대화 조건은 무차별곡선의 기울기와 가격선의 기울기가 같은 지점에서 결정됨. $MRS_{xy}(\equiv \frac{MU_x}{MU_y}) = \frac{P_x}{P_y}$ 이므로, 상대가격 비율이 2/3이기 때문에 한계대체율도 2/3와 같음.

7. 한계효용균등의 법칙에 의해 $50/2,000 = MU_y/4,000$가 성립한다. Y재의 한계효용은 40이 되어야 한다.

8. 본문 참조 바람. Y축은 변하지 않고, X재 가격하락으로 수요량은 증가하기 때문에 X축이 바깥쪽으로 이동한다.

9. 소비자잉여는 어떤 재화에 대해 최대지불용의금액에서 실제 지불한 금액을 뺀 값으로 소비자의 이득을 말한다.

10. 스마트폰 요금 인하는 소비자잉여를 증가시킨다.

11. ④ 무차별곡선상의 점은 효용이 동일하다. 원점에서 멀수록 효용 수준이 높다.

12. ③ 특정 상품을 선호하기보다는 골고루 섞여 있는 소비묶음을 선호한다.

13. ① 다른 예들은 재화를 소비할수록 한계효용이 감소하는 한계효용체감의 법칙에 대한 설명이다.

14. ⑤ 한 단위 더 소비할 때 총효용이 감소하려면 한계효용이 0보다 작아야 한다.

15. ③ 소비자는 주어진 예산(가격과 소득)하에 효용을 극대화하는 의사결정을 한다.

16. ④ (한계효용균등의 법칙) $MU_n/P_n = 1/20 < MU_p/P_p = 4/5$ 볼펜의 한계효용가치가 노트의 한계효용가치보다 높기 때문에 볼펜의 구매를 늘리고 노트의 구매를 줄여야 한다.

17. ① 각 재화에 지출되는 한계효용이 같아진다는 한계효용균등의 법칙을 설명한 것이다.

18. ③ 요금인하는 소비자잉여 증가, 생산자잉여 감소, 사회적 효율성을 감소시킨다.

19. ③ 대체재의 경우 교차탄력성이 0보다 크고, 보완재의 경우 교차탄력성이 0보다 작다.

20. ⑤ 사회적 잉여는 소비자잉여와 생산자잉여의 합으로, 효율적 자원분배는 사회적 잉여를 극대화하는 것이다.

제3장

1. 고정투입물이 존재하면 단기이고, 모든 생산투입물이 가변투입요소이면 장기이다.

2. 본문 참조

3. A : 50, B:40, C: 45, D: 120, E: 30

4. 1억 원. 1,000만 원은 매몰비용으로 회수할 수 없기 때문에 경제적 의사결정에 영향을 주지 못한다. 기회비용=암묵적 비용(5,000+200+1,200)+명시적 비용(3,600)=1억

5. 총생산은 노동의 한계생산이 0이 될 때 극대가 되며, 평균생산은 '한계생산=평균생산'일 때 극대화된다.

6. ④ 고정투입요소가 한 가지 이상 존재하는 기간이 단기, 모든 생산요소가 가변요소인 기간이 장기이다. 따라서 가변투입요소와 고정투입요소가 공존하는 기간은 단기이다.

7. ④ 본문 참조

8. ② 노동투입량이 6명일 때의 총생산량은 54단위(6명×9단위), 노동투입량이 7명일 때의 총생산량은 56단위(7명×8단위)이므로 총생산량의 증가치인 한계생산량은 2단위(56-54)이다.

9. ② 28(7명 투입 시 총생산)-30(6명 투입 시 총생산)=-2

10. ② 이윤극대화만이 기업의 목표가 아니라 시장점유율 극대화, 판매량 극대화, 사회적 기여 등 기업들이 생산활동을 하는 동기는 다양하다. 하지만 기업은 궁극적으로는 이윤을 극대화하는 것이 일차적인 목표라고 보는 견해가 현실적이다.

11. ② 기회비용이란 어떤 재화를 얻기 위해 포기해야만 했던 것의 가치를 의미하므로 생산하는 데 들어간 진정한 비용을 의미하며, 회계적 비용보다 더 넓은 의미로 사용된다. 구체적으로는 명시적 비용에 암묵적 비용을 합친 개념이다.

12. ① 평균생산물은 생산물의 총생산량을 생산요소 투입량으로 나누면 나타나는 생산요소 1단위당 산출된 생산물의 양을 의미한다.

13. ② 한계생산물은 추가된 1단위 생산요소 투입으로 늘어난 총생산물의 증가분을 의미한다.

14. ④ 본문 참조

15. ③ 평균과 한계의 관계를 참조하라.

16. ④ '같은 값이면 다홍치마'는 주어진 비용 제약하에서 최대한의 생산량을 구할 수 있는 노동과 자본의 조합을 선택한다는 차원에서 최대성과 최소성의 원칙을 찾는 '생산자 균형'의 취지에 부합함

   ① 바다는 메워도 사람 욕심은 못 메운다. (희소성의 원칙)

   ② 산토끼 잡으려다 집토끼 놓친다. (기회비용)

   ③ 남이 장에 간다고 하니 거름 지고 나선다. (밴드웨건효과)

   ⑤ 사촌이 땅을 사면 배가 아프다. (외부불경제)

17. ①

18. ① 일반적으로 평균비용곡선의 최저점은 한계비용곡선 최소점보다 오른쪽에 위치하며, U자
    형태의 한계비용곡선은 평균비용곡선의 최저점을 통과하므로 평균비용이 감소할 경우
    한계비용은 평균비용보다 작다. 그리고 한계비용이 최소인 점에서는 평균비용곡선이 우
    하향의 형태이다.

제4장

1. 완전경쟁시장의 단기 균형은 가격(=한계수입)과 한계비용이 일치($P=MC$)하는 점에서 생산량
    을 결정하는 것이다. 시장의 진입과 퇴출이 자유로워 경쟁이 치열해서 이윤이 0이 될 때 장기
    균형이 이루어진다.

2. 단기 균형은 $P=MC$이므로, $2=1+q$가 되어 최적생산량은 1이다.

3. 기업의 단기비용곡선은 한계비용곡선에서 생산중단점(평균가변비용의 최저 수준) 위로 뻗은
    선이다.

4. 평균가변비용의 최저점이 손익분기점이다. 기업이 손익분기점을 넘어서면 손해를 보더라도 평
    균고정비용을 충당할 수 있기 때문에 계속 운영하려 한다.

5. 가격상한제는 특정 목적을 위해 시장가격보다 낮은 수준에서 가격의 상한선을 정하여 규제된
    가격으로 거래하도록 하는 제도다. 소비자잉여는 늘어나지만 생산자잉여는 줄어든다. 가격규
    제에 의해 사중손실이 발생하여 사회적 후생은 줄어든다.

6. 독점기업이나 완전경쟁기업 모두 $MR=MC$이다. 그러나 완전경쟁기업은 가격을 수용하기 때
    문에 $P=MR=MC$이고, 독점기업은 가격 설정자이기 때문에 $P>MR=MC$이다.

7. 독점기업의 최적생산량은 $MR=MC$에서 결정되기 때문에 최적생산량은 2.5이다. $R=PQ=(10$
    $-Q)Q=10Q-Q^2$이므로 $MR=10-2Q$이다.

8. 독점기업은 사회적으로 바람직한 생산량보다 과소생산하고 독점가격을 설정하여 사회적 후생
    을 감소시킨다.

9. 독점적 경쟁시장은 다수의 공급자가 존재하고 진입이 자유롭기 때문에 완전경쟁시장과 비슷한
    성격을 띠지만, 제품의 차별성을 가진다는 점에서 상이하다.

10. 독점적 경쟁시장에서 단기 균형은 독점기업이 직면한 문제와 동일하다. 그러나 독점적 경쟁시
    장의 장기 균형은 독점시장과 다르고 완전경쟁시장에서 기업이 직면하는 문제처럼 장기적으로
    이윤이 0인 상태에서 균형을 이루게 된다.

11. 1급 가격차별은 소비자의 최대지불용의금액만큼 가격을 매기는 것이고, 2급 가격차별은 수량
    을 일정한 구간으로 나누어 각기 다른 가격을 책정하는 것이며, 3급 가격차별은 소비자 특성(연
    령, 소득, 성별 등)에 따라서 다른 가격을 책정하는 것이다.

12. ④ 한계비용은 1단위 추가로 생산할 때 드는 비용이다. 10개를 생산할 때 평균비용은 10만
    원으로 총비용은 100만 원이다. 11개를 생산할 때 평균비용은 11만 원으로 총비용은 121

만 원이다. 따라서 1개를 추가로 생산할 때 비용의 증가분인 한계비용은 21만 원이 된다.

13. ⑤ 유가하락으로 유류비가 절감되어 항공사 및 해운사의 영업이익은 증가하고, 한국전력의 자회사인 발전회사의 생산원가 하락으로 발전회사의 영업이익은 늘어난다. 따라서 한국전력의 영업이익이 증가한다. 정유회사의 재고 평가이익은 하락한다.

14. ① 영화관의 경우 학생할인, 조조할인 등 가격차별정책으로 이익을 높이려고 한다.

15. ④ 규제철폐는 진입장벽을 낮춰 시장에 신규로 진입하려는 업체에게 유리하다.

16. ③ 해당 상품과 밀접한 대체재가 존재하는 경우 독점력이 약화된다.

17. ① 카르텔의 경우 상호 협조적 행동을 취한다. OPEC 회원국 중 영향력이 가장 큰 사우디아라비아의 감산을 보고만 있지 않고, 감산함으로써 보조를 맞출 것이다.

18. ② 2급 가격차별은 수량을 일정한 구간으로 나누어 각기 다른 가격을 책정하는 것으로 소비자의 효용함수를 정확하게 모르기 때문에 수량을 묶어서 판매한다. 1급 가격차별은 소비자의 최대지불용의금액만큼 가격을 매기는 것으로 완전가격차별이라고 불리기도 한다. 1급 가격차별은 소비자의 효용함수를 정확하게 알고 있을 때 실행할 수 있다.

19. ① 가격탄력성에 따라 가격차별을 하는 전형적인 예이다.

20. ⑤ 매몰비용은 한 번 지불하면 회수할 수 없는 비용이다. 한 번 매몰되면 회수할 수 없기 때문에 합리적 선택을 할 때 매몰비용을 포함해선 안 된다.

21. ②, ④ 규모의 경제는 생산량이 증가함에 따라 평균비용이 감소하는 경우이다. 규모의 경제가 크게 나타나는 경우 자연독점이 발생한다.

22. ④ 과점시장에서는 상대방의 반응을 고려하는 전략적 행동이 나타난다.

23. ⑤ 완전경쟁기업은 가격을 결정할 수 없는 가격 수용자이다.

제5장

1. 생산물 시장과 생산요소 시장이 모두 완전경쟁일 때 이윤극대화 조건은 $VMP_L = W$이다. 또한 $VMP_L = P \times MP_L$이다. 문제에서 $W = 10,000$원이고, 광천수의 가격(P)이 2,000원이므로 $2,000 \times MP_L = 10,000$이 성립한다. 따라서 한계생산물가치($VMP_L$)는 10,000원이고 한계생산물($MP_L$)은 5다.

2. $MP_L = 20$병이고, 광천수 가격(P)이 2,000원이므로 $VMP_L = 40,000$원이다. 또 시간당 임금(W) $= 30,000$원이므로 $VMP_L > W$이다. 따라서 고용을 더 증가시킬 때 이윤이 증가한다.

3. 이윤극대 조건 $VMP_L = W$이므로 '$100 \times (100 - 2L) = 5,000$'이 성립한다. 여기서 L의 값을 구하면 25이다. 즉, 이윤이 극대가 되는 고용량은 25이다.

4. ③ 완전경쟁시장에서 노동수요곡선은 한계생산물가치(VMP) 곡선이고 $VMP_L = P \times MP_L$이다. P가 일정하고 노동수요가 증가할수록 한계생산(MP_L)이 체감하므로 VMP_L도 감소한다. 즉, 노동수요곡선이 우하향한다.

5.　①　노동공급곡선이 가파를수록 비탄력적이다.

6.　①　소득분배가 불평등할수록 지니값은 1에 가까워진다.

7.　②　소득분배가 불평등할수록 로렌츠 곡선은 완전평등선인 대각선에서 멀어진다.

8.　④　공공재는 비배제성과 비경합성의 성질을 지닌다.

9.　④　비배제성과 비경합성을 지니는 재화를 소비할 때 소비자는 자신의 선호를 나타내지 않고
　　　　비용을 부담하지 않는 무임승차자로 행동하려고 한다.

10.　④, ⑦　수확체감의 법칙은 생산에 나타나는 현상이고 경쟁시장에서는 효율적 자원배분이 일
　　　　어난다.

11.　①, ③의 경우를 '범위의 경제'라고 한다.

12.　①　개인은 사적 한계비용에 따라 생산하므로 지나치게 많이 생산된다.

13.　②, ③　외부불경제가 발생하는 경우이다.

14.　②　겉만 멀쩡하다는 의미에서 개살구에 비유한다.

15.　①　중고차 매수자와 매도자 간의 정부 비대칭성 때문에 겉만 멀쩡한 차(개살구)들이 주로 거
　　　　래되는 현상을 역선택이라고 한다.

16.　②　개인의 건강상태에 대한 정보의 비대칭성으로 인해 생겨나는 현상이다.

17.　①　중고차 매수자와 매도자 간의 정부 비대칭성 때문에 생기는 현상이다.

18.　③　개인의 건강 상태에 대한 보험회사와 개인 간의 정보 비대칭성 때문에 생기는 도덕적 해
　　　　이를 해결하는 방법 중의 하나이다.

19.　②　대리인과 주인 간의 정보 비대칭성을 이용하여 대리인 자신의 이익을 우선하는 것을 도덕
　　　　적 해이라고 한다.

20.　③　전문경영인(대리인)이 주주(주인)의 이익이 아닌 자신의 이익을 우선하는 도덕적 해이를
　　　　방지하는 방법 중의 하나가 스톡옵션과 같은 인센티브를 제공하는 것이다.

21.　②　주인-대리인 모형을 이용하여 도덕적 해이를 설명한다.

22.　④　나머지의 보기에는 모두 정보의 비대칭성이 존재한다.

23.　④　자신이 소유한 물건에 높은 가치를 부여하는 경향이 있다.

24.　②　사람들은 대체로 손실로부터 생기는 충격에 더 민감한 경향을 보인다.

25.　①　사람들은 현 상태를 바꾸지 않고 유지하려는 경향을 보인다.

제6장

1. 두 사건 모두 금융부문의 위기에서 시작되었다. 두 사건 모두 미국에서 시작됐지만, 그 영향은 자본주의 세계 전체에 미쳤다. 많은 기업들이 도산했고, 실업자도 크게 늘어났다.

2. 당시 주류경제학이던 고전학파 경제학자들은 경제가 불경기 상황에 있더라도 정부가 경제에 개입하면 안 된다고 생각했다. 이에 대해 케인스는 대공황과 같은 경제위기 상황에서는 정부가 적극적으로 나서서 재정자금을 지출하고, 이자율 인하, 대출 확대 등 금융을 완화하여 경제 활성화를 위해 적극적으로 노력해야 한다고 주장했다.

3. 경제성장은 생활 수준의 향상과 일자리 제공을 위한 필수적인 조건이어서 국민의 생활과 밀접한 연관을 갖는다. 그리고 기업 입장에서는 기업의 이윤획득과 성장에 직접적인 영향을 미친다. 정치가들은 경제성장의 성과에 따라 선거에서 승패가 달라질 수 있다. 따라서 정치가와 그가 속한 정당은 선거에 이기기 위해서라도 경제성장을 위해 노력해야 한다. 일반 국민들은 그의 직업과 소득 수준에 관계없이 경제성장이 더 잘 될수록 삶의 질이 높아진다고 생각하기 때문에 경제성장에 관심을 갖게 된다.

4. 총수요가 총공급을 초과하거나, 생산요소 가격이 전반적으로 상승하면 인플레이션이 발생한다.

5. 사회 또는 경제 전체로 볼 때 노동력이라는 자원은 저장되지 않기 때문에 실업은 노동력이라는 유용한 자원을 생산에 사용하지 못하고 그대로 허비한다. 즉 실업은 자원의 낭비를 초래한다. 그리고 실업으로 인해 많은 국민들이 생활에 어려움을 겪으면 범죄, 소요 등의 증가로 사회적 불안을 일으킬 수 있다.

6. 1) 미시경제학

   2) 거시경제학

   3) 미시경제학

   4) 거시경제학

7. (인플레이션에 집중하겠다고 답하는 경우) 인플레이션은 실질소득을 감소시켜 국민의 생활 수준을 전반적으로 떨어뜨리고, 가계로부터 기업으로 소득을 이전시키며, 임금 생활자를 불리하게 만들 가능성이 크기 때문이다.

   (실업에 집중하겠다고 답하는 경우) 실업은 실업자 개인의 소득 기회 상실, 범죄와 소요 등 사회적 불안을 야기할 가능성이 매우 크기 때문이다.

8. 국민경제를 구성하는 각 부문은 상호 간에 거래를 하면서 경제활동을 영위한다. 그 과정에서 화폐와 재화 및 서비스가 각 부문 사이를 순환한다. 이 순환의 규모가 국민소득과 밀접한 관련을 갖는다. 순환의 규모가 커지면 국민소득이 증가하고 작아지면 국민소득이 감소한다.

9. 1) 플로

   2) 스톡

   3) 스톡

   4) 스톡

10. 순수출은 한 나라의 수출액에서 수입액을 뺀 것이다. 순수출을 지출 항목에 포함시키는 이유는 첫째, 해외의 외국인들이 구매한 국내 재화와 서비스, 즉 수출품의 가치는 소비, 투자, 정부지출에 포함되지 않지만, 국내 기업 입장에서는 소비와 투자 등과 마찬가지로 생산물의 판매 경로의 하나가 된다. 따라서 국내에서 생산된 생산물에 대한 지출을 정확히 계산하려면 이것들을 더해주어야 한다. 그것을 모아 수출 항목에 포함시킨다. 둘째, 가계의 소비와 기업의 투자, 정부지출에는 해외로부터 구입한 재화와 서비스가 포함되어 있다. 국내에서 생산된 재화와 서비스에 대한 지출을 정확히 계산하려면 그 부분을 빼야 한다. 그것을 모두 모아 수입 항목에 포함시킨다.

11. 지출 접근법에 의해 측정한 국민소득을 지출국민소득, 생산 접근법에 의해 측정한 국민소득을 생산국민소득, 분배 접근법에 의해 측정한 국민소득을 분배국민소득이라고 한다. 이 세 가지 국민소득 개념은 동일한 것에 대해 다른 측정 방식을 사용한 것이므로 사후적으로 값이 동일해야 한다. 이를 국민소득 3면 등가의 법칙이라고 부른다.

12. 국내총생산과 국민총생산은 모두 한 국가의 경제활동 수준을 나타내는 지표이다. 전자는 영토 기준으로 그 나라 안에서 생산된 최종 재화와 용역의 시장가치를 합산하는 것인 데 반해 후자는 영토 내외를 불문하고 그 나라 국민에 의해 생산된 것을 모두 포함하는 것이다. 구체적으로 말하면, GDP는 GNP에서 해외수취 요소소득을 빼고 해외지불 요소소득을 더한 것과 같다.

13. GDP는 시장에서 거래되는 최종 생산물의 가치만을 포함한다. 시장에서 거래되지 않는 것 중에서 자급자족 농업의 생산물 가치나 자가 주택의 서비스의 가치는 GDP의 산정에 포함되지만, 비시장 거래 재화와 서비스의 대부분은 포함되지 않는다. 따라서 1인당 GDP가 3만 달러가 넘는 한국에 비해 GDP가 아주 낮은 나라라고 하더라도 비시장 거래 재화와 서비스가 많이 생산되고 소비되기 때문에 생활수준이 GDP 수치가 의미하는 만큼 낮은 것은 아니다.

14. 1) 200

    2) $50 + 45 + 105 = 200$

    3) $(20 + 30) + (30 + 15) + (60 + 45) = 200$

15. 1) $60 + 65 + 200 = 325$

    2) $110 + 110 + 105 = 325$

    3) $110 + 110 + 105 = 325$

16. ②, ③, ④

17. ①

18. ②

19. 2014년 명목 GDP = (200개×2,000원) + (200개×3,000원) = 1,000,000원
    2019년 명목 GDP = (250개×4,000원) + (500개×4,000원) = 3,000,000원
    2014년 실질 GDP = 1,000,000원
    2019년 실질 GDP = (250개×2,000원) + (500개×3,000원) = 2,000,000원

GDP 디플레이터＝3,000,000원/2,000,000원＝150

20. 1)

	2014	2015	2016	2017	2018
GDP 디플레이터	96.9	100	102.0	104.3	104.7

2)

	2014	2015	2016	2017	2018
인플레이션율	–	3.2%	2.0%	2.3%	0.4%

21.

	2016	2017	2018
GDP 디플레이터 기준 인플레이션율	2.0%	2.2%	0.5%
소비자물가지수 기준 인플레이션율	1.0%	1.9%	1.5%

제7장

1. ④ 수요에 의해 공급이 결정된다는 것은 단기의 거시경제행태를 설명하는 하나의 방법이다.

2. ② 의도하지 않은 재고투자를 포함할 경우 기업의 고정투자, 주택투자 및 재고투자를 합한 것을 사후적 투자라 한다.

3. ② 총공급보다 총수요가 클 경우 이자율이 상승하고 그에 따라 총수요가 하락하여 다시 균형 이 회복된다.

4. ③ 고전학파 거시경제학에서는 정부지출을 증가시키더라도 투자가 감소해 결국 총수요는 불 변이다.

5. ④ 정부지출과 민간저축의 합이 총저축이다.

6. ④ 대부자금 공급의 원천은 저축이다.

7. ③ 시중에 유통 중인 화폐의 양은 현금통화와 예금통화로 구성된다.

8. ① 화폐수량설에 따르면 장기에 있어 물가수준은 화폐공급에 의해 결정된다.

9. ③ 정부지출의 증가는 총공급에 영향을 미치지 못한다.

10. ③ 물가가 상승하면 화폐가치는 하락한다.

제8장

1. 잠재국민소득은 한 나라의 모든 자원을 다 동원해서 생산할 수 있는 최대의 국민소득 수준을 말한다. 그것은 인구수, 국토 면적, 천연자원의 양, 축적된 물적 자본, 인적 자본과 기술 수준에 의해 결정된다. 실제국민소득은 국민경제의 순환 과정에서 실제로 이루어지는 국민소득을 말한다. 실제국민소득은 잠재국민소득의 한도 내에서 결정된다. 말하자면 잠재국민소득은 실제 국민소득의 한계를 설정한다.

2. 소득이 소비지출의 가장 중요한 결정요인이다. 그 밖에 가족의 규모, 가족의 평균 연령, 가족의 소비성향, 미래에 대한 가족의 전망 등이 소비지출을 결정하는 요인이다.

3. 평균소비성향(APC)은 소득 중에서 소비가 차지하는 비율(C/Y)을 말하며, 한계소비성향(MPC)은 소득이 늘어날 때 소득이 늘어난 데 대해 소비가 늘어나는 비율($\Delta C/\Delta Y$)을 말한다. 소비함수가 $C=a+cY$일 때 평균소비성향은 $\dfrac{C}{Y}=\dfrac{a}{Y}+c$이고, 한계소비성향은 c이므로 평균소비성향은 한계소비성향보다 항상 더 크다.

4. 재고투자는 일정 기간 발생한 재고의 변화를 말한다. 기업은 미래의 판매 증가에 대비하여 재고를 가지는데, 매출이 계획된 수준과 달라질 때 재고투자가 변동한다.

5. 균형국민소득은 하나의 국민소득 수준이 계획된 총지출과 일치할 때 달성되는 국민소득이고, 완전고용 국민소득은 경제의 모든 자본 설비와 노동력을 완전히 활용할 때 달성되는 소득 수준이다. 균형국민소득이 완전고용 소득수준과 자동적으로 일치하는 것은 아니다. 이 두 국민소득의 일치는 우연이거나 정부의 의식적 노력이 있을 때 이루어진다.

6. 총지출이 부족하여 균형국민소득이 완전고용 국민소득 수준에 미치지 못할 때 총지출의 부족분을 디플레이션 갭이라고 하고, 총지출이 과다하여 균형국민소득이 완전고용 국민소득 수준보다 클 때 총지출의 과다분을 인플레이션 갭이라고 한다.

7. 1) 율도국 : $\dfrac{1}{1-0.5}\times10$조 원$=20$조 원, 이어도국 : $\dfrac{1}{1-0.7}\times10$조 원$=33.3$조 원

   2) 이어도국의 한계소비성향이 더 크고, 따라서 승수효과도 더 크다. 일반적으로 한계소비성향이 클수록 승수효과가 크다.

8. 1) 심청 $C=5+0.75Y$, 한계소비성향 0.75

   경래 $C=3+0.67Y$, 한계소비성향 0.67

   시원 $C=4+0.86Y$, 한계소비성향 0.86

   2) 경제 전체 $C=12+0.76Y$, 한계소비성향 0.76

9.

GDP	C	I_p	AE	I_u
단위 : 조 원				
0	50	190	240	−240
300	290	190	480	−180
600	530	190	720	−120
900	770	190	960	−60
1,200	1,010	190	1,200	0
1,500	1,250	190	1,440	60
1,800	1,490	190	1,680	120

1) $C=50+0.8Y$

2) $Y^*=1,200$

3) 새로운 $Y^*=900$

10. 1) 독립 투자 증가

    2) 독립 투자 증가

    3) 독립 투자 감소

11. ②

12. ②

13. ①

14. $Y=200+0.9Y+150$

    $Y=3,500$

    Y_F는 4,500이므로, GDP 갭$(=Y_F-Y)$이 1,000만큼 존재. 독립적 투자를 늘려서 GDP 갭을 해소하려면, 투자 증가분이 1,000/투자 승수만큼 되어야 한다. 투자 승수는 $\dfrac{1}{1-MPC}=\dfrac{1}{1-0.9}=10$ 이므로 투자 증가분은 100이다.

    그래서 답은 ②이다.

15. $Y=10+0.75Y+30$

    $Y=160$

    $Y_F-Y=200-160=40$

    여기서 40은 GDP 갭

    GDP 갭＝인플레이션(혹은 디플레이션) 갭×투자 승수

    $40=$ 인플레이션(디플레이션) 갭 $\times\dfrac{1}{1-0.75}$ 인플레이션(디플레이션) 갭$=10$

    그래서 정답은 ④이다.

제9장

1. ① 거짓, 만기 2년 이내의 금융상품이 포함된다.

   ② 거짓, 비은행 민간이 보유하는 현금을 현금통화라고 한다.

   ③ 거짓, 우리나라 통화량을 조절하는 기관은 한국은행이다.

   ④ 참, 중앙은행의 자산이 증가하면 부채인 통화량이 증가한다.

2. ③ 투자적 수요를 투기적 수요라고도 한다.

3. ① 민간이 보유하는 현금(현금통화)과 은행의 요구불예금(예금통화)을 협의통화라고 한다.

4. ③ 중앙은행이 발행하는 통화를 본원 통화라고 한다.

5. ④, ⑤ 요구불예금(예금통화)은 시중은행이 신용창조를 통해서 공급된다.

6. 역(반비례)

7. 10억, 총요구불 예금(예금통화)＝본원적 예금/지불 준비율

8. ④ V는 화폐가 움직이는 횟수, 즉 화폐 유통속도이다.

9. 시재금

10. ④ 중앙은행의 자산이 증가할 때 본원 통화가 증가한다.

제10장

1. ③ 물가하락과 실질자산 증가에 따른 소비 증가의 효과를 실질자산효과 혹은 부의 효과 (wealth effect)라고 한다.

2. ① 실질자산효과에 의해 실질 부가 감소하고 그에 따라 소비가 감소한다.

3. ① 총수요의 증가는 단기에는 산출에 영향을 미치지만 중기에는 물가만 상승시킨다.

4. ④ 적응적 기대에 따르면 현재 물가의 하락은 미래 기대물가도 하락하는 경향이 있다.

5. ④ 국내 물가의 상승은 순수출을 감소시킨다.

6. ① 금융위기로 인한 불확실성 증대와 대출 감소는 가계소비와 투자를 위축시킨다.

7. ③ 원재료가격 상승 같은 불리한 공급충격은 스태그플레이션을 야기한다.

8. ④ 노동시장 유연성 제고 정책은 총공급관리 정책이다.

9. ④ 원유가격의 일시적 하락은 단기총공급곡선을 왼쪽으로 이동시킨다.

10. ④ 수직의 총공급곡선은 장기에는 물가수준이 총공급에 영향을 미칠 수 없다는 것에 의해 설명된다.

제11장

1. ④ 유동성 함정이란 시장에 현금이 흘러 넘쳐 구하기 쉬운데도 기업의 생산·투자와 가계의 소비가 늘지 않아 경기가 나아지지 않고, 마치 경제가 함정(trap)에 빠진 것처럼 보이는 상태를 말한다. 이때는 금리를 아무리 낮추어도 낮은 금리가 실물경제에 영향을 미치지 못하게 된다.

2. ⑤ 자동안정화 장치는 누진소득세와 실업보험을 말한다. 우리나라의 국세와 지방세의 비중은 약 8:2 정도이다. 세율을 계속 높이면 경제활동이 위축되어 세수가 오히려 줄어들 수 있다.

3. ② 중앙은행은 통화를 새로 찍어내거나 공개시장, 지급준비율, 재할인율 등을 통해 통화량을 조절할 수 있다.

4. ③, ⑤ 자동안정화 장치란 경기가 좋거나 나쁠 때 정부가 의도적인 정책을 취하지 않아도 누진소득세나 고용보험제도로 인해 조세수입이나 재정지출이 자동적으로 변하여 경기 변동이 완화되는 것을 말한다.

5. ④ 정부의 정책은 크게 재정정책과 통화정책으로 나눌 수 있는데, 이는 모두 총수요부문을

변화시키는 정책이다. 경기호황 시에는 긴축재정정책과 통화량을 줄이는 정책을, 경기불황 시에는 확대재정정책과 통화량을 늘리는 정책을 취하여 경기를 안정화시키게 된다.

6. ⑤ 정책의 효과를 둘러싸고 케인스학파와 통화학파 간의 논쟁이 있다. 케인스학파는 재정정책의 효과가 크다고 보는 반면 통화학파는 반대로 통화정책을 효과가 크다고 본다. 결국 이는 화폐수요와 투자가 이자율에 탄력적으로 반응하느냐의 문제로 귀결된다. 케인스학파는 화폐수요의 이자율 탄력성이 크고 투자의 이자율 탄력성이 작다고 보기 때문에 통화정책은 효과가 없고 재정정책이 효과적이라고 본다. 통화학파는 반대로 화폐수요의 이자율 탄력성이 작고 투자의 이자율 탄력성이 크기 때문에 통화정책이 효과적이라고 본다. 하지만 통화학파는 통화정책의 적극적 활용보다는 준칙에 따른 정책을 실시하는 것이 바람직하다고 본다.

7. ④ 국채를 발행하는 확대재정정책은 이자율 상승을 초래하여 투자를 감소시키기 때문에 증가된 총수요의 일부가 상쇄되어 정책의 효과를 줄어들게 만든다. 고전학파는 구축효과로 인해 재정정책의 효과는 완전히 상쇄된다고 본다.

8. ⑤ 재정정책은 정부의 재정지출과 조세의 변화를 통해 경기를 안정화하는 정책이다. 재정지출은 정부지출과 이전지출로 나뉘는데, 정부지출은 정부의 재화와 서비스 구입을 말하며, 이전지출은 정부가 가계로 무상 이전하는 것이다. 정부지출과 이전지출은 그 효과가 좀 다르게 나타난다. 정부지출은 일단 바로 총수요로서 작용하여 국민소득을 증가시키고 국민소득의 증가는 다시 소비를 증가시키는 방식으로 작용하지만 이전지출은 가계의 가처분소득을 증가시킴으로써 소비를 증가시키는 방식으로 작용한다.

9. ③ 정부지출의 증가로 이해 이자율이 상승하여 민간의 투자가 감소하는 현상을 구축효과라고 한다. 이 경우는 완전구축을 말하는 것이다.

10. ② 통화공급의 증가는 정부가 중앙은행으로부터 돈을 빌려쓰는 경우에 발생한다. 물론 중앙은행이 공개시장에서 채권을 매입하거나 지급준비율을 낮추거나 재할인율을 낮추는 방식으로도 통화공급은 증가한다.

제12장

1. 실업은 크게 자발적 실업과 비자발적 실업으로 나눌 수 있다. 자발적 실업에는 마찰적 실업이 있으며, 비자발적 실업에는 구조적 실업, 계절적 실업, 경기적 실업이 있다.

2. 갑돌이는 학교를 다니는 학생이므로 비경제활동인구이기도 하고, 아르바이트를 하고 있으므로 취업자의 정의에도 부합한다. 또한 입사원서도 제출한 것으로 볼 때 구직활동을 수행한 실업자라고도 볼 수 있다. 하지만 우선성 규칙을 적용하여 갑돌이가 학교를 다니고 있든지 또는 구직활동을 하고 있든지 여부와 상관없이 취업자가 된다.

3. 오랫동안 직장을 구하려고 노력했지만 실패한 나머지 스스로 구직을 포기한 자. 이들은 비경제활동인구에 포함되기 때문에 실업자에 속하지 않아 실업률 계산 시 포함되지 않는다.

4. 단체 협상력을 통해 임금을 균형 임금 수준보다 높게 만들고, 임금의 하방 경직성을 초래하여

노동시장에 초과공급을 발생시키기 때문이다.

5. 기업이 비대칭적 정보의 상황에서 근로자의 도덕적 해이와 역선택을 막기 위해 의도적으로 지불하는 균형 임금 수준보다 높은 임금을 말하며, 경제에 비자발적 실업이 발생하는 원인이 된다.

6. 마찰적 실업의 경우는 낮은 것이 반드시 바람직한 것은 아니다.

7. 인플레이션은 AD 곡선이 우측으로 이동하거나 AS 곡선이 좌측으로 이동할 때 발생한다. 수요 측 요인으로는 소비 및 투자지출의 증가, 통화량 증가, 정부지출의 증가, 기대 등의 변화로 인해 AD 곡선의 우측으로 이동하는 수요견인 인플레이션을 들 수 있고, 공급 측 요인으로는 천재지변, 임금 상승, 석유 및 원자재 가격 상승 등을 들 수 있다.

8. 인플레이션에 의해 물가와 임금이 함께 상승한다면 벌어들인 소득의 구매력은 떨어지지 않는다.

9. 인플레이션은 사람들 간에 부와 소득을 재분배하고 상대가격을 변화시켜 자원 배분을 왜곡하기 때문이다.

10. 본문 참조

11. ③ 경제활동 참가율은 15세 이상 인구에 대한 경제활동인구의 비율을 의미하며, 고용률은 만 15세 이상 인구 중 취업자가 차지하는 비율을 말한다.

12. ⑤ '골디락스'는 높은 성장률을 기록하면서도 물가 상승 압력이 거의 없는 이상적인 경제 상황을 지칭하는 말로 냉탕도 열탕도 아닌 온탕형 경기 성장 패턴을 의미한다.

13. ④ 경제활동 조사대상기간 및 시기 : 조사는 매월 15일이 포함된 1주간(일요일~토요일)을 조사대상주간으로 하며, 그다음 주간에 조사를 실시한다.

14. ① 무급가족종사자란 자기에게 직접 수입이 오지 않더라도 자기 가구에서 경영하는 농장이나 사업체의 수입을 높이는 데 18시간 이상 도와준 사람을 말한다.

16. ⑤ 노동가능인구란 총인구에서 15세 미만 인구를 제외한 15세 이상 인구를 말한다.

17. ③ 노동가능인구 500명에서 비경제활동인구경제활동인구 100명을 제외한 인구 400명이 경제활동인구이다. 그리고 경제활동인구에서 실업자를 제외한 인구가 취업자 수이다.

18. ⑤ 경제활동 참가율은 노동가능인구 500명에서 경제활동인구 400명이 차지하는 비율이다.

19. ④ 실업률은 경제활동인구 400명에서 실업자 100명이 차지하는 비율이다.

20. ③ 구조적 실업은 산업 구조의 변화나 제도적 요인으로 인해 노동시장의 수요와 공급에 불균형이 발생함으로써 나타나는 장기적이고 만성적인 실업이다.

21. ① 마찰적 실업은 근로자가 한 직장에서 다른 직장으로 옮기는 과정에서 단기적으로 발생하게 되는 실업이다.

22. ④ 기술적 실업은 기술 진보와 함께 기술력이나 재능, 그리고 교육수준이 상대적으로 떨어지는 노동자들이 자동화 설비에 의해 대체됨으로써 발생하는 선진사회의 실업이다.

23. ⑤ 계절적 실업은 자연적 요인이나 생활양식으로 인해 수요가 계절적으로 편재됨으로써 매년 순환적·규칙적으로 나타나는 형태의 실업이다.

24. ② 경기적 실업은 경기변동에 따른 총수요의 부족으로 일하려는 사람 모두에게 일자리를 제공할 수 없을 때 발생하는 실업이다.

25. ④ 본문 참조

26. ① 본문 참조

27. ⑤ 정부지출 증가 및 통화량의 증가는 수요견인 인플레이션의 원인이 될 수 있다. 그리고 임금하락은 비용인하로 인한 총공급곡선의 우측이동으로 물가하락을 초래한다. 수입원자재 가격이 상승하면 총공급곡선이 좌측으로 이동하여 비용인상 인플레이션이 발생하게 된다.

28. ⑤ 인플레이션으로 국내생산 제품의 가격이 상승하는데 명목환율이 불변이면 외국에서 생산된 제품에 비해 국내생산 제품이 상대적으로 비싸지게 되어 순수출이 감소하게 된다. 아울러 인플레이션이 발생하면 대부분의 물가가 오르는 폭이 동일하지 않기 때문에 재화의 상대가격이 변화할 수 있다.

29. ② 명목이자율이 5%이고, 이자소득에 대해 40%의 이자소득세가 부과되므로 납세후 명목이자율은 3%이다. 납세후 명목이자율이 3%이고, 물가상승률(인플레이션율)이 2%이므로 피셔효과에 따르면 납세후 명목이자율에서 인플레이션을 차감한 납세후 실질이자율은 1%이다.

제13장

1. ⑤ 비교우위란 한 생산자가 특정 상품을 다른 생산자에 비해 더 적은 기회비용으로 생산할 수 있는 능력을 의미한다. A와 B라는 두 국가가 있다고 가정하자. 이들은 모두 피자와 자동차를 생산한다. A국은 피자와 자동차 생산에서 모두 절대우위에 있다. 반면 B국은 피자와 자동차 생산에서 절대열위에 있다. 그런데 B국이 피자와 자동차의 생산에서 모두 A국보다 생산성이 낮지만 피자 생산이 자동차에 비해 상대적으로 덜 낮다고 하면 B국은 피자 생산에 비교우위가 있는 것이다.

2. ③ 절대우위란 어떤 재화의 생산비용이 한 나라가 다른 나라보다 낮을 때 국제분업에서 갖는 우위를 의미한다. 미국이 밀가루 생산에서 한국보다 더 적은 노동이 들어간다면 미국은 밀가루 생산에서 한국에 대해 절대우위가 있다고 말한다. 미국이 자동차 생산에서 한국보다 더 적은 노동이 들어간다면 미국은 자동차 생산에서 한국에 대해 절대우위가 있다고 말한다. 이처럼 두 제품 모두에서 미국이 한국에 비해 절대우위에 있을 때 무역은 발생할까? 답은 '발생한다'이다. 우위의 차이가 밀가루보다 자동차 생산에서 덜하다면, 한국은 자동차 생산에 비교우위가 있게 된다. 비교우위에 따라서 특화해서 무역을 하면 양국 모두 이득이 된다.

3. ③

4. ③

5. ②

6. ③ 기회비용이란 어느 한 재화를 1단위 더 생산하기 위해 포기해야 하는 다른 재화의 양이다.

7. ① 각 국가는 기회비용이 상대적으로 적은 재화에 특화하여 생산해서 무역을 하게 되면 모두 이득이 된다. 이것이 비교우위의 원리이다. 어느 한 국가가 모든 재화에 대해 절대우위를 가졌다 해도 모든 재화에 대해 비교우위를 가질 수는 없다. 따라서 모든 재화에 대해 절대 열위의 국가라도 비교우위를 가지는 재화는 존재하기 마련이다.

8. ① 수입관세를 부과하면 먼저 수입국의 국내가격이 상승함으로써 수입이 줄어든다. 반면 수입국의 동종 재화의 국내생산은 증가한다. 수입품의 가격이 상승하기 때문에 교역조건은 악화된다.

9. ③ 무역 규제는 관세·비관세장벽을 통해서 국제무역을 줄어들게 만드는 것이다. 무역 규제가 이루어지면 수입국의 경우 국내의 비효율적인 생산자들이 생산에 참여하게 된다. 이때 국내 소비자들은 언제나 가격 상승이라는 피해를 보게 된다. 수입국이 대국인 경우에 무역 규제가 이루어지면 세계가격이 하락하여 해외 생산자들이 손실을 입게 될 수 있다.

10. ③ 관세를 제외한 모든 무역장벽을 비관세장벽이라고 한다.

11. ① 국내통화와 외국통화 간의 교환비율을 환율이라고 하며, 크게는 고정환율제도와 변동환율제도로 나뉜다. 관리변동환율제도란 한정된 범위 내에서만 변동할 수 있도록 허용하는 제도이다.

찾아보기

지은이

김상권
신라대학교 무역경제학부 교수

김대래
신라대학교 무역경제학부 교수

권기철
부산외국어대학교 경제금융학과 교수

최성일
한국해양대학교 국제통상학과 교수

유영명
신라대학교 무역경제학부 교수

박갑제
경남대학교 경제금융학과 교수

정수관
창원대학교 글로벌비즈니스학부 교수